KLÉBER
EN VENDÉE
(1793-1794)

DOCUMENTS

PUBLIÉS

POUR LA SOCIÉTÉ D'HISTOIRE CONTEMPORAINE

PAR

H. BAGUENIER DESORMEAUX

PARIS

ALPHONSE PICARD ET FILS

LIBRAIRES DE LA SOCIÉTÉ D'HISTOIRE CONTEMPORAINE

Rue Bonaparte, 82

1907

KLÉBER

EN VENDÉE

(1793 — 1794)

KLÉBER
EN VENDÉE

(1793-1794)

DOCUMENTS

PUBLIÉS

POUR LA SOCIÉTÉ D'HISTOIRE CONTEMPORAINE

PAR

M. BAGUENIER DESORMEAUX

PARIS

ALPHONSE PICARD ET FILS

LIBRAIRES DE LA SOCIÉTÉ D'HISTOIRE CONTEMPORAINE

Rue Bonaparte, 82

1907

EXTRAIT DU RÈGLEMENT

Art. 14. — Le Conseil désigne les ouvrages à publier et choisit les personnes auxquelles il en confiera le soin.

Il nomme pour chaque ouvrage un commissaire responsable, chargé de surveiller la publication.

Le nom de l'éditeur sera placé en tête de chaque volume.

Aucun volume ne pourra paraître sous le nom de la Société sans l'autorisation du Conseil, et s'il n'est accompagné d'une déclaration du commissaire responsable, portant que le travail lui a paru digne d'être publié par la Société.

Le commissaire responsable soussigné déclare que l'ouvrage Kléber en Vendée *lui a paru digne d'être publié par la* Société d'histoire contemporaine.

Fait à Paris, le 1ᵉʳ mai 1907.

Signé : R. Delachenal.

Certifié :

Le secrétaire de la Société d'histoire contemporaine,

B. de Lacombe.

INTRODUCTION

Le titre complet de ce volume devrait être : *Kléber en Vendée, en Bretagne et dans le Maine,* car les documents dont il est composé ont trait, non seulement à la campagne de Kléber contre la Grande Armée Catholique et Royale, — au midi et au nord de la Loire, — mais aussi aux opérations du même général contre les Chouans de l'Ille-et-Vilaine et de la Mayenne. Il a semblé cependant qu'on pouvait, pour plus de brièveté, s'en tenir au seul mot de *Vendée,* qui s'applique, avec une exactitude suffisante, à l'ensemble des pièces publiées.

Après une longue et glorieuse résistance, certaine de n'être plus secourue, la garnison de Mayence capitulait le 22 juillet 1793. Elle avait obtenu du roi de Prusse la faculté de rentrer en France avec armes et bagages, sous la condition de ne pas servir, pendant une année, contre les Alliés. Pourquoi l'interdiction ne s'étendit-elle pas à la Vendée ? C'est un point sur lequel on pourrait épiloguer longuement, mais qu'il n'y a pas lieu d'examiner ici.

L'émotion fut grande à Paris lorsqu'on apprit la capitulation ; ses conséquences, prévues et inévitables, causèrent de vives appréhensions. Sans tenir compte de la situation qui l'avait motivée, la Convention décréta, le 28 juillet, l'arrestation des généraux et de l'état-major, et appela ses commissaires, Reubell et Merlin, de Thionville, à venir s'expliquer devant leurs collègues. Les assemblées délibérantes ont la mobilité des foules et agissent comme elles sous le coup d'impressions successives et changeantes. De tous côtés, on insistait auprès des pouvoirs publics, pour que les défenseurs malheureux de Mayence fussent dirigés sans délai sur la Vendée, où les troupes régulières faisaient défaut. Officiers et soldats avaient été héroïques. Les amis de Reubell et de Merlin aidant, on s'explique aisément le succès de celui-ci, lorsqu'il parut à la tribune, noir de la poudre du combat et de la poussière de la route, encore vêtu de ce costume théâtral, mi-parti d'artilleur et de représentant du peuple en mission, qu'il avait accoutumé de porter quand il était à l'armée. On comprend mieux encore l'enthousiasme soulevé par la comparution à la barre d'Annibal Aubert-Dubayet, le brave Annibal, comme on l'appelait. Passant d'un extrême à l'autre, la Convention décréta, le 1er août, que la garnison de Mayence avait bien mérité de la patrie et qu'elle serait transportée en poste, jusqu'à Tours, pour être employée dans l'Ouest, avec ses chefs.

On sait que le même décret prescrivait la destruction de la Vendée par tous les moyens.

A ce moment-là, deux armées principales s'efforçaient de lutter contre les insurgés : l'une, celle de Nantes, dite des côtes de Brest, était de beaucoup la moins forte numériquement. Mais elle comprenait quelques régiments aguerris, tels les 77e et 109e d'infanterie, et des bataillons de volontaires, qui avaient déjà fait leurs preuves. Elle était commandée par un militaire d'ancien régime, brave et prudent à la fois, le comte de Canclaux, et, sous ses ordres, par Grouchy, Vergnes, Beysser, qui tous avaient donné des gages indiscutables de la confiance qu'à des degrés divers on pouvait avoir en eux. Cette armée avait à son actif une belle et heureuse campagne dans le Morbihan et sur les deux rives de la Loire. Elle avait surtout pour elle sa glorieuse défense de Nantes, où elle avait vaincu et repoussé sur tous les points, le 29 juin précédent, les efforts combinés des Vendéens, qui étaient venus se briser contre sa résistance.

L'autre armée, dite des côtes de la Rochelle, beaucoup plus nombreuse, et dont la partie principale était stationnée depuis peu à Saumur et dans les environs, avait alors à sa tête Jean Rossignol, l'un des vainqueurs de la Bastille, brave soldat, sans aucune connaissance militaire, tout au plus apte à conduire au feu son ancienne 35ᵉ légion de gendarmerie, quand il n'était pas complètement ivre. Santerre venait d'y arriver, avec quelques bataillons parisiens. Cette armée était d'ailleurs subdivisée en un nombre relativement considérable de troupes sans cohésion, réparties entre différents postes, destinés — en vain presque toujours — à enserrer les Rebelles au sud et au sud-ouest, et qui toutes, sauf la division du brave Boulard, opérant, à l'écart, du côté des Sables-d'Olonne, ne pouvaient guère compter jusque-là que des désastres : à Thouars, à Fontenay, à Luçon, à Doué, à Saumur même, où la déroute du 9 juin n'était pas encore oubliée. Rossignol était incapable et s'en rendait parfaitement compte. Il était, de plus, très fréquemment retenu dans son lit par une hernie de l'estomac, suite d'un coup de broche à rôtir, reçu dans une rixe, après boire, plusieurs années avant la Révolution, lorsqu'il tenait garnison dans l'un des ports de la côte bretonne [1]. Il était complètement dominé par la jactance outrecuidante de Ronsin et de Vincent.

Dès qu'il apparut que la garnison de Mayence serait employée contre les Vendéens, chacun, à Nantes, comme à Saumur, comprit facilement quel appoint elle apporterait à l'armée à qui elle serait adjointe. Ce n'est point ici le lieu de raconter les démarches faites, des deux côtés, pour obtenir cette adjonction, ni les discussions soulevées à ce sujet. L'honnête et inconsidéré Philippeaux, membre de la commission des représentants siégeant à Nantes, fut le porte-paroles de celle-ci. Choudieu, esprit net et froid, sachant dissimuler l'âpreté de ses convoitises et le bénéfice personnel qu'il avait à sauvegarder ses propres intérêts en Anjou, fut l'avocat de la commission qui siégeait à Saumur et dont il était la tête.

Je ne m'étendrai pas davantage, ici, sur les pourparlers et les discussions qui aboutirent à l'envoi des Mayençais à Nantes, ni sur l'opportunité qu'il pouvait y avoir à atta-

---

1. Cf. Rossignol, *Vie véritable du citoyen Jean Rossignol*, p. 46, 47, 51.

quer directement les Rebelles, en partant de Saumur pour les jeter à la mer, au lieu de faire le grand détour par la rive droite de la Loire et par Nantes, pour prendre l'ennemi entre deux feux. Tout cela a été étudié et discuté, longuement et à maintes reprises, par les écrivains techniques et par les historiens.

On ne doit guère s'étonner de voir des militaires de carrière, comme Dubayet et ses lieutenants : Vimeux, Haxo, Kléber, des représentants habitués à la guerre, comme Reubell et Merlin, de Thionville, faire tous leurs efforts pour rejoindre l'armée des côtes de Brest, bien commandée et coutumière du succès.

Arrivée à Tours les 22, 23 et 24 août 1793, l'armée de Mayence faisait, le 26, filer, sur Saumur, son avant-garde. Le 30, Kléber, avec celle-ci, couchait à Angers. Quelques jours après, Dubayet présentait sa division à Canclaux et les opérations de guerre reprenaient au sud de Nantes et de la Loire.

Il semble bien que l'accueil enthousiaste, fait aux nouveaux venus, et les premiers succès remportés par Kléber et ses compagnons, dans le voisinage du lac de Grand-Lieu, ne furent pas agréables à tous les généraux de l'armée de Nantes, Beysser, ce « Roger Bontemps »[1], paraît avoir péché surtout par jalousie, en refusant « avec humeur »[2] de marcher, le 16 septembre, sur Clisson, de concert avec Kléber, qui le lui proposait, et en laissant écraser celui-ci, avec son avant-garde, le 19, à Torfou, par les troupes combinées de d'Elbée, Bonchamps, Lescure et Charette. S'il y eut vraiment mauvais vouloir de la part de Beysser, il en fut lui-même la victime, car, le surlendemain, il était écrasé et mis en déroute à Montaigu par une partie des vainqueurs de Torfou. Sa troupe se rejetait en désordre jusqu'à Nantes[3] ; et Canclaux était

---

1. Cf. ci-après, p. 101.
2. *Ibid.*, p. 142-143.
3. « Le plus grand désordre se mit dans les troupes, chacun s'enfuyait de toutes ses forces... Nous ne nous arrêtâmes qu'aux Sorinières, à une lieue de Nantes, et nous avions toujours couru depuis Montaigu... et le lendemain, 22, nous sommes rentrés à Nantes. » (*Lettre* de Broussais Nantes, 25 septembre 1793, citée par Chassin, *Vendée patriote*, III, 104.)

obligé de ramener au même point, dans la matinée du lendemain, l'armée de Mayence qui occupait Clisson.

Les Vendéens, en effet, faisaient tête de toute part. Ils sentaient que la jonction définitive des corps d'armée, qui tentaient de les entourer, leur serait fatale. Ils s'efforcèrent de refouler en détail chacun de ces corps, avant que la soudure entre ceux-ci ne fût entière. Ils réussirent à disloquer la plus grande partie des divisions de Rossignol. Le 5 septembre, d'Elbée battait, à Chantonnay, le général Tuncq et la division de Luçon. Dans les jours qui suivirent, Lescure occupait les environs de Thouars. Le 11, d'Autichamp chassait le général Turreau et son second, le commandant Bourgeois, de la Butte d'Erigné et des Ponts-de-Cé. Le même jour, à la suite de ces divers échecs, et sans qu'on jugeât bon d'aviser Canclaux des résolutions prises, un conseil de guerre, tenu à Saumur, arrêtait qu'il y avait lieu, pour l'armée des côtes de la Rochelle, de suspendre le mouvement en avant, vers Mortagne, décidé d'accord avec Canclaux et Dubayet, le 2 septembre [1]. Des ordres conformes furent expédiés par Rossignol à ses divisionnaires [2].

Le 12, d'Autichamp repoussait, aux Ponts-de-Cé, une nouvelle attaque de Turreau, puis, le même jour, aidait La Rochejaquelein à battre, à Martigné-Briand, l'avant-garde de Rossignol, commandée par Salomon, qui se retirait à Doué-la-Fontaine. Le 14, les Vendéens étaient battus à leur tour aux environs de cette ville, à Soulanger, et le général Rey, qui commandait à Thouars, obligeait Lescure à évacuer les abords de cette place. Mais,

1. Le texte des décisions prises dans ce conseil de guerre a été donné notamment par M. Chassin, *Vendée patriote*, III, 40-41.
2. « Je vous envoie, général, copie de l'arrêté qui vient d'être pris par le conseil de guerre tenu ce matin. Vous verrez par cet arrêté la marche que vous aurez à tenir. Vous voudrez bien vous conformer à ces dispositions, à moins que des circonstances impérieuses ne vous forcent à y apporter quelques légers changements de localités. Au surplus, je m'en réfère à ma dernière et je m'en rapporte à votre prudence et à votre patriotisme, pour l'exécution des différentes dispositions arrêtées dans le conseil de guerre. » (*Rossignol à Chalbos*, Saumur, 11 septembre 1793. *Arch. hist. de la guerre*. V. Registre de correspondance de Rossignol, fol. 102.) Il semble que ce soit cet ordre dont il est question ci-après, p. 160-161 et 458. D'après la lettre de Rossignol, donnée p. 458-459, il aurait été réitéré, le 15 septembre.

le 18, l'armée de Saumur, commandée par Santerre et Ronsin, était battue à plate couture à Coron, tandis que Rossignol était demeuré malade à son quartier général.

Le 19, pendant que la Grande Armée Catholique et Royale repoussait Kléber à Torfou et lui prenait ses canons, le général Duhoux, à la tête des troupes de la levée en masse, était mis en déroute au Pont-Barré par l'un de ses parents du même nom [1].

J'ai dit déjà que Canclaux avait ramené à Nantes l'armée de Mayence dans la matinée du 22 septembre. Les *Mémoires* de Kléber fourniront d'amples renseignements sur l'habileté déployée, dans cette circonstance, par le général en chef de l'armée des côtes de Brest. Bonchamps, en effet, et ses seconds, fidèles aux résolutions prises par les généraux Vendéens [2], attaquèrent à trois reprises consécutives les républicains à leur sortie de Clisson. Si Lescure et Charette n'avaient pas manqué à la parole donnée, il y a tout lieu de penser que ces attaques eussent réussi et que les meilleures troupes de la République, dans l'Ouest, eussent été sinon complètement détruites, du moins coupées de leur ligne de retraite sur Nantes, rejetées dans l'intérieur de la Vendée. La suite des événements en eût été complètement changée [3].

Mais Canclaux rentra à Nantes et put y rétablir son armée et reconstituer ses approvisionnements. Trois jours après, il repassait la Loire [4], bien décidé cette fois, même s'il n'était pas soutenu par Rossignol, à s'attacher sans répit à l'ennemi, qu'il avait ordre de détruire et, pour ce

---

1. Le chevalier Duhoux d'Hauterive, officier vendéen, tué à la bataille de Savenay. On trouvera des détails complets sur toute cette partie de la campagne, notamment dans Chassin, *Vendée patriote*, III, et dans Deniau, *Histoire de la guerre de la Vendée*, 2ᵉ édition, II.

2. A Tiffauges, dans la soirée du 19 septembre (cf. le *Précis de Gibert*, 91, en note).

3. « L'armée de Mayence coupée de sa ligne de retraite, c'était la conquête de Nantes assurée aux Vendéens. Seuls d'Elbée et Bonchamps l'ont compris. » (Lieutenant-colonel d'Elbée, *Le généralissime d'Elbée*, 7.)

4. « L'armée se tiendra prête à marcher aujourd'hui entre neuf et dix heures du matin ; la générale en sera le signal. La colonne sera dans l'ordre direct.... » CANCLAUX. (*Ordre* du 25 septembre 1793, en copie, dans les papiers Chateaugiron de la collection Venture.)

faire, à abandonner, même, s'il était nécessaire, sa base de Nantes, après avoir assuré la défense de cette ville [1]. Il emmenait avec lui un administrateur du département de Maine-et-Loire, n'ayant alors aucun grade militaire, mais dont la sagacité et la grande connaissance du pays et des habitants devaient, à maintes reprises, être la sauvegarde de l'armée Républicaine. Je veux dire Savary. Né en Bretagne, ayant fait de fortes études littéraires et juridiques, il était, quelques années avant la Révolution, précepteur dans une famille noble des environs des Herbiers. Il avait parcouru et étudié la région et lié connaissance avec beaucoup de gens, notamment avec d'Elbée et un Breton, l'abbé Du Boueix, prieur-curé de Roussay, entre lesquels il avait négocié, tout au moins, des affaires d'intérêt. Fait prisonnier par les Vendéens lorsqu'ils s'emparèrent de Cholet, il avait été gardé par eux pendant un mois, avant de parvenir à s'évader. Comme Canclaux, il partageait les idées nouvelles, comme lui, il était partisan d'une sage modération. Je dirai plus loin comment il convient d'apprécier sa façon de traiter les documents historiques. Ses connaissances et sa capacité, très étendues, firent de lui l'un des plus utiles collaborateurs de Kléber, avec lequel il se lia. Il a composé ou contribué à composer une bonne partie des plans de marches et d'opérations, qui influèrent sur le succès final des armées de la République.

Canclaux était établi à Montaigu, avec l'armée, depuis quelques jours, lorsqu'il reçut notification de sa destitution, en vertu de la loi qui excluait des armées les officiers ci-devant nobles. En attendant l'arrivée de son succes-

[1]. « D'après une reconnaissance que je viens de faire et toutes mes réflexions, je prends le parti, s'il le faut, d'abandonner ma communication avec Nantes, en faisant mon dépôt et ma manufacture à Montaigu, où le commissaire des guerres trouvera des facilités, même pour un dépôt d'hôpital. Il aurait toujours fallu en venir là, quand l'armée aurait fait le coude, pour se porter sur Mortagne, au lieu qu'en me servant de Montaigu, je menace tous les points, soit d'attaque sur ma gauche, soit pour ma jonction en avant, soit par ma droite, si l'ennemi voulait se rassembler à Légé et se porter sur Machecoul et Port-Saint-Père. Voyez la carte et jugez-moi. » (*Canclaux à Grouchy*. Saint-Hilaire-de-Loulay, 29 septembre 1793. Arch. hist. de la guerre, V, 12.)

seur, il remit le commandement à Vimeux, l'officier général le plus ancien [1]. Mais, aussitôt, celui-ci se récusa, donnant pour raison son âge et ses fatigues. Le lendemain, un ordre des représentants confia cet intérim à Kléber.

Avec Bonaparte, Marmont a dit de Kléber, qu'il ne sut ni obéir ni commander; tous les deux ont eu tort. Soldat — trop soldat même au jugement de Rossignol [2] ! — son obéissance aux ordres reçus, et dont on trouvera nombre de preuves dans le cours de ce volume, servira à le démontrer. Son influence sur ses troupes, ce qu'il obtenait d'elles, démontre pareillement qu'il fut un véritable chef; son administration de l'Égypte, lorsqu'il y succéda, malgré lui, à Bonaparte, suffirait, à elle seule, à faire éclater l'inanité d'une telle imputation.

La vérité, c'est que Kléber avait en horreur la politique et les politiciens, comme, aussi, les généraux incapables, créatures de ces derniers. Esprit caustique et primesautier, ne sachant pas dissimuler ses sentiments, il laissait paraître trop facilement son mépris pour les hommes, dont il exécutait les ordres souvent ineptes. Il n'oublia jamais qu'après la capitulation de Mayence, l'état-major tout entier avait été incriminé de lâcheté par la Convention, et qu'il avait été, un instant, avec tous ses compagnons, sous le coup d'une accusation capitale [3]. Dès lors, cet homme dont la bravoure était déjà légendaire, et qui

---

1. Le 6 octobre.
2. « C'est un bon militaire faisant métier de la guerre, mais qui sert la République, comme il servirait un despote. » (*Rossignol au ministre de la Guerre*. Angers, 20 frimaire an II (10 décembre 1793). Arch. hist. de la guerre, V, à sa date... Savary, qui reproduit cette pièce (*Guerres des Vendéens*, II, 416-418), a écrit : « C'est un bon militaire *qui sait* le métier de la guerre, mais..., » etc. C'est malheureusement une habitude trop constante chez cet auteur de reproduire les textes, non pas tels qu'ils sont écrits, mais tels qu'il les comprend. M. Chassin, qui cite ce passage (*Vendée patriote*, III, 328), a copié Savary, sans se reporter à l'original.
3. « Oui, nous sommes les lâches de Mayence, disait Kléber dans son indignation, et cette épithète qui nous a été donnée par des hommes qui ne savent pas ce que c'est que la valeur, nous la porterons et nous saurons en faire un titre de gloire. Aussi avait-il coutume, pour désigner un de ses braves camarades du siège, de dire : C'est encore un de ces lâches de Mayence. » (Lubert d'Héricourt, *Vie du général Kléber*. Paris, 1801, p. 92.)

n'hésita jamais à prendre toutes les responsabilités dans un combat, éprouva, pour le commandement suprême, une aversion qu'il ne sut jamais plus dominer. Aussi, lorsqu'il apprit la réquisition des représentants du peuple du 7 octobre, sans aucun retard, il écrivit au ministre de la Guerre. « Me connaissant mieux que personne, lui disait-il, je dois à la cause sacrée que je défends, le sacrifice de mon amour-propre. Je dois dire que je n'ai ni assez de lumières, ni assez d'expérience, pour répondre d'une manière brillante à la marque de confiance des représentants du peuple. L'intérêt de la patrie m'est plus cher que ma réputation, et je le trahirais si je ne me dévoilais tout entier. Vous seriez plus coupable que moi, si vous n'aviez égard à la prière que je vous fais, de me soustraire au poids d'un fardeau trop lourd pour mes épaules [1]. »

Le même état d'esprit, la même pusillanimité selon le mot de Dubayet [2] lui fit, après la déroute d'Entrammes et de Château-Gontier, décliner l'offre des représentants et demander que le commandement fût confié à Chalbos. Plutôt que d'accepter pour lui-même, il eût préféré continuer à servir sous les ordres de Léchelle [3]. C'est pour la même raison qu'on le voit, quelques semaines plus tard, trouver cette combinaison bizarre, qui fait de Marceau un général commandant d'armée, sous l'autorité nominale de Rossignol, à la condition que le « fils aîné du Comité de Salut public [4] » restera personnellement à Rennes. Et c'est lui, Kléber, qui guidera, en fait, le jeune Marceau. Il n'en fait pas mystère. Il paraît tenir, au contraire, à ce que nul ne l'ignore. C'est pour le même motif que, plus tard, il se refusera à quitter l'armée de Sambre-et-Meuse pour prendre le commandement en chef de l'armée du Rhin devant Mayence, et qu'il s'irritera des instances de Marceau et d'Aubert-Dubayet. Enfin, on démêle un sentiment ana-

---

1. *Arch. hist. de la guerre*, V, 12.
2. **Aubert-Dubayet à Kléber.** Paris, 29 pluviôse an IV (18 février 1796). Lettre publiée par H. de Châteaugiron dans la *Revue rétrospective* de Taschereau, 1ʳᵉ série, V, 313-315.
3. Cf. ci-après, p. 256-257.
4. Le mot est de Prieur, de la Marne. Cf. ci-après, p. 312.

logue dans sa grande colère contre Bonaparte, lorsque celui-ci, ayant abandonné furtivement l'armée d'Orient et l'Égypte, le commandement en chef lui est remis. Sa fureur s'exhale, dans son rapport du 8 octobre 1799 au Directoire, contre le futur empereur [1]. Il faut que l'inéluctable devoir se dresse devant lui et qu'il n'ait personne à pousser devant, à sa place, pour qu'il se résigne à surmonter ce qu'il appelle, lui-même, son imbécile timidité [2].

Je me garderai de suivre pas à pas Kléber dans toute sa campagne, jusqu'à la bataille de Savenay. Les textes produits y suffisent amplement. Quant à cette dernière victoire, on doit regretter que l'auteur des *Mémoires* en ait dit quelques mots à peine ; d'autant plus que le vainqueur, c'est lui. J'avais pensé à suppléer à ce laconisme, en donnant le récit de Decaën, qui fut l'un des acteurs du drame. Cela semble inutile désormais, M. H. Prentout l'ayant publié récemment dans la *Révolution française* [3], d'après les manuscrits originaux de la bibliothèque de Caen. Je me crois obligé d'insister davantage sur toute la seconde partie du séjour de Kléber dans l'Ouest ; depuis sa rentrée à Nantes, avec Marceau et Tilly, dans la soirée du 24 décembre.

Tous trois furent reçus comme des libérateurs. Le lendemain, la Société populaire, dite Club de Vincent-la-Montagne, les invita à sa séance. Ils y furent l'objet d'une ovation ; on leur offrit des lauriers. Mais cet enthousiasme déplut au représentant Louis Turreau, qui protesta. Une scène violente s'ensuivit, dans laquelle l'honneur demeura aux généraux [4].

---

1. Voir ce rapport dans Rousseau, *Kléber et Menou en Égypte*, p. 76-84.
2. *Marceau à Kléber*. Coblentz, 3 pluviôse an III (22 janvier 1795), lettre publiée par Noël Parfait, dans *Le général Marceau*, p. 364.
3. Fascicule du 14 novembre 1906.
4. « Vous auriez ri de bon cœur, si vous aviez, comme moi, assisté à la séance qu'on fit en notre honneur au Club de Nantes. Kléber et Turreau s'y sont disputés et ont failli se battre. La ville avait été illuminée en notre honneur et une foule d'hommes et de femmes, précédée des autorités, s'est rendue avec des couronnes de laurier au-devant de la division de Tilly, qui précédait le reste de l'armée. Marceau, Kléber et Tilly ont été couronnés au Club et y ont reçu, du président, le baiser fraternel. Le représentant du peuple Turreau a prétendu qu'on devrait couronner les soldats

Cependant le général Turreau, l'ancien brigadier de Rossignol à l'armée des côtes de la Rochelle, cousin du représentant dont je viens de parler, avait été nommé commandant en chef de l'armée de l'Ouest, le 27 novembre. Il se décida, enfin, à venir prendre possession de son commandement et arriva à Nantes le 29 décembre. Ami de Robert et de Ronsin, protégé de celui-ci, il partageait leur haine contre Kléber et Marceau. Il le fit bien voir.

Le 30 décembre, Marceau eut une entrevue avec Turreau, chez Carrier, en présence de Bourbotte, de Tilly et de Westermann. L'explication entre le jeune commandant intérimaire et le nouveau chef fut très vive. Marceau, exaspéré par les mauvais procédés de son interlocuteur, alla jusqu'à le provoquer. Les représentants s'interposèrent. Turreau se fit remettre le service, puis enjoignit à Marceau de se rendre, sans délai, à Châteaubriant, pour prendre le commandement de l'arrondissement, assez mal délimité d'ailleurs, par l'armée des côtes de Brest, au nord, la Loire, au sud, la route de Nantes à Rennes, à l'ouest, et celle d'Angers à Alençon, par le Mans, à l'est. Marceau devait purger ce territoire des nombreuses petites bandes royalistes qui l'infestaient, derniers débris de l'armée Vendéenne détruite à Savenay, réunis aux Chouans du pays [1]. Pour opérer dans cet arrondissement considérable, Marceau disposait à peine d'une très faible brigade d'infanterie, composée de mauvaises troupes. Très mal portant déjà, il vit son état s'aggraver encore sous l'influence du découragement [2].

Kléber était demeuré à Nantes. Avec Savary, son collaborateur ordinaire, il s'employa à dresser un plan d'opérations faciles, destinées à pacifier, à peu près sans combat-

---

et non les généraux, et c'est ce qui a amené la dispute. » (*Benaben à Vial*, Nantes, 7 nivôse an II (27 décembre 1793), dans la *Revue de la Révolution*, de M. G. Bord, Documents inédits, V, 107.) — Sur le même sujet, cf. ci-après, p 506-508; et Garat, *Éloge funèbre des généraux Kléber et Desaix*, prononcé le 1er vendémiaire an *IX* (23 septembre 1800), à la place des Victoires, p. 76-77.

1. Cf. Savary, *loc. cit.*, II, 500 ; *Rapports* de Turreau au ministre de la guerre, des 29 décembre 1793 et 7 janvier 1794, aux *Arch. hist. de la guerre*, V, 5 et 6. Cf. également ci-après, p. 510.

2. Cf. ci-après, p. 509, note 4.

tre, la Vendée, en donnant des preuves de leur modération aux populations de cette région qu'ils connaissaient bien l'un et l'autre [1]. Mais Turreau, de concert avec son chef d'état-major, Robert, avait déjà décidé de transporter l'armée de l'Ouest sur la rive gauche et de la diviser en colonnes volantes, qui devaient sillonner le pays. C'était, à n'en pas douter, rallumer la guerre, dans une contrée déjà désolée et prête à se pacifier. Savary présenta à Turreau, le 7 janvier 1794, les observations rédigées par Kléber et par lui. « Ce n'est pas là mon plan », répondit simplement le général en chef. Kléber, effrayé des résultats qu'il prévoyait, tenta, de suite, une autre démarche auprès des représentants, et remit à Gillet une seconde note à laquelle Turreau fit le même accueil qu'à la première. De leur côté, Carrier et Gillet, tout en reconnaissant le bien fondé de ces avis, déclarèrent qu'ils avaient l'ordre du Comité de Salut public, de ne plus se mêler en rien des mouvements de l'armée [2]. Ce plan de Kléber et de Savary, repris plus tard par le général Hoche et adapté par lui aux nécessités du moment, devait aboutir à la première Pacification [3].

Il n'y avait plus rien à faire à ce sujet. Pendant qu'il s'efforçait ainsi, sans succès, de conjurer les dangers d'une seconde guerre de la Vendée, l'ancien Mayençais n'oubliait pas les sentiments de commisération qu'il avait éprouvés à la vue des atrocités exercées, à Nantes, contre les prisonniers Vendéens et les autres malheureux détenus. Il seconda de tout son pouvoir les efforts de Savary pour obtenir de Carrier l'élargissement des vieillards, des femmes et des enfants. Mais Carrier, après avoir autorisé Savary à dresser la liste de ceux qui devaient être mis en liberté, se refusa à signer l'ordre nécessaire. Kléber fut plus heureux, en s'interposant pour empêcher qu'on réintégrât à l'Entrepôt les enfants Vendéens, que

---

1. Ce document a été publié par Savary (*loc. cit.*, III, 22-25); je n'ai pas cru devoir le reproduire dans le présent volume.
2. Cf. Savary, *loc. cit.*, III, 25-28. La seconde *Note* de Kléber s'y trouve rapportée.
3. Cf. Ernouf, *Le général Kléber*, 101; Chassin, *Vendée patriote*, III, 457.

des personnes charitables avaient été autorisées à en faire sortir, pour les soustraire à l'épidémie et au typhus qui sévissaient « dans cet antre d'infection [1] ».

Dès le lendemain du jour où il avait osé présenter, pour la Vendée, un plan qui ne correspondait pas aux idées de Turreau, Kléber reçut l'ordre de se rendre à Châteaubriant, afin d'y suppléer Marceau, sérieusement malade. En allant prendre congé du représentant Gillet, il apprit que, sur la demande du général en chef de l'armée de l'Ouest, l'ordre avait été donné d'évacuer Cholet et de faire sauter le château de Montaigu, de peur qu'il ne tombât au pouvoir des Vendéens. Il sut faire valoir d'assez fortes raisons, pour que l'exécution de l'ordre concernant Montaigu fût suspendue [2]. Le 10, il partait pour Châteaubriant, où il trouvait Marceau en proie à une crise vésicale qui lui donna de vives inquiétudes. Grâce à son insistance auprès de Carrier [3], il obtenait, quelques jours après, qu'un congé fût accordé à son ami. Celui-ci put enfin aller se faire soigner. Il partit pour Rennes le 19 janvier. Le 20, Kléber était investi du commandement à sa place. Mais, pas plus que Marceau, il ne pouvait remplir la mission qui lui était confiée. Il disposait à peine de trois cents hommes de troupe de ligne, restes de deux anciens bataillons mayençais, avec quelques centaines d'hommes de nouvelle levée, des gardes nationaux dont beaucoup pactisaient avec les Chouans, et quelques pelotons de cavaliers. Encore, près de douze cents de ces hommes manquaient-ils de tout : vêtements, chaussures, armes, même [4]. Il se trouva donc réduit à l'inaction, d'autant plus que les ravages, exercés dans la Vendée par les colonnes infernales de Turreau, devaient faire craindre un nouvel exode des populations de cette malheureuse contrée, et qu'il dut, pour parer à cette éventualité, échelon-

---

[1]. Savary, *loc. cit.*, III, 30-32.
[2]. Cf. Savary, *loc. cit.*, III, 29, et l'enquête sur l'évacuation de Cholet, aux *Arch. hist. de la guerre*.
[3]. « Carrier m'a paru un grand enfant qui aurait eu besoin de bonnes lisières, ou d'occuper une place à Charenton. » (Savary, *loc. cit.*, III, 32.)
[4]. Cf. Savary, *loc. cit.*, III, 29, 179 ; et ci-après, p. 509, 511.

ner, le long de la rive droite de la Loire, sous les ordres de l'adjudant général Delaage, une grande partie de son petit contingent. Demeuré à Châteaubriant, comme en une « espèce d'exil [1] », il s'occupa de rédiger ses *Mémoires*.

Les opérations de Turreau avaient justifié complètement les appréhensions de Kléber. La guerre avait repris partout en Vendée. Si, cette fois, elle ne mettait plus la République elle-même en péril, elle n'en constituait pas moins un danger permanent. On pouvait craindre à chaque instant une descente des Anglais. Incapable de reconnaître l'erreur criminelle de sa conception, le général en chef avait besoin de grouper le plus possible de troupes à Saumur et aux environs. Le 10 février, il se décida à y appeler Kléber avec toute son infanterie [2]. Kléber arriva à Angers trois ou quatre jours après [3].

Mais, sur ces entrefaites, le 31 janvier [4], le Comité de Salut public avait arrêté qu'une descente serait tentée, entre le 19 et le 25 février, sur les Iles anglaises. Des ordres furent donnés pour concentrer, aussi secrètement que possible, un corps d'armée destiné à s'emparer de Jersey, Guernesey et Aurigny : vingt mille hommes d'infanterie, deux à trois cents cavaliers et deux cents artilleurs avec quelques pièces de canon [5]. Rossignol fut chargé de réunir ces troupes, qui devaient être fournies par les armées de l'Ouest, des côtes de Brest et des côtes de Cherbourg. Le Comité délégua, sur place, Billaud-Varenne, l'un de ses membres, avec des pouvoirs illimités, pour exécuter les mesures prises et exciter le zèle du général [6]. Avec les moyens d'action très défectueux dont il dispo-

---

1. Savary, *loc. cit.*, III, 29.
2. *Turreau à Kléber*. Nantes, 10 février 1794. Ordre publié par Savary, *loc. cit.*, III, 179, et dont l'original n'a pas été retrouvé.
3. Cf. Savary, *loc. cit.*, III, 209.
4. 12 pluviôse an II.
5. Cf. l'arrêté, aux *Arch. nat.*, AF, II, 202, reproduit par M. Aulard, dans son *Recueil des actes du Comité de Salut public*, t. VII. Les autres arrêtés concernant cette descente figurent, avec d'autres pièces, aux t. VIII et IX du même *Recueil*.
6. 29 pluviôse an II (17 février 1794).

sait, Rossignol se mit à l'œuvre. Pour faciliter son travail, le gouvernement élargit la circonscription territoriale de son armée, en y ajoutant le département de la Mayenne et les parties des départements de l'Ille-et-Vilaine et de la Loire-Inférieure, qui étaient alors dans la zone d'action de l'armée de l'Ouest, c'est-à-dire l'arrondissement de Kléber presqu'en entier.

Le 13 février, Rossignol appela ce général auprès de lui. L'avis parvint à Kléber le 17, à Angers. Il partit pour Rennes le jour même [1]. Là, Rossignol le mit au courant du projet d'expédition et lui apprit qu'il était destiné à y prendre part, à la tête d'une brigade. Sa nomination, comme général de division, n'avait pas encore été confirmée. Mais il fut impossible de réunir, en temps utile, la quantité de troupes nécessaire. Turreau, notamment, opposa un mauvais vouloir absolu et, malgré les ordres du Comité de Salut public, refusa de fournir les cinq mille hommes qu'il devait détacher de son armée, à cet effet. L'entreprise dut être abandonnée. Kléber était rendu à Saint-Malo depuis longtemps déjà et chargé de détails de service. Le 4 mars, il dut, sur l'ordre de Rossignol et des représentants, faire arrêter l'adjudant-major du premier bataillon parisien de réquisition, et procéder au désarmement et au licenciement de ce bataillon, qui s'était mutiné, exigeant d'être renvoyé dans ses foyers [2].

Cependant, la concentration des troupes dans les environs immédiats de Saint-Malo avait obligé à dégarnir les postes de l'intérieur. Les Chouans en profitèrent pour reprendre, de tous côtés, l'offensive, selon les instructions de Puisaye. Un peu partout, dans la région, des convois furent enlevés, des communes, aux administrations républicaines, saccagées, des diligences arrêtées et pillées, des patriotes notoires, maltraités ou tués. Les plaintes des administrations locales affluèrent ; le gouvernement s'émut

---

1. Cf. Savary, *loc. cit.*, III, 209.
2. Les arrêtés des représentants et les ordres de Rossignol (3 et 4 mars) se trouvent aux *Arch. hist. de la guerre*, V, 15, et registre de correspondance de Rossignol. Une partie, au moins, des mutins fut internée dans les prisons de diverses places normandes.

et donna des ordres pour que la plus grande partie des troupes, désormais inutiles à Saint-Malo, fussent employées à réprimer ce mouvement, imprévu pour le pauvre Rossignol. Kléber reçut de lui le commandement de quelques milliers d'hommes, avec lesquels il devait désarmer les communes suspectes et détruire les Chouans des environs de Vitré, Fougères, Laval, Craon, etc.; opérations où les généraux Chabot et Beaufort avaient échoué. Il quitta Saint-Malo le 27 mars.

La chose, d'ailleurs, n'allait pas sans de grandes difficultés, dans un pays accidenté et couvert de forêts, où la grande majorité des habitants était favorable aux insurgés. Kléber établit d'abord son quartier général à Vitré. Son premier soin fut de placer de forts cantonnements sur les points principaux. Il confia à Chabot le commandement des postes répartis dans les arrondissements de Mayenne, Laval et Craon; au commandant Bernard, celui de Fougères; à Bouland, celui d'Ernée. A Decaën, son ancien adjoint de la première campagne, il confia le cantonnement, très important, de la Gravelle, qui commandait toutes les communications entre Laval, Rennes, Fougères, Vitré, Craon et Châteaubriant. Vérine, dont l'habileté comme officier du génie était justement réputée, fut chargé de défendre la place de Vitré. Trehour eut le commandement du poste de la Guerche-de-Bretagne, et Bouchotte, frère du ministre de la guerre, celui de Saint-Aubin-du-Cormier [1].

Rossignol voulait faire appliquer sur son territoire les prescriptions du décret du 1er août 1793, ordonnant la destruction de la Vendée et la déportation des habitants [2]. Mais Kléber ne disposait ni du temps, ni des moyens matériels, nécessaires à l'exécution de pareilles mesures. Il se révoltait à la pensée de détruire les immenses approvisionnements de céréales et autres qu'il rencontrait à chaque pas. Malgré des battues répétées et bien conduites,

---

[1]. Cf. Savary, *loc. cit.*, III, 450, 451, et les pièces produites ci-après, p. 519 et suiv.

[2]. Cf. Savary, *loc. cit.*, III, 451. On trouvera ci-après, p. 430-432, le texte de ce décret, d'ailleurs bien connu.

il obtenait peu de résultats. Car les Chouans, connaissant les moindres sentiers du pays, les plus petits halliers, les « caches » les plus secrètes, échappaient le plus souvent aux recherches. Répartis en une infinité de petites bandes, composées parfois de quelques hommes seulement, ils disparaissaient au moindre mouvement des troupes Républicaines et surgissaient tout à coup, nombreux, là où on les attendait le moins.

Ils étaient partout et nulle part [1]. Très convaincu de la nécessité de suivre, dans la répression, une méthode raisonnée et dont il ne faudrait pas se départir un seul instant, Kléber avait dressé un nouveau plan, dont l'exécution aurait, sans doute, là encore, amené peu à peu la fin des hostilités et la pacification du pays [2]. Malheureusement, ni son général en chef, ni les représentants en mission n'étaient capables de comprendre que des mesures purement révolutionnaires ne suffisaient pas pour remédier à l'état de choses existant. D'ailleurs le Comité de Salut public, qui avait besoin de rassurer immédiatement l'opinion générale, inquiète, harcelait les commissaires de la Convention et Rossignol, et ceux-ci, à leur tour, se retournaient vers Kléber. Des tiraillements inévitables en résultaient : celui-ci en était excédé.

D'autres difficultés lui furent suscitées par Turreau. Toujours haineux et jaloux, le général en chef de l'armée de l'Ouest n'entendait pas lui laisser poursuivre ses opérations contre les Chouans, dans les régions de Laval,

---

1. « Je vous adresse aujourd'hui, 4 floréal an II (23 avril 1794), quelques rapports qui n'ont aucune importance. S'ils passaient par les mains de Rossignol, il en ferait des victoires. Il n'en serait rien et les Chouans se riraient toujours de notre jactance. J'ai reçu d'eux beaucoup de coups de fusil, qui ont porté. J'ai riposté, et je n'ai pas eu le bonheur de venger nos frères morts. On ne voit les Chouans qu'à leur loisir... La guerre des frontières est un jeu auprès de celle des Chouans. » (*Kléber au Comité de Salut public*; lettre citée par Pajol, *Kléber*, p. 101.)

2. « Le général Kléber a réduit la guerre que nous faisons aux Chouans à un système, au moyen duquel on peut la terminer avec avantage. Il ne faut pas être étonné si dix mille hommes y sont employés, parce qu'ils sont divisés sur une surface d'environ trois cents lieues carrées, dans le pays le plus couvert, le plus coupé de la France. » (*Rossignol à la Commission du mouvement des armées*. Laval, 1er mai 1794. Lettre citée par Savary, *loc. cit.*, III, 516.)

Craon [1], Châteaubriant [2] et Segré [3], qu'il prétendait faire encore partie de son propre commandement. Il en résulta forcément que les Chouans, poursuivis et traqués sur le territoire de l'armée des côtes de Brest, se réfugiaient sur celui de l'armée de l'Ouest, et que Kléber était obligé de se concerter avec les officiers de Turreau, avant de rien entreprendre. C'était Savary qui commandait à Châteaubriant et à Segré. Il partageait trop complètement les sentiments de Kléber, pour n'être pas entièrement à sa disposition. Mais il appartenait à l'armée de Turreau, et les deux amis ne pouvaient rien faire, sans observer les formes prescrites par les règlements. De là, des retards préjudiciables et un défaut, non moins dangereux, de concordance dans les mouvements. Chose plus grave encore, Turreau et Robert, qui n'aimaient pas plus Savary que Kléber, avaient laissé à la disposition du premier moins de cinq cents hommes en état de servir, pour garder un territoire très boisé, s'étendant sur quarante kilomètres, en longueur [4].

Écœuré, Kléber sollicita du gouvernement un emploi de son grade dans l'une des armées de la frontière. On lui objecta, de Paris, qu'aux termes de la capitulation de Mayence, il ne pouvait servir contre les Alliés avant l'expiration de l'année convenue, c'est-à-dire le 24 juillet, au plus tôt. Jusque-là, il risquait, s'il était pris, d'être passé par les armes. On connaîtrait bien mal le caractère du général si l'on pouvait penser qu'un pareil obstacle était capable de l'arrêter. Il insista au contraire, déclarant qu'il entendait dégager complètement la responsabilité du Gouvernement sur ce point, en ce qui le concernait personnellement.

1. Dans la Mayenne.
2. Dans la Loire-Inférieure.
3. En Maine-et-Loire.
4. « Tu sais que je n'ai ici, à ma disposition, que cent vingt hommes d'infanterie et cinquante de cavalerie, dont trente seulement sont en état de faire le service. Pouancé, à trois lieues d'ici, a un poste de cent hommes d'infanterie et trente de cavalerie. Il y a à Segré environ deux cents hommes. Voilà tout ce que j'ai dans un espace de huit lieues, renfermant cinq forêts et beaucoup de taillis. » (*Savary à Robert*, Châteaubriant, 29 avril 1794. Lettre reproduite par Savary lui-même, *loc. cit.*, III, 452-453.)

Ces démarches ne l'empêchaient pas de continuer la poursuite des Chouans. Il ordonna une battue générale, à laquelle participèrent tous les cantonnements. Commencée le 24 avril (5 floréal an II) [1], elle se poursuivit jusqu'au 28. Le résultat en fut, du reste, très médiocre [2].

Le représentant François de La Primaudière [3] avait été envoyé dans l'Ille-et-Vilaine et dans la Mayenne, pour établir dans ces départements le Gouvernement révolutionnaire, de concert avec son collègue Esnue-la-Vallée, et y prendre toutes les mesures que pourrait nécessiter le salut public, conformément au décret du 14 frimaire an II (4 décembre 1793) [4]. Il se trouvait à Laval le 30 avril 1794. Kléber y vint conférer avec lui et Rossignol sur les moyens à employer contre les Chouans. C'est au cours de cette conférence qu'il reçut, de la Commission du mouvement des armées, l'arrêté du Comité de Salut public qui le nommait à l'armée du Nord, sous les ordres de Pichegru. Rapidement, il regagna Vitré pour y régler différentes questions de service et remettre son commandement au général Chabot, en attendant l'arrivée de

---

[1]. Cf. ci-après, p. 418-423.

[2]. « D'après un plan combiné du général Kléber, nous venons de fouiller les forêts qui nous environnent, pendant que, de son côté, il faisait traquer toutes celles où se retirent les Chouans. Cette fouille a commencé le 24. et n'a fini qu'hier. Les cantonnements de Craon, Segré, Pouancé et Châteaubriant réunis, formant environ six à sept cents hommes, ont parcouru les forêts d'Ombrée, de Juigné, d'Araise, les bois taillis, villages, etc., sans rencontrer ni Chouans ni Vendéens. Pendant que nous étions occupés à parcourir les forêts, les Chouans étaient à quelques lieues de là, retirés dans les blés, sur les bords des routes, où ils attendaient les passants pour les assassiner. Le 27, au matin, ils ont égorgé cinq à six cavaliers du 2ᵉ régiment et une femme, qui se rendaient de Candé à Segré, escortant les équipages. » (*Lettre* précitée de Savary à Robert, *loc. cit.*, III, 454.)

[3]. René-François de La Primaudière, né à Sablé, en Anjou, le 18 octobre 1757; avoué près le tribunal du district de sa ville natale, député de la Sarthe à l'Assemblée législative, à la Convention, puis au Conseil des Anciens. Il vota la mort du roi. Sorti du Corps législatif en 1797, il fut nommé contrôleur des dépenses de l'armée française, en Italie, le 3 juillet. Rentré au Conseil des Anciens le 4 septembre 1798; nommé inspecteur des forêts du département de la Mayenne, en 1801. Mort à Sablé le 4 janvier 1816. Pendant qu'il fit partie de la Convention, il se fit appeler François et signa de ce seul prénom.

[4]. Cf. l'arrêté du Comité de Salut public, pris le même jour, pour l'exécution de ce décret et publié par M. Aulard, dans son *Recueil*, IX, 743-748.

Vachot, désigné pour lui succéder. Il quitta définitivement la région de l'Ouest le 4 ou le 5 mai.

Les *Mémoires militaires* de Kléber sur la Vendée sont connus dans leurs parties principales. Cependant ils n'ont point encore fait, jusqu'ici, l'objet d'une publication textuelle et intégrale. Dans son grand ouvrage sur les *Guerres des Vendéens et des Chouans contre la République française... par un ancien officier supérieur...* [1], Savary, qui fut l'ami, le confident et le collaborateur de Kléber, en a donné un grand nombre de longs extraits. Malheureusement, à l'époque où il faisait sa compilation, les historiens n'avaient pas, comme de nos jours, le respect des textes qu'ils reproduisaient. Comme je l'ai déjà fait remarquer, ils publiaient ces textes, non pas tels qu'ils sont, mais bien plutôt tels qu'ils les entendaient eux-mêmes. Au cours de ce volume, je signalerai un certain nombre des libertés prises, par Savary, avec la rédaction de son ancien général. Tantôt il supprime ce qui lui paraît inutile ; tantôt il modifie les mots ou les phrases ; tantôt il intervertit l'ordre du récit ; tantôt, encore, il intercale dans ce récit des passages entiers, tirés de son propre fonds, probablement, mais qui, sûrement, en tous cas, n'existent point dans le texte qu'il prétend publier. Ou bien, enfin, il donne comme venant de lui-même des parties notables, empruntées à Kléber.

De ce qui précède, je ne veux point inférer que Savary ait usé de mauvaise foi. Rien ne permet de le présumer. Encore une fois, cette méthode était d'usage courant à son époque. Il pouvait d'ailleurs se croire autorisé, jusqu'à un certain point, à agir comme il l'a fait. Car il ne paraît pas douteux qu'il ait contribué, dans une large mesure, à l'élaboration des *Mémoires*. Kléber a dit en parlant de lui : « Ce brave homme est peut-être l'unique qui puisse écrire fidèlement sur l'origine et les progrès de la guerre de la Vendée [2]. » Et, de fait, il est vraisemblable de penser qu'il

---

1. Paris, Baudouin frères, 1824-1825, 6 vol. in-8.
2. Voir ci-après, p. 208, note 2.

a fourni les matériaux, sinon la rédaction elle-même, de la première partie des *Mémoires*, où sont dépeints le pays, qu'il habitait avant la Révolution, et les mœurs des habitants, qu'il avait pu étudier tout à loisir. Le style, lourd et quelque peu prétentieux, de l'ancien précepteur, très différent de celui du récit des événements — et très inférieur aussi — s'y retrouve beaucoup mieux qu'on n'y reconnaît la verve mordante, primesautière et sans apprêt, habituelle au général. La description de Poitiers, où celui-ci n'a jamais mis les pieds, que l'on sache, les dissertations sur le clergé et la noblesse, peuvent aussi provenir de Savary, mêlé de très près aux querelles religieuses et politiques des premières années de la Révolution dans la région choletaise, d'abord comme juge, puis comme président du tribunal du district et, enfin, comme administrateur et commissaire civil du Département de Maine-et-Loire. Damas, qui s'était lié avec Kléber pendant le siège de Mayence et qui arriva dans l'Ouest avec lui, peut avoir fourni des renseignements d'ordre militaire.

A l'aide des témoignages ainsi recueillis [1], de ses notes journalières, de ses souvenirs personnels tout récents, des pièces qu'il avait entre les mains, Kléber lui-même rédigea, hâtivement, tout au moins une sorte de brouillon pendant ses loisirs forcés de Châteaubriant [2], c'est-à-dire entre le 18 janvier et le 10 février 1794. Il explique d'ailleurs catégoriquement les raisons qui l'ont décidé à écrire : c'est pour protéger, d'avance, son honneur de soldat contre « les rapports boursouflés et dégoûtants de mensonges » qu'il voyait « faire, sans cesse, des différentes actions de guerre », tant de la part des Républicains que de celle des Vendéens, qu'il s'est déterminé à tenir des journaux exacts de tous les faits « dont il serait le témoin, de tous les événements auxquels il aurait « pris quelque part, depuis qu'élevé au grade de général », il était « destiné à jouer un rôle » dans cette « lutte sanglante [3] ». Brusquement rappelé par Turreau, le 10 février, on doit voir, dans

1. Cf. ci-après, p. 2.
2. Voir ci-dessus p. xx.
3. Voir ci-après, p. 71.

son empressement à reprendre une vie active, l'une des causes pour lesquelles la fin de son récit est si fâcheusement écourtée. Il en existe encore au moins une autre, qu'il fournit lui-même. Sa plume, dit-il, se refuse à décrire les atrocités exercées contre les Vendéens et « les scènes sanglantes et inouïes » dont Nantes fut particulièrement le théâtre [1]. La date de son départ de Châteaubriant (10 février) explique encore pourquoi il n'a pu faire aucune allusion à sa courte campagne, postérieure de plusieurs semaines, contre les Chouans.

Lubert d'Héricourt, un de ses premiers biographes [2], peu exact, il faut le reconnaître, en bien des points, rapporte que Kléber confia la rédaction définitive de ses *Mémoires* sur la Vendée à son aide de camp, Strolz [3]. Malgré de nombreuses recherches de différents côtés, je n'ai pas pu trouver d'indication me permettant de contrôler ce dire. Il n'apparaît pas de raison d'en contester la véracité. Si l'on tient le fait pour exact, il permettra de fixer cette rédaction à la fin de l'année 1794, ou au commencement de 1795, pendant le blocus de Mayence. C'est, en effet, le 22 septembre 1794, que Strolz devint aide de camp de Kléber. Il se retira quelques mois après, à la suite d'une brouille entre eux, amenée par les taquineries et les violences de langage de son chef [4]. Quoi qu'il en

---

1. Cf. ci-après, p. 241-242.
2. *Vie du général Kléber*, par Lubert d'Héricourt. Paris, impr. de Huguenin, 1801. In-8 de 129 p.
3. Cf. *loc. cit.*, p. 98.
 Jean-Baptiste-Alexandre Strolz, né à Belfort, le 6 août 1771; chasseur à cheval au 1er régiment, le 8 avril 1793; aide de camp du général Kléber, le 22 septembre 1794; sous-lieutenant au 16e régiment de chasseurs, le 26 décembre 1795; aide de camp du général Hatry, le 2 janvier 1798; capitaine, le 23 juin 1798; général de brigade, le 30 octobre 1807; premier écuyer et aide de camp du roi Joseph; gouverneur de Strasbourg, le 26 mars 1815; mis en non-activité le 25 juillet suivant; commandant supérieur du département du Finistère et de la place de Brest, le 8 novembre 1820; mis en disponibilité, en 1821; inspecteur général de gendarmerie, le 1er septembre 1830; député de 1834 à 1836; retraité le 15 août 1839. Mort à Paris, le 27 octobre 1841. Il était chevalier de la Légion d'honneur, du 5 germinal an XII (26 mars 1804), grand officier, du 18 avril 1834, chevalier de Saint-Louis, du 1er novembre 1814. Il avait épousé, le 28 avril 1818, Rose-Louise-Éléonore-Virginie Boinet.
4. Cf. Lubert d'Héricourt, *loc. cit.*, p. 55, note 1.

soit, il n'est pas contestable que cette rédaction fut faite sous la direction du général. Le manuscrit en effet porte, de lui, des corrections, des additions et des passages entiers, autographes.

Ce manuscrit est d'une assez bonne écriture courante du temps, facile à lire presque dans toutes ses parties, malgré de nombreuses abréviations de mots. L'orthographe en est très fantaisiste, comme presque toujours dans les documents de l'époque. Une grande quantité de noms propres y sont dénaturés; tellement, parfois, que beaucoup seraient impossibles à identifier et à rétablir, pour un étranger au pays, peu familiarisé avec son histoire et avec la façon de parler de nos paysans.

L'authenticité des *Mémoires* paraît indiscutable. Je viens de dire qu'ils portent les traces autographes du travail personnel de Kléber. La relation, notamment, de ce qui s'est passé au conseil de guerre tenu à Saumur, le 2 septembre 1793, existe encore, écrite en entier de sa main, sous la dictée du général Vergnes [1]. Il l'a fait recopier textuellement, à la place voulue, dans son œuvre. L'existence de celle-ci est affirmée, dès l'année 1800, par Garat, dans son *Éloge funèbre des généraux Kléber et Desaix*, prononcé le 1er vendémiaire an IX (22 septembre 1800), à la place des Victoires [2]. Cet orateur officiel parle d'après les renseignements que lui avait fournis Savary [3]. Lubert d'Héricourt atteste pareillement cette authenticité, dans sa *Vie du général Kléber*, parue en 1801 [4]. Hippolyte de Châteaugiron, sur lequel je reviendrai tout à l'heure plus longuement, sa mère, sa sœur,

---

[1]. Cette pièce est écrite sur douze pages petit in-4, jointes au manuscrit des *Mémoires* aux Arch. hist. de la guerre. Voir ci-après, p. 105-113.

[2]. « Un homme tel que Kléber a toujours des moyens de rendre son repos, même, utile à la patrie. Il écrivait, à Châteaubriant, une histoire de ces guerres de la Vendée. Elle ne sera perdue ni pour la nation, ni pour la postérité. » (Garat, loc. cit., p. 28.)

[3]. « Savary... m'a fourni les notes sur cette guerre. » (*Ibid.*, p. 1.)

[4]. « Il n'entre pas dans mon plan de parler des campagnes de Kléber dans la Vendée. Les *Mémoires* en paraîtront sûrement, car il les a fait rédiger, sous ses yeux, par le citoyen Strolz, son aide de camp. » (Lubert d'Héricourt, loc. cit., p. 98.)

les ont eus entre les mains, antérieurement à 1802 [1], et le premier en a fait de nombreux extraits et résumés, en tête desquels il a placé le nom de Kléber Buquet, l'aide de camp de celui-ci en Vendée, les a reçus de Mme de Châteaugiron et il les a « passés » à Decaën, un autre fidèle du général [2]. Et ni l'un ni l'autre n'ont contesté la paternité de ces *Mémoires*, à leur ancien chef. Ils eussent été pourtant mieux autorisés que quiconque à le faire, si elle eût été supposée. Car l'un et l'autre sont cités en bien des pages du manuscrit, ayant pris part, tous deux, aux événements qui s'y trouvent rapportés. Rappellerai-je une fois de plus ici ce que j'ai rapporté déjà en ce qui concerne Savary ? Plus récemment, le baron Ernouf, fils et petit-fils d'amis, de camarades de Kléber, dit la même chose, en termes identiques [3]. De même encore, le général Pajol, dont le père avait été l'aide de camp de Kléber, à l'armée de Sambre-et-Meuse [4]. M. Chassin, au cours de ses recherches pour ses *Études documentaires* sur les guerres de la Vendée, a eu le manuscrit entre les mains, et, nulle part, dans ses onze volumes, il n'a suspecté son origine [5]. Cependant, le 30 mai 1896, dans l'*Intermédiaire des chercheurs et curieux* [6], un ancien notaire d'Ancenis, M. Dieuaide, a déclaré tenir pour apocryphes — sans les avoir vus — les *Mémoires* qui nous occupent ! Il faut

---

1. « Mme Châteaugiron avait eu la bonté de me prêter les manuscrits du général Kléber sur la guerre de la Vendée. Je les ai passés au général Colaud et celui-ci, au général Decaën. » (*Buquet à Damas*, Metz, 24 prairial an IX-14 avril 1802.) L'original de cette lettre se trouve aux *Arch. hist. de la guerre*, V, 5, parmi les correspondances relatives à la bataille de Savenay.
2. Voir la note précédente.
3. « Peu de jours après, Kléber reçut l'ordre de se rendre à Châteaubriant... où il s'occupa de la rédaction de ses notes sur la précédente campagne. » (Ernouf, *loc. cit.*, p. 102-103.) Le *Kléber* de cet auteur a paru en 1867, chez Didier et Cie.
4. Général Pajol, *Kléber, sa vie, sa correspondance*, paru en 1877, chez Firmin-Didot.
5. Cf. notamment sa *Vendée patriote*, III, *passim*.
6. Il s'agissait de la délivrance, par Bonchamps, des prisonniers de Saint-Florent, rapportée par Kléber (Cf. ci-après p. 229-230 et la note). Les lecteurs, que la discussion soulevée par M. Dieuaide pourrait intéresser, la trouveront dans l'*Intermédiaire*, XXXII, 556, 557; XXXIII, 104-108, 269, 270, 380-383, 620-622; elle a été reprise avec plus d'étendue par l'auteur de la présente introduction, dans *Bonchamps et le passage de la Loire*, p. 71-80.

ajouter que c'était là, pour lui, un argument — incident et désespéré — invoqué pour défendre une autre cause, mauvaise, à mon humble avis. Il faut croire, d'ailleurs, que la discussion ainsi soulevée par lui modifia son opinion ; car il ne répondit rien aux preuves ni aux arguments qui lui furent opposés. Il ne semble pas y avoir lieu de s'étendre davantage ici sur ce sujet. La cause paraît entendue.

Dans son avis *au Lecteur*, Kléber annonce que son œuvre se composera de quatre parties. La dernière devait esquisser « le tableau des scènes tragiques qui ont désolé une grande partie des départements de l'Ouest » depuis la bataille de Savenay jusqu'à la Pacification [1], et contenir les appréciations de Kléber sur les événements et les hommes qui y furent mêlés, ainsi que les incidents ou anecdotes, qui n'auraient pu trouver place dans le corps du récit. A la fin, l'auteur devait donner ce qu'il aurait pu recueillir des règlements civils ou militaires, édictés par les chefs Vendéens [2]. Malgré des recherches poursuivies pendant plus de dix ans, un peu partout, je n'ai rien pu rencontrer de tout cela. Cette partie a-t-elle jamais été écrite? Je dois avouer que je l'ignore. D'une part, l'affirmation de Kléber est formelle. De l'autre, aucun des écrivains, qui ont emprunté tant de choses à ses *Mémoires*, n'a fait mention d'appréciations ou d'anecdotes rapportées par le général, ailleurs que dans les documents émanés de lui, que nous connaissons. Savary lui-même n'en fait pas état. Ceux qui ont donné le texte ou l'analyse de règlements établis par les Vendéens, ont puisé à d'autres sources. La chemise du dossier contenant le manuscrit que je publie porte cette note d'une écriture relativement récente : « La quatrième partie manque ».

Ce dossier figure aux Archives historiques du ministère de la Guerre, sous la cote actuelle : *Mémoires historiques, 2ᵉ période, 4ᵉ division : Vendée (1793-1800), nᵒ 159* [3]. Les deux pièces qui terminent le présent vo-

1. Cf. ci-après, p. 1, 2, 88.
2. Cf. ci-après, p. 81-82.
3. Anciennes cotes du Registre général : 14425-A à 14425-G.

lume [1] indiquent l'époque où il est entré dans ce dépôt et dans quelles circonstances. Il a été remis au ministre, en 1809, par le général Damas, qui en était dépositaire. Damas ne s'en est point dessaisi de son plein gré. Il y a été contraint par une demande de l'Empereur. Napoléon se souvenait, en effet, des reproches sanglants adressés à Bonaparte par son successeur à la tête de l'armée d'Égypte. Son souci était d'éviter la divulgation de faits ou d'appréciations peu favorables pour lui. La demande, — qui était un ordre, — concernant la remise des *Mémoires* sur la Vendée, dont l'existence était certaine, a servi d'occasion pour réclamer ce que Kléber avait bien pu écrire sur les affaires d'Orient. La lettre de Beugnot ne laisse aucun doute à cet égard. Tel qu'il existe aujourd'hui, ce manuscrit comprend onze cahiers in-folio, d'épaisseur variable, suivant le nombre de pages dont chacun d'eux est composé. Plusieurs de ceux-ci font double emploi, quant au sujet qu'ils traitent, sans cependant que la rédaction des uns et des autres soit absolument semblable. Ces deux leçons, différentes en la forme, se rapportent exclusivement à la partie des *Mémoires* relative aux observations préliminaires sur le pays, sa topographie et l'état des esprits. J'ai cru devoir incorporer dans le texte les parties de cette double rédaction qui pouvaient présenter quelques dissemblances. Cette incorporation n'est pas allée sans m'obliger à certaines répétitions. Il m'a été impossible de les éviter, en raison de la volonté que j'avais de ne pas modifier les textes.

Entre autres annotations, j'ai cru devoir accompagner la relation de Kléber d'extraits empruntés particulièrement à des personnages, tant républicains que royalistes, ayant été mêlés aux événements dont il est question : Savary, Choudieu, Chalbos, Westermann, Rossignol, Poirier de Beauvais [2], Lucas de la Championnière, So-

---

1. Voir ci-après, p. 545-547.
2. *Mémoires inédits de Bertrand Poirier de Beauvais, commandant général de l'artillerie de la Vendée*, publiés par Mme la comtesse de La Bouëre. Paris, 1893.

lilhac [1], etc. Kléber n'a pu considérer les choses que du point de vue où il était placé. En donnant ces extraits, je voudrais avoir un peu élargi son horizon.

Les *Mémoires militaires* ne sont pas le seul document que Kléber ait laissé. Indépendamment de ceux de ses rapports et de ses plans de campagne publiés par Savary et par M. Chassin, son *Livre d'ordres* existe encore. Au milieu de nombreux détails de service, qui paraîtront, peut-être, fastidieux et inutiles, il contient beaucoup de renseignements historiques ou techniques, permettant de mieux connaître les deux campagnes du général, en Vendée et au nord de la Loire. Il constitue un témoignage important, au jour le jour, sur l'état de l'armée, ses marches, ses séjours divers à Montaigu, Angers, Rennes, etc. Quelques pages relatives à la campagne contre les Chouans, dans l'Ille-et-Vilaine et dans la Mayenne, forment un des rares documents que nous ayons sur les dernières semaines du séjour de Kléber dans l'Ouest. Ce *Livre* figure aux Archives historiques de la Guerre sous la cote *16a — 5*. Je le crois inédit. L'original forme un registre petit in-4 recouvert de parchemin et assez régulièrement tenu pour que la publication en soit possible. Il constituera la seconde partie de ce volume.

Enfin, il m'a paru nécessaire de grouper, dans une troisième et dernière partie, un certain nombre de pièces d'origine et de valeur diverses, susceptibles d'illustrer cette publication, si j'ose ainsi parler. Parmi des documents nombreux, il a fallu faire un choix parfois difficile. Ceux que j'ai cru devoir retenir — il y en a soixante — proviennent en majorité de nos grands dépôts publics de Paris ou de Province, où j'en ai trouvé les originaux ou bien des copies présentant toutes garanties [2]. Il paraît inutile d'instituer ici une discussion sur leur authenticité. Elles ont passé depuis longtemps sous les yeux de nombreux érudits, qui ne l'ont jamais mise en doute. D'ailleurs

---

1. *Essais historiques et politiques sur la Vendée*, publiés sous le titre de *La première Histoire des guerres de la Vendée*, par MM. l'abbé Bossard et le marquis d'Elbée. Angers, 1905.
2. Pièces 1, 3, 4, 5, 8, 10, 11, 13, 15, 16, 20 à 26, 29, 32 à 36, 38 à 54, 56 à 60.

une partie en a déjà été publiée en diverses circonstances; je l'ai indiqué, chaque fois que je l'ai pu faire. Parmi les pièces déjà connues, je n'ai pas cru devoir donner le célèbre plan « pour terminer la guerre de Vendée », élaboré par Kléber et Savary, publié par ce dernier et soumis par lui au général Turreau le 7 janvier 1794. J'ai fait de même pour les notes remises aux représentants du peuple dans les jours qui suivirent [1]. Je n'ai pas retrouvé les originaux de ces documents, et tout contrôle m'était impossible.

Le texte des pièces 2, 7, 9, dont je n'ai pas eu les originaux sous les yeux, a été emprunté à deux publications officielles de l'époque et au *Journal des Débats*. Le récit de la discussion entre Kléber et Louis Turreau, au Club de Nantes, après Savenay (pièce 18), a été emprunté à Duchâtellier, bien que celui-ci n'ait point assisté à la scène. Duchâtellier est réputé pour la sûreté de sa documentation. Sa relation est, d'ailleurs, corroborée par celle de Savary et la lettre de Benaben qui furent témoins de l'incident [2]. Je n'ai pas eu sous les yeux les originaux des pièces 6, 12, 30, 31. Elles ont été publiées déjà, sans soulever aucune contestation, par le général Pajol, MM. Fazi du Bayet et Noël Parfait, auxquels je les ai empruntées.

Les états de situation des armées Républicaines en Vendée sont très rares, pour l'année 1793 surtout. M. Chassin a publié [3] un document de ce genre concernant la garnison de Mayence au moment où elle quitta cette place. C'est un renseignement précieux. Je me permettrai toutefois d'observer qu'il est seulement approximatif, quant au chiffre des Mayençais venus en Vendée en même temps que Kléber. Car, outre les malades demeurés en chemin, on sait que quelques centaines d'hommes furent retenus à Orléans. D'autres demeurèrent à Tours, et Rossignol en conserva encore plusieurs autres centaines à Saumur. L'état que je publie (pièce 13) présente des différences assez sensibles avec celui qu'a donné Savary, sous la date

---

1. Cf. Savary, *loc. cit.*, III, 22-27. M. Chassin a donné l'analyse du plan et des notes, d'après le texte de Savary, dans sa *Vendée patriote*, III, 454-458.
2. Cf. ci-dessus p. xvi; et ci-après, p. 508.
3. *Vendée patriote*, III, 10-11.

du 8 octobre [1], au moment où Kléber faisait l'intérim du commandant en chef, en attendant l'arrivée du général Léchelle. Un heureux hasard me l'a fait rencontrer parmi d'autres documents du même genre, relatifs à l'armée du Nord, dans un carton des Archives historiques de la Guerre, dont tout le reste a trait exclusivement à cette dernière armée.

Mais, sans contredit, à mon sentiment, la partie la plus nouvelle de cette série est formée par les pièces, provenant des papiers de M. de Châteaugiron et appartenant aujourd'hui à M. J. Venture, de Nice. J'en dois communication à l'inépuisable complaisance de ce dernier. M. de Châteaugiron [2], grand collectionneur de documents et d'autographes et ancien aide de camp de Marceau pendant la fin de la campagne contre les Vendéens, reçut communication des papiers de Kléber et de ceux de Savary, antérieurement à l'année 1802, ainsi que je l'ai déjà montré. Il avait ainsi fait des résumés et des extraits textuels de nombreux passages des *Mémoires militaires*, et fit copier beaucoup des documents divers qu'il avait eus entre les

---

1. *Loc. cit.*, II, 230-235.
2. Hippolyte Le Prestre, baron, puis marquis de Châteaugiron, était né à Rennes en 1774, d'une famille de bonne noblesse, d'après La Chênaye-Desbois, d'assez récent anoblissement, si l'on en croit M. H. Bonnet (*L'Amateur d'autographes* du 15 juillet 1898, p. 5). Il avait émigré au début de la Révolution, puis était rentré à Rennes, dans sa famille. Il fut dénoncé pour son émigration et allait être arrêté, lorsque Marceau, qui s'était lié d'amitié avec lui pendant un séjour de l'armée à Rennes, lui proposa, pour éviter la prison, de devenir son aide de camp. Châteaugiron accepta et prit son service au commencement de décembre 1793. Il fit la campagne contre les Vendéens, d'Angers au Mans et à Savenay. C'est alors qu'il connut Kléber et Savary. Malheureusement pour lui, son général tomba malade au commencement de février 1794 et dut quitter l'armée. Dénoncé par un Rennais « comme émigré accompagnant un grand personnage de la suite de Cobourg », le jeune aide de camp ne tarda pas à être arrêté et incarcéré au Luxembourg, où il demeura sept mois. Mis en liberté le 7 novembre 1794, il renonça à continuer la carrière militaire et entra, quelques années plus tard, dans la diplomatie. Aux Cent-Jours, Napoléon le nomma inspecteur commandant des gardes nationales de Sceaux. Sous la Restauration, il fut conseiller général de la Seine. Il est mort consul de France, à Nice, en 1848. M. de Châteaugiron s'était toujours beaucoup occupé de littérature et d'histoire et avait réuni une précieuse collection d'autographes qui fut vendue en 1851. Les documents qui m'ont été communiqués par M. Venture étaient restés entre les mains d'une personne de sa famille, à Nice, avec beaucoup d'autres relatifs à Kléber.

mains, notamment des plans de campagne, des ordres, des observations stratégiques, des correspondances, des rapports, etc. J'ai pu constater la conformité absolue de tous les extraits, qu'il a faits des *Mémoires*, avec le texte du manuscrit du Dépôt de la Guerre que je publie. J'ai constaté la même exactitude pour toutes celles de ses copies que j'ai pu confronter avec les originaux. L'ordre du 4 floréal an II (23 avril 1794), transcrit au *Livre d'ordres* [1], figure aussi consciencieusement reproduit dans son recueil. Il ne paraît donc pas, dès lors, qu'on doive légitimement suspecter l'entière correction des autres copies ayant la même origine, quand le contrôle en a été impossible. C'est ce qui m'a déterminé à publier dans la troisième partie de ce volume les sept pièces qui y figurent [2]. Parmi beaucoup d'autres du même genre, elles m'ont paru présenter un intérêt sérieux. Sauf les deux derniers, ces documents ne sont pas signés. Une comparaison très attentive avec des documents analogues, certainement émanés de Kléber seul ou dus à la collaboration de Savary, m'a amené à cette conviction que les uns et les autres ont la même provenance.

On verra plus loin pourquoi j'estime devoir attribuer à Savary une part plus large dans la rédaction des pièces n°s 17, 18 et 19 [3].

Avant de terminer, je veux exprimer ici ma gratitude bien vive à ceux : collectionneurs, érudits, archivistes, bibliothécaires, qui m'ont, si obligeamment toujours, facilité la tâche entreprise, par des communications souvent importantes. M. Venture, de Nice, dont j'ai déjà parlé, a poussé l'amabilité jusqu'à m'apporter lui-même, à Paris, les papiers précieux, qu'il tient du dernier héritier de M. de Châteaugiron. Il a consenti à s'en séparer en ma faveur — pendant un temps qui dut lui paraître bien long ! — pour me permettre de les étudier à l'aise et de joindre à ma publication ceux que je jugeais les plus

---

1. Voir ci-après, p. 418-423.
2. Pièces 14, 17, 18, 19, 27, 37, 55.
3. Cf. ci-après, p. 476, note 1.

intéressants. M. Coüard-Luys, archiviste de Seine-et-Oise, m'a procuré, avec une bonne grâce parfaite, la curieuse lettre de Le Turc. M. Laurain, archiviste de la Mayenne, a fouillé, pour mon plus grand profit, les cartons de son dépôt si riche en documents relatifs à la Chouannerie du Bas-Maine. MM. Giraud-Mangin, conservateur adjoint de la Bibliothèque de la ville de Nantes; Paul Banéat, directeur du Musée d'archéologie de Rennes; l'abbé Uzureau, directeur de l'*Anjou historique*, ont bien voulu faire revivre pour moi la topographie de leurs villes à l'époque révolutionnaire. M. Jules Chappée, l'érudit écrivain et collectionneur manceau; les capitaines Grobert et Lebreton, de Cholet, m'ont aidé à contrôler nombre de détails topographiques se rapportant aux grandes batailles livrées par l'armée de Mayence. Je ne veux point oublier non plus les services que m'ont rendus, à des titres divers, pour cette publication, MM. Germain Bapst, Alfred Lallié, Quéruau-Lamerie, auquel je dois, depuis tant d'années déjà, une si grande quantité de renseignements sur la période révolutionnaire dans l'Ouest, Marc Saché, archiviste de Maine-et-Loire, Le Hir, conservateur de la Bibliothèque de Rennes, Charles Loyer, de Cholet, l'abbé Ferdinand Charpentier, de Beaupréau, Fiévé, de Jallais. A tous, bien sincèrement, merci!

H. B. D.

KLÉBER EN VENDÉE

I.

MÉMOIRES MILITAIRES
DU GÉNÉRAL KLÉBER
POUR SERVIR A L'HISTOIRE DE LA GUERRE DE LA VENDÉE

> Scilicet et tempus veniet, cum finibus illis
> Agricola, incurvo terram molitus aratro,
> Excsa inveniet scabra rubigine pila;
> Aut gravibus rastris galeas pulsabit inanes,
> Grandiaque effossis mirabitur ossa sepulcris.
> Virgile, *Géorgiques*, liv. 1.

AU LECTEUR

Ces mémoires concernent la Vendée; ils sont divisés en quatre livres : le premier indique l'origine de cette guerre intestine, les causes de ses progrès rapides et sommairement tous les événements qui ont eu lieu avant l'arrivée de l'armée de Mayence. C'est l'introduction de l'ouvrage.

Le second contient tout ce qui s'est passé depuis l'arrivée de l'armée de Mayence jusqu'au passage de la Loire par les Rebelles, après la bataille sanglante de Cholet.

Le troisième rend compte des marches et combats sur la rive droite de la Loire jusqu'à la bataille de Savenay.

Dans le quatrième, enfin, j'ai esquissé le tableau des

scènes tragiques qui ont désolé une grande partie des départements de l'Ouest depuis cette bataille jusqu'à la pacification.

J'ai eu part aux événements rapportés dans les deuxième et troisième livres, et j'atteste la vérité de tout ce que j'y avance. J'ai ajouté à mes propres observations les meilleurs renseignements pour écrire les premier et quatrième livres, sans lesquels cet ouvrage serait resté trop imparfait.

Un soldat doit avoir des droits à l'indulgence de ses lecteurs à l'égard de son style. S'il est *vrai*, on peut bien le dispenser d'être élégant, sans cela peu d'entre nous oseraient prendre la plume. Il n'appartenait jusqu'ici qu'aux Xénophon, aux César, aux Frédéric, d'être grands dans les combats, grands dans leurs écrits. Au reste, si, par ces mémoires, je contribue à donner une idée juste de la guerre de la Vendée à celui qui se proposera d'en faire l'histoire; si je parviens à dissiper les nuages dont on a cherché à l'envelopper par tant d'écrits fallacieux; si, en dirigeant les regards sur ces fertiles, mais malheureuses contrées, je puis provoquer en leur faveur quelques sollicitudes et déterminer un législateur philosophe à rechercher, à développer davantage les causes qui en firent le théâtre de nos guerres civiles; si, par suite de ces recherches et des connaissances qui en seraient le résultat, on emploie les moyens les plus efficaces pour préserver à l'avenir cette terre arrosée de sang des maux que traînent à leur suite la superstition et le fanatisme, j'aurai rempli le but que je me suis proposé. Quel est, en effet, celui d'entre nous qui pourrait s'enorgueillir d'un laurier teint du sang français? *Il faut des monuments pour les victoires étrangères, et pour les maux domestiques le deuil et le silence.* (TACITE, *Ann.*, liv. III.)

LIVRE PREMIER

ORIGINES DE LA GUERRE DE VENDÉE. — CAUSES DE SON DÉVELOPPEMENT. — RÉSUMÉ DE L'HISTOIRE DE CETTE GUERRE JUSQU'A L'ARRIVÉE DE L'ARMÉE DE MAYENCE.

CHAPITRE PREMIER

J'ai à parler de la Vendée depuis que l'armée de Mayence y arriva, jusqu'après la bataille de Savenay ; ce court intervalle a fourni des événements terribles ; avant de les décrire, qu'il me soit permis de hasarder quelques idées sur l'origine de cette guerre intestine, sur les causes de ses progrès rapides et alarmants, sur les filières secrètes qui l'ont activée sans cesse et ranimée souvent au moment où elle était près de s'éteindre.

La noblesse et le clergé de France durent s'apercevoir au premier moment de la Révolution que leur perte était décidée et qu'en vain ils chercheraient à la prévenir en faisant le sacrifice de quelques immunités. Le peuple, que le premier cri de la Liberté avait porté au plus haut degré d'enthousiasme, ne voulait point de composition. Il réclamait ses droits dans toute leur étendue, et il les réclamait armé de la massue d'Hercule. Il fallait donc, dès lors, que les nobles et les prêtres se résignassent à se ranger sous le niveau de l'égalité ou, qu'étroitement réunis, ils combattissent au bord du précipice.

Heureusement pour la cause de la Liberté, que, peu d'accord sur l'arène où devait s'engager la lutte sanglante qu'ils méditaient, tous ne pensèrent pas, ou pensèrent au moins trop tard, que c'était dans le sein de la France, et non au dehors, qu'ils pouvaient lui porter les plus rudes coups : que *Rome ne pourrait être détruite que dans Rome même.*

Les princes du sang, et après eux tous les grands de la cour, désertent la France ; aussitôt l'émigration devient une affaire de mode, une manie, c'est à qui ira porter ses hochets, ses ridicules, ses clameurs, dans les cours étrangères ; c'est à qui ira y mendier la pitié ; et cette lâche désertion, loin d'affaiblir le parti qu'on se proposait d'anéantir, contribua à le faire triompher.

Oui, heureuse la France si tous ses ennemis intérieurs eussent été frappés du même vertige ; si tous, ils eussent été grossir, multiplier les cohortes autrichiennes ; avec elles, ils auraient été défaits et nous n'aurions pas à gémir sur une plaie profonde qu'une longue suite de prospérités peut à peine cicatriser. Nous ne verserions pas des larmes sur les ossements de cinq cent mille Français ensevelis dans les départements de l'Ouest ; la Révolution ne se rait pas souillée de ce règne atroce de la Terreur qui, en couvrant de deuil toute la France et en froissant tous les intérêts, flétrit dans tous les cœurs le sentiment naissant de la Liberté, pour y semer la haine, la défiance et l'épouvante.

Mais, tandis que cette foule inconsidérée de nobles promène au dehors d'abord sa vanité et son insolence, puis sa misère et son abjection, d'autres, en très petit nombre, restent en France, suivent, épient les événements et semblent n'attendre qu'une occasion favorable pour faire éclater leur vengeance.

De tous les temps, les grandes secousses politiques dans l'intérieur d'un empire ont produit des hommes extraordinaires. On verra ici une vingtaine de nobles du Poitou et de l'Anjou, jusqu'alors ignorés, faire éprouver à la France plus de maux, y répandre plus de calamités que toutes les puissances coalisées contre elle. On verra que pour recouvrer leur autorité et donner au moins à la Révolution une direction différente, il ne leur manquait qu'un chef digne de leur audace et de leur persévérance; un chef qui, par l'éclat de son nom et de ses prétentions, dans leur sens, légitimes, eût su leur imposer, les faire obéir et les diriger toujours vers un seul et même but. Mais ce chef ne pouvait être qu'un Bourbon, et le destin, voulant que la France fût libre, fit des Bourbons les plus lâches des hommes.

La manie d'attribuer de grandes causes aux grands événements avait fait penser jusqu'ici assez généralement que, dès le commencement de la Révolution, les puissances étrangères, et notamment l'Angleterre, avaient envoyé dans les départements de l'Ouest de nombreux agents, de l'or et des armes pour exciter les habitants de ces contrées à la révolte. Mais aucune pièce, aucun fait ne pouvant être cités à l'appui d'une telle conjecture, elle paraît devoir être rejetée comme dénuée de fondement; sans doute que cette guerre intestine une fois engagée, ces puissances suivirent attentivement sa marche, ses progrès, et fondèrent sur ses résultats de grandes espérances, sans doute que leurs émissaires, répandus dans la capitale, dans les comités et jusqu'au milieu des législateurs, influencèrent souvent les résolutions qui pouvaient y être relatives et employèrent tous les moyens de séduction pour faire couler plus de sang et prolonger nos calamités; mais ne leur accordons pas une prévoyance, une pénétration plus qu'humaines, en leur attribuant le choix du lieu de ce cruel incendie, et ne pensons pas qu'elles en aient jeté la première étincelle ; n'est-ce donc pas assez qu'en s'emparant des événements à mesure que nous les avions fait naître, elles les aient trop souvent dirigés à leur gré. Mais pourquoi cette lutte désastreuse se fixa-t-elle dans le Poitou, l'Anjou et la Bretagne, plutôt que sur un autre point de la France? C'est parce que la nature du pays, le genre d'agriculture qui y est adopté, la manière de vivre des nobles et l'empire qu'exerçaient les prêtres sur les habitants des campagnes, plus que partout ailleurs ignorants et superstitieux, y concouraient à la fois.

Aucune région de la France n'offre, en effet, plus d'avantages défensifs que les provinces que je viens de désigner, et surtout que cette partie du Bas-Poitou connue aujourd'hui sous la dénomination générale de la Vendée. Comme c'est dans cette contrée que se préparèrent les événements funestes dont j'ai à parler, comme elle semblait être le lit naturel de ce torrent de désolation où, après quelques débordements momentanés, il venait reprendre son cours, je vais en donner une idée géographique et essayer, en même temps, de démontrer combien sa situation physique et politique a dû avoir d'influence sur les mœurs grossières du peuple, sur l'astucieuse tyrannie des prêtres et les opinions des nobles, enfin sur la conduite et les actions des uns et des autres.

En suivant au nord la rive gauche de la Loire de Saumur [1] à Paimbœuf [2]; à l'ouest, les côtes de la mer depuis

1. Saumur, chef-lieu de district, puis d'arrondissement du département de Maine-et-Loire, sur la rive droite de la Loire et sur le Thouet, à soixante-six kilomètres ouest-sud-ouest de Tours; quarante-huit, sud-est d'Angers et deux cent-quatre-vingt-dix-sept, sud-ouest de Paris ; 10,917 habitants en 1790; 13,822 en 1890.

2. Paimbœuf, chef-lieu de district, puis d'arrondissement du départe-

la Loire jusqu'aux Sables [1]; au sud, la ligne qui, passant par Luçon [2], Fontenay [3] et Niort [4], se dirige sur Parthenay [5], Thouars [6], Doué [7] et se termine à Saumur, on aura les limites de ce pays, et, en jetant les yeux sur la carte, on verra qu'elles renferment, indépendamment du département de la Vendée, une partie de ceux des Deux-Sèvres, de Maine-et-Loire et de la Loire-Inférieure, ensemble environ mille lieues carrées.

Les Rebelles divisaient ce pays en trois parties et désignaient celle qui avoisine la mer sous le nom de Marais [8], sous le nom de Bocage [9], la partie intérieure du Poitou

ment de la Loire-Inférieure, port sur la rive gauche de l'estuaire de la Loire. A quarante-trois kilomètres ouest de Nantes et, en suivant le cours du fleuve, cent soixante environ, à l'ouest de Saumur.

1. Les Sables-d'Olonne, chef-lieu de district, puis d'arrondissement du département de la Vendée, port important sur l'Océan Atlantique, à trente-six kilomètres sud-ouest de la Roche-sur-Yon et quatre-vingt-cinq sud-sud-ouest de Nantes.

2. Luçon, petit port de mer dans le Marais poitevin, à dix-sept kilomètres de l'Océan auquel il est relié par un canal; ancien chef-lieu de district, aujourd'hui chef-lieu de canton de l'arrondissement de Fontenay-le-Comte (Vendée), à vingt-huit kilomètres ouest de Fontenay.

3. Fontenay-le-Comte, Fontenay-le-Peuple, pendant la Révolution, alors chef-lieu du département de la Vendée, aujourd'hui simple chef-lieu d'arrondissement, à cinquante-sept kilomètres sud-est de la Roche-sur-Yon.

4. Niort, sur la Sèvre Niortaise, chef-lieu du département des Deux-Sèvres, à soixante-seize kilomètres sud-ouest de Poitiers.

5. Parthenay, chef-lieu de district, puis d'arrondissement du département des Deux-Sèvres, à cinquante-six kilomètres nord-nord-est de Niort; trente-cinq kilomètres sud de Thouars. Ancienne capitale du pays de Gatine; ancienne place forte conservant encore, en 1793, une partie de ses défenses.

6. Thouars, ancien chef-lieu de district, aujourd'hui simple chef-lieu de canton de l'arrondissement de Bressuire (Deux-Sèvres). En 1793, elle était encore entourée de murailles fortifiées.

7. Doué-la-Fontaine, chef-lieu de canton de l'arrondissement de Saumur (Maine-et-Loire), à quarante kilomètres sud-est d'Angers; vingt et un, ouest de Saumur.

8. Le Marais comprend les vastes plaines d'alluvions qui s'étendent sur l'extrémité sud-ouest du département de la Loire-Inférieure, le nord-ouest, une partie de l'ouest et le sud de la Vendée, le nord de la Charente-Inférieure et l'extrémité sud-ouest des Deux-Sèvres.

9. Le Bocage est séparé du Marais par la Plaine du Poitou (Vendée,

vers l'est et, sous le nom de Loroux [1], une portion des anciennes frontières de la Bretagne et de l'Anjou sur la rive gauche de la Loire.

N'ayant pas eu occasion de pénétrer moi-même au Marais, je transcrirai ce qu'en a dit de plus intéressant un général, qui a commandé pendant quelque temps dans cette guerre et dont il sera parlé dans la suite [2].

« C'est, dit-il, un pays plat et très découvert, dont les
« issues sont impraticables pendant l'hiver, et très difficiles
« dans les autres saisons ; il est coupé sur tous les points
« de sa circonférence par des canaux ou marais salants,
« espèce de fortifications naturelles qui en rendent l'at-
« taque très dangereuse. On y trouve peu de chemins qui
« aient la voie charretière [3], la plupart ne sont que des
« sentiers disposés en dos d'âne et pratiqués entre deux
« canaux. Les canaux ont communément de trente à qua-
« rante pieds de large de l'extrémité supérieure d'une rive
« à l'autre. Le Brigand, portant son fusil en bandoulière,
« s'appuie sur une longue perche et saute de l'un à l'autre
« bord avec une facilité surprenante [4]. Si la présence de
« son ennemi ne lui permet pas de faire cet exercice sans

Deux-Sèvres), au sud ; il se continue au nord, jusqu'à la Loire, par le pays des Mauges (Maine-et-Loire) ; vers l'ouest, il confine au Loroux.

1. Le Loroux, contrée du Loroux-Bottereau, comprenant la partie de l'ancien pays de Retz qui confine, au nord, à la Loire, à l'est et au sud-est, aux Mauges, au sud-ouest et à l'ouest, au Marais breton. Cette contrée est assez accidentée et boisée dans sa partie voisine du Bocage. Elle est formée, comme le dit l'auteur, d'une grande partie du territoire des anciennes Marches, communes de Bretagne, de Poitou et d'Anjou.

2. Hector *dit* Legros : *Mes rêves dans mon exil.*

3. Voie charretière : espace compris entre les roues d'une charrette. Il est ordinairement déterminé par un usage constant ou même par des règlements de police et varie suivant les régions. Dans le Bocage, la largeur de la voie charretière est de 1^{m}40 à 1^{m}50 suivant les localités ; elle est de 1^{m}35 dans le Marais.

4. Cette perche, appelée « Ningle », sert aussi, souvent, à diriger la yole.

« s'exposer au coup de fusil, il se jette dans sa yole, espèce
« de petit bateau très plat et très léger, et parcourt avec
« une extrême rapidité le canal assez encaissé pour le dé-
« rober à la vue de ceux qui le poursuivent; bientôt il
« reparaît, vous lâche un coup de fusil et disparaît à l'ins-
« tant, souvent même avant que vous ayez le temps de
« riposter. Le soldat Républicain, pour qui cette manière
« de combattre est nouvelle, est obligé de se tenir toujours
« sur ses gardes, de longer les rives des canaux, d'en
« suivre lentement les sinuosités en essuyant de fréquentes
« escarmouches; il met ainsi plusieurs heures à parcourir
« un espace que le Brigand franchit le plus souvent en
« quelques minutes. »

Les côtes, depuis l'embouchure de la Loire jusqu'aux Sables, peuvent avoir un développement de vingt-quatre lieues; elles sont généralement aplaties et d'un accès facile. Le port le plus considérable est celui des Sables-d'Olonne, dans lequel pourtant il ne peut entrer que des navires de cent cinquante tonneaux; les autres, tels que la Gachère [1], Saint-Gilles [2], la Barre-de-Mont [3], Beauvoir [4],

---

1. La Gachère, village et petit port de mer dépendant de la commune de Saint-Martin-de-Brem (Vendée), au fond du havre de la Gachère, petit estuaire de la côte, à onze-douze kilomètres nord des Sables-d'Olonne. Plusieurs cours d'eau vendéens viennent s'y réunir : la Vertonne, l'Auzance, la Carde, le Brandeau.
2. Saint-Gilles-sur-Vie, chef-lieu de canton de l'arrondissement des Sables-d'Olonne. Petit port assez important sur l'Océan, à l'embouchure de la rivière de Vie. A quinze kilomètres sud-sud-ouest de Challans; vingt-sept kilomètres nord-nord-ouest des Sables-d'Olonne.
3. La Barre-de-Mont, commune de l'arrondissement des Sables-d'Olonne. Petit port sur le canal du Perrier, dans le Grand Marais breton. A soixante kilomètres nord-nord-ouest des Sables, soixante-trois kilomètres nord-ouest de la Roche-sur-Yon.
4. Beauvoir-sur-Mer, chef-lieu de canton de l'arrondissement des Sables-d'Olonne, autrefois au bord de la mer, dont il est aujourd'hui éloigné de quatre kilomètres. En face de l'île de Noirmoutier. A soixante et un kilomètres nord-nord-ouest des Sables-d'Olonne.

Bouin [1], Bourgneuf [2] et plusieurs d'une moindre importance encore, ne peuvent recevoir que des barques employées soit à la pêche, soit au transport des sels.

L'île de Noirmoutier [3], qui faisait partie du Bas-Poitou, est près de la côte. Son extrémité, vers le nord, est vis-à-vis de Bourgneuf, et celle du midi, vis-à-vis de Beauvoir. Elle a environ trois lieues de longueur sur sept de tour; son sol est entrecoupé de vignobles, de terres labourables et de marais salants. La petite ville de Noirmoutier, qui en est le chef-lieu, est au milieu de ces marais à l'est de l'île; elle est pourvue d'une enceinte flanquée de tours, ainsi que d'un château, ce qui, joint à la difficulté de son accès, en fait un poste susceptible de défense ou, du moins, à l'abri d'un premier coup de main. A l'extrémité septentrionale de l'île est l'abbaye de Notre-Dame de la Blanche [4], auparavant occupée par les moines de l'ordre de Cîteaux; à celle du sud, est le village de la Fosse [5], et vers le centre,

---

[1]. Ile-Bouin, commune du canton de Beauvoir-sur-Mer (Vendée). A huit kilomètres nord-est de Beauvoir-sur-Mer; cinquante-six kilomètres nord-nord-ouest des Sables-d'Olonne.

[2]. Bourgneuf-en-Retz, chef-lieu de canton de l'arrondissement de Paimbœuf (Loire-Inférieure); petit port sur la baie du même nom, entouré de marais salants. A trente-neuf kilomètres sud de Paimbœuf; trente-huit kilomètres ouest-sud-ouest de Nantes.

[3]. L'île de Noirmoutier est située par le 47e degré de latitude et le 4e degré 1/2 de longitude ouest. A quatre-vingts kilomètres des Sables-d'Olonne; cinquante-cinq de Nantes. Sa plus grande longueur est de dix-neuf kilomètres du sud-est au nord-ouest, et sa plus petite largeur de cent cinquante mètres environ. Elle forme un canton de l'arrondissement des Sables.

[4]. Ce monastère, fondé en 1172, sur l'îlot du Pilier, voisin de l'île, fut transféré dans celle-ci en 1201. Son véritable nom était Notre-Dame de l'Isle-Dieu, qu'il ne faut pas confondre avec l'île d'Yeu (*Insulæ Oya* ou *Oia*). La Blanche est située à une lieue, au nord-ouest de la ville de Noirmoutier. Les religieux furent dispersés à l'époque de la Constitution Civile du clergé et leur domaine passa plus tard aux mains de M. Duchesne.

[5]. La Fosse, village qui donne son nom à une pointe située au sud de l'île de Noirmoutier.

le bourg de Barbâtre [1]. On y trouve encore plusieurs autres villages ou métairies, car cette île, ayant joui autrefois de beaucoup de franchises, a toujours été très peuplée.

L'île Dieu [2] ou d'Yeu a quatre lieues de circuit; elle est à environ dix mille toises au sud de la précédente. Saint-Aubin en est le chef-lieu, un petit village [3] en forme le port; elle est proportionnellement moins peuplée que l'île de Noirmoutier [4]. Le Marais offrait donc aux Rebelles, d'un côté des moyens de défense naturels contre toutes les agressions venant du continent, de l'autre une communication presque assurée avec nos ennemis du dehors, chaque fois qu'ils eussent voulu en profiter.

On pourrait nommer le Bocage et le Loroux la partie supérieure du pays; elle contraste parfaitement avec le Marais, sans offrir pour y pénétrer moins d'obstacles à vaincre; c'est, si je puis m'exprimer ainsi, un labyrinthe obscur et profond dans lequel on ne peut marcher qu'à tâtons. Son sol est varié de plaines, de collines et de quelques montagnes, dont les coteaux sont tantôt d'une pente douce, tantôt très escarpés, dans plusieurs cantons couverts de vignobles. On n'y trouve pas de vastes forêts, mais les bois et les taillis y sont très multipliés. La quantité de rivières, de petits torrents et de ruisseaux qui arrosent ces contrées, les rendent très ravineuses et les coupent dans tous les sens; mais ce qui leur donne vraiment l'as-

1. Barbâtre, chef-lieu de l'une des communes de l'île de Noirmoutier, dans la partie la plus rapprochée de la terre ferme.
2. L'île d'Yeu forme un canton, composé d'une seule commune, de l'arrondissement des Sables-d'Olonne. A quarante-neuf kilomètres nord-ouest de cette ville; dix-huit kilomètres sud-ouest de la pointe de Mont. Sa plus grande longueur est de dix kilomètres de l'ouest-nord-ouest à l'est-sud-est; sa plus grande largeur, de quatre kilomètres du nord au sud. Son chef-lieu est Saint-Sauveur, appelé Saint-Aubin au moment de la Révolution.
3. Port-Breton, naguère Port-Joinville, sur la côte nord.
4. En 1787, la population de Noirmoutier était de 7,837 habitants et celle de l'île d'Yeu, de 3,809.

pect d'une forêt continue, c'est le genre d'agriculture par clos qui y est adopté. Chaque laboureur entoure son champ, son verger, son pré, d'un fossé profond et, de la terre provenant de son excavation, il en fait une clôture d'environ cinq pieds de hauteur, en forme de parapet, sur laquelle il plante des haies, de ronces entremêlées d'arbres forestiers de toute espèce. Ainsi, plus un canton est cultivé, plus il est touffu et couvert. Ce n'est pas tout; la végétation de ce pays, à de certains égards, est presque en raison double de celle que l'on remarque dans d'autres provinces, et surtout pour ce que l'on désigne par plantes parasites; les champs en repos, par exemple, produisent naturellement des genêts de six à sept pieds d'élévation; on enferme alors le bétail dans ces genevières et des troupeaux entiers peuvent s'y dérober aux regards des passants.

C'est donc à travers ce système de redoutes et de retranchements naturels qu'il faut chercher les chemins tortueux, dès qu'en abandonnant les grandes routes, on veut pénétrer dans l'intérieur des terres, et ce sont presque autant de défilés impraticables, non seulement pour l'artillerie, mais pour tout ce qui n'a pas la voie étroite des charrettes du pays; encore les grandes routes n'offrent-elles d'autres avantages qu'une plus grande largeur, car, flanquées par le même système de clôture, les terrains où l'on pourrait ordonner quelques déploiements sont extrêmement rares.

Trois grandes routes partant de Saumur conduisent l'une à Poitiers[1] par Loudun[2] et Mirebeau[3]; l'autre à

---

1. Poitiers, chef-lieu du département de la Vienne, sur le Clain, à trois cent cinquante-deux kilomètres de Paris.
2. Loudun, chef-lieu de district, puis d'arrondissement du département de la Vienne. A la source de la Petite-Maine. A cinquante-quatre kilomètres nord-ouest de Poitiers; cinquante-huit kilomètres sud-ouest de Tours et vingt-huit sud-est de Saumur.
3. Mirebeau-de-Poitou, chef-lieu de canton de l'arrondissement de Poi-

Niort par Montreuil [1], Thouars, Airvault [2], Parthenay et Saint-Maixent [3]; la troisième, aux Sables-d'Olonne par Doué, Vihiers [4], Coron [5], Cholet [6], Mortagne [7], les Herbiers [8], les Essarts [9], la Roche-sur-Yon [10] et la Mothe-

tiers. A vingt-trois kilomètres au nord-ouest de cette ville; vingt-six kilomètres à l'est d'Airvault.

1. Montreuil-Bellay, chef-lieu de canton du district, puis de l'arrondissement de Saumur. Sur le Thouet, ancienne ville fortifiée. A seize kilomètres sud-ouest de Saumur; cinquante-deux kilomètres sud-est d'Angers.

2. Airvault, chef-lieu de canton de l'arrondissement de Parthenay (Deux-Sèvres). Sur le Thouet. A vingt-deux kilomètres sud de Thouars; soixante-deux kilomètres nord-est de Niort; vingt-quatre kilomètres nord de Parthenay.

3. Saint-Maixent, chef-lieu de district, devenu chef-lieu de canton de l'arrondissement de Niort. Sur la rive droite de la Sèvre Niortaise. A vingt-deux kilomètres est-nord-est de Niort.

4. Vihiers, chef-lieu de canton de l'arrondissement de Saumur (Maine-et-Loire). A quarante kilomètres ouest-sud-ouest de cette ville, quarante-deux kilomètres sud d'Angers; vingt-huit kilomètres est-nord-est de Cholet; vingt-six kilomètres sud-est de Chemillé.

5. Coron, commune du canton de Vihiers. A neuf kilomètres ouest de Vihiers; trente et un kilomètres ouest-sud-ouest de Saumur; quarante-cinq kilomètres sud d'Angers; dix-sept kilomètres est-nord-est de Cholet.

6. Cholet, la ville la plus importante de toute la Vendée militaire, chef-lieu de district, aujourd'hui chef-lieu d'arrondissement du département de Maine-et-Loire. A cinquante-neuf kilomètres sud-ouest d'Angers; vingt-deux kilomètres sud de Chemillé; onze kilomètres nord-est de Mortagne-sur-Sèvre; cinquante-six kilomètres sud-est de Nantes. 8,444 habitants en 1790, 16,855 en 1890, 22,183 en 1906.

7. Mortagne-sur-Sèvre, chef-lieu de canton de l'arrondissement de la Roche-sur-Yon (Vendée); sur un coteau surplombant la rive droite de la Sèvre Nantaise; à dix kilomètres sud-sud-ouest de Cholet; cinquante-cinq kilomètres nord-est de la Roche-sur-Yon; cinquante-deux kilomètres nord-ouest de Nantes.

8. Les Herbiers, chef-lieu de canton de l'arrondissement de la Roche-sur-Yon (Vendée). Au pied du mont des Alouettes. A quarante kilomètres nord-ouest de la Roche-sur-Yon; quinze kilomètres sud-sud-ouest de Mortagne-sur-Sèvre.

9. Les Essarts, chef-lieu de canton de l'arrondissement de la Roche-sur-Yon. Sur la Petite-Maine. A dix-neuf kilomètres nord-est de la Roche-sur-Yon.

10. La Roche-sur-Yon, Napoléon-Vendée, Bourbon-Vendée, chef-lieu actuel du département de la Vendée. N'était qu'un petit bourg déchu de son ancienne grandeur lorsque, en 1804, Napoléon décréta la création d'une ville sur son emplacement. A quatre cent quarante kilomètres de Paris.

Achard [1]. A Thouars, un embranchement passant par Saint-Jouin [2] et Bournezeau [3] conduit aussi à Poitiers en joignant la première route à quelque distance de la ville. Les Ponts-de-Cé [4] ouvrent deux communications avec la route des Sables mentionnée ci-dessus : la première la joint à Doué, la seconde à Nuaillé [5] après avoir passé par Chemillé [6] et

1. La Mothe-Achard, chef-lieu de canton de l'arrondissement des Sables-d'Olonne, sur la rive gauche de l'Auzance. A dix-huit kilomètres nord des Sables et à dix-neuf kilomètres ouest-sud-ouest de la Roche-sur-Yon.
2. Saint-Jouin-de-Marnes, commune du canton d'Airvault (Deux-Sèvres). A deux kilomètres et demi de la rive gauche de la Dive Mirebalaise ; neuf kilomètres de Parthenay ; soixante-quatorze, nord-nord-est de Niort.
3. Bournezeau, village de la commune d'Amberre, arrondissement de Poitiers. A trois kilomètres de Mirebeau-de-Poitou, vingt-huit kilomètres nord-nord-ouest de Poitiers.
4. Les Ponts-de-Cé, chef-lieu de canton de l'arrondissement d'Angers. Sur la rive droite de la Loire et sur trois îles du fleuve, le tout relié, ainsi qu'avec la rive gauche, par une importante ligne de quatre ponts ; les seuls, en 1793, avec ceux de Saumur et de Nantes, qui ouvrissent un passage vers la Vendée militaire. L'ensemble de ces quatre ponts et de leurs approches forme une chaussée longue de plus de trois kilomètres. Le pont Saint-Maurille, le plus important, était alors constitué par vingt et une travées en bois et deux arches en pierre. « Le passage était étroit, confus, en mauvais état, embarrassé d'innombrables ressauts et de replis. » Les Ponts-de-Cé sont à six kilomètres sud-sud-est d'Angers ; trois, nord, de la Butte-d'Érigné, où aboutit, sur la rive gauche, la chaussée du dernier pont vers sud, dit : pont du Louet ; dix-huit kilomètres nord-nord-est de Saint-Lambert-du-Lattay ; trente et un, nord-est de Chemillé ; cinquante et un, nord-est de Cholet ; onze, nord-nord-ouest de Brissac ; quarante-trois, nord-ouest de Saumur ; trente, est d'Ingrandes ; quatre-vingt-trois, est de Nantes.
5. Nuaillé, commune du canton de Cholet (Maine-et-Loire), à la lisière nord de la forêt de Vezins. A sept kilomètres nord-ouest de Cholet ; deux kilomètres sud de Trémentines ; treize kilomètres sud-sud-ouest de Chemillé ; vingt et un kilomètres ouest de Vihiers. La route d'Angers aux Sables-d'Olonne par les Ponts-de-Cé, Chemillé, etc., qui devait rejoindre à Nuaillé celle de Saumur, n'était pas terminée lors de la guerre de la Vendée ; elle n'était achevée que jusqu'à Saint-Lambert-du-Lattay.
6. Chemillé, chef-lieu de canton de l'arrondissement de Cholet (Maine-et-Loire) ; la première ville dont se soient emparés les Vendéens, dès le 12 mars 1793. Sur la rive droite de l'Hirôme, affluent du Layon. A trente-sept kilomètres sud-sud-ouest d'Angers ; treize kilomètres sud-sud-ouest

Trémentines [1]. De Cholet un embranchement se dirige sur Tiffauges [2] et devait être continué pour joindre, sur le point de Montaigu, la route de Nantes [3] à la Rochelle [4], un autre embranchement, partant à peu de distance de Tiffauges, mène à Torfou [5] et devait se continuer jusqu'à Clisson [6].

Nantes donne le débouché à quatre routes : la première, conduisant à Beaupréau [7], passe par la Lande

de Saint-Lambert-du-Lattay; vingt-deux kilomètres nord de Cholet, vingt kilomètres est de Beaupréau; seize kilomètres sud de Chalonnes-sur-Loire.

1. Trémentines, commune du canton de Cholet (Maine-et-Loire). A onze kilomètres sud de Chemillé; onze kilomètres nord-ouest de Cholet; douze kilomètres nord-est de Jallais.

2. Tiffauges, commune du canton de Mortagne-sur-Sèvre (Vendée), sur un promontoire escarpé qui s'étend entre la Sèvre, limite à cet endroit des deux départements de la Vendée et de Maine-et-Loire, et la Crume, affluent de gauche de cette rivière. A quatorze kilomètres ouest de Mortagne; dix-huit kilomètres ouest-sud-ouest de Cholet; trente-deux kilomètres sud-sud-est de Nantes; trois kilomètres sud de Torfou.

3. Nantes, chef-lieu du département de la Loire-Inférieure; la plus grande ville de l'Ouest. A quatre-vingt-onze kilomètres est-sud-est d'Angers; quatre-vingt-un kilomètres nord-ouest de Cholet.

4. La Rochelle, chef-lieu du département de la Charente-Inférieure. Ce port de mer, qui est demeuré en dehors du territoire où se sont déroulés les événements des guerres de la Vendée, a été l'un des plus importants arsenaux des armées de la république. Avant la Constitution Civile du clergé, la plus grande partie de la Vendée militaire dépendait, au spirituel, du diocèse de la Rochelle.

5. Torfou, commune du canton de Montfaucon-sur-Moine, arrondissement de Cholet (Maine-et-Loire). A huit kilomètres sud de Montfaucon-sur-Moine; dix-neuf kilomètres sud-ouest de Cholet; quarante kilomètres sud-sud-ouest de Nantes; quatorze kilomètres ouest de Mortagne-sur-Sèvre; seize kilomètres est-nord-est de Montaigu; quinze kilomètres sud-ouest de Clisson.

6. Clisson, ancien chef-lieu de district, aujourd'hui chef-lieu de canton de l'arrondissement de Nantes, au sud de la Loire, au confluent de la Sèvre Nantaise et de la Moine. A vingt-six kilomètres sud-est de Nantes; trente-six kilomètres ouest de Cholet.

7. Beaupréau, ancien chef-lieu de district, puis d'arrondissement, aujourd'hui simple chef-lieu de canton de l'arrondissement de Cholet (Maine-et-Loire), à vingt kilomètres ouest de Chemillé; dix-huit kilomètres nord de Cholet; vingt-deux kilomètres sud de Saint-Florent-le-Vieil; quarante-quatre kilomètres est de Nantes.

Pelée [1], la Chapelle-Heulin [2], Vallet [3] et Gesté [4]. Cette route devait être continuée pour joindre celle des Ponts-de-Cé à Chemillé, et celle de Saumur, soit à Vihiers, soit à Doué. La seconde est celle de la Rochelle, passant par Aigrefeuille [5], Montaigu [6], Saint-Fulgent [7], Chantonnay [8], Sainte-Hermine [9] et Marans [10]. La troisième conduit aux Sables-

1. La Plée, ou la Pelée, village à huit kilomètres sud-est de Nantes, sur la grande route de la Rochelle, dans une lande où Républicains et Vendéens établirent leur camp, à tour de rôle et à maintes reprises.

2. La Chapelle-Heulin, commune de la Loire-Inférieure, arrondissement de Nantes, au sud de la Loire, qu'il ne faut pas confondre avec la Chapelle-Hullin, située en Maine-et-Loire, et fort au nord du fleuve. La Chapelle-Heulin se trouve à deux kilomètres sud-est des marais de Goulaine ; six kilomètres nord-est de Vallet ; dix-huit kilomètres est-sud-est de Nantes.

3. Vallet, chef-lieu de canton de l'arrondissement de Nantes, au sud de la Loire. A vingt-quatre kilomètres est-sud-est de Nantes ; dix kilomètres nord de Clisson.

4. Gesté, commune du canton de Beaupréau (Maine-et-Loire). A onze kilomètres sud-sud-ouest de cette ville ; vingt-cinq kilomètres nord-nord-ouest de Cholet ; cinquante-cinq kilomètres est de Nantes.

5. Aigrefeuille, chef-lieu de canton de l'arrondissement de Nantes. A vingt kilomètres sud-sud-est de cette ville, au midi de la Loire ; treize kilomètres nord-nord-ouest de Montaigu ; huit, ouest de Clisson ; quatre, ouest de Sainte Lumine-de-Clisson.

6. Montaigu, ancien chef-lieu de district, aujourd'hui chef-lieu de canton de l'arrondissement de la Roche-sur-Yon (Vendée), au confluent de la Maine et de l'Asson. A trente-six kilomètres nord de la Roche-sur-Yon ; vingt-huit, ouest-sud-ouest de Cholet ; trente-trois sud de Nantes.

7. Saint-Fulgent, chef-lieu de canton de l'arrondissement de la Roche-sur-Yon, à vingt-huit kilomètres nord-est de cette ville ; seize kilomètres sud-sud-est de Montaigu ; quinze kilomètres sud de Tiffauges.

8. Chantonnay, chef-lieu de canton de l'arrondissement de la Roche-sur-Yon, entre le Grand et le Petit-Lay. A trente kilomètres est de la Roche-sur-Yon ; cinquante-huit kilomètres nord-nord-est de Fontenay-le-Comte ; trente-six kilomètres sud de Mortagne-sur-Sèvre.

9. Sainte-Hermine, chef-lieu de canton de l'arrondissement de Fontenay-le-Comte (Vendée). A trente kilomètres est-sud-est de la Roche-sur-Yon ; vingt-deux kilomètres nord-ouest de Fontenay-le-Comte. A la lisière nord de la contrée appelée *la Plaine* et au pied sud du Bocage. Sur la rivière la Semagne.

10. Marans, chef-lieu de canton de la Charente-Inférieure. Port sur la Sèvre Niortaise, à douze kilomètres environ de l'embouchure de ce fleuve dans l'anse de l'Aiguillon.

d'Olonne, par Légé [1], Palluau [2], Aizenay [3] et la Mothe-Achard où elle joint la route de Saumur. La quatrième, passant par Légé, le Port-Saint-Père [4], Machecoul [5] et Challans [6], mène au petit port de Saint-Gilles-sur-Vie. De la première route, un embranchement partant de la Lande Pelée conduit à Clisson, sans aller plus loin ; elle devait joindre, à Torfou, celle de Saumur.

Enfin, une route des Sables à Poitiers passe par Talmont [7], Luçon, Fontenay, Niort, Saint-Maixent et Lusignan [8].

1. Légé, chef-lieu de canton de l'arrondissement de Nantes; au sud de la Loire, au-dessus de la rive droite de la Logne, affluent de gauche de la Boulogne. A quarante kilomètres sud de Nantes, près du lac de Grand-Lieu. Quartier général de Charette pendant la guerre de Vendée.

2. Palluau, chef-lieu de canton de l'arrondissement des Sables-d'Olonne (Vendée). A trente-huit kilomètres nord de cette ville; vingt-deux kilomètres nord-ouest de la Roche-sur-Yon; quarante-huit, sud-sud-ouest de Nantes.

3. Aizenay, commune du canton du Poiré-sur-Vie, arrondissement de la Roche-sur-Yon (Vendée). A huit kilomètres sud-ouest du Poiré; seize, nord-ouest de la Roche-sur-Yon; douze kilomètres sud de Palluau; trente-neuf kilomètres nord-nord-est des Sables-d'Olonne.

4. Port-Saint-Père, commune du canton du Pellerin, arrondissement de Paimbœuf (Loire-Inférieure), sur la rive gauche de l'Acheneau, à trois kilomètres et demi de sa sortie du lac de Grand-Lieu; sept kilomètres et demi au sud de la rive gauche de la Loire; vingt-neuf kilomètres sud-est de Paimbœuf; vingt kilomètres ouest-sud-ouest de Nantes.

5. Machecoul, chef-lieu de canton de l'arrondissement de Nantes, sur le Falleron, ville ancienne, sur une petite éminence de la plaine nommée vallée de la Chaume. A trois kilomètres et demi ouest-sud-ouest de la forêt de Machecoul; trente-cinq kilomètres sud-ouest de Nantes; vingt kilomètres nord-ouest de Légé.

6. Challans, chef-lieu de canton de l'arrondissement des Sables-d'Olonne (Vendée). Sur la lisière ouest du Marais vendéen. A quarante-quatre kilomètres nord des Sables-d'Olonne; quarante kilomètres ouest-nord-ouest de la Roche-sur-Yon; cinquante kilomètres sud-sud-ouest de Nantes.

7. Talmont, sur le Guy-Chatenay, l'un des ruisseaux qui vont à la mer par l'estuaire du Payré ; chef-lieu de canton de l'arrondissement des Sables-d'Olonne, dans le Marais. A quatorze kilomètres sud-est des Sables; trente kilomètres de la Roche-sur-Yon.

8. Lusignan, chef-lieu de canton de l'arrondissement de Poitiers (Vienne), à vingt-quatre kilomètres de cette ville.

Ce sont là les principales mais insuffisantes communications du pays, dont j'ai déterminé les limites. Je ne parlerai pas des chemins de traverse, ils sont multipliés à l'infini, et les Rebelles, marchant sans convois, presque sans cavalerie, et avec très peu d'artillerie, les parcouraient de préférence, parce que plus tortueux et plus fourrés ils leur présentaient, dans leur manière de guerroyer, beaucoup plus d'avantages.

Les rivières de ces contrées n'ont fourni aucune ressource capitale dans les opérations de cette guerre; il en est peu de navigables, mais quand elles le seraient, quel parti en aurait-on pu tirer ? Il n'y avait là ni magasins à former, ni aucuns établissements à faire. Ayant d'ailleurs généralement peu de largeur et étant presque toutes guéables en été, elles ne pouvaient non plus offrir de grands moyens de défense. Cependant, malgré leur peu d'importance sous les rapports militaires, je pense qu'il n'est pas hors de mon sujet d'en donner une description générale.

Imaginons que de Chatillon-sur-Sèvre [1], pris comme point central, on trace trois lignes : la première dirigée sur Parthenay, la seconde sur les Essarts et la troisième au delà de Saint-Paul-du-Bois [2]; ces lignes pourront être considérées comme passant à peu près par les points les

---

1. Chatillon-sur-Sèvre, dans une forte position, sur l'Ouin; avant son érection en duché-pairie (1736), s'appelait Mauléon. Lors de la formation des départements (1790), il fut chef-lieu d'un district des Deux-Sèvres, mais le siège du district fut transféré à Bressuire, après les troubles du mois d'août 1792. Aujourd'hui, c'est un chef-lieu de canton de l'arrondissement de ce même Bressuire. Fut le premier siège du Conseil supérieur des Vendéens, en 1793. A sept kilomètres nord-est de la Sèvre Nantaise; vingt-deux kilomètres nord-ouest de Bressuire; dix-huit kilomètres sud-sud-est de Cholet.
2. Saint-Paul-du-Bois, sur la Gaubertière, affluent de gauche du Layon. Commune du canton de Vihiers (Maine-et-Loire). A neuf kilomètres sud de Vihiers; quarante-cinq kilomètres sud-sud-ouest de Saumur; cinquante-quatre kilomètres sud d'Angers; vingt et un kilomètres est de Cholet.

plus élevés du pays, d'où se fait le partage des eaux qui se dirigent ensuite, soit vers l'Océan, soit vers la Loire, soit enfin vers le lac de Grand-Lieu [1], situé entre la forêt de Machecoul et Nantes.

Parmi les rivières ayant leur embouchure dans l'Océan, la seule remarquable est la Sèvre Niortaise [2], qui prend sa source dans les environs de Saint-Maixent ; elle est navigable depuis Niort, et se jette dans la mer à quelques lieues au nord de la Rochelle ; dans son cours elle reçoit la Vendée [3], l'Autise [4], le Lay [5] et quelques ruisseaux peu considérables.

En remontant vers le nord, jusqu'à l'embouchure de la Loire, on trouve quelques petites rivières telles que l'Auzance [6], le Jaunay [7], la Vie [8], qui, toutes, ne

---

[1]. Lac de Grand-Lieu, lac du département de la Loire-Inférieure, arrondissement de Nantes, au sud de la Loire ; d'une étendue de sept mille cinq cents hectares environ. Avant l'annexion de la Savoie, c'était la plus grande nappe d'eau de la France. Il a peu de profondeur et est entouré de marais. C'est plutôt, comme le dit Joanne, une vaste lagune qu'un lac proprement dit. Il est célèbre par ses pêcheries. Les rivières qui l'alimentent sont, principalement, la Boulogne, le Tenu et l'Ognon, qui sont navigables. Il se déverse dans la Loire, au sud du Pellerin, par l'Acheneau, sorte de canal navigable sur tout son cours.

[2]. La Sèvre Niortaise, fleuve côtier qui se jette dans l'anse de l'Aiguillon.

[3]. La Vendée, affluent de la rive droite de la Sèvre Niortaise, prend sa source sur le faîte de l'Absie, à douze kilomètres de la Châtaigneraie, arrose Fontenay-le-Comte et traverse le Marais poitevin. Son cours est de soixante-dix kilomètres.

[4]. L'Autise, petite rivière des Deux-Sèvres et de la Vendée, divisée en deux bras qui se jettent dans la Sèvre Niortaise, après avoir traversé le Marais poitevin. Son cours est de soixante kilomètres.

[5]. Le Lay, fleuve du bassin de la Vendée, né de la réunion de deux rivières annexes, le Grand et le Petit-Lay, forme le port de l'Aiguillon-sur-Mer et se jette dans le Pertuis-Breton, en face de l'île de Ré.

[6]. L'Auzance, petit fleuve côtier de la Vendée, arrose la Mothe-Achard et forme le havre de la Gachère. Son cours est de trente kilomètres cinq cents mètres.

[7]. Le Jaunay, affluent de gauche de la Vie, dans laquelle il se jette à Saint-Gilles, c'est-à-dire tout près de l'entrée de ce petit fleuve dans la mer. Son cours est de quarante kilomètres.

[8]. La Vie, petit fleuve côtier du bassin de la Vendée, qui a sa source à

portent bateaux que jusqu'aux lieux où s'élève la marée.

En suivant le cours de celles qui versent leurs eaux dans la Loire, on aperçoit la Dive [1] et le Thouet [2] qui, se réunissant au village de Saint-Hippolyte [3], à une lieue de Saumur, se jettent dans la Loire à quelque distance au-dessous de cette ville. La première prend sa source dans les environs de Mirebeau; la seconde prend naissance à quelques lieues de Parthenay, dans la direction de la Châtaigneraie [4]; elle est grossie par le Thouaret [5] et l'Argenton [6], qui prend sa source à Bressuire [7].

neuf kilomètres nord de la Roche-sur-Yon, quatre kilomètres sud de Belleville, et quatre kilomètres ouest-nord-ouest de Dompierre. Passe au Pas-Opton, forme le port de Saint-Gilles-sur-Vie et se jette dans la mer à un kilomètre au-dessous. Son cours est d'environ soixante kilomètres.

1. La Dive Mirebalaise, rivière qui naît à la Font-des-Saules, à douze kilomètres et demi au sud-ouest de Mirebeau, passe à Moncontour, à Pas-de-Jeu, Nueil, Epieds, où elle reçoit la Petite-Maine, Brezé, Saint-Just-sur-Dive, au-dessous duquel elle s'unit au Thouet. Son cours est de soixante-quinze kilomètres.

2. Le Thouet, rivière des départements des Deux-Sèvres et de Maine-et-Loire, avec une notable partie de son cours dans celui de la Vienne, sur le versant de la Loire, dont elle est un affluent de gauche. Elle prend sa source à cinq kilomètres ouest de Secondigny. Sa direction générale est vers le nord. Le Thouet arrose Parthenay, Saint-Loup, Airvault, Thouars, Montreuil-Bellay, Saumur, Chacé. Son cours est de cent quarante kilomètres.

3. Saint-Hippolyte, hameau de cinquante habitants, commune de Saint-Just-sur-Dive (Maine-et-Loire).

4. La Châtaigneraie, ancien chef-lieu de district, aujourd'hui chef-lieu de canton de l'arrondissement de Fontenay-le-Comte (Vendée). A vingt-deux kilomètres nord de Fontenay; cinquante et un kilomètres est de la Roche-sur-Yon; quarante-huit kilomètres sud-est de Bressuire.

5. Le Thouaret, long ruisseau du département des Deux-Sèvres, dans le bassin de la Loire, affluent de la rive gauche du Thouet. Prend sa source à deux kilomètres et demi de la Chapelle-Saint-Laurent, arrose Boismé et Saint-Varent. Sa direction est nord-est; son cours a une longueur de cinquante kilomètres.

6. L'Argenton, rivière du département des Deux-Sèvres, formée de deux ruisseaux : l'Argent et le Ton, arrose Argenton-Château et se jette dans le Thouet, rive gauche, à sept kilomètres en amont de Montreuil-Bellay.

7. Bressuire, d'abord chef-lieu de canton du district de Chatillon-sur-Sèvre, puis chef-lieu de district, puis d'arrondissement du département

On distingue ensuite le Layon [1], dont l'embouchure se trouve au-dessous, et à peu de distance des Ponts-de-Cé, et qui prend sa source près de Saint-Paul-du-Bois. Cette rivière formait proprement les limites des Rebelles du côté de l'est; ils ne la dépassèrent que lors de leurs premières incursions sur Saumur et Angers. Elle reçoit les eaux d'une quantité de rivières et devient assez conséquente vers son embouchure. Au-dessous de Saint-Florent [2], on trouve l'embouchure de l'Evre [3], qui prend sa source dans les environs de Jallais [4], et après avoir passé

---

des Deux-Sèvres, dans une situation assez puissante, avec un vieux château fort dont les murailles étaient encore respectables au moment de la Révolution. A trente-neuf kilomètres sud-est de Cholet; soixante-cinq kilomètres sud-sud-ouest de Saumur.

1. Le Layon, affluent de gauche de la Loire, prend naissance dans l'étang de Beaurepaire, commune de Saint-Maurice-la-Fougereuse (Deux-Sèvres), traverse un peu plus loin l'étang de Passavant, en Maine-et-Loire. Après de nombreux circuits, il arrose Thouarcé, Rablay, Beaulieu, Saint-Lambert-du-Lattay, Chaudefonds et se jette dans la Loire à l'entrée et à l'est de la petite ville de Chalonnes-sur-Loire, et non pas dans les environs des Ponts-de-Cé. Sa longueur totale dépasse soixante-cinq kilomètres. Quoique très obstrué et manquant d'entretien, il est encore navigable d'octobre à mai, sur une longueur de six mille cinq cents mètres. Au ixe siècle, le Layon formait la limite entre l'Anjou et le Poitou (*Chron. Brioc. ap. D. Morice*, I, 28), comme à la fin du xviiie, il constitua de ce côté la frontière de la Vendée militaire.

2. Saint-Florent-le-Vieil, sur une éminence, dominant la rive gauche de la Loire, ancien chef-lieu de district, aujourd'hui chef-lieu de canton de l'arrondissement de Cholet (Maine-et-Loire). C'est à Saint-Florent qu'éclata la guerre de la Vendée, le 10 mars 1793. A quarante kilomètres nord de Cholet; douze, est d'Ancenis; quarante-deux, ouest des Ponts-de-Cé; vingt-quatre, nord-nord-ouest de Chemillé.

3. L'Evre, affluent de gauche de la Loire, naît sur la commune de Vézins (Maine-et-Loire) en deux ruisseaux, dont l'un sort des douves du château; ils se réunissent avant d'avoir quitté le territoire. Arrose le May, Jallais, Beaupréau, Montrevault, la Chapelle-Saint-Florent et se jette dans la Loire au Marillais. Sa longueur totale est de quatre-vingt-douze kilomètres.

4. Jallais, commune du canton de Beaupréau (Maine-et-Loire). A seize kilomètres nord de Cholet; vingt-deux kilomètres sud-sud-est de Saint-Florent-le-Vieil; dix kilomètres ouest de Chemillé et dix kilomètres est de Beaupréau.

par Beaupréau, elle reçoit les eaux de la Vrenne [1], dont les sources se trouvent dans les environs de Saint-Macaire [2]. La rivière de la Divatte [3] et plusieurs autres encore, dont on trouve l'embouchure entre Saint-Florent et Nantes, sont très peu importantes. La Sèvre-Nantaise [4], qui verse ses eaux dans la Loire à Nantes même, est la rivière la plus considérable de ce pays; elle est encaissée dans un système de rochers plus ou moins élevés, qui offrent tour à tour les sites les plus agrestes et les plus agréables. Elle prend sa source entre Parthenay et la Châtaigneraie, au point de partage de l'Autise et du Thouet; une grande quantité de ruisseaux et de petites rivières la grossissent de leurs eaux. Elle commence à être navigable à Clisson, par le confluent de la Moine [5], qui prend naissance à quelques lieues de Cholet et traverse cette ville; la Maine [6], qui se jette également dans la Sèvre Nantaise,

1. La Vrenne, ruisseau né sur la commune de Begrolles (Maine-et-Loire). et appelé d'abord ruisseau des Bichaudières, arrose la commune de Saint-Macaire-en-Mauges, se jette dans l'Evre à la limite des communes de la Chapelle-du-Genêt et de Villedieu-la-Blouère.

2. Saint-Macaire-en-Mauges, commune du canton de Montfaucon (Maine-et-Loire). A douze kilomètres nord-nord-ouest de Cholet; dix kilomètres sud de Beaupréau; treize kilomètres est de Montfaucon.

3. La Divatte, affluent de gauche de la Loire, née dans la commune du Puiset-Doré (Maine-et-Loire), forme la limite entre les départements de Maine-et-Loire et de la Loire-Inférieure sur une grande partie de son cours, long de vingt et un kilomètres.

4. La Sèvre Nantaise, affluent de gauche de la Loire, dans laquelle elle se jette en face de Nantes. Sa direction est sud-est-nord-ouest, très tortueuse, mais sans grands détours. Elle coule presque toujours dans des vallées rocheuses profondément encaissées. Elle arrose notamment La Pommeraye-sur-Sèvre, Saint-Amand, Mallièvre, Saint-Laurent, Mortagne, Tiffauges, Boussay, Gétigné, Clisson, Vertou. Son cours est de cent trente-six kilomètres environ.

5. La Moine, rivière née dans la commune de Saint-Aubin-de-Beaubigné (Deux-Sèvres), pénètre en Maine-et-Loire sur Maulévrier, arrose le pied du coteau sur lequel est bâti Cholet, la Séguinière, la Romagne, Montfaucon, et se jette à Clisson dans la Sèvre. Elle a presque toujours un lit profondément encaissé, depuis Cholet jusqu'à son confluent.

6. La Maine, ou Maine de Vendée, ou Deux-Maine, formée en aval de

près de Vertou, prend sa source entre Saint-Fulgent et les Herbiers. Les rivières qui traversent ou se perdent dans le lac de Grand-Lieu sont l'Ognon [1], qui prend sa source au village de Saint-Sulpice [2], près l'Herbergement [3], et passe par Saint-André [4], Vieillevigne, Montbert [5] et Villeneuve [6], où, formant un coude, elle va se jeter dans le lac, près Saint-Aignan [7]; la Boulogne [8], qui prend sa source dans les environs du petit bourg du même nom, et passant par Saligny [9], les Lucs [10] et Rocheservière, se

Saint-Georges-de-Montaigu par la réunion de la Grande et de la Petite-Maine. Arrose Montaigu, passe aux pieds de Remouillé et d'Aigrefeuille et va se jeter dans la Sèvre Nantaise.

1. L'Ognon, ou l'Oignon, ou Lognon, né entre Saint-Sulpice-le-Verdon et l'Herbergement. Se jette dans le lac de Grand-Lieu par une embouchure ayant près de cinq cents mètres de largeur. Son cours s'étend sur plus de quarante kilomètres.

2. Saint-Sulpice-le-Verdon, commune du canton de Rocheservière (Vendée). A neuf kilomètres sud-sud-est de Rocheservière; quatre kilomètres sud-ouest de l'Herbergement; neuf kilomètres sud de Vieillevigne.

3. L'Herbergement, commune du canton de Rocheservière. A huit kilomètres sud-sud-est de Vieillevigne et treize kilomètres sud-est de Rocheservière.

4. Saint-André-Treize-Voies, commune du canton de Rocheservière. A neuf kilomètres est de ce bourg; neuf kilomètres sud-ouest de Montaigu; cinq kilomètres sud de Vieillevigne.

5. Montbert, commune du canton d'Aigrefeuille. A huit kilomètres ouest-sud-ouest de ce bourg.

6. Villeneuve, château et hameau dépendant aujourd'hui de la commune des Sorinières, canton de Nantes. A onze kilomètres sud de cette ville; deux kilomètres et demi sud des Sorinières; cinq kilomètres est de Pont-Saint-Martin et des marais où commence l'estuaire de l'Ognon.

7. Saint-Aignan, sur la rive nord-est du lac de Grand-Lieu. Commune du canton de Bouaye (Loire-Inférieure), à sept kilomètres sud-est de ce bourg; quatorze kilomètres sud-sud-ouest de Nantes.

8. La Boulogne prend sa source sur un plateau, à quatre kilomètres sud-sud-est des Essarts et à trois kilomètres de Saint-Martin-des-Noyers, dans le département de la Vendée. Elle court vers le nord-ouest, arrose le pied du coteau de Rocheservière et se jette à l'extrémité sud du lac de Grand-Lieu, à cinq kilomètres environ au sud-ouest de l'embouchure de l'Ognon.

9. Saligny, commune du canton du Poiré-sur-Vie (Vendée), à dix kilomètres nord-est. L'agglomération se trouve à plus d'un kilomètre sur la rive gauche de la Boulogne.

10. Les Lucs, commune du canton du Poiré-sur-Vie (Vendée), à neuf kilomètres nord.

jette dans le lac près la ville de Saint-Philbert [1], après avoir reçu les eaux de la Logne [2], qui prend naissance dans les environs de Légé et passe par la vallée étroite de Saint-Jean et Saint-Étienne-de-Corcoué ; enfin, le Tenu [3]. Cette dernière prend sa source dans les environs de la Marne [4], petit bourg, et passant par Saint-Même [5] et Saint-Mars-de-Coutais, rejoint le lac à son extrémité du nord-ouest et porte ses eaux dans la rivière de l'Acheneau [6], qui sort du lac sur ce point, pour se jeter dans la Loire à une lieue au-dessous du Pellerin. La rivière du Tenu, seule, porte d'assez grands bateaux à travers le marais fangeux de Saint-Mars-de-Coutais.

Le lac de Grand-Lieu, distant de quatre lieues de la Loire, et de dix, du point le plus rapproché de la mer, a environ quatorze lieues de circonférence ; il est situé dans une vaste et superbe plaine dont il sera parlé dans le cours de cet ouvrage.

Quant aux villes de cette partie du Poitou, excepté

1. Saint-Philbert-de-Grand-Lieu. Voir plus loin.
2. La Logne, prend sa source dans le voisinage de la Boulogne, à quatre kilomètres au nord des Lucs et à six kilomètres au sud de Rocheservière. Après un cours d'environ trente kilomètres, elle se jette dans la Boulogne, à trois kilomètres de Saint-Philbert-de-Grand-Lieu.
3. Le Tenu prend sa source près de la lisière nord-ouest de la forêt de Touvois (Loire-Inférieure), à six kilomètres au nord-ouest de Légé. Il a un parcours de trente-quatre kilomètres. Les alluvions l'empêchent d'aller porter ses eaux jusqu'au lac de Grand-Lieu. Il déverse celles-ci dans l'Acheneau, un peu au-dessus de Port-Saint-Père.
4. La Marne, commune du canton de Machecoul, arrondissement de Nantes. A trente-cinq kilomètres sud-sud-ouest de cette ville et à six kilomètres est de Machecoul.
5. Saint-Même, commune du canton de Machecoul ; à cinq kilomètres nord.
6. L'Acheneau, ou la Cheneau, sert de canal de communication entre le lac de Grand-Lieu et la Loire. Il sort du lac à la pointe nord-ouest, arrose Saint-Léger, Port-Saint-Père, et se perdait alors dans le bras gauche de la Loire à Buzay, à quatorze kilomètres en amont de Paimbœuf. Depuis la construction du canal maritime de la basse Loire, il débouche dans ce canal.

Niort, aujourd'hui le chef-lieu du département des Deux-Sèvres, il n'en est pas une dont la population excède six à sept mille âmes ; le plus grand nombre même est d'une moindre importance encore, et ne diffère des petits bourgs que par le nom. Elles sont toutes fermées de murailles flanquées de tours et pourvues d'un vieux château. Il en est peu qui n'aient compté dans leur sein plusieurs collégiales, abbayes ou autres maisons religieuses ; leurs habitants se livrent à quelque commerce de détail, fabriquent des bonnets et des bas de laine, ainsi que divers autres objets à l'usage des habitants de la campagne. Mais le produit de cette petite industrie ne suffisant pas pour subvenir à leurs besoins, ils s'adonnent en même temps aux travaux de la terre.

Niort peut avoir une population de seize à dix-sept mille âmes ; elle fait au dehors quelque commerce en chamoiserie et possède des manufactures d'étoffes de laine et de coton. Fontenay et Melle [1] fabriquent des serges ; Cholet et Mortagne, des toiles. Le reste n'offre pas assez d'intérêt pour mériter une mention particulière.

Cependant, malgré le peu d'importance de ces villes, malgré le peu d'industrie que l'on y rencontre, le Poitou a ses richesses et, avant son embrasement, il était une des plus fertiles provinces de la France, c'est dire en même temps qu'il était une des plus peuplées. Le pays est couvert de bourgs, de villages, de hameaux, mais surtout de quantité d'habitations et de métairies isolées et éparses dans les champs. Tous les genres de denrées y abondent, parce que, indépendamment de la bonté de son sol, le peuple porte toute la masse de son industrie sur l'agriculture ; aussi le seul commerce qui s'y faisait avant la

---

1. Melle, chef-lieu d'arrondissement du département des Deux-Sèvres.

guerre et qui méritât véritablement ce nom, était celui des grains et des bestiaux ; il enrichissait les gens de la campagne sans contribuer à les civiliser.

Les habitants du Poitou sont généralement grands, robustes et ingambes. Il serait difficile de se représenter avec quelle adresse ils franchissent les fossés et les levées de terre qui entourent leurs champs ; ce qui arrêterait tout court la marche d'une armée est à peine pour eux un léger obstacle.

Ceux du Bocage et du Loroux sont encore d'intrépides chasseurs. Un pays aussi fourré devait abonder en gibier, et si les habitants n'avaient pas pris soin d'en détruire une partie, ils en eussent été fort incommodés ; ils commençaient donc à être braconniers par nécessité et le devenaient bientôt par goût. Par ce métier, ils acquéraient non seulement infiniment d'adresse au maniement de l'arme à feu, mais encore une grande connaissance des localités, et cet esprit de ruse si essentiel à une guerre de défilés.

Le Poitou et la Bretagne sont enfin les provinces qui ont le plus conservé l'aspect de l'ancien régime féodal ; c'est là que l'on trouve encore à chaque pas de ces châteaux bâtis dans les xiie et xiiie siècles, flanqués de tours et entourés de fossés ; et ils n'y sont pas, comme partout ailleurs, livrés aux ravages du temps, ou éclipsés par des bâtiments modernes où tout est sacrifié au faste. Les seigneurs de ces provinces avaient su résister aux dangereux appâts que leur avait offerts un Richelieu, et préférer une vie tranquille et indépendante au brillant fracas de la cour. Leurs descendants conservèrent ce bon esprit et ne dédaignèrent pas, jusqu'à nos jours, d'habiter les demeures gothiques de leurs ancêtres. Ils provoquaient moins à l'admiration, mais ils étaient plus considérés ; ils jouissaient d'un crédit plus réel et avaient une influence plus immédiate sur leurs vassaux, que ces grands de la cour qui ne faisaient plus dans leurs terres que des apparitions, et qui n'y apparaissaient que pour étaler un luxe et une dissolution également scandaleux. Mais, avec ces donjons, ils héritèrent aussi de l'esprit de domination de leurs ancêtres, de leurs préjugés, de leur orgueil, et, livrés constamment à une vie simple et laborieuse, l'énergie de leurs âmes ne put s'affaiblir par la mollesse, ni leur fierté s'humilier par aucune espèce de corruption.

Mais n'anticipons pas sur les événements, et terminons cette esquisse géographique par la description de la ville de Poitiers. Le théâtre de la guerre ne s'étendit pas jusque-là, mais cette ville, ayant été la capitale du Poitou, je dois en faire mention. Le simple exposé de sa topographie et de sa situation politique avant la Révolution fera reconnaître qu'elle ne pouvait être pour la province ni le foyer de la civilisation, ni celui des lumières. Cette description offrira, en quelque sorte, le tableau résumé de tout le pays et me conduira naturellement aux conclusions que je veux en tirer.

Poitiers est situé sur une hauteur au confluent des rivières le Clain et la Boivre ; le territoire qui l'environne est excellent. A voir du dehors la vaste enceinte de cette ville, à voir ses nombreux clochers s'élever dans les airs, on la croirait riche et d'une population d'au moins trois cent mille âmes. On est bientôt détrompé. Ses rues sont malpropres, étroites, mal bâties, et, hors les églises et quelques antiquités en ruines, on n'y remarque aucun édifice ; fréquemment on rencontre des lacunes immenses en terres labourables, ou cultivées en jardins. La plupart des artisans sont gantiers, peigniers ou coutelliers. Avant la guerre, on y fabriquait des bonnets de laine pour les colonies de l'Amérique ; c'est le seul commerce un peu considérable qui s'y faisait. Quant à sa population, elle n'excède pas trente mille âmes ; elle était pourtant le siège d'un gouverneur particulier, d'un lieutenant de roi, évêché, présidial, maréchaussée, bailliage et élection ; elle avait une intendance, une juridiction consulaire, une maîtrise particulière des eaux et forêts, une généralité, un bureau de finances, un hôtel des monnaies et une université. On y comptait vingt-deux paroisses, cinq collégiales, quatre abbayes, deux séminaires, neuf couvents d'hommes, douze de filles et trois hôpitaux. Ce simple exposé suffit pour faire connaître que cette capitale était presque encore de nos jours ce qu'elle a dû être dans ces siècles barbares où, le commerce étant entièrement inconnu, on ne rencontrait dans les villes que des nobles, des prêtres et des esclaves ; qu'elle ne pouvait être conséquemment ni le foyer des lumières, ni celui de la civilisation, pour la province.

Dans les contrées où le commerce, les sciences et les arts avaient fait naître une classe d'hommes qui, par leurs richesses et leurs lumières, contre-balançaient l'autorité des grands et réprimaient parfois leur insolence, le peuple trouvait entre lui et ses oppresseurs un point de rapprochement qui, en élevant son âme et en développant son esprit, lui faisait acquérir insensiblement une sorte de philosophie pratique, suffisante pour le tenir en garde contre une imposture trop grossière, mais cette classe intermédiaire n'existant pas dans le Poitou, ou n'y ayant pas du moins assez de consistance, la stupidité, l'ignorance de ses habitants devaient être au comble et leur crédulité, leur superstition, en raison de leur ignorance. L'artisan, au fond de son atelier, se renfermait dans le cercle étroit d'une industrie grossière et bornée. Le laboureur, plus isolé encore, ne portait jamais ses regards au delà de son champ, ni ses espérances au delà de la récolte prochaine.

CHAPITRE SECOND

Cependant, ces habitants des départements de l'Ouest, malgré leur ignorance, ne furent point sourds aux cris de la Liberté, et, partageant l'allégresse générale dans les premiers moments de la Révolution, souriant à l'avenir qu'un nouvel ordre de choses semblait leur promettre, ils obéissaient aux lois et s'acquittaient avec une exactitude, alors remarquable, des impositions auxquelles ils étaient taxés. Ils applaudissaient même à la chute de leurs seigneurs, et ils eussent été sans doute plus insensibles encore à l'abolition de la royauté, si on ne leur avait fait entendre que, d'institution divine, elle faisait partie intégrante de leur religion. La Religion était l'objet unique de leur inquiétude, et c'est en son nom seul qu'on pouvait espérer de les soulever contre un nouvel ordre de choses, dont ils n'avaient encore éprouvé que les bienfaits.

En vain, les nobles eussent-ils arboré la bannière royale, elle fût demeurée déserte, ou on l'aurait vue tout au plus entourée de quelques-uns de ceux qui, rampant à leur suite, se nourrissaient de l'abus de leur existence.

Qu'on examine, en effet, les brillants résultats qu'ont obtenus leurs entreprises, chaque fois qu'il n'était question que de leur cause ou de celle du roi, chaque fois qu'ils n'avaient pas pour auxiliaires les prêtres, pour prétexte la Religion. On pourrait, ce me semble, hasarder la proposition : que sans la loi concernant la Constitution Civile du clergé, la France aurait pu être agitée de quelques troubles, mais qu'elle n'eût pas vu alors de guerre civile. « Rendez-nous nos bons prêtres et nous vous abandonnons le roi [1]. Nous vous livrons nos seigneurs », disaient les Vendéens, lorsque, très souvent las de combattre et rassasiés de carnage, ils regrettaient leurs travaux champêtres et soupiraient après leurs paisibles chaumières. Ce fait était alors connu de toute l'armée et il n'est pas un soldat qui ne les ait entendus s'exprimer ainsi. Mais, pour trouver l'origine de cette pieuse effervescence, les causes de sa progression morale, il est nécessaire de jeter un coup d'œil rapide sur la situation générale de la France vers 1789, et d'examiner ensuite, dans leur ordre chronologique, les principaux événements qui peuvent y avoir rapport ; c'est ce que j'essaierai de faire avec le plus de brièveté possible.

D'abord, la loi relative à la suppression des communautés religieuses amena dans les villes et plus encore dans les campagnes un très grand nombre de moines. Les plus âgés, qui avaient joui dans ces monastères de quelque autorité, dans le monde, de quelque considération, regrettaient l'une et l'autre, et l'habitude leur avait même rendu cher ce que pouvait avoir eu de plus pénible la règle

---

1. « Je jure sur mon honneur que, malgré que je désirasse sincèrement et vraiment le gouvernement monarchique réduit à ses vrais principes et à sa juste autorité, je n'avais aucun projet particulier, et j'aurais vécu en citoyen paisible sous quelque gouvernement que ce fût, pourvu qu'il ait assuré ma tranquillité et le libre exercice, au moins toléré, du culte religieux que j'ai toujours professé. » (Réponse de d'Elbée, généralissime des armées vendéennes, à la commission militaire de Noirmoutier, recueillie par Piet, secrétaire de cette commission. Cf. Piet, *Recherches sur Noirmoutier* ; Cavoleau : *Statistique du département de la Vendée*, 2ᵉ édition.)

sous laquelle ils avaient vécu. A ces regrets se réunit encore l'incertitude de leur sort. En effet, quelle assurance pouvait-on leur donner, au milieu d'une révolution aussi orageuse, sur le paiement fidèle de la pension alimentaire qui leur était promise et sans laquelle, pourtant, ils se voyaient en proie à la plus profonde misère. C'étaient là, sans doute, de grands sujets d'inquiétude et de mécontentement; mais il fallut dissimuler; une conduite retenue et circonspecte était bien plus propre à leur gagner la confiance de ceux qu'ils se proposaient d'égarer, que de vaines clameurs qui n'auraient eu rapport qu'à leur intérêt personnel.

Ils s'étaient donc prescrit une sorte de formule prophétique où, tout en faisant paraître la plus entière résignation, ils tâchaient de répandre insensiblement l'alarme parmi les consciences les plus timorées. « Plaise à Dieu, « disaient-ils, que ces nouveautés, ces réformes, tournent « à l'avantage de la nation, et nous ferons volontiers le « sacrifice de notre existence ; mais comment ne point « présager et craindre qu'en commençant ainsi par dissé- « miner les soutiens de la Religion, on n'entreprenne in- « cessamment de l'anéantir elle-même? Ne voit-on pas « déjà l'hérésie lever sa tête altière au sein de l'Assemblée « nationale? La tribune n'est-elle pas occupée sans cesse « par des ministres protestants ou calvinistes? La salle « retentit de leurs sophismes ou plutôt de leurs blas- « phèmes, et qui a pu les appeler dans ce sanctuaire des « lois, si ce n'est des enfants de Satan? Ah! bientôt, « bientôt, ils vous chasseront de ces temples érigés ou « embellis par vos soins, ainsi qu'ils nous ont chassés « de nos saintes retraites, fondées par la piété de vos an- « cêtres; ils chasseront, persécuteront vos pasteurs, afin « que, semblables à un troupeau errant et abandonné,

« vous tombiez plus facilement dans leurs perfides em-
« bûches. »

Ces déclamations monastiques, souvent et partout répétées, firent impression sur le peuple; il devint inquiet; mais on ne remarqua pourtant aucune ferveur, et quoiqu'elles ne produisirent pas un grand ferment, elles peuvent être regardées néanmoins comme le premier germe corrupteur de l'esprit public. On aurait vu s'écrouler sans éclats cette multitude d'établissements religieux, si on avait voulu s'en tenir à la simple spoliation de leurs richesses; mais on passa outre. Des sectateurs de Jansénius nous donnèrent une Constitution Civile du clergé, et le serment qu'on exigea des prêtres pour s'y conformer devint le signal, comme le prétexte, de leur rébellion [1].

Aussitôt, les évêques désertent leurs diocèses; les curés, leurs presbytères; les bénéficiers, leurs chapitres. On crie au sacrilège, la coalition se forme, le peuple inquiet s'agite, on s'en empare; enfin, une Bulle du pape vient à l'appui de cette perfide manœuvre, frappe d'anathème le prêtre constitutionnel, le déclare apostat et schismatique [2]. Cet essai de résistance à la loi, dans ce nouvel ordre de

---

1. « En 1790, l'Assemblée nationale obligea les prêtres catholiques à un serment, qui a fait plus de mal à la France que les échafauds de Robespierre et les armées de l'Europe coalisées contre elle. Quelques-uns ne virent dans les objections que l'on opposait à la Constitution civile du clergé que des subtilités scolastiques qui ne pouvaient les dispenser de la soumission qu'ils devaient à l'autorité légitime. Le plus grand nombre vit, dans cette Constitution même, le renversement d'un dogme fondamental de la religion catholique, et pour ne pas se prêter à un acte qui répugnait à leur conscience, ils préférèrent l'exil et la prison. » (Cavoleau, *Statistique du département de la Vendée*, p. 817.)

Jean-Alexandre Cavoleau, né à Légé, dans le pays de Retz, le 3 avril 1754; élu vicaire général de l'évêque constitutionnel de la Vendée, se déprêtrisa et se maria. Secrétaire général de la préfecture de la Vendée, en 1800, employé dans les finances sous la Restauration, mort à Fontenay-le-Comte le 1er avril 1839.

2. 13 avril 1791.

choses, est regardé comme un triomphe par ces classes de la société, qui avaient en tous temps fondé leur puissance sur les préjugés, les erreurs et la crédulité ; elles se mettent en devoir de le soutenir et on voit alors, dans toute la France, un spectacle bien singulier. Les gens du bel air, de l'un et l'autre sexe, qui, un instant auparavant, auraient rougi si on avait pu leur supposer la moindre faiblesse religieuse, qui avaient fait ouvertement profession d'athéisme, qui depuis leur adolescence n'avaient plus approché d'aucune église, nobles, gens de robe, financiers, tout ce qui avait tenu à l'ancien régime par quelque emploi, couraient, se pressaient à présent, pour entendre la sainte messe du prêtre non assermenté ; et le bourgeois, servile imitateur des grands, et l'artisan, et le paysan, l'un par crainte, l'autre par scrupule, suivirent bientôt cet exemple. A la ville, à la campagne, la manie se propage, et le christianisme, dans ses plus beaux jours, ne vit point de fidèles priant, ou en apparence ou de bonne foi, avec plus de ferveur et de componction [1].

[1]. « Les évêques et les révolutionnaires s'agitèrent et intriguèrent, les uns pour faire prêter le serment, les autres pour empêcher qu'on ne le prêtât... Les évêques se rapprochèrent de leurs curés ; les dévots et les dévotes se mirent en mouvement. Toutes les conversations ne roulèrent plus que sur le serment du clergé. On eût dit que le destin de la France et le sort de tous les Français dépendaient de sa prestation ou de sa nonprestation. Les hommes les plus libres dans leurs opinions religieuses, les femmes les plus décriées par leurs mœurs, devinrent tout à coup de sévères théologiens, d'ardents missionnaires de la pureté et de l'intégrité de la foi romaine. » (Marquis de Ferrières, *Mémoires*, édition Berville et Barrière, II, p. 199, 200.)

« Je sais qu'à l'époque où la coalition des évêques trouva des soutiens dans la Vendée, il s'opéra une révolution soudaine dans les mœurs d'une grande partie de la noblesse ; on flatta, on plaignit les paysans ; on leur donna l'exemple de la piété ; on ne vit plus que des saints dans le pays, et, je l'avouerai, de tous les miracles que j'ai vus dans ces malheureuses contrées, la conversion subite de tant de gens qui, naguère, me semblaient ou indifférents ou mécréants, qui prétendaient que la Religion n'était faite que pour le peuple, en faveur de la domination ; cette conversion,

Ainsi donc, les temples des prêtres constitutionnels demeurèrent déserts, et souvent on s'abstint d'y officier faute d'assistants. On voulut alors remédier au scandale de cet abandon; pour cela, les autorités constituées de quelques commmunes ou départements se rendirent avec assiduité aux offices des conformistes et elles engagèrent les partisans les plus zélés de la Révolution, et surtout la garde nationale, d'en faire autant. On alla même jusqu'à stipendier des auditeurs; mais ces moyens ne produisirent d'autre effet que de faire donner les dénominations d'églises patriotes à celles desservies par les curés assermentés et d'églises aristocrates à celles occupées par les prêtres réfractaires. Bientôt les mots et les choses se confondent, suivant l'usage, et la bannière de l'église que l'on fréquente désigne désormais le parti politique auquel on s'est rangé. L'homme qui, dans son cœur, était vérita-

---

dis-je, a été pour moi le phénomène le plus étonnant. Les nobles, à l'aide des prêtres, auraient pu inspirer beaucoup de confiance aux habitants des campagnes qui, naturellement bons et simples lorsqu'il ne s'agissait pas de leur intérêt particulier, oubliaient facilement, au nom de Dieu, le mal qu'on leur avait fait.... Déjà il existait dans le Poitou une coalition dans laquelle presque tous les gentilshommes du pays étaient entrés. La fuite du roi et son arrestation déconcertèrent les projets qu'on avait formés. Il s'établissait des intelligences entre le clergé et la noblesse, il se faisait des réunions secrètes, on agitait des questions d'État qui devaient se décider par une force que l'on a depuis appelée le doigt de Dieu; mais la manie de l'émigration, ou plutôt des ordres supérieurs, ainsi que nous l'apprend M. le marquis d'Ecquevilly (*Histoire des campagnes de l'armée de Condé*, I, p. 21 et s.), vinrent rompre les conférences. » (Savary, *Guerres des Vendéens et des Chouans contre la République française....*, par un officier supérieur des armées de la République habitant dans la Vendée avant les troubles. I, p. 34 à 36.)

Le marquis de Ferrières ne semble pas, ici, faire preuve de sa perspicacité ordinaire en ce qui concerne les effets de la Constitution Civile du clergé. Car, au moins en ce qui concerne la Vendée, il est désormais établi que c'est bien cette question religieuse dont l'importance est niée par Ferrières, qui fut la cause véritable de la guerre civile. Savary a oublié que l'Association poitevine n'existait plus depuis longtemps, lorsqu'éclata le soulèvement de mars 1793.

blement patriote et qui, abstraction faite des principes qu'il pouvait peut-être ne point connaître, avait les plus fortes raisons pour l'être, cet homme se hâte de renoncer à son opinion, parce que, dans sa simplicité, il pense que son salut lui prescrit de suivre le prêtre qui, jusqu'ici, avait mérité sa confiance : c'est la brebis accoutumée à la voix de son ancien berger.... Un autre est aperçu dans le bercail.... N'en doutons pas, c'est le pasteur infidèle... Fuyons!.... et le loup revêtu de la toison entraîne le troupeau timide et docile, et le conduit à sa fin.

Ce qui semble prouver évidemment que c'est le changement des hommes, et non celui des choses, qui alarmait le peuple dans cette circonstance, c'est que partout où les anciens curés ont pris la résolution unanime de prêter le serment et de demeurer paisiblement dans leurs cures, il ne s'est pas même élevé le plus léger nuage, quelles qu'aient été d'ailleurs la grossièreté et l'ignorance des habitants. Je dirai donc ici, en passant, que, si la France désolée n'a pas bu jusqu'à la lie le calice amer de ses calamités, elle le doit en grande partie à la soumission prompte des prêtres et curés de divers départements.

Je citerai même à cet égard, avec intérêt, le diocèse de Viviers, aujourd'hui département de l'Ardèche. Là l'évêque [1] déclara, le premier, qu'avant tout il était citoyen, et par l'influence de ses vertus, plus que par ses discours, son clergé s'empressa de l'imiter. Cependant ce pays agreste présentait autant de ressources que la Vendée et les Deux-Sèvres pour y établir le foyer d'une rébellion.

---

1. Charles de la Font de Savine, né à Embrun, le 17 février 1742, sacré évêque de Viviers le 26 juillet 1778, il abjura son titre le 1er décembre 1793. Il revendiqua, en 1797, ses droits épiscopaux, mais il commit de telles excentricités qu'on dut l'enfermer pendant quelque temps à Charenton. Il mourut à Embrun en 1814. On lui a reproché d'avoir autorisé le divorce, le mariage des prêtres, etc.

C'est un système de montagnes et de rochers élevés dont les sommets, disposés en terrasses, enveloppés de maçonneries sèches, forment autant de citadelles. Ce sont des gorges étroites et tortueuses, des chemins difficiles ; ce sont des habitants robustes, infatigables et susceptibles du plus grand enthousiasme. Quel point d'appui, d'ailleurs, que cet encaissement profond du Rhône, à l'est; Lyon en combustion, au nord [1] ; la Vendée, au couchant ; au sud, le camp de Jalès [2], enfin Marseille et Toulon fourmillant de traîtres et de malveillants! Si on peut ajouter à cela que les plus grands efforts ont été faits pour lier les troubles des départements de l'Ouest à ceux excités dans le Midi, et que rien n'a été négligé pour suborner les prêtres montagnards, on comprendra, du moins, que la plus austère philosophie ne saurait s'empêcher d'applaudir à leur conduite et de leur décerner la palme que méritera toujours l'homme qui, en servant son pays, épargnera l'effusion du sang humain. Cependant, observera-t-on, plusieurs départements ont été exempts des fureurs du fanatisme, qui désolèrent les provinces de l'Ouest, quoique d'ailleurs les anciens évêques et curés, se refusant au serment, aient généralement abandonné leurs fonctions dans leurs diocèses ou dans leurs paroisses. Ces évêques, ces curés, étaient-ils donc, dans ces départements, animés d'un autre esprit ? Non, sans doute; partout leurs perfides efforts furent les mêmes, et si, partout, ils n'en obtinrent pas les mêmes succès, il faut en chercher les causes dans la nature des localités qui servirent de théâtre à leurs sourdes menées.

Ici, un pays ouvert et de nombreuses communications

---

[1]. Le siège de Lyon commença au mois d'août 1793.
[2]. Juillet 1792.

facilitaient la plus exacte surveillance ; là, des troupes cantonnées dans les campagnes, ou bien de fortes garnisons dans les places, en imposaient aux plus audacieux ; ailleurs, les mœurs des habitants, adoucies par l'influence de l'esprit de commerce, répugnaient à tout ce qui aurait pu tarir le fruit de leur industrie. C'est donc en vain que ces prêtres auraient tenté de les armer de torches et de poignards ; aussi, distillant un poison plus subtil, ils s'attachèrent à représenter au peuple la Liberté comme un fantôme effrayant, et, flattant l'égoïsme, alarmant l'avarice, ils attaquèrent l'esprit public et parvinrent à le détruire.

A mesure pourtant que l'intérêt, l'esprit de vengeance, le chimérique espoir du retour de l'ancien ordre de choses, les exhortations, les menaces des anciens prélats, et quelquefois le scrupule, firent déserter les paroisses aux prêtres dont il vient d'être parlé, on se hâta de les remplacer ; mais les circonstances ne permirent pas alors d'apporter grande sévérité dans l'examen des concurrents et on dut prendre presque indistinctement tous ceux qui voulurent bien se présenter. Le patriotisme, sur lequel il était si facile de se méprendre, et auquel on attacha souvent des idées si bizarres, tenait lieu aux nouveaux venus de toutes les vertus, et ils croyaient en donner une preuve suffisante, en prêtant le serment auquel leurs prédécesseurs venaient de se refuser. On vit donc s'emparer des presbytères abandonnés, ou des moines qu'un dépit, l'irréflexion de la jeunesse et souvent la contrainte plutôt qu'une pieuse vocation, avaient jetés dans les monastères et qui, se consumant depuis longtemps en regrets, passèrent tout à coup de cette gêne violente à la licence la plus effrénée, ou bien de ces ecclésiastiques qui, n'ayant pas su sauver assez les apparences d'une conduite trop déréglée, s'étaient vus jusque-là écartés des emplois de l'Église, et végétaient dans une crapuleuse indigence, ou bien enfin de ces misérables aventuriers qui, pour se soustraire au mépris de leurs compatriotes, passèrent de l'étranger dans les départements frontières, où ils étalèrent des principes d'autant plus outrés, qu'ils n'étaient chez eux que l'effet d'une spéculation mercenaire. L'amour de la patrie ne put les diriger et souvent même ils n'étaient que les malheureux instruments de nos ennemis.

De tels hommes étaient bien peu propres à remplir leurs fonctions avec cet esprit de paix et de conciliation, qu'il eût été si nécessaire d'apporter dans les communes, pour calmer les ferments déjà sur le point d'éclater. Comment auraient-ils pu gagner la confiance de leurs paroissiens, eux qui avaient si peu de droits à leur estime? Aussi ne s'en mirent-ils point en peine, et, livrés à tous les genres de dérèglements, ils offrirent tous les jours de nouvelles scènes de scandale. Mais ce qui acheva de les discréditer est l'empressement que mirent plusieurs d'entre eux à renoncer au célibat que le vulgaire regardait encore comme un point fondamental de la Religion. Une loi ne suffisait point pour le faire revenir de cette erreur, et, à défaut d'instruction, il eût fallu au moins que des hommes ayant des droits à la considération publique cherchassent par gradation à le familiariser avec ces nouveautés, en y mettant d'ailleurs autant de bienséance que de circonspection. Le contraire arriva; à peine ces prêtres furent-ils installés dans leurs cures que, sans aucune pudeur, ils s'unirent à des femmes perdues et souvent produisirent des enfants que précédemment ils avaient obtenus d'un commerce clandestin.

L'aristocratie, toujours active et vigilante, ne manquait pas de recueillir soigneusement tous ces faits et, les exagérant par mille circonstances, elle les opposait adroitement à la conduite des insermentés, dont l'affectation à la piété et à l'austérité la plus exemplaire était actuellement d'autant plus grande, qu'ils sentaient que leur existence dépendait entièrement désormais, et du respect et de la vénération qu'ils savaient inspirer à la multitude, toujours aveugle, toujours facile à tromper sur les moindres apparences.

Enfin, lorsque la plupart de ces nouveaux curés, autant par leurs turpitudes que par l'instigation de leurs antagonistes, parvinrent à s'attirer la haine des communes, au point de ne pouvoir paraître en public sans être conspués, ils cherchèrent et trouvèrent un appui dans les sociétés populaires, où, s'emparant des tribunes, ils n'eurent pas de peine à faire passer leurs débordements pour autant de prouesses civiques.... « Sûreté ! Vengeance aux prêtres constitutionnels ! » s'écria-t-on alors ; et les autorités constituées, toujours influencées par ces sociétés, se hâtèrent de mettre sous l'égide de la force armée ces nouveaux fonctionnaires ecclésiastiques. Dans tout le royaume, la garde nationale fut presque exclusivement employée à la défense des presbytères. Mais ces soldats de la Liberté, destinés à être les soutiens impassibles de la Loi qui protège, éprouvant eux-mêmes le ressentiment de divers outrages reçus de l'aristocratie, devinrent facilement des instruments de vengeance. De là ces persécutions partielles et arbitraires, dont les prêtres insermentés ne furent pas les seules victimes, et qui offrirent si souvent des scènes à la fois sanglantes et ridicules ; mais la persécution, dans cette circonstance, eut le résultat qu'elle obtint dans tous les temps. Les persécutés devinrent plus chers à la multitude. Ce n'est désormais que sous un travestissement qu'ils osent s'offrir aux regards des fidèles ; leur vie est menacée dans les temples, où la loi leur permet d'officier, et ils se voient contraints, pour exercer le culte, de chercher, dans les villes, les réduits les plus obscurs, dans les campagnes, les forêts et les solitudes. Ce n'est qu'à l'oreille que l'on s'indique ces lieux de rassemblements, et cet air de mystère et les dangers que l'on semble encourir, en échauffant l'imagination, accroissent, avec le nombre et la ferveur de leurs prosélytes, et leur influence et leur audace.

Dans le Midi, plusieurs d'entre eux osèrent déjà s'ériger en thaumaturges, mais le fanatisme protestant, contre-balançant dans ces provinces celui des catholiques, leurs jongleries ne purent prendre de consistance. Ils furent plus heureux dans les départements de l'Ouest, où rien ne s'opposant à leurs ténébreuses menées, les prodiges les plus grossiers étaient toujours ceux qui obtinrent le plus de faveur et s'accréditèrent davantage.

Tout ce qu'on lit de ridicule, de dégoûtant et d'absurde, dans les anciennes légendes et martyrologes, fut alors reproduit sur la scène. Ici, au milieu de la nuit, une voix lugubre et menaçante s'est fait entendre; là, un buisson ardent fixe les regards de la crédulité et indique le lieu où doivent s'assembler les fidèles; ailleurs, par un prestige plus grossier encore, l'image d'un saint, d'une Vierge, trouvée dans le creux d'un arbre, pleure, se désole du malheur des temps; et, la renommée s'emparant des nouvelles, les charge de mille circonstances et remplit bientôt le pays d'une sainte terreur. La foule abusée accourt et, parce qu'elle croit tout, elle s'imagine tout apercevoir. Des processions nocturnes couvrent les chemins; on s'enflamme, on s'exalte les uns les autres; la haine se change en fureur, la superstition en fanatisme!

Cependant les autorités constituées qui, alors encore,

étaient composées d'hommes aimant sincèrement leur patrie, s'alarment avec raison de cette effervescence et, connaissant l'empire que peut exercer l'enthousiasme d'un seul sur une multitude grossière et ignorante, sachant qu'il suffit d'une centaine d'énergumènes fanatisés autour d'un imposteur, pour rendre facile la séduction d'un peuple entier, elles font agir la force armée, qui, parfois, joignant l'attroupement, le dissipe ; mais le sang coule, la rage est à son comble et le germe de la guerre civile se développe.

Telle était, sous le rapport religieux, la situation de la France, telles étaient les dispositions des esprits, l'année subséquente, à l'époque de la loi concernant la Constitution Civile du clergé, qui elle-même ne servit que de prétexte aux castes privilégiées, pour tirer vengeance des décrets rendus dans la nuit du 4 août.... Et ce choc de deux partis, au fond si méprisables et pourtant si dangereux, et leurs succès alternatifs, suivant qu'ils étaient favorisés des lieux et des circonstances, et cette multitude de factions auxiliaires, tantôt leur servant d'appui, tantôt s'en appuyant elles-mêmes, et ces agitateurs, partout apostés pour observer et augmenter les mécontents, et cette marche coïncidente de l'aristocratie et de la démagogie, chaque fois qu'il s'agissait d'arriver au trouble et à un résultat désorganisateur, et la conduite ridiculement tortueuse et maladroitement perfide de la Cour, et mille autres circonstances encore, présageaient à ce vaste empire l'avenir le plus funeste, le plus cruel; c'était un volcan qui grondait souterrainement dans toute son étendue. Les départements du Nord, ceux de l'Est, n'en ressentirent que des secousses ; le Midi fut témoin de quelques éruptions, mais c'est dans les départements de l'Ouest qu'en était le foyer principal. C'est là que son explosion dut vomir, avec le feu et la flamme, un torrent de calamités ; c'est dans ces départements que je vais actuellement me circonscrire.

Les premiers mouvements insurrectionnels, les premiers attroupements armés, se manifestèrent dans celui du Morbihan. On trouve dans ce pays la même stupidité dans les habitants des campagnes, le même genre de vie, le même système d'agriculture que dans le Poitou. Les prêtres y étaient aussi fanatiques, les gentilshommes aussi pleins d'orgueil, aussi jaloux de leur domination et conséquemment de leurs prérogatives. Une protestation contre la Constitution Civile du clergé, que l'on dit avoir été rédigée par un nommé Monnier, officier municipal de Vannes, circula alors, et les commissaires chargés de la promulguer n'oublièrent rien pour exaspérer les esprits au dernier degré. L'ancien évêque, M. Amelot [1], qui d'abord s'était soumis à la loi avec quelques-uns de ses vicaires, gagné, effrayé par les insinuations de l'évêque de Nantes et les menaces de quelques autres prélats siégeant à l'Assemblée nationale, eut la faiblesse de signifier sa rétractation, et cette démarche devint le premier signal de la révolte.

Le 7 février 1791, les habitants d'un grand nombre de communes se réunirent au Bondon [2], situé à un quart de lieue de Vannes, armés de fusils de chasse, de faux et de fourches ; mais, soit qu'il ne se trouvât point à leur tête un homme assez audacieux pour faire tenter de suite un

---

1. Sébastien-Michel Amelot de Chaillou, né à Angers le 5 septembre 1741, sacré évêque de Vannes le 25 avril 1775. Ayant refusé de prêter le serment, il fut appelé à la barre de l'Assemblée constituante, qui le consigna dans son logement. Après la session, il se réfugia en Suisse, puis à Londres. Il refusa de se soumettre au Concordat et de signer la démission réclamée par le Pape de tous les évêques de France. Il démissionna seulement en 1815. Mort à Paris le 2 avril 1829.

2. Le Bondon, village, commune de Vannes.

coup de main, soit qu'ils espérassent obtenir par la négociation l'objet de leur demande, ils se contentèrent, ce jour-là, d'envoyer à la Municipalité et au Département quelques députations tumultueuses, qui se retirèrent après avoir laissé sur les bureaux leurs pétitions, ajoutant que si l'on ne se hâtait d'y faire droit, ils sauraient y contraindre par la force.

Les autorités constituées se mirent aussitôt en mesure de repousser l'agression dont elles étaient menacées, et firent venir à cet effet plusieurs détachements de troupes et quelques pièces de canon de la ville de Lorient. Bien leur en prit, car les révoltés tinrent parole et, le 13 du même mois, ils se mirent en route en plus grand nombre encore, sous prétexte de venir venger la Religion outragée et secourir leur évêque qu'ils prétendaient être en danger. On délibéra à Vannes sur le parti à prendre et il fut unanimement résolu de les prévenir. Beysser [1], alors major des

---

[1]. Jean-Michel Beysser, né à Ribeauvillers, en Alsace, dragon au régiment de Lorraine, 1769-1778, chirurgien-major et capitaine au 2ᵉ régiment suisse de Neufchâtel, à l'Isle-de-France, 1781-1788. Rentré en France, il crée, à Lorient, un escadron de dragons nationaux avec lequel, en 1791, il éloigne de Vannes les insurgés bretons; chevalier de Saint-Louis en 1792; adjudant général à l'armée des Côtes, chef de brigade du 21ᵉ régiment de chasseurs à cheval, il dirige la résistance des Républicains contre les Chouans, entre Rennes, Nantes et les Sables-d'Olonne, depuis le mois de mars 1793. Il se signale au Port-Saint-Père, à Machecoul, à Noirmoutier. Les circonstances lui donnent le commandement de la défense de Nantes contre les Vendéens, 29 juin 1793. Sa liaison avec le député Coustard et les Girondins fait qu'il est entraîné dans la ruine de ses amis et destitué comme coupable de révolte et de haute trahison. Ayant exprimé ses « regrets » à la barre de la Convention, il est renvoyé à Nantes comme général de brigade. Commandant des troupes qui couvraient cette ville du côté de la Vendée, sur la rive gauche de la Loire, il livra une quantité de combats à Charette et à ses lieutenants (juillet-août 1793). Dénoncé par Carrier pour n'avoir pas voulu découvrir les députés fédéralistes, ses anciens amis, cachés en Bretagne. Il semble qu'il ait été mortifié de la place prise par les généraux et l'armée de Mayence. En tout cas, il ne soutint pas Kléber, comme il en avait l'ordre, et laissa les Vendéens battre celui-ci à Torfou. Lui-même, le 21 septembre, il est battu à Montaigu et passe un

dragons nationaux de Lorient, s'élance à la tête de ce corps sur cet attroupement fanatique; il est suivi, soutenu de quelques autres détachements, on se joint dans les environs du Bondon et tout cède aux défenseurs de la Liberté. Un grand nombre de ces misérables sont amenés à Vannes et jetés dans les prisons.

S'il fut douloureux d'avoir versé, dans cette journée, le sang français, au moins en tira-t-on cet avantage, que les paysans effrayés ne troublèrent plus la tranquillité générale de ce département; tous les efforts de l'aristocratie n'y obtinrent plus dans la suite que des attentats particuliers exercés çà et là sur des prêtres assermentés. Pendant que ceci se passait dans le Morbihan, il ne s'exerçait encore dans le Poitou que des assassinats, et les séides qui furent armés pour les commettre avaient ordre de choisir leurs victimes préférablement parmi les fonctionnaires publics, que l'on croyait être le plus attachés au nouvel ordre de choses. On voulut ainsi, par adation, habituer au meurtre et au sang ces malheureux habitants et les mettre insensiblement dans l'alternative de l'échafaud ou de la guerre.

Quoique les nobles ne parussent pas encore d'une manière évidente à la tête de toutes ces menées, ils n'y furent pas moins identifiés. Le plus entreprenant d'entre eux était alors un nommé La Rouërie [1], gentilhomme

---

instant pour mort. Accusé de trahison par le comité révolutionnaire de Nantes, il fut traduit au tribunal révolutionnaire de Paris, fut condamné à mort et exécuté le 13 avril 1794, en même temps que Gobel, Arthur Dillon, Chaumette, la veuve d'Hébert et Lucile Desmoulins.

1. Armand-Charles Tuffin, marquis de La Rouërie, né à Fougères, le 13 avril 1751, sous-lieutenant aux gardes-françaises à dix-huit ans. Après une existence accidentée, il s'en alla servir en Amérique; dès 1777, rentré en France avec le titre de brigadier des armées des États-Unis; enfermé à la Bastille pour sa participation à l'agitation de la Bretagne qui revendiquait ses libertés; remis en liberté, il fut mêlé aux discussions qui se pro-

breton. Son audace égalait son activité, et, comme il avait fait la guerre en Amérique avec distinction, on était porté à lui croire de grands talents militaires. C'est lui qui conçut le projet de lier aux troubles du Midi la guerre intestine qui se préparait dans le Poitou, mais la mort le surprit dans ce dessein, et on a assuré que le plan de cette conspiration, rédigé de sa main, a été trouvé depuis dans le jardin du château qu'il occupait [1].

La Rouërie, ajoute-t-on, vit avec un extrême déplaisir ces insurrections partielles ; il eût voulu qu'on pût les contenir jusqu'à ce que, tout étant préparé sur les différents points qui devaient servir de foyer à une insurrection générale, il en résultât un ensemble qui assurât un succès décisif. Mais les passions, une fois mises en mouvement, cessent de se régler sur les mesures froidement calculées par la polititique et, devançant sans cesse les bornes que l'on voudrait leur prescrire, elles entraînent presque toujours loin de son but celui qui prétendait la diriger.

Cependant, ainsi que je l'ai dit plus haut, les autorités constituées des départements dont il s'agit, étant encore dans ce temps composées d'hommes fermement attachés au bien de la chose publique, elles se coalisèrent à leur tour et résolurent de faire tous leurs efforts pour arrêter ces troubles, en saisissant les instigateurs qui avaient su

---

duisirent à propos des élections des députés aux États Généraux. Organisateur de l'*Association bretonne*, dont il fut l'âme jusqu'à sa mort. Trahi et berné par son ami le médecin Latouche-Cheftel, traqué de toutes parts. Mort de fatigue et de chagrin en apprenant la mort de Louis XVI, le 30 janvier 1793, au château de la Guyomarais, près Lamballe.

1. La Touche-Cheftel, à la nouvelle de la mort de La Rouërie, persuada à des Isles, trésorier de l'Association bretonne, de retirer du château de la Guyomarais les papiers du mort et de les enterrer dans un carré du jardin de son château de la Fosse-Hingant, près de Cancale. Le tout fut enfoui avec le trésor de la conspiration, l'argent et les objets précieux de la famille des Isles, sous les yeux de Cheftel qui, le 3 mars 1793, les fit déterrer par les autorités compétentes. (Cf. Arch. Nat., W., 274, pièce 86.)

les fomenter. Grand nombre de personnes furent incarcérées, et déjà les tribunaux allaient informer, lorsque la Cour et beaucoup de membres du Corps constituant, redoutant les lumières qui devaient jaillir de l'instruction de cette procédure, surprirent un décret portant amnistie générale sur le passé. Les chefs de factions furent donc relâchés, mais ne se corrigèrent point; seulement cet événement leur apprit qu'avant d'aller plus loin, il était indispensablement nécessaire de porter aux fonctions publiques, dans les élections suivantes, des gens qui fussent entièrement à leur dévotion. C'est à quoi l'on s'appliqua, et les prêtres furent encore chargés, dans cette circonstance, de diriger les opinions. A peine les mécontents étaient-ils un peu rassurés sur ce point, que de nouveaux troubles éclatèrent; mais ce fut, cette fois, dans les départements de la Vendée et des Deux-Sèvres qu'ils prirent le caractère le plus alarmant [1]. Alors, l'Assemblée nationale, se reprochant son indulgence et voulant enfin connaître dans les plus grands détails, et les causes perfides de ces mouvements continuels et les remèdes que l'on pourrait y apporter, invita le Roi, par un décret rendu le 16 juillet 1791, à nommer deux commissaires pour se transporter dans ces départements et rendre compte de tout ce qu'ils y auraient découvert; ces commissaires furent MM. Gallois [2] et Gensonné [3].

1. 14 septembre 1791 (Cf. *Procès-verbal de l'Assemblée nationale*, 14 septembre 1791, n° 766, p. 23).
2. Jean-Antoine Cauvin-Gallois, né à Aix-en-Provence, le 17 janvier 1761. Élève et ami de Cabanis; partisan du coup d'État de brumaire, il fut nommé membre du Tribunat le 4 nivôse an VIII, préfet du Doubs le 1er ventôse an VIII, membre de la Légion d'honneur le 25 prairial an XII. Adhéra à la déchéance de l'Empereur le 9 avril 1814 et se retira dès lors de la politique. Il était membre associé de l'Institut depuis le 5 ventôse an IV. Mort à Paris le 6 juillet 1828.
3. Armand Gensonné, né à Bordeaux, le 10 août 1758. Avocat à Bordeaux. Membre du tribunal de Cassation dès la création de ce corps, en 1791. Dé-

Le rapport qu'ils adressèrent, le 9 octobre suivant, à l'Assemblée législative, qui venait de succéder à la Constituante, est tellement intéressant, et par les détails qu'il contient, et par son empreinte de véracité, que j'ai cru devoir lui consacrer en entier le chapitre suivant, il viendra à l'appui de plusieurs faits que j'ai avancés précédemment, et donnera plus de développement à l'ensemble de mes idées.

CHAPITRE TROISIÈME

Rapport de MM. Gallois et Gensonné, commissaires civils envoyés dans les départements de la Vendée et des Deux-Sèvres, en vertu des décrets de l'Assemblée nationale des 16 juillet et 8 août 1791; fait à l'Assemblée législative le 9 octobre suivant [1].

Messieurs, l'Assemblée nationale a décrété, le 16 juillet dernier, sur le rapport de son comité des Recherches, que des commissaires civils seraient envoyés dans le département de la Vendée, pour y prendre tous les éclaircissements qu'ils pourraient se procurer sur les causes des derniers troubles de ce pays, et concourir, avec les corps

---

puté de la Gironde à l'Assemblée législative et à la Convention. Dans le procès du roi, il vota pour l'appel au peuple, puis pour la mort. Président de la Convention le 7 mars 1793. Condamné à mort avec ses amis de la Gironde et exécuté le 31 octobre 1793.

1. Le texte de ce rapport a été imprimé par ordre de l'Assemblée, sous le titre même copié par Kléber, et forme une plaquette in-8 de 23 pages. Ce texte est exactement celui qui constitue ce chapitre III, à l'exception de la lettre de l'abbé de Beauregard, dont il est question plus loin, mais que Kléber a jugée, sans doute, inutile à reproduire.

administratifs, au rétablissement de la tranquillité publique [1].

Le 23 juillet, nous avons été chargés de cette mission et nous sommes partis deux jours après pour nous rendre à Fontenay-le-Comte, chef-lieu de ce département.

Après avoir conféré pendant quelques jours avec les administrateurs du Directoire, sur la situation des choses et la disposition des esprits ; après avoir arrêté avec les trois corps administratifs quelques mesures préliminaires pour le maintien de l'ordre public, nous nous sommes déterminés à nous transporter dans les différents districts qui composent ce département, afin d'examiner ce qu'il y avait de vrai ou de faux, de réel ou d'exagéré dans les plaintes qui nous étaient déjà parvenues ; afin de constater en un mot, avec le plus d'exactitude possible, la situation de ce département.

Nous l'avons parcouru dans toute son étendue, tantôt pour y prendre tous les renseignements qui nous étaient nécessaires, tantôt pour y maintenir la paix, prévenir les troubles publics ou empêcher les violences dont quelques citoyens se croyaient menacés. Nous avons entendu, dans plusieurs directoires de districts, toutes les municipalités dont chacun d'eux est composé. Nous avons écouté avec la plus grande attention tous les citoyens qui avaient, soit des faits à nous communiquer, soit des vues à nous proposer ; nous avons recueilli avec soin, et en les comparant, tous les détails qui sont parvenus à notre connaissance. Mais, comme nos informations ont été plus nombreuses que variées, comme partout les faits, les plaintes, les observations ont été semblables, nous allons vous présenter, sous un point de vue général et d'une manière

---

[1] Cf. *rocès-verbal de l'Assemblée nationale*, 16 juillet 1791, n° 709, p. 29.

abrégée, mais exacte, le résultat de cette foule de faits particuliers.

Nous croyons inutile de mettre sous vos yeux les détails que nous nous étions procurés, concernant des troubles antérieurs; ils ne nous ont pas paru avoir une influence bien directe sur la situation actuelle de ce département. D'ailleurs la loi de l'amnistie, ayant arrêté les progrès des différentes procédures auxquelles ces troubles avaient donné lieu, nous ne pourrions vous présenter sur ces troubles que des conjectures vagues et des résultats incertains.

L'époque de la prestation du serment ecclésiastique a été, pour le département de la Vendée, la première époque de ces troubles. Jusqu'alors le peuple y avait joui de la plus grande tranquillité. Éloigné du centre commun de toutes les actions et de toutes les résistances, disposé par son caractère naturel à l'amour de la paix, au sentiment de l'ordre, au respect de la loi, il recueillait les bienfaits de la Révolution sans en éprouver les orages.

Dans les campagnes, la difficulté des communications, la simplicité d'une vie purement agricole, les leçons de l'enfance et des emblèmes religieux destinés à fixer sans cesse ses regards, ont ouvert son âme à une foule d'impressions superstitieuses que, dans l'état actuel des choses, nulle espèce de lumière ne peut ni détruire ni modérer.

Sa religion, c'est-à-dire la Religion telle qu'il la conçoit, est devenue pour lui la plus forte et, pour ainsi dire, l'unique habitude morale de sa vie. L'objet le plus essentiel qu'elle lui présente est le culte des images, et le ministre de ce culte, celui que les habitants des campagnes regardent comme le dispensateur des grâces célestes ; qui peut, par la ferveur de sa prière, adoucir l'intempérie des saisons et qui dispose du bonheur d'une vie future, a bientôt réuni en sa faveur les plus douces comme les plus vives affections de leur âme.

La constance du peuple de ce département dans l'espèce de ses affections religieuses, et la confiance illimitée dont y jouissent les prêtres auxquels il est habitué, sont un des principaux éléments des troubles qui l'ont agité et qui peuvent l'agiter encore. Il est aisé de concevoir avec quelle activité des prêtres, ou égarés, ou factieux, ont pu mettre à profit ces dispositions du peuple à leur égard. On n'a rien négligé pour échauffer le zèle, alarmer les consciences, fortifier les caractères faibles, soutenir les caractères décidés. On a donné aux autres des espérances de bonheur et de salut ; on a essayé sur presque tous, avec succès, l'influence de la séduction et de la crainte.

Plusieurs d'entre ces ecclésiastiques sont de bonne foi ; ils paraissent fortement pénétrés, et des idées qu'ils répandent et des sentiments qu'ils inspirent ; d'autres sont accusés de couvrir du voile de la Religion des intérêts plus chers à leur cœur ; ceux-ci ont une activité politique qui s'accroît ou se modère selon les circonstances.

Une coalition puissante s'est formée entre l'ancien évêque de Luçon et une partie de l'ancien clergé de son diocèse. On a arrêté un plan d'opposition à l'exécution des décrets, qui devait se réaliser dans toutes les paroisses ; des mandements, des écrits incendiaires, envoyés de Paris, ont été adressés à tous les curés pour les fortifier dans leur résolution ou les engager dans une confédération qu'on supposait générale. Une lettre circulaire de M. Beauregard [1], grand vicaire de M. de

---

[1]. André-Georges Brumauld de Beauregard, né à Poitiers le 17 mars 1745, chanoine de Notre-Dame de Poitiers, puis chanoine de Luçon en 1762, théologal du chapitre de la cathédrale de ce diocèse en 1772, enfin vicaire général en 1788. On l'appelait « le saint homme » ; sa charité était si grande,

Mercy [1], ci-devant évêque de Luçon, déposée au greffe du tribunal de Fontenay, et que cet ecclésiastique a reconnue lors de son interrogatoire, fixera votre opinion d'une manière exacte et sur le secret de cette coalition, et sur la marche très habilement combinée de ceux qui l'ont formée [2].

Ces manœuvres ont été puissamment secondées par des missionnaires établis dans le bourg de Saint-Laurent [3], district de Montaigu. C'est même à l'activité de leur zèle et à leurs sourdes menées, à leurs infatigables et secrètes prédications, que nous devons principalement attri-

qu'il se dépouillait même des choses les plus indispensables. L'évêque de Luçon, Mgr de Mercy, ayant été nommé député aux États Généraux, ce fut l'abbé de Beauregard qui assuma la direction du diocèse ; poursuivi, en mai 1791, à propos de la lettre dont il est question, on réussit à le faire évader. Il se cacha à Poitiers, puis à Paris. Arrêté à Poitiers où il était revenu, il fut condamné à mort par le tribunal révolutionnaire de Paris, comme « l'un des conspirateurs les plus audacieux et les plus fanatiques », dit l'acte d'accusation, le 9 thermidor an II (27 juillet 1794), et fit partie de la dernière charrette.

1. Marie-Charles-Isidore de Mercy, né le 3 février 1736, à Maubec, en Dauphiné, évêque de Luçon en 1776, député aux États Généraux de 1789. Ayant refusé le serment, il se réfugia en Allemagne, puis en Angleterre, d'où il demeura en communication avec son diocèse. Il fut un des premiers à accepter le Concordat de 1802, et fut nommé archevêque de Bourges. Mort en 1811.

2. Cette lettre, datée de Luçon le 31 mai 1791, est insérée dans son entier à cette place, dans le rapport imprimé des commissaires civils, où elle occupe les pages 5 à 8 inclusivement. Malgré sa grande importance, je n'ai pas cru devoir la rétablir dans cette publication, puisque Kléber l'avait supprimée et qu'elle n'a pas trait à la campagne de cet officier général en Vendée. — Contre l'opinion des rapporteurs, on pourra consulter Dom Chamard : *Les origines et les responsabilités de l'insurrection vendéenne*, p. 181.

3. Saint-Laurent-sur-Sèvre, sur les confins des départements des Deux-Sèvres, de la Vendée et de Maine-et-Loire, commune du canton de Mortagne-sur-Sèvre (Vendée), autrefois district de Montaigu, actuellement arrondissement de la Roche-sur-Yon. Siège des congrégations des missionnaires du Saint-Esprit ou Pères de l'Immaculée-Conception et des Filles de la Sagesse, fondées par le bienheureux Grignion de Montfort. Dans le pays, on avait surnommé les missionnaires *Mulotins*, du nom du P. Mulot, leur premier supérieur.

buer la disposition d'une très grande partie du peuple dans la presque totalité du département de la Vendée et dans le district de Chatillon, département des Deux-Sèvres. Il importe essentiellement de fixer l'attention de l'Assemblée nationale sur la conduite de ces missionnaires et l'esprit de leur institution.

Cet établissement fut fondé, il y a environ soixante ans, par une société de prêtres séculiers, vivant d'aumônes et destinés, en qualité de missionnaires, à la prédication. Ces missionnaires, qui ont acquis la confiance du peuple en lui distribuant avec art des chapelets, des médailles et des indulgences, et en plaçant sur les chemins de toute cette partie de la France des calvaires de toutes les formes; ces missionnaires sont devenus, depuis, assez nombreux pour former de nouveaux établissements dans d'autres parties du royaume.

On les trouve dans les ci-devant provinces de Poitou, d'Anjou, de Bretagne, voués avec la même activité au succès et en quelque sorte à l'éternelle durée de cette espèce de pratiques religieuses, devenue, par leurs soins assidus, l'unique religion du peuple. Le bourg de Saint-Laurent est leur chef-lieu; ils y ont bâti récemment une vaste et belle maison conventuelle et y ont acquis, dit-on, d'autres propriétés territoriales.

Cette congrégation est liée par la nature et l'esprit de son institution à un établissement de sœurs grises, fondé dans le même lieu et connu sous le nom des Filles de la Sagesse. Consacrées, dans ce département et dans plusieurs autres, au service des pauvres, et particulièrement des hôpitaux, elles sont pour ces missionnaires un moyen très actif de correspondance générale dans le royaume. La maison de Saint-Laurent est devenue le lieu de leur retraite, lorsque la ferveur intolérante de leur zèle ou d'autres circonstances ont forcé les administrations des hôpitaux qu'elles desservaient à se passer de leur secours.

Pour déterminer votre opinion sur la conduite de ces prêtres ardents et sur la morale religieuse qu'ils professent, il suffira, Messieurs, de vous présenter un abrégé sommaire des maximes contenues dans différents manuscrits saisis chez eux par les gardes nationales d'Angers et de Cholet.

Ces manuscrits, rédigés en forme d'instruction pour le peuple des campagnes, établissent, en thèse, qu'on ne peut s'adresser aux prêtres constitutionnels, qualifiés d'*intrus*, pour l'administration des sacrements; que tous ceux qui y participent même par leur seule présence sont coupables de péché mortel et qu'il n'y a que l'ignorance et le défaut d'esprit qui puissent les excuser;

Que ceux qui auront l'audace de se faire marier par les intrus ne seront pas mariés et qu'ils attireront la malédiction divine sur eux et sur leurs enfants;

Que les choses s'arrangeront de manière que la validité des mariages faits par les anciens curés ne sera point contestée; mais, qu'en attendant, il faut se résoudre à tout;

Que si les enfants ne passent point pour légitimes, ils le seront néanmoins; qu'au contraire, les enfants de ceux qui auront été mariés devant les intrus seront réellement bâtards, parce que Dieu n'aura point ratifié leur union et qu'il vaut mieux qu'un mariage soit nul devant les hommes que s'il était nul devant Dieu;

Qu'il ne faut point s'adresser aux nouveaux curés pour les enterrements, et que si l'ancien curé ne peut les faire sans exposer sa vie et sa liberté, il faut que les parents ou amis du défunt les fassent eux-mêmes secrètement.

On y observe que l'ancien curé aura soin de tenir un registre exact pour y enregistrer ces différents actes; qu'à la vérité, il est possible que les tribunaux civils n'y aient aucun égard, mais que c'est un avantage précieux dont il faudra cependant se passer, parce qu'il vaut mieux en être privé, que d'apostasier en s'adressant à un intrus.

Enfin, l'on y exhorte tous les fidèles à n'avoir aucune communication avec l'intrus, aucune part à son instruction. On y déclare que les officiers municipaux qui l'installeront seront apostats comme lui, et qu'à l'instant même, les sacristains, chantres et sonneurs de cloches doivent abdiquer leurs emplois.

Telle est, Messieurs, la doctrine absurde et séditieuse que renferment ces manuscrits et dont la voix publique accuse les missionnaires de Saint-Laurent de s'être rendus les plus ardents propagateurs [1].

Ils furent dénoncés dans le temps au comité des Recherches de l'Assemblée nationale, et le silence qu'on a gardé à leur égard n'a fait qu'ajouter à l'activité de leurs efforts et augmenter leur funeste influence.

Nous avons cru indispensable de mettre sous vos yeux l'analyse abrégée des principes contenus dans ces écrits, telle qu'elle est exposée dans un arrêté du département de Mayenne-et-Loire du 5 juin 1791 [2], parce qu'il suffit de les comparer avec la lettre circulaire du grand vicaire du ci-devant évêque de Luçon, pour se convaincre qu'ils tiennent à un système d'opposition générale contre les décrets sur l'organisation civile du clergé; et l'état actuel de la majorité des paroisses de ce département ne présente que

---

1. On trouvera les parties principales du texte même des Missionnaires du Saint-Esprit, dans C. Port: *La Vendée angevine*, I, 384-388, et dans Chassin, *La Préparation de la guerre de Vendée*, I, 191-198.

2. Extrait du Registre des arrêtés du Directoire du département de Mayenne-et-Loire, séant à Angers, in-4° de 10 pages, à Angers, chez Mame, imprimeur du Département. *(Note des commissaires.)*

le développement de ce système et les principes de cette doctrine mis presque partout en action.

Le remplacement trop tardif des curés a beaucoup contribué au succès de cette coalition. Ce retard a été nécessité d'abord par le refus de M. Servant [1], qui, après avoir été nommé à l'évêché du département et avoir accepté cette place, a déclaré, le 10 avril, qu'il retirait son acceptation. M. Rodrigue, évêque actuel du département [2], que sa modération et sa fermeté soutiennent presque seules sur un siège environné d'orages et d'inquiétudes, M. Rodrigue n'a pu être nommé que dans les premiers jours du mois de mai. A cette époque, les actes de résistance avaient été calculés et déterminés sur un plan uniforme et l'opposition était ouverte et en pleine activité; les grands vicaires et les curés s'étaient rapprochés et se tenaient fortement unis par le même lien. Les jalousies, les rivalités, les querelles de l'ancienne hiérarchie ecclésiastique avaient eu le temps de disparaître et tous leurs intérêts étaient venus se réunir dans un intérêt commun. Le remplacement n'a pu s'effectuer qu'en partie. La très grande majorité des anciens fonctionnaires publics ecclésiastiques existe encore dans les paroisses, revêtue de ses anciennes fonctions. Les dernières nominations n'ont eu presque aucun succès et les sujets nouvellement élus, effrayés par la perspective des contradictions et des désagréments sans nombre que leur

---

1. Jean Servant était supérieur de l'Oratoire de Saumur, lorsqu'il fut élu évêque constitutionnel de la Vendée, le 28 février 1791. Il accepta sous réserve que Mgr de Mercy ne serait pas maintenu sur le siège, en prêtant le serment. Il partit pour Paris afin de se faire sacrer, puis, au dernier moment, il donna sa démission, le 15 avril 1791.

2. François-Ambroise Rodrigue, curé du Fougeré, élu évêque constitutionnel de la Vendée, le 2 mai 1791; élu administrateur du département, au mois de septembre suivant; abdique la prêtrise et son titre d'évêque, le 22 novembre 1793. Juge au tribunal civil de Montaigu, sous le Consulat, mort retraité, à Nantes, le 8 décembre 1813.

nomination leur prépare, n'y répondent que par des refus.

Cette division des prêtres en assermentés et non assermentés a établi une véritable scission dans le peuple de leurs paroisses. Les familles y sont divisées. On a vu et on voit chaque jour des femmes se séparer de leurs maris, des enfants abandonner leur père. L'état des citoyens n'est, le plus souvent, constaté que sur des feuilles volantes, et le particulier qui les reçoit, n'étant revêtu d'aucun caractère public, ne peut donner à ce genre de preuves une authenticité légale.

Les municipalités se sont désorganisées, et un grand nombre d'entre elles, pour ne pas concourir au déplacement des curés non assermentés [1].

Un grand nombre de citoyens a renoncé au service de la garde nationale, et celui qui reste ne pourrait être employé sans danger, dans tous les mouvements qui auraient pour principe ou pour objet des actes concernant la Religion ; parce que le peuple verrait alors dans les gardes

---

1. « .... En voilà deux que je viens de recevoir ; vous sentez combien il est nécessaire de déjouer cette nouvelle intrigue. En fait, les municipalités sont en trop grand nombre et certainement l'on ne peut trop se hâter d'en réformer une partie, d'autant qu'il est des endroits où il est impossible de trouver des sujets capables et de remplacer ceux qui sont en exercice » (Lettre du marquis de Beauveau, procureur général syndic du district de Cholet, au Directoire du département de Maine-et-Loire, 23 avril 1791, citée par C. Port : *La Vendée angevine*, I, 162).

« .... Tous ne le feront pas dans la même forme (démissionner), mais tous le feront sous peu. Si l'on ne trouve quelque moyen d'arrêter cette contagion, il n'y aura plus de municipalité » (Lettre de Chouteau, président et seul membre non démissionnaire du Directoire du district de Cholet, 3 mai 1791, citée par M. C. Port, *ibid.*).

« .... Les deux tiers des municipalités se refusent à l'installation des nouveaux curés et ne sont plus en activité. Les travaux de la contribution foncière sont arrêtés et bientôt l'administration se trouvera dans un état de stagnation complète » (Discours prononcé par l'un des membres du Directoire du département de Maine-et-Loire, dans la séance du 21 mai 1791. Arch. de Maine-et-Loire, L. *Département*, C^{on} 70).

On voit par ces extraits qu'il en était ainsi dans toute la région, même en dehors du territoire visité par Gallois et Gensonné.

nationales, non les instruments impassibles de la loi, mais les agents d'un parti contraire au sien.

Dans plusieurs parties du département, un administrateur, un juge, un membre du corps électoral, sont vus avec aversion par le peuple, parce qu'ils concourent à l'exécution de la loi relative aux fonctionnaires ecclésiastiques.

Cette disposition des esprits est d'autant plus déplorable, que les moyens d'instruction deviennent chaque jour plus difficiles. Le peuple, qui confond les lois générales de l'État avec les règlements particuliers pour l'organisation civile du clergé, en fuit la lecture et en rend la publication inutile.

Les mécontents, les hommes qui n'aiment pas le nouveau régime et ceux qui, dans le nouveau régime, n'aiment pas les lois relatives au clergé, entretiennent avec soin cette aversion du peuple, fortifient, par tous les moyens qui sont en leur pouvoir, le crédit des prêtres non assermentés, et affaiblissent le crédit des autres.

L'indigent n'obtient des secours, l'artisan ne peut espérer l'emploi de ses talents et de son industrie, qu'autant qu'il s'engage à ne pas aller à la messe du prêtre assermenté ; et c'est par le concours de confiance dans les anciens prêtres, d'une part, et de menaces et de séduction de l'autre, qu'en ce moment les églises desservies par les prêtres assermentés sont désertes et qu'on court en foule dans celles où, par défaut de sujets, les remplacements n'ont pu encore s'effectuer.

Rien n'est plus commun que de voir, dans des paroisses de cinq à six cents personnes, dix ou douze seulement aller à la messe du prêtre assermenté. La proportion est la même dans tous les lieux du département. Les jours de dimanche et de fête, on voit des villages et des bourgs tout entiers dont les habitants désertent leurs foyers pour aller, à une et quelquefois deux lieues, entendre la messe d'un prêtre non assermenté. Ces déplacements habituels nous ont paru la cause la plus puissante de la fermentation, tantôt sourde, tantôt ouverte, qui existe dans la presque totalité des paroisses desservies par les prêtres assermentés. On conçoit aisément qu'une multitude d'individus qui se croient obligés, par leur conscience, d'aller au loin chercher les secours spirituels qui leur conviennent, doivent voir avec aversion, lorsqu'ils rentrent chez eux excédés de fatigue, les cinq ou six personnes qui trouvent à leur portée le prêtre de leur choix. Ils considèrent avec envie et traitent avec dureté, souvent même avec violence, des hommes qui leur paraissent avoir un privilège exclusif en matière de religion. La comparaison qu'ils font entre la facilité, qu'ils avaient autrefois, de trouver à côté d'eux des prêtres qui avaient leur confiance, et l'embarras, et la fatigue, et la perte de temps qu'occasionnent ces courses répétées, diminue beaucoup leur attachement pour la Constitution, à qui ils attribuent tous ces désagréments de leur situation nouvelle.

C'est à cette cause générale, plus active peut-être en ce moment que la provocation des prêtres non assermentés, que nous croyons devoir attribuer, surtout, l'état de discorde intérieure où nous avons trouvé la plus grande partie des paroisses du département desservies par des prêtres assermentés.

Plusieurs d'entre elles nous ont présenté, ainsi qu'aux corps administratifs, des pétitions tendant à être autorisées à louer des édifices particuliers pour l'usage de leur culte religieux [1], mais, comme ces pétitions que nous savions

---

[1] « .... Pour mettre fin à toutes ces gênes, à toutes ces contraintes, à toutes ces tyrannies, si contraires aux droits de l'homme, ainsi qu'à cette liberté si vantée, et plus propres à aliéner qu'à rapprocher les esprits et

être provoquées avec le plus d'activité par les personnes qui ne les signaient pas, nous paraissaient tenir à un système plus général et plus secret, nous n'avons pas cru devoir statuer sur une séparation religieuse que nous croyions à cette époque, et vu la situation du département, renfermer tous les caractères d'une scission civile entre les citoyens. Nous avons pensé et dit publiquement que c'était à vous, Messieurs, à déterminer d'une manière précise et par quel concours d'influences morales, de lois et de moyens d'exécution, l'exercice de la liberté des opinions religieuses doit, sur cet objet et dans les circonstances actuelles, s'allier au maintien de la tranquillité publique.

On sera surpris, sans doute, que les prêtres non assermentés qui demeurent dans leurs anciennes paroisses ne profitent pas de la liberté que leur donne la loi d'aller dire la messe dans l'église desservie par le nouveau curé, et ne s'empressent pas, en usant de cette faculté, d'épargner à leurs anciens paroissiens, à des hommes qui leur sont restés attachés, la perte de temps et l'embarras de ces courses nombreuses et forcées. Pour expliquer cette conduite en apparence si extraordinaire, il importe de se rappeler

les cœurs, faites exécuter, Messieurs, le décret qui a sanctionné l'arrêté du Département de Paris et en a fait une loi générale et bienfaisante pour tout l'empire. Permettez-nous d'acheter ou de bâtir un temple, nous ne demandons rien au Trésor public, nous ne réclamerons de votre part, en notre faveur, que la protection accordée par la Loi à tout culte et tout individu, et, en attendant, qu'il soit libre aux fidèles d'entendre et aux prêtres non assermentés de dire la messe où bon leur semblera, et aux malades surtout d'avoir tel confesseur qu'il leur plaira.... » (Rabin, curé non conformiste de Notre-Dame de Cholet. Lettre au Directoire du département de Maine-et-Loire, 6 juin 1791. Citée par C. Port, *loc. cit.*, II, 205, 206). L'original, qui existe aux Archives départementales de Maine-et-Loire, est daté du 6 mai, mais le contexte de la lettre démontre jusqu'à l'évidence que cette dernière date est erronée, ainsi que le fait remarquer très justement M. Port.

qu'une des choses qui ont été le plus recommandées aux prêtres non assermentés, par les hommes habiles qui ont dirigé cette grande entreprise de religion, est de s'abstenir de toute communication avec les prêtres qu'ils appellent *intrus* et *usurpateurs*, de peur que le peuple, qui n'est frappé que des signes sensibles, ne s'habituât enfin à ne voir aucune différence entre des prêtres qui feraient, dans la même église, le service du même culte.

Malheureusement, cette division religieuse a produit une séparation politique entre les citoyens; et cette séparation se fortifie encore par la dénomination attribuée à chacun des deux partis. Le très petit nombre de personnes qui vont dans l'église des prêtres assermentés s'appellent et sont appelées *patriotes;* ceux qui vont dans l'église des prêtres non assermentés sont appelés et s'appellent *aristocrates*. Ainsi, pour ces pauvres habitants des campagnes, l'amour ou la haine de la patrie consiste aujourd'hui, non point à obéir aux lois, à respecter les autorités légitimes, mais à aller ou à ne pas aller à la messe du prêtre assermenté. La séduction, l'ignorance et le préjugé ont jeté à cet égard de si profondes racines, que nous avons eu beaucoup de peine à leur faire entendre que la Constitution politique de l'État n'était point la Constitution Civile du clergé ; que la loi ne tyrannisait point les consciences, que chacun était le maître d'aller à la messe qui lui convenait davantage et vers le prêtre qui avait le plus sa confiance; qu'ils étaient tous égaux aux yeux de la loi et qu'elle ne leur imposait, à cet égard, d'autre obligation que de vivre en paix et de supporter mutuellement la différence de leurs opinions religieuses. Nous n'avons rien oublié pour effacer de l'esprit et faire disparaître des discours du peuple des campagnes, cette absurde dénomination ; et, nous nous en sommes occupés avec d'autant plus d'activité qu'il nous était aisé de calculer, à cette époque, toutes les conséquences d'une telle démarcation dans un département, où ces prétendus *aristocrates* forment plus des deux tiers de la population.

Tel est, Messieurs, le résultat des faits qui sont parvenus à notre connaissance dans le département de la Vendée et des réflexions auxquelles ces faits ont donné lieu.

Nous avons pris sur cet objet toutes les mesures qui étaient en notre pouvoir, soit pour maintenir la tranquillité générale, soit pour prévenir ou pour réprimer les attentats contre l'ordre public. Organes de la loi, nous avons fait entendre partout son langage. En même temps que nous établissions des moyens d'ordre et de sûreté, nous nous occupions à expliquer ou éclaircir devant les corps administratifs, les tribunaux ou les particuliers, les difficultés qui naissent soit de l'inintelligence des décrets, soit de leur mode d'exécution. Nous avons invité les corps administratifs et les tribunaux à redoubler de vigilance et de zèle dans l'exécution des lois qui protègent la sûreté des personnes et la propriété des biens, à user en un mot, avec la fermeté qui est un de leurs premiers devoirs, de l'autorité que la loi leur a conférée.

Nous avons distribué une partie de la force publique, qui était à notre réquisition, dans les lieux où l'on nous annonçait des périls plus graves ou plus imminents. Nous nous sommes transportés dans tous ces lieux aux premières annonces de troubles. Nous avons constaté l'état des choses avec plus de calme et de réflexion ; et, après avoir soit par des paroles de paix et de consolation, soit par la ferme et juste expression de la loi, calmé ce désordre momentané des volontés particulières, nous avons cru que la seule présence de la force publique pouvait suffire en ce moment, pour prévenir tout attentat contre la liberté individuelle et la tranquillité publique. C'est à vous, Messieurs, et à vous seulement, qu'il appartient de prendre des mesures véritablement efficaces sur un objet qui, par les rapports où on l'a mis avec la Constitution de l'État, exerce en ce moment sur cette Constitution une influence beaucoup plus grande que ne pourraient le faire croire les premières et plus simples notions de la raison séparée de l'expérience des faits.

Dans toutes nos opérations relatives à la distribution de la force publique, nous avons été secondés de la manière la plus active par un officier général bien connu par son patriotisme et ses lumières. A peine instruit de notre arrivée dans le département, M. Dumouriez [1] est venu s'associer à nos travaux et concourir avec nous au maintien de la paix publique. Nous allions être totalement dépourvus de troupes de ligne, dans un moment où nous avions lieu de croire qu'elles nous étaient plus que jamais nécessaires.

C'est au zèle, c'est à l'activité de M. Dumouriez, que nous avons dû, sur-le-champ, un secours qui, vu le retard de l'organisation de la gendarmerie nationale, était, en quelque sorte, l'unique garant de la tranquillité du pays.

Nous venions, Messieurs, de terminer notre mission dans le département de la Vendée, lorsque le décret de l'Assemblée nationale du 8 août, qui, sur la demande des administrateurs du département des Deux-Sèvres, nous autorisait à nous transporter dans le district de Chatil-

---

[1]. Le général Dumouriez a commandé, en Vendée, en 1791 et jusqu'au 15 février 1792. Il a contribué beaucoup à organiser les premiers bataillons de volontaires du département. Il contribua puissamment aussi, par d'adroites dispositions, à empêcher le mécontentement des populations catholiques d'éclater d'une façon générale dès 1791.

lon [1], nous est parvenu ainsi qu'au Directoire de ce département.

On nous avait annoncé, à notre arrivée à Fontenay-le-Comte, que ce district était dans le même état de troubles religieux que le département de la Vendée. Quelques jours avant la réception de notre décret de commission, plusieurs citoyens, électeurs et fonctionnaires publics de ce district, vinrent faire au Directoire des Deux-Sèvres une dénonciation par écrit, sur les troubles qu'ils disaient exister dans différentes paroisses ; ils annoncèrent qu'une insurrection était prête d'éclater. Le moyen qui leur paraissait le plus sûr et le plus prompt et qu'ils proposèrent avec le plus d'énergie, était de faire sortir du district, dans trois jours, tous les curés non assermentés et remplacés, et tous les vicaires non assermentés. Le Directoire, après avoir longtemps répugné à adopter une mesure qui lui paraissait contraire au principe de l'exacte justice, crut enfin que le caractère public des dénonciateurs suffisait pour constater, et la réalité du mal et la pressante nécessité du remède. Un arrêté fut pris en conséquence, le 5 septembre, et le Directoire, en ordonnant à tous ces ecclésiastiques de sortir du district dans trois jours, les invita à se rendre dans le même délai à Niort, chef-lieu du département, *leur assurant qu'ils y trouveraient toute sûreté et protection pour leurs personnes.*

L'arrêté était déjà imprimé et allait être mis à exécution, lorsque le Directoire reçut une expédition du décret de commission qu'il avait sollicité ; à l'instant il prit un nouvel arrêté par lequel il suspendait l'exécution du premier, et abandonnait à notre prudence le soin de le confirmer, modifier ou supprimer.

---

1. Cf. *Procès-verbaux de l'Assemblée nationale*, 8 août 1791.

Deux administrateurs du Directoire furent, par le même arrêté, nommés commissaires pour nous faire part de tout ce qui s'était passé, se transporter à Chatillon et y prendre, de concert avec nous, toutes les mesures que nous croirions nécessaires,

Arrivés à Chatillon, nous fîmes rassembler les cinquante-six municipalités dont ce district est composé; elles furent successivement appelées dans la salle du Directoire. Nous consultâmes chacune d'elles sur l'état de sa paroisse. Toutes ces municipalités énonçaient le même vœu; celles dont les curés avaient été remplacés nous demandaient le retour de ces prêtres; celles dont les curés non assermentés étaient encore en fonctions nous demandaient de les conserver. Il est encore un autre point sur lequel tous ces habitants des campagnes se réunissaient, c'est la liberté des opinions religieuses qu'on leur avait, disaient-ils, accordée, dont ils désiraient jouir. Le même jour et les jours suivants, les campagnes voisines nous envoyèrent de nombreuses députations de leurs habitants pour nous réitérer la même prière. Nous ne sollicitons d'autres grâces, nous disaient-ils unanimement, que d'avoir des prêtres en qui nous ayons confiance. Plusieurs d'entre eux attachaient même un si grand prix à cette faveur, qu'ils nous assuraient qu'ils paieraient volontiers, pour l'obtenir, le double de leurs impositions.

La très grande majorité des fonctionnaires publics ecclésiastiques de ce district n'a pas prêté serment, et tandis que leurs églises suffisent à peine à l'affluence des citoyens, les églises des prêtres assermentés sont presque désertes. A cet égard, l'état de ce district nous a paru le même que celui du département de la Vendée. Là, comme ailleurs, nous avons trouvé la dénomination de *patriote* et d'*aristocrate*, complètement établie parmi le peuple et dans le même sens, et peut-être d'une manière plus générale. La disposition des esprits en faveur des prêtres non assermentés nous a paru plus prononcée que dans le département de la Vendée. L'attachement qu'on a pour eux, la confiance qu'on leur a vouée, ont tous les caractères du sentiment le plus vif et le plus profond. Dans quelques-unes de ces paroisses, des prêtres assermentés ou des citoyens attachés à ces prêtres avaient été exposés à des menaces ou à des insultes, et quoique là, comme ailleurs, ces violences nous aient quelquefois paru exagérées, nous nous sommes assurés, et le simple exposé de la disposition des esprits suffit pour s'en convaincre, que la plupart des plaintes étaient fondées sur des faits bien constants.

En même temps que nous recommandions aux juges et aux administrateurs la plus grande vigilance sur cet objet, nous ne négligions rien de ce qui pouvait inspirer au peuple des idées et des sentiments plus conformes au respect de la loi et aux droits de la liberté individuelle.

Nous devons vous dire, Messieurs, que ces mêmes hommes qu'on nous avait peints comme des furieux, sourds à toute espèce de raison, nous ont quittés l'âme remplie de paix et de bonheur, lorsque nous leur avons fait entendre qu'il était dans les principes de la Constitution nouvelle de respecter la liberté de conscience. Ils étaient pénétrés de repentir et d'affliction pour les fautes que quelques-uns d'entre eux avaient pu commettre. Ils nous ont promis avec attendrissement de suivre les conseils que nous leur donnions, de vivre en paix, malgré la différence des opinions religieuses, et de respecter le fonctionnaire public établi par la Loi. On les entendait, en s'en allant, se féliciter de nous avoir vus, se répéter les uns aux autres tout ce que nous leur avions dit et se fortifier mutuellement dans leurs résolutions de paix et de bonne intelligence. Le jour même, on vint nous annoncer que plusieurs de ces habitants des campagnes, de retour chez eux, avaient affiché des placards par lesquels ils déclaraient que chacun d'eux s'engageait à dénoncer et à faire arrêter la première personne qui nuirait à une autre, et surtout au prêtre assermenté.

Nous devons vous faire remarquer que dans ce même district, troublé depuis longtemps par la différence des opinions religieuses, les impositions arriérées de 1789 et 1790, montant à plus de sept cent mille francs, ont été presque entièrement payées ; nous en avons acquis la preuve au Directoire du district.

Après avoir observé avec soin l'état des esprits et la situation des choses, nous pensâmes que l'arrêté du Directoire ne devait pas être mis à exécution et les commissaires du Département, ainsi que les administrateurs du Directoire de Chatillon, furent du même avis.

Mettant à l'écart tous les motifs de détermination que nous pouvions tirer des choses et des personnes, nous avions examiné si la mesure adoptée par le Directoire était d'abord juste de sa nature, ensuite si elle serait efficace dans l'exécution.

Nous crûmes que des prêtres, qui ont été remplacés, ne peuvent pas être considérés comme étant en état de révolte contre la loi parce qu'ils continuent à demeurer dans le lieu de leurs anciennes fonctions, surtout lorsque, parmi ces prêtres, il en est qui, de notoriété publique, se bornent à vivre en hommes charitables et paisibles, loin de toute dissension publique et privée. Nous crûmes que, aux yeux de la Loi, on ne peut être en état de révolte, qu'en s'y mettant soi-même, par des faits précis, certains et constatés ; nous crûmes enfin que les actes de provocations contre les lois relatives au clergé et contre les lois du royaume devaient, ainsi que tous les autres délits, être punis par les formes légales.

Examinant ensuite l'efficacité de cette mesure, nous vîmes que, si les fidèles n'ont point de confiance dans les prêtres assermentés, ce n'est pas un moyen de leur en inspirer davantage que d'éloigner, de cette manière, les prêtres de leur choix. Nous vîmes que, dans des districts où la très grande majorité des prêtres non assermentés continue l'exercice de leurs fonctions, d'après la permission de la Loi, jusqu'à l'époque du remplacement, ce ne serait certainement pas, dans un tel système de répression, diminuer le mal que d'éloigner un si petit nombre d'individus, lorsqu'on est obligé d'en laisser dans les mêmes lieux un très grand nombre, dont les opinions sont les mêmes.

Voilà, Messieurs, quelques-unes des idées qui ont dirigé notre conduite dans cette circonstance, indépendamment de toutes les raisons de localités qui seules auraient pu nous obliger à suivre cette marche. Telle était en effet la disposition des esprits, que l'exécution de cet arrêté fût infailliblement devenue, dans ce lieu, le signal d'une guerre civile.

Le Directoire du département des Deux-Sèvres, instruit d'abord par ses commissaires, ensuite par nous, de tout ce que nous avions fait à cet égard, a bien voulu nous offrir l'expression de sa reconnaissance par un arrêté du 19 du mois dernier.

Nous ajouterons, quant à cette mesure d'éloignement des prêtres non assermentés, qui ont été remplacés, qu'elle nous a été constamment proposée par la presque unanimité des citoyens du département de la Vendée, qui sont attachés aux prêtres assermentés, citoyens qui forment eux-mêmes, comme vous l'avez déjà vu, la plus petite partie des habitants. En vous transmettant ce vœu, nous ne faisons que nous acquitter d'un dépôt qui nous a été confié.

Nous ne vous laisserons pas ignorer non plus que quelques-uns des prêtres assermentés que nous avons vus ont été d'un avis contraire. L'un d'eux, M. Tallerye, curé de la Chapelle-Saint-Laurent, district de Chatillon, dans une lettre qu'il nous a adressée le 12 septembre, en nous indiquant les mêmes causes des troubles et en nous parlant des désagréments auxquels il est chaque jour exposé, nous observe que le seul moyen de remédier à tous ces maux est (ce sont ses expressions) *de ménager l'opinion du peuple, dont il faut guérir les préjugés avec le remède de la lenteur et de la prudence. Car*, ajoute-t-il, *il faut prévenir toute guerre à l'occasion de la Religion dont les plaies saignent encore…. il est à craindre que les mesures rigoureuses, nécessaires dans les circonstances contre les perturbateurs du repos public, ne paraissent plutôt une persécution qu'un châtiment infligé par la Loi.* Quelle prudence ne faudra-t-il pas employer pour calmer ces esprits agités ! L'instruction seule détruit les erreurs et conduit à la vérité [1].

---

[1]. Le texte imprimé du rapport de Gallois et Gensonné porte : « *Quelle prudence ne faut-il pas employer ? La douceur, l'instruction sont les armes de la vérité.* » Ces deux phrases font partie de la citation empruntée à Tallerye. C'est la seule différence existant entre le rapport lui-même et le chapitre ci-dessus qui lui est entièrement emprunté, ainsi que je l'ai déjà dit.

CHAPITRE QUATRIÈME

C'est pourtant à la fin du xviiie siècle, auquel notre orgueil donne le titre pompeux de siècle de la philosophie ; c'est une nation qui se croit, qui est, en effet, l'une des plus policées du monde connu ; c'est la France, enfin, qui fournit les scènes affligeantes de ces tableaux ridicules et cruels…. O peuples de la terre ! quel est, quel a toujours été votre sort ! Ne vous lasserez-vous jamais de votre attitude humiliante ? Céderez-vous sans cesse, avec un respect délirant, ou à l'appât grossier que vous présentera le fourbe, ou au joug avilissant que vous offrira le despote ? Éternellement dupes ou des mots, ou des choses, toutes les lumières réunies des sciences et des arts ne pourront-elles enfin vous arracher de votre stupidité ?…. Non, tant que ces lumières, semblables à ces cristaux précieux, qui décorent les salons de nos vastes cités, n'auront pour objet que d'éclairer les loisirs des grands ; tant qu'elles seront exclusivement entre les mains de quelques adeptes, qui, parmi les castes qui nous oppriment, forment pour ainsi dire une autre caste qui nous attire, tant que leur foyer ne sera pas mieux disposé et de manière que leurs rayons bienfaisants puissent parvenir jusqu'à nous, et dissiper nos erreurs, ainsi que l'aurore dissipe les ombres de la nuit, n'en espérez rien, dirigez ailleurs vos reproches, et sachez pardonner à nos égarements. Ainsi, ce me semble, pourraient parler ces tristes victimes de l'ignorance et du fanatisme. Aussi, est-ce bien moins leurs forfaits que leurs malheurs que je me propose d'écrire.

A peine les deux commissaires dont j'ai fait mention eurent-ils abandonné les départements de la Vendée et des Deux-Sèvres, que les infatigables artisans de leur infortune, renouant leurs trames perfides, se hâtèrent de renverser les espérances de paix, dont on s'était un instant flatté.

LIVRE SECOND

FRAGMENT DE LA GUERRE DE VENDÉE OU JOURNAL DU GÉNÉRAL KLÉBER, DEPUIS L'ARRIVÉE DE L'ARMÉE DE MAYENCE A TOURS JUSQU'AU PASSAGE DE LA LOIRE PAR LES REBELLES.

AVANT-PROPOS

I. — *Raisons qui ont déterminé le général Kléber à tenir un journal de ses campagnes. — Un mot du siège de Mayence. Époque à laquelle ce journal a été commencé.*

Les rapports boursouflés et dégoûtants de mensonges que je voyais faire sans cesse des différentes actions de guerre, tant de notre part que de celle de l'ennemi, m'ont déterminé à tenir des journaux exacts de tous les faits dont je serais témoin, de tous les événements auxquels j'aurais pris quelque part, depuis qu'élevé au grade de général, j'étais destiné à jouer un rôle dans la lutte sanglante de la Liberté et du Despotisme.

Mayence était le premier début de ma carrière militaire. Au nombre des assiégés, je commandais, en qualité d'adjudant général, les camps et forts extérieurs de cette place. J'y vécus pendant quatre mois sous une voûte de feu; je conduisais ou assistais à toutes les sorties; je résistais à toutes les attaques. D'Oyré [1] et Dubayet [2] ont tenu des journaux de ce siège mémorable ; ils les publieront un jour. Au sortir de cette forteresse, rendue aux ennemis par une capitulation honorable, après quatre mois de blocus et trente-deux jours de tranchée ouverte, je fus arrêté à Saarlibre, avec Aubert-Dubayet, mon ami. C'en était fait de nous, si le sort des représentants du peuple, Reubell [3]

1. D'Oyré, né à Sedan, le 27 mai 1734, élève de l'école du génie de Mézières en 1756, colonel le 8 février 1792, maréchal de camp provisoire le 9 octobre 1792, titulaire le 6 décembre 1792, retraité le 31 mars 1796. Il commandait en chef à Mayence pendant tout le siège et dirigea jusqu'au bout la défense.

2. Jean-Baptiste-Annibal Aubert du Bayet, né à la Louisiane, le 29 août 1759, engagé très jeune dans le régiment de Bourbonnais, sous-lieutenant en 1780, prit part à la guerre de l'Indépendance américaine. Rentré en France, il embrasse les idées de 1789 et crée, à Grenoble, la première société populaire ayant existé en France. Député de l'Isère à l'Assemblée législative de 1791, il parla contre les émigrés. Le 17 avril 1792, il conseille l'alliance avec l'Angleterre et la Suisse contre l'Autriche. Il présida l'Assemblée pendant le mois de juillet 1792. Après le 10 août, il vota systématiquement contre la minorité de l'Assemblée. A la fin de la législature, il reprit du service. Il commandait à Worms, comme chef de brigade, quand il reçut l'ordre de se rendre à Mayence. Général de brigade le 2 avril 1793. En annonçant à d'Oyré qu'il lui envoyait Dubayet, Custine ajoutait : « C'est un officier nerveux qui, par sa fermeté et par son activité, aura bientôt mis les choses sur un bon pied. » Il eut le commandement des troupes de la garnison de Mayence et de Kastel. Il montra pendant le siège un courage, une bravoure qui n'eurent d'égales que sa bonté de cœur et sa belle humeur constante. Décrété d'accusation avec les autres généraux, après la capitulation de la place, il fut mis en liberté sur la réclamation de Thuriot et de Merlin, de Thionville, qui se portèrent ses garants. Admis à la barre de la Convention le 7 août 1793, il se défendit avec feu, et l'Assemblée décréta que l'armée de Mayence avait bien mérité de la patrie. Il eut le commandement de cette armée envoyée en Vendée. Destitué, puis incarcéré à l'Abbaye comme suspect, il fut sauvé par la révolution du 9 thermidor. Après quelques mois de repos à Grenoble, il rejoignit Kléber en Allemagne. Nommé général en chef de l'armée des Côtes de Cherbourg, le 16 pluviôse an III (4 février 1795) ; ministre de la guerre après le 13 vendémiaire, il se brouilla avec Carnot et donna sa démission. Ambassadeur à Constantinople le 19 pluviôse an IV (7 février 1796), mort à son poste le 22 frimaire an VI (17 décembre 1797).

3. Jean-François Reubell, né à Colmar (Haut-Rhin), le 8 octobre 1747, avocat au Conseil souverain d'Alsace, député aux États Généraux le 2 avril 1789; député du Haut-Rhin à la Convention le 3 septembre 1792.

et Merlin, de Thionville [1], n'avait été, pour ainsi dire, lié au nôtre ; mais ils nous devancèrent à Paris, où on allait nous conduire, et obtinrent de la Convention ce décret, sans doute bien mérité, mais rendu avec autant de précipitation que notre arrestation avait été injuste et inconsidérée : *Que l'armée de Mayence avait bien mérité de la patrie.*

Merlin crut alors verser un baume sur ma plaie, en me faisant expédier, par le ministre Bouchotte [2], la commission de général de brigade ; c'était dans ce temps-là, comme on sait, un brevet pour marcher à l'échafaud, ou,

---

Enfermé dans Mayence lors de la condamnation de Louis XVI, il y adhéra par lettre. Après le 9 thermidor, il se prononça contre les jacobins, dont il fit fermer le club. Membre du Conseil des Cinq-Cents le 21 vendémiaire an IV (13 octobre 1795); membre du Directoire exécutif le 10 brumaire de la même année (1ᵉʳ novembre 1795); président du Directoire jusqu'en l'an VII, époque à laquelle le sort le fit sortir de fonctions. Membre du Conseil des Anciens le 23 germinal an VII (2 avril 1799). Le coup d'État du 18 brumaire le rendit à la vie privée. Il mourut à Colmar le 23 novembre 1807.

1. Antoine-Christophe Merlin, de Thionville, né à Thionville, le 13 septembre 1762, avocat au parlement de Metz, officier municipal de Thionville en 1789, député de la Moselle à l'Assemblée législative, le 4 septembre 1791. Député de la Moselle à la Convention le 5 septembre 1792, il siégea sur les bancs de la Montagne. Il demanda la mise en accusation du roi. Enfermé dans Mayence avec Reubell, il vint ensuite, lui aussi, en Vendée, et y prit part à de nombreux combats. Il aimait surtout à manœuvrer le canon et s'en acquittait comme un artilleur. Au 9 thermidor, il prit ouvertement parti contre Robespierre. Député de la Moselle au Conseil des Cinq-Cents le 23 vendémiaire an IV (14 octobre 1795). Entré, en 1798, dans l'administration générale des postes, il se retira peu après de la vie publique. En 1814, il adhéra au gouvernement de Louis XVIII. Mort à Paris, le 14 septembre 1833.

2. Jean-Baptiste-Noël Bouchotte, né à Metz, le 26 décembre 1754, soldat à seize ans, sous-lieutenant en 1780, gouverneur de Cambrai et colonel au commencement de 1793. Élu à l'unanimité ministre de la guerre par la Convention, le 4 avril 1793. Il donna sa démission, le 25 mai suivant, mais fut maintenu en fonctions jusqu'au 29 mars 1794, date de la constitution de la commission des armées que présida Pille. Emprisonné, Bouchotte ne fut remis en liberté qu'après un an de détention, en vertu d'un jugement du tribunal révolutionnaire d'Eure-et-Loir, devant lequel il avait été renvoyé. Il est mort à Metz, en 1840.

ce qui était pis encore, pour gémir dans une prison le glaive suspendu sur la tête. Je refusai ; on ne m'écouta point, et je partis pour Tours, où j'avais ordre de rejoindre l'armée de Mayence destinée à faire la guerre aux Rebelles de la Vendée. C'est de cette époque que date ce journal.

II. — *État de la Vendée lorsque l'armée de Mayence y arriva. — Manière de faire la guerre des Rebelles et nature du pays des départements insurgés. — Conduite des prêtres.*

La guerre de la Vendée présageait l'avenir le plus funeste pour les armes de la République, lorsque la commune de Tours vit arriver dans ses murs les troupes composant la ci-devant garnison de Mayence. Plus de vingt déroutes éprouvées successivement par l'armée des Côtes de la Rochelle, connue davantage sous le nom d'armée de Saumur, successivement commandée par les généraux Berruyer [1], Leigonyer [2], San-

1. Jean-François Berruyer, né à Lyon le 16 janvier 1737, engagé volontaire dans Aumont-infanterie en 1753. Fait officier en raison d'un haut fait d'armes pendant la guerre de Sept ans et lieutenant en 1762; brave, toujours en campagne, couvert de blessures ; lieutenant-colonel en 1787, colonel en 1791, colonel-général des carabiniers en 1792. Général en chef de l'armée de l'Intérieur lors de la création de celle-ci (1792). Envoyé en Vendée dès le début de l'insurrection, on lui imputa les échecs de ses lieutenants; il fut mandé à la barre de la Convention, où les représentants Choudieu et Goupilleau prirent sa défense avec succès. Inspecteur général des armées des Alpes et d'Italie un an après. Le 13 vendémiaire an IV, il contribua à sauver la Convention. Il est mort gouverneur des Invalides, le 17 avril 1804. Son nom est inscrit sur l'Arc de Triomphe de l'Étoile.

2. François Leigonyer, né en Auvergne, le 4 décembre 1740; fourrier volontaire en février 1756, dans Beauvillier-cavalerie, où son père était capitaine. Il fit campagne en Allemagne de 1757 à 1762. A Rosbach (1757), il avait reçu au bras un coup de feu qui l'avait estropié. Colonel du 11ᵉ régiment de cavalerie, 10 juin 1792, maréchal de camp le 1ᵉʳ septembre; général de division le 8 octobre 1792. N'ayant pas été compris dans la réor-

terre [1] et Rossignol [2], avaient procuré aux Rebelles environ quatre-vingt mille fusils et près de deux cents pièces

---

ganisation du 15 mai 1793, il reçut du ministre l'ordre de cesser ses fonctions. Mais un arrêté des commissaires de la Convention, réunis à Saumur, le requit, le 6 juin 1793, de les continuer jusqu'à l'arrivée des nouveaux généraux; un autre arrêté des mêmes, rendu le 8 juin, le releva, sur sa demande, du commandement de sa division, qui fut confié au général Menou (Cf. Arch. Nat., AFıı, 266). Leigonyer commanda seulement par intérim l'armée des Côtes de la Rochelle jusqu'à l'arrivée d'Armand-Louis de Gontaut, duc de *Biron*, général en chef. Biron fut destitué le 11 juillet suivant et remplacé par Rossignol.

1. Antoine-Joseph Santerre, le célèbre commandant en chef de la garde nationale parisienne. A la séance du 2 mai 1793, il annonçait au conseil général de la commune de Paris « qu'ayant entendu la voix de la patrie en danger, il se dispose à partir pour combattre les Rebelles de la Vendée ». Le 13 mai, il annonce à la Convention que « cent mille hommes et quatre-vingts pièces de canon vont se réunir contre les révoltés et, après les avoir vaincus, pourront passer aux Iles Britanniques, faire un appel au peuple anglais ». Le 19, il est envoyé à Orléans pour recevoir les bataillons parisiens levés pour la Vendée et, le 8 juin, va se mettre à la tête de ceux dirigés au secours de Saumur. Chargé de la défense des retranchements de Nantilly, il bat en retraite sur Tours. Il est mis ensuite à la tête de la première brigade de l'armée de Saumur (15 juillet). Promu général de division le 30 juillet, sous le commandement en chef de Rossignol, il prend part au conseil de guerre du 2 septembre qui décide que l'armée de Mayence sera dirigée sur Nantes et opérera avec l'armée des Côtes de Brest. Il fut parmi ceux qui votèrent contre cette mesure et demandèrent que les Mayençais fussent employés à l'armée des Côtes de la Rochelle. Il signa la décision du 11 septembre, par laquelle Rossignol et ses amis modifièrent les décisions prises au conseil du 2, sans s'en être entendus avec les généraux des Côtes de Brest et de Mayence. Il fut battu le 18 septembre à Coron, par Piron, de Laugrenière et autres chefs vendéens.

2. Jean Rossignol, né à Paris en 1759, soldat dans Royal-Roussillon, de 1775 à 1783. Était ouvrier orfèvre au faubourg Saint-Antoine quand éclata la Révolution, fut l'un des vainqueurs de la Bastille; lieutenant-colonel de la 35ᵉ division de gendarmerie, à l'arrivée de ce corps dans l'Ouest, le 9 avril 1793; général de division le 15 juillet suivant; général en chef de l'armée des Côtes de la Rochelle le 27 du même mois, il est opposé au plan de Canclaux et de l'armée de Mayence. Général en chef de l'armée des Côtes de Brest le 29 septembre. Il poursuivit de ses dénonciations Kléber, Marceau et les généraux de carrière. Destitué le 27 avril 1794. Traduit devant le tribunal criminel d'Eure-et-Loir avec Pache, Bouchotte, etc., le 25 mars 1795 (5 germinal an III), pour ses agissements en Vendée, mis en liberté le 29 octobre de la même année (7 brumaire an IV), par suite de l'amnistie, désigné pour rejoindre Bonaparte en Égypte. Mort en 1802 à Anjouan, où il avait été déporté par ordre du Premier Consul.

de canon, avec un nombre proportionné de caissons, forges et autres attirails de guerre.

Ces prises immenses ont lieu d'étonner ceux qui savent que ces fanatiques commencèrent leurs rassemblements avec des bâtons et quelques fusils de chasse; mais d'un côté l'ineptie la plus crasse, la négligence la plus impardonnable et la lâcheté peut-être, et, de l'autre, le fanatisme le plus violent, et des chefs aussi habiles qu'audacieux, mirent bientôt non seulement une sorte d'égalité entre les deux partis, mais donnèrent encore cette grande supériorité à celui des Rebelles.

C'est à l'historien à faire connaître l'origine de cette funeste guerre, les causes de ses progrès alarmants, les filières secrètes qui l'ont activée sans cesse et ranimée souvent, au moment où elle était près de s'éteindre; pour moi, n'ayant vu les événements que sous des rapports militaires, je me bornerai à les tracer sous ces mêmes rapports.

Lorsque l'armée de Mayence arriva à Tours, les Rebelles occupaient à peu près quatre départements : la Vendée, les Deux-Sèvres, la Loire-Inférieure et partie de Maine-et-Loire, mais le théâtre de la guerre n'était encore que sur la rive gauche de la Loire.

Il ne faut pas conclure cependant que la population entière de ces départements ait été en armes; beaucoup de citoyens s'étaient retirés dans les grandes villes; d'autres, restant paisiblement chez eux, faisaient accueil aux plus forts et attendaient les événements; d'autres, enfin, suivaient les colonnes Républicaines et combattaient avec elles.

Les Rebelles avaient un gouvernement militaire parfaitement bien organisé. D'Elbée [1] avait été proclamé, au son

---

1. Maurice-Joseph-Louis Gigost d'Elbée, né à Dresde (Saxe), d'un père angevin, le 21 mars 1752. Sous-lieutenant à la suite aux grenadiers du corps

des cloches et au bruit du canon, généralissime des armées, non, ainsi qu'il le disait lui-même avant sa mort, parce qu'on le croyait le plus habile des généraux, mais parce qu'on lui supposait le moins d'ambition. Après lui, l'on comptait pour chefs de premier ordre : Bonchamps [1], La Rochejaquelein [2], La Cathelinière [3], Marigny [4], le prince

de l'Électeur de Saxe, le 20 novembre 1758, en activité le 18 novembre 1768, passé au service de la France comme sous-lieutenant dans Dauphin-cavalerie le 1er juin 1772. Lieutenant en second au 5e régiment de Chevau-Légers le 6 mai 1781. Démissionnaire le 17 septembre 1783. Marié le 17 novembre 1788, à Marguerite-Charlotte du Houx de Hauterive. Retiré dans sa petite propriété de La Loge, en Saint-Martin-de-Beaupréau (Maine-et-Loire), les paysans des environs vinrent le chercher le 11 mars 1793 pour le mettre à leur tête. Élu généralissime des armées catholiques et royales le 16 juillet 1793, après la mort de Cathelineau ; atteint de quatorze blessures à la bataille de Cholet le 17 octobre 1793, transporté à Noirmoutier qui était alors au pouvoir de Charette. Fusillé dans cette île le 8 ou le 9 janvier 1794. Il est bon de remarquer que son acte de baptême ni l'état de ses services ne portent le nom de Gigost, qui existe dans un acte de mariage.

1. Charles-Melchior-Artus de Bonchamps, né le 10 mars 1760 au château du Crucifix, paroisse de Juvardeil en Anjou ; cadet-gentilhomme au régiment d'Aquitaine-infanterie le 6 juin 1776. Capitaine en second de grenadiers le 16 mai 1787, capitaine de grenadiers au 35e régiment d'infanterie le 26 mars 1790, démissionnaire le 8 juillet 1791. Vivait à son château de la Baronnière, lorsque les paysans qui s'étaient soulevés dans la journée, à Saint-Florent-le-Vieil (Maine-et-Loire), et en avaient chassé les autorités, vinrent le chercher, le 10 mars 1793, pour en faire leur chef. Blessé à mort, à la bataille de Cholet, le 17 octobre 1793, mort le lendemain à la Meilleraie (Loire-Inférieure), sur la rive droite de la Loire, en face de Saint-Florent.

2. Henri du Vergier de La Rochejaquelein, né au château de la Durbelière, paroisse de Saint-Aubin-de-Beaubigné, en Poitou, le 30 août 1772, entré en 1782 à l'école militaire de Sorèze. Sous-lieutenant dans Royal-Pologne-cavalerie en 1785, puis dans la garde constitutionnelle du roi, le 30 novembre 1791. Se mit à la tête des paysans des paroisses voisines de Saint-Aubin, vers le milieu d'avril 1793. Nommé général en chef de l'armée catholique et royale, à Varades, le lendemain du passage de la Loire (19 octobre 1793), tué à Nuaillé, près Cholet (Maine-et-Loire), le 28 janvier 1794.

3. Louis Ripault, chevalier, seigneur de La Cathelinière, né dans le pays de Retz en 1768, habitait, au moment de l'insurrection, le château de Princé, paroisse de Chéméré, près Paimbœuf (Loire-Inférieure). Chef d'une bande importante. Blessé et fait prisonnier au Moulinet, commune de Frossay ; guillotiné à Nantes le 13 ventôse an II (3 mars 1794). — Le 10 septembre 1793, à la tête de huit mille hommes, il attaqua Kléber au Port-Saint-Père, fut blessé d'un éclat d'obus, et sa troupe fut mise en complète déroute.

4. Augustin-Étienne-Gaspard Bernard de Marigny, né à Luçon le 20 no-

de Talmond de la Trémoïlle [1], d'Autichamp [2], Gaston [3],

vembre 1754, lieutenant de vaisseau en 1784, chevalier de Saint-Louis, commandant de l'artillerie vendéenne. Fusillé au château de la Girardière, près Cerizay (Deux-Sèvres), le 14 juillet 1794, sur l'ordre de Stofflet.

1. Antoine-Philippe de la Trémoïlle, prince de Talmond, né à Paris le 27 septembre 1765, émigré; rentré dans les environs de Laval en janvier 1793, incarcéré à Angers, réussit à s'évader et rejoignit les Vendéens vers la fin de mai. Général de la cavalerie vendéenne. Il contribua puissamment à entraîner outre-Loire l'armée catholique et royale battue à Cholet le 17 octobre. Fait prisonnier dans les environs de Fougères (Ille-et-Vilaine) le 28 décembre 1793, il fut exécuté à Laval, dans la cour de son château, le 27 janvier 1794.

2. Charles-Marie-Auguste-Joseph de Beaumont, chevalier, puis comte d'Autichamp, né au château d'Angers le 8 août 1770, entré au service en 1782 à l'âge de douze ans, capitaine dans Royal-dragons le 20 septembre 1787, puis dans le régiment de Condé le 1er juin 1789, adjudant-major dans la garde constitutionnelle du roi. Rejoignit les Vendéens à Saumur vers le 15 juin 1793, et servit sous les ordres de son cousin Bonchamps, dont il commanda en second la division, après la mort de celui-ci (octobre 1793). Blessé et fait prisonnier au Mans, le 10 décembre 1793, il réussit à se faire incorporer dans un régiment Républicain qui fut renvoyé à la frontière. Rentré en Anjou après la pacification de 1795, il reprend les armes avec Stofflet. A la mort de celui-ci, il lui succéda (1er mars 1796). Il prit part aux mouvements vendéens de 1799, 1815, 1832. Pair de France le 17 août 1815; commandant de la 11e division militaire à Bordeaux en 1818 et 1828. Mort à la Rochefaton, près de Parthenay (Deux-Sèvres), le 6 octobre 1859.

3. « Un jeune homme des environs de ce pays (environs de La Roche-Bernard) avait amené une compagnie de cinquante hommes; il s'appelait Bourdic, mais il avait pris le nom de Gaston. C'est lui que les républicains prétendaient être un prince déguisé. Il s'est, au surplus, distingué dans les batailles. » (Gibert, *Précis historique sur la guerre de la Vendée*, p. 47, note 2, dans *Mémoires et documents concernant les guerres de la Vendée....*, publiés par H. Baguenier-Desormeaux, Angers, 1896).

Gaston Bourdic, originaire du Morbihan ou de la Loire-Inférieure, était perruquier à Saint-Christophe-du-Ligneron (Vendée), avant l'insurrection. Il prit les armes dès le début du soulèvement vendéen. Ayant tué un officier supérieur républicain, il revêtit l'uniforme et les épaulettes de celui-ci, et prit, ainsi costumé, le commandement de la bande qui vint attaquer Challans (Vendée), le 12 mars 1793. Il fut pris et massacré le 15 avril suivant, au combat de Saint-Gervais (Vendée). Sa belle mine, ses allures et l'uniforme qu'il portait le firent prendre pour un prince déguisé, ainsi que le rapporte Gibert. Le bruit s'en répandit au loin, et longtemps après sa mort, on le citait encore parmi les grands chefs de la Vendée. C'est ce qui explique l'erreur de Kléber à son sujet. Erreur partagée d'ailleurs par le gouvernement révolutionnaire, par les émigrés et par les princes. Ceux-ci adressèrent leurs premières communications à « Monsieur de Gaston ». Il était mort depuis plusieurs mois! On voit que, même aux yeux de Kléber, la mémoire de ce personnage conservait son prestige.

Lescure [1], Piron [2], Dommaigné [3], Des Essarts [4], les chevaliers de Turpin [5], de Laugrenière [6], de Saint-

1. Louis-Marie de Salgues, marquis de Lescure, dernier de son nom, né à Paris le 15 octobre 1766; capitaine à la suite dans Royal-Piémont-cavalerie, marié à Victoire de Donnissan, devenue plus tard marquise de La Rochejaquelein. Chef d'une division poitevine, blessé mortellement au combat de la Tremblaie, près Cholet (Maine-et-Loire), le 15 octobre 1793, mort aux environs de Dol le 4 novembre suivant.

2. Piron de la Varenne (?) était un gentilhomme des environs d'Ancenis (?). Émigré, il aurait servi dans les Chevau-Légers, à l'armée des princes puis serait rentré chez lui. Au début de l'insurrection, il prit le commandement des paysans d'Oudon (Loire-Inférieure) qui investirent Ancenis, sur la rive droite de la Loire, le 13 mars 1793. Il commanda ensuite sur la rive gauche, à Chantoceaux (Maine-et-Loire), sous les ordres de Bonchamps. Il fut un des meilleurs chefs secondaires de la Vendée. Le 18 septembre 1793, il attaque et met en déroute à Coron (Maine-et-Loire) Santerre et Ronsin. Il fit toute la campagne d'outre-Loire. Pris à la bataille de Savenay, le 23 décembre 1793, et fusillé à Blain quelques jours après.

3. Jean-Baptiste-Louis-Étienne de Dommaigné de la Roche-Hue, comte de Brûlon, baptisé à Angers le 11 novembre 1749. Il avait été garde du corps en 1768 et gendarme en 1773. Il habitait sa terre de la Galonnière, paroisse de Joué (Maine-et-Loire), quand les paysans des alentours, passant devant chez lui pour s'unir aux soldats de Cathelineau, l'obligèrent à se mettre à leur tête. Il rejoignit les Vendéens à Cholet le 16 ou le 17 mars, et fut chargé d'organiser la cavalerie. Tué d'un coup de sabre à la prise de Saumur, le 9 juin 1793.

4. Charles-Marie Michel, abbé, puis chevalier Des Essarts, né à Boismé, en Poitou; il avait vingt-quatre ans, en 1793, était clerc tonsuré, lorsque éclata la guerre; ami intime de Lescure chez lequel il était né et avait été élevé. Fait prisonnier à Montrelais, près Ingrandes, condamné et exécuté à Angers le 8 janvier 1794.

5. Prosper, chevalier de Turpin de Crissé, après avoir émigré, était rentré en Anjou. Il était en prison à Angers comme suspect lorsqu'il fut délivré le 23 juin 1793, par l'armée Vendéenne, et s'attacha à Bonchamps qu'il suivit depuis lors. Il facilita le passage de la Loire en s'emparant de Varades le 17 octobre 1793, pendant que l'armée catholique et royale était battue à Cholet par Kléber et Marceau. Il continua la campagne en 1794 sur la rive droite de la Loire et contribua à la pacification de 1795. La prise d'armes de 1796 eut lieu contre son gré. Il reprit les armes en 1799 et signa la soumission de Candé, le 20 janvier 1800. Il était beau-frère de la célèbre vicomtesse de Turpin de Crissé.

6. Dominique-Alexandre Jaudonnet, chevalier, seigneur de Laugrenière, en la paroisse de Boismé, près Bressuire (Deux-Sèvres). Né le 10 décembre 1745, mousquetaire de la garde du roi en 1762, retiré en 1767, l'un des chefs de la cavalerie vendéenne; contribua avec Piron à la déroute de Santerre à Coron, le 18 septembre 1793. Il fit toute la campagne d'outre-Loire. Il fut fait prisonnier après la déroute de Savenay (23 décembre 1793) et guillotiné

Hilaire [1], Charette [2] et Stofflet [3], ce dernier seul était roturier et autrefois garde-chasse. Il avait été élevé à ce

à Nantes le 14 janvier 1794 (25 nivôse an II). Pour essayer de sauver sa tête, il adressa deux mémoires au représentant Prieur, de la Marne, dans lesquels il fournit tous les détails qu'il pouvait avoir sur les restes de l'armée Vendéenne; s'offrant même à guider les troupes Républicaines contre Charette et à les aider à s'en emparer. Chassin donne une partie de ces mémoires (Cf. notamment : *Préparation de la guerre de Vendée*, III, 432, et *Vendée patriote*, III, 226, 442, 443, 445, 494).

1. Louis-Joseph-Bénigne de l.. Haye-Saint-Hilaire, né le 11 décembre 1766 au château de la Haye, paroisse de Saint-Hilaire-des-Landes, dans les environs de Fougères; sous-lieutenant dans Penthièvre-infanterie, en 1785, réformé en 1788, sous-lieutenant en pied en 1791. Émigra, puis revint se joindre à La Rouërie et s'affilia à l'Association bretonne en 1792. Il s'employa ensuite à établir une correspondance entre les royalistes de Bretagne et ceux réfugiés à Londres. Il s'attacha aux Vendéens aussitôt le passage de la Loire, apportant avec lui un bref du pape qui démasquait l'imposture de Guillot de Folleville, le prétendu évêque d'Agra. Il continua de chouanner après la déroute des Vendéens et se lia avec Cadoudal, sous les ordres duquel il commanda une division. Mort au château de la Haye, le 18 janvier 1836.

2. François-Athanase, chevalier Charette de la Contrie, né à Couffé, près Ancenis, le 21 avril 1763. Aspirant de marine le 15 avril 1779, prit part à la guerre d'Amérique. Lieutenant de vaisseau en 1787, retraité en novembre 1790. Émigré rentré, il habitait son château de Fonteclause, en la Garnache (Vendée), lorsque Souchu, qui s'était emparé de Machecoul (Loire-Inférieure), l'envoya chercher, le 14 mars, pour prendre le commandement des insurgés. Il ne put ou ne voulut pas arrêter les massacres commencés par Souchu. Le 29 mars, il s'emparait de Pornic. On sait les principaux incidents de sa campagne qui dura presque sans discontinuer pendant trois années. Blessé et fait prisonnier dans le petit bois de la Chabotterie, en Saint-Sulpice-le-Verdon (Vendée), le 23 mars 1796. Fusillé à Nantes, sur la place Viarme, le 29 du même mois (9 germinal an IV), trois ans, jour pour jour, après sa première victoire de Pornic.

3. Jean-Nicolas Stofflet, né à Bathelémont-lez-Bauzemont, en Lorraine, le 3 février 1753. Après avoir été soldat dans la gendarmerie de Lorraine, devint garde des bois du marquis de Maulévrier (Maine-et-Loire); compromis dans les séditions partielles de 1792 et réfugié dans les bois dont la garde lui avait été confiée, il est un des premiers à prendre les armes au mois de mars 1793. Le 14, à la tête d'une troupe importante, il se joint à Cathelineau et s'empare avec lui de Cholet. Major-général de la grande armée catholique et royale, il est un des principaux chefs royalistes avec Cathelineau, d'Elbée, Bonchamps, Lescure, La Rochejaquelein et Charette. Après la mort de La Rochejaquelein (28 janvier 1794), il prit le commandement en chef de toute l'armée d'Anjou et de Haut-Poitou. Ayant refusé d'adhérer à la pacification signée en dehors de lui par Charette, à la Jaunais, le 17 février 1795, il continue la lutte jusqu'au 2 mai suivant, où

grade de général par la grande confiance qu'avaient en lui les habitants du pays, par ses connaissances locales et son extrême audace.

Bonchamps était celui que les Rebelles chérissaient le plus et auquel on accordait en même temps les plus grands talents. La Rochejaquelein était d'une valeur brillante et conduisait très bien une action. Marigny était âpre et dur, d'ailleurs peu habile. Talmond, bel homme, passait pour être lâche. Charette commandait toujours un corps détaché, il pouvait être considéré comme le partisan de l'armée; mais, peu estimé des autres chefs, il communiquait rarement avec eux. Je n'ai pu me procurer aucun renseignement sur les autres.

Les Rebelles avaient, indépendamment de leur organisation militaire, une administration civile; ils avaient une imprimerie [1] et une planche de papier-monnaie, non en contrefaçon de nos assignats, mais particulière au nom du roi [2]. J'insérerai à la fin de ce journal ce que j'aurai pu

---

il se résout à signer le traité de Saint-Florent-le-Vieil. Il était depuis longtemps dominé par l'intrigant abbé Bernier. Il reprend les armes le 26 janvier 1796, sur un ordre du comte d'Artois. Pris, par trahison, dans la métairie de la Saugrenière, près Jallais (Maine-et-Loire), dans la nuit du 23 au 24 février suivant. Fusillé à Angers le 25 février (6 ventôse an IV).

1. Lorsqu'ils se furent emparés de Fontenay-le-Comte, le 25 mai 1793, les Vendéens enlevèrent les caractères d'imprimerie, des presses et mirent en réquisition trois typographes, qu'ils installèrent à Châtillon-sur-Sèvre, siège du Conseil supérieur. (Cf. Chassin, *Vendée patriote*, I, 447.) — Plus tard, en 1794, Stofflet établit une autre imprimerie dans son hôpital de la forêt de Vezins, puis à Maulévrier.

2. Le premier papier-monnaie émis par les Vendéens le fut en vertu de l'arrêté pris à Laval, le 1er novembre 1793, ordonnant la création de *bons royaux*, jusqu'à concurrence de neuf cent mille livres et payables à la paix. Le Conseil, tenu à Maulévrier le 7 octobre 1794, autorisa Stofflet à émettre pour six millions de *bons commerçables*, remboursables également à la paix. L'une des planches de ces bons gravés sur bois se trouve dans la collection Dugast-Matifeux, à la Bibliothèque de Nantes. La griffe si caractéristique de Stofflet, qui servit à signer une partie de ces bons, est conservée au château du Lavoir, près de Chemillé (Maine-et-Loire).

recueillir de leurs différents règlements, ou militaires, ou civils [1].

On distinguait parmi eux deux armées, celle d'Anjou et celle du Poitou. Lorsque les chefs de ces corps voulaient opérer un rassemblement, des circulaires aux maires ou échevins des communes en indiquaient le lieu, de même que la quantité de subsistances dont chaque homme devait être pourvu. Le tocsin sonnait et chacun se portait au rendez-vous [2]. Là, on les rangeait en bataille, la troupe d'élite toujours sur les ailes. C'est elle qui, s'élançant avec légèreté de l'un ou de l'autre flanc, ou des deux à la fois, cherchait à tourner les nôtres, et pour peu qu'on négligeât de prévenir cette manœuvre, elle se trouvait sur nos derrières. Pendant que cette troupe en agissait ainsi, un essaim de tirailleurs occupait votre front et vous attaquait

---

Mais, lors de la création de ces derniers, Kléber était déjà depuis longtemps loin de la Vendée.

1. Ces documents qui, sans doute, étaient destinés à figurer dans la quatrième partie, n'ont pas été retrouvés. Un certain nombre des règlements émanés du Conseil supérieur vendéen ont été publiés, notamment par de Beauchamp, *Histoire de la Vendée* ; Savary, *loc. cit.* ; Rouillé, *Assignats et papiers-monnaie de la Vendée militaire* ; Chassin, *La Vendée patriote*, etc. Il en existe une certaine quantité, manuscrits ou imprimés, dans la collection Dugast-Matifeux, à la Bibliothèque de la Ville de Nantes.

2. « *De par le Roy*
et Messieurs les commandants des armées catholiques et royales.

« Le Conseil supérieur, séant actuellement à Beaupréau, enjoint à tous les habitants de la paroisse de la Séguinière, en état de porter les armes, de se rassembler pour se trouver sans faute, jeudi prochain, onze de ce mois, à Chatillon-sur-Sèvre, avec leurs armes, à peine de trente livres d'amende et d'être regardés comme ennemis de la Religion, du Roy et de l'État.

« Sont cependant exceptés les officiers des conseils provisoires, lesquels sont tenus de rester en permanence.

« Fait en Conseil supérieur à Beaupréau, le 7 juillet 1793, l'an 1er du règne de Louis XVII.

« *Signé* : Gabriel, *évêque d'Agra*, président, Michelin, Lemaignan.
« Par le Conseil supérieur :
« Rogue, *secrétaire*.
« MM. les curés sont priés de publier le présent en chaire. »
(*Collection de M. Schleiter, ancien magistrat, à Angers.*)

avec une impétuosité incroyable [1]. Ni le feu de la mousqueterie, ni celui de l'artillerie, n'étonnaient ces fanatiques, et on en a vu qui, se roulant sur le ventre, arrivaient aux batteries, armés de bâtons avec lesquels ils assommaient les canonniers et s'emparaient des pièces [2] ; ils faisaient peu d'usage du canon, si ce n'est dans les poursuites ou pour la défense d'un poste [3]. Leur cavalerie était mal montée, mal équipée et se battait plus mal encore [4]. Aussi

[1]. « Prêts à joindre l'ennemi, les généraux (vendéens) faisaient faire halte pour donner le temps aux soldats d'arriver et de former une colonne ; alors ils donnaient l'ordre d'attaquer. Ceux-ci se faufilaient d'eux-mêmes au travers des haies, des genêts, des halliers dont le pays est couvert, se répandaient sur un très grand front sans profondeur, qui souvent environnait pour ainsi dire l'ennemi. Ce dernier, peu fait à ce genre de combattre, était fortement ébranlé. L'ardeur des insurgés croissait d'autant plus ; ils poursuivaient avec une chaleur incroyable les républicains qui, obligés de fuir dans un pays inconnu et couvert, trouvaient partout la mort. Armes, munitions, bagages, tout devenait la proie du vainqueur. » (Gibert, loc. cit., 49.)

[2]. « Les paysans eurent d'abord de la peine à se familiariser avec le canon, mais M. Sapineau de la Verrie, oncle du général de ce nom, les y accoutuma dès le commencement. Il leur faisait remarquer l'instant où l'on mettait le feu, les faisant coucher par terre ; ils se traînaient à quatre pieds par les haies, les fossés ; le canon tirait, ils se relevaient, recommençaient leur manœuvre, et il est rare qu'en trois ou quatre pauses, ils ne se soient pas emparés de l'artillerie. C'est ainsi qu'ils en ont pris une quantité étonnante. Ils y prirent tellement goût, qu'il semblait qu'ils n'allaient au feu que pour cela ; et la première question qu'ils faisaient après la victoire était de s'informer combien ils avaient pris de canons. » (Gibert, loc. cit., 50-51.)

[3]. L'inepte ministre Bouchotte envoyait aux imbéciles généraux qui commandaient l'armée des Côtes de la Rochelle des canons et munitions par la poste et, à mesure que les Rebelles s'emparaient de cette nombreuse, coûteuse et inutile artillerie, d'autres convois succédèrent, par la même voie, aux premiers et furent encore enlevés ; ce qui donna enfin l'idée à un des chefs des Rebelles d'écrire à ce ministre la lettre suivante : « Nous sommes en ce moment suffisamment pourvus de bouches à feu, je vous prie donc, Monsieur, de ne plus vous presser à nous en envoyer d'autres. » (Note du manuscrit.)

[4]. « Notre cavalerie (dans l'armée de Charette) présentait un aspect encore plus ridicule ; des hommes de toute taille et de tout âge, montés sur des chevaux souvent disproportionnés, avaient pour selles des bâts, pour étriers des cordes de foin, et au lieu de bottes des sabots. » (Lucas de la Championnière, Mémoires, 31.)

« La cavalerie (de la grande armée vendéenne) s'élevait peut-être à six

ne s'en servaient-ils que pour les patrouilles, les grand'-gardes et pour rallier leur infanterie, lorsqu'elle venait à s'ébranler. Ils avaient un noyau continuellement armé; il était composé de déserteurs des différentes légions qu'on leva au commencement de la guerre, et notamment de celles du Nord [1] et de Germanie [2], ainsi que des prisonniers de guerre de différentes nations. Les chefs appelaient ces troupes : les fidèles. Cette guerre n'était donc proprement, comme on voit, qu'une vigoureuse guerre de tirailleurs, et la nature du pays, qui en faisait le théâtre, n'en comportait, en effet, aucune autre.

L'Anjou, le Poitou, la Bretagne et quelques pays circonvoisins ont à peu près le même système d'agriculture; chaque laboureur entoure son champ, son verger, son pré, d'un profond fossé et, de la terre provenant de cette

mille hommes, que l'on pouvait réduire à deux mille vraiment en état de se battre. Le surplus était monté sur des haridelles enharnachées de ballines, de brides et d'étriers de corde. On les appelait marchands de cerises. » (Gibert, *loc. cit.*, p. 48.) Les ballines sont des coussins ou sacs garnis de *balle*. Dans toute la région vendéenne, les marchands de cerises parcourent le pays portant leur marchandise dans des paniers à dos de mauvais chevaux étiques, équipés à peu près comme l'explique Gibert. Encore aujourd'hui, dans les campagnes, on appelle, toujours péjorativement, marchand de cerises, un cavalier mal équipé.

1. La Légion du Nord avait été créée par la loi du 31 mai 1792 et mise sous les ordres de Westermann. Elle arriva en Vendée le 2 mai 1793, venant de l'armée des Ardennes. Elle comprenait 1,130 hommes d'infanterie de ligne et 365 cavaliers; disloquée le 5 juillet, elle fut reconstituée à la fin d'août 1793 par Westermann, qui l'utilisa avec succès dans sa campagne contre les Vendéens. Un arrêté du Comité de salut public, en date du 5 mars 1794, ordonna sa suppression et l'incorporation immédiate de son effectif dans les corps réguliers.

2. La Légion Germanique avait été créée par décret des 4-19 septembre 1792, pour incorporer les déserteurs allemands. Marceau et Augereau y furent compris en qualité d'officiers. Elle comprenait 2,599 hommes, lorsqu'elle fut envoyée de Belgique en Vendée, à la fin d'avril 1793. Lors de la prise de Saumur par les Vendéens, le 9 juin 1793, un grand nombre des soldats qui la composaient passèrent dans les rangs des royalistes. Elle fut reconstituée le 27 juin, sous le nom de Légion de la fraternité, avec un effectif de mille hommes. On lui donna Belfroy pour colonel et Burac pour lieutenant-colonel.

excavation, il fait une clôture d'environ cinq pieds de haut, en forme de parapet, sur lequel il plante des haies et des arbres de toutes espèces, de manière que tout le pays offre l'aspect d'une forêt continuelle [1]. Indépendamment de ces obstacles, la Vendée et les Deux-Sèvres sont encore coupées par quantité de ruisseaux, marais et ravins. On y rencontre aussi beaucoup de bois, et enfin quantité de genêts d'une élévation prodigieuse, en raison de celui que l'on voit en d'autres contrées. Les chemins, à l'exception des grandes routes, sont presque tous impraticables pour l'artillerie; l'on conçoit donc aisément quel avantage devaient avoir, sur un tel terrain, les gens du pays, auxquels aucune issue, aucun sentier, n'était inconnu, contre des troupes qui ne pouvaient marcher qu'avec d'extrêmes précautions, si elles ne voulaient encourir le risque de tomber dans une embuscade [2]. Lorsque la victoire se déclarait en leur faveur, des chefs, à la tête de quelques troupes à cheval et une ou deux pièces d'artillerie, puis cet essaim de flanqueurs et de tirailleurs vous suivaient et vous harcelaient avec un acharnement incroyable ; et, comme ils sont beaucoup plus habiles que nos soldats à franchir les haies et les fossés, qu'ils connaissent mieux qu'eux toutes les issues de leurs champs en forme de labyrinthes, vous en étiez bientôt entourés. Alors la confusion devenait grande et changeait aisément les retraites en d'affreuses déroutes. Quant au corps d'armée, il faisait de trois choses l'une : ou il suivait la direction de l'avant-

---

[1]. Il s'agit là de la partie du pays appelée Bocage.

[2]. « La manière de combattre des Vendéens ne ressemblait en rien à notre tactique militaire. Elle était adaptée à leurs habitudes et au pays qu'ils défendaient. Toujours tapis dans les bois, dans les fossés et derrière les haies, ils se présentaient au combat au moment où l'on s'y attendait le moins. Souvent des coups de fusil atteignaient nos soldats sans qu'on sût de quel point ils étaient partis. » (Choudieu, *Mémoires et notes*, édition Barrucand, 375.)

garde pour l'alimenter et la soutenir, ou profitant de l'enthousiasme que lui inspirait la victoire, les chefs le portaient avec rapidité sur d'autres colonnes républicaines, dont la marche leur était toujours parfaitement connue, ou enfin ils renvoyaient la majeure partie des Rebelles dans leurs foyers pour s'adonner aux travaux ruraux, pendant que l'autre allait occuper les différents passages ou défilés, pour couvrir le pays. Dans ce dernier cas, leurs femmes et leurs enfants leur servaient d'espions, de vedettes même, et les moulins à vent de télégraphes.

Une de nos colonnes se présentait-elle, tout le canton en était instruit aussitôt; alors ils ne se rassemblaient point en corps d'armée, mais ils allaient se jeter par bandes plus ou moins fortes dans les bois ou dans les genêts, de manière qu'on trouvait les maisons vides; et, entourés d'ennemis, on semblait être dans un désert. Si, trompés par ces apparences, des soldats s'éloignaient de leurs corps pour se livrer au pillage, ils étaient égorgés; il en était de même des traînards, et quelquefois de toute l'arrière-garde; en un mot, ils laissaient filer tout ce qui était plus fort et tombaient sur tout ce qui était plus faible qu'eux. C'est par de pareilles embuscades qu'ils enlevèrent souvent aussi nos convois en munitions de bouche et de guerre [1].

---

1. « Tout le pays est couvert d'immenses forêts; chaque propriété particulière y est entrecoupée par des fossés et des haies épaisses. Ses chemins ne sont, pour la plupart, que de profonds ravins qui ont été creusés par des chutes d'eau abondantes et se trouvent en beaucoup d'endroits plus bas que les terres environnantes, de quinze à vingt pieds. Qu'on juge, d'après cela, de la difficulté de faire parcourir à des canons ou à des caissons et aux ambulances de pareils chemins, où deux voitures ne peuvent passer à côté l'une de l'autre. Si vous avez l'imprudence de faire entrer un convoi dans un pareil terrain et qu'il arrive le moindre accident à l'une des voitures qui le composent, tout est arrêté et souvent le convoi tout entier tombe au pouvoir de l'ennemi, parce qu'il est impossible de fournir des escortes assez fortes sur tous les points, pour protéger les

Mais s'ils attaquaient avec cette rage que le fanatisme seul peut inspirer, s'ils étaient opiniâtres dans leur résistance, acharnés dans leur poursuite, une fois vaincus rien ne pouvait les arrêter ; et, quittant leurs sabots, brisant leurs armes, chacun de son côté courait avec la légèreté d'un cerf se jeter au loin dans les bois et dans les genêts, d'où, les nuits suivantes, ils retournaient isolément dans leurs chaumières [1]. Les fidèles seuls restaient quelquefois en troupe autour de leurs chefs et, s'emparant du premier poste avantageux qu'ils trouvaient, ils y tenaient jusqu'à ce que la résolution d'un nouveau rassemblement ait été prise.

Ici, les prêtres paraissaient sur la scène : car, quoiqu'on les voyait souvent combattre au milieu de leurs ouailles, ce n'était pas dans les rangs qu'ils étaient le plus redoutables ; mais lorsqu'après un revers, ces misérables habitants revenaient dans leurs foyers, que, consternés, couverts de sang et poursuivis encore par la frayeur, ils étaient prêts d'abjurer l'erreur qui les conduisait dans un

convois de vivres, de fourrages et de munitions pour une armée nombreuse. » (Choudieu, *loc. cit.*, 375, note 1.)

1 « On juge aisément, d'après ce plan de bataille (V. ci-dessus, p. 83, note 1), que les Insurgés, dans leurs défaites, ne devaient jamais perdre beaucoup de monde, puisque, s'ils étaient obligés de fuir, ils connaissaient tous les détours du pays et trouvaient partout des asiles qui les mettaient à l'abri de la poursuite....

« Si les Républicains tenaient ferme plus longtemps que ne le croyaient ces paysans, ou qu'ils se crussent, comme ils disaient, *rembarrés* (c'est-à-dire cernés), le désordre se mettait bientôt parmi eux, on entendait bientôt un grand bruit et, dans l'instant, une armée de trente mille hommes et plus disparaissait. Les généraux, les officiers, qui étaient à la tête, n'avaient d'autre parti que de prendre eux-mêmes la fuite. Ils eussent en vain tenté de rallier leur troupe, quand une fois l'épouvante s'était mise parmi elle ; les fuyards parcouraient plusieurs lieues dans une heure. On ne savait où les prendre. Il fallait de nouveau recourir au tocsin, et ils ne manquaient pas de revenir au rassemblement. Au reste, vainqueurs ou vaincus, ils se retiraient toujours chez eux, continuaient leurs travaux, leurs labours. Aussi la contrée, si l'on excepte les frontières, était-elle cultivée et la récolte s'y faisait-elle comme en pleine paix. » (Gibert, *loc. cit.*, 49-50.)

dédale de malheurs, alors ces hypocrites exerçaient dans toute son étendue l'empire tyrannique qu'ils avaient sur ces êtres superstitieux. Prônes, confessions, promesses d'indulgences, de miracles même, tout fut employé, mis en usage, pour ranimer leur fureur et réveiller leur fanatisme[1].

De leur côté, les chefs adressaient aux arrondissements des proclamations et menaçaient de la peine de mort ceux qui ne se trouveraient pas aux nouveaux rassemblements indiqués ; et, comme ils avaient la facilité de les effectuer aussi bien sur vos derrières que sur votre front, ils prenaient de préférence le premier parti, parce qu'alors, ils vous forçaient à revenir sur vos pas et à recommencer à nouveaux frais.

Voilà pourquoi on a vu, dans la même campagne, attaquer, prendre, quitter et reprendre les mêmes postes ; qu'on lise les papiers publics, on verra qu'il est toujours question du Port-Saint-Père, de Montaigu, de Légé, de Palluau, des Herbiers, etc.

Telle est, en raccourci, l'image de cette guerre, la plus cruelle et la plus sanglante qu'il y ait encore eu et qui, en deux campagnes seulement, consomma près de trois cent mille Français.

Il était peut-être des moments où on aurait pu espérer de la terminer et je me propose, à ce sujet, de jeter quelques réflexions à la fin de ce journal. Aujourd'hui ce serait se faire illusion que de croire qu'elle finira avant la paix générale ; encore faudra-t-il alors employer autant de sagesse qu'on y a mis jusqu'ici d'impéritie.

---

1. « Il ne faut pas s'imaginer, au surplus, comme on l'a dit pour les ridiculiser, qu'ils crussent que, s'ils étaient tués, ils ressusciteraient au bout de trois jours. Ils étaient, à la vérité, très dévots, comme le sont tous ces paysans, et allaient au combat en chantant les litanies ou des cantiques, en récitant le chapelet. » (Gibert, *loc. cit.*, 49.)

CHAPITRE PREMIER

J'arrivai le 22 août à Tours, l'armée de Mayence y était venue en poste et se trouvait réunie en cette commune depuis plusieurs jours [1].

Le général de brigade Aubert-Dubayet la commandait en chef, Merlin et Reubell, représentants du peuple, furent attachés à cette colonne, qui, suivant les résolutions prises, devait rester intacte sous la dénomination d'armée de Mayence. Nous trouvâmes à Tours les représentants du peuple Choudieu [2] et Richard [3], les généraux de division

22 août 1793. Arrivée du général Kléber à Tours.

23, 24, 25 août. Séjour.

---

1. Un seul bataillon, le 5ᵉ du Bas-Rhin, qui arriva à Tours le 10 août 1793, fit réellement la route « en poste ». On reconnut, à l'expérience, que pour amener ainsi tous les Mayençais, il faudrait tenir en réquisition, pendant dix-huit jours, plus de chevaux et de charrettes qu'on n'en pourrait réunir sur la route de Nancy à Orléans. Encore, tous ces efforts aboutiraient-ils à peine à amener l'armée, le 27 août, dans cette ville. On employa un moyen mixte qui permit aux troupes de se trouver toutes réunies à Tours, aux environs du 20 août.

2. Pierre-René Choudieu, né à Angers le 26 novembre 1761. Après avoir pris ses grades universitaires, il devint gendarme dans la Maison du roi, avec rang de sous-lieutenant, passa dans l'artillerie, puis revint à Angers où il acheta une charge de substitut au Présidial. L'un des fondateurs de la Soc… té des amis de la Constitution. Député du département de Maine-et-Loire à l'Assemblée législative, puis à la Convention. En mission à Saumur au moment de l'arrivée des Mayençais dans l'Ouest. Compris par le Directoire parmi les complices de Babeuf, puis inscrit sur une liste de suspects par Fouché, il se réfugia en Hollande en l'an IV. Rentré en France en 1814, lieutenant extraordinaire de Police à Dunkerque pendant les Cent-Jours. Exilé comme régicide en 1816; rentré en France après la révolution de juillet 1830, mort à Paris le 9 décembre 1838. Il a laissé des *Notes* et des écrits divers sur les événements auxquels il a été mêlé. Ses manuscrits se trouvent aujourd'hui à la Bibliothèque de la ville d'Angers et ont été publiés en partie par M. E. Quéruau-Lamerie d'une part, et par M. V. Barrucand d'autre part.

3. Joseph-Étienne Richard, né à la Flèche, qui faisait alors partie de l'Anjou, le 28 septembre 1761. Accusateur public près le tribunal de sa

Menou [1] et Santerre, avec Joly [2], général de brigade, tous de l'armée des Côtes de la Rochelle, et le représentant Philippeaux [3], de l'armée des Côtes de Brest. Cette rencontre occasionna quelques conférences, où il fut discuté s'il

ville natale en 1791, député de la Sarthe à la Convention. Envoyé en mission dans l'Ouest, il institua à Tours la première commission militaire, le 16 juin 1793, fit avec Choudieu partie de la commission des représentants, à Saumur. Préfet de la Haute-Garonne le 8 mars 1800 (12 ventôse an XII), membre de la Légion d'honneur le 14 juin 1804 (25 prairial an XII), baron de l'Empire le 9 mars 1810, préfet du Calvados pendant les Cent-Jours; excepté par faveur spéciale de la loi du 12 janvier 1816 contre les régicides; mort à Saintes (Charente-Inférieure), le 17 août 1834.

1. Jacques-François de Menou, baron de Boussay, né à Boussay (Indre-et-Loire), le 13 septembre 1756, entré au service dès 1766, maréchal de camp en 1781, député de la noblesse de Touraine aux États Généraux de 1789, fut un des premiers de son ordre à se réunir au Tiers-État; commandant en second du camp sous Paris, en 1792; envoyé en Vendée en 1793, il dirigea la défense de Saumur le 9 juin, fut battu et blessé grièvement. On connaît son rôle à Paris et en Égypte, membre du Tribunat à vie, grand-officier de la Légion d'honneur, mort gouverneur de Venise le 13 août 1810.

2. Thomas Joly, né à Bayonne le 11 août 1748, soldat au régiment d'Auxerrois en 1775; quartier-maître en 1782; s'était distingué dans la guerre d'Amérique, capitaine au 12e régiment d'infanterie, chef du 4e bataillon de la formation d'Orléans; lors de la prise de Saumur par les Vendéens (9 juin 1793), il s'était jeté dans le château avec quelques troupes et tint jusqu'au lendemain, où il obtint de se retirer avec les honneurs de la guerre. Nommé général de brigade à Tours, le 14 juin, il fut mis à la tête de la seconde brigade de l'armée de Saumur reconstituée. Destitué le 18 septembre suivant, malgré sa belle défense des Sables-d'Olonne; il réclama, en 1794, la mise en liberté de la fille de Louis XVI, et fut emprisonné pour cette démarche; sauvé par l'amnistie, il ne fut pas réintégré dans l'armée. En 1811, l'empereur lui accorda une pension de retraite de colonel. Mort en 1822.

3. Pierre Philippeaux, né à Ferrières (Oise) le 9 novembre 1754, avocat au Présidial du Mans, puis juge au tribunal du district, député de la Sarthe à la Convention. Envoyé en Vendée pour y réorganiser les administrations; il partagea le plan de campagne de l'état-major de l'armée des Côtes de Brest à l'encontre de celui de la commission de Saumur. On connaît sa lutte contre celle-ci et particulièrement contre Choudieu, Ronsin et Rossignol. Dénoncé par les jacobins, déclaré traître à la patrie par les clubs, il fut traduit devant le tribunal révolutionnaire le 5 avril 1794, et condamné à mort comme complice de Danton, du duc d'Orléans et de Dumouriez. Après le 9 thermidor, Merlin, de Thionville, qui l'avait vu à l'œuvre en Vendée, fit réhabiliter sa mémoire par la Convention, le 24 janvier 1795.

serait plus avantageux que l'armée de Mayence se réunît à celle des Côtes de la Rochelle, sous les ordres du général en chef Rossignol, ou si, conformément à l'arrêté du Comité de salut public, elle suivrait sa destination en allant se réunir à l'armée des Côtes de Brest, sous les ordres du général Canclaux [1]. Ce qui, autrement parlant, voulait dire : attaquera-t-on par Saumur pour acculer l'ennemi contre la mer, en descendant la Loire, ou l'attaquera-t on par Saumur et du côté de la mer en même temps, pour le détruire au centre du pays révolté, dans les environs de Mortagne et Cholet? Dans cette dernière hypothèse, l'armée de Mayence devait être réunie à celle de Canclaux, afin que ce général eût assez de forces pour agir offensivement. Reubell, Merlin et Dubayet penchaient pour la réunion à l'armée de Canclaux. Ce projet de campagne faisait, en effet, augurer beaucoup de succès, surtout en supposant un concert parfait dans les opérations des deux généraux. Après quelques pourparlers, il fut décidé que les généraux divisionnaires des deux armées des Côtes de la Rochelle et de Brest se réuniraient à Saumur, pour tenir, en présence des représentants du peuple, un conseil de guerre sur cette importante question et, à l'instant même, on me donna le commandement de l'avant-garde de l'armée de Mayence, forte d'environ deux mille quatre cents hommes d'infanterie, de soixante chasseurs à cheval et de quatre pièces de campagne, avec ordre de partir de Tours le

26 août.
Départ de Tours.

---

[1]. Jean-Baptiste-Camille, marquis de Canclaux. né à Paris le 2 août 1740, d'une famille originaire du Roussillon, volontaire dans un régiment de cavalerie en 1756, colonel en 1772, chevalier de Saint-Louis en 1783, maréchal de camp en 1788, général de division en 1791, général en chef de l'armée des Côtes de Brest en 1793, destitué comme ci-devant noble. Commandant en chef de l'armée de l'Ouest le 7 septembre 1794; ambassadeur en Espagne en 1795, grand-officier de la Légion d'honneur le 14 juin 1804, grand-aigle en 1805, comte de l'empire et sénateur le 22 octobre suivant, pair de France le 4 juin 1814. Mort à Paris, le 27 septembre 1817.

26 août, pour être rendu le 28 à Saumur, où je devais attendre de nouveaux ordres.

<small>27 août.
Départ d'Azay.
Arrivée à Chinon.</small> Les deux logements intermédiaires étaient Azay [1] et Chinon [2].

<small>28 août.
Départ de Chinon. Arrivée à Saumur.</small> L'armée entière devait partir de Tours un jour après moi. Arrivés à une lieue de Saumur, nous vîmes venir au-devant de nous les représentants du peuple Choudieu et Richard, les généraux Santerre, Joly et Turreau [3], tous à cheval et accompagnés d'un nombreux état-major, tandis qu'à une demi-lieue de la ville, les corps administratifs et toutes les autorités constituées nous attendaient avec des couronnes civiques.

1. Azay-le-Rideau, chef-lieu de canton, arrondissement de Chinon (Indre-et-Loire), sur la rive droite de l'Indre. A vingt-quatre kilomètres sud-ouest de Tours; vingt et un kilomètres nord-est de Chinon; quarante-cinq kilomètres, environ, est de Saumur.

2. Chinon, ancienne ville forte, chef-lieu de district, puis d'arrondissement du département d'Indre-et-Loire. Sur la rive droite de la Vienne. A quarante-cinq kilomètres ouest-sud-ouest de Tours; vingt-cinq, environ, sud-est de Saumur.

3. Louis-Marie Turreau, baron de Garambouville, né à Évreux (Eure) le 4 juillet 1756. Entré de bonne heure dans l'armée, il prit part à la guerre d'Amérique. Chef du 4ᵉ bataillon de l'Eure le 18 septembre 1792; général de brigade employé à l'armée des Côtes de la Rochelle le 3 juillet 1793; général de division, commandant en chef l'armée des Pyrénées-Orientales, le 18 septembre 1793; commandant en chef de l'armée de l'Ouest le 28 novembre 1793 (8 frimaire an II); rejoignit cette armée seulement après la déroute de Savenay, à la fin de décembre, et s'occupa surtout à mettre à l'écart Kléber et Marceau. Turreau fut l'inventeur, l'organisateur et le metteur en œuvre des colonnes dites infernales, en 1794. Baron de l'Empire et grand-officier de la Légion d'honneur en 1804, ambassadeur de France aux États-Unis, de 1804 à 1811, il fit la campagne de 1813. Il fut un des premiers à saluer de ses acclamations la Restauration de 1814. Louis XVIII fit chevalier de Saint-Louis cet ancien bourreau des Vendéens, et son gouvernement eut l'impudeur de le désigner pour faire partie de la suite du duc d'Angoulême, dans le voyage que ce prince fit en Vendée. On peut facilement penser quels sentiments animèrent les populations de l'Ouest en comparant les honneurs dont ce lieutenant général était entouré, aux faibles marques de condescendance que le prince royal leur mesura si chichement. Turreau mourut à Conches (Eure), le 10 décembre 1816.

Dès que nous nous fûmes joints, ils nous témoignèrent combien ils comptaient sur nous pour mettre fin à une guerre si désastreuse sous tous les rapports, et pour infliger à la horde Rebelle le juste châtiment que méritait sa scélératesse. Ils nous décernèrent des couronnes en honneur de la défense mémorable de Mayence. Ma réponse fut analogue aux circonstances et je fis attacher ces couronnes aux drapeaux des différents bataillons, composant mon avant-garde.

Il y avait tout lieu de croire que l'armée resterait à Saumur, jusqu'à ce que le conseil de guerre eût prononcé définitivement sur sa destination ; mais comme dans l'un et l'autre cas il n'y avait aucun inconvénient de faire filer l'avant-garde jusqu'à la hauteur des Ponts-de-Cé, j'eus ordre de partir de Saumur le lendemain pour être rendu, le 30, à Angers.

29 août. Départ de Saumur. Arrivée à Saint-Mathurin [1].

Nous y reçûmes le même accueil que dans la commune de Saumur. Le général Canclaux, passant au moment de notre arrivée pour se rendre au conseil dont j'ai parlé, voulut voir les troupes ; il en fut très satisfait et considéra surtout avec infiniment de plaisir les deux bataillons de tirailleurs, connus sous le nom de chasseurs de Kastel [2] et de Légion des Francs [3], deux corps, en effet, inappréciables

30 août. Départ de Saint-Mathurin. Arrivée à Angers. Rencontre du général Canclaux.

---

1. Saint-Mathurin, sur la rive droite de la Loire, alors chef-lieu de canton du district d'Angers, aujourd'hui simple commune du canton des Ponts-de-Cé. A trente kilomètres ouest-sud-ouest de Saumur; dix-sept, est des Ponts-de-Cé; dix-neuf, est-sud-est d'Angers.
2. Dénommés aussi chasseurs de Cassel, corps de volontaires formé pendant le siège de Mayence, le 1ᵉʳ mai 1793, par le général Meusnier, sous le titre de 16ᵉ bataillon d'infanterie légère, destiné à faire le service de la rive droite du Rhin. Le chef en était le capitaine Tyrant. A leur arrivée en Vendée, leur effectif s'élevait à six cents hommes environ.
3. La Légion des Francs avait été formée de volontaires également pendant le siège de Mayence, antérieurement aux chasseurs de Kastel. Elle s'appelait primitivement: Volontaires du siège, et était constituée de plusieurs compagnies indépendantes. Le général d'Oyré réunit celles-ci en un

pour le genre de guerre que nous avions à faire. Le général Canclaux continua sa route pour Saumur, et je fis prendre le logement à Angers [1].

1ᵉʳ septembre. Départ d'Angers. Arrivée à Ingrandes.
2 septembre. Arrivée à Ancenis.

Le 31, je reçus l'ordre du général Canclaux de me rendre, le lendemain à Ingrandes [2] et le jour suivant à Ancenis [3].

Je jugeai alors qu'il était décidé que notre armée serait réunie à celle de Brest. Le soldat se félicitait d'être associé à des troupes qui s'étaient toujours bien montrées, et les chefs, d'obéir à un général qui jouissait d'une très bonne réputation; car, tandis que des déroutes, aussi complètes que nombreuses, avaient annoncé la honte de l'armée de la Rochelle à l'Europe entière, l'armée de Brest avait déjà signalé son courage en plus d'une occasion.

---

seul corps, et leur adjoignit un escadron de chasseurs à cheval. Le nom de Légion des Francs prévalut. Elle fit des prodiges de valeur pendant tout le siège. Sous les ordres de son commandant, Bouin de Marigny; lors de la venue de l'armée de Mayence en Vendée, son effectif comprenait cent vingt hommes à cheval et trois cent quatre-vingt-dix-neuf, à pied.

1. « Dans ce mois (de septembre), arriva à Angers la garnison de Mayence.... Ils furent logés dans chaque ménage. J'en avais six pour ma part. On établit au Ronceray une ambulance ou hôpital militaire; quinze cents lits furent dressés et fournis par les habitants en vingt-quatre heures.... Ces braves soldats, qui venaient de faire la guerre aux frontières et qui ne se faisaient aucune idée de la guerre civile, nous disaient que nous étions des lâches de n'avoir pas battu des paysans en sabots. C'était ainsi qu'ils étaient mal prévenus en notre faveur.... » (Berthe, *Histoire de la garde nationale d'Angers*, manuscrit de la Bibliothèque de la ville d'Angers.)

2. Ingrandes, sur la grande route de Nantes, qui longe la rive droite du fleuve, commune du canton de Saint-Georges-sur-Loire, arrondissement d'Angers. A cheval sur la limite extrême de la Bretagne et de l'Anjou. La partie bretonne est comprise dans la commune de Montrelais (Loire-Inférieure). A treize kilomètres ouest de Saint-Georges; trente-trois, ouest-sud-ouest d'Angers; dix-huit, est d'Ancenis; cinquante-quatre, est-nord-est de Nantes.

3. Ancenis, chef-lieu d'arrondissement du département de la Loire-Inférieure, sur la rive droite de la Loire, en face du bourg de Liré, situé sur la rive gauche appartenant au département de Maine-et-Loire. A trente-huit kilomètres est-nord-est de Nantes; cinquante-huit, ouest d'Angers.

Je reçus ordre à Ancenis de quitter la grande route de Nantes, très difficile à Oudon [1], par une batterie que l'ennemi avait établie à Chantoceaux [2], sur la rive gauche de la Loire, et je pris une route de traverse dans la direction d'Ancenis à Nort [3], pour arriver à Saint-Mars-du-Désert [4] et dans les fermes des environs. J'entendis alors les soldats s'écrier hautement, que quelques coups de canon ne devaient pas leur faire faire le moindre circuit; que cette musique ne leur était pas étrangère, etc. Mais Canclaux, de retour de Saumur, passant à l'instant à Ancenis, persista dans l'ordre qu'il avait donné de prendre ce détour. Le logement fut on ne peut plus désagréable; le soldat était dispersé en cent endroits différents, fort éloignés les uns des autres, et manquant de tout.

J'avais eu la précaution de prendre plusieurs tambours avec moi, et cette prévoyance ne me fut pas inutile.

A dix heures du soir, je reçus une lettre du général Vergnes [5], chef-d'état-major de Canclaux, datée de Nantes;

3 septembre.
Arrivée à Saint-Mars-du-Désert.

1. Oudon, commune du canton d'Ancenis (Loire-Inférieure), sur la rive droite de la Loire, au confluent du ruisseau le Havre ou le Donneau; en face du poste important de Chantoceaux, sur la rive gauche du fleuve, et dans le département de Maine-et-Loire. A vingt-sept kilomètres nord-est de Nantes et neuf, ouest-sud-ouest d'Ancenis.

2. Chantoceaux ou Champtoceaux, chef-lieu de canton alors du district de Saint-Florent-le-Vieil, aujourd'hui de l'arrondissement de Cholet (Maine-et-Loire). Sur le faîte du coteau qui domine la rive sud de la Loire à quatre-vingt-dix mètres d'altitude, environ. A quarante-neuf kilomètres nord-nord-ouest de Cholet; trente, environ, est de Nantes.

3. Nort, petite ville sur la rive droite de l'Erdre, au point où cette rivière devient navigable; chef-lieu de canton dépendant alors du district de Nantes et actuellement de l'arrondissement de Châteaubriant (Loire-Inférieure). A trente-sept kilomètres sud-sud-ouest de cette ville; trente, nord de Nantes; vingt-cinq, ouest-nord-ouest d'Ancenis; vingt, nord-ouest d'Oudon; treize, nord-ouest de Saint-Mars-du-Désert.

4. Saint-Mars-du-Désert, commune du canton de Nort (Loire-Inférieure). A treize kilomètres sud-est de cette ville; quarante-trois, sud-sud-ouest de Châteaubriant; vingt et un, nord-nord-est de Nantes; quatorze, ouest-nord-ouest d'Oudon.

5. Jacques-Paul Vergnes, né à Tonneins (Lot-et-Garonne), le 19 avril 1765,

il me disait de me mettre en marche sur-le-champ, avec mon avant-garde, que Nantes avait été attaqué et, bien que les troupes républicaines eussent repoussé l'ennemi d'une manière victorieuse, qu'il était à craindre que celui-ci ne revînt à la charge dès le lendemain matin.

4 septembre. Départ de Saint-Mars-du-Désert. Arrivée à Nantes.

J'envoyai de suite mes tambours sur toutes les hauteurs des environs, pour battre la générale. Vers minuit, toute ma brigade fut sous les armes et en marche; j'en donnai le commandement à un de mes adjudants généraux et, piquant des deux, je me rendis à Nantes avec beaucoup de célérité, très étonné de trouver les généraux profondément endormis, et la ville dans la plus parfaite sécurité. Je me rendis chez Dubayet, arrivé de sa personne depuis la veille, et conséquemment témoin d'une partie de l'affaire; il me dit que tout était fini, que l'ennemi avait été mis en fuite, et qu'on pouvait être persuadé qu'il n'oserait tenter une nouvelle attaque [1].

entré à l'École militaire du génie de Mézières le 31 janvier 1774, capitaine en 1786, colonel en 1793, chef d'état-major à l'armée des Côtes lorsqu'éclata la guerre de Vendée; général de brigade le 5 mai 1793, en même temps que Beysser, avec lequel il avait mission de seconder Canclaux qui manquait d'officiers généraux. Proposé en juillet par Merlin, de Douai, et Gillet pour remplacer Bouchotte au ministère de la guerre. Il dirigea tout l'état-major de Canclaux et ce fut lui qui entraîna la majorité du conseil de guerre tenu à Saumur, le 2 septembre, à décider que l'armée de Mayence irait à Nantes. Lorsque Rossignol devint général en chef de l'armée des Côtes de Brest, il devint son chef d'état-major. Mais Rossignol, qui n'aimait pas les officiers de carrière, le fit mettre en réforme. Il fut même arrêté comme responsable de la déroute de Tribout à Pontorson (novembre 1793). Réformé en 1800. Préfet de la Haute-Saône. Enfin commandant de trois cohortes de garde nationale, à Ostende, en 1809.

1. « Les chefs vendéens, profitant de l'absence des généraux républicains appelés au conseil de guerre de Saumur, étaient parvenus à former des rassemblements nouveaux dans la haute et la basse Vendée, pour attaquer et enlever les postes républicains établis en avant de Nantes et de Luçon.... L'attaque (de Nantes) fut différée et fixée au 5 septembre. A son retour à Nantes, le même jour, à deux heures du matin, Canclaux fut instruit que le camp des Naudières était menacé d'une attaque prochaine. Il s'y rendit aussitôt, et apprit de Beysser que l'ennemi avait

Je pris donc deux heures de repos, car il n'était que trois heures du matin; après quoi, remontant à cheval,

fait de grands préparatifs pour une attaque combinée sur plusieurs points. Vers les six heures, le général étant monté à cheval pour faire une reconnaissance, aperçut bientôt une troupe de paysans armés qui descendaient des hauteurs de Vertou (sous les ordres de Monnier, lieutenant de Lyrot de la Patouillère), et se portaient à la gauche du camp. Il ordonna à Beysser de marcher à leur rencontre. Beysser, à la tête du 77ᵉ régiment et de cinq compagnies de grenadiers, sous les ordres de Boussard, lieutenant-colonel du 11ᵉ bataillon de la République, passa la Sèvre en tournant la colonne ennemie. Canclaux fit avancer une pièce de 12 et engagea l'affaire par plusieurs décharges; Beysser attaqua en même temps par le flanc. Alors on commença un feu de mousqueterie très vif et soutenu. Le 13ᵉ bataillon de Seine-et-Oise et la Légion nantaise furent envoyés pour soutenir l'attaque sur la gauche, tandis que l'adjudant général Cambray attaquait, sur la droite (les bandes commandées par Lyrot lui-même), avec une partie du 77ᵉ et du 12ᵉ bataillon de la République. L'affaire fut bientôt décidée, l'ennemi fut repoussé et poursuivi jusqu'à la chaussée de Vertou. — Pendant ce temps-là, une autre colonne ennemie (commandée par M. de Goulaine) attaquait le poste des Sorinières, où se trouvait l'avant-garde commandée par l'adjudant général Blosse. Canclaux envoya à son secours le général Grouchy, avec le premier bataillon du 34ᵉ régiment et le 12ᵉ bataillon de Seine-et-Oise. — Deux colonnes de Vendéens (commandées par Charette) se présentaient sur les routes des Sables et de la Rochelle avec plusieurs pièces de canon. — La colonne sur la route de la Rochelle, après une fusillade et une canonnade très vives, fut chargée à l'arme blanche par trois compagnies de grenadiers, sous les ordres du commandant Verger, et par une quarantaine de chasseurs et hussards américains (hommes de couleur recrutés à Nantes). L'ennemi perdit une pièce de canon et un drapeau et fut poursuivi à plus d'une lieue. Un chef, que l'on disait Charette lui-même, ne dut son salut qu'à la vigueur de son cheval. — Le général Grouchy repoussait en même temps, sur la route des Sables, une colonne ennemie que l'on estimait à dix mille hommes, avec trois pièces de canon. Il la poursuivit jusqu'à Villeneuve, secondé par l'adjudant général Blosse, qui reçut une blessure légère. — Le général Canclaux fut alors averti qu'une autre colonne menaçait le poste de la Barbinière; il y courut et trouva les dispositions pour recevoir l'ennemi déjà faites par l'adjudant général Lautal. — Le général en chef alla, avec l'adjudant général Lautal, reconnaître la droite de la position par laquelle il paraissait que le dessein des Rebelles était de la tourner. Il était occupé de quelques dispositions lorsqu'il entendit sur sa gauche un feu considérable de mousqueterie et d'artillerie. C'était une nouvelle colonne de l'ennemi (guidée par de Couëtus et de La Cathelinière) qui, passant entre l'avant-garde et le camp de la Barbinière, attaquait les derrières du camp des Naudières vers sa droite. Un poste du 12ᵉ bataillon de Seine-et-Oise, s'étant replié trop précipitamment, avait porté dans le camp quelque désordre qui aurait pu avoir des suites funestes sans la fermeté du 3ᵉ baj'allai au-devant de ma colonne que j'amenai et mis en bataille sur le cours, promenade superbe et très vaste à l'entrée de la ville. A peine y était-elle rangée, que le général Canclaux, son état-major, tous les corps administratifs et une députation du Club, s'y rendirent et haranguèrent la troupe. Les cris de : Vive la République ! Périssent les tyrans et les Brigands ! furent mille fois répétés ; je reçus l'accolade fraternelle, pour les braves soldats que j'avais l'avantage de commander, de tous ceux qui m'entouraient ; des citoyennes me présentèrent des couronnes de chêne, que je fis encore attacher aux drapeaux. Elles voulurent me charger de la mission de transmettre leurs baisers à mes braves compagnons d'armes. Je me rendis sans peine à leur demande.

5 septembre.
Arrivée du corps d'armée à Nantes.

L'arrivée du corps d'armée offrit, le lendemain, des scènes non moins intéressantes, ce fut un jour de fête et on n'oublia rien pour lui donner toute la pompe et tout l'éclat possible. Le temps était calme et serein ; Canclaux fit développer l'armée en ordre de bataille, dans une vaste prairie [1], presque sur le bord de la rive droite de la Loire, de manière à ce que l'ennemi, qui occupait des postes sur la rive opposée, pût être spectateur d'une scène, qu'il devait regarder comme un présage de sa destruction prochaine.

taillon de l'Orne, dont le premier feu arrêta l'ennemi. Bientôt arriva le général Beysser, ramenant de la gauche des troupes victorieuses. Le général Vergnes, chef de l'état-major, disposait de ce qui restait de troupes dans le camp, ainsi que de l'artillerie, pour sa défense. Les bonnes dispositions de ces deux généraux ne laissèrent plus à l'ennemi l'espoir de pénétrer dans le camp, malgré tous ses efforts ; il fut enfin mis en fuite et poursuivi plus d'une lieue par la Légion nantaise. — Toute la journée avait été employée à combattre ; il était six heures du soir, lorsque le général donna l'ordre de faire rentrer la troupe dans ses postes. » (Savary, *loc. cit.*, II, 111-115.)

1. La prairie de Mauves, formée par les alluvions de la Loire, sur la rive droite, en amont des faubourgs de Nantes.

Les corps administratifs et les généraux haranguèrent les soldats ; ceux-ci répondirent, et par l'organe de Dubayet et par leurs cris d'allégresse, dont les airs retentirent au loin.

L'armée se retira ensuite, et prit son logement à Nantes, où elle séjourna trois jours. Ce court espace de temps fut soigneusement employé aux réparations de l'habillement les plus urgentes. 6 et 7 septembre. Séjour.

La troupe rentrée, Merlin fit la proposition d'aller reconnaître, de la gauche, un poste ennemi, sur la rive opposée, dans les environs de Saint-Sébastien [1]. Il y fut, accompagné par plusieurs représentants, officiers généraux et autres. Dès qu'ils parurent à la portée du fusil, l'ennemi les accueillit par un beau feu de file ; Merlin met sur-le-champ pied à terre, saute dans la canonnière établie au milieu de la Loire pour en défendre le passage, et riposte à la fusillade par quelques coups de canon. Après ce petit jeu militaire, chacun courut au banquet auquel il était invité.

Je crus devoir profiter de mon séjour à Nantes pour étudier le caractère des personnes avec qui je devais faire la guerre et surtout des généraux dont je devais être le coopérateur. Ceux qui se trouvèrent à Nantes étaient le général en chef Canclaux, Beysser et Grouchy [2], généraux

1. Saint-Sébastien, alors chef-lieu de canton du district de Nantes, aujourd'hui commune du quatrième canton de la même ville, sur un tertre élevé de vingt mètres au-dessus de la rive gauche de la Loire ; en face des faubourgs d'amont de Nantes ; à quatre kilomètres et demi, est-sud-est de cette ville ; vingt-deux kilomètres, ouest de Vallet ; quatre kilomètres cinq cents nord-est de Pont-Rousseau ; deux kilomètres nord du château de la Jaunais, où fut signée, entre Canclaux et Charette, la pacification du 19 février 1795.

2. Emmanuel, marquis de Grouchy, né à Paris le 23 octobre 1766, entré à quatorze ans dans le corps royal de l'artillerie, capitaine dans Royal-Étranger en 1784, sous-lieutenant dans les gardes du corps du roi en 1786, colonel du 12e chasseurs à cheval en 1792, maréchal de camp la même année, chef d'état-major général de Canclaux en 1793, blessé dans le combat du 5 septembre 1793 cité plus haut. Après s'être distingué en Vendée,

de brigade. Beysser commandait six mille hommes au camp des Naudières [1], à une lieue de Nantes; sa gauche était appuyée au ravin de la rivière de Sèvre et sa droite à la route de Montaigu. Grouchy avait à ses ordres un camp de deux mille hommes; par sa position au camp des Sorinières [2], il formait l'avant-garde du corps de Beysser. Les deux camps avaient pour objet de couvrir la ville de Nantes. C'est cette avant-garde de Grouchy qui repoussa si vigoureusement l'ennemi, lorsque, la veille de mon arrivée à Nantes, celui-ci osa concevoir, pour la seconde fois, le projet de s'emparer de cette ville. Ce petit corps était principalement composé de grenadiers immédiatement commandés par l'adjudant général Blosse [3], dont j'aurai occasion de parler dans la suite de ce journal.

il fut suspendu de ses fonctions en même temps que Canclaux et Dubayet, comme ci-devant noble. Il demeura simple soldat dans la garde nationale, jusqu'à ce qu'il fût rétabli général de division en 1794. Fut l'un des agents les plus actifs et les plus habiles de Hoche dans les pacifications de 1800. Le reste de sa carrière est trop connu pour qu'il soit besoin de la rappeler plus amplement. Pair de France pendant les Cent-Jours, exilé par la Restauration. Mort à Saint-Étienne le 29 mai 1847.

1. Les Naudières, au sud de la Loire, un peu en amont et à une lieue de Nantes, où Canclaux établit un camp, entre la route de Nantes aux Sables à droite et la Sèvre Nantaise à gauche.

2. Les Sorinières, commune du canton de Nantes, au sud de la Loire, à l'intersection des routes de Nantes aux Sables-d'Olonne, et de Nantes à la Rochelle. Grouchy en avait chassé les Vendéens le 20 juin 1793 et y avait établi un camp à deux kilomètres et demi en avant de celui des Naudières. Ce camp des Sorinières s'étendait en avant du village, sur la lande de Ragon, appuyant sa droite à la route de Nantes aux Sables-d'Olonne, et sa gauche à celle de Nantes à la Rochelle.

3. Louis Blosse, né à Troyes, en Champagne, le 18 janvier 1753. Engagé au dépôt des colonies le 15 septembre 1770; retiré avec un congé absolu, le 10 juin 1775; engagé au régiment de la Guadeloupe le 1er décembre 1778; lieutenant de chasseurs le 1er avril 1785. Il avait fait campagne aux Indes Orientales et aux Antilles. Le régiment de la Guadeloupe devint, à la Révolution, le 109e d'infanterie, qui se distingua en Vendée; Blosse, capitaine le 16 septembre 1792, fut nommé adjudant général chef de bataillon, le 8 avril 1793. Il eut le commandement des dix-sept compagnies de grenadiers réunies, à l'avant-garde de l'armée de Mayence. A la déroute d'Entrammes, le 23 octobre 1793, il se fit tuer, ne voulant pas survivre à la défaite.

Toutes ses dispositions étaient généralement très militaires et parfaitement bien senties. Grouchy, âgé de vingt-neuf ans, ayant servi comme colonel dans un régiment de dragons ou de chasseurs à cheval, avait été élevé au généralat par son tour d'ancienneté de grade. Il a des talents et tous les agréments que donne une éducation soignée et le grand usage du monde.

Beysser est un Roger Bontemps ; le dieu du plaisir comblait tous ses vœux ; il encensait tour à tour, et souvent d'une manière peu délicate, Bacchus et l'Amour. Très insouciant pour l'état militaire, il n'en connaissait pas d'ailleurs les premiers éléments. Il était peu estimé et peu estimable. Tels étaient les généraux de l'armée de Brest, que nous trouvâmes à Nantes, et avec lesquels nous avons commencé la guerre de la Vendée.

Ceux de l'armée de Mayence étaient Dubayet, commandant en chef la division, ainsi que je l'ai déjà dit plus haut ; moi commandant l'avant-garde, Vimeux [1], commandant la première brigade, Beaupuy [2], la seconde, et le général Haxo [3], la réserve.

1. Louis-Antoine Vimeux, né à Amiens le 13 août 1737. Engagé au régiment de Bassigny, sergent en 1760, capitaine le 1er janvier 1791, chef de brigade le 11 janvier 1793, prend part au siège de Mayence. Général de brigade le 30 septembre de la même année, général de division le 4 mars 1794, commandant provisoire de l'armée de l'Ouest ; commandant la 22e division militaire en 1797, commandant d'armes de la place de Luxembourg du 10 octobre 1802 au 6 mars 1814 ; mort d'apoplexie à Metz le 23 juin 1814.

2. Michel-Armand de Bacharetie de Beaupuy de Chauland, né le 5 mai 1752 à Mussidan, en Périgord, engagé le 10 juillet 1771 au régiment d'Aunis ; premier lieutenant de grenadiers, dans Bassigny, le 27 mai 1789, nommé provisoirement, par Custine, lieutenant-colonel du 4e régiment de grenadiers le 21 septembre 1792. Il brilla pendant le siège de Mayence, particulièrement à Kostheim. Il ne cessa de se distinguer pendant toute sa campagne en Vendée. Blessé deux fois à la bataille d'Entrammes, il contribua, quelques semaines après, à la défense d'Angers. Général de division à l'armée de Rhin-et-Moselle (1795) ; emporté par un boulet au combat d'Emmendingen, en 1796.

3. Nicolas Haxo, né vers 1749 à Étival (Vosges) ; enrôlé dans Touraine-

Avant de passer à la seconde partie, il me reste un mot à dire de l'armée des Côtes de la Rochelle. Lors de notre arrivée, Rossignol la commandait en chef; elle était partagée en quatre divisions principales, savoir : celle de Saumur, commandée par Santerre, celle de Niort, par Beaufranchet-Dayat [1] et Chalbos [2], celle des Sables, par Mieszkowski [3],

infanterie le 13 février 1768; congédié le 25 février 1777 avec le grade de fourrier; lieutenant-colonel du 3e bataillon des Vosges le 29 avril 1791, chef de brigade. Adjudant général chef de brigade pendant le siège de Mayence, général de brigade employé à l'armée des Côtes, le 17 août 1793. Destitué en même temps que Kléber, au commencement de décembre 1793, Carrier ne permit pas que cette destitution fût transmise. Tué aux Clouzeaux (Vendée), le 20 mars 1794, en luttant seul, blessé, contre dix Vendéens. La Convention lui décerna les honneurs du Panthéon. Il n'apparaît pas, comme on l'a cru d'abord, qu'il se soit suicidé pour éviter d'être fait prisonnier. Savary (*loc. cit.*, III, 183, 184) a fait victorieusement justice du récit de Turreau à son sujet.

1. Louis-Charles-Antoine de Beaufranchet, comte d'Ayat, né en 1757, à Saint-Hilaire-d'Ayat, en Auvergne. Il aurait été fils de Louis XV et de Mlle Morphy, mariée depuis à un gentilhomme auvergnat qui aurait donné son nom au futur général. Capitaine de cavalerie au moment de la Révolution, chef d'état-major de Berruyer, commandant en chef de l'armée de l'intérieur, il assista en cette qualité à l'exécution de Louis XVI et déclara plus tard à Mercier du Rocher que c'était lui qui avait ordonné le roulement de tambours qui empêcha le roi de se faire entendre. Envoyé en Vendée à la fin de mars 1793, il rallie par son énergie les débris de l'armée Républicaine défaite le 25 mai, à Fontenay-le-Comte, par les Vendéens. Suspendu comme officier noble en août 1793. Député du Puy-de-Dôme au Corps législatif en 1803 et en 1809, puis inspecteur général des haras. Mort à la fin de 1812.

2. François-Alexis Chalbos, né à Cubières, en Gévaudan, le 6 mars 1736. Enrôlé volontaire dans Normandie-infanterie le 1er juillet 1751. Libéré le 6 juillet 1756; volontaire dans le régiment du Roi-cavalerie le 22 septembre de la même année, se distingua à Hastenbeck (1757), Minden, Crevelt (1758), Langenfeld, où il fut blessé. Chevalier de Saint-Louis le 13 janvier 1788, capitaine aux chasseurs de Guyenne le 7 juin 1789; adjudant général chef de brigade le 8 mars 1793; envoyé en Vendée, général de brigade le 6 mai suivant, général de division le 22 du même mois. Kléber demanda que le commandement provisoire de l'armée de l'Ouest fût attribué à cet officier général (28 octobre 1793); employé à l'armée du Rhin en 1794, à l'armée des Côtes de Brest en 1795, retraité d'office le 1er janvier 1796. Commandant d'armes à Mayence, où il mourut le 17 mars 1803.

3. Jean-Quirin Mieszkowski, né le 30 mars 1744 à Korgewo, en Pologne, engagé dans les Uhlans de Pologne en 1761. Entré dans les hussards de la Légion de Conflans, au service de la France, en 1766. Capitaine de hus-

et ensuite par Dutruy [1], enfin celle de Luçon, par Tunck [2], et successivement par Lecomte [3],

sards dans le corps des volontaires étrangers de la marine, le 1er novembre 1777, capitaine commandant aux hussards de Lauzun le 1er avril 1780; aide de camp du général Biron, le 23 juillet 1792; appelé à l'armée des Côtes de la Rochelle le 17 juin 1793; suspendu le 10 octobre suivant; retraité le 7 mai 1799; mort à Vassy (Haute-Marne), le 25 juin 1799. Il avait succédé à Boulard dans le commandement de la division des Sables-d'Olonne.

1. Jacques Dutruy s'appelait vraiment Ducruix. Suisse, né le 20 novembre 1762, à Genève, d'un père émailleur dans cette ville. Soldat au régiment suisse en 1788; commandant également d'un corps suisse, le 27 février 1793. Général de brigade le 13 juin 1793 et envoyé aussitôt en Vendée, il remplaça Mieszkowski à la tête de la division des Sables-d'Olonne et guerroya en Vendée jusqu'en mai 1794. Employé en 1800 par Brune, à Quiberon et dans la presqu'île de Rhuys; officier de la Légion d'honneur; baron de l'Empire le 15 août 1809; mort à Ferney le 27 avril 1836. Vrai général sans-culotte, il montra cependant une modération relative dans l'application des mesures révolutionnaires aux populations vendéennes et cette conduite lui attira l'animadversion du général Turreau, aux instructions duquel il résista de tout son pouvoir. On raconte, sans que j'en aie trouvé la preuve nulle part, que, pour mieux braver ses ennemis, il chargeait à cheval à la tête de ses troupes, ayant pour tout costume son chapeau, son ceinturon et ses bottes. Sous la Restauration et la Monarchie de juillet, il se laissait appeler baron d'Utruy.

2. Augustin Tunck, né à Conteville (Somme), le 27 août 1746, enrôlé volontaire dans Provence-infanterie, le 7 février 1767; capitaine de la garde nationale de Chatou (Seine-et-Oise), à la formation de celle-ci, au mois d'août 1789; envoyé en mission en Bretagne en 1792, capitaine à la Légion des Pyrénées; adjudant général le 16 février 1793; général de brigade le 19 juin; il remplace le général Sandoz à la tête de la division de Luçon; général de division le 17 août; suspendu et arrêté le 7 septembre 1793, comme responsable de la déroute de l'armée Républicaine à Chantonnay, le 5; mis en liberté au mois d'août 1794; réintégré dans son grade le 22 juillet 1795, à l'armée de l'Ouest, sous Hoche; réformé définitivement le 2 décembre 1799. Mort à l'hôpital du Val-de-Grâce le 9 février 1800.

3. René-François Lecomte, né le 14 mai 1764, à Fontenay-le-Comte, où son père tenait la poste-aux-chevaux. Pilotin à bord du vaisseau *le Saint-Michel* en 1779; il fait partie comme timonier de l'expédition du bailli de Suffren dans l'Inde en 1780, soldat dans Austrasie pendant la campagne à terre, il entre le premier dans les retranchements de Goudelour, défendus par les Anglais; fait sergent-major après ce fait d'armes, il rentre en Poitou et on le retrouve, en 1785, régisseur chez M. de Maynard, baron du Langon. Chef de bureau à l'administration du département de la Vendée en 1790; lieutenant au 3e bataillon de volontaires des Deux-Sèvres en 1791, commandant du premier bataillon le Vengeur, quelques mois après, il se distingue à la bataille de Luçon le 28 juin 1793; adjudant général en

Bard [1] et Marceau [2], ce dernier étant adjudant général.

Je pense que voici la place que doit occuper le plan de campagne arrêté par le conseil de guerre tenu à Saumur par les généraux des deux armées réunies. Je le ferai précéder par la relation que m'en a fournie le général Vergnes.

juillet, général de brigade au mois d'août, pour sa brillante conduite au Pont-Charrault, le 24 juillet; il prend Marceau comme adjudant général. Criblé de blessures le 11 octobre 1793, à l'attaque de Châtillon-sur-Sèvre, dirigée par Chalbos, il meurt, le 15 octobre, à Bressuire, où ses soldats l'avaient transporté. Les représentants du peuple déposèrent sur son cercueil le brevet de général de division et la Convention décréta qu'il avait bien mérité de la patrie.

1. Antoine-Marie Bard, né le 21 janvier 1759, à Montmort, près Toulon-sur-Arroux, au diocèse d'Autun; gendarme dans la compagnie bourguignonne le 29 mars 1778; retiré le 30 août 1781, commandant de la garde nationale le 26 juin 1791; lieutenant au 45ᵉ d'infanterie le 15 mai 1792; blessé à Jemmapes le 6 novembre suivant; capitaine quelques jours après, commandant du 10ᵉ bataillon de la formation d'Orléans, 7 mai 1793. Il était lieutenant-colonel à la bataille de Chantonnay, le 5 septembre; général le 4 octobre 1793, il reçoit le commandement de l'armée de Luçon après l'arrestation de Tunck (7 septembre 1793) et conserva Marceau comme second. Conformément au plan arrêté par le conseil de guerre de Saumur et si tardivement mis à exécution par Rossignol, il marcha sur Mortagne; grièvement blessé à la Tremblaye, entre cette ville et Cholet, le 15 octobre, il dut abandonner le commandement à Marceau. Il protesta contre le système des colonnes volantes et les massacres ordonnés par Turreau, qui le suspendit de ses fonctions le 24 mars 1794. Emprisonné, il fut sauvé par la révolution du 9 thermidor. Général de division en 1795, réformé le 1ᵉʳ septembre 1795 (15 fructidor an III), à raison de ses blessures. Il fut placé en 1814 à la tête des gardes nationales de Saône-et-Loire et sut tenir tête aux alliés. Mort à Toulon-sur-Arroux le 9 novembre 1837.

2. On a vu dans la note qui précède que Marceau, adjudant général de la colonne commandée par Bard, dut prendre le commandement après la mise hors de combat de ce général, pendant la bataille du 15 octobre 1793, au moment le plus critique. Le jeune officier sut prendre des dispositions qui lui permirent d'attendre l'arrivée de Beaupuy et de faire ainsi sa jonction avec les Mayençais. « Marceau avait un peu plus de cinq pieds quatre pouces, il était très bien fait et robuste. Il excellait dans tous les exercices. Sa figure était parfaitement ovale; ses yeux étaient grands, bruns, son regard doux, aimable; son nez avait une forme grecque; sa bouche, jolie, annonçait de la fierté; son front était haut et noble, son teint fort beau; sa tenue était ordinairement abandonnée; mais, sous les armes, il prenait un air martial et audacieux. Son commandement était ferme mais sans dureté. » (Sergent-Marceau : *Notice historique sur le général Marceau*, 28.)

L'armée de Mayence s'avançait pour venir terminer la guerre de la Vendée. Le Comité de Salut public avait arrêté [2] que cette armée se joindrait à celle des Côtes de Brest qui, malgré sa faiblesse, avait défendu Nantes avec gloire, et s'était maintenue en campagne contre les Rebelles.

L'armée de la Rochelle, qui n'avait éprouvé que des malheurs, devait rester sur la défensive ; mais les représentants du peuple, en mission près de cette armée, désirant conduire la brave armée de Mayence, et croyant qu'avec elle ils auraient la gloire de terminer la guerre, persuadés, d'ailleurs, que la nullité du général en chef Rossignol ne pourrait leur ravir cette gloire, obtinrent du Comité de Salut public [3] un arrêté interprétatif du premier, qui ordonnait d'assembler un conseil de guerre à Saumur, auquel seraient appelés les chefs des trois armées, pour décider définitivement s'il convenait d'attaquer les Vendéens par Nantes ou par Saumur. Le jour de ce conseil de guerre fut indiqué pour le 2 septembre. Le général en chef de l'armée des Côtes de Brest et les représentants du peuple en mission près de cette armée y furent invités. On y appela le général en chef et les commandants de chacune des six divisions de l'armée de la Rochelle, le commandant de l'armée de Mayence, Aubert-Dubayet, et les représentants du peuple Reubell et Merlin, de Thionville, qui avaient partagé sa gloire et ses tra-

Relation de ce qui s'est passé au conseil de Saumur, le 2 septembre 1795 [1].

---

1. L'original de cette relation forme douze pages, petit in-4, entièrement écrites de la main même de Kléber. Il se trouve, avec la copie des *Mémoires* de celui-ci, dans le carton des *Mémoires sur la Vendée*, aux Arch. hist. de la guerre. Une copie, de la même écriture que celle du reste des *Mémoires*, en est comprise dans ceux-ci, à la place où je l'insère moi-même dans la présente publication. Le texte en a déjà été publié par M. Chassin, *Vendée patriote*, III, 27-30.
2. 23 août 1793.
3. 27 août 1793.

vaux. Cet arrangement semblait être calculé pour faire décider d'attaquer la Vendée par Saumur. Il était probable que les quatre représentants du peuple [1] et les sept généraux [2] de l'armée de la Rochelle opineraient pour cet avis, ce qui ferait onze voix. Le général [3] et les quatre représentants [4] de l'armée des Côtes de Brest n'en auraient que cinq ; quant au général et aux représentants de l'armée de Mayence [5], il était probable que, ne connaissant pas le pays, ils n'opineraient pas, et, quand même ils se fussent réunis à l'opinion d'attaquer par Nantes, il ne pourrait y avoir que huit voix pour le dernier avis [6].

Le général en chef de l'armée des Côtes de Brest, Canclaux, arriva à Saumur, avec son chef d'état-major Vergnes, le 1er septembre. Les représentants du peuple y étaient arrivés la veille : l'avant-garde de l'armée de Mayence était déjà arrivée à Angers ; ainsi, il était temps de tenir le conseil de guerre. Il s'assembla, le 2, à huit heures du matin, et la présidence en fut déférée à Reubell.

La première observation, que firent les généraux de l'armée de la Rochelle, fut que le chef de l'état-major de l'armée des Côtes de Brest ne devait pas avoir voix délibérative, sous prétexte qu'il ne commandait aucune division de l'armée ; comme si l'essentiel n'était pas de prendre l'avis de ceux qui, par état, connaissaient mieux le théâtre de la guerre et les ressources locales. Cependant,

---

1. Ils étaient cinq : Richard, Choudieu, Bourbotte, L. Turreau et Fayau.
2. Ils étaient neuf : Rossignol, Duhoux, Menou, Santerre, Chalbos, Salomon, Mieszkowski, Rey et Dembarrère.
3. Canclaux.
4. Cavaignac, Méaulle, Philippeaux et Ruelle.
5. Aubert-Dubayet, Reubell et Merlin, de Thionville.
6. D'après les noms qui viennent d'être rapportés dans les notes précédentes, on voit que le conseil de guerre se composait de vingt-deux personnes ayant voix délibérative.

cette mauvaise raison prévalut, et il fut décidé que le chef d'état-major de l'armée des Côtes de Brest n'aurait pas voix délibérative. On lui laissa seulement la voix consultative, sur les représentations de son général en chef. On ne rapportera pas tous les avis qui furent émis dans cette assemblée qui dura depuis huit heures du matin jusqu'à dix heures du soir. Le général en chef de l'armée des Côtes de Brest appuya sur l'avantage de priver les Rebelles des secours des Anglais, en les séparant de la mer; ce qui nécessiterait d'attaquer par Nantes. Les généraux Santerre et Menou, de l'armée de la Rochelle, essayèrent de faire concevoir l'avantage de cerner les Rebelles, de les attaquer en même temps par plusieurs points à la fois, ce qui était facile, disaient-ils, à l'armée de la Rochelle, qui était divisée en six colonnes, éloignées de dix à douze lieues l'une de l'autre. Surtout, ils appuyèrent sur l'avantage d'attaquer sur-le-champ, l'armée de Mayence étant déjà réunie à l'une des colonnes de l'armée de la Rochelle. Fayau [1] et Choudieu parlèrent longtemps, mais d'une manière qui prouvait qu'ils ne connaissaient ni le pays ni la guerre [2].

Enfin, on accorda la parole au chef de l'état-major de l'armée des Côtes de Brest, qui tint à peu près ce discours :

« Le pays, occupé par les Révoltés, est situé entre la Loire

---

[1]. Joseph-Pierre-Marie Fayau, né à Rocheservière, en Poitou, en 1751, commandant de la garde nationale de cette petite ville en 1791, membre du Directoire du département de la Vendée en septembre 1791; député de la Vendée à la Convention, siégea à la Montagne et vota la mort du roi. Comme commissaire de la Convention, il prit une part active à la guerre de Vendée. Décrété d'accusation après les journées de prairial an III; non réélu aux Conseils. Mort le 27 mars 1799 à Montaigu (Vendée).

[2]. On trouvera les opinions de Choudieu, p. 421 et suiv. de ses *Mémoires et Notes* déjà cités. Consulter aussi *La vie véritable du citoyen Jean Rossignol publiée sur les écritures originales...*, par V. Barrucand, p. 224 et suiv., et les divers opuscules de Philippeaux.

et la chaussée de la Rochelle à Poitiers, entre la mer et la chaussée de Poitiers à Angers. Cet espace, de trente lieues de long sur vingt-cinq de large, n'est traversé que par la seule chaussée de Nantes à la Rochelle, quelques autres têtes de grands chemins s'avancent dans le pays, mais ne se joignent pas. On ne peut y pénétrer que par des chemins étroits, creux, impraticables dans l'arrière-saison. Le pays est coupé par une infinité de ruisseaux, de bois, de genêts, de collines escarpées, ce sont des halliers fourrés très connus des habitants, très peu des troupes Républicaines, dans lesquels, par conséquent, il est très dangereux de s'enfoncer, à moins qu'on n'y pénètre en masse et en corps d'armée capable de repousser les rassemblements des Rebelles.

« La Vendée est partagée en un certain nombre d'arrondissements, commandés chacun par un chef, entouré de quatre à cinq cents hommes soldés, qu'il appelle ses fidèles, ayant sous ses ordres les habitants des campagnes qu'il fait marcher de gré ou de force. Les chefs particuliers obéissent à un chef général, entouré comme eux d'une force armée soldée, pour vaincre la résistance à ses ordres. Lorsque le chef a résolu d'attaquer l'une des colonnes qui l'entourent, il indique un lieu et un jour de rendez-vous à chaque chef d'arrondissement, en lui marquant la quantité de troupes qu'il doit amener, et le nombre de jours pour lequel elles doivent porter des vivres. L'armée se trouve ainsi formée en un instant. On peut estimer qu'elle est forte de dix mille hommes de troupes soldées, et de trente mille paysans armés. Elle attaque, avec l'avantage du nombre, la colonne qui la pressait, la disperse après la victoire et la repousse souvent au delà du lieu d'où elle était partie. Les autres colonnes trop éloignées pour marcher au secours de celle qui est attaquée, séparées d'elle par des chemins impraticables, demeurent les témoins inutiles du désastre, et sont menacées d'en éprouver de semblables peu de jours après. C'est ainsi que les différentes colonnes de l'armée des Côtes de la Rochelle ont été battues successivement les unes après les autres, que leurs défaites ont aguerri les Rebelles, et qu'elles leur ont fourni une artillerie formidable. Éclairons-nous donc par nos propres fautes, et abandonnons le projet d'attaquer ainsi les Rebelles par des colonnes éloignées de plusieurs lieues les unes des autres, sous prétexte de les cerner. Le concert, l'accord et la protection mutuelle sont impossibles entre des colonnes ainsi distribuées.

« N'oublions pas, comme le général en chef Canclaux vous l'a fait observer, que les Rebelles tirent des secours d'Angleterre, que nous en avons des preuves matérielles ; qu'il importe, par conséquent, de les séparer de cette puissance, en leur interdisant le rivage de la mer. N'oublions pas surtout que, pour terminer efficacement la guerre, il faut enlever aux chefs l'espoir de s'enfuir chez nos ennemis, ce qu'ils ne manqueraient pas d'exécuter s'ils pouvaient s'approcher de la mer après leurs défaites.

« La Vendée doit être attaquée en masse. Une bonne armée de dix-huit à vingt mille hommes suffit, s'il ne lui manque rien. L'armée des Côtes de Brest, forte, environ, de six mille hommes, non compris les garnisons et les cantonnements, bien disciplinée, et qui a résisté jusqu'à présent aux Rebelles, malgré son infériorité, est digne d'opérer avec l'armée de Mayence, forte de douze mille hommes effectifs.

« L'armée des Côtes de la Rochelle se tiendra sur la défensive dans ses différentes positions, jusqu'à ce que ses diverses colonnes puissent se réunir successivement à l'armée agissante. La première opération devra être celle de balayer le rivage de la mer, elle sera d'autant plus facile que nous tenons encore le château d'Aux [1], Paimbœuf et Noirmoutier ; une chaussée qui se dirige sur Machecoul assurera la facilité des convois. La chaussée de Nantes à la Rochelle et celle de Nantes à Clisson rempliront le même objet, à mesure que l'armée resserrera les Rebelles dans l'intérieur de leur pays. La colonne des Sables, après cette première opération, se réunira à l'armée agissante ; après elle, celle de Luçon, celle de Niort, ainsi de suite, jusqu'à ce qu'on soit devant Mortagne, principale place des Révoltés. L'armée se renforcera ainsi, à mesure que les opérations deviendront plus difficiles ; et, sa communication avec Nantes restant libre, elle ne manquera jamais de munitions ni de subsistances. En gardant soigneusement les passages de la Loire, on pourra pousser les Rebelles après la prise de Mortagne, et les mettre dans l'alternative, ou de se noyer ou de se rendre à discrétion [2]. N'appuyez pas sur le prétendu avantage de commencer dès demain les opérations, si on attaque par Saumur.

---

1. Château appelé aussi la Hibaudière, et situé à l'extrémité de la commune de Saint-Jean-de-Boiseau, non loin de Bouguenais. Poste fortifié faisant alors partie de la défense avancée de Nantes vers la mer, sur le coteau de la rive gauche de la Loire qui domine Indret, à onze kilomètres environ, à vol d'oiseau, en aval de Nantes.

2. « Le plan que j'avais soumis n'était pas celui-là. Je voulais bien que toutes les colonnes fussent mises en mouvement et se tinssent serrées le plus possible, mais je disais que celle des Sables ferait sa jonction avec celles de Fontenay (Luçon) et Niort, commandées par le général Chalbos; celle d'Angers avec celle de Nantes, en bloquant l'ennemi. A mon avis, l'armée de Mayence devait attaquer les Brigands en marchant droit de Saumur sur Cholet ; elle commençait l'attaque, puisque c'était la meilleure troupe. Suivant cette tactique, les Brigands n'avaient que deux ressources, c'était de nous repousser fortement et de marcher sur la seconde ligne qui aurait été établie, au lieu de rétrograder jusque vers le bord de la mer, qui était leur dernier refuge. » (*Vie véritable du citoyen Jean Rossignol*, 230-231.)

L'armée de Mayence n'a pas de canons; elle a besoin de changer quatre mille fusils ! Où est votre artillerie ? où sont vos arsenaux ? La petite armée des Côtes de Brest a été abandonnée par le ministre de la guerre à ses propres forces et à ses propres ressources ; mais, grâce aux représentants du peuple, Merlin, de Douai [1], et Gillet, du Morbihan [2], elle ne manque de rien. Nous avons perfectionné un arsenal de construction et une manufacture d'armes qui existaient à Nantes. Nous avons créé un arsenal de construction, une manufacture d'armes et une fonderie de canons, à Rennes. Non seulement l'armée des Côtes de Brest a suffisamment d'artillerie, mais elle peut encore céder vingt-quatre pièces de canon à l'armée de Mayence. Si nous n'avons pas assez de fusils, la garde nationale de Nantes changera volontiers les siens, qui sont en bon état, contre ceux de la brave armée qui vient la défendre et terminer la guerre. C'est donc réellement par Nantes que les opérations peuvent commencer le plus tôt et avec le plus d'espérance de succès. D'ailleurs, ne comptez-vous pour rien le découragement

---

1. Philippe-Antoine Merlin, de Douai, né à Arleux (Nord), le 30 octobre 1751, avocat au Parlement de Flandre (1775), jurisconsulte éminent, député du bailliage de Douai aux États Généraux de 1789, député du département du Nord à la Convention; vota la mort du roi; fut envoyé en mission à Nantes (juin 1793). Membre du Comité de Salut public après la chute de Robespierre; député au Conseil des Anciens, membre du Directoire après le 18 fructidor. Procureur général à la Cour de cassation en 1801, conseiller d'État à vie, comte de l'Empire, grand officier de la Légion d'honneur. Exilé par la seconde Restauration, il se fixa en Hollande sous un nom supposé et rentra en France après la révolution de 1830. Mort à Paris le 21 décembre 1830.

2. René-Mathurin Gillet, né à Broons (Côtes-du-Nord), le 28 juin 1762, député du Morbihan à la Convention. Dans le procès du roi, il vota pour la détention et le bannissement. Envoyé avec Merlin, de Douai, en mission à Nantes, demeura après lui dans le pays et suivit les armées Républicaines. C'est lui qui fit envoyer Carrier à Nantes. Élu député du Morbihan au conseil des Cinq-Cents. Mort à Paris le 4 novembre 1795.

qui se manifeste dans l'armée des Côtes de la Rochelle ? Ses colonnes ont toutes été battues ; elles sont toutes plus ou moins désorganisées ; quel serait l'espoir de la bonne cause, si l'armée de Mayence, une fois enfoncée dans le pays difficile de la Vendée, était abandonnée à ses propres moyens, et que le défaut de secours l'obligeât de revenir sur ses pas ? Je ne m'étendrai pas davantage sur cette matière. Il est plus que douteux que la guerre puisse se terminer en unissant l'armée de la Rochelle à celle de Mayence, et commençant les opérations par Saumur ; au lieu que l'espoir du succès est réel, en unissant l'armée de Mayence à celle des Côtes de Brest, et commençant les opérations par Nantes. J'opine donc pour le maintien du premier arrêté du Comité de Salut public. »

Ce discours entraîna les avis d'Aubert-Dubayet, commandant l'armée de Mayence, et des représentants Reubell et Merlin. Mieszkowski, commandant de la division des Sables de l'armée de la Rochelle, vint dire tout bas au chef d'état-major de l'armée des Côtes de Brest, qu'il se rangeait de son avis. Salomon, de la même armée, vint lui faire le même aveu, mais ajouta qu'il n'oserait voter pour, et qu'il se contenterait de ne pas voter du tout. Rossignol se mit au lit au moment d'aller aux voix, de manière qu'il n'y eut que huit voix pour attaquer par Saumur [1]. Les cinq voix de l'armée des Côtes de Brest, les trois de l'armée de Mayence et celle de Mieszkowski, emportèrent la balance, et il fut décidé que l'armée de Mayence se réunirait à celle des Côtes de Brest, et que les opérations commenceraient par Nantes [2].

---

1. Les généraux Rossignol, Rey, Duhoux et Salomon s'abstinrent lors du vote final.

2. Kléber n'assistait pas au conseil de guerre. On trouvera, dans la suite de ce volume, le procès-verbal officiel des deux séances du con-

Le lendemain fut employé à régler les opérations entre les généraux. L'ordre de marche fut donné aux différentes colonnes de l'armée de Mayence, et le chef d'état-major de l'armée des Côtes de Brest partit pour aller régler tout ce qui était nécessaire et devait être remis à l'armée de Mayence, suivant la promesse qu'il lui avait faite.

« L'armée de Mayence étant réunie à celle des Côtes de Brest, sortira de Nantes le 11 ou le 12 septembre. Elle aura à sa droite une colonne de l'armée de Brest, qui, rassemblée à Paimbœuf et, partant de là, balaiera toute la côte de Bourgneuf, se portera sur Port-Saint-Père, qu'elle enlèvera, et, de là, sur Machecoul.

Plan d'opérations concerté et arrêté entre les généraux Canclaux et Rossignol [1].

« Cette opération peut avoir lieu dès le 12; elle sera soutenue par la présence de l'avant-garde de l'armée de

---

seil. Voici la version de Choudieu : « On alla aux voix.... Bourbotte déclara que ses instructions ne lui permettaient pas de voter. Sur dix généraux, sept votèrent pour l'entrée en campagne par Saumur, et trois, savoir : Canclaux, Mieszkowski et Aubert-Dubayet, pour l'entrée par Nantes. Sur dix représentants, sept votèrent pour l'entrée en campagne par Nantes. Trois seulement, savoir : Richard, Fayau et moi, pour l'entrée en campagne par Saumur. Dix voix pour, dix voix contre. Nouvelle difficulté, qui n'avait pas été prévue, car les voix se trouvant ainsi partagées, par qui devait être décidée la question? Il me semble que l'opinion de sept généraux contre trois eût dû être prépondérante. Il en fut autrement, et les préventions qu'avait élevées Philippeaux contre l'armée de Saumur étaient telles, que le président fut investi du droit de départir les opinions, ce qui était décider la question par la question; car il est évident que le président, ayant déjà voté la première fois pour la marche sur Nantes, voterait une seconde fois de la même manière. — Ainsi l'opinion d'un avocat de Colmar, Reubell, qui n'avait jamais mis le pied dans la Vendée, trancha par son double vote cette grande question. Et le plan d'un autre avocat du Mans, Philippeaux, qui ne la connaissait pas davantage, fut préféré à celui de sept généraux qui faisaient la guerre dans ce pays depuis le commencement des hostilités. A quoi tiennent les destinées des empires! Ne pourrait-on, si la chose était moins sérieuse, parodier ainsi ce que Beaumarchais fait dire à Figaro? Il fallait des militaires pour juger la question, elle le fut par des avocats. » (Choudieu, *loc. cit.*, 427-428.)

1. Ce document a été déjà publié notamment par Savary, *loc. cit.*, II, p. 93-97; par Beauchamp, *loc. cit.*, p. 416, et par M. Aulard.

Mayence qui se sera portée le même jour sur la hauteur de Saint-Léger [1], qui domine Port-Saint-Père, et d'où ce poste pourra être canonné et bombardé s'il est nécessaire. Une colonne partie de la Hibaudière [2] en fera en même temps l'attaque de front, et, s'en étant emparée, y restera pour se réunir à la colonne de droite, dont elle doit faire partie.

« L'occupation de Machecoul doit décider la marche en avant de la colonne de l'armée des Côtes de la Rochelle qui en tient la gauche.

« Cette colonne, dite armée des Sables, et maintenant à la Roche-sur-Yon, après avoir attaqué Aizenay et le Poiré [3], se portera sur la droite de la colonne de l'armée de Brest, jusqu'à Saint-Fulgent, le 13 et, le 14, aux Herbiers, où elle se trouvera à la hauteur de Tiffauges, et, de là, marchera, toujours sur la droite de la même colonne, pour se porter devant Mortagne, le 16.

« L'armée de Brest se sera portée, le 11, devant Villeneuve [4]. Son avant-garde aura été le même jour au châ-

---

1. Saint-Léger, commune du canton de Bouaye, arrondissement de Nantes (Loire-Inférieure); sur la rive droite de l'Acheneau, à deux kilomètres et demi de sa sortie du lac de Grand-Lieu, presque en face de Port-Saint-Père; à trois kilomètres sud-ouest de Bouaye et dix-neuf, sud-ouest de Nantes.

2. La Hibaudière. Habitation importante plus communément appelée le *château d'Aux*, du nom du gentilhomme qui la fit construire en 1774. (Voir p. 110, note 1.)

3. Le Poiré-sous-la-Roche-sur-Yon, ou le Poiré-sur-Vie, chef-lieu de canton du district, aujourd'hui arrondissement, de la Roche-sur-Yon (Vendée). A treize kilomètres nord-ouest de cette ville; cinquante et un kilomètres nord-ouest de Fontenay-le-Comte; sept kilomètres sud de Legé; un kilomètre et demi sud de la Vie.

4. Villeneuve, château, commune des Sorinières, arrondissement de Nantes. Sur la droite de la route de Nantes aux Sables-d'Olonne; à treize kilomètres sud de Nantes; quatre kilomètres sud des Sorinières; dix-sept kilomètres nord-nord-est de Pont-James; six kilomètres est de Pont-Saint-Martin, sur le lac de Grand-Lieu; trois kilomètres ouest-sud-ouest de Touffou; quatorze kilomètres nord-ouest d'Aigrefeuille.

teau de la Limouzinière [1], en avant de Pont-James [2], où l'armée se portera le jour suivant. laissant sa réserve à Villeneuve.

« Sur la route de Nantes aux Sables, l'attaque de Legé aura lieu à même jour, par une colonne qui partira de Machecoul et qui pourra se diviser en deux parties pour l'attaquer par le côté de Palluau, en même temps que celui de Machecoul, et que l'avant-garde de l'armée de Mayence l'attaquera par le chemin de Nantes. Vertou [3] pourra aussi être attaqué le même jour par la colonne de gauche de l'armée de Brest, ainsi que le château de la Louée [4]; elle y prendra poste. La Légion nantaise et une partie de la garde nationale, sortie de Nantes, feront une diversion sur Saint-Sébastien et Basse-Goulaine [5].

1. Château de la Touche-Limouzinière en la Limouzinière, alors chef-lieu de canton du district de Machecoul, aujourd'hui commune du canton de Saint-Philbert-de-Grand-Lieu, arrondissement de Nantes. Au-dessus de la rive gauche de la Logne, dans une vaste plaine. A six kilomètres sud-est de Saint-Philbert; vingt-sept kilomètres sud de Nantes; dix-huit kilomètres est de Machecoul; quatorze kilomètres nord de Legé. Le château de la Touche a été détruit pendant la guerre de Vendée.
2. Pont-James, village sur la rive droite de la Boulogne, dans la commune et à un kilomètre nord-nord-est de Saint-Colombin, canton de Saint-Philbert-de-Grand-Lieu (Loire-Inférieure). A vingt-trois kilomètres et demi sud de Nantes; six kilomètres est-sud-est de Saint-Philbert; seize kilomètres nord de Legé.
3. Vertou, chef-lieu de canton du district de Clisson, puis de l'arrondissement de Nantes. Au sommet et sur la pente d'une éminence dominant la rive droite de la Sèvre Nantaise. A six kilomètres de la Loire ; neuf kilomètres sud-sud-est de Nantes; dix-huit kilomètres nord-ouest de Clisson ; seize kilomètres ouest de Vallet.
4. La Louée, hameau situé au sud de la Loire, sur la droite de la route de Nantes à Saumur, à treize kilomètres sud-est de Nantes ; trois kilomètres est-sud-est de la Plée ; dix kilomètres ouest-nord-ouest de la Chapelle-Heulin ; six kilomètres est-nord-est de Vertou ; trois kilomètres sud de Haute-Goulaine. Pendant la guerre de Vendée, un camp y fut établi que royalistes et républicains occupèrent alternativement. Le château n'existe plus.
5. Haute-Goulaine, commune du canton de Vertou, sur une colline de quarante mètres d'altitude au-dessus des marais bas de Goulaine. A un kilomètre et demi ouest de ces marais, six kilomètres est-nord-est de

« Le 13 ou le 14, le corps d'armée se portera sur la route de la Rochelle, vis-à-vis Aigrefeuille. La colonne de droite ira à Montaigu qu'elle enlèvera. Le 14 ou le 15, elle se portera sur Tiffauges, et, le 16, devant Mortagne.

« Le même jour, le corps d'armée ayant passé la Moine, attaquera Clisson et, y passant la Sèvre, se portera devant Mortagne.

« Le 16, la réserve qui aura été passer la Sèvre au pont de Vertou, viendra attaquer Clisson par le chemin de Nantes ; s'il est nécessaire, sa droite se réunira à l'armée.

« Comme l'armée des Côtes de la Rochelle doit se porter simultanément, des différents points qu'elle occupe, sur Mortagne, les forces combinées se trouvant alors rassemblées, ainsi que les généraux, on prendra pour la continuité de la campagne tel plan qu'on avisera être bon.

« Pour exécuter les premiers mouvements dans un ensemble nécessaire, il faut qu'ils soient arrêtés d'une manière fixe, invariable, et sous la responsabilité de chaque chef, à moins d'obstacles de guerre, dont chaque colonne sera prévenue par une correspondance journalière et par des courriers extraordinaires portant des dépêches écrites.

« Fait et arrêté au conseil de guerre, à Saumur, le 3 septembre 1793.

« Le général en chef de l'armée des Côtes de Brest.

« CANCLAUX. »

« J'adopte pour le bien général le plan proposé, me réservant d'attaquer Mortagne, si je le juge convenable.

« Le général en chef de l'armée de la Rochelle.

« ROSSIGNOL. »

Vertou ; neuf kilomètres est-sud-est de Nantes ; six kilomètres et demi au sud de la Loire ; sept kilomètres sud-est de Saint-Sébastien ; neuf kilomètres nord-ouest de la Chapelle-Heulin.

« L'armée des Côtes de la Rochelle se tiendra sur une défensive active. Néanmoins la division du général Mieszkowski opérera offensivement jusqu'à sa jonction à l'aile droite de l'armée des Côtes de Brest, et à l'aile gauche de la division de Chantonnay. Elle dirigera sa marche de la manière suivante :

Plan concerté entre les généraux Canclaux et Rossignol relatif à l'armée des Côtes de la Rochelle.

« Le 11, elle s'emparera d'Aizenay ; le 12, elle marchera sur le Poiré ; le 13, aux Essarts [1] ; le 14, à Saint-Fulgent, où elle prendra poste et se gardera militairement.

« La division de Chantonnay [2] sera chargée de balayer tout le pays qui se trouve entre Chantonnay et la Roche-sur-Yon, de manière qu'elle ne laisse aucun ennemi derrière elle, et que ses subsistances soient assurées ; les postes de sa gauche correspondant avec ceux du corps commandé par le général Mieszkowski.

« La même division de Chantonnay enverra occuper les postes de Mouilleron [3] et de Bazoges [4] de la manière qui

---

1. Les Essarts, sur la route alors en construction de Cholet à la Roche-sur-Yon par Mortagne, les Herbiers et les Essarts. Chef-lieu de canton du district, puis de l'arrondissement, de la Roche-sur-Yon. A dix-neuf kilomètres nord-est de cette ville ; quarante-huit kilomètres nord-ouest de Fontenay-le-Comte ; trente-trois kilomètres ouest de Pouzauges; vingt-deux kilomètres est du Poiré-sous-la-Roche; trente-deux kilomètres est d'Aizenay ; vingt kilomètres sud-ouest des Herbiers ; dix kilomètres à vol d'oiseau, au sud-ouest de Saint-Fulgent.
2. Commandée à ce moment par le général Tunck. On sait qu'elle fut battue et mise en déroute le surlendemain du jour où ce plan était arrêté.
3. Mouilleron-en-Pareds, chef-lieu de canton du district, aujourd'hui commune, du canton de la Châtaigneraie, arrondissement de Fontenay-le-Comte (Vendée). A quarante-cinq kilomètres est de la Roche-sur-Yon ; seize kilomètres ouest de Chantonnay; vingt-cinq kilomètres nord de Fontenay; trente-deux kilomètres sud-est de Bazoges-en-Paillers ; trente-cinq kilomètres sud des Herbiers.
4. Bazoges-en-Paillers, commune du canton de Saint-Fulgent, arrondissement de la Roche-sur-Yon (Vendée). A douze cents mètres de la rive droite de la Grande Maine; trente-cinq kilomètres nord-est de la Roche-sur-Yon; sept kilomètres nord de Saint-Fulgent; dix kilomètres ouest-nord-ouest des Herbiers; dix-sept kilomètres sud-ouest de Mortagne-sur-Sèvre.

lui sera prescrite par le général de division Chalbos. La division commandée par Chalbos se portera à la Châtaigneraie, où elle arrivera le 14 ; elle balaiera ses derrières et ses deux flancs, et les postes de sa droite correspondant avec les postes de gauche de la division du général Rey [1] ; il en sera de même des postes de sa gauche à l'égard de la division de Chantonnay.

« La division commandée par le général Rey ira à Bressuire, où elle devra arriver le 14 ; sa droite occupera Chambroutet [2], et sa gauche, le château de la Forêt-sur-Sèvre [3], ce dernier poste correspondra avec la droite de la division Chalbos. La division de Saumur fournira un poste à Argenton [4]; il y sera rendu le 14 et occupera les

---

1. Antoine-Gabriel-Venance Rey, né à Milhau en 1768, engagé dans le régiment du Roy-cavalerie en 1783. Adjudant-major de 5e bataillon de volontaires du Calvados en 1791; adjudant général, envoyé à Chinon vers le mois d'avril 1793, suspendu par Ronsin le 30 septembre 1793; rétabli en fonctions le 3 septembre 1794, il combattit la chouannerie sous Hoche ; c'est lui, notamment, qui arrêta Cormatin. Passé en juillet à l'armée d'Italie ; revient en Normandie en 1798 et continue la guerre aux Chouans. Peu partisan du coup d'État de brumaire, il fut envoyé consul de France aux États-Unis. On le retrouve en 1808 général de division à l'armée d'Espagne. Chevalier de Saint-Louis en 1814, il sert l'Empereur pendant les Cent-Jours. Nommé commandant de la 19e division militaire, en 1816, puis de la 21e ; retraité en 1820 ; mort en 1836.

2. Chambroutet, commune du canton de Bressuire (Deux-Sèvres). A sept kilomètres nord-nord-est de cette ville; soixante-dix, nord de Niort; vingt et un kilomètres environ nord-est de la Forêt-sur-Sèvre.

3. La Forêt-sur-Sèvre, alors chef-lieu de canton du district de Châtillon-sur-Sèvre, puis de Bressuire, aujourd'hui commune du canton de Cerizay, arrondissement de Bressuire (Deux-Sèvres). A sept kilomètres sud-sud-est de Cerizay ; cinquante-cinq kilomètres nord-nord-ouest de Niort. Le château, baigné par la Sèvre Nantaise, avait été construit en 1623 par Duplessis-Mornay. Au début du soulèvement vendéen, il servit de dépôt de prisonniers et de suspects au District de Bressuire. Lorsque les Vendéens s'en furent emparés, ils en firent également un dépôt de prisonniers Républicains. Incendié pendant la guerre et en grande partie détruit, il a été reconstruit en 1819.

4. Argenton-le-Château, dénommé un instant Argenton-le-Peuple, chef-lieu de canton, alors, du district de Thouars, et aujourd'hui de l'arrondissement de Bressuire. Ses fortifications avaient encore une certaine impor-

hauteurs qui sont derrière cette ville, au lieu dit le Breuil [1]. La gauche des postes de cette division correspondra avec ceux de la droite de la division du général Rey.

« La division de Saumur se portera à Vihiers, où elle sera rendue le 14; sa gauche correspondra avec la droite de la division d'Argenton; elle occupera le château et les hauteurs qui avoisinent Vihiers.

« La division du général Duhoux [2], laissant une garde suffisante aux Ponts-de-Cé, se rendra, le 14, sur les hauteurs de Beaulieu, et occupera les ponts de Barré [3] et de

---

tance au moment de la guerre de Vendée; elles ont été détruites, ainsi que le château, pendant cette guerre. A dix-huit kilomètres nord de Bressuire; dix-huit kilomètres ouest de Thouars; vingt-quatre kilomètres est-nord-est de Châtillon-sur-Sèvre; trente-neuf kilomètres est de Mortagne; vingt kilomètres sud de Vihiers; quarante et un kilomètres sud-sud-ouest de Saumur.

1. Le Breuil-sous-Argenton, commune du canton d'Argenton-le-Château; à deux kilomètres nord-est de cette ville. Le château dominait la rive gauche de l'Argenton.

2. Charles-François Duhoux d'Hauterive, né le 13 août 1736, lieutenant dans la milice de Lorraine le 1ᵉʳ février 1746; réformé avant d'avoir pris son service; cadet du roi de Pologne le 21 novembre 1749; engagé dans les volontaires royaux le 21 novembre 1752; lieutenant de dragons le 9 décembre 1756; capitaine en 1761; retiré du service en 1768. Retraité comme maréchal de camp le 1ᵉʳ mars 1791; réemployé dans son grade le 19 mars 1792 à l'armée du Nord; nommé le 19 mars 1793, par le Conseil exécutif, général de division « près les troupes qui composent l'armée de la Réserve, dans le département de Maine-et-Loire », il se présente au District de Saumur le 29 mars. Grièvement blessé à la jambe, lors de l'attaque de Chemillé, le 11 avril, il fut encore blessé d'une balle au travers du corps, à Saumur, le 9 juin. Il commandait les troupes Républicaines au combat du Pont-Barré, le 18 septembre suivant, et fut complètement battu par les Vendéens, dont l'un des chefs était son propre neveu, le chevalier Duhoux. Accusé de connivence avec celui-ci et de trahison, il donna sa démission le 26 du même mois, demandant sa retraite, qui lui fut accordée seulement le 3 février 1795 (15 pluviôse an III). Au 13 vendémiaire, il aurait, dit-on, commandé une partie des sections de Paris soulevées contre la Convention. D'après son dossier personnel, aux archives administratives de la guerre, il aurait compté cinquante ans, un mois et six jours de service.

3. Barré, village de la commune de Beaulieu (Maine-et-Loire), sur la rive gauche du Layon. Le pont auquel il donne son nom est établi sur cette rivière, entre Angers et Saint-Lambert-du-Lattay, à moins d'un kilomètre de ce bourg, sur la route, alors en construction, qui d'Angers conduit à

Bézigon [1] ; la gauche de ses postes enverra de fréquentes patrouilles pour correspondre avec la droite de la division de Vihiers. Elle s'éclairera sur sa droite, pour connaître la marche et la position des ennemis sur la rive gauche de la Loire.

« La correspondance sera extrêmement active entre toutes les divisions et le général en chef qui tiendra son quartier général à Doué ; la même correspondance aura lieu avec le général en chef de l'armée des Côtes de Brest, et entre les divisions, colonnes et postes des deux armées qui s'avoisinent, de manière que toutes les troupes puissent opérer de concert les mouvements qui leur seront ordonnés et qu'elles puissent se porter des secours réciproques suivant l'urgence des cas.

« Les différentes divisions et les postes se garderont par des retranchements et auront soin de s'éclairer par des patrouilles fréquentes et soutenues entre elles.

« Fait et arrêté en conseil de guerre, à Saumur, le 3 septembre 1793.

« Le général en chef de l'armée des Côtes de la Rochelle.

« ROSSIGNOL. »

Il est essentiel d'avoir ce plan toujours sous les yeux afin de voir où, comment, quand et pourquoi on y a dérogé.

Cholet et dans la Vendée. Il est situé au bas de l'une des côtes les plus rapides de l'Anjou, au dire de M. C. Port. Ses trois piles massives qui supportaient, au moment de la Révolution, un tablier de bois, subsistent encore à cinquante mètres en amont du pont actuel, construit en 1838. Le Pont-Barré est célèbre dans l'histoire des guerres de la Vendée ; il constituait le seul passage important entre Angers et la région insurgée.

1. Le pont de Bezigon, sur le Layon, en aval du Pont-Barré, dépendait du château et des moulins de Bezigon, situés sur la rive droite, dans la commune de Saint-Lambert-du-Lattay. Il était entièrement en bois. Il fut détruit lors du combat du Pont-Barré, le 18 septembre 1793. Depuis, il a été reconstruit en pierre.

CHAPITRE SECOND

Le soir du 7 septembre, Canclaux me remit l'ordre de sortir de Nantes, le lendemain, avec mon avant-garde, pour aller occuper le camp des Naudières, que le corps de Beysser devait abandonner à mon arrivée, pour se rendre à Paimbœuf, conformément au plan ci-dessus.

8 septembre. Départ de Nantes. Arrivée au camp des Naudières.

La colonne de Beysser n'ayant pas encore évacué le camp lorsque ma troupe parut, je la mis en bataille à environ trois cents pas en avant, de manière qu'elle formât une première ligne.

Canclaux conçut alors l'idée de profiter du moment de la réunion de ces deux corps d'armée, destinés à fournir la même carrière, pour faire fraterniser les braves soldats qui les composaient, en leur faisant vider ensemble quelques barriques de vin à la prospérité de la République. Les armes furent donc mises en faisceaux et je fis faire à la colonne que je commandais face en arrière. Un coup de canon devait être le signal de leurs embrassements, mais, dès que ces braves se virent face à face, sans attendre le canon, ne consultant que l'impatience de se réunir, chacun, par un élan spontané, se précipite au-devant de son frère, et déjà le tient serré dans ses bras.... Le silence le plus profond règne dans le camp, mais tout à coup e silence est rompu, et l'air retentit des cris de : Vive la République! en même temps qu'il est obscurci par des milliers de chapeaux jetés jusqu'aux nues. Les généraux, émus d'une scène si touchante, en conçurent les augures les plus favorables, et jurèrent d'employer tous les moyens qui étaient en eux pour couronner de succès des dispositions aussi prononcées [1].

Je fus, plus que tout autre, sensible à ce que je venais de voir ; car, pendant mon séjour à Nantes, je m'étais aperçu avec infiniment de peine que l'accueil, que l'on faisait partout à l'armée de Mayence, avait jeté dans le cœur des autres soldats une jalousie qui les éloignait des nôtres, et qui, mal dirigée, n'était que trop capable d'établir une division, qui aurait pu tirer aux plus funestes conséquences. Je fis ces observations à Canclaux, qui me répondit : « Eh bien ! vous voyez qu'au contraire elle a été bien dirigée, cette jalousie, et qu'elle ne deviendra qu'une belle émulation, pour courir, à l'envi les uns des autres, à la victoire. » Le corps de Beysser partit deux heures après ; je fis entrer mes troupes au camp, où elles séjournèrent jusqu'au 10 septembre.

9 septembre. Séjour au camp des Naudières.

Le lendemain matin, les généraux Canclaux, Dubayet et Grouchy revinrent au camp ; et, comme Dubayet devait venir l'occuper le jour suivant avec le corps d'armée, il en fit la reconnaissance. Cette opération faite, il nous proposa d'aller visiter le camp des Sorinières. Aussitôt Grouchy envoya prévenir Blosse, de sorte que sa troupe fut sous les armes lors de notre arrivée ; elle était belle et parfaitement tenue. Je dis alors à ces braves soldats combien la garnison de Mayence se félicitait de pouvoir parcourir avec eux le chemin que déjà ils nous avaient ouvert à la victoire ; qu'ayant tous le même but, celui de la destruction des ennemis de la République, j'espérais qu'aucun génie malveillant ne réussirait à établir de dissension entre des frères d'armes faits pour s'aimer et s'es-

---

1. J'ai lieu de croire que Beysser n'était pas de bonne foi dans cette résolution. *(Note du manuscrit.)*

timer. Le général Canclaux fit ensuite reconnaître le chef de bataillon Blosse, en qualité d'adjudant général chef de brigade, dont il venait de recevoir la commission. Les grenadiers en manifestèrent la plus grande joie.

Rentré au camp des Naudières, je donnai l'ordre de marche pour le lendemain, d'après celui que je venais de recevoir. Il portait que le 10, après la soupe, l'avant-garde se mettrait en mouvement et prendrait position à Saint-Léger, pour, le lendemain, 11, seconder le général Beysser dans son attaque de Port-Saint-Père, village situé sur la rivière du Tenu, où les Rebelles avaient pris poste.

Il était onze heures du matin, lorsque je vis paraître la tête de la colonne qui devait me relever. Je me mis aussitôt en marche avec la mienne. Merlin, dont l'esprit bouillant ne cherchait que les dangers, voulut être des nôtres; Canclaux et Grouchy voulurent aussi m'accompagner jusqu'à Saint-Léger, à quatre lieues de Nantes.

10 septembre. Départ du camp des Naudières. — Marche sur Saint-Léger. Attaque de Port-Saint-Père.

La marche se fit dans le meilleur ordre, et fut surtout bien éclairée ; car le pays que nous avions à parcourir est, comme le reste de la ci-devant Bretagne, tellement coupé de haies, de ravins, de bois et de ruisseaux, qu'il est impossible de voir devant soi, à une portée de pistolet. Cependant, nous arrivions à une demi-lieue de Saint-Léger, lorsque nous entendîmes tirer quelques coups de pistolet. C'étaient nos éclaireurs qui, en deçà de ce village, avaient vu les vedettes ennemies. On vint nous en rendre compte ; Marigny[1] reçut aussitôt l'ordre de charger cette

1. Jean-Fortuné Bouin de Marigny, né à Châtellerault, en Poitou, le 6 mars 1766, élève à l'école militaire de Vendôme en 1781, sous-lieutenant en 1791, capitaine au 10ᵉ chasseurs à cheval en 1792, avait montré la plus grande bravoure pendant le siège de Mayence; il avait été l'organisateur des « volontaires du siège ». Ce fut lui qui sauva Kléber et son avant-garde, à Torfou, le 17 septembre 1793. Il réussit, quelques semaines plus

grand'garde avec sa première compagnie de chasseurs à cheval, et je le suivis avec la deuxième pour le soutenir et pour reconnaître, en même temps, le terrain que je devais faire occuper à la brigade, soit que l'ennemi eût évacué Saint-Léger, soit qu'il fallût l'en chasser; mais le poste ennemi, fort seulement de quarante méchants cavaliers, prit la fuite. Marigny le poursuit l'épée dans les reins, jusqu'à la rivière du Tenu, qui partage le village de Port-Saint-Père en deux parties. Les plus lestes des Rebelles se jettent dans le bac, d'autres passent la rivière à la nage, la plus grande partie est taillée en pièces.

Cela fait, je fais mettre en bataille la cavalerie de Marigny, sur la route, et j'envoie une ordonnance pour faire avancer l'avant-garde légère, avec un obusier; car nous aperçûmes, sur la rive opposée, plusieurs bouches à feu, et l'ennemi en bataille, faisant mine de vouloir résister [1].

Cependant l'avant-garde légère n'arrivant pas assez tôt au gré de mon impatience, je me portai promptement à sa rencontre, pour lui faire accélérer le pas, je la trouvai vers le village de Saint-Léger, et, Canclaux étant à sa tête, je lui rendis compte de ce qui venait de se passer. Il s'avança avec moi ; mais, pendant ce temps, deux cents Brigands environ s'étaient glissés dans des retranchements

---

tard, à percer toutes les lignes vendéennes, de Montaigu à Chantonnay et à Sainte-Hermine. Nommé général de brigade par les représentants, le 24 octobre 1793 et maintenu en fonctions par eux, malgré sa destitution prononcée par le ministre de la guerre, il fut tué aux environs de Durtal (Maine-et-Loire), le 4 décembre 1793.

1. « Nous n'avions pas de grands moyens de défense (à Port-Saint-Père) : fort nombreux, mais mal armés, dix-sept gargousses faisaient toute notre ressource. Une pièce de dix-huit au-devant du passage et deux pièces de douze dans le jardin de la cure, telle était la disposition de notre artillerie. Un fossé creusé dans le marais, le long de la rivière, était la seule fortification que nous eussions pu imaginer; tous nos efforts pour soutenir un siège eussent été inutiles ; cependant nous attendîmes l'ennemi, bien disposés à une vigoureuse résistance. » (Lucas de la Championnière : *Mémoires sur la guerre de Vendée*, 41.)

qu'ils avaient faits, depuis longtemps, au delà de la rivière coulant parallèlement à la route, de sorte qu'aussitôt que nous débouchâmes de Saint Léger avec l'infanterie légère, ils firent sur nous un feu de file auquel nous ne nous attendions pas, et qui nous blessa quelques hommes. Mais ce retranchement était tellement dominé par la hauteur que nous occupions que, découvrant l'ennemi jusqu'à mi-corps, il ne fut pas difficile de l'en déloger par un feu un peu nourri de notre mousqueterie. Alors, l'ennemi tira quelques coups de canon auquel on répondit à l'instant. Sur ces entrefaites, Merlin arrive au grand galop à la tête de l'artillerie volante. Un obusier et une pièce de huit sont mis en batterie; Merlin pointe lui-même plusieurs coups, et le feu prend bientôt à quelques meules de paille qui embrasent les maisons des environs [1]. Une partie des ennemis prend la fuite, mais les plus braves s'obstinent à se défendre. C'est à ce moment que l'intrépide Targe, chef de bataillon de la Légion des Francs [2], vint me demander la permission de se jeter à la nage avec quelques-uns des siens, pour chercher les bacs qui étaient sur la rive opposée, afin de faire passer la rivière à son bataillon. Canclaux étant présent, je pris ses ordres. Il y consentit. Targe et quelques chasseurs de sa légion mettent aussitôt habit bas, se jettent à l'eau, passent à l'autre bord, et

---

1. « Cet événement fit répandre le bruit que les Mayençais mettaient tout à feu et à sang dans la Vendée. » (Note de Savary, *loc. cit.*, II, 137.)

2. Étienne Targe, dit Jean-Bart, né à Condrieu (Rhône), en janvier 1770, caporal dans la marine, était en septembre 1792 capitaine d'une compagnie de volontaires des environs de Lyon employée dans l'armée du général Montesquiou. Il s'était distingué pendant le siège de Mayence. Après sa belle conduite à la bataille de Cholet, il fut nommé chef de brigade des troupes à cheval de l'avant-garde. La Convention lui accorda, par décret du 4 décembre 1794, un congé pour soigner ses blessures. Devenu malade, il reçut, en l'an VI, le commandement de la place de Bourgoin et, en l'an VIII, de celle de Vienne (Isère).

malgré le feu de la mousqueterie, ramènent les deux bacs sur notre rive. On s'embarque ; l'ennemi consterné n'ose nous attendre, et nous abandonne le poste avec sept pièces de canon et quantité de drapeaux, où les marques de la royauté étaient réunies à tout ce que la superstition a de plus ridicule [1].

Le chef de brigade Marigny, ayant également passé la rivière avec sa cavalerie, se met à l'instant aux trousses des fuyards. Il en fait tailler un grand nombre en pièces ; mais bientôt la nuit l'oblige de se retirer. Enfin, le reste de ma brigade, qui n'avait pu participer à ce succès, arriva ; je l'établis sur la grande route même où elle bivouaqua, appuyant sa droite à Port-Saint-Père, sa gauche à Saint-Léger, la rivière couvrant son front. Les deux bataillons des Francs et des chasseurs de Kastel prirent poste, ainsi que la cavalerie, au delà de la rivière, et firent bonne garde. Je fis aussitôt construire un pont de fascines, pour établir la communication entre les deux rives.

Canclaux et Grouchy s'en retournèrent à Nantes, après m'avoir félicité sur mon succès et sur l'excellente troupe que j'avais à mes ordres.

C'est ainsi que ne comptant nous établir qu'à Saint-Léger, pour être le lendemain spectateurs bénévoles de la prise de Port-Saint-Père par la colonne de Beysser, nous emportâmes le poste inopinément et en moins d'une heure [2]. Je crus devoir prier le général Canclaux d'ins-

---

[1]. « Sur les quatre heures (du soir), un détachement se présenta. Les premiers obus qui furent lancés mirent le feu à la cure ; nos canonniers, dès lors, ne purent rester à leurs pièces ; le désordre et l'épouvante se mirent parmi nos combattants, qui n'avaient jamais vu de machines semblables ; on abandonna le Port-Saint-Père sans en donner avis aux détachements déjà sortis, et plusieurs de ceux-ci étant accourus au bruit du canon pour défendre le camp, tombèrent entre les mains de l'ennemi. » (Lucas de la Championnière, *loc. cit.*, 41-42.)

[2]. « Le Port-Saint-Père était la clef de tout le pays. » (*Ibid.*)

truire Beysser que, si je lui avais enlevé ce petit fleuron de gloire qui l'attendait à Port-Saint-Père, ce n'avait été qu'une affaire de circonstance. Car, prévenu, comme je l'étais, de l'extrême jalousie et de l'intrigue qui régnait sans cesse entre les généraux de la Vendée, j'aurais été fâché de m'aliéner l'esprit de l'un d'entre eux, dès le premier pas que je faisais dans cette malheureuse guerre. Canclaux me promit de lui écrire le soir même, puisque également il avait à lui envoyer l'ordre de marcher droit sur Machecoul, au lieu de venir sur Port-Saint-Père, comme on était convenu [1].

J'eus dans cette affaire à peu près quinze ou seize hommes de blessés, parmi lesquels se trouva un officier de chasseurs à cheval de la Légion des Francs.

La troupe séjourna le jour suivant à Port-Saint-Père, afin que la colonne de Beysser eût le temps de se mettre en mesure avec la mienne, pour les opérations ultérieures. Ce temps fut employé à faire enlever toutes les denrées et tous les bestiaux à plus de cinq lieues à la ronde. On trouva quelques lettres dans la maison qu'occupait La Cathelinière. D'après l'une d'elles, non encore achevée, il semblait que ce chef savait qu'il devait être attaqué,

11 septembre. Séjour à Port-Saint-Père.

---

1. « Mon cher général,
« Je vous en demande pardon, mais l'occasion a été si belle !.... Je n'ai pu m'y refuser.
« A l'approche de Saint-Léger, la cavalerie des Rebelles a paru, nos chasseurs à cheval l'ont chargée ; j'ai vu l'instant où ils entraient avec les fuyards dans Port-Saint-Père ; mais leur commandant, Marigny, soumis à l'ordre et le général Kléber les ont arrêtes. On m'a seulement demandé la permission de leur faire connaître les obus. Le second est tombé dans un tas de paille, le feu y a pris et s'est communiqué aux maisons voisines.
« Le commandant des chasseurs est venu dire que l'ennemi fuyait de toutes parts ; qu'il y avait là deux barques ; qu'il allait en avoir une, en se jetant à la nage, et passer. Le général Kléber le lui refusait, afin de ne pas aller plus vite que l'ordre. J'ai cru pouvoir le donner, et nous sommes entrés *tout de go*.... (Canclaux à Beysser, lettre donnée par Savary, *loc. cit.*, II, 137.)

mais que plein de confiance dans son poste et le courage de ses gens, il était dans la plus grande sécurité sur le résultat de cette entreprise.

J'établis mon quartier général dans une vieille ferme où nous trouvâmes quelques femmes. On les interrogea sur la force de ce rassemblement et, d'après les différentes données qu'elles nous fournirent, nous l'estimâmes à huit mille hommes. Elles nous apprirent aussi que La Cathelinière fut gravement blessé d'un éclat d'obus.

Le représentant du peuple Turreau vint nous joindre le lendemain, et demeura avec nous jusqu'à notre départ; il alla ensuite rejoindre la colonne Beysser à Machecoul.

Il tardait aux soldats, auxquels ce succès avait inspiré une grande confiance, de voler à une nouvelle victoire, lorsque le même jour, au soir, je reçus l'ordre de m'emparer de Saint-Philbert [1], petite ville à quatre lieues de Port-Saint-Père, située au bord du lac de Grand-Lieu. Je me mis en marche de bonne heure, après avoir remis le commandement du poste que j'allais quitter au chef de bataillon La Ronde [2], qui devait le garder avec huit cents hommes d'infanterie de la colonne de Beysser, et qui arrivèrent à la pointe du jour.

12 septembre. Départ de Port-Saint-Père. Arrivée à Saint-Philbert.

Ma colonne devait, après avoir passé le Tenu à Port-Saint-Père, se jeter à gauche, remonter cette rivière et la

---

1. Saint-Philbert-de-Grand-Lieu, chef-lieu de canton alors du district de Machecoul, aujourd'hui de l'arrondissement de Nantes. Sur la Boulogne, au milieu de prairies larges et basses. A trois kilomètres sud du lac; quatorze kilomètres nord-est de Machecoul; dix-huit kilomètres nord de Legé; vingt-quatre kilomètres sud-sud-ouest de Nantes; sept kilomètres sud-est de Sainte-Lumine-de-Coutais; seize kilomètres de Port-Saint-Père.
2. Peut-être le même officier que le général La Ronde, commandant l'armée à Alençon au mois de novembre suivant et dont un ordre autographe se trouve à la Bibliothèque de la ville de Nantes, collection Dugast-Matifeux, 2ᵉ série, nº 6.

repasser à Saint-Mars-de-Coutais [1]. On m'avait assuré que je trouverais là un bac et quantité de bateaux, et je le crus trop légèrement. Je payai cette faute par infiniment d'ennuis, car, si j'en avais fait faire la reconnaissance par un officier du génie, ainsi que je le devais, j'aurais eu tout le temps de faire construire un pont de fascines, afin de pouvoir faire passer l'infanterie d'un côté, tandis que la cavalerie, l'artillerie et les équipages auraient passé sur le bac qui existait en effet. Au lieu d'un pont, je ne pus donc faire pratiquer qu'un mauvais gué, avec des madriers, des nacelles, des bois de charpente et des arbres, qu'heureusement nous trouvâmes sous la main. Il faut observer que la rivière, navigable pour les grands bateaux, traverse en outre un marais fort large et très incommode. Cependant, comme je fis mettre la main à l'œuvre à tout le monde, le passage s'effectua en quatre heures, sans accident fâcheux. Ce qui m'occasionna le plus de peine, ce fut d'empêcher les soldats de se jeter dans le village, et dans les campagnes des environs, pour se livrer au pillage, dont ils avaient déjà pris le goût à Port-Saint-Père ; je n'en vins à bout qu'en établissant beaucoup de postes commandés par des officiers, et en faisant filer les bataillons l'un après l'autre, à mesure qu'ils passaient, pour attendre le reste de la colonne dans les champs clos et aisés à surveiller.

Le village de Saint-Mars-de-Coutais et tous ceux de cette contrée étaient autant de greniers d'abondance ; blé, vins, fourrages et bestiaux, tout y était en profusion, et je

---

1. Saint-Mars-de-Coutais, commune du canton de Machecoul (Loire-Inférieure), à moins de deux kilomètres de la rive ouest du lac de Grand-Lieu, sur le Tenu. A deux kilomètres sud de Port-Saint-Père; sept kilomètres nord de Sainte-Lumine-de-Coutais ; seize kilomètres nord-nord-ouest de Machecoul; vingt-trois kilomètres sud-ouest de Nantes.

dois dire ici, en passant, que, si les commissaires nommés par le Département pour procéder à l'enlèvement de ces denrées y avaient mis tout le zèle et l'activité qu'on avait droit d'en attendre, Nantes, Angers, Saumur, auraient pu former des magasins considérables, qui eussent assuré à ces villes, ainsi qu'à l'armée, des subsistances jusqu'à la récolte prochaine ; mais leur insouciance égalait leur pusillanimité.

La colonne enfin réunie, je me mis en marche, précédé de mon avant-garde légère, que Merlin ne quitta pas. A peine avions-nous fait deux lieues de chemin, que, d'un pays très couvert et très coupé, nous entrâmes dans la vaste et fertile plaine de Sainte-Lumine [1]. Elle était bornée, à notre gauche, par le beau lac de Grand-Lieu, qui s'étend à perte de vue, jusqu'aux hauteurs de Saint-Léger, que nous venions d'abandonner ; à notre droite, elle était terminée par une forêt que nous côtoyâmes et qui n'était pas encore dépouillée de sa verdure [2] ; devant nous, s'offraient des paysages charmants et des échappées de vue aussi agréables que multipliées. Aucun buisson, aucune haie, aucun fossé n'interrompaient l'œil sur cette prairie immense, foulée par de nombreux troupeaux de toute espèce, mais errant au hasard et abandonnés à eux-mêmes ; des milliers de meules de foin semblaient être autant de monuments, qui annonçaient au voyageur la richesse et la fécondité de cette belle contrée.

Je ne puis m'empêcher de gémir sur le sort de ces in-

---

1. Sainte-Lumine-de-Coutais, commune du canton de Saint-Philbert-de-Grand-Lieu, au-dessous d'une plaine marécageuse qui s'étend jusqu'à la rive droite du lac, à deux kilomètres. A sept kilomètres nord-ouest de Saint-Philbert-de-Grand-Lieu ; dix kilomètres nord-nord-est de Machecoul ; trente kilomètres sud-ouest de Nantes.
2. La forêt de Machecoul, aujourd'hui défrichée en partie et dont la lisière nord se trouvait alors à environ trois kilomètres au sud de Sainte-Lumine

fortunés habitants qui, paisibles citoyens qu'ils étaient, égarés et fanatisés par leurs prêtres, devinrent autant de forcenés, altérés de sang humain, et qui, repoussant d'une main rebelle les bienfaits qu'un nouvel ordre de choses venait leur offrir, couraient à leur ruine et à leur destruction certaine. Le soldat, de son côté, également frappé de la beauté du lieu, mais ne l'envisageant que sous le rapport des combats, brûlait de trouver ces fanatiques dans une pareille plaine, afin de pouvoir leur livrer bataille et en finir en un jour.

Ces réflexions nous conduisirent insensiblement au bourg de Sainte-Lumine. Le pays commençait de nouveau à être couvert, le soleil se couchait, nous avions encore deux lieues à faire, et nous ignorions si nous trouverions l'ennemi à Saint-Philbert, ou si, même, embusqué sur notre passage, il ne nous attendait pas en route. Nous marchâmes donc avec beaucoup de précautions. Buquet [1], mon aide de camp, qui avait pris le devant avec une douzaine de chasseurs à cheval, pour faire le logement, surprit à une demi-lieue de la ville, proche d'un château [2],

---

1. Louis-Léopold Buquet, né à Charmes (Vosges), le 5 mai 1768; avocat à Nancy; sergent-major au 4ᵉ bataillon des Vosges le 28 août 1791, quartier-maître-trésorier le 15 décembre 1792. Il avait eu la chance d'échapper au désastre de Rhein-Dürkheim et s'était jeté dans Mayence, en sauvant sur son cheval les dix-sept cents francs de sa caisse. Nommé provisoirement, par Dubayet, lieutenant adjoint à Kléber, alors adjudant général (30 mai 1793). Il fut successivement l'aide de camp, l'adjudant général et le chef d'état-major de celui-ci, en Vendée et sur le Rhin, jusqu'à la fin de la campagne de 1797. Chef d'escadron de gendarmerie le 1ᵉʳ mai 1797; membre de la Légion d'honneur le 5 février 1804, il est général de brigade le 20 octobre suivant et chef d'état-major de Moncey. Commandant de la gendarmerie d'Espagne, le 6 décembre 1809, baron de l'Empire le 15 août 1810, chevalier de Saint-Louis le 29 juillet 1814, inspecteur général de la gendarmerie le 3 avril 1815; membre de la Chambre des députés en mai 1815. Il fut retraité le 7 avril 1819 et est mort à Nancy le 25 avril 1825.

2. Très vraisemblablement le château des Jamonières, dans la commune de Saint-Philbert-de-Grand-Lieu.

environ cent Brigands qui faisaient la garde. Il les chargea avec impétuosité, et sans leur donner le temps de se reconnaître ; quarante environ mordirent la poussière ; les autres se sauvèrent dans les bois, où il fut impossible de les poursuivre. Nous entrâmes dans la ville vers les huit heures du soir et nous apprîmes par quelques habitants qui avaient eu le courage d'y rester, protestant de leur civisme, que les Brigands, au nombre de dix à douze mille, en étaient partis le matin pour se porter à Légé, où devait s'effectuer un grand rassemblement. Comme le soldat n'était que déjà trop disposé à se livrer au désordre et au pillage, et qu'il eût été imprudent de s'en rapporter trop légèrement à ce qu'on venait de nous dire de la marche de l'ennemi, je fis bivouaquer la troupe dans un vaste pré, fermé d'une barrière et entouré de toutes parts d'un large fossé rempli d'eau. L'avant-garde légère occupait, en avant-postes, toutes les avenues.

13 septembre. Départ de Saint-Philbert.

Nous trouvâmes dans cette ville une pièce de canon en fer du calibre de 18, que l'ennemi avait jetée dans la rivière, de même qu'une espèce de batterie flottante qui n'était pas encore achevée et qui, par sa construction, faisait aussi peu d'honneur à l'ouvrier qu'à celui qui l'avait inventée.

Ayant ordre de me porter le lendemain à Saint-Étienne-de-Corcoué [1], sur la grande route de Nantes aux Sables, je fis battre la générale à la petite pointe du jour et nous partîmes à sept heures précises. Arrivés au lieu de notre destination, j'envoyai Marigny, avec sa cavalerie et quelques chasseurs à pied de son avant-garde légère, s'empa-

---

1. Saint-Étienne-de-Corcoué, sur la rive droite de la Logne, affluent de gauche de la Boulogne ; commune du canton de Légé, alors district de Machecoul, aujourd'hui arrondissement de Nantes A dix kilomètres nord de Légé ; dix kilomètres sud-est de Saint-Philbert-de-Grand-Lieu ; quatre kilomètres sud-sud-est de la Limouzinière ; dix kilomètres ouest de Vieillevigne ; trente kilomètres sud de Nantes.

rer des hauteurs, vis-à-vis celles que je voulais faire occuper à ma colonne, et je le chargeai d'éclairer le pays, environ une lieue au delà. Le reste de l'infanterie légère fut disposé en échelons sur toute la côte de Saint-Jean-de-Corcoué [1], village situé sur une hauteur à droite de la route en opposition à Saint-Étienne-de-Corcoué [2]. La brigade entière occupa la hauteur sur la gauche de la route, ayant ce dernier village à sa droite et derrière elle. Par ces dispositions et celles de l'artillerie, cette gorge [3] eût été impénétrable et d'une défense facile.

Dès que les armes furent mises en faisceaux, des soldats, allant chercher de la paille, m'amenèrent trois Brigands qu'ils avaient trouvés devant le front du camp, cachés dans les vignes. Je les interrogeai sur les projets de leurs chefs et sur le lieu de leur rassemblement ; je ne pus en tirer aucune réponse satisfaisante : ils s'obstinèrent ou à se taire ou à éluder mes questions. Je les fis conduire à la garde du camp. Un instant après, Marigny me fit dire qu'il était attaqué par l'avant-garde de l'ennemi, qu'il croyait être forte d'environ quinze cents hommes de pied et de deux cents cavaliers. Il ajouta qu'il en faisait son affaire, pourvu que ma troupe fût prête à protéger sa retraite en cas d'événements. Je fis battre la générale et j'envoyai quelques compagnies d'infanterie au secours de Marigny. Je pris ensuite toutes les dispositions nécessaires pour le combat. En parlant aux troupes, je leur fis prendre la plus

Combat de l'avant-garde légère.

1. Saint-Jean-de-Corcoué, sur la rive gauche de la Logne, commune du canton de Légé (Loire-Inférieure), à moins d'un kilomètre au sud-ouest de Saint-Étienne, au sommet du petit renflement du sol qui termine de ce côté la plaine de Sainte-Lumine-de-Coutais.
2. Saint-Étienne et Saint-Jean-de-Corcoué sont tous les deux sur la droite de la route, en allant vers les Sables-d'Olonne.
3. Point où la route de Nantes aux Sables-d'Olonne franchit une première fois la Logne, entre les hauteurs de Corcoué, à droite, et celles du Bois-du-Coin, à gauche.

grande confiance dans leur position, « que votre valeur, leur disais-je, rendra inexpugnable ». Tous me répondirent qu'ils étaient résolus de périr plutôt que d'abandonner leur poste.

Alors Boisgérard [1], chef de bataillon du corps du génie, dont le zèle et les talents m'ont été plus d'une fois d'une grande utilité, et qui avait parcouru au loin le terrain que j'occupais, me fit entrevoir que ma gauche seule était un peu hasardée, parce qu'il ne serait pas impossible à l'ennemi de la tourner. Je me déterminai donc à envoyer une ordonnance au général Dubayet, qui était, avec le corps d'armée, à Villeneuve [2], pour le prier de m'envoyer une demi-brigade qui, disposée en échelons, avec mon avantgarde, au point que je lui indiquai, me mettrait absolument hors de toute inquiétude.

Ces dispositifs faits, j'allais me porter près de Marigny, lorsque je le vis venir à moi avec Merlin. L'ennemi était en fuite, ils en avaient fait un grand carnage et les chasseurs à cheval poursuivaient encore les traînards [3].

1. Anne-Marie-François Barbuat de Maison Rouge de Bois Gérard, né à Tonnerre (Yonne), le 8 juillet 1767, entré à l'école militaire de Mézières, capitaine du génie au siège de Mayence. Après la campagne de Vendée, il fut renvoyé à l'armée du Nord et se distingua aux sièges de Charleroy, de Landrecies, du Quesnoy où il fut blessé, de Valenciennes et de Maëstricht, en 1794; chef de brigade en 1795, général de brigade le 10 juillet 1796, défenseur de Kehl en 1798. Passé à l'armée d'Italie sous les ordres de Championnet; atteint d'une balle au travers du corps, à Caiazzo, le 7 février 1799, au moment où la paix venait d'être signée. Il mourut à Capoue, le surlendemain.

2. « *Bulletin de l'armée des Côtes de Brest du 13 septembre* : Le corps d'armée a marché ce matin vers Villeneuve. Le général en chef (Canclaux) comptait y passer la nuit; mais l'ardeur des troupes, qui désiraient se rapprocher des brigands, était trop vive. Il s'est porté jusqu'au Redour, sur le chemin de Saint-Colombin et du Pont-James, dont l'armée n'est distante que de demi-lieue; elle n'est, en même temps, qu'à trois quarts de lieue de Saint-Philbert, où se trouve l'avant-garde aux ordres du général Kléber. » (*Journal des Débats* du 18 septembre 1793, p. 267.)

3. « M. de Couëtus proposa à quelques officiers (le 13 et non le 14 sep-

Il n'y a pas de doute que l'intention de l'ennemi n'ait été de venir occuper la gorge où nous étions établis, pour nous en disputer le passage. Nous n'eûmes dans cette affaire que quelques hommes de blessés, parmi lesquels se trouvèrent Martin, capitaine des chasseurs à cheval de la Légion des Francs, et Simon, sous-lieutenant ; l'ennemi perdit plus de cent hommes, dont nous trouvâmes les cadavres le lendemain.

Vers le soir, je vis arriver au camp Canclaux et Dubayet, ce dernier suivi de toute sa division. « C'est ainsi, me dit-il, que je te porterai du secours toutes les fois que tu m'en auras demandé. »

Cette armée bivouaqua dans les landes, derrière Saint-Étienne-de-Corcoué. Canclaux, parcourant alors mon camp et mes avant-postes, parut très satisfait des dispositions et de la manière dont se surveillaient les troupes. Le même soir, il me donna ordre de me porter le lendemain à Légé, pour, conformément au plan arrêté, enlever ce poste, conjointement avec la colonne Beysser, qui devait l'attaquer

---

tembre, comme l'écrit Championnière) de l'accompagner jusqu'à Rocheservière, où sa famille était réfugiée ; des soldats, les voyant sortir, voulurent les suivre plutôt que de rester à Légé, où le pain manquait ; alors M. Charette proposa à M. de Couëtus de prendre une partie de l'armée et d'aller reconnaître l'ennemi sur la route de Nantes, en même temps qu'ils prendraient des vivres dans les lieux voisins. Nous marchâmes jusqu'au Bois-du-Coin, où nous trouvâmes l'ennemi embusqué ; ce n'était, je crois, qu'un détachement, le camp était à peu de distance, sur les hauteurs de Corcoué. M. de Couëtus, qui avait longtemps servi dans un régiment de cavalerie, crut sans doute que cette partie de l'armée était en toute occasion la meilleure ; il ordonna aux cavaliers de foncer, mais quel moyen de pénétrer à cheval dans un taillis d'où partait le feu le plus vif? Les chevaux, effrayés, reculent et se renversent, l'infanterie est écrasée sous leurs pieds et de ce désordre part la plus vive déroute que nous ayons jamais eue. M. Charette, instruit de notre maladresse, sortit en bon ordre au-devant de nous et, après avoir reproché la lâcheté aux soldats, resta sur le chemin pour recevoir les blessés et ceux qui n'avaient pu courir des plus vite ; l'ennemi ne parut point ; à peine nous avait-on poursuivis. » (Lucas de la Championnière, loc. cit., 44, 45.)

par les routes de Machecoul et de Palluau. Sur l'observation que l'on fit que, de notre côté, la colonne d'attaque était beaucoup trop considérable et que je pouvais, seul avec mon avant-garde, me charger de cette expédition, Dubayet reçut ordre, le lendemain, d'attaquer à gauche, pour couper la retraite à l'ennemi, sur le chemin de Légé à Rocheservière [1], qui conduit également à Montaigu. Cette manœuvre eût eu un succès complet, comme on le verra ci-après, si elle avait pu être ordonnée et exécutée dès le soir même ; car c'était l'unique échappée qui restait à l'ennemi.

14 septembre. Départ de Saint-Étienne-de-Corcoué; arrivée à Légé et marche sur la Grolle [2] et Rocheservière.

Le 14 septembre, je me mis en marche dès qu'il fit jour. Marigny, Merlin et moi, avec quelques ordonnances et quelques officiers de l'état-major, nous précédâmes la troupe et avançâmes assez inconsidérément à travers un pays très coupé, jusque dans la plaine en forme de glacis que domine Légé. Sitôt que l'ennemi nous aperçut, il nous salua de quelques coups de canon et, incessamment après, il nous donna un instant l'espoir de vouloir nous combattre en bataille rangée ; car nous vîmes sortir, par les chemins des deux extrémités de la ville [3], deux colonnes de cavalerie, les enseignes déployées, et faisant mine, par une manœuvre assez régulière, de venir à nous.

J'envoyai de suite un officier de l'état-major pour faire avancer la cavalerie et l'infanterie légère, qui ne tardèrent

---

1. Rocheservière, chef-lieu de canton alors du district de Montaigu, aujourd'hui de l'arrondissement de la Roche-sur-Yon (Vendée). A quatorze kilomètres ouest-sud-ouest de Montaigu; six kilomètres sud-est de Saint-Étienne-de-Corcoué, neuf kilomètres nord-est de Légé; soixante-quinze kilomètres nord-ouest de Fontenay-le-Comte; trente et un kilomètres nord de la Roche-sur-Yon. Au sommet et sur le versant ouest d'une colline formant la rive droite de la Boulogne.
2. La Grolle, village dépendant de la commune de Rocheservière; à trois kilomètres et demi ouest-nord-ouest de ce bourg.
3. La sortie du côté de Nantes et celle du côté des Sables-d'Olonne.

pas à arriver. Mais ce qui nous étonna beaucoup, c'est que cet ennemi, qui annonçait une si bonne contenance, rentra dans la ville, avant de s'être déployé, par un mouvement aussi régulier et aussi grave. On aurait dit qu'il voulait nous porter le défi d'y aller le chercher.

La cavalerie fut mise en bataille à l'entrée de la plaine. Marigny envoya quelques patrouilles et quelques vedettes en avant ; je fis filer à droite et à gauche l'infanterie dans le bois, qui, des deux côtés de la route, s'avance en demi-cercle vers la ville, avec ordre de se tenir soigneusement caché dans les broussailles. Enfin ma brigade entière arrive à son tour, je lui fais faire halte et, la divisant en deux parties, je donnai à chaque chef de brigade les ordres nécessaires pour attaquer le poste par les deux chemins qui y conduisent ; l'heure de l'attaque était arrivée et nous n'attendions plus que le signal que devait donner Beysser, pour nous porter en avant.

Cependant les patrouilles vinrent nous dire que l'on ne voyait personne autour des murs et que la ville même paraissait tranquille et déserte. Je demandai alors au général Canclaux la permission d'y envoyer, avec un peu de cavalerie, mon aide de camp Buquet, pour examiner la chose de plus près et nous en rendre un compte exact. J'obtins aisément son consentement et Buquet s'avança avec Decaen [1], adjoint, et plusieurs chasseurs ; mais ne

---

1. Charles-Mathieu-Isidore Decaen, né à Caën le 13 avril 1769. Après avoir servi au corps royal des canonniers du 27 juillet 1787 au 1er juillet 1792, il était entré dans le cabinet d'un avocat de sa ville natale, nommé Lasseret. Engagé le 14 septembre 1792 au 4e bataillon de volontaires du Calvados, sergent-major en mars 1793, sous-lieutenant pendant le siège de Mayence et adjoint à l'état-major (1er mai 1793), adjoint général chef de bataillon le 26 novembre 1793, général de brigade le 2 avril 1796, général de division le 7 août 1800; capitaine général des établissements français de l'Inde en 1802, gouverneur de la 11e division militaire le 21 juin 1814, commandant du corps d'observation des Pyrénées-Orientales le 28 mai 1815.

voyant pas de canonniers proche de la pièce qui était en avant de la ville, ils en conclurent que l'ennemi avait pris la fuite et ils y entrèrent [1]. Ils nous en firent prévenir sur-le-champ et, ouvrant les portes des prisons, ils en firent sortir près de douze cents malheureuses victimes de tout sexe et de tout âge [2], que les Rebelles avaient incarcérées pour faits de patriotisme. Rien n'était si touchant que de voir ces martyrs de la liberté s'élancer au-devant de nous, nous serrer les mains, nous embrasser en nous appelant leurs libérateurs et en faisant retentir les airs des cris de : Vive la République !

Dans la crainte d'une méprise de la part de Beysser, il fallait le faire prévenir de tout ce qui s'était passé. Buquet

---

Admis à la retraite en 1824; remis en activité le 7 février 1831; mort à Deuil (Seine-et-Oise), le 9 septembre 1832. Il rédigea, dans les dernières années de sa vie, un *Journal* dont il sera donné des extraits dans la suite de cet ouvrage.

1. « M. Charette, incapable de se défendre, avec des hommes épouvantés, dans un endroit où la multiplicité des gens inutiles ne laissait place à aucun mouvement, donna lui-même la déroute à cette troupe entassée; il n'attendit pas l'arrivée de l'ennemi, il fit répandre le bruit de son approche et jeta l'alarme dans tout le bourg; les femmes, et l'on peut dire presque tous les hommes, prirent la fuite et gagnèrent Montaigu; l'artillerie les suivit et M. Charette ne resta qu'avec un petit nombre de cavaliers et deux pièces de gros calibre. — L'ennemi arriva par la route de Nantes et celle des Sables.... Des détachements de cavalerie s'avancèrent pour nous observer, on tira sur eux; nous les vîmes se retirer, mais bientôt toute l'armée s'ébranla et vint au pas de charge, croyant sans doute tenir à Légé le reste des Brigands. M. Charette fit alors charger les pièces sur des voitures, tandis que l'on feignait de vouloir sortir sur l'ennemi; l'instant d'après, on décampa par la route de Rocheservière. » (Lucas de la Championnière, *loc. cit.*, 44.)

2. L'érudit et consciencieux historien de Charette, M. Bittard des Portes, croit ce chiffre considérablement forcé. (Cf. Bittard des Portes : *Charette*, 171.) Cette opinion semble corroborée par une lettre de Broussais, alors caporal de grenadiers d'Ille-et-Vilaine, dans la division de Beysser, qui écrit de Montaigu le 17 septembre, c'est-à-dire trois jours après : « Nous trouvâmes aussi (à Légé) deux ou trois caissons, une écurie pleine de fort beaux chevaux, des magasins de poudre et plusieurs prisonniers. » (Lettre citée par Chassin, *Vendée patriote*, III, 38.)

et Decaen d'un côté et Lavalette [1], aide de camp du général Canclaux, de l'autre, se chargèrent de cette mission. Ils furent d'abord accueillis par quelques coups de fusil ; mais ils sont enfin reconnus et portent à ce général la nouvelle de la prise de Légé. Il entra dans la ville, une demi-heure après nous, à la tête de sa troupe, qui avait trouvé Machecoul évacué. Les prisonniers patriotes, dont il vient d'être parlé, nous apprirent que, dès la veille, à dix heures du soir, l'ennemi commença par évacuer la ville, et que cette évacuation dura jusqu'à quatre heures du matin ; qu'un des chefs, avec quatre cents chevaux environ, y était seul resté pour protéger la retraite, jusqu'au moment de notre arrivée [2]. La ville fut mise au pillage, par les troupes de Beysser exclusivement. Mon avant-garde reçut l'ordre de se rendre de suite à la Grolle. La division de Beysser se rendit également le même soir à Rocheservière.

Nous espérions tous que Dubayet, avec sa colonne, aurait intercepté les quatre cents cavaliers ennemis qui venaient d'abandonner Légé ; mais, malgré toute la diligence qu'il mit dans sa marche, il arriva trop tard. Dubayet passa la nuit dans les landes en deçà de Rocheservière, et Montaigu devint le nouveau lieu de rassemblement des fanatiques.

Mon avant-garde arriva tard à la Grolle, par une nuit très obscure et une pluie abondante ; elle passa la nuit au bivouac, car ce village indiqué, comme plusieurs autres, en grands caractères sur la carte de Bretagne, est composé de dix à douze maisons éloignées les unes des autres.

1. Peut-être J. Lavalette, qui commandait à Lorient en 1795 avec le grade d'adjudant général, et que le général Hoche semble avoir beaucoup apprécié. Ce Lavalette commandait à Caën en février 1800 et joua un rôle important dans l'affaire de Frotté.
2. Charette en personne (Cf. la note 1 de la page précédente).

15 septembre. Départ de la Grolle, arrivée à Remouillé. — Petit combat de l'avant-garde légère.

Le lendemain, Dubayet vint me remplacer à la Grolle et jeta la brigade aux ordres du général Beaupuy à Vieillevigne [1]. Mon avant-garde eut ordre de se rendre à Remouillé [2], pour être, le jour suivant, à portée de coopérer à l'attaque de Montaigu. Marigny avait pris le devant avec sa cavalerie soutenue de son infanterie légère ; le pays était très difficultueux. Je restai de ma personne à la tête de ma brigade. Marigny rencontra à Remouillé environ quatre cents Brigands, leur donna la chasse et en tua plusieurs. Merlin, lui-même, enleva d'un coup de sabre le crâne d'un de ces Brigands, qui, dans leur fuite, se dirigèrent sur Montaigu. Je fis établir de fortes gardes et, après avoir indiqué à la troupe les lieux de rassemblement en cas d'alerte, je lui permis de se loger dans le village, presque entièrement abandonné par ses habitants.

A l'instant, je reçois l'ordre de me rendre le lendemain à Montaigu par la route de Nantes à la Rochelle, et j'apprends que ma troupe, dans cette attaque, doit former la colonne de gauche ; que celle du centre doit être composée de l'armée aux ordres du général Dubayet, partant de Rocheservière, et celle de droite, formée par le corps de six mille hommes aux ordres de Beysser, qui, partant de Mormaison [3], se porterait sur la route de la Rochelle, du

---

1. Vieillevigne, alors chef-lieu de canton du district de Clisson, aujourd'hui commune du canton d'Aigrefeuille, arrondissement de Nantes. A dix-huit kilomètres sud-ouest de Clisson; trente-deux kilomètres sud-sud-est de Nantes; neuf kilomètres ouest de Montaigu ; quatre kilomètres nord-est de la Grolle.
2. Remouillé, à trente-cinq mètres d'altitude au-dessus de la rivière la Maine, sur la route de Nantes à la Rochelle. Commune du canton d'Aigrefeuille, alors district de Clisson, aujourd'hui arrondissement de Nantes. A quatre kilomètres sud-est d'Aigrefeuille ; onze kilomètres nord-nord-est de Montaigu ; vingt-quatre kilomètres sud-sud-est de Nantes; huit kilomètres ouest de Clisson.
3. Mormaison, commune du canton de Rocheservière, arrondissement de la Roche-sur-Yon (Vendée). A six kilomètres sud-est de Rocheservière;

côté opposé [1]. Le moment du départ était fixé à sept heures du matin, et la colonne du centre devait donner le signal de l'attaque. Je pars à l'heure même, bien résolu de ne rien négliger pour mettre, dans notre marche, la plus grande célérité ; mais le malheur veut qu'un avant-train de la première pièce se brise dans le défilé, presque impraticable, au sortir du village, et interrompe la marche de la colonne ; les soldats sont obligés de filer un à un par les hauteurs, et cette manœuvre occasionne une grande perte de temps.

16 septembre. Marche sur Montaigu : attaque et prise de cette ville. — Retour sur Remouillé.

Malgré ce retard, mon avant-garde n'est plus qu'à un demi-quart de lieue de la ville, lorsque j'entends les premiers coups de canon. Je vole à la tête de ma troupe, j'ordonne à Marigny de se porter vivement en avant avec sa cavalerie, et je lui recommande de prendre le premier chemin qu'il trouvera à gauche, soit pour couper la retraite à l'ennemi s'il arrive assez tôt, soit pour lui tomber sur les flancs ou le charger en queue s'il le trouve en fuite ; il exécute mes ordres à son ordinaire, avec valeur et intelligence.

Je fais ensuite obliquer à gauche et par échelons à travers les buissons, les huit premières compagnies d'infanterie légère, pour soutenir et seconder Marigny dans son expédition ; j'envoie le deuxième bataillon de la même troupe fouiller un château et quelques fermes sur notre droite, d'où l'ennemi venait de nous tirer quelques coups de fusil, dont Merlin avait reçu une contusion au bras. Je m'avance moi-même au pas de charge avec le reste de ma

huit kilomètres sud de Vieillevigne; douze kilomètres sud-ouest de Saint-Georges-de-Montaigu; treize kilomètres et demi sud-sud-ouest de Montaigu; vingt-huit kilomètres nord de la Roche-sur-Yon.

1. C'est-à-dire du côté de Saint-Georges-de-Montaigu, tandis que Kléber arrivait par Saint-Hilaire-de-Loulay, à l'opposé.

brigade ; j'ordonne de faire main basse sur tout ce qui aura la témérité de nous attendre et j'arrive ainsi à la tête de ma colonne dans Montaigu, au même instant que Beysser. Ma présence semble l'interdire; mais les cris de : Vive la République! nous rallient aussitôt [1].

Je perdis dans cette affaire un brave officier d'infanterie des Chasseurs de Kastel, qui a été tué en voulant débusquer l'ennemi d'un moulin à vent, à l'entrée du faubourg ; j'eus aussi quatre blessés, dont un autre officier des chasseurs à pied ; mais, en revanche, le faubourg par lequel je suis entré avec ma colonne fut jonché de cadavres des Rebelles, et Marigny, en poursuivant l'ennemi, en fit pareillement un grand carnage [2].

Intimement convaincu des grands avantages qui pouvaient résulter de l'enthousiasme de nos soldats et de la terreur panique dont l'ennemi était frappé, je proposai à Beysser de nous mettre aux trousses des Brigands et de les poursuivre jusqu'à Clisson, sans leur donner le temps de se reconnaître. Turreau, représentant du Peuple, goûta ma proposition ; Beysser, au contraire, m'objecta avec

---

1. « Dès le lendemain au soir, l'ennemi parut sur les hauteurs qui avoisinent la ville. Du côté de Vieillevigne, on passa la nuit dans des transes ; plusieurs s'échappèrent pour éviter le combat; d'autres, voulant jouir jusqu'au dernier moment, s'occupèrent à fouiller les caves qu'on trouva partout bien garnies, et avalèrent à longs traits la ferme résolution de mourir. L'occasion se présenta dès le matin (suivant) : l'ennemi (colonne Beysser) arriva par la route de la Rochelle et celle de Vieillevigne; on fut au-devant jusqu'au bourg de Saint-Georges et là, malgré la pluie très abondante, un combat de tirailleurs s'engagea et dura plusieurs heures. Rien ne paraissait encore désespéré, lorsqu'une autre armée (colonne Kléber) parut sur le chemin de Nantes. » (Lucas de la Championnière, loc. cit., 44, 45.)

2. « On leur a tué plus de cinq cents hommes, les rues et les chemins en sont pleins. Mais pour plus de bonheur, comme ils s'enfuyaient de l'autre côté de la ville, l'armée de Mayence, qui arrivait par là, les a tirés à mitraille, les a fusillés. La cavalerie les a poursuivis fort loin, de sorte qu'ils ont perdu, de cet autre côté, plus de mille hommes. » (Lettre de Broussais, déjà citée, p. 138, note 2.)

humeur que sa troupe était excédée de fatigue, qu'elle venait de faire huit lieues et qu'elle avait besoin de repos. J'avais trop peu de monde pour exécuter, moi seul, cette entreprise ; je devais donc me conformer strictement à mon ordre et retourner à Remouillé.

La ville de Montaigu étant abandonnée de ses habitants, les colonnes y étaient à peine arrivées qu'elle fut livrée au plus affreux pillage. Ce qui m'étonna le plus, c'est que Beysser y participa lui-même et, sans s'occuper de sa troupe, sans songer même à prendre aucune précaution de sûreté, il s'abandonna aussitôt aux plaisirs de la table et à celui des femmes. J'allai le trouver pour le prier en grâce de faire battre la générale, afin que mon avant-garde, qui s'était confondue dans la ville, pût se rassembler et retourner à son poste ; il me le promit et, au bout d'une heure, les ordres qu'il a donnés à ce sujet furent enfin exécutés. Répugnant aux excès que je voyais commettre et qu'il n'était pas en mon pouvoir de réprimer, je chargeai l'adjudant général Nattes [1] de la conduite de la colonne, que j'allais attendre au village de Saint-Hilaire [2], sur le chemin de Remouillé.

Lorsque je la vis paraître, je jugeai bien qu'elle n'avait pas perdu son temps ; chacun était chargé de butin de toute espèce. L'homme le plus austère n'aurait pu s'empêcher de sourire en voyant les divers costumes sous lesquels plusieurs soldats s'étaient déguisés ; les soutanes,

1. De Nattes jeune était capitaine de grenadiers au siège de Mayence (1793), caractère résolu et plein d'ardeur, particulièrement estimé de Kléber. Il eut un cheval tué sous lui à la bataille d'Antrain, le 22 novembre 1793.

2. Saint-Hilaire-de-Loulay, commune du canton alors district de Montaigu (Vendée). A trois kilomètres nord-nord-ouest en avant de cette ville vers Nantes; un kilomètre et demi de la rive droite de la Maine ; neuf kilomètres sud-sud-est de Remouillé ; dix kilomètres est-sud-est de Vieillevigne.

les surplis et les chasubles étaient surtout préférablement employés à ces mascarades. La colonne du centre, commandée par Dubayet, ne parut point. Sans doute, Canclaux, apprenant la prise de Montaigu, l'avait fait rétrograder.

Dès que ma troupe fut rentrée à Remouillé, je fis prendre une position militaire ; elle passa la nuit au bivouac. De violentes altercations, qui s'élevèrent entre l'avant-garde légère et le reste de ma colonne, me déterminèrent à séparer les camps de ces deux corps par un ravin, en leur interdisant toute espèce de communication. Je leur parlai ensuite et j'eus le bonheur de ramener le calme et l'union.

Instruit qu'une brigade de la colonne d'Aubert-Dubayet, commandée par le général Beaupuy, s'était portée sur Aigrefeuille, je demandai au général Canclaux qu'elle agît de concert avec moi, pour l'expédition de Clisson, qu'il m'avait chargé d'enlever le lendemain ; il y consentit, en m'observant de ne m'en servir que comme d'un corps d'observation, qui couvrirait en même temps le parc d'artillerie resté à Aigrefeuille. Il ajouta dans sa lettre « que le rendez-vous pour Clisson soit donc pour demain à dix heures du matin. J'arriverai aussi vers cette heure-là à portée, avec deux cents grenadiers et deux cents chevaux, et si je trouve moyen de faire quelque chose sur la droite, je le ferai, ne fût-ce que pour suivre l'ennemi. Nous serons encore soutenus par la colonne de la première division, qui arrivera, sans doute, à peu près vers la même heure à Remouillé. Il faut enfin compléter la leçon donnée aujourd'hui, et que ces malheureux Brigands voient qu'ils n'auront ni paix ni trêve. » Et, sur la nouvelle que j'avais donnée à Canclaux que les Rebelles avaient fait un mouvement sur Maisdon [1], il me dit : « Le mouvement que les Rebelles ont fait sur Maisdon provient, sans doute, de ce qu'ils auront aperçu le bataillon que le général Grouchy a dû porter aujourd'hui de Villeneuve, où je l'avais laissé, sur la route des Sables, devant Touffou [2], et un peu plus près, sur la route de la Rochelle, intermédiaire entre les postes des Sorinières et d'Aigrefeuille ; ce qui rend cette route bien sûre. »

J'écrivis en conséquence au général Beaupuy, en lui transmettant l'ordre de sa marche, et ma colonne se mit en mouvement le lendemain, dès la pointe du jour. Les chemins étaient abominables et le pays très coupé. Après deux heures de marche, les éclaireurs vinrent me dire que l'on ne pouvait découvrir Clisson, que lorsqu'on en était à une portée de fusil, et qu'ils avaient pénétré jusque-là sans voir aucune trace des ennemis. J'envoyai de suite une forte patrouille de cavalerie mêlée d'infanterie. Elle entra dans la ville et me fit dire qu'on n'y avait trouvé que des femmes, qui avaient accueilli la troupe aux cris de : Vive la République ! Je fis aussitôt la reconnaissance pour l'établissement de la colonne et la distribution des postes.

17 septembre. Départ de Remouillé, arrivée à Clisson.

Canclaux arriva quelque temps après, et le lendemain, Dubayet vint nous joindre avec son armée.

Canclaux apprit vers cette époque que, pendant que nous marchions de succès en succès, l'armée des côtes de la Rochelle n'avait, à son ordinaire, éprouvé que des re-

18 septembre. Séjour. Arrivée du corps d'armée.

---

1. Maisdon, commune du canton d'Aigrefeuille (Loire-Inférieure). A douze cents mètres nord de la rive droite de la Maine ; quatre kilomètres nord-ouest d'Aigrefeuille ; six kilomètres nord de Remouillé ; dix kilomètres ouest de Clisson ; vingt-quatre kilomètres sud-est de Nantes.
2. La forêt de Touffou, qui borde la gauche de la route de Nantes aux Sables-d'Olonne, s'étend sur les communes du Bignon et de Vertou (Loire-Inférieure) ; à environ quatre kilomètres nord du Bignon ; six kilomètres sud de Vertou ; douze kilomètres sud-sud-est de Nantes ; onze kilomètres nord-ouest d'Aigrefeuille.

vers ; que, par cette raison, elle ne pouvait être à la hauteur de Mortagne au jour convenu, ce qui le détermina à nous communiquer le mémoire suivant, et, comme il fut généralement approuvé, il distribua à chacun les ordres qui le concernaient.

CHAPITRE TROISIÈME

<small>Mémoire sur la suite des opérations à faire par les armées réunies de Mayence et de Brest.</small>

« Suivant le plan arrêté à Saumur, c'était devant Mortagne [1] que devaient se concerter les mesures ultérieures.

« L'armée des côtes de la Rochelle n'ayant pu remplir l'obligation d'être à la hauteur de cette ville au jour fixé, celle que commande le général Canclaux est libre de ses mouvements ; il s'en présente deux à l'idée.

« Le premier est de profiter de la terreur que la marche rapide et victorieuse de cette armée a semée parmi les Rebelles pour se jeter sur Mortagne [2].

« Le second est d'attendre le rapprochement de l'armée de la Rochelle pour attaquer Mortagne, et, pendant ce temps, de s'occuper à nettoyer la route de Clisson à Nantes

---

1. Mortagne était devenue le centre militaire de l'insurrection Vendéenne. Les catholiques royalistes y avaient établi leur arsenal, leurs magasins, leur principal dépôt de prisonniers. C'est là qu'ils avaient accumulé les armes, les canons, les munitions, au fur et à mesure qu'ils les enlevaient aux troupes Républicaines.

2. « L'ennemi nous laissa maladroitement du repos : nous séjournâmes tranquillement à Tiffauges », écrit Lucas de la Championnière, et il ajoute un peu plus loin, en parlant du premier succès de Kléber à Boussay, le 19, quelques instants avant la déroute infligée aux Mayençais par Bonchamps : « L'armée (de Charette) n'avait d'autre refuge que Mortagne, où elle eût sûrement été bloquée. » (*Loc. cit.*, 46, 47.)

et à balayer la rive gauche de la Loire, ce qui serait d'autant plus avantageux qu'alors on pourrait rapprocher la réserve et renforcer l'armée des troupes qui sont sur la rive droite de la Loire, lesquelles, en passant avec sûreté la rivière, sous la protection de celles qui s'avanceraient dans l'intérieur, pourraient efficacement et promptement coopérer à ce nettoiement. Mais, cependant, il prendrait encore du temps, pendant lequel les troupes actuellement agissantes des armées combinées, au moins la partie d'elles qui resterait sur la rive occupée maintenant et qui doit être gardée, tomberaient dans une inaction et une oisiveté qui pourraient devenir dangereuses, et qui refroidiraient peut-être leur courage et leur ardeur.

« Mais si, par la réflexion, on tire de ces deux plans un troisième qui réunisse une grande partie des avantages de l'un et de l'autre et qui puisse conduire aux résultats qu'on devait en attendre : celui de la destruction des Brigands et de leurs ressources, on croit alors devoir fixer sur ce dernier la préférence, et tel est celui que présente en ce moment le général en chef à la discussion des généraux, aussi éclairés qu'ardents pour la cause que nous défendons. Il ne s'agirait, pour cela, que de porter en avant de la ligne des opérations, dans l'ordre qui suit :

« La colonne de droite du général Beysser, à Tiffauges ; l'avant-garde du général Kléber, passant la Sèvre, se portera en avant de Clisson, sur le chemin de Poitiers, d'abord à la hauteur de Boussay [1], puis jusqu'à Torfou,

1. Boussay, à quatre-vingts mètres au-dessus de la rive droite de la Sèvre Nantaise, commune du canton alors district de Clisson (Loire-Inférieure). A neuf kilomètres sud-est de Clisson ; trente-cinq kilomètres sud-est de Nantes ; vingt-trois kilomètres ouest de Cholet ; six kilomètres sud-est de Gétigné ; cinq kilomètres et demi nord-nord-ouest de Torfou ; sept kilomètres nord-ouest de Tiffauges.

d'où elle pourrait communiquer avec la colonne de droite, par le pont qui est à Tiffauges.

« Le corps d'armée se porterait à Clisson ; la deuxième division en serait détachée par la gauche, pour balayer, de concert avec la réserve, la route de Clisson à Nantes ; pour cela, elle se porterait d'abord au Pallet [1], et, de là, sur la Croix-Moriceau [2], lieu principal de rassemblement des Brigands, qu'elle attaquerait avec l'avantage des hauteurs qui dominent ce lieu en venant de Clisson. Elle pousserait de suite jusqu'à la Louée, autre lieu de rassemblement, pour le prendre par derrière, tandis que la réserve l'attaquerait de front ainsi que Vertou.

« La deuxième division se porterait au Pallet, qui n'est distant de Clisson que d'une lieue et demie, et la réserve se camperait au Hallay [3], ayant un poste en arrière, à la Louée, et un autre en avant, au-dessus de la Chapelle-Heulin. Son front serait couvert par les marais [4] et ses derrières par la Légion nantaise et un corps de grenadiers qui se porterait sur Basse [5] et Haute-Goulaine.

---

1. Le Pallet, à quarante mètres d'altitude sur le plateau qui s'avance comme un promontoire jusqu'au confluent de la Sanguèze et de la Sèvre Nantaise, commune du canton de Vallet, alors district de Clisson, aujourd'hui arrondissement de Nantes. A six kilomètres sud-ouest de Vallet; neuf kilomètres nord-nord-ouest de Clisson; sept kilomètres sud-est du château du Hallay ; dix-neuf kilomètres est-sud-est de Nantes.

2. La Croix-Moriceau, village important de la commune de la Haie-Fouassière, canton de Vertou (Loire-Inférieure). A un kilomètre nord-est de la Haie-Fouassière; cinq kilomètres sud-ouest de la Chapelle-Heulin ; sept kilomètres sud-sud-est de Haute-Goulaine ; six kilomètres sud-est de la Louée; dix-sept kilomètres sud-est de Nantes.

3. Le Hallay, hameau et château, commune de la Haie-Fouassière; sur la droite de la route de Nantes au Pallet et à Clisson. A deux kilomètres nord de la Haie-Fouassière ; deux kilomètres nord-ouest de la Croix-Moriceau ; quatre kilomètres de la Chapelle-Heulin ; sept kilomètres est de Vertou ; deux kilomètres et demi sud-est de la Louée.

4. Les marais de Goulaine.

5. Basse-Goulaine, à vingt mètres, sur la rive gauche de la Loire, à l'embouchure du canal des marais de Goulaine. Commune du canton de

« Cette position, quelque étendue qu'elle soit, se soutient tellement que l'ennemi pourrait difficilement entreprendre dessus quelque chose, ou chercher à la percer, sans prêter le flanc lorsqu'il ferait une trouée ; elle serait en même temps menaçante et pourrait, par un rapprochement inopiné, donner facilité de surprendre Mortagne, ou au moins de le brûler ; ce coup fait, le détail des rassemblements tombe et le nettoiement se fait en répandant la force, la terreur ou la persuasion pour l'exécution de ce plan, qui, s'il est adopté, doit être exécuté sans retard [1]. »

Ordre du 18 septembre 1793 (IIe de la République)

« Le 19, l'avant-garde aux ordres du général Kléber se portera à la hauteur de Boussay, sur le chemin de Poitiers, et, de suite, reconnaîtra le chemin pour se porter à Torfou et établir une communication avec Tiffauges, où la colonne de droite se portera, sitôt que l'avant-garde sera placée à Torfou.

« Le 19, la première division [2] se portera de Remouillé et Aigrefeuille à Clisson ; il ne restera à Aigrefeuille que le bataillon de la Haute-Saône, qui a été placé sur la forêt de Touffou. Les trois bataillons de grenadiers qui sont à Aigrefeuille se rendront de même à Clisson demain, mais en faisant une tournée entre les rivières de Maine et de Sèvre, passant à Châteauthébaud [3], à l'effet

---

Vertou, arrondissement de Nantes. A six kilomètres nord-nord-est de Vertou; dix kilomètres est-sud-est de Nantes; sept kilomètres et demi nord-nord-ouest du château du Hallay.

1. Cet exposé du plan de Canclaux est analysé par Savary, *loc. cit.*, II, p. 153-154. Il est publié presque en entier par Pajol, *Kléber*, 42-43.
2. Sous les ordres de Vimeux.
3. Châteauthébaud, sur la rive gauche de la Petite-Maine. *Commune du canton de Vertou*, à huit kilomètres sud-sud-est de Vertou ; cinq kilomètres sud-ouest de la Haie-Fouassière; douze kilomètres nord-ouest de Clisson; six kilomètres nord d'Aigrefeuille ; seize kilomètres sud-est de Nantes.

de purger cet intervalle des Brigands qui l'infestent.

« Le 19, la deuxième division [1] se portera à Clisson et de là au Pallet, pour être en mesure d'attaquer, le 20, la Croix-Moriceau et ensuite la Louée, en prenant ces deux postes par derrière, en même temps que la réserve, aux ordres du général Grouchy, l'attaquera de front. Cette division reviendra le même jour au Pallet, pour être à portée de se joindre à la première division lorsqu'elle marchera.

« Le 20, la réserve, ayant levé son camp des Naudières à l'entrée de la nuit, viendra passer par le faubourg Saint-Jacques de Nantes [2], où elle bivouaquera et recevra l'eau-de-vie, pour se porter, par la route de Clisson, sur le poste de la Louée qu'elle attaquera, et, de là, sur celui de la Croix-Moriceau. Elle s'établira au Hallay, carrefour de la route de Clisson et de celle de Vallet, ayant un poste, en arrière de sa gauche, à la Louée, et un au-dessus de la Chapelle-Heulin, un peu en avant de sa droite.

« La colonne de droite, ainsi qu'il est dit ci-dessus, ne se portera à Tiffauges que quand il sera ordonné.

« Le 20, la Légion nantaise et un corps de grenadiers nantais se porteront sur Basse et Haute-Goulaine, sous les ordres de l'adjudant général Laval [3], et y prendront poste jusqu'à nouvel ordre.

1. Sous les ordres de Beaupuy.
2. Saint-Jacques-de-Pirmil, faubourg de Nantes, sur la rive gauche de la Loire, faisant autrefois partie de la paroisse de Saint-Sébastien. A la tête du pont de Pirmil, qui franchit le principal bras de la Loire et qui mettait seul la ville en communication avec le pays de Retz et la Vendée. Canclaux y avait établi un poste important couvert par une forte redoute. Dès le début de la guerre civile, les Vendéens en avaient établi un aussi dans le voisinage, afin de surveiller et de contenir si possible les Républicains.
3. Pierre-François-Marie Peste-Turenne dit Laval, né le 22 mars 1769, marié avec une Nantaise, Mlle Vigneron de la Jousselandière. Adjudant général nommé commandant de place à Nantes, le 1er septembre 1793, en remplacement de Beysser destitué comme fédéraliste; chevalier de l'Empire par lettres patentes du 22 octobre 1810; retraité comme colonel; chevalier de la Légion d'honneur. Mort à Paris le 28 février 1833.

« Les gros équipages de la colonne de droite resteront à Montaigu, lorsque cette colonne marchera ; ceux de l'avant-garde resteront dans Clisson, ainsi que ceux du corps d'armée qui y viendront demain ; ceux de la deuxième division resteront à Clisson, ceux de la réserve les suivront sur l'ordre particulier de son commandant [1].

« CANCLAUX. »

Mon journal n'est jusqu'ici qu'une série de victoires ; mais je vais rendre compte d'un revers qui, heureusement, a été réparé sur-le-champ. Le 18, je reçus du général Canclaux l'ordre inséré dans le mémoire ci-dessus. Je le communiquai à Beaupuy, qui me fit la proposition de m'accompagner encore dans cette expédition. J'en fis la demande à Canclaux ; il ne put y consentir, ayant eu l'intention d'employer cette brigade, le même jour que j'irais à Boussay, pour attaquer les derrières de la Croix-Moriceau et de la Louée, pendant que Grouchy attaquerait avec sa troupe les postes de front.

Je partis donc le lendemain sans pouvoir me procurer un guide. Après avoir passé le village de Gétigné [2], je détachai des chasseurs à cheval sur la droite avec ordre de se porter dans des positions favorables, pour observer s'ils ne verraient pas filer une colonne parallèlement à la nôtre, sur la rive opposée de la Sèvre ; ce devait être celle de Beysser ; je leur recommandai de venir sur-le-champ

19 septembre. Départ de Clisson : attaque de Torfou ; l'avant-garde éprouve un échec et se replie sur Gétigné.

---

1. Savary, *loc. cit.*, 154, raccourcit considérablement cet ordre. La manière dont il présente ce qu'il en publie semble donner raison à ceux qui l'accusent de tronquer les textes, sans vergogne. Pajol, *Kléber*, 43-44, donne le texte ci-dessus, sauf le dernier paragraphe.

2. Gétigné, à quarante-cinq mètres, au-dessus de la rive droite de la Sèvre Nantaise, en face de l'embouchure de la Bouvraie. Commune du canton de Clisson (Loire-Inférieure). A trente kilomètres est-sud-est de Nantes ; trois kilomètres sud-sud-est de Clisson ; six kilomètres nord-ouest de Boussay ; onze kilomètres nord-ouest de Torfou.

me rendre compte de ce qu'ils auraient découvert relativement à cet objet. Marigny, avec ses chasseurs à cheval et son infanterie légère, fut chargé d'éclairer la marche ; Chevardin [1] commandait les flanqueurs et je demeurai à la tête de ma colonne. Après deux heures de marche, nous entendîmes une fusillade assez vive, qui nous fit présumer que l'avant-garde légère était arrivée à Boussay. J'engageai la troupe à accélérer le pas ; à l'instant, Marigny me fit dire, par une ordonnance, que les Brigands étaient en fuite ; qu'il les avait chassés de Boussay, où il les avait rencontrés au nombre de quatre cents, dont il en avait tué plusieurs ; enfin qu'il demandait mes ordres. Je chargeai l'ordonnance de lui dire de m'attendre.

Deux chemins se présentent à l'entrée de Boussay : l'un à droite, traversant le village, et l'autre à gauche. J'étais sans guide, comme je l'ai dit plus haut, et j'ignorais celui qu'il fallait prendre ; un chasseur à cheval m'amena, dans ce moment d'incertitude, un prisonnier, que je déterminai, par menaces et par promesses, à me dire que l'un et l'autre conduisaient à Torfou, que néanmoins celui de gauche était le plus praticable pour les voitures. Je fis passer Marigny, avec l'avant-garde légère, par le chemin de droite, afin d'être sans inquiétude pour mon flanc et mes derrières. Le reste de ma brigade suivit le chemin de gauche. Je pris le devant avec Merlin, mon aide de camp, les officiers de l'état-major et mes ordonnances. Le pays était singulièrement couvert ; le défilé par lequel nous de-

---

[1]. Antoine Chevardin, né à Saint-Maurice-en-Rivière, le 18 septembre 1768, servait dans la garde nationale de Dijon depuis sa formation, lorsqu'il obtint d'être nommé sous-lieutenant au 57e régiment d'infanterie. Il s'était distingué pendant le siège de Mayence. Élu chef de bataillon des chasseurs de Saône-et-Loire, le 1er septembre 1793, il trouva, le 19, une mort glorieuse en défendant le pont de Boussay, sauvant ainsi d'un désastre complet la brigade de Kléber.

vions passer se rétrécissait insensiblement. Je m'entretenais tranquillement avec Merlin, lorsque tout à coup l'adjoint Decaen, qui nous précédait de quelques pas, nous cria vivement : « Garde à vous, l'on vous ajuste. » En effet, nous vîmes un poste de cavalerie, qui nous lâcha quelques coups de carabine.

Quoique la colonne fût très en arrière, je fis quelques commandements, comme si elle avait été présente, pour ôter à l'ennemi l'envie de nous charger dans un terrain qui nous était si peu favorable. Je dépêchai une ordonnance pour faire avancer promptement une trentaine de chasseurs à cheval, qui formaient l'avant-garde. Dès qu'ils furent arrivés, je les mis aux trousses de cette grand'garde, avec ordre de gagner les hauteurs de Torfou et de tâcher de s'y maintenir, pour donner à l'infanterie le temps d'arriver. Ils remplirent mes intentions avec autant d'impétuosité que de bravoure ; ils furent néanmoins obligés de se replier, la troupe n'arrivant pas assez vite pour les soutenir ; le terrain leur était d'ailleurs peu propice et l'ennemi, revenu de son étonnement, les attaquait en face.

Enfin ma brigade arrive. Je fais aussitôt battre la charge ; ils foncent à la baïonnette, gravissent les hauteurs et débusquent l'ennemi de toutes ses positions. Le désespoir s'empare des Brigands, ils reviennent à la charge, les femmes se jettent dans les rangs et veulent, en aiguillonnant leurs maris, partager leur danger. Tout est inutile, rien n'arrête nos soldats Républicains ; ils franchissent tous les obstacles, déjà ils occupent la crête de la hauteur et Torfou est à nous. Pour me maintenir dans cette position, je fais avancer deux pièces de canon. J'en envoie une sur la gauche, dont j'avais prié Merlin de se charger, en lui recommandant de ne pas la perdre de vue ; j'avais donné à Marigny le commandement de la droite.

Alors le combat s'engage ; le feu de l'artillerie et de la mousqueterie cause de part et d'autre un carnage horrible. L'ennemi ne fuit point, comme il avait d'abord paru le faire. Il se rallie au delà d'un ravin, dans une position très avantageuse; il occupe le bois qui environne Torfou, et sa ligne est tellement étendue qu'on ne peut estimer ses forces à moins de vingt mille combattants contre deux mille hommes seulement, qui sont à mes ordres. On voit même cette quantité prodigieuse s'accroître à chaque instant du côté de Tiffauges, où elle appuyait sa gauche, tandis que sa droite se prolongeait au delà de Torfou [1]. Je

[1]. « Notre ligne (des Vendéens) s'étendait sur la grande route de Tiffauges à Cholet ; notre gauche, où étaient Lescure, Charette, Joly, etc., appuyée à Tiffauges ; et notre droite s'étendait du côté de Cholet, ayant le bourg de Torfou en face, à environ un mille de distance. — On était ainsi vers les sept heures du matin, le 19 septembre, attendant le général Bonchamps, lequel n'étant pas encore remis de sa dernière blessure, n'avait pas couché au camp. Il arrive, et à peine est-il descendu de sa voiture, qu'il demande si l'on a fait une reconnaissance exacte des chemins qui vont à Torfou et si on les garde? — On lui dit que oui. — Mais il y a un ancien chemin, répliqua-t-il ; et il le montra sur sa carte, ajoutant que l'ennemi viendrait par là. — On va donc reconnaître ce chemin dont on ne s'était pas douté. — D'Elbée, Bonchamps, La Bouëre, etc., y vont eux-mêmes ; je fus de la partie. A peine avons-nous fait cinq cents pas, que les coups de fusil sifflent à nos oreilles ; c'était l'ennemi qui venait nous attaquer et dont quelques gendarmes et des tirailleurs étaient déjà sur nous, protégés qu'ils étaient par un fourré de bois. — Ne voulant pas nous laisser attaquer, d'Elbée me donne l'ordre à l'instant de faire avancer l'armée.... Elle s'avance dans les meilleures dispositions possibles ; mais surprise de rencontrer les Républicains plus tôt qu'elle ne s'y était attendue, elle s'ébranle du côté de l'aile droite, de façon que beaucoup prennent la fuite.... — Comme cette bataille de Torfou était très importante en ce que c'était la dernière barrière de ce côté, toutes les femmes et filles des bourgs voisins avaient suivi de loin l'armée et, dès les premiers coups de fusil, s'étaient mises en prières. Leur désolation fut extrême, voyant une partie de nos gens courir en déroute ; mais s'apercevant que le fort de l'armée tenait ferme, elles vont au-devant des fuyards et, soit par les reproches les plus sanglants, soit avec des pierres et des bâtons, elles les ramènent au combat et les conduisent jusqu'au milieu du feu, leur disant qu'elles valaient plus qu'eux, qu'elles n'avaient pas peur. *Oculis vidi.* » (Poirier de Beauvais, *loc. cit.*, 118, 119, 120.)

« Nous étions (la troupe de Charette) en bataille sur le grand chemin ;

m'aperçois alors combien il était facile à l'ennemi de nous tourner, en cas que Beysser ne l'attaquât pas par sa gauche, en se portant de Tiffauges sur Boussay, la seule retraite que nous avions. Pour l'en empêcher, j'envoie ordre à Targe de rester en bataille sur le chemin et à Chevardin de couronner un bois qui se trouvait sur ma gauche. Ces précautions prises, j'hésite un instant si, malgré la supériorité de l'ennemi, je ne dois pas faire passer à ma troupe le ravin qui l'en sépare, pour l'attaquer de nouveau dans ses retranchements, la baïonnette au bout du fusil. Sur le point d'exécuter cette manœuvre, Merlin m'envoie dire que les deux bataillons de gauche ont lâché pied et que, sans l'intrépidité d'une poignée de braves soldats, qui luttent corps à corps avec l'ennemi, déjà la pièce nous aurait été enlevée. Pour remédier à ce désordre, j'ordonne à Boisgérard de prendre un des bataillons de la droite, pour le porter de ce côté. Il part ; le reste de la droite augure de ce mouvement qu'on bat en retraite ; beaucoup de soldats allèguent ce spécieux prétexte pour excuser leur fuite et tous paraissent d'autant plus consternés qu'une fusillade venant à s'engager sur nos derrières, quelques voix s'écrient : « Nous sommes coupés[1] ! »

---

on donne l'ordre de courir dessus, et le combat s'engagea au-dessus du bourg (de Torfou). Mais les plus braves étant trop prompts à attaquer et les autres trop longs à les secourir, la déroute s'ensuivit comme de coutume. En vain les chefs emploient la remontrance et la menace pour arrêter la fuite.... M. de Bonchamps se présente alors avec un corps de troupes en bon ordre, ses soldats tombent sur les fuyards à grands coups de crosse et leur reprochent leur lâcheté. On retourna à l'ennemi avec des cris affreux. » (Lucas de la Championnière, *loc. cit.*, 47.)

1. « Le général Dubayet déclare à ses frères d'armes qu'il les a trouvés hier dignes des journées de Kostheim et de Marienborn (pendant la défense de Mayence), mais qu'il désire en eux plus de docilité à la voix des chefs estimables qui les conduisent au combat et qui, seuls, peuvent les rallier dans les moments critiques. » (20 septembre 1793, ordre du jour du général Aubert-Dubayet à l'armée, cité par Savary, *loc. cit.*, II, 179.)

Profondément ému de voir échapper de mes mains la victoire, que j'allais peut-être sceller par un second coup d'audace, je fais tous mes efforts pour retenir le soldat. Je réussis à l'arrêter un instant et le feu recommence de nouveau. Alors je me porte à la gauche avec mon aide de camp Buquet et quelques ordonnances. Je trouve, en effet, l'ennemi maître du village; mais nos soldats lui disputent le terrain pied à pied. On avance, on recule; les baïonnettes et les piques sont seules mises en usage. On ne vit jamais un combat, un acharnement plus cruel [1]. Satisfait de la résistance de la gauche, mes espérances renaissent. Je retourne à la droite pour essayer de la porter de nouveau en avant; mais, déjà, l'on succombe sous le grand nombre des ennemis. La confusion s'accroît et Marigny me crie : « Nous sommes trop faibles pour nous porter en avant! » et, dans cet instant, je reçois une balle à l'épaule; heureusement, elle ne me met pas hors d'état de commander.

J'ordonne la retraite, et mes principaux soins se dirigent sur l'artillerie; car, quant à la troupe, je me proposais de lui faire prendre position à la hauteur de Boussay, que je n'aurais peut-être pas dû quitter, jusqu'à ce que j'eusse acquis la certitude que Beysser, d'après l'ordre qu'il en avait, se portait en effet sur Tiffauges. Je fais mettre la main à l'œuvre à tout ce qui m'environne, pour désobstruer le passage et faire avancer les pièces; mais un caisson se brise dans le défilé et tous nos efforts deviennent inutiles. Quatre bouches à feu et autant de caissons tombent au pouvoir de l'ennemi [2]. J'envoyai une ordonnance à Can-

---

1. « C'est à cette bataille que Kléber, voyant le feu des Vendéens et admirant le sang-froid et la valeur de nos soldats, s'écria dans son accent allemand : *Tiaple! ces pricands se pattent pien!* » (Boutillier de Saint-André, *Mémoires d'un père à ses enfants*, 160.)

2. « Les chemins étroits et raboteux empêchaient l'usage de l'artillerie;

claux et à Dubayet, pour leur demander quelques bataillons de renfort. Merlin, de son côté, en avait fait autant, et je m'occupai à mettre de l'ordre dans la retraite. Arrivé près de Gétigné, je rencontrai le secours que j'avais demandé. Dès que ma troupe se vit soutenue, elle sentit renaître son courage, que la grande supériorité de l'ennemi avait paralysé momentanément [1]. Je fis faire halte et je formai ma brigade en bataille entre les deux rivières de Sèvre et de Moine [2]. Le général Canclaux était à la tête des bataillons que j'avais demandés. Je lui rendis compte de ce qui venait de se passer, en me plaignant amèrement de Beysser, qui n'avait donné aucun signe de vie, pendant cinq heures qu'avait duré le combat le plus opiniâtre qu'on eût encore vu depuis le commencement de cette

la prise des premières pièces (de l'armée de Mayence), qui se trouvèrent des obusiers, redoubla l'ardeur des combattants; la nouvelle de ce premier avantage fut bientôt répandue d'un bout à l'autre de l'armée; tous les soldats alors se précipitèrent sans avoir besoin d'être excités. — L'ardeur d'un premier succès augmenta le courage et les forces; mais ce qui nous donna sûrement la victoire, ce fut notre manière de combattre qui, dans un pays coupé comme celui de Gétigné et de Torfou, valait infiniment mieux que la leur. Partout où ils se trouvaient de l'espace, ils se mettaient en ligne et faisaient un feu direct sans s'apercevoir qu'ils ne pouvaient nous toucher, car marchant en colonne et les suivant toujours de droite et de gauche le long des fossés, nous tirions dans leurs pelotons et nous y faisions d'autant plus de ravages que nos braves n'étaient jamais à plus de vingt pas d'eux. Le butin immense laissé dans les champs, les morts qui couvraient la terre, les pièces d'artillerie qu'on avait soin de faire passer à la queue de l'armée sitôt qu'on s'en était emparé enflammaient les plus faibles du désir de participer à la victoire. » (Lucas de la Championnière, *loc. cit.*, 47, 48.)

1. « Il n'est pas possible de porter au combat plus d'intrépidité et de sang-froid que n'en eurent les Mayençais dans cette journée; ils ne reculaient jamais de plus de trente pas sans se remettre en bataille; des feux de file semblables à un roulement de tambour faisaient bien voir que nous n'avions plus affaire à des recrues. » (Lucas de la Championnière, *loc. cit.*, 48.)

2. La Moine, affluent de droite de la Sèvre, et non pas la Maine, affluent de gauche, très éloigné de la Sèvre, au point qui nous occupe. Pajol, qui suit pas à pas et copie même presque constamment le récit de Kléber, a confondu ces deux rivières.

guerre, tandis qu'il eût pu si efficacement faire diversion sur la gauche de l'ennemi.

Vimeux, qui commandait le renfort qui venait de m'arriver, tomba vivement sur l'ennemi. Cette attaque imprévue le déconcerta ; il prit la fuite et, malgré la promptitude de sa retraite, beaucoup des siens tombèrent sous le feu de nos braves. Partie de mon avant-garde, enrageant de prendre sa revanche, suivit les troupes de Vimeux et, malgré l'excès de ses fatigues, elle montra une ardeur incroyable dans la poursuite de ces Brigands [1].

Nous tuâmes, dans cette journée, beaucoup de monde à l'ennemi ; mais nous en perdîmes aussi un très grand nombre et surtout quantité de braves officiers [2]. L'intrépide Chevardin, chef de bataillon des chasseurs de Saône-et-Loire, chargé de couvrir notre retraite, y perdit la vie ainsi que Rieffel, ami de Merlin, et qui le suivait en qualité de volontaire ; il était Mayençais ; l'amour de la liberté et l'estime qu'il avait pour la nation française l'avaient déterminé à suivre notre armée [3]. Du nombre

---

1. « M. Charette avait déjà fait battre la retraite, mais fatigués d'un combat qui avait duré tout le jour, nous vidions des cruches de vin qui se trouvaient dans le village (de Gétigné). Dans ce moment, l'ennemi accourut le sabre à la main et nous y cerna presque de toute part ; c'était un renfort arrivé de Clisson ; chacun fit usage de ses armes pour s'arracher des mains de son meurtrier ; nous y perdîmes du monde et nous fûmes forcés d'abandonner notre dernière prise. » (Lucas de la Championnière, loc. cit., 48, 49.)

2. « On estima le nombre des morts à douze cents parmi les républicains et à deux cents parmi nous. » (Lucas de la Championnière, loc. cit., p. 50).

3. Jacques-Ignace Rieffel tenait à Mayence l'hôtellerie du « Roi d'Angleterre ». C'était un jacobin de la première heure. Il avait fait partie du club des « Amis de l'Égalité », fondé par Böhmer dès la fin d'octobre 1792. Lors du siège, les « clubistes », comme on les appelait, se formèrent en bataillon et Rieffel fut leur colonel. Le 21 mai 1793, il avait été nommé adjoint à l'état-major avec le grade de capitaine. Lors de la capitulation, il avait été réclamé par les Prussiens comme devant rester à Mayence. Merlin le fit sortir à ses côtés, revêtu du costume de chasseur à cheval. Reconnu

des blessés furent Gouy, chef du 3e bataillon de la Nièvre, le brave Patris [1], commandant le bataillon des Chasseurs de Kastel, Laurent, commandant une pièce d'artillerie légère, et Métivier, adjoint à mon état-major ; enfin quantité d'autres excellents officiers, dont les noms ne sont pas parvenus à ma connaissance.

Le 2e bataillon du Jura, les 7e et 8e des Vosges, se sont bien conduits dans cette journée. Un détachement du 7e bataillon d'infanterie légère, commandé par le capitaine Allier [2], donna aussi des preuves d'une grande valeur. Les chasseurs ont, eux seuls, soutenu la gauche et repoussé un instant l'ennemi, qu'ils ont poursuivi jusque dans ses retranchements ; aussi, de quatre-vingts hommes qu'ils étaient avant le combat, quarante seuls en revinrent sains et saufs. Les chasseurs de Saône-et-Loire, aux ordres de Chevardin, ont glorieusement favorisé notre retraite. Leur fermeté m'a donné le temps de l'effectuer lentement et avec moins de confusion. Merlin se battit comme un lion ; il eut plus d'une fois à soutenir des combats corps à corps. Il fut très sensible à la perte de son ami [3], car il le chérissait autant qu'il en était aimé.

Je ne dois pas moins d'éloges au premier bataillon du 82e régiment et au 4e, du Haut-Rhin, faisant partie de la colonne de Vimeux ; ils déployèrent, dans la poursuite qu'ils firent de l'ennemi, toute l'intrépidité qu'on pouvait en attendre.

cependant par les émigrés mayençais qui étaient dans les rangs des assiégeants, il aurait été assommé sans l'intervention du duc de Weimar. Grâce à l'énergique attitude de Merlin, de Thionville, le roi de Prusse consentit enfin à lui reconnaître la qualité d'officier français compris dans la capitulation. (Cf. Chuquet, *Mayence*, 19, 113, 218, 273, 274.)

1. Patris fut tué à la bataille de Cholet, le 17 octobre 1793.
2. Allier était né à Ambierle (Loire), en 1732. On le retrouve, en avril 1795, capitaine de la première compagnie du 2e bataillon des Vosges.
3. Rieffel, voir plus haut.

20 septembre. Séjour à Gétigné.

Mon avant-garde bivouaqua cette nuit et le jour suivant dans la position où elle s'était ralliée. Je me retirai à Clisson pour me faire panser. Rewbell arrive le même jour, m'embrasse la larme à l'œil : « Ah ! mon ami, lui dis-je, que n'es-tu venu un jour plus tôt, tu m'aurais embrassé victorieux. »

Impatient de savoir ce qu'était devenu Beysser dans cette journée, je me transportai chez Canclaux pour lui en demander encore des nouvelles ; il me communiqua une lettre qu'il venait de recevoir de lui, par laquelle il lui représentait, qu'à moins d'un second ordre, il n'avait pas cru devoir se porter sur Tiffauges, parce que des gens du pays lui avaient assuré que les chemins étaient impraticables et le poste inattaquable de ce côté. La suite fera voir que j'ai su vaincre ces faibles difficultés, et que Tiffauges ne pouvait être attaqué avec avantage que par où se trouvait Beysser, puisque, du côté de Torfou, on avait la Sèvre à passer, dont les bords sont très escarpés. On apprit aussi, quelque temps après, que les deux colonnes de l'armée de Saumur, qui devaient se diriger sur Mortagne et inquiéter l'ennemi sur ses derrières, n'avaient, non seulement pas fait un pas, mais qu'elles s'étaient encore retirées à une distance de plus de huit lieues [1]. Ainsi, seul avec mon avant-garde de deux mille

---

[1]. Voici ce qu'écrivait à ce sujet Westermann à Robespierre :

« *De Fontenay-le-Peuple, le 19 septembre 1793,*
l'an II de la république.

« Hier l'armée (il parle de la division aux ordres du général Chalbos) a
« rétrogradé sans être attaquée. Nous voilà de retour à Fontenay ; le soldat
« est désolé, le peuple armé déconcerté, plus d'un tiers a déserté ; l'on n'a,
« pour ainsi dire, ni brûlé, ni ôté aucune ressource à l'ennemi ; je ne sais
« ce que tout cela veut dire, j'en suis bien désolé moi-même.
                            « *Signé* : WESTERMANN. »

(Voyez les *Papiers trouvés chez Robespierre.*)

Cela ne voulait dire autre chose, sinon que le parti Ronsin, dont Rossignol était l'instrument passif, cherchait à prolonger cette guerre, et par

hommes, j'eus à combattre et à soutenir les efforts d'une armée de vingt mille hommes, que j'ai osé attaquer dans une position estimée inexpugnable.

Pendant que j'éprouvais ce petit revers avec mon avant-garde, Grouchy et Haxo battirent l'ennemi du côté de la Louée et lui enlevèrent deux pièces de canon ; ainsi, tout considéré, les armes de la République conservèrent ce jour-là leur supériorité, et l'armée de Mayence a fait connaître aux Rebelles que, dans ses retraites mêmes, elle savait leur porter des coups funestes.

Le lendemain, j'ai été étonné de voir, dans le Journal de l'armée des côtes de Brest, qu'on avait singulièrement altéré l'affaire de Torfou à mon détriment et au grand désavantage de ma brave avant-garde. Voici la lettre que j'adressai au général Canclaux à ce sujet :

« Mon général, je viens de lire le supplément du 20 du Bulletin de l'armée des côtes de Brest ; il contient une espèce de relation de l'affaire de Torfou ; le rédacteur y dit : « Trop d'ardeur et de confiance avaient emporté l'avant-garde plus loin qu'elle n'aurait dû aller. » Ce reproche ne peut tomber que sur moi, et comment ai-je pu le mériter, puisque je n'ai suivi que l'ordre qui m'avait été donné et dont voici la teneur : « Le 19 septembre, l'avant-garde se portera à la hauteur de Boussay, d'où

---

là même, perdre l'armée de Mayence, et particulièrement ses chefs. (*Notes du manuscrit.*)

On a longtemps contesté l'existence de l'ordre donné par Rossignol à ses divisionnaires d'avoir à se retirer en arrière, en vertu de la décision prise en conseil de guerre à Saumur, le 11 septembre, et allant à l'encontre du plan de campagne arrêté le 3 du même mois. Choudieu va même jusqu'à nier formellement qu'il ait jamais été donné. (Cf. *Pierre Choudieu à ses concitoyens et à ses collègues*, p. 15.) Cet ordre, en effet, ne se retrouve nulle part, mais M. Chassin (*Vendée patriote*, III, 78 et 79) a prouvé qu'il avait été donné. Plusieurs des documents publiés dans une autre partie du présent volume tendent également à l'établir.

elle enverra en reconnaissance sur Torfou pour s'y porter ? » Vous m'avez dit, depuis, mon général, que votre intention avait été que je ne m'y portasse que le 20, et, vous ayant fait voir mon ordre, vous ajoutâtes que c'était une erreur du copiste.

« Le rédacteur dit ensuite : « Elle était (l'avant-garde) entre Boussay et Torfou, dans la plus grande et la plus trompeuse sécurité. Tout à coup, l'ennemi a paru avec des forces considérables ; le premier choc nous a été funeste par la perte de quelques hommes, etc. » Comment ai-je pu marcher dans une grande et parfaite sécurité, puisque, déjà à Boussay, l'avant-garde légère a rencontré quatre cents Brigands armés, qu'elle a chassés et poursuivis ; que, dès lors, Marigny, avec cinq cents hommes, me flanquait sur ma droite, et Chevardin, avec deux cent cinquante chasseurs à pied, sur ma gauche ; que j'ai été moi-même plus d'un demi-quart de lieue en avant de la colonne avec Merlin, des officiers de l'état-major et quelques ordonnances, pour reconnaître, dans le plus grand détail, le poste que j'étais certain de devoir attaquer si je voulais m'en mettre en possession ? D'ailleurs, ne dirait-on pas, d'après le rédacteur du journal, que le combat s'est engagé entre Boussay et Torfou, tandis que j'ai attaqué Torfou même ; que j'en ai chassé l'ennemi ; que je me suis emparé de toutes les hauteurs, et que je n'ai, enfin, abandonné ce poste, qu'après un combat corps à corps qui a duré près de deux heures ? Si quelqu'un a été surpris, ç'a sans doute été l'ennemi, qui pouvait difficilement calculer une attaque aussi vive qu'audacieuse [1].

---

[1]. Après la prise de l'île de Noirmoutier, d'Elbée, qui y fut fusillé, parla avant sa mort des différents combats qu'il avait soutenus ou livrés, et notamment de celui de Torfou : il commandait en chef, et son corps était de vingt à vingt-deux mille hommes : il estimait celui aux ordres du général

« Enfin, mon général, j'ai fourni mon rapport, je l'ai dicté pendant que l'on pansait ma plaie, au sortir du combat. Il n'a point le mérite de l'éloquence, mais il a celui de la véracité, et tous les chefs de l'armée sont prêts à en attester les faits. Cependant, les rapports et le supplément du 20 septembre sont absolument contradictoires. J'attends de votre justice, mon général, que vous voudrez bien faire imprimer ma lettre, afin que ceux qui auraient pu concevoir quelque idée défavorable sur ma manière de faire dans cette journée soient détrompés. Tout général peut être battu, et il peut n'y avoir point de sa faute ; mais rien n'excuse une surprise, surtout dans un pays qui, par sa nature, indique si impérieusement combien il est nécessaire d'être éclairé dans sa marche. »

Je sollicitai Canclaux de me fournir l'occasion de prendre ma revanche, ne demandant aucune artillerie jusqu'à ce que j'eusse repris à l'ennemi l'équivalent de ce que j'avais été contraint de lui abandonner. En conséquence de ma demande et pour donner suite au plan de campagne, je reçus le lendemain l'ordre suivant, daté de Clisson le 21 septembre 1793 : « La colonne de Beysser partira aujourd'hui de Montaigu après avoir fait filer ses pièces de canon et son bagage sur Clisson, d'où ils le rejoindront à Boussay, où la colonne se rendra en droiture de Montaigu, par le chemin de traverse, et s'établira en s'étendant par la droite jusqu'à la rivière de Sèvre.

« L'avant-garde du général Kléber se portera en avant,

Kléber à peu près de la même force; lorsqu'on lui dit qu'il n'avait été que de deux mille hommes, il feignit de ne pas vouloir le croire et ajouta : « Si j'avais eu à mes ordres dix mille hommes d'une pareille audace, je crois que nos affaires ne seraient pas aussi dérangées. » (*Note du manuscrit*.)

Cette phrase de d'Elbée et l'incident auquel il est fait allusion sont empruntés aux *Mémoires* du général Turreau, parus en l'an III.

à la hauteur de Boussay, y appuyant sa droite, et prenant la position la plus avantageuse qui se présentera, sans passer le ruisseau qui se trouve en avant, et qui sépare Boussay et Torfou.

« La première division de l'armée, après avoir mangé la soupe dans son camp actuel, se tiendra prête à marcher en avant pour aller prendre la position que l'avant-garde a occupée cette nuit, et y bivouaquera [1]. Le parc d'artillerie et l'ambulance attendront de nouveaux ordres ; les chariots de petits effets des bataillons suivront la colonne.

« La deuxième division aux ordres du général Beaupuy, qui est au Pallet, viendra à Clisson, sitôt cet ordre reçu, et en gardera les faubourgs et l'intérieur, pour mettre en sûreté les établissements qui y sont, et qui s'y formeront, particulièrement ceux pour le pain, qui devront y être transportés de Nantes [2]. »

Canclaux me remit cet ordre à dix heures du matin ; je lui observai que Beysser ne devant recevoir le sien que vers midi, il ne pourrait se mettre en marche que vers les deux heures, et qu'il serait conséquemment nuit close quand il arriverait au pont de Boussay. « Quant à moi, ajoutai-je, je ne compte pas plus trouver Beysser au rendez-vous, cette fois-ci, qu'il ne s'y trouva avant-hier. » Malgré mes réflexions, Canclaux insista sur mon départ, et je me mis en route à l'heure à laquelle je présumai que Beysser pourrait y être, ayant à peu près la même distance à parcourir. Il était en effet nuit close quand je fus rendu à Boussay. Avant de prendre position, je fis pous-

21 septembre.
Départ de Gétigné ; arrivée à Boussay.

---

1. Gétigné.
2. Cet ordre a été déjà donné à peu près en entier par Pajol (*Kléber*, 48). Savary (*loc. cit.*, II, 180) en fait deux documents distincts qu'il arrange à sa façon, sans cependant en dénaturer le sens.

ser des patrouilles sur la droite, pour aller à la découverte de la colonne de Beysser ; mais il fut impossible à mes éclaireurs de m'en donner des nouvelles.

Dans la désagréable perspective de me voir seul encore, avec mes dix-huit cents hommes, enfoncé dans le pays et éloigné de quatre heures du corps d'armée, je pris le parti d'appuyer ma droite au cimetière de Boussay, et, formant avec ma troupe un carré, je la déployai dans un vaste champ retranché par des levées de terre et des fossés très larges. Je plantai un drapeau au milieu d'un pré, et j'y établis mon quartier général avec soixante chasseurs à cheval et quarante chevaux du 7ᵉ bataillon d'infanterie légère.

Le temps était très froid, je ne pus défendre que l'on fît du feu, mais j'employai la ruse du faible, et j'ordonnai qu'on en fît beaucoup et sur un très grand développement. A une heure après minuit, Saint-James et Lavallette, aides de camp du général Canclaux, vinrent m'éveiller pour m'apprendre que Beysser avait été attaqué et surpris à Montaigu, et que son armée, en déroute complète, s'était dirigée sur Nantes [1]. Ils me communiquèrent ensuite l'ordre du général Canclaux de me replier à l'instant sur Clisson. Je fis aussitôt prévenir la troupe de notre départ, dans le plus grand silence. Elle fut bientôt

---

1. Ce même jour, 21, « Le plus grand désordre se mit dans les troupes (Républicaines, à Montaigu); chacun s'enfuyait de toutes ses forces. Les Brigands, qui n'avaient point de canons d'abord, nous prirent plusieurs de nos pièces avec lesquelles ils nous poursuivirent pendant cinq heures à ma montre.... Nous ne nous arrêtâmes qu'aux Sorinières, à une lieue de Nantes, et nous avions couru depuis Montaigu. Jugez dans quel état j'étais, ainsi que tous les autres ! » (*Lettre* de Broussais, volontaire national, sur la campagne de Beysser, 25 septembre 1793, *loc. cit.*, 12, reproduite par Chassin : *Vendée patriote*, III, 104).

« Chacun avoua que si la troupe de Torfou (les Mayençais de Kléber) eût formé la garnison de Montaigu, nous n'aurions point eu la victoire. » (Lucas de la Championnière, *loc. cit.*, 50.)

1er vendémiaire an II (22 septembre). Retour à Gétigné, retraite de toute l'armée, arrivée aux camps de la Louée et de la Plée. L'armée est attaquée dans sa retraite.

sous les armes et en marche; le jour commençait à paraître lorsque j'arrivai sur les hauteurs de Clisson; là, je fis faire halte, et je permis qu'on s'occupât de la cuisine.

Dès que toutes les précautions militaires, nécessitées par les circonstances, me parurent suffisamment prises, je n'eus rien de plus pressé que de me transporter chez Canclaux, pour savoir de lui les détails relatifs à la déroute de Beysser. J'appris que, dans la journée du 20, l'ennemi avait battu la division des Sables aux ordres du général Mieszkowski, proche Saint-Fulgent; et, après cette victoire, il s'était porté sur Montaigu [1]. La troupe de Beys-

1. Il y a là erreur de dates et confusion dans l'ordre des événements. C'est le 21 que Beysser fut mis en déroute à Montaigu, et le 22, dans la soirée, que Mieszkowski, commandant la colonne dite armée des Sables-d'Olonne, subit le même sort à Saint-Fulgent. Cette division n'appartenait point à l'armée des côtes de Brest et n'était point, par conséquent, aux ordres de Canclaux, ainsi que le dit, à tort, Poirier de Beauvais (*loc. cit.*, 125). Elle dépendait de l'armée des côtes de la Rochelle, dont le général en chef était Rossignol. Mieszkowski avait reçu, dans la nuit du 19 au 20 septembre, à Saint-Fulgent, la communication de l'ordre de retraite envoyé par Rossignol (Voy. plus loin). Mais comme les instructions antérieures, conformes aux décisions qu'il avait votées au conseil tenu à Saumur, les 2 et 3 septembre, lui prescrivaient de faire sa jonction avec l'armée des côtes de Brest, il ne voulut pas quitter Saint-Fulgent, si près de Canclaux, et rétrograder sans s'être entendu avec ce général. Il lui dépêcha l'adjudant général Dufour. Mais cet officier ne put joindre le général en chef de l'armée des côtes de Brest que dans la soirée du 20 septembre, à Clisson, après les défaites éprouvées le 19 par les diverses colonnes Républicaines à Torfou (Kléber), au Pont-Barré (La Barolière), et à Coron (Santerre et Ronsin). Canclaux, prévoyant que les Vendéens allaient, à la suite de ces victoires, se rejeter sur ceux de leurs adversaires qui pouvaient encore les gêner, réexpédia Dufour à Mieszkowski avec le conseil de se retirer de Saint-Fulgent, où les circonstances rendaient son séjour très périlleux. Malheureusement l'adjudant général, trouvant toutes les routes occupées par les royalistes, dut revenir à Nantes, s'embarquer pour rejoindre par mer l'armée des Sables.... La déroute de Saint-Fulgent était consommée depuis plusieurs jours.

« L'attaque de Montaigu faisait partie du plan de campagne arrêté par les chefs royalistes dans le conseil tenu à Tiffauges le 20 septembre. M. de Lescure, à la tête de la Grande Armée, s'en était chargé et avait avec lui Charette et son armée, bien moins nombreuse que la sienne. L'une et l'autre ensuite devaient se porter à Clisson, pour attaquer l'armée de

ser étant logée en ville, sans aucune espèce de précaution, avait été surprise, et n'avait pas eu le temps de prendre position ; de sorte que la déroute se manifesta au moment même de l'attaque. Sa perte fut considérable, mais elle l'eût été encore davantage sans la valeur des 79ᵉ et 109ᵉ régiments qui soutinrent courageusement la retraite. « Quant à notre armée, ajouta Canclaux, elle ne peut pas se soutenir dans le pays, ainsi en flèche ; je vais donc donner les ordres pour la retraite sur Nantes, où nous combinerons un nouveau plan de campagne. »

En effet, vers les neuf heures du matin, l'armée reçut l'ordre suivant :

« La première division [1] partira sur-le-champ, suivie de l'avant-garde [2], pour aller occuper un bivouac à la lande Pelée [3], au-dessus de la Louée. La deuxième division, commandée par le général Beaupuy, aussitôt après l'évacuation des effets de l'armée, se mettra en route pour occuper une position dans la même lande, faisant l'arrière-garde avec toutes les précautions nécessaires.

« Le général Haxo, commandant la réserve qui occupe

Mayence à sa sortie de Clisson, pendant que M. de Bonchamps arrivant par Vallet l'attaquerait sur son autre flanc. C'est ce plan qui fut entièrement manqué, quand, au lieu de se rendre à Clisson, la Grande Armée et celle de Charette se portèrent à Saint-Fulgent ; quand même l'estafette envoyée par Lescure à Bonchamps lui fût parvenue, le plan n'en était pas moins avorté. » (*Note* manuscrite, dans les *Papiers la Bouère*, déjà publiée par le signataire de la présente publication dans *Mémoires et documents concernant les guerres de la Vendée*, 90.)

« C'était là le cas d'écraser la garnison de Mayence encore étonnée de sa défaite (du 19 septembre) ; mais M. de Lescure, par un entêtement dont les suites furent bien funestes au pays, s'opiniâtra à marcher sur cinq mille hommes qui étaient dans Saint-Fulgent. Trop inférieurs en nombre, ils furent presque entièrement détruits et nos armées (vendéennes), harassées de fatigue, furent congédiées jusqu'à nouvel ordre. » (Solilhac, *loc. cit.*, 31-32.)

1. Sous les ordres de Vimeux.
2. Sous les ordres de Kléber.
3. La Plée.

le poste du Pallet, aussitôt après avoir vu filer la deuxième division, la suivra immédiatement. »

Pour se convaincre de la nécessité de cette retraite, il faut suivre, sur la carte, les mouvements de l'ennemi, envisager la rapidité de ses succès, et le pays dont il s'était rendu maître, en s'emparant de la route de Montaigu. Dès qu'il eut enlevé ce poste, il jeta une portion de son armée entre Remouillé et Aigrefeuille, une partie sur Torfou, et une autre sur Vallet et la Chapelle-Heulin [1]. Encore trois heures, et toute l'armée était attaquée et enveloppée à Clisson, sans aucun espoir de pouvoir effectuer sa retraite. Beaucoup de célérité et le meilleur ordre présidèrent à notre marche. La rivière de Sèvre couvrant suffisamment notre gauche, nous ne nous attendions à être attaqués que par le flanc droit; la colonne était précédée par l'ambulance, escortée par deux bataillons, soutenus par une division. Nous étions à peine parvenus à la hauteur du Pallet, que l'ennemi fondit sur nous avec impétuosité, et nous attaquant en tête, il assouvit sa rage, que le fanatisme seul pouvait lui inspirer, sur les malheureuses victimes couvertes de blessures honorables, dont les chariots d'ambulances étaient chargés. Chirurgiens, blessés, malades et charretiers, tout fut impitoyablement massacré par ces monstres [2]. Les représailles dont on a

---

1. « Avant de se séparer, le conseil des généraux vendéens arrêta que MM. de Bonchamps et de Lescure s'entendraient pour attaquer la colonne qui était entrée dans Clisson, lorsqu'elle en sortirait pour aller se rafraîchir à Nantes. M. de Lescure eut ordre de tomber sur la gauche, du côté de Saint-Symphorien, et M. de Bonchamps sur la droite, par Vallet. Les camps de la Louée, du Loroux-Bottereau et de Saint-Jacques, commandés par MM. Lyrot de la Patouillère et de Lespinay, reçurent celui de battre alors la campagne pour couper aux fuyards la retraite de Nantes. » (Gibert, *loc. cit.*, 89.)

2. « Les flammes ayant déjà commencé leurs ravages dans la Vendée, on ne voulait plus faire de prisonniers, d'après la pensée toujours renaissante

usé dans la suite leur ont bien fait expier cet acte de barbarie. Depuis ce moment d'horreur, le soldat justement indigné n'a voulu faire quartier à aucun de ces scélérats.

Dès que Dubayet apprend que l'ennemi attaque la tête de la colonne, il s'avance avec sa division, le charge, le met en fuite et le force de nous abandonner deux pièces de canon. La troupe continue sa route dans le meilleur ordre ; une heure après, un coup de canon tiré sur la hauteur de la Louée annonce à Dubayet qu'il faut arracher à l'ennemi une nouvelle victoire ; il fait aussitôt déployer une partie de la colonne. On en vient aux mains, les partis s'échauffent, le combat devient opiniâtre, mais le pas de charge se fait entendre ; le cliquetis des baïonnettes est un coup de foudre pour les Brigands, le soldat ne marche plus, il court, il vole à l'ennemi, le met en déroute, et lui prend encore deux pièces de canon. Dubayet, impatient de voir terminer cette journée par un coup d'éclat, se met à la tête de la cavalerie, charge la horde fanatique et la bat à plate couture. Marigny, avec ses chasseurs à cheval, arriva au même moment où s'exécutait cette manœuvre, et l'on se persuade aisément qu'il n'en demeura pas le spectateur oisif.

Pendant que la tête triomphait de l'armée catholique,

que l'on n'en faisait pas dans le parti opposé. Mais l'humanité des Vendéens suspendit bientôt cette résolution. » (Poirier de Beauvais, *loc. cit.*, 116.)

« On cessa le jour de la bataille de Torfou (19 septembre) de faire des prisonniers. Depuis ce temps, on n'en a plus fait dans l'armée de Charette, excepté la garnison de Noirmoutier.... L'esprit des paysans qui composaient les détachements de la Grande Armée (vendéenne) était bien différent de celui qui régnait parmi nous (armée de Charette). Les nôtres pillaient, battaient et juraient comme de vrais soldats; les autres, dans ce temps-là, revenaient du combat en disant leur chapelet, ils faisaient prisonniers tous ceux qu'ils pouvaient prendre sans les tuer, et rarement s'emparaient de leurs dépouilles. » (Lucas de la Championnière, *loc. cit.*, 49, 51.)

je fus attaqué à mon tour : le soldat en fut enchanté, brûlant de venger ses camarades si inhumainement égorgés. L'ennemi eût eu un grand avantage sur nous, s'il eût réussi dans la tentative qu'il fit plusieurs fois de couper la colonne ; pour en venir à bout, il m'attaqua en tête et en flanc ; je chargeai Targe de l'accueillir en tête ; Patris eut ordre de le recevoir sur le flanc.

L'attaque sur les deux points fut vigoureuse, mais les bonnes dispositions prises par ces deux chefs de bataillon forcèrent bientôt l'ennemi à rétrograder. Il se détermina alors à attaquer mon arrière-garde pour la couper et me séparer de la colonne chargée d'escorter les équipages ; mais il ne fut pas plus heureux que la première fois. Mon infanterie légère le poursuivit jusque dans le fond du bois, en tua un grand nombre et revint chargée de butin [1]. Cet acharnement des Rebelles me faisant présumer qu'ils ne s'en tiendraient pas là, je mis toute ma brigade en bataille parallèlement à la route ; je laissai filer les équipages, et je ne me remis en marche qu'à l'arrivée de la colonne de Beaupuy. Je donnai ordre à l'infanterie légère de se mettre en bataille, en envoyant sur ses flancs des postes nombreux, et de garder cette position jusqu'à ce que la brigade de Beaupuy et la réserve de Haxo eussent filé et fussent hors de danger, pour faire ensuite l'arrière-garde de l'armée.

1. « M. de Bonchamps, qui n'avait point été prévenu (de l'attaque dirigée par Lescure et Charette sur Saint-Fulgent), ne manqua pas de tomber sur l'ennemi au jour et à l'heure convenus — une heure après midi, près le château de la Galissonnière, sur la route de Clisson à Nantes, — à la droite des Républicains qui étaient sortis de Clisson après y avoir mis le feu, le 22 septembre (et non le 21, comme l'a écrit Gibert), enfonça cette colonne, lui prit deux pièces de canon. Mais, n'étant pas secondé comme il s'y attendait, il fut repoussé, revint deux autres fois à la charge, toujours avec perte, et fut obligé de se retirer avec bien de la peine, abandonnant ce qu'il avait pris et même deux de ses canons embarrassés dans les rochers dont ces chemins sont remplis. » (Gibert, *loc. cit.*, 89-90.)

Toutes ces opérations mirent beaucoup de retard dans notre marche ; il était nuit close, quand nous arrivâmes dans la lande de la Louée et dans la lande Pelée, où l'armée bivouaqua, disposée de la manière que l'exigeaient les circonstances et la nature du terrain. Nous restâmes le lendemain dans cette position, et nous fîmes enterrer les morts. Le séjour n'avait pour but que de tenir l'ennemi en suspens sur les mouvements que nous allions faire, et pour ne pas donner trop de précipitation à notre retraite. La détermination subite du général Canclaux, d'ordonner cette retraite, fait le plus grand éloge de ses talents militaires [1]. Les succès de cette journée sont dus en grande partie au courage et à l'habileté du général Dubayet, ainsi qu'à la bravoure et à la fermeté que les soldats ont manifestées dans toutes les attaques.

2 vendémiaire (23 septembre). Séjour aux camps de la lande Pelée et de la Louée.

Nous eûmes beaucoup de morts et de blessés surtout du 3ᵉ bataillon des Vosges, chargé de l'escorte de l'ambulance, et qui la défendit avec un courage héroïque, jusqu'à ce que la grande supériorité de l'ennemi l'obligeât à se replier sur la colonne qui le suivait. Ce bataillon per-

---

1. « D'après la manière dont l'armée d'Anjou (Bonchamps) soutint seule le combat pendant tout le jour, on doit juger que si les trois armées eussent donné en même temps, l'armée Mayençaise, si elle n'eût pas été entièrement détruite, aurait été abîmée et pas en état de rentrer en Vendée. Il en aurait fallu une autre pour la remplacer, elle serait arrivée trop tard.... — L'armée de Mayence sauvée rentra quelques jours après dans la Vendée. La faute qui avait été commise (l'attaque de Saint-Fulgent, au lieu du retour contre Kléber et Canclaux) eut de terribles suites. M. de Lescure la paya, ainsi que bien d'autres, de sa vie. » (Note du comte de La Bouëre, dans les *Souvenirs* de sa femme, 76, 77.)

« Si dans ce moment la Grande Armée (vendéenne) eût fait ce dont on était convenu, nul doute que la colonne de Canclaux n'eût été complètement détruite... S'il se fût échappé quelque portion de l'armée de Mayence, elle n'aurait pu, même en se réparant, revenir dans la Vendée, du moins de ce côté.... Cette journée seule a peut-être changé les destins de la Vendée. » (Poirier de Beauvais, *loc. cit.*, 125.)

dit dans cette journée son brave commandant, nommé Desjardins [1].

Le 23 septembre, l'armée reçut ordre de se mettre en marche en ordre inverse, de passer la Sèvre à Vertou, et d'aller occuper l'ancien camp des Naudières, à l'exception de mon avant-garde qui devait prendre poste aux Sorinières. Ces dispositions s'exécutèrent le jour suivant dans le meilleur ordre ; mais, comme nous avions à passer beaucoup de défilés, nous arrivâmes un peu tard à notre destination. Vertou, que les Rebelles venaient d'occuper et de défendre avec la dernière opiniâtreté, était encore fumant et l'on voyait des femmes chercher, parmi les ruines et les débris, quelques lambeaux ou quelques ustensiles échappés aux flammes. Une indifférence, mêlée de stupeur, se peignait sur leurs visages à notre aspect.

3 vendémiaire (24 septembre). Départ des camps ci-dessus, arrivée aux camps des Sorinières et des Naudières.

Nous voilà donc au même point d'où nous sommes partis au commencement de cette campagne ; à la troupe de Beysser près, qui, désorganisée par sa déroute, promenait encore sa consternation dans la ville de Nantes.

Aussi Canclaux résolut-il de la laisser dans cette ville pour lui donner le temps de se refaire et conçut-il le projet d'agir avec la seule armée de Grouchy et de Blosse, renonçant, au reste, s'il était nécessaire, à la communication avec la ville de Nantes. Il voulut y suppléer par des

1. D'après Chassin (*La Vendée patriote*, III, 118) et les documents cités par M. F. Bouvier (*Les Vosges pendant la Révolution*, 120, 469)), ce ne serait pas Desjardins, mais Dumas, qui commandait alors ce bataillon. Jean-Louis Dumas fut effectivement tué ce jour-là. Il était né en 1727 ; chevau-léger d'Artois en 1745, maréchal des logis en 1774, retiré du service en 1782. Il habitait Châtel-sur-Moselle lorsqu'il fut élu lieutenant-colonel en second du 3e bataillon des Vosges, le 29 août 1791 ; lieutenant-colonel commandant en premier, pendant le siège de Mayence (29 juin 1793). Les représentants déposèrent sur son cercueil le brevet de général de brigade qui arriva après sa mort.

établissements qu'on devait former dans différents endroits, suivant les circonstances.

Le soir même de notre arrivée au camp des Naudières et des Sorinières, nous reçûmes ordre de nous porter le lendemain à Aigrefeuille et Remouillé. L'armée fut suivie par un convoi très considérable, le premier établissement devant se faire à Montaigu.

4 vendémiaire (25 septembre). Départ des camps des Sorinières et des Naudières. Marche sur Aigrefeuille et Remouillé.

On a gardé cette position les 25 et 26 septembre pour donner aux convois le temps d'arriver.

5 vendémiaire (26 septembre). Séjour dans les deux camps ci-dessus.

Le 27, la colonne partit de Remouillé et d'Aigrefeuille pour aller occuper, sur différentes lignes, les landes en avant de Saint-Hilaire-de-Loulay, où Canclaux établit son quartier général. J'appuyai la droite de mon avant-garde au château de La Lande [1], situé à proximité d'un ravin au bas duquel coule un ruisseau fort encaissé. Je couvris ma gauche par un redan défendu par deux bataillons de grenadiers que je plaçai en potence ; et je profitai des trois séjours que nous fîmes dans cette position pour faire éloigner le front d'attaque à une grande portée de fusil. J'envoyai mon avant-garde légère à Montaigu, et j'établis avec elle des postes de communication.

6 vendémiaire (27 septembre). Départ des camps d'Aigrefeuille et de Remouillé ; arrivée au camp de Saint-Hilaire-de-Loulay.

7, 8, 9 vendémiaire (28, 29 et 30 septembre). Séjour au camp ci-dessus.

J'observe que les troupes sous mes ordres n'ont couché sous la tente que dans ce camp et dans celui de Montaigu, parce qu'on prévoyait devoir y demeurer quelque temps [2]. C'est là qu'elles furent aussi renforcées du 4ᵉ bataillon du Haut-Rhin, d'un bataillon de grenadiers de la garnison de Mayence, commandé par Ageron [3], d'un ba-

---

1. La Lande, château, commune de Saint-Hilaire-de-Loulay (Vendée); sur la droite de la route de Nantes à Montaigu et à deux kilomètres et demi de cette dernière ville.

2. Kléber insiste à plusieurs reprises sur ce fait, tout à l'honneur de l'endurance de ses troupes, qu'elles n'ont presque pas cessé de bivouaquer en plein air.

3. Ageron était vendéen. Lors de la formation du premier bataillon de

taillon du 32ᵉ régiment, commandé par le chef de bataillon Saint-Sauveur [1], et enfin des dix-sept compagnies de grenadiers commandées par l'adjudant général Blosse ; ce qui porta alors mon avant-garde à plus de trois mille hommes.

<small>10 vendémiaire (1ᵉʳ octobre). Marche sur Montaigu et Saint-Georges.</small>

Canclaux, après avoir réuni tout ce qu'il lui fallait pour former ses établissements, fit marcher l'armée sur Montaigu, et lui fit prendre, le 1ᵉʳ octobre, au delà de cette ville les positions suivantes. L'avant-garde légère s'établit à Saint-Georges, grand bourg totalement brûlé, sur la route de la Rochelle, à une lieue de Montaigu [2], dont le pont et les ravins étaient gardés par les grenadiers aux ordres de Blosse et deux bouches à feu. Mon avant-garde était très avantageusement postée à environ trois cents toises [3] de ce pont.

La première division était campée sur deux lignes en

---

volontaires de son département, le 8 septembre 1791, il fut élu capitaine de la 3ᵉ compagnie de ce bataillon. Deux mois après, il était dénoncé à Dumouriez à raison de sa mauvaise conduite et de son défaut d'application et de talents. Il signa l'adresse des volontaires du département de la Vendée à l'Assemblée nationale, le 12 janvier 1792. Pendant le siège de Mayence, il commandait déjà le bataillon de grenadiers dont parle ici Kléber. Tué à la bataille de Cholet le 17 octobre 1793.

1. Saint-Sauveur, commandant du 2ᵉ bataillon du 32ᵉ régiment d'infanterie, ci-devant Bassigny ; au début du siège de Mayence, il avait, le 28 mars 1793, avec son bataillon, sauvé une partie de l'armée, à Guntersblum, dans la tentative faite par de Blou sur Worms, pour rejoindre Custine. Il fut ensuite nommé au commandement du poste avancé de Kostheim, à moins de huit cents mètres du camp prussien. Beaupuy le signale comme un excellent officier. On le retrouve au commencement d'octobre 1793 à la tête de l'unique brigade formant, sous les ordres de Scherb, la seconde division de l'armée de Mayence.

2. Saint-Georges-de-Montaigu, bourg antique, à soixante mètres d'altitude, sur le promontoire allongé à l'extrémité duquel se réunissent la Grande et la Petite-Maine. Commune du canton, alors chef-lieu de district, de Montaigu. A quatre kilomètres sud de cette ville; trente-cinq kilomètres nord-nord-est de la Roche-sur-Yon ; quinze kilomètres nord-nord-ouest de Saint-Fulgent; sept kilomètres sud-ouest de Treize-Septiers ; dix-sept kilomètres ouest-sud-ouest de Tiffauges.

3. Six cents mètres environ.

différentes directions, proche de Montaigu, ayant sa droite appuyée à la route de la Rochelle, et sa gauche à celle de Clisson. La réserve de Haxo, campée en deçà de Montaigu, avait sa gauche appuyée à la même route de la Rochelle, sa droite se prolongeant jusqu'à celle de Clisson qu'il couvrait ; il faisait, par conséquent, face en arrière. Nous étions suffisamment garantis, sur la droite de la route, par le ravin profond et les bords escarpés de la Maine.

Ces dispositions nous mettaient à même de pouvoir, par les mouvements les plus simples, repousser l'ennemi partout où il se serait présenté. Deux bataillons de grenadiers furent placés dans Montaigu, pour la garde du château ; l'ingénieur en chef Vérine [1], par son active intelligence, mit ce poste en état de défense, autant qu'il en était susceptible. Murs de clôture, maisons, arbres, haies, en un mot tout ce qui aurait pu favoriser l'approche de l'ennemi fut démoli, coupé ou incendié. Montaigu n'était plus reconnaissable ; aussi des bataillons de la colonne de Beysser, venant à y passer quelque temps après, furent forcés d'admirer nos précautions, en gémissant sur leur négligence. Je ne crois pas devoir omettre que nous trouvâmes le puits du château rempli de cadavres des soldats de ce malheureux corps [2].

---

1. Vérine avait pris une part brillante et utile à la défense de Mayence, où il s'était lié d'amitié avec Kléber. Il se trouvait à Angers avec l'armée de l'Ouest le 30 novembre 1793 et fut envoyé à Rennes par le conseil de guerre et les représentants, pour concerter avec Rossignol la jonction de cette armée avec celle des côtes de Brest. Il assistait également à Angers au conseil tenu à son retour, le 5 décembre, et qui ordonna la marche en avant.

2. Les écrivains républicains et royalistes ont beaucoup discuté sur la question de savoir si les Vendéens avaient jeté dans cet ancien puits des blessés patriotes vivant encore, ou seulement des cadavres dont il s'agissait de débarrasser le sol par crainte d'infection.

« Ce sont les Rebelles, écrit en 1795 l'adjudant général Legros, qui, après

11 vendémiaire (2 octobre). Reconnaissance faite par les généraux Canclaux et Kléber au delà de Saint-Georges.

12 vendémiaire (3 octobre). Marigny est chargé de chasser les postes ennemis de Saint-Fulgent, d'où il continue sa route pour aller au-devant de la colonne républicaine à Chantonnay. Le général Dubayet attaque les postes ennemis vers Treize-Septiers.

Le 11 vendémiaire [1], Targe me fit prévenir que les avant-postes des Brigands s'approchaient des nôtres jusqu'à la portée de fusil. Je fus jusqu'à Saint-Georges me convaincre moi-même de l'impudence de l'ennemi ; dès que je l'aperçus, je le fis attaquer, mais il se replia. J'en instruisis Canclaux, qui, dans l'après-midi du même jour, vint également en reconnaissance : il résolut alors de faire partir, le 12, à deux heures du matin, Marigny avec son avant-garde légère, pour repousser tout ce qu'il trouverait devant lui, jusqu'à Saint-Fulgent. Je suivis cette colonne avec Canclaux, Beaupuy et Merlin ; nous arrivâmes à la pointe du jour au château de la Chardière, sur la grande route, et proche le village de Chavagnes. On mit le feu à ce château, après en avoir fait la fouille et trouvé les traces d'un bivouac de cavalerie ennemie, qui y avait passé la nuit. Ce fait nous fut confirmé par un petit garçon que nous trouvâmes caché dans la paille et qui s'esquiva [2].

avoir gagné à Montaigu une grande bataille sur l'ivrogne Beysser, ont rempli de nos soldats vivants un puits de quarante toises de profondeur. » (Legros, *Mes rêves dans mon exil*, 78.) De son côté, l'abbé Deniau dit, d'après des témoignages oraux : « Un ecclésiastique, M. Bonin, chanoine du chapitre de Montaigu, et sa sœur avaient été coupés en morceaux par les républicains et jetés ensuite dans ce puits. Cette triste sépulture fut donnée après la bataille à un grand nombre de soldats de Beysser. » (Deniau, *Hist. de la Vendée*, II, 506.) M. Dugast-Matifeux, qui habita Montaigu pendant une très grande partie de son existence, appuie, d'après d'autres témoins, qu'il croit également sûrs, le récit de Legros (Cf. *Annales de la Société académique de Nantes*, 1848, 436).

1. 2 octobre.

2. La Chardière, château dans la commune de Chavagnes-en-Paillers, commune du canton de Saint-Fulgent. A sept kilomètres sud-sud-est de Saint-Georges-de-Montaigu ; neuf kilomètres nord-nord-ouest de Saint-Fulgent ; trente kilomètres nord-nord-ouest de Chantonnay ; quarante-cinq kilomètres nord de Sainte-Hermine ; vingt-deux kilomètres sud-ouest de Mouilleron-en-Pareds. Savary (*loc. cit.*, II, 299) dit : « C'est le seul incendie qu'on puisse attribuer aux Mayençais. » Le texte qui suit, de Kléber lui-même, donnera la mesure de la créance qu'il convient d'apporter à cette affirmation.

De là, le général en chef et Beaupuy s'en retournèrent à Montaigu, donnant toutefois à Marigny la permission de se porter jusqu'à Saint-Fulgent même. Je le suivis avec Merlin, comme curieux : il y entra avec une telle impétuosité qu'il atteignit l'arrière-garde de la cavalerie des Rebelles, dont deux hommes furent tués avec leurs chevaux, malgré la précipitation de leur fuite. Maîtres de Saint-Fulgent, nous apprîmes par quelques habitants l'arrivée d'une colonne de troupes Républicaines à Chantonnay ; il parut important à Merlin de s'assurer de ce fait, il proposa donc à Marigny de continuer sa route et de s'en convaincre par lui-même. Cette reconnaissance étant digne de son courage, il prit congé de nous, et partit avec trente de ses chasseurs à cheval seulement. L'avant-garde légère retourna à Saint-Georges, emmenant avec elle quantité de bétail de toute espèce et incendiant quelques fermes et moulins, qui se trouvèrent à droite et à gauche sur son passage. Pendant l'expédition de Saint-Fulgent, Dubayet fut chargé de faire replier les postes ennemis du côté de Treize-Septiers [1] ; ce qu'il effectua le même jour.

Le lendemain, vers les quatre heures du soir, arriva un brigadier avec deux chasseurs, du détachement de Marigny ; ils firent cesser l'inquiétude que l'on avait déjà conçue de son silence, et nous apprirent que leur chef, arrivé hier à Chantonnay, n'y avait trouvé personne, qu'il avait poursuivi sa route jusqu'à Sainte-Hermine, mais que là, un corps d'environ cinq cents habitants s'était disposé à lui disputer le passage ; que Marigny, avant d'engager

13 vendémiaire (4 octobre). Arrivée d'un brigadier qui annonce que Marigny a fait heureusement sa jonction avec la colonne républicaine à Mouilleron.

---

1. Treize-Septiers, commune du canton de Montaigu. A sept kilomètres est de cette ville; dix kilomètres ouest-sud-ouest de Tiffauges; sept kilomètres nord-est de Saint-Georges-de-Montaigu; cinq kilomètres sud-ouest de la Bruffière.

l'action, demanda à pourparler, et reconnut avec satisfaction qu'on l'avait pris pour l'avant-garde des Rebelles, et que ces braves citoyens avaient saisi avec empressement cette occasion de signaler leur zèle. La surprise fut on ne peut pas plus agréable de part et d'autre, et le cri de : Vive la République ! devint aussitôt le signal de leurs embrassements fraternels. Marigny coucha à Sainte-Hermine ; les habitants l'engagèrent à se reposer tranquillement et lui promirent de faire bonne garde. Le brigadier nous apprit encore que les patrouilles de l'armée de Luçon et les nôtres s'étant rencontrées, Marigny se détermina de pousser avec son détachement jusqu'à Mouilleron [1] pour se réunir à cette colonne. On sent facilement les avantages que devait produire cette réunion pour la suite des opérations de nos armées ; aussi cette heureuse nouvelle détermina Canclaux à me donner le lendemain l'ordre suivant :

14 vendémiaire (5 septembre). L'armée continue son séjour au camp de Montaigu. Le général Kléber reçoit ordre de partir à minuit avec son avant-garde.

« L'avant-garde aux ordres du général Kléber partira à minuit précis, pour se porter sur Tiffauges ; le général la disposera ainsi qu'il le jugera convenable pour la réussite du projet d'attaque : s'il réussit, il enverra avertir le général en chef, et se postera militairement; sinon il fera sa retraite sur le corps qu'il aura laissé en arrière et sur l'échelon parti de la grande armée. »

Je montai donc à cheval à onze heures précises et je donnai les ordres les plus positifs pour l'heure du mouvement. Avant mon départ, je distribuai mes troupes en

---

1. Mouilleron-en-Pareds, à vingt-deux kilomètres au nord-ouest de Sainte-Hermine. — Dans ce *raid*, pour employer un mot fort à la mode aujourd'hui, Marigny, parti de Saint-Georges, avait donc fait, en moins de vingt-quatre heures, plus de soixante-douze kilomètres dans des chemins épouvantables et avec des chevaux fatigués par une campagne très dure et par un combat d'avant-garde et une première poursuite active dans la matinée même du 3 octobre.

trois colonnes ; la première, composée des Chasseurs de
Kastel, de la Légion des Francs et des chasseurs de la
Côte-d'Or, était commandée par le chef de bataillon Targe ;
l'adjudant général Blosse avait la deuxième sous ses ordres ; elle était de dix-sept compagnies de grenadiers de
l'armée des côtes de Brest et des chasseurs de la Charente. Je pris le commandement de la troisième, formée
de la compagnie du 7ᵉ bataillon d'infanterie légère, du
bataillon des grenadiers réunis, de la demi-brigade aux
ordres de Travot [1], et d'une compagnie de la Légion nantaise. Le représentant Merlin et le général Canclaux amenèrent avec eux deux pièces de canon d'artillerie volante
et douze cents hommes aux ordres du chef de bataillon

1. Jean-Pierre Travot, né à Poligny, en Franche-Comté, le 7 janvier 1766,
d'une famille sans fortune. Soldat dans un régiment d'infanterie en 1786,
lieutenant-colonel du 2ᵉ bataillon de volontaires du Jura, il fit, en cette
qualité, partie de la garnison de Mayence et vint avec elle en Vendée.
Chef de brigade, puis adjudant général chef de brigade (9 mars 1795) à
l'armée de l'Ouest, sous Hoche, il est chargé de la poursuite de Charette,
qu'il fait prisonnier blessé au bois de la Chabotterie, le 23 mars 1796, et le
conduit à Angers, à Hédouville, qui le renvoie à Nantes. Devant la commission militaire qui condamna à mort le général Vendéen, Travot déclara
qu'en arrêtant celui-ci, il n'avait cru faire qu'un acte de police et non un
acte de guerre, sachant que Charette était sous la protection d'un
armistice convenu avec le général Hoche. Général de brigade, le
31 mars 1796, il continue à servir dans l'Ouest ; général de division le
1ᵉʳ février 1806, il sert en Portugal en 1807, puis en Espagne jusqu'en 1814.
A la Restauration, il se retira dans le Jura, après avoir reconnu
Louis XVIII. Aux Cent-Jours, il se rendit à Angers se mettre à la disposition du duc de Bourbon, qui accepte ses services, mais passe en Angleterre sans les avoir utilisés. Travot rejoignit alors l'armée impériale aux
ordres de Lamarque et fit avec elle toute la campagne qui se termina par
la défaite et la mort de Louis de La Rochejaquelein, aux Mathes. Au retour
des Bourbons, il se retira de nouveau à Poligny, où il fut arrêté et conduit
à Rennes, où le conseil de guerre le condamna à mort. Sa peine fut com-
muée en vingt ans de prison, par le roi. Mais, dans l'intervalle, il était
devenu fou. D'abord enfermé à Ham, il fut enfin rendu à sa famille. Il
mourut à Paris le 7 janvier 1836, sans avoir recouvré la raison. Il avait été
créé baron de l'Empire le 3 février 1813 et ses armes parlantes étaient :
Écartelé au 1ᵉʳ d'argent à une charrette renversée en fasce de sable, soutenue de sinople, au 2ᵉ des barons militaires, au 3ᵉ d'or à une branche de
laurier de sinople, au 4ᵉ d'azur à une tour d'or ouverte et ajourée de sable.

Scherb[1]. Ces troupes devaient me servir de réserve et occuper les défilés, pour protéger ma retraite en cas d'événement.

15 vendémiaire (6 octobre). Le général Kléber rencontre l'ennemi à la hauteur de Treize-Septiers, il l'attaque et le bat ; après le combat, le général Kléber rentre au camp de Montaigu à l'exception de l'avant-garde légère qui pousse une reconnaissance jusqu'à Tiffauges et rentre dans la nuit.

Les défilés que j'eus à traverser ne me permirent d'arriver qu'au point du jour à la hauteur de Treize-Septiers, village distant d'une lieue et demie du camp. Mais là, un feu terrible et bien exécuté me confirma la vérité des rapports que je venais de recevoir, sur la présence de l'ennemi. J'apprends bientôt par Targe qu'il venait de rencontrer les avant-postes des Rebelles, qu'il les avait repoussés et qu'en les poursuivant il avait découvert, sur les hauteurs, leur armée, qui lui paraissait fort considérable[2]. Je lui envoyai l'ordre de prendre une position convenable, de se mettre en bataille et d'attendre que la colonne ait eu le temps d'arriver, afin qu'elle puisse se mettre en mesure de le seconder. Blosse, commandant la deuxième colonne, avait prévenu mon ordre, occupant une bonne position à la droite de Targe. Je profitai de l'intervalle que me laissait l'arrivée des troupes, qui débouchaient du défilé en courant, pour faire passer dans leur âme le feu qui dévorait la mienne. Car, jaloux de réparer ce que l'on appelait un échec et de regagner dans l'estime de ceux qui regardaient sous ce rapport l'affaire

---

1. Marie-Antoine-Élisée Scherb, né le 25 mars 1747, à Westhoffen, en Alsace, soldat au régiment d'Anhalt le 20 octobre 1766, sous-lieutenant en 1768, capitaine en 1788. Élu en 1792 chef de bataillon de grenadiers des Vosges ; blessé pendant le siège de Mayence et promu adjudant général. Nommé général de brigade par les représentants du peuple près l'armée de l'Ouest, en 1793, il n'en reçut le brevet qu'en 1795 ; passé à ce moment à l'armée du Rhin, employé dans la division d'Augereau, puis en 1803 dans celle de Murat. Retraité pour infirmités, le 1ᵉʳ mars 1806 ; officier de la Légion d'honneur. Vivait encore en 1824.

2. C'étaient les Angevins de d'Elbée et de Bonchamps. — « Il paraît qu'un corps de deux mille républicains, probablement suivi du reste de leur armée, parut vers le camp royaliste à la pointe du jour. » (Poirier de Beauvais, *loc. cit.*, 132.)

de Torfou, j'étais, comme tout mon état-major, décidé à rester sur le champ de bataille, ou de ne le quitter que victorieux. C'est alors que quelques soldats s'écrièrent : « Mais, général, nous n'avons pas de canons ! — Non, leur répondis-je vivement ; mais nous allons chercher ensemble ceux que nous fûmes contraints d'abandonner à Torfou. — Bravo ! répliquèrent-ils tous, nous vous suivrons partout. »

Des dispositions que je remarque dans les troupes, j'augure la victoire. Je fais marcher Targe sur la gauche, Blosse sur la droite, et je reste au centre. Bientôt, nous rencontrons l'ennemi qui, descendu des hauteurs, était déjà caché derrière les haies et dans les genêts ; il fait de tout côté un feu épouvantable, qui, quoique annonçant une multitude de Brigands, ne fait qu'augmenter l'ardeur de nos soldats.

Je mets aussitôt en bataille huit compagnies de grenadiers ; en les déployant, je leur fais présenter un flanc vers un bois assez touffu, à la faveur duquel nous pouvions être tournés sur notre gauche. Quant aux autres bataillons, ils restent encore en colonne par pelotons, pour être prêts à se porter sur les points où ils seront nécessaires. A peine ai-je pris toutes ces dispositions, qu'une partie de l'infanterie légère de Targe se replie avec assez de confusion, malgré les cris et les menaces de leur intrépide chef et de ses braves officiers. Mais lorsque cette troupe vit toute l'avant-garde en bataille et prête à lui donner du secours, un mot suffit pour la rallier et la faire retourner au combat. Certains de n'avoir rien à craindre ni sur leurs flancs, ni sur leurs derrières, les braves chasseurs foncent à la baïonnette, se précipitent dans les rangs de l'ennemi, et le font plier à leur tour. Je m'avance alors avec le bataillon des grenadiers pour soutenir cette attaque et je fais déployer les bataillons restés en colonne, de manière à déborder la gauche de l'ennemi.

Canclaux, venu avec le détachement du corps d'armée qui devait me servir d'échelon de retraite en cas d'événement, ainsi que je l'ai dit plus haut, porte aussi sur la gauche le 4º bataillon du Haut-Rhin et le bataillon du 62ᵉ régiment d'infanterie, avec ordre de tourner l'ennemi par son flanc droit. Ce mouvement, bien exécuté, le mit en fuite de ce côté ; mais sa gauche résiste encore et, quoique déjà, sur ses derrières, les châteaux et les clochers soient en feu [1], ce spectacle effrayant ne semble inspirer aux fanatiques que plus de rage. Le feu redouble de part et d'autre, et l'ennemi cherche à son tour à nous tourner ; alors on vit faire à la colonne de droite, commandée par Blosse, des efforts prodigieux pour gagner une hauteur avantageuse et prévenir les Rebelles ; elle y parvient enfin et déconcerte ainsi leurs projets.

Enfin, fatigué d'un combat qui durait depuis deux heures, je fais avancer tout le corps de bataille et j'ordonne que partout on batte la charge ; elle s'exécute à travers les haies et les fossés. Alors attaque partielle, attaque générale, de front, par les flancs, mouvement audacieux de cavalerie, tout fut employé à propos ; les combattants sont tellement mêlés que, des deux côtés, on ne peut faire usage du canon. Cependant, Merlin croit devoir en faire tirer quelques coups à toute volée. Son but d'intimider l'ennemi réussit et les Rebelles, déjà fortement ébranlés, ne cherchent plus leur salut que dans la fuite. On les

---

1. « Les Républicains, maîtres de Treize-Septiers, s'avancèrent jusqu'à Saint-Symphorien, mettant le feu dans ces deux endroits et à droite et à gauche. Dans toutes les paroisses qui sont dans l'intervalle, depuis les châteaux jusqu'aux plus petites chaumières, tout fut réduit en cendres. »
Poirier de Beauvais, *loc. cit.*, 133.)

poursuit. La colonne de Targe, secondée par les grenadiers du 9⁰ régiment d'infanterie, s'empare de deux pièces de canon, dont une de 8 et l'autre de 4, avec deux caissons. C'est ainsi que se termine ce combat inopiné, mais le mieux ordonné qu'il y ait eu encore jusqu'ici. Il m'est impossible de rendre les sentiments que m'ont inspirés Blosse et ses grenadiers ; ils se sont conduits en héros et ont profondément gravé dans mon âme l'estime que mérite toujours la prudence alliée au courage. Rien n'a pu les arrêter ; ils ont su vaincre tous les obstacles ; à la fin du combat, totalement dépourvus de cartouches, ils n'ont fait usage que de la baïonnette. Blosse s'est mis à pied, et combattant ainsi au milieu d'eux, il n'a cessé de les encourager par son exemple ; en sortant de la mêlée, ses habits étaient criblés de coups de feu.

Verger [1], capitaine des grenadiers de Maine-et-Loire et commandant un des bataillons de ces grenadiers, mérite beaucoup d'éloges. La valeur et le sang-froid de Boisgérard, chef de mon état-major, de Nattes, de Dubreton [2],

1. Pierre-Jean Verger, né à Nantes le 6 septembre 1755, soldat dans Vivarais-infanterie en 1773-1774, puis dans la milice de Saint-Domingue, capitaine aux chasseurs volontaires de cette colonie en 1779, sert en cette qualité au Cap (1783), officier dans la garde nationale (1789-1792), est élu capitaine dans le 3⁰ bataillon des volontaires de Maine-et-Loire, le 1ᵉʳ mars 1793; chef de bataillon des grenadiers réunis le 15 août suivant ; adjudant général le 25 décembre de la même année, chef de brigade le 13 juin 1795. Retraité à Nevers, il vivait encore dans cette ville en 1807.

2. Jean-Louis Dubreton, fils de Paul-Julien Dubreton, avocat et lieutenant du maire de Ploërmel, et de Marie-Jeanne Le Guen. Né à Ploërmel, en Bretagne, le 18 janvier 1773, envoyé le 1ᵉʳ mars 1790 au bataillon auxiliaire des colonies, lieutenant au 78⁰ d'infanterie en 1791, adjudant-major le 15 mars 1793, il s'était distingué au siège de Mayence en défendant le fort Saint-Charles ; capitaine de grenadiers dans la 143⁰ demi-brigade en juin 1795, passé aux grenadiers de la 52⁰ en 1796, il se distingue au passage du Mincio et est fait chef de bataillon (1801). Envoyé à Saint-Domingue avec la 11⁰ demi-brigade légère, il est fait colonel de ce corps en 1803 par le général commandant en chef, le jour même où, à Paris, il était nommé colonel de la 5⁰ demi-brigade légère ; rentré en France le 6 juillet 1804, il

mes adjudants généraux, le zèle et l'activité du chef de brigade Travot, de Billig [1], chef du 4ᵉ bataillon du Haut-Rhin, de Bellet [2], adjoint de Blosse, ont beaucoup contribué au succès de cette journée.

Canclaux lui-même, qui n'était venu que comme spectateur, semblait rechercher les plus grands dangers, et son aide de camp Saint-James reçut, à côté de lui, une balle à travers la jambe. Maître des hauteurs, je rassemblai ma troupe vers Saint-Symphorien [3], dans l'intention de me porter de suite sur Tiffauges. Ma colonne était déjà en

---

est mis à la tête du 5ᵉ léger en 1805. Général de brigade le 6 août 1811, et employé comme tel en Espagne, il s'illustra en défendant Burgos dont il obligea Wellington à abandonner le siège qui durait depuis vingt-deux jours. Ce haut fait lui valut une mise à l'ordre du jour de l'armée et le grade de général de division (23 décembre 1812). En 1813 et 1814, il fit partie de la Grande Armée. La Restauration le nomma commandant supérieur de Valenciennes. Démissionnaire le 23 mars 1815, il resta à l'écart pendant les Cent-Jours. Sous la seconde Restauration, il commanda plusieurs divisions militaires, notamment la 5ᵉ à Strasbourg. Mort à Versailles le 27 mai 1855. Il avait été créé chevalier de l'Empire le 15 août 1808; baron héréditaire par lettres patentes royales du 3 février 1819, pair de France le 3 mars suivant. Il était grand officier de la Légion d'honneur et commandeur de Saint-Louis.

1. Louis Billig, né à Habsteim, en Alsace, le 25 juin 1768, commandant de la garde nationale et greffier de la municipalité de sa ville natale; volontaire au 1ᵉʳ bataillon du Haut-Rhin, le 3 octobre 1791, élu capitaine, il prit part à la défense de Mayence; commandant le 17 septembre 1793, démissionnaire le 23 octobre 1795. Retiré à Saint-Aubin-du-Cormier (Ille-et-Vilaine), où il s'était marié.

2. Né à Chevanceaux, en Saintonge, le 1ᵉʳ mai 1765, engagé au régiment de Normandie-infanterie en 1786, devenu sergent-major; capitaine au régiment colonial de Port-au-Prince, au mois de mai 1792; rentré en août à son ancien régiment, sous-lieutenant, commandant en second de la place d'Ancenis, sous les ordres de Blosse, en 1793. Adjoint aux adjudants généraux le 22 septembre 1793, chef principal des compagnies territoriales organisées à Saint-Malo par Boursault et commandant de cette place, du 23 février 1794 au 23 août 1801. Commandant de la presqu'île de Quiberon, de 1802 à 1816, époque où il fut retraité avec une pension de 1,800 fr.

3. Saint-Symphorien, village commune de la Bruffière, alors chef-lieu de canton du district de Montaigu. Aujourd'hui la Bruffière est une simple commune du canton de Montaigu. A dix kilomètres est-nord-est de cette ville; huit kilomètres sud-ouest de Tiffauges.

marche et Canclaux prêt à s'en retourner à Montaigu, lorsqu'il reçut une lettre de Dubayet, qui lui faisait part des craintes qu'il avait d'être attaqué le même jour par l'armée de Charette, qui avait opéré un grand rassemblement à Légé. Alors Canclaux se détermina à faire rentrer les troupes dans le camp, à l'exception d'environ quinze cents hommes, commandés par Blosse, à qui il donna ordre de marcher sur Tiffauges, de s'emparer de ce poste au cas qu'il ne fût pas défendu, et de se replier sur Montaigu s'il éprouvait de la résistance. Il part. Targe, sous les ordres de Blosse, porte sa colonne sur la gauche et se rend maître d'une élévation qui domine entièrement Tiffauges, et d'où il pouvait voir tout ce qui s'y passait. Blosse s'avança sur la droite. Déjà les chefs des Brigands avaient rallié une partie de leur nombreuse troupe derrière des retranchements garnis de quelques pièces de canon de gros calibre ; ils en ont tiré plusieurs coups, mais sans succès. Nos braves, impatients d'en venir encore une fois aux mains, demandaient qu'on leur permît d'aller les enlever de vive force ; mais Blosse et Targe, examinant avec sang-froid la situation de Tiffauges et jugeant, par les mouvements de l'ennemi, qu'il était résolu à se défendre ; qu'on ne pouvait d'ailleurs arriver dans la ville qu'à travers mille difficultés, qui feraient perdre beaucoup de monde, et que, lors même qu'on s'en emparerait, l'on serait encore dominé par les hauteurs de l'autre côté de la Sèvre ; satisfaits d'avoir rempli l'ordre qu'ils avaient reçu, exécutent tranquillement leur retraite, sous les yeux des Brigands trop épouvantés pour oser inquiéter leurs vainqueurs [1]. On s'approcha tellement des Rebelles,

1. « La colonne incendiaire (Républicaine), que le général en chef avait expédiée à cet effet, vint jusqu'à la vue de Tiffauges et causa d'abord quelques désordres ; mais notre armée s'arrêta aux pièces de canon que

qu'on entendit très distinctement la voix de leurs chefs, qui s'efforçaient de les encourager.

J'eus, dans cette journée, environ trente morts et deux cents blessés. L'ennemi laissa plus de deux cents cadavres sur le champ de bataille ; on a estimé le nombre de ses blessés à plus de neuf cents.

Nous trouvâmes un officier du bataillon des Vosges qui avait été fait prisonnier à l'affaire de Torfou, et que les Rebelles avaient forcé de suivre leur armée. Il nous dit que celle que nous venions de combattre était, à quelques renforts près, la même avec laquelle nous avions eu affaire à Torfou ; qu'elle était commandée par d'Elbée, et forte de trente-deux mille hommes.

Canclaux, Dubayet et Grouchy reçoivent l'ordre de se retirer de l'armée; le général Vimeux prend le commandement par intérim.

Cette journée fut terminée par un événement qui fit très grande sensation dans l'armée. Canclaux, Grouchy et Dubayet reçurent la nouvelle de leur rappel, et se rendirent encore le même soir à Nantes. Ils furent vivement regrettés, non seulement des soldats, mais encore de tous les généraux et de tous les officiers.

On eût dit qu'on cherchait à les punir de leurs succès. Je perdis, en Dubayet, un ami particulier.

Le commandement en chef *ad interim* fut d'abord dévolu au général Vimeux, comme plus ancien [1] ; mais, le lendemain soir, un arrêté des représentants du peuple me mit à la tête de l'armée, malgré mes vives réclama-

nous avions sur la hauteur, en arrière de Tiffauges, route de Cholet (sur la rive droite de la Sèvre). Quelques coups de canon tirés sur l'ennemi le continrent. » (Poirier de Beauvais, *loc. cit.*, 133.)

1. « Canclaux, en se retirant conformément aux ordres du ministre, avait remis le commandement à Vimeux, comme le plus ancien des généraux présents. Mais celui-ci écrivit aussitôt aux représentants en mission auprès de l'armée : « Mon âge, mes longs services, ma santé, le peu de connaissance du pays où l'on fait la guerre, me mettent dans l'impossibilité de commander une armée de qui dépendent les plus chers intérêts de la République. » (Savary, *loc. cit.*, II, 215.)

tions [1]. Ce qui m'allégeait, toutefois, ce fardeau infiniment au-dessus de mes forces, était l'espérance que j'avais d'en être bientôt déchargé, les papiers publics nous ayant déjà annoncé l'arrivée du général Léchelle. Voici l'arrêté dont il est fait mention et par lequel les différents commandements de l'armée sont désignés ; il fut aussitôt mis à exécution.

16 vendémiaire (7 octobre). Le général Kléber prend le commandement *par interim*, en vertu d'un arrêté des représentants du peuple. L'armée continue son séjour au camp de Montaigu et fait des sorties pour importer des comestibles de toute espèce.

Nantes, le 7 octobre 1793

Le citoyen Kléber, général en chef *par interim* de l'armée des côtes de Brest, mettra à l'ordre du jour ce qui suit :

1º Il est ordonné au général de brigade Kléber de prendre le commandement en chef provisoire de l'armée des côtes de Brest, et de se faire reconnaître à l'instant en cette qualité.

2º Il est ordonné au général Beaupuy de prendre le commandement provisoire de l'avant-garde et de toutes les troupes jusqu'ici sous les ordres du général Kléber, et de se faire reconnaître de suite en cette qualité.

3º Il est ordonné au citoyen Scherb, adjudant général, chef de brigade, de prendre le commandement provisoire de la deuxième division de l'armée, ci-devant sous les ordres du général Beaupuy, et de se faire reconnaître de suite en cette qualité.

4º Au citoyen adjudant général chef de brigade Blosse d'aller prendre le commandement provisoire des troupes au bivouac près Remouillé, de les faire camper, de s'y garder militairement et d'y attendre les ordres du général en chef.

1. J'ai rappelé dans la préface de ce volume combien Kléber s'est toujours dérobé, autant qu'il a dépendu de lui, au commandement en chef. Ce fut toujours malgré lui et à son corps défendant qu'il fut appelé à exercer ce commandement.

5° Il est ordonné au citoyen Dusirat [1], adjudant général, de se rendre à Nantes, et d'y prendre provisoirement le commandement amovible en second de cette place ; en conséquence, de se faire remettre les instructions relatives à son service par le citoyen Laval, et de correspondre avec le général en chef.

6° Au citoyen Besson [2], de remplir les fonctions d'adjudant général près le général Beaupuy.

7° Au citoyen Lefaivre [3], chef de bataillon, de prendre à l'avant-garde les fonctions du citoyen Blosse.

8° Au citoyen Lefaivre [4] jeune, de remplir les fonctions d'adjoint aux adjudants généraux près le citoyen Besson.

9° Au citoyen Duthil, de remplir les fonctions d'adjudant général à la colonne de Scherb.

Les Représentants du peuple :

Signé : MERLIN, L. TURREAU.

1. Pierre-Marie-Gabriel Vidalot du Sirat, ou Dusirat, né le 25 mars 1764, au château du Sirat, près Valence-d'Agen (Tarn-et-Garonne). Entré au service en 1781 comme cadet dans le régiment d'Aunis, il était capitaine de grenadiers pendant le siège de Mayence, dans le même régiment devenu le 31e d'infanterie. Il se distingua pendant le siège ; général de brigade le 5 juillet 1794, après avoir commandé une des colonnes infernales de Turreau dans la Vendée. Les notes de ses supérieurs le désignent toutes comme un excellent officier fait pour commander une armée et pas assez connu. Il commanda le département du Tarn-et-Garonne en 1809 et celui du Lot-et-Garonne en 1825. Mort au Sirat, le 3 décembre 1843. Son père, Antoine Vidalot, avait été député à l'Assemblée législative et à la Convention.

2. François-René Besson fut tué huit jours après au combat de la Tremblaie, sous Cholet. Beaupuy dit qu'il « était brave jusqu'à la témérité, aussi intelligent que capable. » Il allait être nommé chef d'état-major. (Cf. Bussière et Legouis, *Michel Beaupuy*, 200.)

3. Était adjudant général et commandait la place de Paimbœuf au mois d'octobre 1794. Il fut destitué par le Comité de Salut public le 10, pour avoir poussé à la mer et laissé noyer des femmes et des enfants.

4. Peut être Louis-Jean-Claude-Clément Lefaivre, né à Besançon, le 18 décembre 1769 ; colonel du 8e cuirassiers ; baron de l'Empire le 13 décembre 1813, donataire de mille francs de rente sur le canal du Loing, confirmé dans son titre par ordonnance royale du 2 décembre 1814, mort le 13 mars 1839.

Pour tenir le soldat en haleine, j'envoyai, le 16 et le 17, beaucoup de partis dans les environs, avec ordre d'emporter toutes les denrées et d'amener tous les bestiaux qu'ils pourraient trouver. La quantité de mulets que nous avions fit que ces sorties ne furent pas infructueuses ; l'une de ces petites troupes donna dans une embuscade et perdit deux chasseurs et treize mulets.

Si j'avais pu me procurer la série des marches, contre-marches et des déroutes éprouvées par l'armée des côtes de la Rochelle, je l'eusse placée ici, à côté de la série de nos victoires, et on eût vu un contraste frappant dans la manière dont chacune de ces armées concourait à l'exécution du plan arrêté et si bien conçu à Saumur. Cependant, le 2 octobre, le général Rossignol convoqua de nouveau un conseil de guerre dans son armée, dans lequel, jetant toute la faute des échecs qu'il éprouva sur l'armée de Brest, il fit déclarer que chaque armée, libre de ses mouvements, agirait à l'avenir ainsi que les circonstances et le bien du service pourraient l'exiger ; ce qui devait mettre, en effet, ce général et ses lieutenants beaucoup plus à leur aise.

Mais le Comité de Salut public, las sans doute de ce défaut d'unité et d'ensemble, se détermina enfin à réunir les deux armées des côtes de la Rochelle et des côtes de Brest sous le commandement d'un seul [1]. Il donna à cette

---

1. « A trop de généraux succédera un seul général en chef d'une armée unique, c'est là le moyen de donner de l'ensemble aux divisions militaires, de l'union aux moyens d'exécution de l'armée, de l'intensité au commandement et de l'énergie aux chefs des troupes. — Deux chefs marchaient contre la Vendée, deux chefs appartenaient aux deux armées des côtes de Brest et de la Rochelle ; de là, point d'ensemble, point d'identité de vues, de pouvoir, d'exécution ; deux esprits dirigeaient deux armées, quoique marchant vers le même but ; et il ne faut à l'armée chargée d'éteindre la Vendée qu'une même impulsion. La force des coups qui doivent être portés aux Brigands dépend beaucoup de la simultanéité, de l'ensemble de

armée la dénomination d'armée de l'Ouest, et mit le général Léchelle [1] à sa tête. Quant à Rossignol, il prit le commandement de l'armée de Brest proprement dite, c'est-à-dire du corps destiné à garder les côtes de l'Océan, depuis Cherbourg jusqu'à l'embouchure de la Loire, et de toutes les troupes réparties dans les départements de la Sarthe, de la Mayenne, des Côtes-du-Nord, du Morbihan et du Finistère. Rossignol établit son quartier général à Rennes [2].

17 vendémiaire (8 octobre). Arrivée du gé- Le général Léchelle arriva, le 17 au soir, à Montaigu, accompagné de Carrier, représentant du peuple [3], et du

ceux qui frappent et de l'esprit uniforme qui les meut. — Les généraux ont plus de passions et des passions plus actives que les autres hommes. Dans l'ancien comme dans le nouveau régime, un amour-propre excessif, une ambition exclusive de la victoire, un accaparement de succès sont inséparables de leur cœur. Chacun, comme Scipion l'Africain, voudrait être Scipion le Vendéiste; chacun voudrait avoir éteint cette guerre civile, chacun voudrait avoir renversé le fanatisme et exterminé le royalisme. — Ambition généreuse, sans doute, et digne d'éloges, mais c'est lorsqu'elle n'est pas personnelle, mais c'est lorsqu'elle n'est pas exclusive.... — Désormais un seul général en chef commandera l'armée active contre la Vendée; pour y parvenir, il a fallu faire un nouvel arrondissement pour cette armée. L'armée de Niort, celle de Saumur, celle de Nantes ne formeront plus désormais qu'une seule armée; elle sera augmentée en territoire de tout le département qui contient Nantes, du département de la Loire-Inférieure. Cette armée portera le nom d'armée de l'Ouest. » (Barère, *Rapport sur la Vendée*, 1er octobre 1793, p. 13, 14, 15 de l'édition in-8.)

1. Le Comité de Salut public annonça Lechelle comme réunissant l'audace et les talents nécessaires pour finir cette trop longue et trop cruelle guerre; mais voici, sans exagération, le témoignage que lui doivent ceux qui l'ont connu et apprécié: il était le plus lâche des soldats, le plus mauvais des officiers et le plus ignorant des chefs qu'on eût jamais vu, il ne connaissait pas la carte, savait à peine écrire son nom, et ne s'est pas une seule fois approché à la portée du canon des Rebelles. En un mot, rien ne pouvait être comparé à sa poltronnerie et à son ineptie, que son arrogance, sa brutalité et son entêtement. (*Note du manuscrit*.)

2. Décret de la Convention nationale du 1er octobre.

3. Jean-Baptiste Carrier, né à Yolet, près Aurillac, en Auvergne, en 1756, procureur du roi dans sa ville natale; député du Cantal à la Convention. C'est lui qui fit décréter, le 5 mars 1793, la création d'un tribunal révolutionnaire. Il fut l'un des promoteurs de la révolution du 31 mai. Envoyé en mission dans les Côtes-du-Nord, en septembre 1793, il dénonça

général de brigade Dembarrère [1], de l'arme du génie. Je me transportai aussitôt chez lui, et, après les premières civilités, on s'assembla en conseil de guerre, qui fut composé des représentants Merlin, Turreau, Carrier, des deux généraux nouvellement arrivés, de Vimeux, Beaupuy et moi. Je remis à Léchelle l'état de situation de l'armée et, sur l'invitation de Merlin, la carte sur la table, je lui expliquai succinctement ce que nous avions fait, et ce que Canclaux se proposait de faire pour arriver sous peu devant Mortagne et Cholet. Je lui observai que nous avions manqué jusqu'ici d'un homme qui pût nous fournir des renseignements locaux, si nécessaires dans un pays aussi coupé ; mais que, depuis peu, Canclaux avait

néral Léchelle et du représentant Carrier. L'armée prend la dénomination d'armée de l'Ouest. Conseil de guerre.

Beysser comme complice des Girondins. Un arrêté du Comité de Salut public, du 29 septembre, lui donna l'ordre de se rendre sur-le-champ du département des Côtes-du-Nord à Nantes pour y faire appliquer les mesures décrétées contre les municipalités fédéralistes « et y prendre, conformément aux pouvoirs qui lui sont délégués, toutes les mesures de salut public ». Au milieu des excès atroces auxquels il se livra dans cette ville et dans la région, il sut défendre Kléber et Marceau contre leurs détracteurs et même contre le général Turreau. Rappelé, il quitta Nantes le 16 février 1794. Décrété d'accusation grâce à l'insistance de Boursault et de Lofficial, le 23 novembre 1794, condamné à mort et exécuté le 16 décembre.

1. Jean Dembarrère, fils de Jacques-François Dembarrère, conseiller du roi, juge criminel en la sénéchaussée de Bigorre, et d'Anne de Cauboté, né à Tarbes le 3 juillet 1747. Lieutenant en second à l'école du génie de Mézières en 1768, ingénieur le 1er janvier 1770, capitaine du génie le 1er janvier 1777, il se distingua pendant la défense de Valenciennes en 1793. Général de brigade et employé dans l'Ouest le 17 août 1793, général de division et inspecteur général des fortifications le 16 février 1794. Le Comité de Salut public voulut lui confier le soin de terminer la guerre de Vendée avant la reprise de la campagne contre les coalisés ; mais il déclina toute participation au système mis en pratique par le général Turreau. Commandant provisoire de l'armée d'Angleterre, du 23 juin au 11 juillet 1799 ; réformé le 27 avril 1801 ; nommé de nouveau directeur des fortifications le 2 mai suivant, et inspecteur général le 18 décembre. Retraité le 10 mai 1805, chargé le 20 mars 1812 d'organiser les cohortes du premier ban de la garde nationale dans la 11e division militaire. Mort à quatre-vingt-trois ans à Lourdes, le 3 mars 1828. Il était l'oncle de Barère. Il avait été fait comte de l'Empire le 15 juin 1808 et confirmé dans son titre par lettres patentes royales du 20 décembre 1817.

fait l'acquisition du citoyen Savary [1], qui remplissait à cet égard l'objet désiré.

Léchelle m'écouta sans mot dire, il ne daigna pas même jeter un coup d'œil sur la carte pour suivre mes démonstrations ; son indifférence me fit présumer qu'il avait un plan de campagne qui, peut-être, n'avait aucun rapport avec celui que je venais de développer ; mais non, il se lève tout à coup et dit d'un ton transcendant :

[1]. Jean-Julien-Michel Savary, né à Vitré, en Bretagne, le 18 novembre 1753, avocat au Parlement de Paris (juillet 1780), venu avant la Révolution comme précepteur dans un château des environs des Herbiers, où il connut d'Elbée et fut mêlé à diverses affaires d'intérêts du futur généralissime Vendéen. Juge et président du district de Cholet de 1790 à mars 1793, fait prisonnier par les Vendéens quand ils s'emparèrent de cette ville, le 14 mars ; il s'évada un mois après, à Chemillé et se réfugia à Saumur. Le conseil général du Département, dont il était membre, le nomma alors commissaire civil chargé d'organiser les moyens les plus efficaces pour résister à l'insurrection. Canclaux, qui l'avait connu dans l'exercice de ces fonctions, le décida, peu de jours avant que lui-même fût rappelé, à suivre l'armée des côtes de Brest comme attaché, sans aucun grade militaire, au général en chef, afin d'utiliser ses connaissances de la topographie du pays où cette armée allait opérer avec l'armée de Mayence. Il fut nommé adjudant général chef de brigade le 5 novembre 1793. Député de Maine-et-Loire au Conseil des Cinq-Cents, le 15 octobre 1795 ; au Conseil des Anciens, le 14 avril 1799 ; il montra peu d'enthousiasme pour les événements qui annonçaient le coup d'État du 18 Brumaire et ne reçut pas de convocation pour la séance de ce jour. Il s'en plaignit et, à la fin de la séance, Bonaparte le fit exclure de la représentation nationale. Nommé sous-inspecteur aux revues le 22 décembre 1799, il fit en cette qualité les campagnes d'Allemagne ; inspecteur en 1812 ; chevalier de Saint-Louis en 1814 ; retraité en 1815 ; mort à Paris le 27 décembre 1839. Il s'était lié intimement avec Kléber dont il devint l'un des meilleurs et des plus dévoués collaborateurs pendant toute la campagne de ce général en Vendée et sur la rive droite de la Loire. Il a certainement contribué, dans une mesure difficile à déterminer, à la rédaction des *Mémoires* présentement publiés et auxquels il a fait de copieux emprunts dans son grand ouvrage intitulé : *Guerres des Vendéens et des Chouans contre la République française....* (Paris, Baudouin, 1824-1825, 6 vol. in-8.) Cette publication, considérable et faite dans un esprit relativement impartial et modéré, se ressent cependant des passions qui avaient agité son auteur. On doit également regretter la façon, trop arbitraire quoique de bonne foi, dont il a souvent tronqué, modifié ou interpolé le texte des documents produits par lui.

« Oui, ce projet est fort de mon goût ; mais j'observe qu'il faut marcher en ordre, en masse et majestueusement. » Après cela, chacun se retira chez soi, ne sachant ce qu'il devait penser de l'homme qui commandait en chef [1].

Le lendemain 18, la troupe prit les armes vers les huit heures du matin ; Carrier, s'avançant devant le front de bataille, harangua les défenseurs de la patrie, qui lui répondirent à l'unanimité par le cri de : Vive la République ! Léchelle harangua aussi ses nouveaux compagnons d'armes ; on s'aperçut bien qu'il n'avait pas fait une étude profonde de l'art oratoire ; mais, certes, il n'eut pas à se plaindre de l'accueil qu'il reçut. J'ai appris que quelques voix s'étaient écriées : Vive Dubayet ! Je ne l'ai point entendu, mais j'ai remarqué que cela avait vivement affecté le général qui ne m'en parla pas, mais qui, dès lors, porta dans son cœur une haine implacable contre l'armée de Mayence.

18 vendémiaire (9 octobre). Le général Léchelle et le représentant Carrier passent les troupes en revue et les haranguent.

Cependant, Charette tenait toujours son rassemblement à Légé et ses patrouilles approchaient assez près de Montaigu. Il fut donc décidé, au soir du même jour, que Haxo partirait à minuit, marcherait sur Légé et rentrerait dans son camp, après avoir dissipé cette horde d'ennemis. Haxo se mit à la tête de trois mille hommes d'élite, que je lui avais choisis, et commença son mouvement à l'heure indiquée.

19 vendémiaire (10 octobre). Le général Haxo marche sur Légé pour détruire le rassemblement de Charette.

Le lendemain, quantité d'habitants des environs de Vieillevigne et de Saint-André-Treize-Voies se rendirent à Montaigu et feignirent de vouloir déposer leurs armes. Mais comme elles n'étaient composées que de mauvais fusils de chasse, de piques et de bâtons, on suspecta leur

20 vendémiaire (11 octobre). Quelques habitants déposent leurs armes ; conseil de guerre.

---

1. « Kléber serra froidement sa carte. Merlin dit en se retournant : « Je crois qu'on a pris à tâche de nous envoyer tout ce qu'il y a de plus ignorant. » (Savary, *loc. cit.*, II, 228.)

bonne foi; on résolut néanmoins de les renvoyer dans leurs foyers avec l'assurance qu'à l'avenir leurs communes seraient respectées. On espérait, par cet acte de clémence, porter la désertion dans l'armée fanatique; le moyen ne réussit point.

Le soir, on tint conseil de guerre. On y résolut que l'on donnerait suite au plan du général Canclaux, et que l'on marcherait, le 23 vendémiaire, sur Tiffauges; l'on me donna le commandement de l'armée de Mayence, à laquelle on devait ajouter un bataillon du 79e et deux autres du 109e, régiments qui avaient autrefois fait partie de la colonne Beysser, et qui étaient établis à Remouillé; par ce moyen, le corps d'armée sous mes ordres était porté à environ huit mille hommes. On devait y ajouter cinq pièces de 8 bien approvisionnées, un gril, un obusier de 6 pouces et une caronade, cent vingt-cinq obus incendiaires, dix-huit balles à feu, dix pièces de 4, dix-huit caissons d'infanterie et mille pionniers. Toutes ces troupes et cet attirail d'artillerie devaient se mettre en mouvement les jours suivants pour être réunis, le 25 au soir, à Montaigu. L'adjudant général Blosse, qui commandait les troupes de Remouillé depuis deux jours, reçut ordre de se mettre à la tête de ses dix-sept compagnies de grenadiers, auxquelles on ajouta quarante gendarmes nationaux à pied, et de se porter, le jour suivant, au delà de Saint-Fulgent, près du château de l'Oie [1], pour se réunir

---

1. Château et commune du canton des Essarts (Vendée), commandant le point stratégique très important appelé les Quatre-Chemins-de-l'Oie, où se rencontrent les routes de Nantes à la Rochelle et d'Angers aux Sables-d'Olonne. A neuf kilomètres nord-est des Essarts; vingt-huit kilomètres nord-est de la Roche-sur-Yon; douze kilomètres sud-ouest des Herbiers; vingt et un kilomètres sud-ouest de Mortagne; seize kilomètres nord-nord-ouest de Chantonnay; trente-sept kilomètres nord-ouest de Fontenay-le-Comte; six kilomètres sud-sud-est de Saint-Fulgent; vingt-six kilomètres sud-sud-est de Montaigu. Une petite garnison patriote fut éta-

à la colonne venant de Luçon et des Sables, et qui devait y arriver le même jour. Il lui fut prescrit d'envoyer, dès que sa réunion serait opérée avec cette colonne, l'état de sa force en infanterie, cavalerie et artillerie, en y joignant l'aperçu de ses moyens de subsistance, et, dans le cas où ces troupes excéderaient cinq mille hommes, de revenir avec ses grenadiers, et de prendre à la colonne de Luçon deux pièces de 12 et un obusier avec leurs caissons. Cette colonne ainsi disposée devait se porter, le 22, aux Herbiers, y attaquer l'ennemi, et, sans s'arrêter, s'emparer de suite de la montagne des Alouettes pour y prendre poste ensuite, et le lendemain, 23, elle devait se mettre en marche à trois heures du matin, pour se diriger sur Mortagne, où, s'établissant sur les hauteurs de la Sèvre, elle devait élever deux batteries pour battre la ville et le pont, à boulets rouges [1]. Tous les ordres, conformément à ces arrêtés, furent de suite distribués et mis à exécution [2].

Le lendemain, il ne se passa rien de nouveau. Le général Haxo rentra le matin avec ses troupes de son expédition de Légé ; il nous dit que sa marche ayant été éventée par quelques coups de fusil tirés sur un poste de Brigands, à une lieue en deçà de cette ville, il la trouva évacuée à son arrivée, et que les fours pleins de pain avaient fait voir clairement que l'ennemi ne faisait que d'en sortir.

21 vendémiaire (12 octobre). Le général Haxo rentre au camp.

Le jour suivant, ma division acheva de s'organiser et tous les objets relatifs à l'artillerie se trouvèrent réunis.

22 vendémiaire (13 octobre). Les troupes s'or-

---

blie au château dès les premiers signes d'effervescence. Elle fut enlevée par surprise, au mois de mars 1793, par les gars de Saint-André-Goule-d'Oie. Le château, occupé tour à tour par les deux partis, fut réduit en ruines en 1793.

1. « L'arrivée sur Mortagne fut retardée d'un jour par avis postérieur. » (Savary, *loc. cit.*, II, 236.)

2. Il n'existe pas trace de ces ordres dans le registre de Kléber publié ci-après.

Le soir, on s'assembla chez le général en chef, qui nous donna communication de la lettre qu'il venait de recevoir de l'adjudant général Blosse. Il lui rendait compte que la colonne de Luçon, n'étant que de trois à quatre mille hommes au plus, il avait cru se conformer à son ordre en demeurant réuni avec elle. Pendant que nous étions ainsi rassemblés, les représentants du peuple reçurent l'avis que les Brigands s'étaient emparés de l'île de Noirmoutier; tout le monde fut alarmé de cet événement, parce qu'on craignait que, communiquant librement avec les Anglais, les Rebelles n'en tirassent des secours qui pourraient nous devenir très préjudiciables. Léchelle ne proféra pas un mot, mais, fatigué d'en entendre parler, il demanda avec impatience : « Qu'est-ce donc que ce Noirmoutier? où est cela? ». On lui répondit que c'était une île. « Ah! oui, oui, dit-il, une île, une île »; et, honteux d'en demander davantage, il n'en fut pas plus instruit. On devait être d'autant plus étonné de cette ignorance qu'il avait eu un commandement à la Rochelle, où il était parfaitement à même d'étudier les côtes [1].

CHAPITRE QUATRIÈME

Le lendemain, ma colonne se mit en marche, dès la pointe du jour, pour se porter sur Tiffauges. Arrivé sur les hauteurs qui commandent cette ville, je fis mettre la

[1]. « Kléber ignorait sans doute que Léchelle n'avait commandé à la Rochelle qu'environ quinze jours et n'avait visité que Rochefort. » (Note de Savary, *loc. cit.*, II, 237.)

troupe en bataille ; elle l'enveloppait en forme de croissant, sur deux de ses côtés. Aussitôt que les Brigands nous aperçurent, ils sonnèrent le tocsin, se rassemblèrent, passèrent la Sèvre et allèrent se réunir à d'autres attroupés sur les hauteurs, au delà de cette rivière. Pour accélérer leur marche, on tira sur la ville quelques coups de canon ; ensuite, on y envoya un détachement de chasseurs à cheval, soutenus par de l'infanterie légère, qui s'empara aussitôt du pont, tandis que la cavalerie donnait la chasse aux Rebelles, qui fuyaient à toutes jambes. Les femmes que nous trouvâmes à Tiffauges nous dirent qu'ils y avaient été au plus au nombre de quinze cents hommes.

Maître de la ville, j'allai reconnaître une position au delà de la rivière ; le général Dembarrère, l'adjudant général Damas [1], Vérine et Boisgérard, officiers du génie,

1. Étienne-François Damas, fils naturel du comte de Damas-Crux, menin du dauphin et lieutenant général, né à Paris le 22 juin 1764, garde national en 1789, aide de camp de Musnier de la Place, le 9 septembre 1792, capitaine le 3 février 1793, adjudant général au siège de Mayence, chef de bataillon le 16 juin suivant, général de brigade et chef d'état-major de Kléber, le 27 novembre de la même année, « en considération de la bravoure et des talents militaires qu'il n'a cessé de montrer dans toutes les actions qui ont eu lieu entre les armées de la République et les Brigands », porte l'arrêté des représentants Bourbotte et Prieur, de la Marne. Intimement lié dès avant ce moment avec Kléber, il demeura chef de l'état-major de celui-ci pendant tout son séjour dans l'Ouest et sa campagne sur le Rhin en 1794-1795. Il commanda ensuite successivement plusieurs brigades, à l'armée de Sambre-et-Meuse, puis suivit Kléber en Égypte. Lorsque celui-ci succéda à Bonaparte comme général en chef de l'armée d'Orient, il nomma Damas général de division provisoire le 1er septembre 1799 et le mit à la tête de l'état-major général de son armée. Après l'assassinat de Kléber, Damas rentra en France, où sa liaison avec ce général lui attira l'animadversion du Premier Consul, qui le fit réformer en septembre 1801 et le mit à la retraite, comme général de brigade, par décret du 27 août 1803. Mis à la disposition de Murat, grand-duc de Berg, en 1806, il est nommé commandant des troupes du grand-duché. Au mois de février 1812, il est appelé à faire partie du 9e corps de la Grande Armée. Le 27 novembre 1813, il est enfin nommé par l'Empereur à ce grade de général de division que Kléber lui avait conféré quatorze ans auparavant. Commandant d'armes à Paris, le 26 août 1814 ; inspecteur général des

m'avaient accompagné. Nous déterminâmes cette position que l'armée occupa à l'instant et où elle passa la nuit [1].

Le soir même, sitôt que l'armée eut pris sa position, je reçus ordre d'envoyer six cents hommes d'infanterie et quinze chasseurs à cheval au village de Saint-Denis, pour y saisir des Brigands qui, en petit nombre, empêchaient les communes environnantes de se rendre à leurs devoirs ; cet ordre ne fut point exécuté, parce que j'observai au général en chef que les circonstances ne permettaient pas d'envoyer un pareil détachement pour un objet aussi peu important. Il fut résolu que, le lendemain, on marcherait sur Mortagne, ce repaire trop fameux de l'armée catholique, qui depuis longtemps faisait l'objet de la convoitise du soldat et de l'ambition des généraux. On eût dit que de la prise de cette ville dépendait la fin de la guerre de la Vendée. L'ordre de la marche a été rédigé d'après les données du citoyen Savary, qui connaissait parfaitement le pays.

24 vendémiaire (15 octobre). Marche sur Mortagne, prise de cette ville ; jonc-

Il proposa de ne point prendre le chemin le plus court, comme étant impraticable pour l'artillerie, mais de suivre la grande route de Cholet, jusqu'à la hauteur de la Ro-

---

11ᵉ et 15ᵉ divisions militaires, le 31 mai 1815. Inspecteur général de la gendarmerie six mois plus tard. Grand officier de la Légion d'honneur, chevalier de Saint-Louis, mort à Paris le 23 décembre 1828. On a vu, dans la préface de ce volume, qu'on lui doit la conservation et, vraisemblablement, une partie de la rédaction des *Mémoires* de Kléber sur la guerre de Vendée.

1. C'est la position du Coubureau, château appartenant depuis au moins le XVᵉ siècle à la famille de Jousseaume de la Bretesche, qui en est encore aujourd'hui propriétaire, situé sur le territoire de la commune de Torfou, sur un rocher élevé dominant d'un côté la rive droite de la Sèvre Nantaise, presque en face de Tiffauges, et de l'autre une vaste prairie. A quatre kilomètres et demi sud-est de Torfou ; deux kilomètres et demi est-nord-est de Tiffauges ; deux kilomètres ouest du Longeron ; onze kilomètres ouest de Mortagne-sur-Sèvre ; sept kilomètres sud-ouest de la Romagne

magne [1]; que, par cette mesure, l'ennemi, incertain si nous en voulions à Cholet ou à Mortagne, partagerait ses forces ; il était d'ailleurs indispensable de fouiller la vaste forêt du Longeron [2], où il lui serait facile de se cacher, pour venir ensuite tomber sur nos derrières. D'après cela, on me remit, par forme d'ordre, les notes ci-après :

tion avec la colonne de Luçon. Combat de Saint-Christophe et de la Tremblaie.

« De Tiffauges à Beauséjour [3]; de Beauséjour, prendre à droite, en laissant à droite, à peu de distance, le bois du Longeron. Continuer la route, en laissant le bourg de Saint-Christophe [4] sur la gauche, et celui d'Evrunes [5] sur la droite.

1. La Romagne, alors chef-lieu de canton, aujourd'hui simple commune du canton de Cholet (Maine-et-Loire), à cent quatre mètres d'altitude, sur un plateau entre deux étangs et allant en s'infléchissant vers la rive gauche de la Moine, dont le bourg est éloigné d'un kilomètre environ. A neuf kilomètres nord-est de Tiffauges; sept kilomètres nord-est du Coubureau; sept kilomètres ouest de la Séguinière; onze kilomètres ouest de Cholet; six kilomètres nord-nord-ouest du Longeron ; sept kilomètres nord-ouest de Saint-Christophe-du-Bois ; neuf kilomètres nord-nord-ouest de Mortagne-sur-Sèvre; cinq kilomètres sud-ouest de Roussay; onze kilomètres sud-ouest de Montfaucon-sur-Moine.

2. Le Longeron, à cent vingt-cinq mètres d'altitude, sur le plateau de la rive droite de la Sèvre, à l'extrémité du département de Maine-et-Loire. Commune du canton de Montfaucon-sur-Moine, arrondissement de Cholet. A cinq kilomètres est de Tiffauges ; quatorze kilomètres sud-sud-est de Montfaucon; neuf kilomètres sud de Roussay; six kilomètres sud-sud-ouest de la Romagne ; dix-sept kilomètres ouest-sud-ouest de Cholet; neuf kilomètres ouest de Saint-Christophe-du-Bois; dix kilomètres ouest-nord-ouest de Mortagne-sur-Sèvre. Les bois dont parle Kléber, d'une étendue relativement considérable en 1793, ont été défrichés, depuis, presque en totalité. A peine s'il en subsiste aujourd'hui une superficie de cinquante à soixante hectares, répartie en un grand nombre de petits taillis séparés et chacun de faible contenance.

3. Beauséjour, hameau dépendant de la commune de la Romagne, dont il est distant de trois cents mètres environ. A l'intersection des chemins de Tiffauges à Montfaucon, et du Longeron à Cholet.

4. Saint-Christophe-du-Bois, commune du canton de Cholet, à peu près à égale distance (quatre kilomètres) de la rive gauche de la Moine et de la rive droite de la Sèvre-Nantaise. A six kilomètres sud-ouest de Cholet ; cinq kilomètres nord de Mortagne-sur-Sèvre; deux kilomètres, en ligne directe, sur la droite de la route de Cholet à Mortagne.

5. Evrunes, à cent vingt mètres d'altitude, sur le sommet du plateau élevé formant la rive droite de la Sèvre-Nantaise, qui coule alors dans une gorge profondément encaissée. Commune du canton de Mortagne-sur-

« On fera une halte à Beauséjour, jusqu'à ce que tout soit arrivé.

« Arrivé à une lande d'où l'on découvre Mortagne et la ci-devant abbaye de la Haye [1], faire partir un détachement de la Romagne, sur la gauche, pour inquiéter sur la route de Montfaucon [2], jusqu'à Roussay [3], où il se montrera.

« Faire partir un second détachement de Beauséjour, sur la route de cet endroit à Cholet, jusqu'à la Bégaudière [4], entre la Séguinière [5] et la Romagne, d'où l'on découvre les environs de Cholet.

« Un troisième détachement fouillera Saint-Christophe qui se trouve sur la gauche, et se portera sur la hauteur vis-à-vis de la Tremblaie [6]. »

Sèvre (Vendée). A deux kilomètres ouest-nord-ouest de Mortagne ; quatre kilomètres sud de Saint-Christophe-du-Bois ; huit kilomètres sud-sud-est de Beauséjour et de la Romagne ; sept kilomètres et demi est du Longeron.

1. Le prieuré, dit abbaye de la Haie ou de la Haye, paroisse de Saint-Christophe-du-Bois (Maine-et-Loire), mais dans le voisinage de Mortagne-sur-Sèvre. Appartenait aux Bénédictins.

2. Montfaucon-sur-Moine, à quatre-vingt-dix mètres d'altitude, sur un mamelon dominant la rive droite de la Moine. Chef-lieu de canton de l'arrondissement de Cholet (Maine-et-Loire). A onze kilomètres nord-est de la Romagne et à cinq kilomètres nord-nord-est de Roussay, bourg situé entre les deux, sur le vieux chemin qui les relie ; à vingt kilomètres ouest-nord-ouest de Cholet ; dix-neuf kilomètres nord-ouest de Mortagne-sur-Sèvre.

3. Roussay, sur le versant nord d'un plateau élevé, incliné vers la rive gauche de la Moine. Commune du canton de Montfaucon-sur-Moine, entre cette petite ville (cinq kilomètres nord-nord-est) et le bourg de la Romagne (six kilomètres sud-ouest).

4. La Bégaudière, hameau dépendant de la commune de la Romagne (Maine-et-Loire). A trois kilomètres est de ce bourg ; quatre kilomètres ouest-sud-ouest de la Séguinière ; quatre cents mètres au sud du chemin allant de Cholet à Romagne.

5. La Séguinière, au sommet et sur le versant sud d'un coteau descendant brusquement à la Moine, dont il forme la rive droite. A cinq kilomètres ouest de Cholet ; sept kilomètres est de la Romagne ; quatre kilomètres est-nord-est du hameau de la Bégaudière ; à trois cents mètres environ, au nord du chemin de Cholet à la Romagne.

6. La Tremblaie, château dans la commune de Cholet, à cinq kilomètres

Le lendemain, on se mit en marche vers les sept heures du matin. Parvenus sur la hauteur de la Romagne, nous aperçûmes un poste ennemi que quelques coups de canon déterminèrent à prendre la fuite; on le poursuivit sur la route de Cholet, sans pouvoir l'atteindre; mais l'objet d'y faire voir une tête de colonne était rempli. La troupe fit une halte, pour donner le temps de fouiller la forêt du Longeron et pousser quelques petits partis sur notre gauche vers Roussay et Montigné [1]. Cette opération faite et tout le monde réuni, la colonne continua sa marche, et, laissant la forêt, dont je viens de parler, à droite, et le bourg de Saint-Christophe, à gauche, je la mis en bataille dans une lande vers l'abbaye de la Haye, qui domine Mortagne, et en est peu éloignée. Je partis aussitôt avec quelques officiers de l'état-major, pour aller en reconnaissance vers la ville, et, n'y apercevant aucun ennemi, j'y entrai, et n'y trouvai en effet que quelques femmes tremblantes, qui nous firent l'accueil de la peur et de la consternation. Après les avoir rassurées sur l'objet de leur crainte, elles nous déclarèrent que les Brigands s'étaient retirés depuis la veille sur Cholet, où ils comptaient nous attendre [2]. Nous trouvâmes dans ce repaire

---

sud; quatre kilomètres et demi nord de Mortagne-sur-Sèvre; cinq cents mètres à gauche de la route conduisant de la première à la seconde de ces villes; dix-sept kilomètres nord-ouest de Châtillon-sur-Sèvre.

1. Montigné-sur-Moine, commune du canton de Montfaucon-sur-Moine, arrondissement de Cholet (Maine-et-Loire), à deux kilomètres sud de Montfaucon; dix-huit kilomètres ouest de Cholet; six kilomètres ouest de Roussay; dix kilomètres ouest-nord-ouest de la Romagne; dix kilomètres nord-ouest du Longeron.

2. « A l'approche de toutes les colonnes (Républicaines), qui portaient avec elles l'incendie et la mort, nous nous vîmes perdus... La vérité tout entière, mais une vérité affreuse, celle de la destruction de notre pays et la mort, apparaît à nos regards et ne nous laisse plus le moindre doute sur notre sort. La fuite seule peut nous soustraire, pendant quelques jours, aux coups de l'ennemi... Le pillage, l'incendie, le meurtre : voilà le destin qu'on nous prépare... S'il nous était resté quelques doutes à cet égard,

quelques caissons, affûts et avant-trains brisés, ainsi qu'un reste de dépôt de matières combustibles, relatives à la fabrication de la poudre de guerre.

L'armée fit une halte de deux heures sur le terrain qu'elle occupait, pour se rafraîchir, avec défense expresse d'entrer en ville. Des nuages de fumée et de poussière, que nous vîmes s'élever de loin sur la rive gauche de la Sèvre, nous annoncèrent alors l'arrivée de la colonne de Luçon. Ce renfort servit à augmenter le courage et la joie du soldat. Dès que cette troupe parut, il lui fut ordonné de marcher droit sur Cholet sans s'arrêter [1], et, au moment qu'elle eut dépassé la ville, Beaupuy reçut ordre de se mettre en mouvement avec son avant-garde pour suivre la même direction. Ce général avait à peine fait un quart de lieue, qu'il entendit une vive fusillade

---

ils eussent été dissipés par les rapports effrayants qu'une troupe nombreuse de femmes et d'enfants qui fuyaient les pays occupés par l'ennemi, nous faisaient des atrocités commises par les armées révolutionnaires... Nous couchâmes encore le soir à la maison (à Mortagne). Le lendemain (14 octobre 1793), il était grand temps de fuir, les Républicains approchaient. On voyait de tous côtés leurs feux et des fumées épaisses qui marquaient leur course rapide. Cet incendie, tout atroce qu'il fût, a néanmoins sauvé bien du monde, en indiquant la marche des colonnes révolutionnaires. » (Boutillier de Saint-André, *loc. cit.*, 161, 162, 174.)

« Quand on considère l'excellente situation de Mortagne, bâtie sur la cime d'un roc, on a peine à concevoir comment les royalistes ne firent pas plus d'efforts pour s'y maintenir. » (*Mémoires d'un ancien administrateur militaire*, 97.)

1. « L'évacuation de Mortagne et l'approche de l'armée de Mayence avaient facilité la marche de la colonne de Luçon. L'ennemi, qui lui était opposé, s'était replié sur Mallièvre; elle ne tarda pas à paraître sur les hauteurs de la Sèvre, où elle reçut du général Léchelle l'ordre de traverser Mortagne sans s'y arrêter et de s'avancer sur la route de Cholet, où elle rencontrerait un bataillon de direction. Robert, chef d'état-major de Léchelle, qui donna cet ordre de marche, oublia de faire précéder la colonne de ce bataillon de direction, oubli qui faillit perdre Marceau et la colonne de Luçon. — Le général Bard, nouvellement promu au grade de général de brigade, commandait cette colonne. Il avait sous ses ordres trois mille quatre cents hommes d'infanterie et trois cent trente, de cavalerie. » (Savary, *loc. cit.*, II, 253.)

sur la grande route de Mortagne à Cholet [1]. Il en conclut que la colonne de Luçon avait rencontré l'ennemi, et il lui envoya sur-le-champ le bataillon des Chasseurs de Kastel, commandé par le chef de brigade Tyrant [2]. Il ordonne en même temps à Targe de se porter avec le bataillon des Francs sur Saint-Christophe, et il demeure de sa personne au centre, avec un bataillon seulement. Ces dispositions ne purent être prises plus à propos, car l'ennemi s'avançait en force. Notre artillerie commence le feu et l'attaque de notre part est tellement impétueuse que, malgré leur acharnement, les Rebelles sont contraints de lâcher pied et de nous céder du terrain. J'arrive alors avec le corps de bataille, je soutiens l'attaque de l'avant-garde, mais bientôt j'aperçois un corps ennemi s'avançant sur ma gauche pour me tourner [3]. Je veux envoyer quelques

1. « L'adjudant général Marceau, qui commandait l'avant-garde (de la colonne de Luçon), crut d'abord que cette attaque imprévue était une méprise de la troupe qu'il devait rencontrer; mais enfin il se mit en défense et soutint le feu avec beaucoup de vigueur. Cependant, la queue de la colonne, menacée d'être coupée par une troupe de Vendéens embusqués, faisait sa retraite sur Mortagne. Le général Bard s'y porte rapidement pour la rallier, il y reçoit deux coups de feu... Il se retire... Marceau le remplace dans le commandement de la division. — Marceau était menacé d'être enveloppé, et peut-être eût-il succombé, si le général Beaupuy n'eût promptement envoyé à son secours. » (Savary, *loc. cit.*, II, 254.)

2. Tyrant était capitaine dans la garnison de Mayence, quand il fut chargé de constituer le corps des Chasseurs de Kastel dont on lui donna le commandement avec le grade de chef de bataillon, qui lui fut attribué par arrêté des représentants, le 5 mai 1793. Il fut fait chef de brigade dans le courant de septembre et fut tué le 14 octobre à la Tremblaie, dans le combat dont Kléber commence le récit.

3. « Le 15 (octobre), des coureurs apportèrent la nouvelle à Cholet que l'ennemi brûlait le bourg de la Romagne, à deux lieues, sur la route de Nantes. L'armée s'y porta sur-le-champ. Elle apprit à moitié chemin que ce n'était qu'un détachement qui y était passé, et que toute l'armée marchait sur Cholet par Mortagne. M. d'Elbée et M. de Bonchamps partagèrent leurs troupes » (Gibert, *loc. cit.*, 95.)

« Une demi-heure avant d'arriver à Cholet, l'armée royaliste se sépara en deux colonnes : celle de droite, commandée par Lescure, marcha contre les divisions de Nantes et de Luçon, qui faisaient leur jonction. La

compagnies de grenadiers à sa rencontre, lorsque je vois les Rebelles mis en fuite par un feu de mousqueterie qui les enveloppe. C'était l'adjudant général Dubreton, embusqué dans les environs de Saint-Christophe, qui les attaquait. Les ennemis, déjà partout ébranlés et en désordre, abandonnent quelques-unes de leurs pièces. Nos canonniers s'en emparent. Je reste sur la gauche, Beaupuy au centre et Marceau sur la droite. Nous avançons à grands pas et sur tous les points nous obtenons des succès. L'ennemi fuit enfin de toute part, se précipitant dans Cholet et mettant la rivière de la Moine entre lui et nous [1].

colonne de gauche, celle où je restai, continua sa marche sur la grande route, jusqu'à Cholet. Traversant cette ville, nous prîmes la route de Mortagne, sur laquelle, à peine avions-nous fait une demi-lieue, que nous rencontrâmes les divisions républicaines arrivées par Châtillon et faisant l'aile droite de leur armée. — Nos gens isolés, — ceux [de la droite ignorant ceux de la gauche et *vice versa*, — sur un trop grand front, faibles partout, le combat fut bien loin d'être opiniâtre. Lescure, imprudemment toujours trop loin de son monde, reçut un coup mortel à la tête, et bientôt après, l'aile qu'il commandait plia, dirigeant sa retraite sur Cholet. — Notre gauche avait été également repoussée, et nous nous retirâmes aussi vers cette ville. — L'ennemi semblait se défier de son avantage et craindre que ce ne fût une ruse de notre part, car à peine osait-il nous suivre d'abord... — Nos deux ailes réunies sous Cholet étaient infiniment plus fortes qu'au commencement du combat. Aussi, dès les premiers coups de canon de la place sur les Républicains, nos gens, se sentant protégés et animés par la force que leur présentait leur ensemble, s'arrêtèrent d'eux-mêmes, se retranchèrent derrière des jetées de fossés et, sitôt que l'armée ennemie parut, ils la reçurent avec un feu si épouvantable, qu'elle dut croire que cela avait été fait exprès... — Nous regagnons le terrain perdu et reprenons deux pièces de canon que nous avions laissées... L'ennemi fut repoussé jusqu'à la hauteur de la Tremblaie. On se battit même vigoureusement dans la cour du château. » (Poirier de Beauvais, *loc. cit.*, 140, 141, 142.) — D'après Savary (*loc. cit.*, II, 259) et Kléber (cf. plus loin), les divisions venant de Châtillon, c'est-à-dire les troupes sous les ordres de Chalbos, ne firent leur jonction avec les troupes de Léchelle que dans la nuit du 16 au 17 octobre.

1. « La nuit ne nous permit pas de profiter de notre victoire (*sic*), nous nous retirâmes à Cholet, prenant la précaution de barricader le pont avec des charrettes et de mettre à cet endroit un fort corps de garde. » (Poirier de Beauvais, *loc. cit.*, 142.)

Cependant la nuit arrête nos pas; le pays, coupé de fossés, de haies et de ravins, avait mis les bataillons en désordre, et le soldat, accablé de lassitude d'une marche de huit lieues et d'un combat de trois à quatre heures, restait couché épars dans les champs, ou, sans distinction de compagnie, de bataillon ou de brigade, il cherche isolément sur la route, dans les fossés et dans les champs, le repos et le sommeil. Aussi eussions-nous bientôt perdu le fruit de notre victoire, si l'ennemi avait alors osé entreprendre une sortie audacieuse.

Léchelle se montre enfin. Il n'avait vu, disait-il, que des lâches, et se plaignait surtout des officiers qui, suivant lui, avaient donné partout l'exemple de la fuite. Étrange compliment après un combat aussi sanglant, couronné par le succès. Le représentant Turreau, présent, lui répondit avec indignation : « On ne voit jamais les braves à la queue des colonnes. » Alors Léchelle me dit qu'il avait mis une partie de l'armée en bataille, me chargea d'en faire de même du reste, et, piquant aussitôt des deux, il va s'établir dans les environs de la Tremblaie. Je cherchai et fis chercher, longtemps sans la découvrir, cette partie de l'armée qui devait se trouver en bataille; enfin, un officier vint me dire qu'il avait vu quatre cents hommes environ réunis sur les derrières, dans un ravin. Reconnaisssant à ces dispositions la main du général Léchelle, je ne doutai plus que ce ne fût là la partie de l'armée dont il voulait parler. Je fis avancer cette troupe et la portai sur les hauteurs qui dominent la ville. Parcourant ensuite, avec les officiers de mon état-major, le grand chemin, les champs et les prés, pour ramasser tous les soldats qui s'y trouvaient épars et sans ordre de compagnie ni de bataillon, je les rangeai indistinctement en bataille sur deux lignes, dans un développement très considérable [1].

Les pièces furent mises en batterie, et Targe fut chargé de garder le pont et la rivière de la Moine avec son infanterie légère. Ces dispositions prises, j'établis mon quartier général dans un champ, à côté de la route, et je me livrai moi-même à quelque repos [2].

Nous perdîmes dans cette journée quantité d'excellents officiers et de braves soldats. Tyrant, commandant des Chasseurs de Kastel; Besson, adjudant général; Bachelay, adjoint à mon état-major; Morillon, quartier-maître de la légion des Francs, ainsi que beaucoup d'autres officiers, dont les noms ne sont pas parvenus à ma connaissance, y furent tués. L'adjudant général Labruyère [3] fut percé de

---

[1] « Sur les sept heures (du soir), l'armée incendiaire couvrait tout le plateau de la Haie (ferme à cinq cents mètres environ de Cholet, sur la route de Mortagne), et cernait la ville depuis la Grange (ferme sur la rive gauche de la Moine, à trois cents mètres environ du château de Cholet), jusqu'à Saint-Melaine (hameau à cinq cents mètres à l'ouest de Cholet, entre la rive droite de la Moine et la route de Nantes), ne laissant de libres que les chemins de Beaupréau et de Nuaillé. S'ils l'eussent entièrement environnée, ce qu'ils pouvaient facilement faire, puisque les assaillants étaient plus de vingt-quatre mille hommes, et s'ils eussent pénétré dans son enceinte ce soir même, l'armée vendéenne tout entière et tout ce qui suivait sa destinée, eût trouvé à Cholet son tombeau. » (Boutillier de Saint-André, loc. cit., 190.) — Savary (loc. cit., II, 262) dit que l'armée réunie autour de Cholet présentait alors une force de vingt à vingt-deux mille hommes.

[2] « C'est là que Marceau vint le trouver, sur les dix heures du soir, et lui témoigna tout le désir de faire connaissance avec lui. Kléber, inquiet de sa position, lui répondit froidement : Vous n'auriez pas dû quitter votre poste, retournez-y promptement; nous aurons le temps de faire connaissance une autre fois. Marceau, piqué de cet accueil, se retira fort mécontent; cependant il en fut dédommagé le lendemain. Kléber lui témoigna beaucoup de confiance, et, de ce moment, ils furent étroitement unis. » (Savary, loc. cit., II, 258-259.)

[3] André-Adrien-Joseph de Labruyère, né à Donchery-sur-Meuse, le 23 janvier 1768, cadet gentilhomme à l'École militaire de Paris en 1775; sous-lieutenant dans le régiment de Bassigny en 1783; capitaine le 10 janvier 1792, dans le même régiment, devenu le 32ᵉ de ligne; il commandait, pendant le siège de Mayence, le 2ᵉ bataillon des grenadiers réunis; adjudant général à l'arrivée de l'armée de Mayence en Vendée, chef de brigade

coups de fusil et de baïonnette; plus de cinq cents Républicains scellèrent de leur sang la cause de la Liberté. Les chasseurs de la Charente-Inférieure perdirent surtout une bien belle et valeureuse jeunesse.

Ce combat coûta aux Rebelles douze à quinze cents hommes, et quatre pièces de canon leur furent enlevées à la pointe de l'épée. Vers les minuit, un officier vint m'éveiller et me dire, de la part de Léchelle, qu'il fallait canonner Cholet et le brûler à coups d'obus et de boulets rouges. Je lui fis réponse que je n'avais pas un seul bataillon, pas une seule compagnie d'organisés, que les troupes étaient pêle-mêle, dans la ligne de bataille que je leur avais fait prendre, que Targe, qui défendait le pont et la rive gauche de la Moine, serait obligé de replier ses postes dès que je commencerais le feu, et qu'alors, si l'ennemi voulait profiter de cette circonstance pour faire une sortie, la confusion serait à son comble. « Au surplus, ajoutai-je, dites au général en chef que demain à huit heures nous serons à Cholet, et peut-être sans coup férir. » En effet, il n'était pas probable que l'ennemi dût s'obstiner à défendre une ville dominée par notre position [1] et que nous pouvions en quelques heures réduire en cendres. L'officier partit, et le reste de la nuit se passa tranquillement, aux coups de fusil près, que s'entre-tirèrent les avant-postes sur les deux rives.

Dès la pointe du jour, les Rebelles lâchèrent quelques coups de canon, d'une pièce qu'ils avaient établie sur l'esplanade du château de Cholet. J'y fis répondre à l'instant

---

en 1801; général de brigade le 29 août 1803, grand officier de la Légion d'honneur, baron de l'Empire le 9 mars 1808. Tué le 3 décembre suivant à l'attaque de Madrid. Il avait reçu, dans sa vie de soldat, trente blessures, dont vingt et une au combat de la Tremblaie.

1. Sur les hauteurs de la Haie (cf. ci-dessus, p. 206, note 1).

par le feu de toute notre artillerie. J'envoyai dire à Targe d'observer les mouvements de l'ennemi, de résister vigoureusement et de défendre le pont au cas où il voulût tenter une sortie, de battre la charge et de le poursuivre sans pourtant se compromettre, dès qu'il le verrait s'ébranler pour prendre la fuite.

J'ordonnai à Blosse de suivre, avec ses grenadiers, le mouvement de Targe pour le soutenir, et je fis aussitôt organiser les compagnies, bataillons et brigades dans les deux lignes de bataille. L'ennemi, ainsi que je l'avais prévu, abandonna la ville [1]. Targe et Blosse le poursuivirent, et allèrent occuper les hauteurs au delà de Cholet, en gardant tous les passages et avenues aboutissant sur la ville.

Pendant que les troupes allaient rejoindre leurs drapeaux respectifs, je fus reconnaître la position que l'armée devait prendre au delà de Cholet. Savary m'accompagna dans cette reconnaissance ; il n'avait encore alors aucun grade militaire ; mais plein de zèle, d'honnêteté et de complaisance, il rendit en tout temps les plus grands services et contribua plus d'une fois aux succès de nos armes [2].

---

1. « Le lendemain (16 octobre), à la pointe du jour, ils (les Républicains) se mirent en marche sur plusieurs points en canonnant la place. Les généraux Vendéens avaient envoyé par précaution leurs munitions à Beaupréau ; à peine en restait-il à Cholet de quoi tirer vingt coups de canon et l'on n'en pouvait distribuer aux soldats. M. d'Elbée avait bien envoyé ordre à M. de Marigny d'en faire passer pendant la nuit, mais elles n'étaient pas arrivées, et il était impossible de se défendre. Il n'y eut d'autre parti à prendre que d'évacuer promptement Cholet et de se retirer à Beaupréau, en désordre. L'ennemi entrait par une autre porte à Cholet. » (Gibert, *loc. cit.*, 95-96.)

2. Savary a été promu quelque temps après au grade d'adjudant général, chef de brigade, et, depuis, il passa à la législature. Ce brave homme est peut-être l'unique qui puisse écrire fidèlement sur l'origine et les progrès de la guerre de la Vendée. (*Note du manuscrit.*)

Après avoir passé le pont, nous entrâmes à Cholet, où le peu d'habitants qui y avaient demeuré nous accueillirent aux cris de Vive la République! Nous jetant ensuite à droite, nous trouvâmes différents ruisseaux de blanchisseries, pour arriver sur le grand chemin de Chemillé [1]. Sur cette route, à trois quarts de lieue environ de Cholet, se trouve le château du Bois-Grolleau [2], au haut du coteau, où prennent naissance ces différents ruisseaux qui, se jetant dans la Moine, peuvent être regardés comme sa source [3]. Ce château était encore occupé par quelques cavaliers Brigands; je voulus les faire charger par mes ordonnances, mais je ne fus pas peu étonné de n'en remarquer que deux avec moi, les autres s'étant arrêtés dans les blanchisseries pour s'y livrer au pillage. Les Brigands nous laissant cependant approcher assez près pour reconnaître que ce château pouvait former un excellent point d'appui et Savary m'ayant assuré qu'à la gauche de Cholet, à une pareille distance de la ville, et à gauche de la route de Saint-Macaire, était situé un autre château [4] qui

---

1. C'est la grande route allant de Cholet à Saumur, avec embranchement à Nuaillé, à cinq kilomètres du Bois-Grolleau, sur Angers, par Trémentines, Chemillé et les Ponts-de-Cé. Cette seconde route était alors loin d'être terminée de Nuaillé à Saint-Lambert. Il y avait encore un autre mauvais chemin, auquel Kléber fait allusion plus loin, conduisant à Chemillé par Trémentines, sans passer par Nuaillé. Il avait son point de départ au sommet du coteau dominant Cholet au nord dans le voisinage, tout près de l'endroit où on a établi, il y a une quarantaine d'années, la gare du chemin de fer.

2. Le Bois-Grolleau était un château important, entouré de douves, appartenant alors à la famille Jousbert de Rochetemer, dont le chef l'avait acheté en 1782, à la suite d'une saisie pratiquée à la requête de Voltaire, créancier du précédent propriétaire. Le 19 avril 1792, deux compagnies de grenadiers de la garde nationale de Saumur y avaient soutenu un siège malheureux contre les Vendéens et s'étaient rendues à Henri de la Rochejaquelein.

3. La Moine prend sa source à plus de douze kilomètres de là; au-dessus de Maulevrier.

4. La Treille, dans la paroisse, supprimée en 1791, de Saint-Melaine,

offrait autant de défense, et dominait aussi le ravin profond et escarpé de la rivière la Moine, je déterminai ces deux châteaux pour les points d'appui de l'armée. Indépendamment des deux routes ci-dessus, celles de Trémentines et de Beaupréau ou du May [1] aboutissaient encore à la ville ; ainsi la position de l'armée devait décrire un arc, dont les deux châteaux du Bois-Grolleau et de la Treille formaient les points extrêmes ; les quatre grands chemins, dont il est parlé, les points intermédiaires, et Cholet le centre. Au reste, le pays était tellement coupé, sur toute l'étendue de ce front, qu'on ne pouvait voir à une portée de pistolet devant soi. Il fallait donc se garder avec beaucoup de précaution et s'éclairer par de nombreuses patrouilles. La gauche était en outre masquée par le bois de Cholet qui est très considérable, et qui demandait à être garni de beaucoup d'infanterie. En avant du bois de Cholet, sur la route du May, le pays est plus ouvert [2] ; je désignai ce terrain pour l'avant-garde, et l'avant-garde légère devait être poussée jusqu'au May. Cette reconnaissance faite, je chargeai l'adjudant général Damas de l'établissement des troupes dans les différents emplacements que j'avais déterminés, savoir :

La réserve du général Haxo sur la gauche [3] ; elle devait être chargée de la défense de la route de Saint-Macaire,

---

commune de Cholet, sur le plateau dominant la rive droite de la Moine à sa sortie de Cholet.

1. Le May-sur-Èvre, sur la rive gauche de cette rivière, alors chef-lieu de canton du district de Cholet, aujourd'hui commune du canton de Beaupréau, arrondissement de Cholet. A dix kilomètres, nord, de Cholet; douze, sud-est, de Beaupréau; sept, sud, de Jallais; dix kilomètres, ouest, de Trémentines; sept, est-nord-est, de Saint-Macaire-en-Mauges. Sur le seul chemin à peu près praticable, conduisant de Cholet à Beaupréau et à Saint-Florent-le-Vieil.

2. C'est la lande de la Papinière, où se livra la plus grande partie de la bataille du 17 octobre.

3. Au château de la Treille, d'après Savary (*loc. cit.*, II, 260).

et de celle du bois de Cholet ; son objet était, en outre, de soutenir et protéger la retraite de l'avant-garde, en cas qu'elle fût repoussée.

La brigade de Luçon, au centre ; elle avait à défendre les débouchés de Chemillé par la traverse de Trémentines. Les brigades de Scherb et de Vimeux, à la droite de celle de Luçon, pour la couvrir et la soutenir en cas de besoin. Elles défendraient la grande route de Cholet, aux Ponts-de-Cé, appuyées au ravin de la rivière de la Moine [1]. L'artillerie était distribuée aux différents débouchés ci-dessus. Cette position avait cependant un grand inconvénient : celui de n'avoir pour retraite que le seul pont de pierre de Cholet. Ce défaut eût sans doute dû suffire pour m'y faire renoncer ; mais je me suis laissé déterminer par les considérations suivantes : 1° Il n'était pas probable que l'ennemi battu, et qui s'était retiré à Beaupréau, dût revenir nous attaquer le même jour, et je croyais, à n'en pas douter, que nous nous mettrions en mouvement le lendemain matin ; 2° j'avais à cœur de séparer l'armée de Mayence de la colonne aux ordres du général Chalbos, que nous attendions d'un moment à l'autre, et que je me proposais d'établir, en deçà de Cholet, dans la position que nous avions occupée la veille, où elle aurait eu pour objet de couvrir nos derrières, en cas que l'ennemi eût conçu le projet de nous tourner, ainsi qu'il aurait pu le faire, par une marche rapide. 3° Parce qu'enfin je comptais beaucoup sur la valeur des troupes sous mes ordres, et sur l'intelligence et la fermeté de leurs chefs.

On sera peut-être étonné de voir que, dans toutes ces dispositions, il n'est pas question du général en chef, mais

---

1. A partir du Bois-Grolleau, en amont de Cholet. Le mot « ravin » paraît excessif, car le terrain descend lentement en pente douce jusqu'à la rivière qui coule à environ deux kilomètres du château.

j'observerai que, déjà, sa nullité avait engagé les représentants du peuple à le mettre en tutelle et qu'ils avaient cru convenable de jeter les yeux sur moi pour la conduite des opérations, dont je devais toutefois rendre compte à ce général, avec tous les égards d'usage. C'est ainsi qu'en me chargeant indirectement de la responsabilité des événements, ces représentants avaient voulu allier le bien du service à leur déférence pour le Comité de Salut public qui venait d'envoyer Léchelle, et sur le compte duquel ils ne jugeaient pas à propos de se prononcer encore. Je dois ajouter que, depuis son arrivée, on avait encore adopté l'usage de discuter toute opération importante dans un conseil de guerre ; mais la position du jour pour l'armée ne pouvant être soumise à l'exécution de cette mesure, je dus la déterminer seul et de ma propre autorité [1].

Rentré à Cholet, j'y trouvai le général Léchelle établi dans la maison d'un négociant [2] : il était à déjeuner et tout en recevant l'encens de plusieurs habitants de la ville, il avait l'air d'être lui-même étonné de sa bonne fortune. Je lui rendis compte de ce que je venais de faire, et lui dis que la troupe allait à l'instant se mettre en mouvement pour prendre sa nouvelle position; sans autre examen, il approuva le tout et se borna à me recommander, comme à son ordinaire, de faire marcher en ordre, en masse, et majestueusement. Vers les trois heures après midi, la troupe se trouva établie, et je m'occupai alors à mettre, dans le camp et dans la ville, l'ordre le plus sévère, afin d'empêcher les excès et le pillage [3].

1. Savary qui donne le détail de ces dispositions (*loc. cit.*, II, 259-262), comme s'il l'empruntait textuellement aux *Mémoires* du général, a pris, ici comme ailleurs, des libertés considérables avec ce texte, s'il n'en dénature pas le sens.
2. M. Mesnard Dupin ou du Pin, place du Bretonnais.
3. « L'état-major étant logé à la maison (Mesnard Dupin), il n'y fut

Nous attendions à chaque instant la colonne de Chalbos venant de Chatillon, mais la nuit survint sans qu'elle parût. Cependant, vers les sept heures du soir, nous vîmes arriver successivement Bourbotte [1], Choudieu, Fayau [2] et Bellegarde [3] qui, réunis à Merlin, Carrier et Turreau, formèrent un collège de sept représentants du peuple. Les

commis aucun désordre. Ailleurs, le pillage et l'incendie signalèrent dans la ville la barbarie des révolutionnaires. Je vis devant notre porte des soldats, sur les marches de l'escalier des charcutières, briser, détruire tout ce qui leur tombait sous la main. » (Boutillier de Saint-André, *loc. cit.*, 194.) — Ce récit de M. de Saint-André est contredit par Savary, autre témoin oculaire, qui écrit (*loc. cit.*, II, 261) : « On avait établi, dans la matinée, des postes dans les différents quartiers, et des factionnaires dans les rues, avec la consigne de ne laisser aucun soldat entrer dans les maisons. Les historiens n'en ont pas moins répété que tout avait été mis à feu et à sang à Cholet. »

1. Pierre Bourbotte, né à Vaux (Yonne), le 5 juin 1763, député de son département à la Convention, demanda dès le 16 octobre 1792 la condamnation à mort de Louis XVI et de sa famille. A la prise de Saumur par les Vendéens, le 6 juin 1793, il fut sauvé par Marceau ; il fit souvent preuve de courage. Il fut condamné à mort avec les Montagnards et se poignarda. On le porta, vivant encore, à l'échafaud.

2. Joseph-Pierre-Marie Fayau des Bretinières, né à Rocheservière, en Poitou, en 1751, administrateur du département de la Vendée, député de ce département à la Convention. Il vota la mort du roi, sans appel ni sursis. Rentré à la Convention après sa mission à l'armée des côtes de la Rochelle, il proposa l'incendie total du territoire insurgé, afin de le rendre inhabitable pendant un certain temps. Il dénonça Baco, maire de Nantes, comme fédéraliste. Décrété d'accusation après l'insurrection de prairial an III, il bénéficia de l'amnistie de brumaire. Chef de bureau au ministère de la justice, commissaire près le tribunal correctionnel de Montaigu. Mort le 27 mars 1799.

3. Antoine-Denis Dubois de Bellegarde, né à Angoulême le 1er mars 1738, garde du corps le 28 février 1755 ; soldat et bas-officier dans un régiment de cavalerie en 1758. Il était cornette aux hussards de Wurmser lorsqu'il se distingua à l'affaire de Roupterot où il fut blessé de dix-sept coups de sabre et de trois coups de feu. Chevalier de Saint-Louis. Commandant de la garde nationale d'Angoulême en 1789 ; député de la Charente à l'Assemblée législative puis à la Convention. Il était en mission à l'armée du Nord lors de la trahison de Dumouriez, et contribua puissamment à retenir les troupes qui auraient pu suivre leur général. Il fut envoyé en mission dans l'ouest, le 19 août 1793. Élu au conseil des Cinq-Cents, puis au conseil des Anciens, par le département de la Charente. Employé dans les eaux et forêts sous l'Empire, exilé comme régicide, en vertu de la loi du 12 janvier 1816, mort à Bruxelles en 1825.

premiers nous annoncèrent que le corps aux ordres de Chalbos ne pourrait guère être rendu à Cholet que vers minuit, et, comme il était harassé de fatigue, on convint qu'il prendrait séjour le lendemain. Vers cette heure, parut enfin la tête de colonne, et, des officiers de mon état-major lui ayant indiqué l'emplacement qu'elle devait occuper, elle y prit position. Le mouvement ne fut achevé qu'à deux heures du matin. Aussi, au lieu de faire marcher l'armée, on séjourna dans les deux camps, et les officiers généraux [1] se réunirent, dans le jour, en conseil de guerre, chez Léchelle, où se trouvèrent pareillement les sept représentants dont je viens de parler.

Je pris la parole et proposai de faire partir sur-le-champ, et sans attendre au lendemain, les deux corps d'armée réunis, de les faire marcher sur trois colonnes, savoir : celle de droite par Jallais, d'où il lui serait aisé de tourner la position de Beaupréau, en cas que l'ennemi eût intention d'y tenir ; ou de se porter droit sur Saint-Florent-le-Vieil pour l'attaquer en queue, si, en effet, ainsi que l'assurèrent différents habitants de Cholet, il était ou coupé ou intentionné de passer la Loire [2] ; celle du centre sur Beaupréau par le May ; et enfin celle de gauche, sur Gesté, par Saint-Macaire, pour arrêter les Rebelles et les couper en cas qu'ils voulussent se retirer, par Vallet, vers Nantes. Ces trois colonnes, ajoutai-je, marchant ainsi, seraient à même de se secourir mutuellement,

---

1. Les généraux de la colonne de Chalbos étaient : Chalbos, commandant en chef, le général de division Müller, les généraux de brigade Westermann, Canuel, Chabot, Nouvion et Danican. (*Note du manuscrit.*)

2. Une femme, chez laquelle j'avais mis pied à terre et qui paraissait initiée dans les pensées les plus secrètes des chefs de Rebelles, me prévint de toute la manœuvre que l'ennemi se proposait de faire, et m'assura que nous serions attaqués à Cholet même, avant deux fois vingt-quatre heures ; j'en rendis compte, mais personne ne voulut ajouter foi à cette assertion. (*Note du manuscrit.*)

si l'une d'elles venait à être attaquée, ou de se réunir sur le point de Montrevault [1] pour se porter à Saint-Florent, si l'ennemi s'y était porté lui-même. L'adjudant général Marceau, qui faisait les fonctions de général de brigade, ainsi que tous les chefs de l'armée de Mayence, étaient de mon avis ; Merlin survint et s'y rangea pareillement; mais nous ne fîmes fortune ni l'un ni l'autre. On trouvait que le corps d'armée aux ordres du général Chalbos était trop harassé pour exécuter de suite le mouvement et que l'armée de Mayence réunie à la petite colonne de Luçon était trop faible pour se disperser ainsi. On ne croyait pas d'ailleurs que l'ennemi eût intention de passer la Loire; qu'il était à Beaupréau, que c'était donc à Beaupréau qu'il fallait marcher, et y marcher ensemble et en masse. « Cette manœuvre, répliquai-je, a cela d'avantageux que, pour la concevoir, il ne faut pas se mettre l'esprit à la torture », et je me retirai.

Pendant que nous discutions ainsi, une partie de l'armée Rebelle passait en effet la Loire à Saint-Florent [2], tandis

---

[1]. Montrevault, sur un coteau de la rive droite de l'Èvre, qui l'entoure au sud et au nord comme un promontoire. Chef-lieu de canton autrefois du district de Saint-Florent-le-Vieil, aujourd'hui de l'arrondissement de Cholet. A vingt-sept kilomètres nord-nord-ouest de cette ville; huit kilomètres nord de Beaupréau; treize kilomètres sud de Saint-Florent-le-Vieil ; vingt et un kilomètres nord-est de Vallet ; vingt-six kilomètres sud-sud-est d'Ancenis ; quarante-deux kilomètres est de Nantes.

[2]. « Le 17 au matin, M. de Talmont, après avoir rassemblé les soldats des environs (de Saint-Florent), dirigea trois attaques, l'une sur Ingrande, l'autre sur Varades, et la troisième sur Ancenis, pour tenir en échec les garnisons de ces petits endroits et les empêcher de se réunir sur un seul point. Varades lui avait été désigné ; Gourdon, l'un des meilleurs capitaines de l'armée de M. de Bonchamps, qui l'avait nommé le brave Gourdon, partit le matin à quatre heures, de Saint-Florent, sous les ordres de M. le chevalier de Turpin-Crissé, avec quatre cents hommes choisis, passa sur le ventre aux petits postes placés dans les îles intermédiaires et, après un léger combat, s'empara de Varades, qui fut de suite occupé par une forte garnison. » (Gibert, *loc. cit.*, 96-97.)

« Pendant toute la marche de Beaupréau (sur Cholet) à la rencontre de

qu'un autre corps de quarante mille hommes, commandé par d'Elbée et Bonchamps, marchait sur Cholet, où il croyait, sans doute, surprendre nos troupes plongées dans le vin et abandonnées au pillage. Mais nous étions sur nos gardes et, déjà, vers les six heures du matin, le capitaine Hauteville [1], avec une cinquantaine de chasseurs à cheval, soutenus par quelque infanterie légère, était parti à la découverte et s'était avancé jusqu'au delà du May, où il rencontra des patrouilles ennemies. Il tirailla quelque temps avec elles, afin de les engager à un mouvement qui pût le mettre à même de reconnaître leurs forces et de pénétrer leurs projets. Il leur donna ensuite la chasse et rentra dans le camp. Sur le rapport qu'il en fit, il fut ordonné d'envoyer des partis continuels, pour observer les Rebelles, et que les troupes se tiendraient prêtes à combattre. A deux heures après midi, j'apprends que l'avant-garde est attaquée et que les avant-postes se replient avec précipitation. On bat la générale en ville et au camp; tout le monde est bientôt sous les armes. Je me transporte lestement sur la gauche du corps de bataille, comme étant la plus faible et la plus aisée à tourner par le bois de Cholet, si on n'y portait pas la plus grande attention. J'y trouve Haxo, Sainte-Suzanne [2] et

---

l'ennemi (des Républicains), nos gens entendaient distinctement le canon de la place de Saint-Florent, qui battait Varades sur la rive droite de la Loire, et l'on disait tout haut que c'était pour passer ce fleuve si nous étions vaincus. » (Poirier de Beauvais, *loc. cit.*, 146.)

1. Capitaine à la légion des Francs.

2. Gilles (*alias* Gilbert)-Joseph-Martin de Bruneteau, comte de Sainte-Suzanne, né à Mothe-lez-Poivre en Champagne, le 7 mars 1760; page de Madame en 1775; sous-lieutenant au régiment d'Anjou en 1779; capitaine de grenadiers au 69e de ligne, en 1791, se distingue pendant la défense de Mayence, et est promu adjudant général chef de bataillon le 13 mai 1793. Sert dans l'ouest jusqu'en 1795. Général de brigade le 18 octobre 1795, général de division le 2 août 1796, commande la 4e division de l'armée du Rhin sous Moreau, en 1796-1799. Commandant supérieur de la

Jordy [1], ayant l'œil à tout ; déjà le canon ronfle, et le feu de file le plus vif se fait entendre. J'envoie l'adjudant général Nattes et mon aide de camp Buquet en avant, pour observer l'ennemi et pour m'en rendre compte. En attendant, je fais manœuvrer les troupes qui sont près de moi ; je parcours tous les rangs ; tout le monde me promet de se battre et de vaincre. Je vois quelques bataillons en mouvement sur la droite pour se porter en avant, à l'appui de l'avant-garde ; je leur envoie l'ordre de se retirer.

Beaupuy persiste à demander du secours ; je persiste dans mon refus. Il n'était pas présumable que l'ennemi nous attaquât sur un seul point et sur celui où il devait être naturellement attendu ; je devais donc, avant tout, observer et reconnaître ses véritables dispositions, car, dans un terrain aussi coupé, l'absence d'un seul bataillon aurait pu me jeter dans un grand embarras. L'avant-garde avait, d'ailleurs, pour retraite, le bois de Cholet, déjà

---

place de Mayence en 1799 ; conseiller d'État en 1801 ; sénateur de l'Empire le 21 avril 1804 ; comte de l'Empire en mai 1808 ; commandant du camp de Boulogne en 1809 ; pair de France le 4 juin 1816, comte-pair héréditaire le 31 août 1817 ; mort à Paris le 26 août 1830. Il était grand-aigle de la Légion d'honneur.

1. Nicolas-Louis Jordy, né à Abrecheviller (Meurthe), le 14 septembre 1758 ; élève chirurgien aux hôpitaux de Schelestadt et de Strasbourg, engagé au régiment d'Alsace pour la campagne d'Amérique (1758-1782). Capitaine de la garde nationale de Lorquin, élu chef du 10ᵉ bataillon des volontaires de la Meurthe le 19 août 1792 ; pendant la défense de Mayence, il reçut un coup de baïonnette qui lui perça la langue, au moment où il plantait un drapeau sur la redoute de la Briqueterie, dans laquelle il était entré, le premier, à deux reprises. Adjudant général en Vendée, le 21 juillet 1793. Grièvement blessé pendant l'attaque de Noirmoutier par les Républicains, le 3 janvier 1794, il n'en continua pas moins à se faire porter à la tête de ses troupes, malgré ses blessures ; général le lendemain, 4 janvier ; mais son attachement pour Moreau lui fut un grief aux yeux de Napoléon, qui le nomma général de division seulement le 3 juin 1815, pendant les Cent-Jours, et le mit à la retraite en raison des innombrables blessures dont il était criblé. Mort à la Robertsau, près de Strasbourg, le 7 juin 1825.

garni de deux bataillons pour la protéger. Cependant, j'envoie l'adjudant général Damas chercher une des divisions aux ordres du général Chalbos, campée, comme il a été dit plus haut, au delà de la rivière [1], me proposant, dès qu'elle serait arrivée, de renforcer l'avant-garde de Beaupuy. Mais, tout à coup, la canonnade et la fusillade redoublent ; l'avant-garde est forcée de se replier et l'ennemi la poursuit. Je vole à la tête des bataillons de la gauche avec Haxo ; je parle aux soldats et, partout, j'ai la satisfaction de les ranimer. On s'avance ; mais déjà l'ennemi s'est emparé du bois et nous fait tout craindre pour la gauche. Je rallie l'un des bataillons qui s'en laissa chasser et le ramène au poste qu'il vient d'abandonner. En même temps, je fais avancer quelques bataillons de la réserve d'Haxo pour le soutenir. De ce nombre, se trouve celui du 109º régiment, sa musique à sa tête. Sa marche altière exalte l'âme des plus découragés, chacun s'empresse à imiter son exemple ; mais l'ennemi n'ose l'attendre ; il prend la fuite. Aussitôt l'avant-garde se rallie aux cris de son brave général, qui, profitant du désordre des Rebelles, les charge et les poursuit. Tel est l'état de la gauche. Le centre et la droite sont également attaqués par deux autres colonnes.

Vimeux commandait la droite ; sa position était bonne ; il ne fallait que du courage et de la fermeté pour s'y maintenir avec avantage. Aussi étais-je sans inquiétude sur son compte. Le général Dembarrère s'était d'ailleurs porté près de lui, et était à même de lui donner des conseils. Le centre, formé de la colonne de Luçon aux ordres du général Marceau, était parfaitement couvert, et le brave et jeune guerrier, ainsi que ses dignes compagnons d'ar-

---

[1]. Sur le plateau de la Haie, à cinq cents mètres au sud de Cholet.

mes, avaient fait voir, la veille, ce qu'ils valaient et ce qu'ils pouvaient faire.

Pendant que ceci se passait et que le combat était encore douteux sur la gauche, arrive la tête d'une des divisions de Chalbos ; c'était celle de Müller [1], composée environ de quatre mille hommes. Quel renfort dans ce moment critique ! Elle s'avance, mais sans encore avoir gagné la crête des hauteurs, saisie d'une frayeur soudaine, elle fait volte-face, se précipite dans Cholet et y porte la terreur et la consternation. Les soldats se poussent les uns sur les autres, s'entr'étouffent, se tuent [2] ; c'est ainsi

---

1. François Müller, né à Sarrelouis le 4 juin 1754 ; engagé dans Royal-Lorraine en 1775, il y sert jusqu'en 1785 ; il servait dans la maréchaussée en 1788, puis dans Cavalerie-Colonel-général jusqu'au 29 juillet 1789. Ensuite, d'après Danican, il aurait été danseur à l'Opéra. Engagé dans les volontaires parisiens de la Butte-des-Moulins, le 5 septembre 1792 ; adjoint à l'état-major de l'armée du Nord le 30 octobre, en qualité d'adjudant sous-officier. Adjudant général, chef de bataillon à l'armée des côtes de la Rochelle, le 15 juin 1793, général de brigade le 12 septembre, général de division le 30. Il est mis le même jour à la tête de la division de Thouars en remplacement de Rey, par le même arrêté qui suspend ce dernier dénoncé par Ronsin. Presque toujours ivre, il compromit à plusieurs reprises le sort de l'armée entière. Passé à l'armée du Nord en germinal an II, employé à l'armée des côtes de l'Océan en l'an IV. Au 18 fructidor, il commandait le poste du Pont-Neuf. Employé plus tard à l'armée d'Italie, puis commandant de la ville de Berne. Réformé en 1800. Exilé à Orléans en 1804, après le procès de Moreau. Mort dans cette ville le 24 septembre 1808.

2. « Sur les dix heures du matin, nous entendîmes une très vive fusillade dans la direction de Beaupréau. C'étaient les Vendéens qui avaient repoussé l'armée républicaine, et qui étaient près d'entrer à Cholet. Jamais un feu plus violent ne s'était fait encore entendre dans la Vendée ; il était affreux. Les coups de fusil et de canon se succédaient avec une rapidité effrayante, et je ne puis mieux comparer le bruit qu'ils produisaient qu'à celui que causeraient dix mille tambours battant à la fois. Les Bleus étaient dans une déroute complète : j'en vis passer des foules nombreuses, dans un désordre impossible à décrire, la frayeur, peinte dans tous leurs traits, précipitait leur course à travers les rues encombrées. Ils fuyaient de toute la vitesse de leurs jambes, jetant pour mieux se sauver leurs armes, leurs sacs et tout ce qu'ils avaient conservé du pillage, sans regarder derrière eux, sans écouter la voix de leurs chefs qui voulaient les rallier. — Les royalistes eurent longtemps la victoire, et

que, sans avoir vu un seul Rebelle, ils laissent la gloire de cette journée à l'armée de Mayence et à la colonne de Luçon [1].

Cependant, la droite de l'ennemi, étonnée de notre résistance, déconcertée par notre opiniâtreté, ne cherche plus son salut que dans la fuite. Beaupuy le suit toujours et en fait un grand carnage.

Tout à coup, la canonnade redouble au centre ; je m'y transporte avec Damas. Les Rebelles, ralliés sur ce point, revenaient à la charge. Marceau les voit, et, sans s'émouvoir, il fait avancer son artillerie, qu'il a soin de masquer. La horde fanatique n'est plus qu'à une demi-portée de fusil, ne se doutant point du stratagème ; à l'instant, la mitraille renverse des files entières ; les Rebelles, étonnés, s'arrêtent, s'ébranlent, tournent le dos et suivent l'exem-

---

déjà leurs premiers rangs avaient pénétré dans Cholet par les routes de Nantes et de Beaupréau.... » (Boutillier de Saint-André, *loc. cit.*, 195-196).

« L'armée de Saumur (Müller) essuya le premier choc (des Vendéens) et recula, en se battant dans les rues mêmes de la ville, jusqu'au bas de l'hôpital, où elle fut ralliée, non par le conventionnel Turreau, qui était de l'autre côté de Cholet avec la division de Luçon, et encore moins par Bellegarde, qui n'était plus à l'armée, mais par Bourbotte et moi, qui n'avons jamais cessé de marcher avec l'armée de Saumur. » (Choudieu, *loc. cit.*, 445, et édition Quéruau-Lamerie, 79).

1. « Je dois convenir ici que sans l'armée de Mayence, qui fit des prodiges de valeur, tout était perdu. Kléber et Beaupuy eurent plusieurs chevaux tués sous eux et, marchant à pied à la tête des colonnes, ils rivalisaient de courage et de dévouement avec les plus braves. » (Choudieu, *loc. cit.*, édition Barrucand, 446, édition Quéruau-Lamerie, 80.)

« Au moment même où les Vendéens entraient dans la ville, on rallia sur la place du château les nombreux fuyards qui s'échappaient par cette issue. La colonne que formait la droite de l'armée de Mayence (Vimeux) et qui combattait au Bois-Grolleau, n'avait pas en tête plus de quinze mille royalistes, qui se battaient en héros, mais qui, ne se voyant pas soutenus et attaqués par un ennemi quatre fois plus nombreux qu'eux, lâchèrent pied. La gauche des Mayençais, qui combattait à la Treille (Haxo), prit en flanc les Vendéens qui débouchaient par la lande de la Papinière et qui arrivaient au pas de course par la route du May. » (Boutillier de Saint-André, *loc. cit.*, 196.)

ple de leur droite [1]. Marceau les suit à son tour. Je me réunis à lui avec cinq bataillons, que j'établis en échelons, pour favoriser notre retraite en cas d'événement. Nos derrières ainsi assurés, nous nous avançons toujours ; rien n'égale l'ardeur du soldat. Bientôt toute la contrée est en feu ; quantité de Brigands, cachés dans les châteaux, fermes et hameaux environnant la route, ayant refusé de se rendre, deviennent, ainsi que leurs repaires, la proie des flammes.

Cependant, il faisait nuit ; nous étions sans guide, sans vivres et à quatre lieues de Cholet, sur la route de Chemillé, tandis que nous devions, le lendemain, nous rendre à Beaupréau. Ces considérations nous déterminèrent à mettre un terme à notre course et je fis battre la retraite.

La troupe se ralliait autour de ses drapeaux, lorsque le général Dembarrère, enchanté de nos succès, vint nous en féliciter. Il était accompagné du général Müller, qui parut inconsolable d'avoir été si lâchement abandonné par sa troupe et de n'avoir pu contribuer au gain d'une aussi belle bataille.

Damas, que j'avais dépêché vers le général en chef pour l'instruire de notre position et lui demander ses ordres, m'envoya, de sa part, celui de rentrer au camp.

La colonne de gauche se trouvant, dans sa poursuite,

---

1. « Dans ces chemins creux, deux pièces de canon furent pointées et arrêtèrent tout à coup par un feu très meurtrier la marche victorieuse des Vendéens. » (Boutillier de Saint-André, *loc. cit.*, 196.)

« Je suis convaincu que la valeur des Royalistes eût suppléé à nos mauvaises dispositions, si le combat eût duré vingt minutes de plus. Notre gauche, entièrement victorieuse, aurait pris à revers la gauche Républicaine et la forçait ainsi à suspendre son attaque sur notre droite, qui n'était pas encore formée ; mais Bonchamps et d'Elbée, blessés à mort à ce moment, firent sur le soldat une impression qui ne se peut rendre, non seulement sur le champ de bataille, mais encore dans toute la colonne, qu'on leur fit longer imprudemment pour les ramener à Beaupréau. » (Poirier de Beauvais, *loc. cit.*, 146.)

sur la route de Beaupréau que nous devions enlever le lendemain, n'eut d'autre raison de s'arrêter que celle du défaut de subsistances. Sur la proposition de Westermann, Haxo et Beaupuy résolurent d'emporter le poste la même nuit. Westermann en connaissait l'importance. Tous étaient convaincus de la grande supériorité d'une troupe victorieuse sur une armée en déroute. Un combat sanglant de quatre heures n'empêcha donc pas les Républicains de poursuivre leurs succès et d'entreprendre encore une marche de près de six lieues [1]. Avant minuit, Beaupréau est attaqué et les premiers postes égorgés ; à peine l'ennemi a-t-il le temps de tirer deux coups de canon à mitraille, que nos braves sont déjà maîtres de ses pièces. Au nombre de huit mille hommes, formant leur arrière garde, ils courent, avec la légèreté du cerf, rejoindre leur corps de bataille à Saint-Florent. Mais nos soldats, harassés, au milieu d'une nuit obscure, dans un pays couvert et inconnu, ne peuvent les poursuivre.

[1]. « Il était dix heures du soir, les grenadiers de Blosse et quelques bataillons d'infanterie légère se trouvaient réunis sur la hauteur du Moulin à Vent au-dessus de Pégon, à égale distance de Cholet et de Beaupréau. C'est là que Westermann, qui n'avait pris aucune part à l'action, se présenta escorté d'un détachement de cavalerie. La troupe était excédée de fatigue, sans vivres et sans cartouches. Il fallait prendre un parti : ou retourner à Cholet, ou marcher sur Beaupréau ; on présumait que l'on ne manquerait pas de pain dans ce dernier endroit. Beaupuy soumit cette question aux généraux Haxo, Westermann, Chabot, aux adjudants généraux Blosse et Savary, qui se trouvaient près de lui, et demanda leur avis. Il fut décidé, d'une voix unanime, que l'on se porterait sur Beaupréau ; l'ordre en est donné ; quelques voix se font entendre : « Nous n'avons plus de cartouches ». — « N'avez-vous pas des baïonnettes, reprend Beaupuy, des grenadiers ont-ils besoin d'autre chose ? » — On répond par des cris de : Vive la République ! on part. L'ordre était de marcher dans le plus grand silence, avec défense de quitter son rang, sous quelque prétexte que ce fût. — La nuit était sans nuage, la lune éclairait la marche; la colonne traverse dans le plus grand ordre le bourg du May et s'avance, par les landes d'Andrezé, vers Beaupréau, sans rencontrer aucun individu. » (Savary, loc. cit., II, 271-272.)

Ainsi se termina cette sanglante et mémorable journée. Douze pièces de canon, dont plusieurs du calibre de 12, demeurèrent au pouvoir des vainqueurs. Les champs et les chemins avoisinant la ville de Cholet furent jonchés de cadavres [1], et les Rebelles eurent à regretter la mort de beaucoup de leurs chefs. Plusieurs furent blessés ; on compte, parmi ces derniers, d'Elbée [2] et Bonchamps [3]. Jamais ils n'ont donné un combat aussi opiniâtre, si bien ordonné, mais qui leur fût en même temps si funeste [4]. A Beaupréau, on trouva quatre cents blessés à l'hôpital, qui furent immolés à la vengeance et en représailles d'un pareil nombre de Républicains, égorgés sur les chariots de l'ambulance, à la retraite de Clisson. Les Rebelles combattaient comme des tigres et nos soldats comme des lions. Intrépidité pour l'attaque, prudence pour la retraite, im-

---

1. « Jamais boucherie pareille n'avait eu lieu dans le pays. Il en fut tué davantage sur la lande même. La terre y était, ainsi que le chemin, couvert de cadavres horriblement mutilés. C'en était au point que M. Cesbron-Lavau, qui traversa le champ de bataille le lendemain à cheval, ne marcha que sur des corps entassés et des membres épars. Les fossés, les champs voisins, tout, pendant une lieue, était aussi couvert de morts et de cadavres. » (Boutillier de Saint-André, loc. cit., 196.)

Il n'y a pas encore vingt-cinq ans, j'ai vu souvent les cultivateurs de la Papinière et des environs ramener à la surface du sol, en labourant, des ossements, des boutons d'uniforme, des baïonnettes, des débris de fusils, des boulets et des biscaïens.

2. « Nous laissâmes dans le pays M. d'Elbée, blessé, auprès de qui restèrent plusieurs de ses amis ; le lendemain, quelques jeunes gens repassèrent la Loire, furent à travers les armées ennemies rejoindre notre malheureux général. » (Solilhac, loc. cit., 34.)

D'Elbée avait reçu quatorze blessures. Caché d'abord dans une métairie de la commune de Beaupréau, appelée la Roche-Thierry ou Roche-Guerry, il fut, peu après, conduit à Noirmoutier.

3. Il avait été atteint de deux coups de feu au ventre. Il mourut le lendemain au village de la Meilleraie, sur la rive droite de la Loire.

4. « Les Vendéens, qui combattaient *pro aris et focis*, se battirent en désespérés. » (Gibert, loc. cit., 97.) — « L'armée Vendeenne, regardant Cholet comme sa dernière ressource, se battit avec la rage du désespoir. Elle y fit des prodiges de valeur. » (Choudieu, loc. cit., édition Quéruau-Lamerie, 79.)

pétuosité pour repousser l'ennemi, tout fut mis en usage tour à tour, employé à propos, et couronné de succès.

On s'imagine sans peine qu'une bataille aussi sanglante a donné lieu à des traits qui méritent d'être connus.

Beaupuy a deux chevaux tués sous lui ; son éperon s'accroche à la housse du dernier ; cet accident va le faire tomber entre les mains de l'ennemi, qui déjà se dispose à l'entourer. Les forces de Beaupuy s'accroissent par la présence du péril ; il redouble d'efforts, se débarrasse de ses ennemis qui le pressent, il se jette derrière un caisson brisé, et a le bonheur d'arriver sain et sauf à la tête d'un bataillon. Blosse et ses grenadiers soutiennent la réputation qu'ils se sont acquise. Accablés par le trop grand nombre d'ennemis, un instant ils avaient été mis en désordre ; Blosse les rallie ; à pied au milieu d'eux, toujours dans la mêlée, il se bat corps à corps ; tandis qu'il pare un coup de sabre d'un des Rebelles, un autre l'ajuste à brûle-pourpoint ; c'en était fait de ce brave militaire sans mon aide de camp Buquet, qui releva le canon du fusil du Brigand d'un coup de sabre, et lui fit mordre la poussière en redoublant.

L'intrépide Targe reçoit une balle qui lui traverse le bras et qui lui entre dans le corps ; il vient à moi et, sans parler de ses douleurs, m'annonce que la victoire est à nous. Au même instant, j'aperçois Vernange, qu'on porte également de mon côté, atteint d'un coup mortel ; il vient me faire ses adieux et crier avec moi : Vive la République !

Saint-Sauveur, chef de bataillon du 32ᵉ régiment, est blessé d'une balle à la cuisse. Dubreton, adjudant général, en reçoit une à la jambe. Ils n'abandonnent le champ de bataille que lorsque la défaite de l'ennemi est certaine ; ils voient sans regret couler leur sang et se félicitent de notre succès.

Patris, chef de bataillon des chasseurs de Kastel, dont le commandant avait été tué l'avant-veille, perdit aussi la vie. Les quatre chefs de l'infanterie légère furent donc tous tués ou blessés, ce qui était une perte incalculable. Indépendamment des braves ci-dessus, nous eûmes encore plusieurs autres chefs de brigade ou de bataillon tués ou blessés : Ageron, commandant d'un bataillon de grenadiers et qui avait quarante ans de service, y termina aussi sa glorieuse carrière [1].

Le représentant du peuple Merlin était toujours en avant ; dès qu'on avait pris une pièce à l'ennemi, il mettait pied à terre et la dirigeait contre la troupe Rebelle ; il fut très sensible à la perte de Juif, son ami et son secrétaire, qui fut tué à ses côtés [2].

Si je ne fais point mention, dans le récit de cette bataille, du général Léchelle et de son acolyte Robert [3],

1. J'ai perdu dans cette journée, 17 octobre, et celle du 15 même mois, de ma division seule, quatorze chefs de brigade, chefs de bataillon ou officiers de mon état-major, tous, mes amis et compagnons d'armes de Mayence. (*Note du manuscrit.*)

2. D'après un dossier que j'ai entre les mains, Juif aurait été mêlé pour son compte personnel à des opérations peu licites sur des marchandises pillées dans la Vendée, notamment sur des cuirs enlevés à Montaigu par un Nantais nommé Godard ; celui-ci avait payé son achat huit mille livres entre les mains du commissaire des Guerres, Brondes, qui devait en remettre la moitié à Juif. Mais ce dernier mourut avant d'avoir touché sa part et sa veuve la réclama en vain. La veuve Juif se remaria en 1794 à Verlac, homme de loi, à Paris.

3. Joseph-Louis-Armand Robert, fils du directeur des messageries à Tours, né dans cette ville en 1767. Soldat au régiment d'Angoulême en 1785 ; devenu comédien en 1789, puis, en 1792, sergent-fourrier au bataillon de volontaires de la Butte-des-Moulins, compagnie Nœuville (10 septembre) ; blessé à l'armée du Nord, puis emmené en Vendée par Ronsin comme adjoint aux adjudants généraux, le 8 mai 1793 ; capitaine au 24ᵉ régiment de chasseurs à cheval, le 20 juin 1793 ; chef de bataillon, le 23 juin ; adjudant général, le 7 août ; général de brigade, le 30 septembre ; général de division, le 28 novembre ; successivement chef de l'état-major des généraux en chef Rossignol, Léchelle et Turreau ; très hostile à Marceau et à Kléber qu'il desservit de tout son pouvoir. C'est Robert qui inspira à Turreau l'idée des quatorze colonnes infernales et qui les orga-

c'est que personne ne peut assurer les y avoir vus. Ils restèrent constamment hors de portée du canon, à mi-côte sur le chemin du Bois-Grolleau. Léchelle témoigna beaucoup d'humeur de n'avoir vu personne autour de lui. Dembarrère, à qui il s'expliqua à ce sujet, lui répondit franchement et d'une manière analogue à sa conduite.

Le même soir, il fut arrêté qu'on laisserait deux mille hommes à Cholet, pour couvrir l'ambulance et le parc, et que l'un et l'autre seraient ensuite évacués sur Nantes. La rareté des chirurgiens et le dénuement de linges et d'appareils, donnèrent lieu aux plus vives réclamations.

27 vendémiaire (18 octobre). Marche sur Beaupréau. Ce qui s'y passa.

Le lendemain, on battit la générale à trois heures du matin ; les distributions furent très mal ordonnées et il ne fut possible de se mettre en marche qu'à huit heures. On donna, par une injustice bien marquée, la tête aux troupes de Chalbos [1] ; les miennes suivaient immédiatement. Nous rencontrâmes en route plus de quatre mille prisonniers, que nos braves venaient de délivrer à Beaupréau ; rien de plus attendrissant que de voir ces tristes victimes, pâles et défigurées, nous crier de loin, et d'une voix presque éteinte : Vive la République ! Vivent nos libérateurs ! bien souvent : Vive l'armée de Mayence ! Avec quel plaisir ils serraient dans leurs bras leurs frères, qui venaient de les délivrer du plus misérable et du plus horrible esclavage [2].

---

nisa. Il fut suspendu en même temps que ce général en chef, le 19 mai 1794 ; réintégré à l'armée de l'Ouest, le 20 août suivant ; cesse d'être employé le 20 septembre ; rappelé à l'activité avec le grade d'adjudant général le 28 mai 1795, et attaché à la 17e division militaire ; mort le 19 août 1796.

1. « Les représentants de Saumur n'auraient pas voulu céder de leurs prétentions. » (*Note* de Savary, *loc. cit.*, II, 279.)

2. « Le 18, vers les onze heures du matin, les avant-postes, sur la route de Beaupréau à Saint-Florent, signalèrent un grand nombre d'individus qui se dirigeaient vers eux ; Beaupuy s'y porta de suite. C'étaient les pri-

Après neuf heures de marche, nous arrivâmes à Beaupréau. Je demandai l'emplacement de mon camp ; personne ne put me l'indiquer. Je suivis toujours la route et je trouvai le corps de Chalbos bivouaquant sans aucun ordre ; chaque bataillon avait choisi arbitrairement l'endroit qui lui convenait le mieux. Je ne m'arrêtai pas à cet exemple. Je plaçai ma division sur la crête de la hauteur, et j'allai reconnaître le terrain sur mes flancs, afin de les appuyer et de pouvoir indiquer aux généraux une position plus régulière et conforme à leur rang de bataille ; je la leur proposai, mais ce fut en vain que je les invitai de s'y établir.

Je rentrai ensuite en ville. J'y remarquai la plus grande confusion et les plus vives alarmes. Ce désordre était occasionné par le feu, qu'un malveillant avait mis au château, rempli de soufre, de salpêtre et d'autres matières combustibles propres à la fabrication de la poudre, que les Rebelles y avaient laissés. On craignait à chaque instant de voir sauter le château. Quoiqu'il y eût plusieurs généraux présents, aucun ne daigna s'occuper de mettre fin à l'encombrement qu'occasionnaient les chariots et les chevaux que cette alerte faisait évacuer. Je pris le parti, de concert avec mon état-major, de faire cesser le tumulte ; j'assignai à chacun une place et, à force de peine et de mouvement, l'ordre et le calme furent enfin rétablis et le feu éteint.

En retournant au camp avec le citoyen Guillou [1], de

---

sonniers républicains qui tous proclamèrent pour leur libérateur Bonchamps, prêt à rendre le dernier soupir. — Il faut avoir vu ce spectacle attendrissant, il faut avoir entendu le récit de leurs peines, de leurs espérances, enfin l'expression de leur reconnaissance, pour s'en faire une idée. Ils furent dirigés le jour même sur Cholet. » (Savary, *loc. cit.*, II, 278.)

1. Esprit-Antoine Guillou, né à Cholet en 1754. Il habitait sa ville natale au début de la guerre de Vendée ; il fut fait alors commandant d'un corps

Cholet, nous rencontrâmes un homme à cheval. Guillou fut très étonné de le voir. Je lui demandai la cause de sa surprise ; il me dit que c'était le médecin Brunet [1], un des plus fameux aristocrates du pays et membre du conseil

de Guides formé de gens du pays et destinés à servir d'espions et d'éclaireurs aux colonnes républicaines, qu'ils avaient mission de « guider » dans un pays inconnu des généraux et des soldats. Ces guides s'acquirent dès le début une très mauvaise réputation, et on les accusa pendant toute la guerre de livrer de nombreuses victimes, même des patriotes avérés, aux commissions révolutionnaires, quand ils ne les exécutaient pas sommairement eux-mêmes. Guillou se lia particulièrement avec Travot, auquel il rendit des services. Peu après les pacifications, il fut attaché en qualité de commissaire central de police à l'administration du département de Maine-et-Loire. Il est mort à Cholet le 2 février 1845 (Cf. Port, *Dict. hist. de Maine-et-Loire*. — *Notes manuscrites* de M. Ch. Boutillier de Saint-André).

1. Jean-Baptiste-Joseph Brunet, et non Brunel, comme l'a imprimé à tort le plus récent historien de La Revellière-Lépeaux, docteur en médecine de la Faculté de Montpellier, établi à Beaupréau dès avant 1750. Parent de la famille La Revellière, il tint le futur directeur sur les fonts baptismaux de l'église Saint-Jean-Baptiste de Montaigu, le 25 août 1753. C'était un homme d'un caractère aimable, d'un esprit cultivé, entièrement dévoué au soulagement de toutes les misères, d'un désintéressement parfait, a écrit son filleul. Il avait une grande influence dans tout le pays ; riches ou pauvres, seigneurs ou paysans, le respectaient également. Lors de la formation du district de Beaupréau, il en fut élu président (1789-1790). Vers le même temps, il avait été élu, par acclamations, colonel-général (*sic*) de la garde nationale de cette ville. Lorsque éclatèrent les troubles au sujet de la gabelle, en 1789, il constitua un comité de sûreté, pris dans les trois ordres, et organisa une milice. Son autorité suffit à calmer les plus exaltés. Très modéré d'opinions mais fermement imbu des principes religieux et monarchiques, il se brouilla avec La Revellière-Lépeaux, et refusa de le recevoir, quand celui-ci parcourut les Mauges, afin d'y répandre les idées nouvelles et procéder aux installations des curés assermentés. Lorsque, le 14 mars 1793, les habitants soulevés firent prisonniers les vingt-cinq cavaliers du 11e régiment de cavalerie envoyés pour rétablir l'ordre, le lieutenant Guérard, commandant de ce détachement, fut interné dans la maison de Brunet. C'est à tort que La Revellière attribue au général Grignon la mort du docteur Brunet. Le récit de Kléber rétablit la vérité. Le 11 nivôse an II (31 janvier 1794), le chef de brigade Deslondes, commandant la force armée de Beaupréau, soumissionne pour acquérir des biens dépendant de la fortune de Brunet et échus à la Nation, « ledit Brunet ayant été mis à mort comme rebelle à la République ». (Cf. La Revellière-Lépeaux, *Mémoires*, I, 2, 3, 99, 100. — C. Port, *Vendée Angevine*, I, 82, 328 ; II, 358-361.)

de l'armée royale. J'envoyai donc une ordonnance pour l'arrêter ; il fut conduit en prison, jugé, condamné et fusillé le même soir. C'est par lui que nous apprîmes que l'ennemi avait déjà passé la Loire à Saint-Florent.

On se réunit au château, chez les représentants du peuple, pour tenir conseil de guerre. Léchelle ne s'y trouva pas, prétextant la multiplicité de ses affaires. On avait toujours peine à croire que les Rebelles eussent passé la Loire. Pour s'en assurer, on me demanda un officier intelligent avec trente à quarante chevaux, pour aller à la découverte. Je jetai les yeux sur le capitaine Hauteville, de la légion des Francs ; je le fis venir auprès de moi et je lui donnai les ordres et les instructions nécessaires. Il partit et arriva à Saint-Florent vers les trois heures du matin. Il y trouva des pièces de canon [1], des caissons, beaucoup de grains et autres comestibles ; enfin six mille prisonniers patriotes, qui lui annoncèrent qu'ils avaient échappé à la mort, à la prière de Bonchamps qui, expirant à la suite de ses blessures, avait demandé et obtenu leur grâce [2] ; ils ajoutèrent que l'armée Rebelle, forte de cent

28 vendémiaire (19 octobre). Reconnaissance faite sur Saint-Florent. Les Rebelles ont passé la Loire. Marche de l'armée sur différentes colonnes à la poursuite de l'ennemi, le principal corps se porte à la Chapelle-Heulin.

1. « Il fallait emmener de l'artillerie et des munitions. M. de Marigny fit choisir trente pièces de différents calibres et quarante caissons garnis, qu'il fit embarquer au port des Léards, un peu plus loin que Saint-Florent (en aval). De leur côté, les soldats prirent ce qu'ils purent de poudre, tout le reste fut laissé dans Saint-Florent, après avoir encloué et cassé ce qu'on put de canons. » (Gibert, *loc. cit.*, 98.)

2. « Avant d'effectuer le passage de la Loire, les royalistes, exaspérés par les pertes nombreuses qu'ils venaient de faire, se disposaient à massacrer les nombreux prisonniers qui étaient détenus à Saint-Florent. Bonchamps honora ses derniers moments et rassembla ses forces défaillantes pour les conjurer de ne pas se déshonorer par une telle action et il fut obéi. Je me plais à lui rendre ici une éclatante justice. Les braves n'assassinent point leur ennemi lorsqu'il est désarmé. » (Choudieu, *loc. cit.*, édit. Barrucand, 47, édit. Quéruau-Lamerie, 81.) On verra plus loin, dans la lettre que Choudieu et ses collègues adressèrent au Comité de salut public le 21 octobre 1793, les représentants s'attribuer à eux-mêmes la délivrance des prisonniers. Je ne voudrais pas m'étendre davantage sur cette question des prisonniers de Saint-Florent. Cependant il semble intéressant de si-

mille hommes, y compris quantité de femmes et d'enfants, avait passé la Loire depuis deux jours, tant à gué qu'en bateaux, que beaucoup étaient encore dans les îles de cette rivière.

Hauteville nous envoya à l'instant trois ordonnances pour nous prévenir de ce fait important. Dès que le jour parut, il fit charger les pièces et tirer quelques coups de canon par ses chasseurs sur l'île dans laquelle, en effet,

gnaler que Savary, dans la citation qu'il fait (*loc. cit.*, II, 279) de ce passage des *Mémoires* de Kléber, a jugé bon de supprimer tout ce qui concerne le second groupe de prisonniers, ceux trouvés à Saint-Florent même, dans la matinée du 19, par Hauteville. Le plus simple est de copier la citation elle-même en suivant la ponctuation de Savary. « Les troupes de Chalbos, dit Kléber, par une injustice bien marquée, prirent la tête. Nous rencontrâmes en route plus de quatre mille prisonniers. Rien de plus attendrissant que de voir ces tristes victimes, pâles et défigurées, nous crier de loin et d'une voix presque éteinte : Vive la république !... Nous apprîmes qu'ils avaient échappé à la mort à la prière de Bonchamps, qui, expirant à la suite de ses blessures, avait demandé et obtenu leur grâce ; que l'armée Rebelle forte de près de cent mille individus, etc. » Ce texte tronqué défigure complètement le récit de Kléber. Celui-ci aurait eu connaissance de deux groupes de républicains prisonniers rendus à la liberté ; l'un de quatre mille hommes, rencontré dans la journée du 18 entre Beaupréau et Cholet ; l'autre de six mille, trouvé à *Saint-Florent dans la matinée du 19*, par le capitaine Hauteville parti de Beaupréau, ce jour-là, à trois heures du matin. Ce dernier groupe, Savary l'ignore totalement. M. Chassin, pour s'être fié à Savary, est tombé dans la même erreur. Il l'a encore aggravée, car il cite tout d'un trait le texte donné par son devancier sans même tenir compte des... de celui-ci (Cf. Chassin, *Vendée patriote*, III, 213). Le document était pourtant à sa entière disposition aux Archives historiques de la guerre et il dit lui-même l'avoir eu entre les mains (*ibid.*, p. 27, note 1). Le chiffre de dix mille prisonniers Républicains délivrés à ce moment, d'après Kléber, ne paraît pas exagéré si l'on veut bien considérer que, le 18 octobre, il y avait à Saint-Florent non seulement les prisonniers enfermés précédemment et depuis longtemps déjà dans l'abbaye, dans diverses maisons de cette place et dans les bourgs voisins, mais encore tous ceux qui avaient été refoulés depuis quelques jours des autres dépôts établis à Mortagne, Cholet et Beaupréau. Ce serait vraiment allonger démesurément cette note déjà trop longue, que de donner ici la bibliographie copieuse de la question. Je me permettrai de renvoyer à la nomenclature que j'en ai donnée dans ma très imparfaite étude sur *Bonchamps et le passage de la Loire*, 69 et s., dans laquelle j'ai insuffisamment discuté le chiffre de ces prisonniers ; cf. également les documents reproduits par M. Chassin, *Vendée patriote*, III, 212-219.

on voyait encore quantité de ces malheureux : à peine avait-on tiré deux coups, qu'on les vit se jeter à l'eau et gagner la rive opposée à gué, et en jetant les hauts cris.

Il ne fut donc plus possible de douter qu'ils eussent transporté la guerre sur la rive droite de la Loire [1]. On donna ordre de marcher sur Saint-Florent, à l'avant-garde du général Beaupuy et à la colonne de Luçon, commandée depuis la veille par le général Canuel [2]. Cette dernière brigade devait passer sur la rive droite, et suivre l'ennemi à la piste. Beaupuy devait côtoyer la rive gauche, et venir passer cette rivière aux Ponts-de-Cé, à marche forcée,

1. Merlin et ses collègues, toujours outrés dans leurs aperçus, écrivirent alors au Comité de Salut public et à la Convention : « Vive la République! la guerre de Vendée est finie.... il n'est plus de Brigands.... » Hélas ! elle n'avait fait que changer de théâtre. *(Note du manuscrit.)*

2. « Marceau n'était encore qu'adjudant général, Léchelle le retint près de lui à son état-major et donna le commandement de sa colonne au général Canuel. » (Savary, *loc. cit.*, II, 281.)

Simon Canuel, né aux Trois-Moutiers, en Poitou, le 29 octobre 1767. Engagé volontaire dans Limousin-infanterie le 10 février 1787, congédié le 15 avril 1788. Élu lieutenant dans le premier bataillon de volontaires de la Vienne, à la formation, le 21 novembre 1791 ; sous-lieutenant au 70ᵉ régiment d'infanterie, le 25 avril 1792 ; adjudant général chef de bataillon, le 6 août 1793, général de brigade le 20 septembre, général de division le 28 novembre de la même année. Il fit toute la guerre de Vendée. Commandant de Lyon et du département du Rhône, le 19 mai 1797, il reçut, le 23 septembre suivant, l'ordre de cesser toute fonction ; réformé en 1800, remis en activité en 1805 ; disponible, le 17 mai 1808 ; rayé du tableau de l'état-major général, le 22 mars 1809, comme ayant faussement attribué à son frère, dans son propre état-major, un grade auquel il n'avait pas été nommé. Rappelé à l'activité le 12 juin 1814 ; en non-activité, le 1ᵉʳ septembre de la même année. Il prit part au soulèvement Vendéen pendant les Cent-Jours ; député de la Vienne à la Chambre introuvable (1815-1816). Inspecteur général d'infanterie, il présida le conseil de guerre qui condamna à mort le général Travot, son ancien camarade. Gouverneur de Lyon en 1817, il fut accusé par son chef d'état-major, le colonel Fabvier, d'avoir lui-même fomenté les troubles qu'il réprima. Commandant de la 21ᵉ division militaire au moment de la Révolution de juillet, il fut mis définitivement à la retraite par ordonnance du roi Louis-Philippe en date du 20 août 1830. Retiré à Loudun, on l'accusa de conspirer en faveur des Bourbons de la branche aînée. Mort le 11 mai 1840. Il avait été créé baron héréditaire par ordonnance royale du 18 juin 1817.

pour couvrir Angers ; ces ordres furent ponctuellement exécutés [1].

A peine les Rebelles eurent-ils évacué Varades et Ancenis, que les habitants s'empressèrent de conduire, sur notre bord, les bateaux qui n'avaient pas été coulés bas et qui nous facilitèrent le passage. Merlin se jeta dans la première barque, avec quelques chasseurs de la légion de Kastel, et atteignit encore, à Ancenis [2], les traîneurs de l'arrière-garde. Ils voulurent se défendre, mais ils furent immolés à la vengeance nationale.

[1]. « Dans la nuit du 18 au 19 (octobre), un parti de cavalerie se porta sur Saint-Florent, d'après l'avis qu'on avait reçu à minuit qu'une colonne de Brigands passait la Loire devant Varades. Le 19, l'avant-garde de Mayence marcha à Saint-Florent, où elle fut canonnée toute la journée par les Brigands qui avaient établi une batterie à la Meilleraye pour empêcher le passage de la Loire (par les Républicains). Le 20, elle fut soutenue par la colonne de Luçon. Pendant ce temps, il se tenait à Beaupréau, le 19, un conseil de guerre, dans lequel il fut arrêté que l'avant-garde continuerait de harceler l'ennemi, soit en passant la Loire à Saint-Florent, soit en se portant à Angers par la rive gauche de la Loire, dans le cas où cette ville serait menacée, et que le corps d'armée se porterait directement sur Nantes, qui se trouvait alors sans défense et qui pouvait tomber au pouvoir des Brigands, s'ils eussent porté leurs pas de ce côté. Léchelle était d'avis de continuer de poursuivre l'ennemi avec l'armée tout entière ; mais on lui observa que le passage de la Loire présenterait des difficultés et des lenteurs... » (Pierre Choudieu à ses concitoyens et à ses collègues, 29-30.)
La colonne de Luçon, commandée par Canuel, ne traversa pas immédiatement la Loire à Saint-Florent, comme la dernière phrase de Kléber le donnerait à penser. Savary, qui faisait fonction d'officier d'état-major, écrit à ce sujet : « Le rapport du capitaine Hauteville ayant fait connaître qu'il n'existait aucune embarcation à Saint-Florent, l'avant-garde du général Beaupuy reçut l'ordre de se porter aux Ponts-de-Cé à marche forcée et la colonne de Luçon..., l'ordre de suivre le mouvement de l'avant-garde, s'il n'existait aucun moyen de passer la Loire à Saint-Florent. » (Savary, loc. cit., II, 280-281.) La division de Luçon était encore à Saint-Florent, se disposant à passer la Loire, le 21 octobre. (Cf. ibid., 295.)
Kléber ne dépassa pas Beaupréau de ce côté et remonta vers Nantes, par la Chapelle-Heulin, avec le gros de l'armée; la précision des détails qu'il donne sur ce qui se passa vers Saint-Florent, Liré, Varades et Ancenis s'en ressent.

[2]. Merlin passa la Loire en face d'Ancenis, le 19. Il ne resta pas longtemps sur la rive droite, car le lendemain il écrivait de Saint-Florent aux administrateurs du département de Maine-et-Loire.

Quant à l'armée, elle marcha le même jour à la Chapelle-Heulin, où elle bivouaqua sur le grand chemin. Le lendemain, elle traversa Nantes, et vint occuper, à une lieue de cette ville, le camp de Saint-Georges [1], à l'exception des grenadiers de Blosse, et de quelques chasseurs et gendarmes, qui marchèrent sur le Loroux [2], et, de là, sur Haute et Basse-Goulaine, pour côtoyer ensuite la rive gauche, et marcher à notre hauteur, jusqu'à Chantoceaux, et même jusqu'aux Ponts-de-Cé, s'ils ne trouvaient pas la facilité de passer la rivière à Chantoceaux. Le corps d'armée dut faire un séjour au camp de Saint-Georges, pour y prendre des vivres, Haxo resta à Beaupréau avec les troupes sous ses ordres, et fut chargé de ramasser tous les canons, caissons, matières combustibles, et généralement tout ce que les Brigands avaient abandonné, pour le faire transporter à Cholet, et, de là, à Nantes; après quoi, il devait fournir différentes garnisons, et, avec une colonne agissante, achever de détruire ce qui était resté de Rebelles sur la rive gauche de la Loire.

Je crois devoir faire mention ici, qu'en arrivant à Beaupréau, les sept représentants du peuple, dont j'ai parlé plus haut, déférèrent à Marceau et à Blosse, tous deux adjudants généraux, le grade de général de brigade, et à moi, celui de général divisionnaire, avec l'intention de dater nos commissions du jour de la bataille de Cholet.

29 vendémiaire (20 octobre). Le principal corps d'armée traverse Nantes et occupe le camp de Saint-Georges à une lieue de la ville.

30 vendémiaire (21 octobre). Séjour du corps d'armée au camp de Saint-Georges.

---

1. Camp établi sur la route de Paris, à une lieue en avant de Nantes, sur la rive droite de la Loire et couvrant la ville de ce côté.
2. Le Loroux-Bottereau, chef-lieu de canton, alors du district de Clisson, aujourd'hui de l'arrondissement de Nantes (Loire-Inférieure), sur un coteau à trois kilomètres au nord des marais de Goulaine ; à six kilomètres au nord de la Loire ; à vingt kilomètres est de Nantes; seize, est-nord-est, de Pont-Rousseau ; vingt-neuf, nord-ouest, de Beaupréau; sept, nord, de La Chapelle-Heulin ; neuf, est, de Basse-Goulaine ; huit, nord-est, de Haute-Goulaine.

LIVRE TROISIÈME

JOURNAL DU GÉNÉRAL KLÉBER DEPUIS LE PASSAGE DE LA LOIRE
PAR LES REBELLES, JUSQU'A LA BATAILLE DE SAVENAY

CHAPITRE PREMIER

Avant de parler des différentes marches que nous fîmes sur les deux rives de la Loire, à la poursuite des ennemis, je crois devoir dire un mot sur la manière dont ils effectuèrent le passage de cette rivière.

Cette entreprise doit faire époque dans cette cruelle guerre, pas autant par ses suites réelles, que par celles que l'on avait à craindre, et qui entraient dans les projets des chefs des Révoltés.

Ils avaient choisi Saint-Florent pour exécuter ce passage :

1º Parce que ce bourg, situé sur une hauteur escarpée, domine la rive opposée, et que la rivière était alors guéable en cet endroit, non seulement pour la cavalerie, mais encore pour les gens de pied, qui ne prenaient de l'eau que jusqu'à mi-corps ;

2º Parce qu'une île assez considérable pouvait leur servir d'entrepôt et faciliter le transport de leurs équipages et de leur artillerie ;

3º Enfin parce qu'on avait négligé de faire descendre

sur Nantes tous les bateaux de la rive droite, qu'ils pouvaient regarder comme une proie assurée, s'ils étaient assez heureux pour s'emparer du poste de Varades, ainsi qu'il arriva.

Varades [1] était occupé par environ mille hommes Républicains et quelques pièces de canon; le poste, quoique dominé par les hauteurs de Saint-Florent, offre infiniment de ressources pour défendre le passage de la Loire. Quelques batteries bien entendues, un simple retranchement, du sang-froid, de la fermeté dans celui qui le commandait auraient pu arrêter, au moins quelque temps, les Rebelles et leur en imposer. Mais le général en chef, ou son chef d'état-major ayant négligé d'instruire le commandant de ce poste de la marche et des desseins de l'ennemi, aucune précaution ne fut prise pour le recevoir [2]. L'appareil d'une armée de dix à quinze mille hommes, s'avançant avec trente pièces de canon, étonna. On fusilla bien environ une heure. On tira quelques coups de canon, et puis, croyant avoir fait tout ce qu'il était possible de faire, on

1. Varades, chef-lieu de canton de l'arrondissement d'Ancenis (Loire-Inférieure). Bourg important sur la grande route de Paris à Nantes, à deux kilomètres au nord de la rive droite de la Loire sur laquelle est bâti le village de la Meilleraye, point où abordèrent les Vendéens passant la Loire et situé en face de Saint-Florent-le-Vieil. A treize kilomètres, est, d'Ancenis ; cinquante et un, nord-est, de Nantes ; huit, ouest-sud-ouest, d'Ingrande.

2 « Il n'existait sur la rive droite de la Loire que quelques postes d'observation. Tout était nouveau dans l'état-major de l'armée de l'Ouest. Le général Canclaux, qui étendait une sage prévoyance sur tous les points confiés à sa défense, venait d'être remplacé par un général accouru en poste et incapable de commander et de diriger de grandes opérations. Il n'avait pu prendre aucune connaissance ni des hommes ni des choses, aussi n'avait-il donné aucun ordre. Le général Fabre-Fonds, autre militaire de la même espèce que son chef, était à Angers, chargé de la défense de la rive droite de la Loire. Il avait sous ses ordres le général Olagnier, à Angers, et le général Moulin, aux Ponts-de-Cé. Il avait d'ailleurs peu de troupes à sa disposition, et aucun moyen de communication avec le général en chef dans l'intérieur du pays. » (Savary, loc. cit., II, 291-292.)

se retira et l'ennemi devint maître des deux rives. Ancenis et Oudon attaqués en même temps furent, de même, abandonnés [1].

Après la bataille de Cholet, les Rebelles suivirent, dans leur consternation, les quinze mille hommes qui s'étaient rendus maîtres de Varades, et qui avaient été détachés de la grande armée avant cette bataille, comme je l'ai dit plus haut, pour s'emparer de ce poste, et toute l'armée

---

1. Le commandant du poste de Varades a été arrêté et le tribunal militaire ou révolutionnaire d'Angers l'a condamné à la peine de mort, qu'il subit dans cette commune. Les généraux en chef ont à se reprocher de n'avoir pas donné à cet officier une instruction plus positive et de ne lui avoir pas ordonné de faire construire les travaux nécessaires pour rendre son poste plus respectable. Mais on était loin, sans doute, de songer que l'ennemi tenterait une entreprise aussi hardie qu'extraordinaire, tous ceux qui ont connu cet officier l'ont regretté comme un parfait patriote. (*Note du manuscrit*.)

Ce n'est pas le commandant du poste de Varades qui fut condamné à mort, mais l'adjudant général Tabary, qui commandait en sous-ordre à Saint-Georges-sur-Loire et s'était porté jusqu'à Ingrande. (Cf. Benaben, *Rapport au département de Maine-et-Loire*, 14; — Savary, *loc. cit.*, II, 293.)

Philippe-Joseph Tabary, originaire d'Arras, était adjoint aux adjudants généraux et servait en Vendée lorsque, le 29 août 1793, Rossignol, « d'après la connaissance certaine qu'il avait de son patriotisme et de sa bravoure », demanda pour lui au ministre de la guerre le grade d'adjudant général « pour marcher sous ses ordres à la Vendée ». Sa nomination ne se fit pas attendre, et, dès avant le 17 septembre, il commandait à Saint-Georges-sur-Loire. Un mandat d'arrêt fut décerné contre lui, le 5 octobre, par le comité de surveillance et révolutionnaire d'Angers. Mais, si l'arrestation eut lieu, elle fut de courte durée, car Tabary était revenu à son poste quelques jours après. Il se porta avec quatre ou cinq cents hommes jusqu'au hameau de la Riottière, commune d'Ingrande, au croisement des routes de Paris à Nantes et de Laval à la Loire, à l'extrême limite de son commandement et, aussitôt qu'il apprit le passage de la Loire par la colonne de d'Autichamp et du chevalier de Turpin, le 17 octobre, il avait réclamé du secours à son chef, le général Olagnier, qui lui envoya trois cents hommes. Tabary, déféré à la commission militaire d'Angers, présidée par Félix, fut condamné à mort le 15 pluviôse an II (3 février 1794), pour n'avoir pas su défendre victorieusement son poste, et guillotiné le lendemain (Cf. Arch. adm. de la guerre, *Dossier Tabary*; — Arch. de Maine-et-Loire, *Comité révol.*; — Greffe de la cour d'Angers, *Registres de la commission Félix*; — Benaben, *Rapport aux administrateurs du départ. de Maine-et-Loire*, 14).

KLÉBER EN VENDÉE.

ennemie réunie, dirigea de suite [1] sa marche sur Candé [2], et, de là, à Laval [3]. Partout où elle passa, elle fut estimée à plus de soixante mille combattants [4], sans y comprendre

1. « Les Vendéens restèrent deux ou trois jours à Varades, où ils rendirent les honneurs funèbres à M. de Bonchamps qui était mort en traversant la Loire.... — Pendant le séjour des royalistes à Varades, leurs chefs s'assemblèrent pour nommer un général en chef... Le choix tomba sur M. de La Rochejaquelein. Son courage intrépide généralement reconnu méritait cette distinction, mais sa grande jeunesse pouvait mettre obstacle à sa nomination... Sa conduite a bien justifié le choix qu'on avait fait de lui. » (Gibert, *loc. cit.*, 102, 103.)

« Toute notre armée étant entièrement passée, nous remontâmes la rive droite de la Loire, abandonnant Varades et Ancenis, qui avaient été nos points de débarquement. On ne s'arrêta pas à Ingrande, dont la garnison fut poursuivie, le 19 octobre au matin, au delà du bourg de Saint-Georges, près Angers. A la hauteur d'Ingrande, nous prîmes à gauche, route de Candé ; de ce dernier point nous fûmes à Château-Gontier, passant par différents endroits dont je ne me rappelle pas, mais partout où nous arrivions il fallait livrer un combat pour y rester. Les gazettes avaient publié qu'ayant été détruits sur la rive gauche, quelques-uns de nous seulement s'étaient sauvés presque sans armes et avec un plus grand nombre de femmes et d'enfants, de sorte que dans la confiance qu'il n'y avait qu'à se présenter pour achever de nous exterminer, la moindre garnison qui se trouvait sur notre passage venait nous le disputer ; surtout qu'il y avait, je crois, un décret par lequel toute ville qui nous eût laissés passer sans combattre aurait été supposée royaliste et traitée comme telle. » (Poirier de Beauvais, *loc. cit.*, 156-157.)

2. Candé, chef-lieu de canton du district puis de l'arrondissement de Segré (Maine-et-Loire). Ancienne ville à l'extrême limite de l'Anjou et de la Bretagne de ce côté ; traversée par la grande route d'Angers à Rennes et celle de Laval à Ingrande et à la Loire. A dix-neuf kilomètres, sud-ouest, de Segré ; trente-sept, ouest-nord-ouest, d'Angers : cinquante-quatre, sud-ouest, de Château-Gontier ; trente, sud-est, de Chateaubriant ; huit, nord, de la Cornuaille. Presque à la naissance de l'Erdre et au confluent de cette rivière avec les ruisseaux des Mandies.

3. Laval, chef-lieu du département de la Mayenne, sur la rivière de ce nom. La route de Paris à Rennes et à Brest y croisait, dès avant 1793, celle de Caën à Nantes. A soixante-dix kilomètres, nord, d'Angers ; trente-deux, nord, de Château-Gontier ; trente, sud, de Mayenne ; soixante-douze, ouest, du Mans ; soixante-six, nord-ouest, de la Flèche ; trente-quatre, est-sud-est, de Vitré ; soixante-huit, est, de Rennes ; quarante-sept, sud-est, de Fougères. Sa population était alors de 14,000 âmes environ.

4. Ce chiffre paraît notablement exagéré. L'armée Vendéenne, réunie à Laval le 25 octobre, aurait compris seulement trente mille fantassins, douze mille cavaliers et cent quatre-vingts artilleurs, auxquels vinrent s'ajouter, le lendemain et jours suivants, environ six mille chouans, soit

les prêtres et les enfants, et environ neuf à dix mille femmes : elle était pourvue de trente-deux pièces de canon, dont plusieurs du calibre de 12 et des caissons à proportion. Tous les mécontents de la rive droite de la Loire accoururent de toute part et grossirent aussi la horde fanatique.

Beaupuy avec son avant-garde, renforcée de quelques bataillons qui la portèrent à quatre mille hommes, Canuel, avec la colonne de Luçon, d'environ trois mille hommes; Westermann [1], avec sa légion, la suivirent à la piste, par des chemins différents, ainsi qu'il en a déjà été parlé [2].

au total quarante-huit à cinquante mille hommes. (Cf. Angot, *Dict. hist. de la Mayenne*, I, 829.)

1. François-Joseph Westermann, né à Molsheim, en Alsace, en 1764. Écuyer des écuries du comte d'Artois (1787); avocat au conseil supérieur d'Alsace, puis greffier de la municipalité de Haguenau, il figura dans les émeutes dont cette ville fut le théâtre en 1788. Arrêté et poursuivi à raison de ces faits, il est remis en liberté. On le retrouve à Paris au 10 août 1792, à la tête des fédérés du Finistère, qui assiègent les Tuileries avec les Marseillais. Lié avec Danton, il est nommé adjudant général et envoyé à l'armée du Nord dans l'état-major de Dumouriez. Colonel de la légion du Nord, le 27 septembre 1792, il fait preuve d'une bravoure et d'une hardiesse extrêmes. Impliqué dans l'affaire de Dumouriez et décrété d'accusation le 2 avril 1793, mis hors de cause le 4 mai suivant par la Convention, il est nommé général de brigade le 15 du même mois et employé avec sa légion à l'armée des côtes de la Rochelle, sous Biron. D'une activité invraisemblable, il ne cessa de harceler les Vendéens et contribua puissamment, malgré ses fautes, à leur destruction finale. On l'a surnommé le Boucher de la Vendée, et il aimait à se parer de ce titre. Rentré à Paris à la fin de 1793, il fut décrété d'accusation et arrêté avec Danton et ses amis, le 31 mars 1794, condamné à mort et exécuté avec eux le 5 avril.

2. « Le général Bouin-Marigny resta chargé jusqu'à nouvel ordre du commandement des troupes depuis Nantes jusqu'à Paimbœuf. Blosse parcourait avec ses grenadiers la rive gauche de la Loire, qu'il devait désarmer avant de passer le fleuve. Le reste de l'armée Républicaine était, au 21 octobre, disposé sur la rive droite de la Loire, de la manière suivante : l'avant-garde de Beaupuy, forte d'environ trois mille hommes, à Angers. Le corps d'observation d'Olagnier, de même force, en avant d'Angers, sur la route d'Ancenis. La division de Canuel, de deux à trois mille hommes, à Saint-Florent, se disposant à passer la Loire. Kléber au camp de Saint-Georges, avec le reste de la colonne de Mayence. Chalbos, à Nantes, avec son corps d'armée, Westermann, dans la même ville, avec

Le 1er brumaire, le corps d'armée, qui avait passé la Loire à Nantes, quitta le camp de Saint-Georges, se rendit le même jour à Oudon, où il prit position.

Le 2 brumaire, il traversa Ancenis, et fut posté en avant de cette ville. Le 3, il traversa Candé et s'établit à quelque distance de la ville.

Le 4, le corps de Westermann et celui de Beaupuy se réunirent à Château-Gontier, à cinq heures du soir; leurs troupes étaient harassées de fatigue. Westermann prit le commandement des deux corps, et voulut, sans prendre de repos, marcher sur les Brigands alors à Laval. Beaupuy lui fit l'observation qu'ayant encore six lieues à faire, on n'arriverait à Laval qu'à nuit close, et que le soldat, abattu de lassitude, serait hors d'état de rien entreprendre; qu'en différant cette attaque jusqu'au lendemain, on pourrait non seulement prendre des dispositions plus sûres, mais que l'on serait encore renforcé par le corps aux ordres du général Canuel qui n'était plus qu'à une très petite journée de Château-Gontier [1]. Toutes ces considéra-

1er brumaire (22 octobre). Le corps d'armée lève le camp de Saint-Georges et se porte sur Oudon.

3 brumaire (24 octobre). Il s'établit à Candé.

4 brumaire (25 octobre). Il passe par Segré et se porte jusqu'à Saint-Sauveur-de-Flée. Le corps de Westermann joint celui de Beaupuy, à Château-Gontier. Les deux corps réunis se dirigent sur Laval pour attaquer l'ennemi. Ils sont attaqués eux-mêmes et obligés de se replier sur Château-Gontier.

---

sa cavalerie. Le général en chef était resté à Nantes avec son état-major. — On n'était pas encore certain de la direction que prendrait l'armée Catholique. Cependant on se mit en marche le 22, avec l'ordre de poursuivre les Brigands sans relâche et sans les perdre de vue; c'était là toute la tactique du général en chef et des représentants. — Beaupuy partit d'Angers, se dirigeant sur Candé, Westermann eut l'ordre de prendre la direction de Niort, et Kléber de suivre la rive droite de la Loire jusqu'à Ancenis, pour se porter ensuite sur les derrières des Rebelles. Olagnier ne reçut aucun ordre; sa marche d'Angers était encore ignorée. » (Savary, *loc. cit.*, II, 295-296.)

1. Château-Gontier, chef-lieu de district puis d'arrondissement du département de la Mayenne, sur la rivière du même nom. La vieille ville, bâtie sur un rocher taillé à pic, domine la rive droite de la rivière et la partie moins accidentée, construite sur la rive gauche, lui a été annexée seulement depuis la Révolution. La communication entre les deux rives est assurée par un pont qui dépendait des fortifications et constitue le plus ancien passage connu sur la Mayenne. La route de Laval à Angers le traverse. A trente et un kilomètres sud de Laval; vingt-six, nord, du Lion-d'Angers; quarante-huit, nord-nord-ouest, d'Angers; vingt, est, de Craon.

tions ne purent déterminer Westermann à revenir sur son projet. Avide de gloire, il voulut profiter du moment où les circonstances lui remirent le commandement par ancienneté, pour faire un coup d'éclat; ainsi, ne consultant que son courage, il se mit en marche, enivré de son affaire de Chatillon, de laquelle, disait-il, il voulait donner une seconde représentation. Arrivé à la Croix-Bataille [1], il envoya Hauteville, capitaine des Francs à cheval, reconnaître l'ennemi. L'ardeur de cet officier l'emportant sur la prudence, il chargea les premiers postes, et tua de sa main une sentinelle des Brigands. Bientôt l'alarme se répand dans Laval; on y sonne le tocsin, et, au moment où nos troupes commençaient à se déployer, l'ennemi, revenu de sa première frayeur, marchait à leur rencontre. Westermann voulut changer alors les dispositions de Beaupuy et, tandis qu'on exécutait ce nouveau mouvement, les Rebelles s'approchaient en silence. Comme ils avaient pour guides ! commandements de nos officiers, ils attaquèrent au mo .ent où l'on s'attendait encore à ne les joindre que dans la ville (il était alors minuit). Quoique pris à l'improviste, nos soldats ne s'en conduisirent pas moins avec leur valeur ordinaire; la droite surtout fit des prodiges. Le combat fut très opiniâtre, et l'obscurité de la nuit contribua à le rendre très sanglant. La victoire fût restée à nos troupes, si la cavalerie de Westermann eût voulu suivre l'exemple de celle

---

1. Landes de Croix-Bataille, défrichées en 1823, commune d'Entrammes (Mayenne), à environ quatre kilomètres en avant de Laval vers Château-Gontier. Elles s'étendaient entre la Mayenne et la Jouanne, depuis Saint-Pierre-le-Potier (bourg dépendant de la commune de Laval, à quatre kilomètres en aval, sur la Mayenne), jusqu'au Breuil-aux-Francs (ancienne commanderie de Malte située dans la commune et à trois kilomètres d'Entrammes, à droite de la route de Laval). La route de Château-Gontier à Laval traverse ces landes.

des Francs ; mais, au lieu de charger, elle rétrograda et porta le désordre dans la colonne. Westermann, accablé par le grand nombre des ennemis, vit alors que l'audace ne suffisait pas toujours pour obtenir du succès : il ordonna la retraite, qui s'effectua en assez bon ordre jusqu'à Château-Gontier [1].

L'armée y arriva le lendemain dans la matinée. Je précédai de quelques heures l'arrivée de l'armée à Château-Gontier ; je me rendis chez le général en chef et les représentants du peuple qui logeaient ensemble. En arrivant, je m'informai si l'on s'était occupé des dispositions à prendre pour les troupes qui étaient en marche. On n'y avait pas encore songé ; mais on répara ce défaut de prévoyance par une délibération de quelques minutes, prise sans aucune considération de l'état de dénûment absolu où se trouvait le soldat. On décida que l'armée ne ferait que

5 brumaire (26 octobre).

---

1. « L'armée (Vendéenne) se reposait depuis quelques jours en cette ville (Laval) : le jeudi au soir (25 octobre), les cavaliers envoyés à la découverte rapportèrent que l'ennemi... paraissait dans les landes d'Entrammes, à trois lieues sur la route de Château-Gontier. M. de La Rochejaquelein se décida à aller l'attaquer sur-le-champ, et le combat s'engagea malgré l'obscurité de la nuit ; elle était telle que l'on se battait pêle-mêle, on prenait des munitions indistinctement dans les caissons les uns des autres. » (Gibert, *loc. cit.*, 104.)

« ...C'était l'avant-garde d'une armée (Républicaine) d'environ quarante-cinq mille hommes, laquelle avant-garde, composée en grande partie de Mayençais, pouvait être au plus de six mille hommes. — Nous l'atteignîmes vers minuit à la plaine dite Croix-de-Bataille. Le combat fut terrible et, tant qu'il dura, les Mayençais ne perdirent pas un pouce de terrain. Quoiqu'on se battît à portée de pistolet, l'engagement fut long ; mais enfin les Mayençais, après avoir perdu plus de la moitié de leur nombre, firent leur retraite, laissant le champ de bataille couvert de leurs morts, chacun dans l'ordre où il avait combattu et représentant parfaitement leur ligne. — De chaque côté, on ne s'était tant approché qu'à cause de l'épaisseur des ténèbres, et l'on se tirait au jugé, se dirigeant l'un par le feu de l'autre. Ce fut cette obscurité qui nous empêcha de poursuivre l'ennemi. » (Poirier de Beauvais, *loc. cit.*, 159-160.) — Beauvais exagère le chiffre de l'armée de l'Ouest qui ne devait pas dépasser trente mille hommes. Westermann et Beaupuy avaient bien environ six mille hommes d'engagés ; mais ils n'en perdirent pas la moitié.

traverser Château-Gontier, et qu'elle irait occuper la position de Villiers [1], trois lieues plus loin, à moitié chemin de Laval. Il fut, en conséquence, donné ordre aux adjudants généraux Scherb et Damas, d'aller reconnaître la position, et d'assigner à chaque division et à l'avant-garde l'emplacement qu'elles devaient occuper.

Le général Westermann, qui rencontra ces adjudants généraux, leur dit qu'il fallait absolument renoncer à cette position et se porter sur Entrammes [2], à deux lieues plus loin que Villiers, et où il avait eu son combat, la veille. Il tenait si fortement à cette opinion qu'il conduisit l'avant-garde légère, alors commandée par le général Danican [3], jusqu'au pont au delà de ce vil-

---

[1]. Villiers-Charlemagne, alors chef-lieu de canton du district de Château-Gontier, aujourd'hui commune du canton de Grez-en-Bouère, arrondissement de Château-Gontier (Mayenne). A dix-neuf kilomètres sud-sud-est de Laval; douze nord-ouest de Château-Gontier; quatorze ouest-nord-ouest de Grez-en-Bouère; dix sud-sud-est d'Entrammes.

[2]. Entrammes, commune du canton de Laval, sur une petite hauteur, entre la Mayenne à l'ouest et ses deux affluents de gauche, la Jouanne au nord et l'Ouette au sud et à l'est. Au croisement du grand chemin de Rennes au Mans et de la route d'Angers à Laval par Château-Gontier. A neuf kilomètres sud-sud-est de Laval, et vingt-deux nord de Château-Gontier.

[3]. Louis-Michel-Auguste Thévenet Danican, né à Paris le 28 mars 1764; volontaire de première classe sur la frégate *l'Amphitrite*, du 7 juin 1779 au 7 février 1781, engagé dans Barrois-infanterie le 20 novembre 1782, congédié par grâce le 24 août 1786, rengagé dans le régiment de cavalerie de Quercy le 17 décembre de la même année, gendarme de la Reine le 5 décembre 1787; licencié avec ce corps le 1er avril 1788; commandant de la garde nationale du district de Saint-André-des-Arts, le 13 juillet 1789; lieutenant dans la légion du Midi, le 25 juillet 1792; lieutenant-colonel aux éclaireurs de l'armée de Montesquiou, devenus le 8e hussards; envoyé à Saumur à la tête de ce régiment en 1793; chef de brigade le 18 mai, dans l'armée des côtes de la Rochelle; il se distingua aux combats des 15 et 17 juillet, à Martigné-Briand, où il fut blessé à l'épaule; ayant contribué à la reprise des Buttes d'Érigné le 5 septembre, il est fait général de brigade le 30 du même mois, et attaché peu après à l'armée de l'Ouest, d'abord sous Léchelle. Suspendu par Bouchotte, après la dénonciation d'Aldebert, il se trouvait à Angers le 3 et le 4 décembre 1793, pendant l'attaque des Vendéens, qu'on l'accusa plus tard d'avoir favorisée. Après avoir

lage [1]. Cependant les soldats qui, ce jour-là, avaient déjà fait huit lieues sans vivres, et la plupart sans souliers, étaient harassés de fatigue, lorsqu'ils arrivèrent à nuit tombante à Villiers. Il eût été plus qu'imprudent de leur faire faire encore deux lieues dans cet état, pour prendre position au milieu de la nuit, à proximité de l'ennemi, sur un terrain que le général Westermann seul avait vu, et qu'encore il n'avait pu reconnaître que la nuit. J'ordonnai donc positivement que l'on resterait à la position de Villiers et que l'avant-garde rebrousserait chemin et viendrait occuper les hauteurs et le pont, en avant de la position [2]. Cette marche rétrograde donna beaucoup de désagréments à Danican. Les soldats, qui le voyaient pour la première fois, crurent que c'était par ignorance qu'il avait fait faire ce chemin. Ils murmurèrent, et le chef de bataillon Aldebert [3], commandant les chasseurs républi-

commandé à Lorient en 1794, puis dans la Seine-Inférieure, il donna sa démission. Il commandait les insurgés dans la journée du 13 vendémiaire an IV (5 octobre 1795). Condamné à mort par contumace le 29 vendémiaire par le Conseil militaire séant au Théâtre-Français ; réfugié en Suisse, il se mêle aux intrigues anglaises, pendant le Consulat et l'Empire. Malgré des démarches nombreuses, il ne put obtenir que la Restauration lui rendît son grade. Mort à Itzhœ, dans le Holstein, en 1848.

1. Sur la Jouanne, au-dessous d'Entrammes.

« Je reçois l'ordre d'aller à l'avant-garde lui indiquer sa position ; il fallait pour arriver à Laval passer sur un pont placé dans un fond au delà du village d'Entrammes, dominé par deux hauteurs immenses. Le général Danican et moi nous prîmes la position de ces hauteurs avec trois cents hommes. Je fis avertir Léchelle d'arriver ou d'envoyer des forces pour fortifier ce poste important ; il avait placé l'armée à deux lieues de là et ordonna de quitter ces hauteurs. Je lui fis sentir, mais inutilement, cette faute, et lui prédis que l'armée serait battue à ce passage. » (Westermann, *Campagne de la Vendée*, Paris, an II, 18-19.)

2. Sur l'Ouette, à quatre kilomètres et demi en avant d'Entrammes en venant de Villiers-Charlemagne, et à cinq kilomètres et demi, au nord de ce dernier point.

3. Aldebert, né à Paris en 1760, soldat dans le régiment de Neustrie de 1777 à 1791, avec lequel il fit sept campagnes de terre et cinq de mer contre les Anglais ; chef du bataillon parisien des Quatre-Nations, lors de la formation (25 septembre 1792) ; avait fait partie de la garnison

cains, un lâche de profession, au lieu d'apaiser le tumulte, l'excita encore davantage; de manière que tout le monde rentra au camp, et le poste du pont ne fut plus occupé que par une grand'garde de cavalerie. J'appris tout cela trop tard pour y porter remède.

Après avoir parcouru la position qu'occupait ma division, je rentrai à mon quartier général, où l'on m'apprit que Léchelle venait de me faire dire que je devais donner les ordres aux deux divisions, ainsi que nous en étions convenus. Je lui fis répondre, par un officier de mon état-major, que nous n'étions convenus de rien, et que s'il le jugeait à propos, je me rendrais chez lui. L'officier, le trouvant ronflant dans son lit, n'osa l'éveiller; j'écrivis donc, au hasard, deux ordres, l'un à Beaupuy, resté avec son avant-garde à Château-Gontier, l'autre à Blosse, qui venait d'arriver en cette ville avec ses grenadiers, en leur prescrivant de se rendre, le lendemain de bonne heure, au camp, avec leurs troupes, en laissant seulement un fort poste pour la défense du pont[1]. La lettre de Blosse a été incluse dans celle de Beaupuy, et je suis encore à savoir

de Mayence et y avait été blessé à l'affaire d'Ocheim; blessé de nouveau à l'affaire de Château-Gontier. Lors de l'amalgame de son bataillon dans la 6e demi-brigade légère, Hoche le laissa sans emploi et le mit à la suite; il y était encore en l'an VIII, malgré ses réclamations, lorsqu'il fut chargé d'instruire des conscrits à la suite de la 8e demi-brigade légère; commandant de la 2e compagnie des hommes de couleur à l'île d'Oléron; accusé d'exactions à Mantoue, réformé sans traitement le 5 ventôse an XIII (24 février 1805). Sur ses réclamations, il fut admis au traitement de réforme. Il avait dénoncé Kléber et Danican au club des Jacobins à la suite de l'affaire d'Entrammes.

1. Le pont de Château-Gontier, sur la Mayenne, ouvrant la route d'Angers.

La Mayenne prend sa source à dix-sept kilomètres ouest-nord-ouest d'Alençon, à la Fontaine-du-Maine. Son cours propre est de cent quatre-vingt-quinze kilomètres environ, sa largeur mesure entre cinquante et quatre-vingts mètres. Par sa jonction avec la Sarthe, unie elle-même au Loir, elle constitue, un peu au-dessus d'Angers, la Maine qui arrose cette ville et se jette dans la Loire après un cours de dix kilomètres.

comment et pourquoi le premier ne reçut la sienne que le lendemain vers midi, tandis que les deux lettres parvinrent à Beaupuy à onze heures du soir.

Westermann, Marceau, Savary et Danican vinrent ensuite souper avec moi. Le premier fit grand tapage de ce que l'armée ne s'était pas portée sur les hauteurs d'Entrammes. « Si l'ennemi, dit-il, s'empare de ce poste demain, nous ne l'en débusquerons pas aisément. » Il avait raison; mais, s'il est des moments où l'on peut tout exiger des troupes par un enthousiasme excité à propos, il en est d'autres où l'on tenterait en vain de les électriser, et où il faut se borner à les contenir dans le cercle ordinaire de leur devoir. Alors Léchelle avait, par sa lâcheté, par son ignorance et par l'insouciance qu'il apportait à pourvoir aux besoins des soldats, déjà tellement aliéné leurs esprits, que tout se faisait avec humeur et qu'on n'entendait que murmurer.

Nous causâmes ensuite sur la bataille qui devait se donner le lendemain. Savary connaissait Laval et nous donna sur sa situation les éclaircissements les plus détaillés. Il pensait avec moi qu'il fallait remettre l'attaque d'un ou même deux jours, et pour donner aux soldats le temps de se refaire, et pour faire avancer le corps de quatre mille hommes qui se trouvait alors à Vitré [1], afin

---

[1]. Cette troupe, que Benaben évalue seulement à deux mille hommes, sous les ordres de l'adjudant général Chamberting, se trouvait non pas à Vitré, mais à Craon ; elle appartenait à l'armée des côtes de Brest, elle fut rejointe le soir même de la déroute d'Entrammes par la colonne Olagnier (Cf. *Lettre* de Benaben du 11 novembre 1793). Il ressort de cette lettre que Rossignol n'atteignit pas cette force armée à Craon, comme il le dit dans sa *Vie véritable*, p. 237, mais seulement après qu'elle eut été refoulée de cette ville sur Châteaubriant par les Vendéens.

Chamberting (François-Marie-Julien), né le 28 juillet 1755 à Gameppe, dans le pays de Liége, élève d'artillerie, gendarme de la garde (1771-1775), sous-lieutenant dans le régiment de La Mark en 1782, capitaine le 1ᵉʳ juillet 1792, dans le même régiment devenu le 77ᵉ d'infanterie, qui était emde pouvoir attaquer à la fois, sur tous les points et sur les deux rives de la Mayenne, le poste dont il s'agit [1]. Dembarrère survint; il fut du même avis. Marceau, qui faisait les fonctions de chef de l'état-major, en l'absence de Robert qui resta à Nantes, sous prétexte d'une incommodité [2], se chargea d'en faire la proposition à Léchelle, qui dormait toujours. Je ne sais comment elle fut reçue. Le lendemain matin, Savary se rendit aussi chez lui et insista sur l'exécution de ce plan. Léchelle consentit à l'adopter, et renvoya Savary vers moi pour m'en prévenir [3]. Pendant ce temps, la colonne de Beaupuy arrive de Château-Gon-

6 brumaire
(27 octobre).

---

ployé en Bretagne. Il se distingua aux environs de Landerneau, le 15 avril 1793, puis à Port-Saint-Père ; nommé adjudant général chef de bataillon le 25 mai, par les représentants du peuple, sur la demande de Canclaux ; adjudant général chef de brigade, en vendémiaire an III, sur la proposition de Hoche ; retraité et fixé à Nantes le 1er brumaire an VIII.

1. Suivant sa façon coutumière à peu près constante, Savary mêle au récit de Kléber et met dans la bouche de ce dernier ses propres observations, rectifiant même parfois, comme ici, sur certains points de détail, le général mayençais. Voici le passage qu'il donne comme étant le texte de celui-ci : « Il (Savary) nous fit sentir que l'attaque faite par la rive gauche de la Mayenne réussirait difficilement, parce qu'il suffisait de couper le pont de Laval ou d'y établir une batterie, pour la rendre presque impossible ; que l'on trouverait beaucoup plus d'avantages, en dirigeant cette attaque par la rive droite, parce que, de ce côté, on arriverait sur les hauteurs qui dominent la ville et qu'il ne se présenterait aucun obstacle ; que si l'on s'obstinait à continuer la marche sur la rive gauche, il fallait du moins faire une diversion sur l'autre rive, en faisant marcher sur cette direction la colonne de l'armée des côtes de Brest, commandée par l'adjudant général Chamberting qui se trouvait à Craon ; qu'ainsi il fallait rester dans ses positions et différer l'attaque d'un et même de deux jours.... » (Savary, loc. cit., II, 300-301.) — On trouvera plus loin l'exposé détaillé de Savary et le plan d'attaque proposé par lui et accepté par Kléber et tous ses collègues, mais que rejeta le général en chef Léchelle.

2. Robert avait fait une chute de cheval quelques jours auparavant, le 18 octobre, à Beaupréau, et fit courir le bruit qu'il avait été blessé. (Cf. Lettre de Rossignol ou Annales de la guerre dans G. Bord, Revue de la Révolution, 1884, documents inédits, 32.)

3. « Il donna même l'ordre à Olagnier, qui arrivait avec sa colonne et dont on n'avait pas entendu parler jusqu'alors, d'aller rejoindre Chamberting à Craon, pour marcher avec lui sur Laval, mais il ne fut donné aucun ordre ni avis à Chamberting. » (Savary, loc. cit., II, 301.)

tier; il était environ deux heures après midi. Ce général, au lieu de passer chez moi, va prendre les ordres directement de Léchelle; je ne sais quels sont ceux qu'il en reçut, mais il continua sa marche. La générale se bat et je reçois l'ordre ci-après : « L'armée va se mettre en « marche. L'avant-garde, commandée par le général Beau- « puy, sera éclairée dans sa marche par les tirailleurs. Les « généraux de division auront soin de faire tenir l'ordre « dans la marche. Arrivés au champ de bataille dit Croix- « de-Bataille, les officiers d'infanterie mettront pied à « terre et enverront leurs chevaux à la queue de l'armée; « arrivé au champ de bataille, on enverra un parti de « cavalerie pour reconnaître la position de l'ennemi. »

L'on conçoit mon indignation en lisant un ordre ainsi marqué au coin de la plus crasse ignorance; mais il fallait obéir.

Beaupuy avance toujours; ma division le suit; celle de Chalbos était prête à se mettre en marche. Les généraux se réunirent encore et se déterminèrent à envoyer une seconde fois près de Léchelle pour lui faire des représentations sur cet ordre de marche. Vingt mille hommes filant sur une colonne [1] pour attaquer un poste, accessible par trois ou quatre grandes routes, sans faire aucune fausse attaque, aucune diversion, nous paraissaient une chose extraordinaire, d'autant plus que l'ennemi pouvait aisément envoyer dix à quinze mille hommes, par la route

---

1. « L'armée de vingt mille hommes se mit en marche en procession sur une seule colonne. » (Westermann, *loc. cit.*, 19.)

« Nous allions dans la certitude de vaincre, mais la maladresse de notre général Léchelle nous arracha la victoire. Il nous faisait tous marcher sur une seule colonne; nous défilions deux à deux sur la grande route et nous occupions un espace immense, tandis que notre avant-garde, qui essuyait le feu bien exécuté d'un ennemi qui l'attendait, rangé depuis longtemps en bataille, ne pouvait être secourue que par deux ou quatre hommes à la fois, qui étaient renversés, pour ainsi dire, en apparaissant. » (Broussais, *loc. cit.*, 17.)

au delà de la Mayenne, pour forcer le poste de Château-Gontier, et nous prendre ensuite entre deux feux. Westermann fut chargé de cette mission, il ne fut pas écouté. Cependant le canon se fait entendre. Marceau, qui était parti avec Beaupuy, vient me dire que toute l'armée ennemie était en bataille sur la hauteur d'Entrammes ; je fais avancer ma division ; je me concerte avec Beaupuy qui en est déjà aux mains, et, dans le fort de la mêlée, je fais déployer mes bataillons à droite et à gauche de la route ; en un mot, je dispose tout pour soutenir efficacement l'avant-garde qui cédait du terrain [1]. Léchelle, suivant son habitude, ne paraît point. Il arrête même sur la grande route la deuxième division [2], sans la déployer, tandis que, par la manœuvre la plus simple, il eût pu aisément déborder la gauche de l'ennemi et le prendre en flanc [3]. Dembarrère et Savary, s'en apercevant, coururent pour la chercher ; ils parlent au général en chef, mais celui-ci, ayant déjà perdu la tête, au lieu d'avancer, se dispose à la retraite. La déroute se met aussitôt, ainsi qu'à Cholet, non dans ma division qui combattait, mais dans celle de Chalbos qui ne combattait pas [4]. Et Léchelle, le lâche

---

1. « L'armée de Mayence, qui marchait une des premières, fit tant, qu'elle parvint à se mettre en bataille. Mais il était trop tard, ceux qui la précédaient, épuisés de cartouches et fatigués du feu opiniâtre qu'ils avaient soutenu, se replièrent. » (Broussais, *loc. cit.* 17.)

2. Division Chalbos. (Cf. Savary, *loc. cit.*, II, 302.)

3. « La division Müller était arrêtée en colonne derrière le pont de l'Ouette. La colonne d'Olagnier se tenait avec son artillerie sur la hauteur qui domine le pont de Château-Gontier, sur la route de Craon, attendant des ordres. Olagnier n'en reçut point, et se rendit le soir à sa destination. Ces deux divisions ne prirent aucune part à l'action. Olagnier répondit à Savary, qui s'était porté vers lui pour le presser de suspendre son départ et favoriser la retraite de l'armée, qu'il lui fallait des ordres du général en chef — qui avait disparu, — et que sa responsabilité ne lui permettait pas de différer. » (*Note* de Savary, *loc. cit.*, 302.)

4. « Les armées qui arrivaient derrière (celle de Mayence)... tournèrent le dos sans avoir fait un coup de feu. » (Broussais, *loc. cit.*, 17.)

Léchelle, donne lui-même l'exemple de la fuite. J'avais encore deux bataillons disponibles de ma division. Dans ce désordre, je les envoie occuper le pont que nous avions derrière nous, afin qu'au moins notre retraite par ce défilé soit assurée. Le soldat, qui a toujours un œil sur le dos, aperçoit que la deuxième division est en fuite; aussitôt il s'ébranle pour la suivre; cris, exhortations, menaces sont vainement employés; le désordre est au comble, et pour la première fois je vois fuir les soldats de Mayence. L'ennemi nous poursuit, il s'empare successivement de nos pièces qu'il dirige contre nous; la perte des hommes devient considérable [1].

Blosse, qui n'avait reçu que vers midi l'ordre de se porter à Villiers, sortait de Château-Gontier pour s'y rendre. Il n'avait pas fait cinquante pas qu'il voit arriver les fuyards, et son général en chef à leur tête. Il barre la route avec ses grenadiers, mais ses efforts sont inutiles. Il est lui-même entraîné jusqu'au delà de la ville [2].

Merlin et Turreau qui, toujours, avaient été à la tête de

[1]. « L'engagement commença avant midi et dura avec un acharnement incroyable jusque vers les quatre heures du soir, que les Républicains furent en pleine retraite. Plusieurs de leurs corps se débandèrent sur la droite et sur la gauche, se sauvant par la campagne; le principal se retira par la grande route avec son artillerie et ses bagages, qui tombèrent bientôt entre nos mains. — Notre poursuite fut si vive que nous ne pouvions tirer à mitraille de crainte d'atteindre nos soldats, et il arriva même que nous nous trouvâmes si près, qu'on se battit sur la route les uns à coups de baïonnette, les autres se prenant au collet. » (Poirier de Beauvais, *loc. cit.*, 160.)

[2]. « Les soldats fuyaient comme des troupeaux de moutons. Chacun craignait d'être blessé, sachant bien que s'il avait ce malheur, personne n'aurait l'humanité de l'aider à se sauver. Il était aussi très dangereux de rester derrière, tant à cause du canon qui tonnait sans cesse, qu'à cause des Brigands qui auraient pu nous attaquer. Toutes ces considérations, faites en bien moins de temps qu'il ne nous en faut pour le dire, rendaient le soldat si alerte, que moi, qui me sentais indisposé depuis quatre ou cinq jours, j'eus une peine infinie à me sauver. » (Broussais, *loc. cit.*, 18.)

la colonne, s'efforcent en ce moment de rallier les soldats; ils réussissent parfois à en ramener quelques centaines qui, par leur contenance, arrêtent quelque temps l'ardeur de l'ennemi. Enfin, la nuit nous surprend, et nous avions à peine passé le pont de Château-Gontier, que déjà l'ennemi était entré dans la ville et nous tirait des coups de fusil par les fenêtres [1]. On peut aussi croire que ce furent les habitants eux-mêmes. Je trouvai au pont de cette ville l'adjudant-major des Francs, nommé Kuhn, qui avait rallié autour de lui une vingtaine d'hommes pour le garder et le défendre. Le louant de son courage, je lui promets de venir à son secours dès que je serais parvenu à réunir une centaine d'hommes de bonne volonté. J'en rencontre, les uns conduits par le chef de bataillon O'Kelly, du 62e régiment, vieillard de soixante-dix ans, les autres par Gérard, capitaine au 2e bataillon du Jura. Je les mets en bataille sur la place, ayant le pont devant eux.

Le brave Blosse arrive aussi avec les grenadiers qu'il commandait et, comme un autre Horatius Coclès, il resta le dernier pour défendre le pont. Il ne put pourtant pas arrêter les Rebelles, mais il ne quitta la place qu'après avoir été blessé d'un coup de feu. J'employai tous les moyens pour m'en rendre maître de nouveau, sans pouvoir réussir. L'adjudant général Damas et mon aide de camp Buquet, à la tête de cinq ou six hommes à cheval qu'ils parviennent à rassembler, essayèrent de charger l'ennemi; mais, à peine arrivés dans la rue étroite qui débouche sur le pont, les Brigands firent sur eux un feu

---

1. « Il était environ onze heures du soir quand nous arrivâmes à Château-Gontier; l'armée Républicaine venait d'y arriver, ayant été précédée par une infinité de fuyards qui avaient répandu l'alarme partout; c'était une confusion horrible. » (Poirier de Beauvais, *loc. cit.*, 160.)

de file tellement nourri qu'il leur fut impossible d'approcher.

Les représentants du peuple Merlin et Turreau avaient, de leur côté, fait placer une petite troupe et deux pièces d'artillerie sur l'esplanade du château qui domine la rivière, et d'où elles pouvaient battre la route de Château-Gontier à Laval ; mais une colonne de l'armée catholique, qui avait passé la Mayenne près de Villiers, vint attaquer ce poste par le flanc, et le força bientôt de se replier, tandis que l'autre partie de l'armée Rebelle, qui nous avait suivis par la grande route, remplissait Château-Gontier [1].

Je vis alors que le seul parti qui nous restait à prendre était de mettre quelque ordre dans notre retraite, pour aller occuper la position derrière la rivière d'Oudon, au Lion-d'Angers [2]. Dans cet instant, Blosse se présente encore, la tête ceinte d'un mouchoir qui bandait sa plaie. Il appelle et réunit de nouveau quelques-uns de ses grenadiers. Il veut tenter au moins d'arrêter l'ennemi, puisqu'il ne pouvait s'emparer de la ville [3]. Mais déjà les

1. « L'ennemi (les Républicains) avait conservé jusque-là encore deux pièces de canon, qu'il mit en batterie dans la ville, sur la hauteur dominant la route par où nous venions. Il faisait si noir que ces pièces ne nous firent aucun mal. — Je fis serrer nos gens sur la droite, parce que, la montagne étant coupée à pic dans cet endroit, ils se trouvaient être à l'abri du canon... Dès notre entrée, ceux qui servaient les deux pièces, pour nous tenir en échec, les laissèrent et se retirèrent promptement. » (Poirier de Beauvais, *loc. cit.*, 160-161.)

2. Le Lion-d'Angers, chef-lieu de canton de l'arrondissement de Segré (Maine-et-Loire), sur la rive droite de l'Oudon et à trois kilomètres nord-ouest, à vol d'oiseau, au-dessus du confluent de cette rivière et de la Mayenne. A vingt-deux kilomètres nord-ouest d'Angers ; vingt-six sud de Château-Gontier ; quinze est-sud-est de Segré. Sur la route d'Angers à Château-Gontier et à Laval.

3. « Savary court à lui. Viens avec moi, lui dit-il, tâchons de rétablir l'ordre dans la retraite. — Non, répond vivement Blosse, il n'est pas permis de survivre à la honte d'une pareille journée. » (Savary, *loc. cit.*, II, 304.)

Savary rapporte cet incident comme s'il faisait partie du récit de Kléber.

Brigands, maîtres des deux pièces d'artillerie qu'ils avaient prises sur l'esplanade du château, les avaient tournées contre nous; et le malheureux Blosse avait à peine fait quelques pas qu'il en est frappé d'un coup mortel. Il tombe, et plusieurs de ses braves compagnons d'armes, en voulant venger sa mort, expirent à ses côtés. Ainsi périt l'un des plus vaillants et des meilleurs officiers de l'armée.

L'ennemi, depuis la hauteur qui domine et enfile la route sur plus d'une lieue, tire précipitamment plusieurs coups de canon à boulet et mitraille, qui portent tous au milieu de notre colonne, et y jettent la confusion, l'effroi et la mort. Infanterie, cavalerie, canons et chariots se précipitent les uns sur les autres; une nuit obscure, les gémissements des blessés et les soupirs plaintifs des mourants impriment à ce spectacle affreux un caractère plus terrible. Il ne fut plus possible de faire observer aucune espèce d'ordre de marche, et les soldats ne s'arrêtèrent que là où ils n'entendirent plus le feu de la mousqueterie ou du canon et qu'ils furent assurés que l'ennemi cessait de les poursuivre [1]. Nous abandonnâmes à l'ennemi, dans cette horrible déroute, la première dont je fus témoin, dix-neuf pièces de canon, autant de caissons, plusieurs chariots chargés d'eau-de-vie et de pain, et je perdis plus de mille hommes de ma division, qui donna seule. Le général Beaupuy se battit avec son intrépidité ordinaire; il reçut une balle qui lui traversa le corps [2].

---

1. « Nous allâmes jusqu'à trois heures au delà, sur la route d'Angers, où nous bivouaquâmes. » (Broussais, *loc. cit.*, 19.)

2. « Transporté dans une cabane à peu de distance de Château-Gontier, sur la route d'Angers, on mit un premier appareil sur sa plaie et l'on se disposait à le transporter plus loin, lorsqu'il dit avec ce calme qui ne l'abandonnait jamais : Qu'on me laisse ici, et que l'on présente ma chemise sanglante à mes grenadiers... Il fut conduit à Angers. » (Savary, *loc. cit.*, 305.)

Beurmann, chef du deuxième bataillon du 62ᵉ régiment [1], Cuisinier, chef du huitième bataillon des Vosges, le capitaine commandant le deuxième bataillon de Seine-et-Oise, moururent honorablement sur le champ de bataille. Barris [2], capitaine de l'artillerie volante, doué de la plus brillante valeur, y reçut aussi un coup mortel. La légion des Francs, celle de Kastel, les bataillons de la Haute-Saône, le troisième bataillon de la Nièvre, le quatrième du Haut-Rhin, le cinquième de l'Eure, les bataillons des 62ᵉ, 82ᵉ et 32ᵉ régiments, ceux des Fédérés et des Amis de la République, tous de ma division, ont infiniment souffert. Lorsque les blessés de ces différents corps entrèrent à Angers, on leur demanda de quelle armée ils étaient, et répondant tous : « de celle de Mayence », les habitants leur prodiguèrent les soins les plus fraternels et témoignèrent d'autant plus d'intérêt à leur sort, que, parmi les nombreux fuyards, qui avaient d'abord porté la consternation dans cette ville, il n'y avait pas eu un seul soldat de Mayence, ni un blessé. Ceci me rappelle une anecdote du général divisionnaire Müller. Je lui dois la justice de dire que, quoique sa division ait fui avant d'avoir vu l'ennemi, il resta de sa personne et, réunissant ses efforts aux nôtres pour rallier les soldats, il fit avec nous, c'est-à-dire avec presque tous les généraux, l'arrière-garde, tant qu'il fit jour ; mais il disparut à la nuit et s'en fut droit à Angers. Des membres de l'administration de cette ville lui marquèrent le lendemain, d'une manière très amère, leur

---

1. Frédéric-Auguste de Beurmann, né à Nancy le 17 septembre 1777 ; soldat en 1788 ; au moment du siège de Mayence, il était sous-lieutenant au 62ᵉ d'infanterie, ci-devant Salm-Salm ; baron de l'Empire par lettres patentes du 30 octobre 1808 ; général de brigade le 6 août 1811 ; commandeur de la Légion d'honneur ; mort le 6 avril 1815.
2. Barris avait été élevé à l'école militaire de Sorèze, avec Henri de La Rochejaquelein.

étonnement de le voir ainsi éloigné de l'armée, et le pressèrent de s'en retourner, ce qu'il fit [1]. Une pareille aventure lui était déjà arrivée lors de la première affaire de Châtillon. Cependant les soldats, harassés, abîmés de fatigue, s'étaient arrêtés sur la route ; on en mit une grande partie en bataille dans une position ; ils allumèrent des feux et passèrent ainsi la nuit. Les maisons, les fermes et les châteaux à proximité du chemin regorgeaient de blessés ; la confusion était encore grande, et partout on n'entendait que gémissements. Léchelle avait poussé jusqu'au Lion-d'Angers, où je reçus ordre de me rendre le lendemain matin ; nous n'avions que trois lieues à faire [2].

Tel fut le résultat de cette fatale journée, et de l'inconcevable entêtement d'un homme si peu fait pour commander. Il est cependant vrai que, si la deuxième division avait voulu donner, se déployer et seconder les efforts de la première division, rien n'eût été perdu, et on aurait encore pu espérer des succès, malgré les mauvaises dispositions, desquelles l'ennemi ne sut pas d'abord profiter. Mais, je l'ai déjà dit, elle lâcha pied avant d'avoir vu un seul ennemi et ne démentit pas l'opinion qu'elle avait fait concevoir d'elle à Cholet. On verra pourtant, dans un instant, que c'est à l'armée de Mayence que Léchelle voulut attribuer toute la faute de ce revers.

1. « A cette occasion, le général divisionnaire Müller a fui jusqu'à Angers, d'où il fut chassé par le comité révolutionnaire, la même nuit. » (Westermann, *loc. cit.*, 19.)
2. « Depuis quatre jours j'étais sans nouvelles de l'armée de Mayence ; je ne savais pas même sur quel point s'était portée la retraite. J'avais marché du côté de Craon et, après le troisième jour de marche, j'appris que l'armée s'était dirigée sur Angers et que le général Boucret, avec quatre mille hommes, avait opéré sa retraite sur Rennes. Ainsi je marchais d'un côté et les troupes républicaines se retiraient de l'autre. Je me trouvais au milieu des Brigands et ne m'en suis retiré que par des chemins de traverse, en passant par Vitré. » (Rossignol, *Vie véritable*, 237.)

CHAPITRE SECOND

On se mit le lendemain en marche avant le jour, dans la crainte qu'apercevant notre désordre et notre faiblesse, il ne prît envie à l'ennemi de nous harceler de nouveau. L'armée traversa le Lion-d'Angers et prit, au delà de cette ville, une position avantageuse, couverte par la rivière de l'Oudon. Le pont était gardé par l'avant-garde légère, et on y établit partout des postes de surveillance ; il faisait très froid, très humide, et le soldat découragé était nu et sans souliers. On voyait des bataillons réduits à seize hommes, l'armée à sept mille hommes au plus, de vingt mille qu'elle était la veille ; mais la ville d'Angers regorgeait de fuyards.

7 brumaire
(28 octobre).

Léchelle en fuyant sur Château-Gontier, tandis qu'on se battait encore à Entrammes, s'écria : « Qu'ai-je donc fait pour commander à de pareils lâches ? » Un soldat de Mayence lui répondit : « Qu'avons-nous fait pour être commandés par un pareil J... f....? » Cela donna infiniment d'humeur à ce grand homme et, comme il se trouva le matin sur la route, derrière le Lion-d'Angers, pour indiquer aux soldats la place de leurs divisions, il affecta d'apostropher les Mayençais d'une manière mortifiante, tandis qu'il traitait très fraternellement les autres. L'armée étant enfin rangée en bataille, il voulut la parcourir avec moi ; mais alors il n'y eut qu'un cri : « A bas Léchelle, à bas !.... Vive Dubayet ! qu'on nous le rende ! Vive Kléber ! » Il n'osa continuer et il s'échappa, pour porter ses plaintes aux représentants. Je voulus parler aux soldats et leur faire sentir qu'en eux-mêmes, dans leur peu de fermeté, se trouvait en grande partie la cause de la défaite honteuse qu'ils venaient d'éprouver. Mais lorsque je me vis au milieu de ces braves, qui jusqu'ici n'avaient connu que des victoires, et qui tant de fois s'étaient couverts de gloire, lorsque je les vis s'empresser autour de moi, dévorés de douleur et de honte, les sanglots étouffèrent ma voix ; je ne pus proférer un seul mot..., je m'en fus.

A deux pas de là, sur la route, je rencontrai Choudieu, Merlin et Turreau ; le premier me dit : « Je suis bien fâché que les soldats aient crié Vive Dubayet ! » — « Sachez donc, lui répondis-je, accorder quelque chose à leur douleur, à leur confusion ; c'est la première déroute qu'ils essuient, c'est la première fois qu'ils éprouvent la honte d'avoir fui devant un ennemi que jusqu'ici ils avaient toujours vaincu. » — « Je leur passe d'avoir apostrophé Léchelle, répond Choudieu ; ils l'ont vu fuir, il ne mérite plus leur confiance ; mais ils auraient dû s'en tenir là [1]. » Alors on me fit la proposition de prendre le commandement en chef et, comme je la rejetai formellement : « Tu ne peux le refuser, me dit-on, c'est en toi que le soldat a le plus de confiance, tu peux seul relever son courage. » — « Je le relèverai, son courage, sans commander en chef, et je le ferai obéir à quiconque vous mettrez à notre tête, à

---

[1]. « Westermann, toujours imprudent, disait hautement au milieu de la route : Non, je n'obéirai point à un lâche. Je suis un insubordonné. Je demande un congé ou ma démission !... Il obtint la permission de s'absenter et partit pour Niort. » (*Note* de Savary, *loc. cit.*, 307.)

« Il n'est venu dans l'esprit de personne d'attribuer cette fatale journée à la perfidie du général en chef Léchelle ; les avis furent partagés sur sa conduite militaire, mais il n'y eut qu'une voix pour rendre justice à son patriotisme et à ses intentions. Si le succès ne couronna pas ses efforts, on l'attribua à un concours de circonstances qu'il n'était pas aisé de prévoir et auquel il fut impossible de remédier. » (Choudieu et Richard, *Rapport sur la guerre de la Vendée*, 71.)

Léchelle même, s'il ne veut plus fuir. D'ailleurs pourquoi jetez-vous les yeux sur moi, tandis que vous avez ici un divisionnaire [1] qui, à l'expérience de quarante ans de service, joint le ton du commandement et les formes nécessaires pour inspirer de la confiance. Je souffrirais chaque fois que je serais obligé de donner des ordres à un tel homme. Enfin, ajoutai-je, supposons que vous n'avez pas la plus haute idée de ses talents; ne pouvez-vous pas lui prescrire par votre arrêté de se faire assister du conseil des autres généraux, lorsqu'il s'agira d'une opération importante ? Vos collègues à l'armée des Pyrénées, dans une pareille circonstance, ont pris cette mesure et ont eu lieu de s'en applaudir. » On se rendit à mes raisons, et les trois représentants ci-dessus arrêtèrent avec Bourbotte, Fayau et Bellegarde, que ce dernier engagerait Léchelle à demander un congé pour le rétablissement de sa santé ; que Chalbos prendrait le commandement en chef par intérim et qu'il se ferait assister par le conseil des autres officiers généraux [2]. Le général de brigade Nouvion [3], très

---

1. Chalbos.
2. « Je ne parlerai point de la bataille de Cholet ni de celle de Laval, je n'y commandais point. Je me borne à dire que l'armée de l'Ouest, composée d'environ vingt mille hommes, ayant été repoussée de Laval, et Léchelle étant tombé malade, le commandement provisoire m'en fut donné à l'unanimité des représentants du peuple, Merlin, Bourbotte et Turreau, ainsi que des généraux. Je fis beaucoup de représentations pour que le choix tombât sur un autre que moi; le mauvais état de ma santé me faisait un devoir de le demander avec instances, et ne pouvant tout voir par moi-même, j'aurais désiré, en attendant un congé qui m'était promis, n'avoir que ma division à conduire. Mais combattu par les raisonnements de plusieurs de mes camarades et plus encore par ceux des représentants du peuple, j'oubliai que je pouvais à peine monter à cheval et je laissai prendre l'arrêté qui me constituait commandant provisoire de l'armée de l'Ouest et que le Comité de salut public a ratifié. » (Chalbos, *Campagne à la Vendée*, Mémoire au Comité de salut public, 10 ventôse an II (28 février 1794), aux Arch. hist. de la guerre, V, 6).
3. Jean-Baptiste Nouvion, né à Mézières, le 26 janvier 1753; cavalier au régiment du Roi le 17 février 1771 ; maréchal des logis en 1780 ; passé

bon officier, fut nommé par Chalbos chef de son état-major.

Sitôt que Léchelle eut connaissance de cet arrêté, il commença à tousser violemment. Il dîna néanmoins le même jour avec nous, et là il eut l'absurde impudeur de vouloir donner à comprendre que cette défaite n'était due qu'à l'or de Pitt, qui avait influencé l'armée de Mayence. « Mais, ajouta-t-il, je découvrirai ce complot et malheur aux traîtres ! » Je voulus parler, on me poussa ; déjà mes yeux et mon geste s'étaient expliqués. Mais chacun ayant le sourire du mépris sur les lèvres, que me restait-il à dire [1] ?

8 brumaire (29 octobre).

Le lendemain matin, on tint un conseil de guerre ; il avait pour objet d'aviser si on garderait la position du Lion-d'Angers, ou si on se porterait sur Château-Gontier,

comme porte-étendard dans la cavalerie des Trois-Évêchés le 15 septembre 1784 ; réintégré au 10ᵉ régiment de chasseurs à cheval en mai 1788 ; aide de camp avec le grade de capitaine, le 22 février 1793 ; adjudant général en Vendée ; était, au mois de mars 1793, chef d'état-major de la division établie à Fontenay-le-Comte. Chef de brigade, il se distingue lors de la défaite de l'armée Républicaine à Fontenay, le 25 mai, en couvrant la retraite avec Beaufranchet d'Ayat. Général de brigade le 30 juin, suspendu le 30 septembre, alors qu'il était encore chef d'état-major de la division de Chalbos ; requis par les représentants du peuple d'avoir à demeurer en fonction, il continua de servir jusqu'au 4 frimaire an II (24 novembre 1793), époque où Rossignol l'obligea à quitter l'armée ; ce fut lui qui réorganisa en quelques jours l'armée de l'Ouest, à Angers, après la déroute d'Entrammes. Réintégré le 11 ventôse an III (1ᵉʳ mars 1795), et envoyé peu après à l'armée de la Moselle. Il dut prendre sa retraite en l'an VIII pour cause de blessures et d'infirmités, et se retira à Delle. Lors de l'invasion de 1814, il demanda un emploi et fut envoyé à Dijon, commandant de la citadelle. Retiré en Suisse après la Restauration, il revint à Delle en 1818. Mort à Délémont (Suisse), le 4 août 1825, laissant une veuve sans fortune.

1. « Son caractère (à Kléber) était celui de la fierté et de la franchise, on peut ajouter qu'il allait quelquefois jusqu'à la rudesse ; il était ennemi de toute espèce d'intrigue, de flatterie et de bassesse ; il sentait vivement les bons comme les mauvais procédés et s'en expliquait vivement. » (Savary, *Notes manuscrites sur la guerre de Vendée*. Arch. hist. de la Guerre : *Mémoires historiques, Vendée.*)

pour attaquer de nouveau l'ennemi à Laval. Merlin, Turreau, Dembarrère et quelques autres ayant opiné pour faire avancer l'armée, je pris la parole et dis : « Je crois qu'il faudrait d'abord mettre en question si nous avons une armée, ou si nous n'en avons pas ; si nous sommes en état de marcher, d'avancer et de combattre, ou si nous ne le sommes pas. Déjà vous auriez décidé cette question si, comme moi, ce matin avant le jour, vous aviez parcouru le front du camp, et que vous eussiez vu le soldat mouillé jusqu'aux os, sans tentes, sans paille, sans souliers, sans culottes, et quelques-uns sans habits, dans la boue jusqu'à mi-jambes, grelottant de froid et n'ayant pas un ustensile pour faire la soupe ; si, comme moi, vous eussiez vu des drapeaux entourés de vingt, trente, ou cinquante hommes au plus, qui forment les divers bataillons ; si, comme moi enfin, vous les eussiez entendus s'écrier : « Les lâches sont à Angers ; ils y sont dans l'abondance, et nous, nous sommes ici en proie à la plus profonde misère ! » Alors vous penseriez avec moi qu'il n'est pas possible de rien entreprendre avant d'avoir organisé l'armée, avant de l'avoir restaurée tant au moral qu'au physique. En louant le zèle de Dembarrère, j'observe qu'il sort du génie, qu'il n'a jamais vécu avec le soldat, qu'il voit tout sous les rapports d'une tactique géométrique, et rien sous celui de la moralité, et qu'il est cependant très souvent nécessaire de concilier l'une et l'autre. Or, je déclare que dans l'état où je vois nos soldats, il est impossible qu'on puisse en espérer la moindre chose. » — « Tu conclus donc ? » me dit-on. — « Je conclus qu'il faut faire entrer les débris de l'armée à Angers. »...Je fus hué. « Et comment les tireras-tu ensuite de ce gouffre ? » — « Plus facilement que vous n'en retireriez actuellement les deux tiers de l'armée qui y sont déjà, et sans lesquels je vous défie de rien entreprendre. » —

« Mais ils vont se livrer à la plus affreuse débauche ! » — « C'est là le pire. Aussi mon intention serait-elle de ne les laisser que le temps nécessaire pour réorganiser l'armée dans sa totalité, et pour lui procurer des souliers et autres effets indispensables dans une saison si rigoureuse. De fréquents appels, des revues les tiendraient en haleine. Ils iront au café, au cabaret, tant mieux ; chaque verre de vin qu'ils boiront ranimera leur courage. Ils raconteront à leurs hôtes, à leurs camarades, à leurs maîtresses, leurs exploits passés ; ceux-ci les applaudiront et les rendront avides de nouveaux lauriers. Vous aurez alors dans quelques jours une armée, non seulement réorganisée, mais pour ainsi dire régénérée. Je ne parle pas d'un avantage non moins essentiel que peut procurer ce séjour ; c'est celui-ci : le soldat trop riche trouvera le moyen de dépenser un argent qui le rend lâche et apathique pour son métier. » Mon avis passa et on arrêta que, le lendemain, l'armée se rendrait à Angers.

On nous donna une alerte le même jour, dans l'après-midi, en nous assurant que quantité de Brigands filaient sur la rive gauche de la Mayenne, pour passer cette rivière aux villages de Neuville [1] ou de Juigné [2], afin de nous attaquer sur nos derrières, en même temps que l'on nous attaquerait de front et sur notre flanc gauche, par le chemin de Ségré [3]. Marceau et moi fûmes chargés de faire la

1. Neuville, bourg sur la rive droite de la Mayenne en face de Grez sur la rive gauche, avec lequel il constitue la commune de Grez-Neuville, canton du Lion-d'Angers. A cinq kilomètres sud du Lion ; dix-huit, sud-ouest, de Segré. La route d'Angers au Lion-d'Angers et à Château-Gontier passe à sept cents mètres de l'agglomération de Neuville.

2. Juigné-sur-Maine, bourg sur la rive droite de la Mayenne, en face de Béné sur la rive gauche, avec lequel il constitue la commune de Juigné-Béné. Le bourg est bâti sur un coteau escarpé dominant la rivière. En 1793, Juigné faisait partie de la commune de Montreuil-Belfroy, à un kilomètre au sud.

3. Ségré, chef-lieu de district, puis d'arrondissement, du département

reconnaissance le long de cette rivière ; et Marigny, qui avait eu le commandement des troupes de Nantes à Paimbœuf depuis que l'ennemi avait passé la Loire, étant venu nous rejoindre au Lion-d'Angers, eut ordre de faire la reconnaissance sur notre front, sur la route de Château-Gontier, et sur celle de Ségré. On reconnut bientôt que l'alerte était fausse. Le lendemain de grand matin, l'armée se mit en marche pour Angers, à la grande satisfaction de la troupe. A chaque village, les bataillons grossissaient par des soldats qui avaient abandonné leurs drapeaux, pour se soustraire au bivouac ; et on ne fit peut-être pas assez d'attention à cette lâche désertion, qui aurait dû être punie très rigoureusement. La marche s'effectua dans le meilleur ordre. *9 brumaire (30 octobre). Marche sur Angers.*

On séjourna dans cette ville six jours complets, qui furent utilement employés à équiper l'armée, autant que les circonstances le permettaient. A défaut d'effets en magasins, on mit en réquisition les habits, vestes, redingotes, uniformes des citoyens de la ville, ainsi que tous les souliers qu'on put trouver. D'un autre côté, Nouvion travailla sans relâche à l'organisation de l'armée, qui, par un arrêté du Comité de Salut public, devait être totalement amalgamée, de manière que l'armée de Mayence ne fît plus un corps distinct. *10-15 brumaire (31 octobre-5 novembre). Séjour à Angers; ce qui s'y passa.*

Cet amalgame ne fit pas grande impression sur le soldat et, quoique les chefs mayençais devinèrent aisément que cette mesure du Comité de Salut public [1] n'était qu'une

---

de Maine-et-Loire. A trente-six kilomètres nord-ouest d'Angers ; quinze. ouest-nord-ouest, du Lion-d'Angers.

1. Le représentant du peuple Turreau me prit à part pendant l'un de ses séjours à Angers et, s'enfermant avec moi, il me donna lecture d'une lettre du Comité de Salut public qui lui avait été adressée, ainsi qu'à ses collègues Bourbotte, Prieur (de la Marne) et Francastel ; il y était question de la déroute de Laval, et, après quelques réflexions sur cette affaire,

suite des calomnies de Léchelle contre eux et cette armée, ils ne se prêtèrent pas moins de la meilleure grâce à son exécution, parce qu'ils en sentaient l'utilité, sous le rapport de l'esprit de jalousie et de haine, qui s'introduisait sensiblement dans les différentes divisions, et dont l'effet pouvait devenir préjudiciable aux intérêts de la République.

Pour moi, je crus devoir porter toute mon attention pour que la répartition des bataillons qui avaient acquis de la renommée se fît dans les différentes brigades, de telle manière que chaque général pût compter sur une bonne tête de colonne.

On tint aussi plusieurs conseils de guerre, en présence des représentants Turreau, Prieur (de la Marne), Bourbotte et Francastel [1], sur la manière dont on continuerait la guerre, et on avait beaucoup de peine à prendre un

---

le Comité engageait ces représentants à se défier de moi, Kléber, et du général Haxo, comme de deux royalistes, ou au moins à nous observer de très près, et nous mettre hors d'état de nuire à la chose publique. Il me lut aussi, de suite, la réponse qu'ils avaient faite à ce même Comité et dans laquelle ils mettaient en opposition la conduite des deux généraux prétendus royalistes et des deux prétendus républicains. Les premiers avaient entre eux deux remporté vingt victoires depuis quatre mois, tandis que les autres ne s'étaient signalés jusqu'ici que par autant de défaites. Kléber et Haxo échappèrent donc, pour cette fois, à la destitution dont ils étaient menacés, aux fers, aux traitements atroces et à la guillotine, qui en était alors la suite. (*Note du manuscrit*.)

1. Marie-Pierre-Adrien Francastel, administrateur du district d'Évreux, député suppléant de l'Eure à la Convention, admis à siéger le 27 juin 1793, en remplacement de Buzot. Envoyé en mission dans l'ouest pour y rétablir la concorde et l'unité d'action entre généraux et entre représentants. Il se montra particulièrement implacable dans la répression de l'insurrection Vendéenne et dans l'exécution des décrets de mise hors la loi. Dénoncé comme terroriste par la Société populaire d'Angers, après le 9 thermidor ; accusé à la tribune par Lofficial, Bézard et plusieurs de leurs collègues ; renvoyé par la Convention devant le Comité de Législation. Employé au ministère de la Guerre sous le Directoire ; démissionnaire lors de la retraite de Bernadotte, le 29 fructidor an VII. « Occupé des jardins de la citoyenne Bonaparte » sous le Consulat.

parti, par le défaut de données sur la marche et les intentions de l'ennemi, lorsqu'une dépêche de Rossignol mit fin à cette incertitude. Ce général, craignant pour Rennes, proposait la jonction en cette ville de l'armée de l'Ouest et de celle de Brest, sous le commandement d'un seul chef. On envoya aussitôt à Rennes le chef du génie Vérine et l'adjudant général Nattes, pour se concerter avec Rossignol sur la manière d'opérer cette jonction, qui s'effectua ensuite, ainsi que l'on verra ci-après.

Le 13, Nouvion, chef d'état-major, ayant annoncé au conseil de guerre que le travail relatif à la réorganisation et à l'amalgame de l'armée était fini, il fut arrêté que le lendemain, chaque général divisionnaire passerait la revue de sa division, et assignerait à chaque bataillon son rang de bataille. Aucune réclamation ne se fit entendre de la part des chefs, et le soldat bien disposé, passablement équipé, reprit de la confiance et le sentiment de sa force [1].

Marigny, qui avait été nommé général de brigade à Nantes par le représentant du peuple Gillet, reprit dans ma division le commandement de l'avant-garde légère, forte d'environ seize cents chasseurs à pied et cent, à cheval. Le général Marceau remplaça Beaupuy dans celui de l'avant-garde et de la première brigade, forte environ de

[1]. « La réorganisation de l'armée est terminée en ce qui concerne l'avant-garde et le corps d'armée. J'ai laissé les chefs de l'état-major à Angers pour achever celle de la réserve. Je pense que sous deux jours l'état pourra m'en être adressé. J'ai amalgamé, ainsi que tu me l'as mandé, et que le bien du service l'exigeait, l'armée appelée de Mayence et celle de Fontenay. Cette opération donne de grandes espérances, et l'armée réorganisée, bien remise ensemble et pourvue autant qu'il a été possible en tous points, annonce des succès certains sur les Brigands, par les dispositions les plus rassurantes pour les amis de la liberté... » (*Le général Chalbos, commandant provisoirement l'armée de l'Ouest, au citoyen Bouchotte, ministre de la guerre*. Laval, 20 brumaire an II (10 novembre 1793). Arch. hist. de la Guerre, V, 14, à sa date.)

trois mille hommes. Le général Canuel commanda la deuxième brigade, à peu près de la même force, de manière que ma division formait sept à huit mille hommes. La deuxième division, sous les ordres de Müller, n'était pas plus forte ; et l'adjudant général Klingler [1], ayant été mis à la tête d'une réserve d'environ quinze cents hommes, toute l'armée pouvait être de seize mille hommes, et se trouvait conséquemment diminuée de plus de quatre mille hommes depuis la dernière affaire de Laval.

Pendant que tout ceci se passait, l'ennemi, qui s'était contenté de nous poursuivre dans notre déroute jusqu'à Château-Gontier, y avait passé la nuit. Il marcha le lendemain sur Craon [2], où il mit encore en fuite une colonne de trois mille hommes environ de l'armée des côtes de Brest, qui se replia sur Rennes [3]. Retournant ensuite à Laval, il se dirigea sur Dol [4], en passant par Fou-

---

[1]. J.-B. Klingler, né à Landau le 14 avril 1745 ; enfant de troupe ; était capitaine de grenadiers au régiment de La Marck en 1790 ; lieutenant-colonel des grenadiers réunis en 1792, adjudant général en 1793 ; passé à l'armée des côtes de l'Océan, il commandait le département des Côtes-du-Nord en 1796, lors du débarquement du comte de Serent et de ses amis, et de leur mort ou de leur arrestation dans les marais de Dol. Passé à l'armée d'Italie en 1799 ; commandant d'armes à Neuf-Brisach en 1808, retraité en 1814, mort à Schlestadt le 25 juillet 1827.

[2]. Craon, chef-lieu de canton de l'arrondissement de Château-Gontier (Mayenne) ; au croisement des routes importantes de Château-Gontier à Rennes, par la Guerche, et de Laval à la Loire, par Ségré, qui existaient bien avant la Révolution. A vingt kilomètres ouest de Château-Gontier ; vingt-sept, est-sud-est, de la Guerche ; quarante-cinq, est-sud-est, de Rennes ; vingt-deux, nord-nord-ouest, de Ségré ; vingt-neuf, sud-sud-ouest, de Laval ; quarante et un, sud-est, de Vitré, en passant par la Guerche, le seul passage alors praticable.

[3]. La colonne de Chamberting, à laquelle s'était jointe, depuis la soirée du 27, celle du général Olagnier. En tout, cinq mille cinq cents à six mille hommes, d'après Benaben.

[4]. Dol-de-Bretagne, alors chef-lieu de district, aujourd'hui chef-lieu de canton de l'arrondissement de Saint-Malo (Ille-et-Vilaine). Avait été jusqu'en 1790 le siège d'un évêché. A cinquante-cinq kilomètres nord de Rennes ; quatre-vingt-quinze, nord-ouest, à vol d'oiseau, de Laval ; vingt-six, sud-est, de Saint-Malo ; sept, sud, de la baie du Mont-Saint-Michel.

gères[1] et Antrain[2], laissant partout des traces du plus affreux brigandage, et emmenant avec lui de nombreuses recrues. Lorsque la nouvelle de cette marche rétrograde sur Laval nous parvint à Angers, nous crûmes, pour un moment, que l'intention des chefs de l'armée catholique était de se porter sur Mayenne[3] et, de là, dans les départements fertiles de la ci-devant province de Normandie, particulièrement dans celui de l'Eure, pour marcher sur Paris, projet que quelques-uns d'entre eux avaient proposé[4]. Or, comme nous savions que le poste de Mayenne, fort par la nature, était occupé par environ cinq mille hommes d'infanterie et cinq pièces de canon,

---

[1]. Fougères, chef-lieu d'arrondissement du département d'Ille-et-Vilaine, vieille ville qui avait encore une importante enceinte fortifiée. A quarante-cinq kilomètres nord-est de Rennes ; cinquante-deux, ouest, de Mayenne ; trente-sept, nord, de Vitré. Sur le Nançon, qui se jette dans le Couesnon à deux kilomètres plus bas.

[2]. Antrain-sur-Couesnon, entre la rive gauche de l'Oysance et la rive droite du Couesnon ; en amont et tout près de leur confluent ; chef-lieu de canton dépendant alors du district de Dol, et aujourd'hui de l'arrondissement de Fougères. A vingt-six kilomètres nord-ouest de Fougères ; quarante-cinq, nord-nord-est, de Rennes ; vingt-deux, sud-est, de Dol ; treize, sud, de Pontorson.

[3]. Mayenne, chef-lieu d'arrondissement du département et sur la rivière du même nom ; au croisement de plusieurs routes importantes. A trente kilomètres nord-nord-est de Laval ; cinquante, est, de Fougères. L'armée Vendéenne ayant quitté Laval dans la journée du 1er novembre 1793, occupa Mayenne le lendemain, à peu près sans coup férir. (Cf. Savary, loc. cit., II, 326.)

[4]. « Le prince de Talmont qui, depuis la mort d'une partie des chefs (Vendéens), avait augmenté son influence, surtout par le passage de la Loire, et encore pour avoir dernièrement, par son crédit, fait prêter de l'argent à l'armée, insista tellement pour aller en Normandie, que ce projet passa. » (Poirier de Beauvais, loc. cit., 167.)

« M. de Talmont voulait se diriger sur Paris, et si on ne pouvait réussir à le prendre, le tourner pour aller joindre les Autrichiens, qu'il supposait déjà en Picardie. Henri (de La Rochejaquelein) combattait ce plan pour cause de l'hiver, des femmes, des enfants à la suite de l'armée, et voulait qu'on retournât dans la Vendée, ou qu'on prît Rennes pour insurger la Bretagne. D'autres enfin, comme terme moyen, proposèrent qu'on s'emparât d'un port de mer pour y déposer les femmes, les enfants et les blessés. » (Marquise de La Rochejaquelein, loc. cit., 295 en note.)

nous étions dans la plus grande sécurité, trompeuse, car l'adjudant général Huché [1], qui commandait ces troupes, avait abandonné son poste dès la première nouvelle de la marche de l'ennemi sur Laval, et s'était retiré sur Alençon [2], où il jeta la plus grande consternation. Mais lorsque

1. C'était le général de brigade Lenoir qui commandait à Mayenne ; Huché commandait seulement sous ses ordres la garnison de cette place.
  Lenoir de La Cochetière, né à Château-du-Loir le 11 janvier 1765. De 1787 à 1788, il avait fait un an de service dans les gendarmes écossais. Il fit partie de la garde nationale de Château-du-Loir en août 1789 ; engagé dans le premier bataillon des volontaires de la Sarthe, élu chef de ce bataillon le 2 septembre 1791. Il se distingua à l'armée du Nord ; fait prisonnier au mois d'août 1793, il réussit à s'évader et fut envoyé au mois de septembre à l'armée des côtes de Brest, avec le grade de général de brigade pour prendre rang du 17 août. Il fut mis à la fin d'octobre, à Mayenne, à la tête d'un corps de 17,000 hommes, composé à peu près uniquement de gens du pays nouvellement levés, spécialement pour repousser l'armée Vendéenne. Mais sa troupe s'était dispersée à la nouvelle de l'approche des royalistes, et l'avait entraîné à se replier jusqu'à Alençon ; l'adjudant général Huché suivit son chef. (Cf. Savary, *loc. cit.*, II, 524-527.)
  Lenoir commandait à Orléans en ventôse an II ; il fut suspendu le 29 thermidor, en vertu de l'arrêté du Comité de Salut public prescrivant la refonte complète de l'armée de l'Ouest. Réintégré chef de bataillon le 17 floréal an III ; admis à la retraite le 15 vendémiaire an IV (7 octobre 1795).
  Jean-Baptiste-Michel-Antoine Huché, né à Bernay le 17 janvier 1749 ; soldat au régiment des *Flandres* (1760-1776), puis rengagé le 22 juin 1779, congédié le 22 juin 1790. Chef du 4ᵉ bataillon de la Réserve, au camp de Soissons, le 6 septembre 1792 ; destitué par Dumouriez en mars 1793 ; venu en Vendée, le général en chef le fait écarter du camp de Doué, au mois de juin de la même année, à raison de son ivrognerie et de son insolence envers les soldats, et, surtout, pour avoir causé la perte des équipages de l'armée. Adjudant général peu après, il commandait la garnison de Mayenne et évacua précipitamment ce poste le 2 novembre, à l'approche des Vendéens. Général de brigade le 28 novembre, à la place de son chef, Lenoir, rendu responsable de la débandade de Mayenne et destitué. Attaché à l'état-major du général Turreau, au commencement de 1794, et l'un des plus féroces parmi les commandants des colonnes dites infernales. Général de division le 9 avril 1794 (20 frimaire an II) ; commandant la division de Luçon, où il multiplia les exactions de tous ordres. Destitué le 4 août 1794, et décrété d'accusation en même temps que Turreau et Grignon, et pour les mêmes causes. Mis en liberté le 29 octobre 1795, en vertu de l'amnistie générale votée par la Convention.
  2. Alençon, chef-lieu du département de l'Orne. A cinquante-neuf kilomètres, nord-est, de Mayenne, et quarante-trois, nord, du Mans.

nous sûmes que la horde fanatique se dirigeait au contraire sur la gauche, il ne nous fut pas difficile de deviner que ses desseins étaient de s'emparer d'un port, soit pour s'embarquer et échapper ainsi à la vengeance nationale, soit pour tirer du secours des Anglais et recommencer la guerre avec plus de vigueur [1]. Nous pressâmes donc notre départ d'Angers, et une partie de ma division en sortit le 16 brumaire au matin. Je vais tracer ici nos différentes marches, jusqu'à l'arrivée de l'armée à Antrain. L'avant-garde légère et l'avant-garde couchèrent à Durtal [2] le même jour, et le lendemain à la Flèche [3]; la deuxième brigade partit d'Angers et coucha à Durtal.

16 brumaire (6 novembre). Départ d'Angers des premières brigades. Leur marche.

17 brumaire (7 novembre).

1. « Il y eut un grand conseil (des chefs Vendéens) à Laval, pour savoir où l'armée se porterait; on se décida pour Vitré et Rennes ensuite; c'était la seule chose raisonnable et je ne concevrai jamais comment on alla à Granville : on disait que c'était pour être secouru des Anglais... — Nous aurions dû marcher à Rennes par Vitré, pour faire révolter la Bretagne. Cependant il fut convenu, en partant de Laval, qu'on s'y rendrait peut-être de Fougères... Plusieurs personnes prétendent que Stofflet, toujours le premier en marche avec les drapeaux et tambours, prit, de sa propre autorité, le chemin de Fougères. — Partis le 2 (novembre) de Laval, nous couchons à Mayenne... » (Marquise de la Rochejaquelein, *loc. cit.*, 299, 300.)

« Cependant, on ignorait la marche et les intentions de l'ennemi ; on savait seulement qu'il s'était replié sur Laval (après sa victoire d'Entrammes et de Château-Gontier), d'où il pouvait se porter sur Paris, sur Rennes, pénétrer dans la Normandie, etc. On était dans cette attente, lorsque Rossignol, craignant pour la Bretagne, proposa la jonction des deux armées (des côtes de Brest et de l'Ouest) à Rennes, sous le commandement d'un seul chef. Enfin, on reçut l'avis que l'armée catholique dirigeait sa marche par Mayenne sur Fougères. » (Savary, *loc. cit.*, II, 323.)

2. Durtal, sur le Loir, chef-lieu de canton alors du district de Châteauneuf-sur-Sarthe, et aujourd'hui de l'arrondissement de Baugé (Maine-et-Loire). A trente-quatre kilomètres nord-est d'Angers ; dix-huit, nord-ouest, de Baugé ; dix-sept, est, de Châteauneuf ; quatorze, est-sud-est, de la Flèche.

3. La Flèche, chef-lieu de district puis d'arrondissement du département de la Sarthe, sur la rive gauche du Loir. A quarante-huit kilomètres sud-sud-ouest du Mans; cinquante, nord-est, d'Angers ; vingt-sept, sud-est, de Sablé ; quatre-vingt-quatre, sud-est, de Laval.

18 brumaire (8 novembre).

Toute ma division arrive et couche à Sablé [1], celle du général Müller au Lion-d'Angers, et la réserve à la Membrolle [2].

19 brumaire (9 novembre).

Ma division se rend à Meslay [3]; celle de Müller et la réserve couchent à Château-Gontier.

20 brumaire (10 novembre). Arrivée de l'armée à Laval.

Toute l'armée se réunit à Laval, où elle séjourna. On y tint aussi un conseil de guerre et on décida, d'après des avis reçus sur les mouvements et les projets de l'ennemi, que l'armée marcherait sur Rennes [4]. On craignait qu'il ne s'emparât de cette ville, pour se jeter ensuite dans le Morbihan, qui n'attendait que ce secours pour lever l'étendard de la révolte [5]. Cette crainte avait déjà déterminé l'ordre donné au général Tribout [6] de partir de

1. Sablé, sur la Sarthe, alors chef-lieu de district du département de la Sarthe, aujourd'hui simple chef-lieu de canton de l'arrondissement de la Flèche. A quarante-six kilomètres sud-ouest du Mans ; cinquante-sept, sud-est, de Laval ; quarante et un, est, de Château-Gontier ; quarante-cinq, nord-nord-est, d'Angers.

2. La Membrolle, commune du canton nord-ouest d'Angers. A quatorze kilomètres nord-ouest de cette ville ; vingt-neuf, sud-sud-est, de Château-Gontier.

3. Meslay ou Meslay-du-Maine, sur la route de Sablé à Laval, chef-lieu de canton de l'arrondissement de Laval. A vingt et un kilomètres sud-est de cette ville ; vingt-neuf, nord-ouest, de Sablé ; vingt-cinq, nord-est, de Château-Gontier.

4. Rennes, ancienne capitale de la Bretagne, chef-lieu du département d'Ille-et-Vilaine, au confluent des deux rivières qui donnent leur nom au département.

5. « Le projet des Bretons... était d'aller d'abord à Rennes, où nous étions sûrs, depuis nos victoires, de ne trouver aucun obstacle ; de ce point, nous porter promptement du côté de Nantes, pays qui nous attendait... Le Morbihan se révoltait à notre arrivée, les Côtes-du-Nord ne demandaient pas mieux. » (Poirier de Beauvais, *loc. cit.*, 165.) On a vu tout à l'heure que le projet de Talmont fut préféré.

6. Auguste-Joseph Tribout, né à Ecaudeuf, près Cambrai, le 24 novembre 1766, soldat au régiment des Flandres (26 juin 1783-16 août 1789), caporal dans la garde nationale parisienne soldée (1789-1791) ; tambour-major au 2e bataillon de volontaires de la Seine-Inférieure le 12 janvier 1792 ; élu lieutenant-colonel en second du bataillon, le 16 septembre 1792. Général de division le 30 septembre 1793. Il n'existe pas trace de ses promotions aux grades intermédiaires. Commandant de la garnison de Brest, il est

Brest pour se porter à Dinan [1], poste aussi fort par la nature que par d'anciennes fortifications qu'il était aisé de réparer et d'augmenter. Il y arriva le 22, avec environ quatre mille hommes, suivis d'une nombreuse artillerie; et il fit sur-le-champ travailler aux retranchements.

21 brumaire (11 novembre). Séjour à Laval.

Le lendemain, toute l'armée se rendit et coucha à Vitré; elle y eut séjour. Le général Rossignol prit le commandement des deux armées réunies des côtes de Brest et de l'Ouest, et, étant arrivé à Vitré, il prit différents arrangements pour opérer la jonction d'environ trois mille hommes qu'il voulait réunir à notre armée sur le point de Rennes. C'est là où je vis ce général pour la première fois. Je ferai connaître, à la fin de ce journal, ma façon de penser sur cet homme, dont la réputation était alors en raison inverse de ses moyens [2].

23 brumaire (13 novembre). Séjour à Vitré. Réunion de l'armée à Vitré. Le général Rossignol prend le commandement des deux armées de l'Ouest et de Brest.

Le jour suivant, l'avant-garde légère alla coucher à Rennes; les brigades des généraux Marceau et Canuel à Noyal [3] et environs; la division du général Müller à Saint-

24 brumaire (14 novembre). Marche de l'armée sur Rennes.

---

envoyé à Dinan ainsi que le rapporte Kléber. Battu à Pontorson le 18 novembre 1793; maintenu dans son grade en raison de son sans-culottisme (cf. Lockroy, *Une mission en Vendée*, 97). Le représentant Boursault lui retira son commandement de Brest, le 28 septembre 1794; destitué de son grade le 9 février 1796. Employé comme chef de bataillon à l'armée du Rhin (ans VII et VIII); réformé avec un traitement de 450 fr. en 1810; commandant d'un bataillon auxiliaire sur les côtes de Cherbourg (1811-1814), mis à la retraite le 1er mai 1814; mort à Abbeville le 25 mars 1834. Pendant la période qui nous occupe, on trouve sa correspondance signée : *Tribout, libre.*

1. Dinan, chef-lieu d'arrondissement du département des Côtes-du-Nord; sur une colline dominant de soixante-dix mètres la rive gauche de la Rance. A soixante kilomètres est de Saint-Brieuc; soixante-huit, nord-ouest, de Rennes; vingt-quatre, sud-ouest, de Dol.

2. Cette appréciation manque comme toute la dernière partie des *Mémoires* annoncée par Kléber dans son avant-propos.

3. Noyal-sur-Vilaine, commune du canton de Châteaugiron, arrondissement de Rennes; sur une petite élévation à huit cents mètres de la rive gauche de la Vilaine. A dix-neuf kilomètres ouest de Vitré; treize, est, de Rennes; huit, nord-nord-ouest, de Châteaugiron.

Melaine [1], et la réserve à Saint-Jean [2]. Le 25 brumaire, toute l'armée se trouva réunie à Rennes. Le temps fut horrible pendant cette marche; les chemins étaient affreux et les soldats sans souliers; on ne pouvait voir ceux-ci lutter ainsi sans cesse contre la misère, sans s'attendrir sur leur sort et leur constance.

La troupe fit séjour en cette ville et l'on y tint conseil de guerre, chez le général en chef Rossignol [3]. Ce conseil fut une vraie pétaudière ; jamais je n'avais vu une collection de mâchoires plus complète. On y détermina la manière dont les différentes divisions devaient s'enchevêtrer, et, après avoir beaucoup divagué et déraisonné sur le sujet le plus simple du monde, on se sépara sans avoir rien décidé. Le général Vergnes, homme de mérite, le même qui avait été chef d'état-major de Canclaux, en remplissait les fonctions près de Rossignol. Comme il vit qu'on ne décidait rien, il se chargea de ce travail, et s'en acquitta à la satisfaction de tous.

On mit ensuite en réquisition tous les souliers des habitants de la ville, mais cette mesure ne produisit que peu d'effet, quoiqu'on y mît la tyrannie la plus révoltante.

Le lendemain [4], la générale battit à trois heures après midi et l'armée sortit de Rennes, vers les quatre heures,

---

1. Saint-Melaine, commune du canton de Châteaubourg, arrondissement de Vitré (Ille-et-Vilaine), sur un coteau, près de la rive droite de la Vilaine, et à peu de distance au sud de la forêt de Chevré. A treize kilomètres ouest de Vitré ; deux, est, de Châteaubourg; six, est, de Noyal; dix-neuf, est, de Rennes.

2. Saint-Jean-sur-Vilaine, commune du canton de Châteaubourg, sur la rive droite de la Vilaine. A onze kilomètres ouest de Vitré ; trois, est, de Saint-Melaine.

3. En présence des représentants Bourbotte, Esnue-la-Vallée, L. Turreau, Boursault et Pocholle. (Cf. Savary, *loc. cit.*, II, 354.)

4. Le 26 brumaire (16 novembre), d'après Savary qui était présent à Rennes, lui aussi, et qui corrige les dates de Kléber, dans les extraits arrangés qu'il donne des *Mémoires* (cf. *ibid.*).

pour se porter à Saint-Aubin-d'Aubigné [1]. Une grande quantité de soldats, ne pouvant suivre faute de chaussures, et ayant les pieds dans le plus pitoyable état, furent obligés de rester en arrière ; un mécontentement général commença à se manifester. Le temps continuait à être affreux et le soldat marchait dans la boue jusqu'à mi-jambe. La partie de l'armée des côtes de Brest qui sortit de Rennes avant nous offrait un contraste frappant avec la nôtre ; les soldats propres, bien équipés, avaient l'air d'entrer en campagne pour la première fois, tandis que les autres étaient couverts d'honorables haillons.

Arrivée à Saint-Aubin-d'Aubigné.

On arriva tard à Saint-Aubin et avec assez de désordre ; on prit position à une heure au delà de ce bourg, dans la grande lande qui porte son nom. La troupe légère fut placée en avant par échelons dans les différents villages, à droite et à gauche de la route et sur la route même. J'établis mon quartier général dans un château isolé, en avant de toutes les troupes.

Dès la pointe du jour, l'armée se mit en mouvement ; arrivée à la hauteur d'Antrain, elle fut distribuée ainsi qu'il suit :

28 brumaire (18 novembre). Arrivée à Antrain ; distribution des troupes ; nouvelles de l'ennemi.

L'avant-garde légère commandée par Marigny ; la cavalerie à Montanel [2], et l'infanterie à Saint-Ouen-de-la-Rouërie [3].

---

1. Saint-Aubin-d'Aubigné, chef-lieu de canton de l'arrondissement de Rennes. A dix-huit kilomètres nord de cette ville, et vingt-six, sud-ouest, d'Antrain.

2. Montanel, commune du canton de Saint-James, arrondissement d'Avranches. A cinq cents mètres de la rive gauche de la Guergue, affluent de droite du Couesnon ; cinq kilomètres à l'est de ce petit fleuve ; dix, sud-ouest, de Saint-James ; vingt-quatre, sud, d'Avranches.

3. Saint-Ouen-de-la-Rouërie, commune du canton d'Antrain. A quatre kilomètres est d'Antrain ; vingt-trois, nord-ouest, de Fougères ; quarante-cinq, nord-nord-est, de Rennes. Le château de la Rouërie, où naquit le créateur de l'*Association bretonne*, était situé à trois kilomètres au nord du bourg de Saint-Ouen.

L'avant-garde, sous les ordres de Marceau, à Tremblay [1].

La brigade de Canuel, toute la division de Müller, ainsi que les brigades de Boucret [2] et d'Amey [3], à Antrain même.

L'avant-garde de l'armée de Brest, commandée par Chamberting, à Sacey [4].

En jetant un coup d'œil sur la carte, on verra que ces établissements avaient pour objet d'éclairer le pays sur le front d'Avranches [5] et de couvrir Antrain, que l'on se

---

1. Tremblay, commune du canton d'Antrain. A deux kilomètres et demi environ de la rive droite du Couesnon ; cinq, sud, d'Antrain ; six, sud-sud-ouest, de Saint-Ouen-de-la-Rouërie ; vingt-quatre, nord-ouest, de Fougères ; quarante, nord-nord-est, de Rennes.

2. Jean-Pierre Boucret, né à Paris le 16 mai 1764, soldat dans le régiment du Vivarais, puis dans Orléans-infanterie (1782-1789). Tapissier, prit les armes au 14 juillet 1789 ; sergent-major à la formation de la garde nationale de la section des Invalides ; capitaine dans le bataillon formé par cette section pour aller combattre les Vendéens (12 mai 1793) ; lieutenant-colonel en second (18 mai) ; général de brigade à l'armée des côtes de Brest le 22 septembre 1793 ; général de division le 9 avril 1794. Il commanda l'une des colonnes infernales de Turreau. Commandant de Belle-Isle-en-Mer, il s'y distingua par sa défense contre les Anglais qui le tinrent bloqué pendant cinq mois, en 1795. Commandant de la 16e division militaire en l'an IV. Directeur des hôpitaux à l'armée d'Italie en l'an VIII. Retraité le 22 juin 1814 ; mort à Saint-Omer.

3. François-Pierre-Joseph Amey, né à Schlestadt, en Alsace, le 2 octobre 1768, cadet au régiment suisse de Vigier, en 1783. Il était lieutenant lors du licenciement de ce régiment, 7 octobre 1792. Capitaine dans la Légion du Rhin le 10 octobre ; adjudant général chef de bataillon, le 30 septembre 1793 ; chef de brigade, le 25 octobre ; général de brigade, le 28 novembre. Commandant de l'une des colonnes infernales de Turreau. Destitué lors de la réorganisation le 16 août 1794, réintégré le 4 septembre suivant. Président du conseil de guerre de la 17e division militaire en décembre 1799 ; remis en activité en 1800 ; baron de l'Empire le 15 juin 1810 ; général de division, le 10 novembre 1812. Blessé en Vendée, à Eylau et à la Bérésina ; commandeur de la Légion d'honneur, en 1814. Mort à Strasbourg le 16 novembre 1850.

4. Sacey, commune du canton de Pontorson, arrondissement d'Avranches (Manche), sur la rive gauche de la Guergue. A sept kilomètres sud-sud-est de Pontorson ; vingt-cinq, sud-sud-est, d'Avranches ; trois, nord-est, de Montanel.

5. Avranches, chef-lieu de district, puis d'arrondissement, du départe-

proposait de mettre à l'abri d'un coup de main, pour avoir le temps de concerter quelques mesures d'ensemble. Nous avions appris, à Saint-Aubin-d'Aubigné, que l'ennemi avait quitté la ville de Dol le 24, qu'il s'était porté sur Avranches, d'où il faisait de nombreuses sorties pour se procurer des subsistances. Nous apprîmes encore, presque en même temps, qu'il avait fait une vigoureuse tentative pour s'emparer du port de Granville [1], mais qu'il en avait été repoussé avec une perte considérable. Le représentant du peuple Le Carpentier [2] était alors dans ce port. Comme l'ennemi était revenu sur Avranches après cet échec, l'on craignit qu'il ne se portât de là sur Saint-James [3], et ensuite sur Fougères, ce qui détermina d'envoyer le lendemain les brigades, sous les ordres des généraux Canuel et Amey, à Fougères.

Des transfuges allemands, qui avaient servi avec les

---

ment de la Manche, sur une colline de cent deux mètres d'altitude, dominant la baie du Mont-Saint-Michel et l'estuaire de la Sée qui commence au nord de la ville. A six kilomètres nord de la Sélune.

1. Granville, port sur la baie du Mont-Saint-Michel, chef-lieu de canton de l'arrondissement d'Avranches; à vingt-six kilomètres nord-ouest de cette ville.

2. Jean-Baptiste Le Carpentier, né à Hiesville (Manche), le 1er juin 1759; huissier à Valognes; député de son département à la Convention; fit décréter la mise en jugement de Louis XVI et vota pour la mort; il vota contre les Girondins; envoyé en mission en Normandie (août 1793), il contribua à y organiser la Terreur; prit une grande part à la défense de Granville contre les Vendéens. Après le 9 thermidor, il eut le courage de défendre à la Convention ses amis de la Montagne. Décrété d'arrestation après l'insurrection du 1er prairial an III, il bénéficia de l'amnistie du 4 brumaire an IV. Agent d'affaires à Valognes pendant la durée de l'Empire. Exilé en 1816 à Jersey, en vertu de la loi sur les régicides, il fut arrêté au moment où il cherchait à rentrer en France et interné au Mont-Saint-Michel, où il mourut le 27 janvier 1829.

3. Saint-James ou Saint-James-de-Beuvron, sur une hauteur qui domine de soixante mètres environ et de trois côtés la vallée du Beuvron, affluent de gauche de la Sélune; chef-lieu de canton de l'arrondissement d'Avranches. A vingt kilomètres sud-sud-est de cette ville; dix-sept, est-sud-est, de Pontorson; vingt-cinq, nord-nord-ouest, de Fougères.

Rebelles, dès le commencement de leur révolte, et que Marigny nous avait envoyés à Antrain, nous déclarèrent que la dissension la plus prononcée régnait parmi les Brigands ; qu'après l'échec de Granville, on avait voulu les conduire vers la Normandie, mais qu'ils avaient refusé formellement de marcher ; que les chefs n'étaient pas plus d'accord entre eux sur leurs projets ultérieurs ; que plusieurs insistaient fortement pour entrer dans le Morbihan, mais que les paysans harassés de fatigues, découragés par les pertes énormes qu'ils venaient d'éprouver et travaillés d'une maladie épidémique qui faisait les plus grands ravages, voulaient tous repasser la Loire et rentrer dans leur pays [1]. Après avoir pris tous les renseignements que l'on jugea nécessaires, de ces gens, on les renvoya chez les Rebelles avec quelque argent et une espèce de proclamation en allemand et en français pour propager la désertion dans l'armée royaliste. Cette proclamation avait été rédigée par les représentants du peuple, qui, ne voulant pas y figurer, la firent signer par le général Damas. On les engagea de venir, chaque fois qu'ils le pourraient, nous apporter des nouvelles de l'ennemi ; ils le promirent et tinrent parole.

Voici maintenant les rapports qui me parvinrent, le 28, de l'avant-garde légère de ma division. Maillot, capitaine des chasseurs à cheval du 10ᵉ régiment, qui était avec vingt-cinq chevaux à la Croix d'Avranches, reçut de

---

[1]. L'armée Vendéenne « refusa pour la seconde fois de marcher sur Villedieu ; beaucoup de soldats prirent d'eux-mêmes, par une marche rétrograde, la direction de Pontaubault, Pontorson, etc. — C'en était fait de l'armée, si nos gens n'avaient pas éprouvé de difficultés en s'en allant aussi à la débandade ; ils eussent garni toutes les routes depuis Avranches jusqu'aux bords de la Loire, et il eût été aisé de leur faire mettre bas les armes et de les avoir à sa discrétion. » (Poirier de Beauvais, *loc. cit.*, 187.)

Marigny l'ordre d'aller reconnaître la position de l'ennemi au delà de Pontaubault [1]. Lamur, chef d'escadron, qui était avec cent chevaux à Saint-James, reçut celui d'en faire partir cinquante aux ordres d'un officier intelligent, qui devait se porter sur Ducey [2], et, de là, reconnaître la gauche de l'ennemi, en le prenant à revers ; mais une petite escarmouche fut cause que ce dernier ne put remplir son objet. Marigny lui-même partit aussi avec vingt-cinq chevaux pour soutenir Maillot ; il fut très surpris de voir, en entrant dans le village, avant d'arriver à Pontaubault, plus de quatre-vingts Brigands que les chasseurs de Maillot avaient sabrés, et en apprenant que ce dernier avait passé le pont à l'aide des habitants et avait poursuivi les Brigands au nombre de plus de cinq cents. Marigny continua sa marche et rencontra Maillot, qui, ayant aperçu sur la route un gros de cavalerie ennemie et des flanqueurs à droite et à gauche, effectuait sa retraite. Maillot n'eut dans cette affaire qu'un maréchal des logis blessé. Les chasseurs tuèrent encore plus de cinquante Brigands de l'autre côté du pont [3].

1. Pontaubault, commune du canton d'Avranches, tirant son nom du pont de douze arches qui franchit la Sélune à l'origine de son estuaire dans la baie du Mont-Saint-Michel. A sept kilomètres sud d'Avranches ; dix, nord-est, de Pontorson ; onze, nord, de Saint-James.
2. Ducey, sur la Sélune, chef-lieu de canton de l'arrondissement d'Avranches. A neuf kilomètres sud-sud-est de cette ville ; quatre, est, de Pontaubault ; dix, nord, de Saint-James.
3. « Pour notre salut, ceux qui avaient pris le parti du départ (en débandade) furent tués. Cette nouvelle certaine étant parvenue à Avranches, on s'obstina moins à ne pas vouloir marcher en avant, et nos soldats prirent une ferme résolution de conserver leur ensemble. — Seulement nous fûmes obligés de prendre le chemin que nos gens nous indiquaient et de marcher sur Pontorson. » (Poirier de Beauvais, loc. cit., 187.) — « En arrivant au Pont-au-Bault (sic)... un gros de cavalerie (Vendéenne), commandé par M. Bérard, trouva l'ennemi occupé à le couper. Cet officier le chargea vigoureusement, le mit en fuite et l'armée passa. Il n'y avait pas d'autre endroit pour le faire. » (Gibert, loc. cit., 113.)

Nous avions aussi appris que le désir qu'éprouvait le général Tribout de combattre l'armée catholique, l'avait porté à quitter le poste de Dinan, pour se rendre à Pontorson [1] avec environ quatre mille hommes et dix pièces de canon. Nous ne devions pas craindre que l'ennemi pût forcer ce poste respectable par sa nature, puisqu'il n'était question de défendre qu'un défilé de dix-huit pieds de largeur, qu'il était impossible de tourner. Cependant, vers les sept heures du soir, nous apprîmes que ce corps avait été battu, mis en déroute avec une perte de plusieurs canons. Nous recueillîmes même, à Antrain, un détachement du 77e régiment qui était venu s'y replier. Comme je n'étais point présent à cette action, je vais en rapporter fidèlement ce que m'en a écrit un témoin oculaire [2].

« Nous apprîmes, le 27 au soir, l'attaque de Granville,
« la défaite de l'ennemi et la précaution qu'il avait prise
« de couper le Pont-au-Bault.

« Le général m'envoya, le 28 au matin, pour recon-
« naître. Je partis vers onze heures. A une lieue de Pon-
« torson, je rencontrai des chasseurs de l'armée de l'Ouest
« qui se repliaient, après une petite action qui avait eu
« lieu à neuf heures du matin. Je les engageai à revenir
« et à m'accompagner, et nous marchâmes jusqu'à la lande
« des Quatre-Vents et à environ deux lieues de Pontor-

---

1. Pontorson, chef-lieu de canton de l'arrondissement d'Avranches, sur la rive droite du Couesnon. A dix-sept kilomètres sud-ouest d'Avranches, par Pontaubault ; quarante, est-nord-est, de Dinan ; treize, nord, d'Antrain.

2. Cet officier serait le capitaine du génie d'Obenheim, d'après Savary (loc. cit., II, 361, 363), mais il paraît faire erreur, car à ce moment d'Obenheim était dans les rangs Vendéens comme en fait foi son *Mémoire* dont le manuscrit original, que j'ai publié dans *Mémoires et documents* (229-2..), existe aux Arch. Hist. de la guerre. Le récit donné par Kléber pourrait être beaucoup plus vraisemblablement attribué au général Damas.

« son. Nous trouvâmes même des chasseurs à pied et à
« cheval de la même armée, une ambulance et quelques
« officiers, qui nous assurèrent que l'ennemi avait repassé
« le pont, qu'il s'avançait vers nous et qu'il n'était plus
« possible de faire un pas sans s'exposer. Bientôt après,
« nous aperçûmes, en effet, ses tirailleurs, à environ deux
« cents toises de nous, et nous retournâmes à toute bride
« à Pontorson. Il était deux heures et demie quand j'y
« arrivai. A peine y étais-je, qu'un chef d'escadron de
« chasseurs à cheval (c'était Lamur) vint dire au général
« qu'il était chargé par les Brigands, et qu'il n'y avait
« pas un moment à perdre. L'armée se rassembla sur-le-
« champ et prit une position au village de Cogé [1], envi-
« ron à cinq cents toises en avant de Pontorson. Le vil-
« lage est situé au-dessus d'un marais de quatre à cinq cents
« toises de largeur. Les Brigands, postés sur la hauteur
« correspondante, attaquèrent entre trois et quatre heures.
« Le général donna avis de tout ce qui se passait à l'ar-
« mée qui venait d'arriver à Antrain.

« L'action fut très vive de part et d'autre, mais la supé-
« riorité du nombre et le défaut de munitions nous força
« à nous retirer vers les neuf heures du soir, après une
« perte d'environ trois cents hommes, tant tués que bles-
« sés, et cinq pièces de canon. Nous revînmes à Dinan, où
« nous continuâmes les travaux commencés. La défaite
« de Pontorson vient de plusieurs causes dont les unes
« tiennent au défaut d'ensemble des opérations, les
« autres à des défauts de dispositions.

« Il est évident que la colonne de Tribout devait être
« uniquement destinée à fermer aux Brigands une des
« portes les plus importantes de la Bretagne; et Dinan avait

1. Caugé, d'après la carte du service vicinal; village dépendant de la commune de Pontorson.

« à cet égard de grands avantages qu'on s'est occupé à aug-
« menter. Mais, soit que Tribout n'ait pas reçu des ordres
« assez précis sur ce qu'il devait faire, soit que l'envie de
« se distinguer le déterminât de marcher en avant, soit
« enfin qu'il se laissât aveugler par les rapports infidèles
« qu'on lui faisait sans cesse sur la position des ennemis,
« il s'exposa très indiscrètement; et sa marche vers Dol
« et Pontorson fut au moins une grande erreur.

« Cette dernière ville est sur le bord d'une petite ri-
« vière, appelée Couesnon. Au moment où il sentit qu'il
« pouvait être attaqué dans un poste entièrement ouvert,
« et qu'il n'avait pas eu le temps de se préparer à une
« défense, il devait laisser la rivière entre lui et les enne-
« mis, d'autant mieux qu'elle n'est pas guéable et qu'on
« ne peut la passer que sur un pont dont la largeur n'est
« pas de plus de douze à quinze pieds. Il fit précisément
« le contraire, et sa retraite devint une déroute, trop mal-
« heureuse après la bonne contenance qu'avaient eue les
« troupes pendant le combat qui dura cinq heures.

« On ne peut donc pas se dissimuler qu'on négligea
« trop de tracer au général, qui venait de Brest, le plan
« qu'il devait suivre et que, de son côté, il ne prit pas,
« pour connaître les ennemis qu'il avait à combattre,
« toutes les précautions nécessaires. Sans faire atten-
« tion aux motifs secondaires, ce sont certainement là les
« deux plus forts motifs de la non-réussite de ces opéra-
« tions, qui, avec la bonne disposition des soldats de sa
« colonne, eussent pu être extrêmement utiles et hâter la
« destruction des Brigands. »

Voilà ce qui me fut rapporté de la déroute qu'éprouva
Tribout à Pontorson. Sans entrer dans les motifs qui ont
pu le déterminer à se rendre de son propre mouvement
de Dinan à ce dernier poste, il est certain que si, au lieu

de se porter, contre toutes les règles de la guerre, en avant du pont de l'étang, il se fût contenté de défendre le défilé, il aurait arrêté l'ennemi, nous eût donné le temps de nous mettre en mesure avec lui, et l'armée catholique n'avait plus pour retraite que la grève du Mont-Saint-Michel.

Le général Tribout, en rendant compte de sa malheureuse expédition, en rejeta toute la faute sur le général Vergnes, chef de l'état-major de l'armée des côtes de Brest. Il se plaignit aux représentants du peuple et au général en chef Rossignol, de n'avoir pas été soutenu malgré qu'il eût demandé des forces. En effet, le général Tribout avait écrit au général Vergnes pour lui apprendre sa marche sur Pontorson et lui demander le renfort dont il avait besoin pour combattre l'armée des Rebelles, qu'il était venu attaquer. Mais Vergnes lui répondit qu'il ne pouvait distraire aucune troupe de l'armée, qui occupait alors une position très étendue, par rapport à sa force, sans un ordre exprès du général en chef; qu'il n'aurait pas dû d'ailleurs se mettre dans le cas d'en avoir besoin, en quittant sans ordre le poste de Dinan. Les représentants auprès desquels la réputation de sans-culottisme du général Tribout tenait lieu de toute excuse et de talents militaires, ne lui reprochèrent même pas la faute impardonnable qu'il avait faite de prendre position en avant du défilé, au lieu de se borner à le défendre.

Dans cette circonstance, comme dans tant d'autres, l'ignorance et l'impéritie l'emportèrent sur le talent et la justice. Le général Vergnes, que ses connaissances avaient déjà commencé à rendre suspect, le devint tellement par cette circonstance, qu'il fut mis en arrestation la nuit qui suivit cette défaite [1]. Le général Tribout, plus justement

---

1. 29-30 brumaire an II, 19-20 novembre 1793.

« J'ignore les motifs de mon incarcération, et vraiment je ne crois pas

apprécié par l'armée qu'il commandait que par les représentants du peuple [1], retourna tranquillement, avec sa division, prendre la position de Dinan qu'il n'aurait pas dû quitter.

Le jour où on apprit cet échec aussi fatal qu'inattendu, les généraux se réunirent chez les représentants du peuple, où l'on convint sur-le-champ que l'on mettrait tout en usage pour soutenir le poste d'Antrain. En conséquence, l'avant-garde, aux ordres de Marceau, prit une position avantageuse aux Quatre-Chemins, position ainsi nommée à cause de la jonction des deux routes de Rennes à Avranches et de Fougères à Dol [2]. La division commandée par le général Müller reçut l'ordre d'occuper les deux ponts sur la rivière du Couesnon, dont l'un est situé sur la route de Dol [3] et l'autre sur celle d'Avranches [4]. On passa la nuit dans cet état de choses et, le 29 brumaire, à trois heures du matin, l'avant-garde légère, aux ordres du général Bouin-Marigny, prit position à la droite de l'armée, en s'approchant des Quatre-Chemins, pour couvrir notre flanc. Dès que le jour parut, je parcourus, avec les généraux Marceau et Damas, les différentes positions que nous venions de prendre. La manière dont le général

avoir mérité de perdre ma liberté. On paraît m'accuser de n'avoir point été au secours de Tribout; c'est oublier qu'un chef d'état-major n'a d'autre devoir que de transmettre les ordres qu'il reçoit; or, je n'en avais reçu ni de Rossignol ni du conseil de guerre. Vous parlez de lettres qui furent adressées du champ de bataille; mais elles nous parvinrent trop tard; quand nous envoyâmes en reconnaissance, nous ne rencontrâmes que des fuyards. » (*Lettre* de Vergnes aux représentants, 3 frimaire an II-23 novembre 1793. Arch. nat., AF II, 276, rec. 2312. p. 24.)

1. Tribout avait passé d'un saut du grade de tambour-major à celui de général de division, ce qui donnait matière aux soldats à une infinité de railleries piquantes et de sarcasmes. (*Note du manuscrit.*)

2. Lieu dit aussi Les Croix, sur une petite hauteur à sept cents mètres environ au nord-est en avant d'Antrain.

3. A huit cents mètres à l'ouest, en arrière d'Antrain.

4. A douze cents mètres au nord d'Antrain.

Müller avait établi ses troupes pour défendre le pont sur le Couesnon, nous indigna. Cette impéritie était si révoltante, que nous crûmes ne pouvoir nous empêcher de changer ces dispositions sans prévenir ce général. En effet, quoique ces ponts eussent derrière eux des hauteurs en amphithéâtre qui semblaient être formées à dessein pour les défendre, nous trouvâmes les bataillons établis dans les fonds et marais, parallèlement à la rivière, d'où ils auraient pu être accablés à coups de pierres, des hauteurs de la rive opposée. Nous continuâmes ensuite notre reconnaissance le long de cette rivière et sur les hauteurs comprises entre les routes de Dol et de Pontorson. Nous y établîmes des postes d'infanterie, en attachant à chacun d'eux quelques ordonnances à cheval, pour correspondre plus promptement entre eux et avec le quartier général. Nous en établîmes aussi partout où la rivière nous parut guéable, et nous ordonnâmes la démolition des ponts qui pouvaient se trouver sur nos flancs et sur nos derrières. D'après les observations que nous fîmes dans cette reconnaissance et incertains, d'ailleurs, des mouvements que pouvait avoir faits l'ennemi depuis la veille, je proposai à Rossignol d'envoyer la cavalerie aux ordres de Marigny à Sacey, pour aller aux nouvelles, en jetant des coureurs dans le pays, ce qui fut exécuté à une heure après midi. En l'absence de Marigny, l'adjudant général Delaage [1] prit le commandement de l'infanterie

1. Henri-Pierre Delaage, né à Angers le 23 janvier 1766, sergent, puis officier des canonniers volontaires d'Angers en 1789; sous-lieutenant de grenadiers au premier bataillon de volontaires de Maine-et-Loire, adjudant-major le 31 janvier 1792; se distingue à l'affaire de Graudpré, 14 septembre, puis au siège de Verdun. Ce fut lui qui releva le cadavre de son commandant, Beaurepaire, et qui commanda l'arrière-garde lors de l'évacuation de la place, emmenant la dépouille de son chef à Sainte-Menehould. Il rejoignit ensuite l'armée en Belgique, se trouva à Jemmapes puis à Nerwinde. Rentré au camp de Maulde, il commandait provisoire-

légère qui se mit en mouvement quelques heures après. Il alla ce même jour prendre une position avec la brigade du général Westermann, au delà de Sacey, que l'adjudant général Decaen avait été reconnaître le matin. Ce dernier avait même poussé sa reconnaissance jusqu'à Aucey [1], où il avait trouvé quatre cents Brigands, qu'il chargea d'abord avec cinquante hussards ; mais il fut forcé de céder au grand nombre, et de se replier sur Sacey.

ment le bataillon, lors de la défection de Dumouriez, et fit croiser la baïonnette contre les hussards de celui-ci. Capitaine le 5 avril 1793 ; fait prisonnier avec la garnison de Valenciennes et échangé, il est envoyé à l'armée des Alpes le 27 septembre 1793 ; passé à l'armée de l'Ouest presque aussitôt, il se distingue à la bataille de Dol et protège la retraite. Adjudant général chef de brigade provisoire le 8 frimaire an II-28 novembre 1793. Il faisait partie de l'avant-garde qui accourut, en douze heures, de Châteaubriant à Angers, lors du siège de cette ville par les Vendéens ; il y arrive le 5 décembre au moment où le siège est déjà levé. Au Mans, il s'empare de vingt canons, puis rentre en Vendée et y continue la guerre contre Stofflet qu'il bat à Chemillé, puis contre Charette qu'il défait à Saint-Cyr-en-Talmondais, le 3 vendémiaire an IV-25 septembre 1795. Blessé, malade, il donne sa démission le 3 thermidor suivant (21 juillet 1796). Mais il reprend bientôt du service dès la reprise du mouvement vendéen. Après les pacifications de 1800, il est envoyé à l'armée d'Italie ; enlève une batterie ennemie à Marengo. Atteint d'une blessure grave, il est admis au traitement de réforme après la paix de Lunéville. Chevalier de la Légion d'honneur le 5 février 1804, officier le 14 juin suivant. Remis en activité, il fait avec la Grande Armée les campagnes d'Autriche, de Prusse et de Pologne, en 1807 ; baron de l'Empire en 1808 ; commandant de la cavalerie du cinquième corps de l'armée d'Espagne en octobre 1808 ; chef d'état-major à Mayence le 12 janvier 1812. Il fait la campagne de Russie sous les ordres du maréchal Ney ; dirige l'attaque de Krasnoë le 2 août ; enlève les ouvrages de Smolensk le 17 ; à la Moskowa, une balle lui fracasse le bras gauche ; général de brigade par décret du 18 octobre 1812. Il commandait le Calvados en 1813 et fut maintenu par la première Restauration ; commandeur de la Légion d'honneur le 14 février 1815 ; se bat en Vendée sous les ordres de Travot, pendant les Cent-Jours. Maintenu dans l'état-major général de l'armée par la seconde Restauration ; disponible le 30 décembre 1818 ; retraité le 30 août 1826, rappelé au service comme commandant du département de Maine-et-Loire, le 19 août 1830, retraité définitivement le 5 avril 1832 ; mort à Angers le 22 décembre 1840. Ce sabreur d'avant-garde, véritable entraîneur d'hommes, cultivait les fleurs, surtout les roses, avec passion.

1. Aucey, commune du canton de Pontorson. A cinq kilomètres sud-sud-est de cette ville et quatre, nord-nord-ouest, de Sacey.

Westermann et Marigny prirent de concert les mesures nécessaires pour s'assurer des mouvements de l'ennemi; ils furent instruits pendant la nuit qu'il était encore en force à Pontorson et qu'il répandait des partis dans le pays, pour y ramasser des subsistances. On s'occupa, le 29 et le 30, à fortifier la position d'Antrain par des abatis et à couper les chemins dont on ne devait pas se servir. Le 30 brumaire, vers le milieu du jour, Westermann, apprenant que les Brigands évacuaient Pontorson, proposa à Marigny de les poursuivre sur-le-champ dans leur marche sur Dol. Celui-ci lui observa que le mouvement pourrait contrarier les dispositions générales prises au conseil de guerre, et qu'il serait prudent de demander préalablement les ordres du général en chef; mais Westermann, dont le caractère impérieux se pliait très difficilement aux avis qui ne venaient pas de lui, prit le ton du commandement et, se déclarant le plus ancien, il donna des ordres. Marigny partit avec deux cents hommes de cavalerie; il fut suivi de trois cents hommes d'infanterie, précédés encore de cent chasseurs à cheval de la Légion du nord; un pareil nombre de chevaux formait l'arrière-garde, aux ordres du chef d'escadron Lamur; cette colonne eut avec elle un obusier, trois pièces de canon, dont une de 8 et deux de 4. Marigny, entrant au grand trot à Pontorson, y trouva encore plusieurs Brigands qu'il fit sabrer. Il y trouva aussi quatorze pièces de canon du calibre de 4, brisées ainsi que les affûts et plusieurs caissons, enfin un obusier qui avait été jeté dans la rivière. Les rues étaient jonchées de cadavres des combats du 28.

29 et 30 brumaire (19 et 20 novembre). Séjour.

Marigny ne fit que traverser Pontorson et continua avec trop de précipitation sa marche sur Dol. Ayant été informé que le pays était couvert de Brigands, et se trouvant séparé des colonnes d'infanterie de plus de trois lieues, dans un pays extrêmement coupé, il ne jugea pas à propos d'y prendre position ; mais il se décida à continuer sa marche par forme de découverte, aimant mieux d'ailleurs attaquer l'ennemi que d'en être attaqué.

Il était environ six heures du soir, lorsqu'il arriva avec sa troupe à deux cents toises de Dol ; il disposa sa cavalerie sur la route par échelons, et les hussards du 7ᵉ régiment qui formaient l'avant-garde eurent ordre de se porter en avant.

L'adjudant général Decaen, chargé d'éclairer la droite de Marigny et qui, à l'aide de l'obscurité, avait pu s'approcher assez près de l'ennemi pour reconnaître qu'il était très nombreux, retournait en prévenir son chef lorsqu'il entendit au son de la trompette que celui-ci chargeait sur Dol. Il disposa sa troupe aussitôt pour soutenir cette attaque, et alla rendre compte à Marigny de sa découverte ; mais celui-ci, quoique mécontent des hussards qui avaient déjà fléchi, continua son mouvement, chargea l'ennemi dans un faubourg, avec une compagnie de chasseurs francs, qui se battaient avec une intrépidité rare, en faisant un bruit effroyable, et renversant tout ce qu'ils rencontraient. Le désordre fut bientôt parmi les Brigands et, si Marigny avait été aussitôt soutenu par son infanterie, et qu'en un mot, il y eût eu plus d'ensemble dans cette attaque, il n'est pas douteux que leur déroute n'eût été complète.

L'ennemi perdit plus de deux cents hommes dans cette affaire. Marigny faillit être renversé d'un coup de baïonnette et cinq de nos chasseurs furent blessés. Mais bientôt les Brigands, revenant de leur étonnement, firent un feu si vif qu'il obligea Marigny d'ordonner la retraite ; elle se fit dans le plus grand ordre jusqu'à Baguer-Pican [1], à une lieue de Dol. Là il fut informé que des Brigands enlevaient des farines dans un moulin voisin; il y envoya un détachement qui, après avoir taillé en pièces quarante de ces malheureux, ramena huit voitures chargées de munitions de bouche [2].

Cette action s'était passée sur la droite sans que nous en eussions été prévenus à Antrain. Avant de l'avoir appris lui-même, Westermann, qui n'avait eu que l'intention d'occuper Pontorson, nous fit annoncer que l'ennemi l'avait évacué, et qu'il s'était retiré sur Dol. Nous reçûmes cette nouvelle vers cinq heures du soir. Voulant de suite aviser aux moyens de tirer de cette circonstance le meilleur parti possible, je réunis chez moi Marceau, Damas et Savary pour leur demander avis sur le plan que j'avais conçu de bloquer l'ennemi dans le nouvel établissement qu'il venait de prendre et de terminer ainsi cette guerre par un système activement défensif. Comme ils goûtèrent le projet, je chargeai le général Damas de le rédiger et de le présenter lui-même au conseil de guerre, que l'on avait convoqué pour ce même soir; il était à peu près conçu de la manière suivante, d'après la situation de l'ennemi et la nôtre :

Marigny et Westermann, chacun à la tête d'un corps de

---

1. Baguer-Pican, commune du canton de Dol, sur la route de cette ville à Pontorson. A quatre kilomètres est de Dol; quatorze, ouest, de Pontorson; dix-neuf, nord-ouest, d'Antrain.

2. « L'avant-garde, commandée par le général Marigny, s'est trop empressée de surprendre le trésor et un convoi des Brigands, qui était dans Dol. Elle y est entrée dans la nuit du 30 brumaire au 1ᵉʳ frimaire, a bien effectivement fait piller des voitures, mais qui n'étaient point celles du trésor, a taillé en pièces les Brigands pris à l'improviste, mais que le danger a bientôt réunis et qui, à leur tour, ont fondu sur notre avant-garde qu'ils ont dispersée. » (L'adjudant général Rouyer au ministre de la guerre. Antrain, 1ᵉʳ frimaire an II, *Guerre, arch. hist.*, V, 14.)

cavalerie et d'infanterie légère d'environ trois mille hommes, battraient l'estrade : le premier, de Pontorson à Hédé [1]; le second, de Hédé à Dinan. Ils chargeraient et harcèleraient sans cesse ceux des ennemis qui s'écarteraient de la ville, pour se procurer des subsistances, et enlèveraient leurs convois ; ils auraient des espions qui non seulement pourraient prévenir des desseins de l'armée Rebelle, mais qui entretiendraient encore parmi elle l'esprit de désertion qui commence à se manifester. S'il arrivait que l'un de ces corps fût repoussé par des forces supérieures, il aurait toujours sa retraite assurée sur l'un des postes ci-dessus ; l'ennemi tenterait-il de se porter en masse sur l'un de ces postes, on en serait prévenu assez à temps pour se trouver en mesure de lui tomber sur les derrières ou sur les flancs, Enfin les postes une fois bien retranchés, et le soldat y ayant une entière confiance, on pourrait tout à coup changer de système et agir offensivement.

Quatre colonnes marcheraient alors sur Dol, que l'on attaquerait avec d'autant plus d'impétuosité, que le soldat parfaitement reposé désirerait le combat et n'aurait rien à craindre sur ses derrières. Si l'on était assez heureux pour réussir, l'ennemi était perdu sans ressources, et précipité dans la mer.

Éprouverait-on, au contraire, un échec, chaque soldat, familiarisé avec le poste qu'il vient de quitter, s'y rallierait sans peine, et nous n'aurions plus au moins le triste spectacle de ces déroutes de vingt lieues qui ouvraient à l'ennemi en un jour un vaste pays et de nouvelles ressources.

---

1. Hédé, chef-lieu de canton de l'arrondissement de Rennes. A vingt-trois kilomètres nord-ouest de cette ville ; trente-six, sud-sud-ouest, de Pontorson ; vingt-neuf, sud, de Dol; trente-six, sud-est, de Dinan ; trente, sud-ouest, d'Antrain.

Les ponts, les gués, les chemins que l'on ne pourrait garder en force seraient rompus et dégradés, afin que l'ennemi s'occupant à les réparer, au cas qu'il voulût s'en servir, nous donnât le temps de l'en repousser.

A six heures, on se rendit au conseil, et les avantages du plan y furent développés et discutés. Le général Dambarrère, qui était le Nestor du conseil, l'approuva, et la gent moutonnière en fit autant. Les représentants du peuple l'accueillirent assez froidement. Cependant, tout à coup, Prieur (de la Marne), prenant feu, chargea le général Dambarrère des travaux relatifs à la destruction des ponts, chemins, etc. [1]. Par l'arrêté qui fut pris aussitôt, le général se trouvait autorisé à mettre en réquisition tous les habitants du pays, tous les ingénieurs des ponts et chaussées et tous les chevaux dont ils auraient besoin pour accélérer le plus promptement possible cette opération. Le chef de brigade Vérine fut chargé de fortifier Antrain, un autre ingénieur, Pontorson. Tribout reçut l'ordre de mettre Dinan en état de défense respectable, l'adjudant général Klingler, celui de se rendre à Hédé avec quinze cents hommes, en attendant qu'on pût le renforcer. Canuel, qui était à Fougères, fut rappelé à Antrain avec sa brigade, pour se porter le lendemain où besoin serait. Chacun était satisfait d'entrevoir les moyens de terminer enfin la guerre, lorsqu'une belle étourderie du général Westermann, qui n'était pas au fait de ce qui se passait, détruisit en un instant les avantages de nos projets, et nous entraîna de nouveau dans la plus abominable déroute. Cette

---

[1]. « On se rappelle que le Comité de salut public avait recommandé à Prieur (de la Marne) de harceler les généraux et de se défier d'eux. » (*Note* de Savary, *loc. cit.*, II, 368.)

« Prieur mettait tant de véhémence dans son discours que Dambarrère lui dit : Prieur, j'ai toujours vu que l'extrême exagération était le présage des revers. » (*Note* de Savary, *loc. cit.*, II, 369.)

affaire mérite quelque attention. Le désordre y ayant été à son comble et les opérations conduites en raison inverse de ce que l'on avait arrêté, il est nécessaire d'entrer dans de plus grands détails.

Le même jour, 30 brumaire, à neuf heures du soir environ, le conseil de guerre venait de se terminer, et chacun se séparait, lorsque les représentants du peuple reçurent une lettre du général Westermann, dans laquelle il disait que les renseignements qu'il avait eus sur la triste situation des Rebelles l'avaient déterminé à les aller surprendre dans la nuit à Dol, où il était sûr de les détruire. Il annonçait qu'il se mettrait en marche à minuit, pour se rendre en cette ville par la route de Pontorson, et qu'il attaquerait l'ennemi aussitôt son arrivée. Il mandait encore aux représentants qu'il espérait ne pas être abandonné à ses propres forces, et que si l'on voulait que l'expédition eût un succès complet, il fallait nécessairement faire marcher une colonne par la route d'Antrain, pour attaquer en même temps que lui. Il regardait la réussite de cette expédition comme infaillible, assurant que s'il était secondé, les Brigands trouveraient leur tombeau à Dol. A la lecture de cette lettre, les représentants du peuple, oubliant les dispositions qui venaient d'être arrêtées, décidèrent à l'instant qu'il fallait faire marcher des troupes pour seconder Westermann. On observa, mais inutilement, que le général Westermann avait proposé cette expédition dans l'ignorance des mesures qui venaient d'être prises, comme plus propres à détruire l'ennemi sans rien donner au hasard; l'enthousiasme l'emporta, et on ne répondit aux excellentes raisons objectées au projet d'attaque subite, que par des cris répétés de « Mort aux Brigands ! »

Il fut en conséquence ordonné au général Marceau de

se mettre en marche à minuit avec la troupe qu'il commandait pour se porter sur Dol, qu'il devait attaquer en arrivant, et l'on prévint le général Westermann de ce mouvement.

Celui-ci s'était rendu au village de Baguer-Pican, à une lieue de Dol, vers les dix heures du soir, avec l'infanterie sous ses ordres. Il parut mécontent de l'opération que Marigny venait de faire et dont je viens de parler plus haut; il lui reprochait d'avoir, mal à propos, donné l'éveil à l'ennemi [1]. Il fit prendre ensuite à la troupe une position sur une hauteur, à la gauche de laquelle est un terrain marécageux et fourré ; la droite n'avait point d'appui ; une division de l'avant-garde légère fut placée en avant et la cavalerie en arrière du village.

Westermann et Marigny se réunirent pour se concerter ensemble sur la manière d'attaquer Dol.

Le 1er frimaire, à une heure du matin, la troupe de Westermann et de Marigny se mit en marche dans le silence. La bonne disposition du soldat et la célérité de la marche semblaient présager la victoire. L'avant-garde légère fut déployée en ordre de bataille à deux cent cinquante toises de Dol, sur un terrain assez découvert, et, lorsque la réserve et la ligne de bataille furent établies, une avant-garde eut ordre de marcher jusqu'à ce qu'elle eût rencontré l'ennemi. Une fusillade très vive, qu'elle ne tarda pas à essuyer, l'assura de sa présence ; elle y riposta et fut bientôt soutenue par l'artillerie et la mousqueterie de la ligne de bataille qui s'avança.

1er frimaire
(21 novembre).

---

[1] « Cette bravade des hussards, qui vinrent comme pour nous avertir, nous sauva ; leur arrivée que nous n'attendions sûrement pas, surtout avec des forces aussi considérables, nous aurait surpris, et la confusion qui aurait pu se produire nous eût été funeste et irréparable. » (Poirier de Beauvais, *loc. cit.*, 190.)

L'ennemi chercha à forcer la droite, mais les gendarmes des 35e et 36e divisions et la légion des Francs le firent renoncer à cette tentative. Il se porta alors vers la gauche ; mais la colonne de Westermann, qui était en réserve, marcha avec tant d'ardeur, et la soutint avec tant d'intrépidité qu'elle fit ployer l'ennemi. On eût pu, dès ce moment, compter sur la victoire, si les cartouches n'eussent tout à fait manqué [1]. La plupart des soldats qui en sont dépourvus se retirent; l'ennemi, qui s'en aperçoit, redouble d'efforts, et force le petit nombre de braves qui résistent encore à quitter le champ de bataille.

Le général Westermann fit reprendre à la troupe la même position qu'avant le combat. Déjà, elle occupait son ordre de bataille, lorsque les tirailleurs ennemis vinrent attaquer les avant-postes ; quelques coups de fusil suffirent alors pour amener le désordre ; et les soldats se retirèrent aussitôt avec une telle précipitation, qu'ils abandonnèrent aux Rebelles une pièce de 8, dont l'avant-train était détaché. La colonne ne put être ralliée qu'à un quart de lieue en deçà de Pontorson, où elle rentra en assez bon ordre ; elle fut mise en bataille sur la route d'Antrain et y resta tranquille tout le jour.

Le général Westermann, en rendant compte de cette affaire aux représentants du peuple, se plaignit de ce qu'on n'avait pas tenu la promesse qui lui avait été faite, de faire attaquer Dol par la route d'Antrain. Westermann eut autant de tort que les représentants en avaient eu d'adopter le parti hasardeux que le général avait proposé. Il savait d'ailleurs que le général Marceau avait ordre d'arriver par la route d'Antrain. Ne devait-il pas s'assurer de sa présence avant d'attaquer ? Il résulta donc,

---

1. « J'avais brûlé jusqu'à la dernière cartouche, par conséquent je ne pouvais hasarder l'entrée de la ville. » (Westermann, *loc. cit.*, 262.)

par ce défaut de prévoyance, que Marceau s'avançait pendant que le général Westermann, battu, avait été contraint de se replier, et qu'ainsi ces deux colonnes se trouvaient réciproquement en flèche dans le pays. Aussi l'ennemi, qui devait prévoir qu'il serait pareillement attaqué par la route d'Antrain, se porta-t-il sur-le-champ de ce côté et Marceau le rencontra en force, à quatre heures du matin, à une heure de Dol. Cependant il n'hésita pas à lui livrer combat et sut suppléer par de sages dispositions à son infériorité. Après trois heures de combat très vif, pendant lequel les Rebelles, quoique fort supérieurs en nombre, perdirent beaucoup de monde, Marceau resta maître du champ de bataille [1]. Il était sur le point de les poursuivre dans Dol, où ils s'étaient jetés, lorsqu'il vit arriver la division aux ordres du général Müller ; ce renfort, qui aurait pu contribuer aux plus grands succès, s'il avait été bien dirigé, produisit l'effet contraire. Le général Müller, qui devait prendre le commandement, était tellement ivre, ainsi que la majeure partie de son état-major, qu'il lui fut impossible d'ordonner aucune disposition [2], et la confusion devint si grande, que quelques

---

1. « Après cinq heures de combat (contre Westermann, puis contre Marceau), une terreur panique s'empare des Vendéens. Au moment où on s'y attendait le moins, ils prennent la fuite à leur tour et se retirent dans Dol, où ils apportent l'épouvante parmi ceux qui y étaient restés... Heureusement cinq à six cents hommes qui tenaient ferme à la tête de l'armée, un brouillard épais, qui s'élevait dans ce moment sur deux étangs (les étangs de Landat, commune de la Boussac) qui bordent le chemin, dérobèrent aux ennemis la déroute. MM. de La Rochejaquelein et Stofflet en profitèrent pour rallier leur troupe et la ramener à la charge. » (Gibert, *loc. cit*, 114.) On aura une idée plus complète de toutes les phases de la bataille chez les deux adversaires en confrontant le récit de Kléber avec celui du royaliste Poirier de Beauvais, trop long et trop touffu pour pouvoir être rapporté ici en note (Cf. *loc. cit.*, 190-197), celui de d'Obenheim rapporté par Savary (*loc. cit.*, II, 376-380), et le rapport du chef de brigade Cadenne (*ibid.*, 377).

« Müller arrive de son côté vers les cinq heures du matin, bien saoul; il voit les Brigands fuir, il arrête et dit : « L'ennemi est en déroute, il faut

coups de fusil eussent occasionné la déroute la plus complète. Marceau m'instruisit, ainsi que le général en chef Rossignol, et nous trouvâmes en effet, à notre arrivée, ce corps de troupe dans le plus grand désordre. Il n'y avait en bataille qu'une partie de celles aux ordres du général Marceau ; elles présentaient de la contenance ; mais en général la position occupée n'était point tenable, et il eût été dangereux d'entreprendre de remettre l'ordre parmi les troupes en présence de l'ennemi, car les bataillons et les brigades étaient absolument confondus. Je proposai donc une position rétrograde, couverte par un profond ravin, et appuyée sur la gauche par un marais ; la droite pouvait, en se dirigeant sur Pontorson, se lier avec la colonne de Westermann. J'avais reconnu cette position en passant rapidement le matin ; elle n'avait pas non plus échappé au général Marceau. Cependant on hésitait encore, lorsque environ cent Brigands, s'étant glissés derrière les haies, vinrent nous saluer par un feu de file ; tout se mit alors en mouvement, et rétrograda sans attendre le commandement. Nous parvînmes toutefois à rallier, organiser et former la troupe dans la position indiquée ; après quoi, l'on prit du repos.

L'intention était de ne faire occuper cette position par les troupes de Marceau que jusqu'à ce que l'on eût pu les faire relever par d'autres ; aussi le général en chef donna aussitôt l'ordre à l'avant-garde de Chamberting de venir la prendre et Marceau reçut celui de se retirer dans une lande, en arrière du bois de Trans [1]. Les représentants du

---

attendre le jour, où nous le poursuivrons. » Cette inaction donna à celui-ci le temps de se rallier et de connaître notre faiblesse. » (Westermann, *loc. cit.*, 262.)

1. Trans, commune du canton de Pleine-Fougères, arrondissement de Saint-Malo, sur la route de Dol à Antrain. A quatorze kilomètres sud-est de la première de ces deux villes et à huit, nord-ouest, de la seconde.

peuple rejoignirent le général en chef après que le mouvement fut exécuté. Le général leur rendit compte de ce qui venait d'être fait et on concerta de nouvelles dispositions. Il fut arrêté que, par suite de la décision du conseil de guerre, on s'occuperait de fortifier Antrain, en fermant tous les petits passages par des abatis et en défendant les grands débouchés par des batteries. On arrêta une nouvelle répartition de troupes sur toute la circonférence de la position, et il fut décidé qu'au soir on ferait rentrer l'armée, pour que chaque division occupât les emplacements qu'elle était chargée de défendre.

L'adjudant général Damas fut aussi envoyé à Antrain, pour suivre l'exécution de ce nouvel ordre, et faire reconnaître par les adjudants généraux de chaque division le terrain qu'elles devaient occuper.

L'ordre fut donné à l'adjudant général Amey de partir avec les troupes qu'il commandait pour se rendre à Pontorson. Sa colonne était forte de dix-huit cents hommes et de deux pièces de canon de 4; elle arriva à Pontorson vers les trois heures après midi, où elle se réunit à la colonne de Westermann et prit position en avant de cette ville.

On conserva tout le jour la position en avant de Trans et, le soir, il fut encore décidé, contradictoirement à ce qui avait été arrêté le matin, qu'on ne la quitterait plus. On y fit même venir toutes les troupes qui étaient à Antrain, à l'exception de quelques bataillons dont un seul, restant à la position des Quatre-Chemins, chargé de la garde du parc d'artillerie et de la caisse de l'armée, ne put occuper toute l'étendue de sa position que par de faibles postes.

Quelques bataillons furent établis derrière le Couesnon qui couvrait Antrain. Toute l'armée bivouaqua cette nuit dans la position en avant du bois de Trans ; la brigade de Marceau resta seule sur la lande qu'on lui avait fait occuper le matin.

Les représentants du peuple et tous les officiers généraux y passèrent également la nuit.

On envoya même à Westermann l'ordre de se porter en avant, d'attaquer l'ennemi, et d'en achever la destruction à Dol ; on lui promettait de le seconder de notre côté et de partager avec lui l'honneur de la victoire.

On n'était pas suffisamment instruit par la triste expérience de la veille, car la même ivresse, qui, après le conseil de guerre, avait fait prendre un pareil arrêté, dicta celui-ci. Vers le milieu de la nuit, le représentant du peuple Prieur (de la Marne), dont la fraîcheur du bivouac avait un peu calmé l'exaltation, me demanda si je présumais que l'attaque ordonnée à Westermann dût avoir un succès complet ; je lui dis que je craignais que la moralité du soldat, encore frappé de la défaite de la veille, n'ajoutât à l'abattement où le mettaient ses souffrances physiques et ne permît pas d'obtenir les avantages que l'on espérait. Enfin, pressé de conclure, je déclarai que si j'en étais le maître, je me renfermerais strictement dans le plan arrêté au conseil de guerre. Le général en chef dit qu'il pensait comme moi et, peu après, les représentants se rangèrent à cet avis. En conséquence, il fut envoyé trois ordonnances à Westermann, par des routes différentes, avec ordre de se tenir sur la défensive seulement, et d'attendre de nouveaux ordres.

2 frimaire (22 novembre).

Alors on changea de nouveau tout le système, et l'on arrêta que le matin de ce jour, 2 frimaire, l'armée rentrerait à Antrain, et que l'on exécuterait le plan proposé dans le conseil de guerre du 30 brumaire. La suite des événements prouvera que l'on avait trop tardé à prendre ce sage parti, et les Brigands, enhardis par le succès qu'ils venaient d'avoir, ne permirent pas d'exécuter le projet.

Le général Westermann, poursuivant toujours son même système, sans égard aux ordres qu'il avait reçus et qu'il était dans l'habitude d'enfreindre, se mit en marche vers minuit pour se porter vers Dol. Son avant-garde arriva vers quatre heures du matin, au village de Baguer-Pican dont elle s'empara. Il plaça en avant une grand'-garde de cavalerie et la légion des Francs ; ses éclaireurs lui apprirent que l'ennemi battait la générale dans Dol. Vers les sept heures du matin, quarante-deux déserteurs, dont quelques-uns à cheval, se présentèrent aux avant-postes ; ils rapportèrent que l'armée Catholique manquait de pain et de munitions, et qu'un grand nombre avait envie de déserter [1].

Pendant ce temps, l'ennemi, ayant fait ses dispositions pour attaquer Westermann, marchait vers Baguer-Pican, où le combat s'engagea vivement. Malgré que la brigade de Westermann eût été renforcée de troupes aux ordres de l'adjudant général Amey, elle fut moins heureuse encore que la veille, car l'aspect seul des Brigands fit lâcher pied à celles-ci, et la première, accablée par le nombre, fut bientôt contrainte de les suivre [2].

---

[1] « Nous ne trouvions rien à Dol pour nous refaire ; il y avait disette extrême de vivres ; mourant de faim, on ne se nourrissait que de choses malsaines, ce qui faisait qu'une grande partie des nôtres étaient attaqués par la dysenterie. » (Poirier de Beauvais, *loc. cit.*, 197.)

[2] « L'ennemi, profitant des troupes fraîches qui venaient de lui arriver, se présenta à nous par les deux mêmes routes que la précédente fois (routes d'Antrain à Dol et de Pontorson à Dol). Les circonstances me portèrent ce jour-là, dans notre colonne de gauche, contre l'armée Républicaine qui venait de Pontorson. Je crois que leur attaque de ce côté n'était qu'une manœuvre pour diviser nos forces et que leur principal effort se faisait sur la route d'Antrain à Dol. J'en juge par la grande résistance qu'ils nous firent à ce combat. Nous rencontrâmes les Républicains à environ une lieue de Dol. Je m'emparai d'une hauteur avec quelques

Les généraux Westermann et Marigny couvrirent seuls la retraite avec leur valeur ordinaire, et entourés de quelques braves qui avaient juré de ne pas les quitter [1]. Marigny réussit même à arrêter les Brigands pendant un instant, en mettant pied à terre et se jetant à la tête de quelques chasseurs pour les charger. Il croyait, par cet exemple, engager le reste de l'infanterie à le suivre ; mais le désordre étant déjà trop grand, il faillit être victime de sa bravoure ; il tomba dans un fossé, d'où il eut la plus grande peine à s'arracher, son sabre lui fut coupé dans la main par un biscaïen, et lorsqu'il voulut monter à cheval, il trouva celui-ci blessé et hors d'état de le sauver. Rien n'arrêtait plus alors le soldat, et la déroute était telle que plusieurs d'entre eux s'engloutirent dans les sables de la grève du Mont-Saint-Michel.

Une partie de ses troupes fuit sur Avranches ; une autre se retira sur Antrain ; toute la cavalerie se replia sur cette dernière ville. Les Brigands les poursuivirent jusque près du village d'Ancey, d'où ils se jetèrent sur la route d'Antrain à Dol, dans l'intention de nous couper la retraite ; mais cela ne leur réussit pas.

Tandis que ceci se passait à Pontorson, la gauche n'était pas plus heureuse ; on ne suivait plus aucun plan, et tout allait par bonds et par sauts. Quels succès pouvait-on attendre d'ordres dictés par la faiblesse et une ivresse non moins préjudiciable ? Voyant enfin qu'on ne se disposait

---

cavaliers ; les ennemis semblant y diriger leurs pas furent arrêtés par les pièces de canon qui me suivaient, mises aussitôt en position... Les Républicains voulurent faire quelque résistance, mais ce ne fut pas pour longtemps ; ils furent enfoncés et prirent la fuite, d'abord dans la plus grande confusion. » (Poirier de Beauvais, *loc. cit.*, 197-198.)

1. « Ensuite ils se tirèrent à Pontorson en assez bon ordre, toujours en vue de nous, sans que nous pussions les atteindre, la fatigue et le défaut de nourriture ayant ôté les forces à nos soldats. » (*Ibid.*)

pas davantage de ce côté à donner suite à ce qui avait été arrêté pendant la nuit, c'est-à-dire à faire rentrer les troupes pour reprendre la position d'Antrain, derrière le Couesnon, le cœur navré, et ne pouvant deviner ce que tout cela allait devenir, je proposai à Marceau une reconnaissance sur Dol. Prêts à partir, les représentants du peuple Prieur (de la Marne) et Bourbotte annoncèrent qu'ils allaient nous suivre. Je commandai une escorte de soixante hussards et nous nous mîmes en marche; il était environ dix heures du matin.

A peine avions-nous parcouru le champ de bataille, entre les villages de la Boussac [1] et de la Vieuville [2], où se donna le combat sanglant de Marceau dans la nuit du 30 brumaire au 1er frimaire, que, de la grande route, nous aperçûmes sur la hauteur l'avant-garde des Brigands, qui nous salua aussitôt de quelques coups de canon. Leur armée la suivait immédiatement.

Le pays étant extrêmement coupé et la route impraticable même pour la cavalerie, j'ordonnai à notre escorte de se retirer au pas, et je détachai sur-le-champ un officier d'état-major pour amener l'avant-garde aux ordres de l'adjudant général Chamberting; cette avant-garde était uniquement composée des troupes de l'armée de Brest, les mêmes qui, en partant de Rennes, s'étaient fait tant remarquer par leur tenue et leur propreté. Le régiment ci-devant de la Reine [3] marchait à la tête; on le fit aussitôt déployer à droite et à gauche derrière les haies et les fos-

---

1. La Boussac, commune du canton de Pleine-Fougères (Ille-et-Vilaine). Près la route d'Antrain à Dol. A huit kilomètres sud-est de Dol; quatorze, nord-ouest, d'Antrain; douze, ouest-sud-ouest, de Pontorson.
2. La Vieuville, hameau de la commune d'Epinac; canton de Dol. A trois kilomètres nord d'Epinac; trois et demi, nord-ouest, de la Boussac; sept, est-sud-est, de Dol.
3. 41e régiment d'infanterie.

sés et, quoiqu'on lui eût ordonné de faire feu, on ne put jamais parvenir à lui faire brûler une amorce, ni même à le faire rester en position. Il prit lâchement la fuite, et son exemple fut suivi par le reste de l'avant-garde [1]. L'adjudant général Nattes, que j'avais envoyé sur la droite, avec quelques compagnies du même régiment, pour déborder la gauche de l'ennemi, en fut également abandonné. Il eut son cheval tué sous lui d'un coup de fusil, et allait tomber entre les mains de l'ennemi, sans une de ses ordonnances qui le força de prendre son cheval, tandis qu'elle courut à toutes jambes regagner l'infanterie. M'apercevant alors qu'on ne pouvait rien espérer de ces belles troupes, j'envoyai quelques-uns des officiers de mon état-major pour en chercher d'autres, en leur recommandant de m'amener préférablement quelques bataillons de l'armée de Mayence, toute l'avant-garde de Chamberting étant déjà en pleine déroute. Je formai l'arrière-garde avec le général Marceau et les officiers de l'état-major qui nous avaient accompagnés, et nous cheminâmes ainsi ensemble, au pas, jusqu'à la rencontre des troupes que j'avais fait demander. C'était heureusement la brigade aux ordres du général Canuel [2], en partie composée d'excellents bataillons mayençais; celui des grenadiers réunis était à leur tête; je le mis moi-même en bataille derrière quelques levées de terre, et lui ordonnai de tenir ferme pour me donner le

1. « L'avant-garde commandée par Chamberting, entre Trans et Dol, ne se replia que parce qu'elle était découragée par le défaut de canons. Je suis persuadé qu'elle se serait bien battue et que nous aurions eu un succès complet, si elle eût vu des pièces d'artillerie à sa suite. Ce n'est pas que je décide qu'elles soient toujours nécessaires en elles-mêmes; mais nos soldats y ont une si aveugle confiance qu'ils sont tout découragés lorsqu'ils n'en voient point. » (Rouyer au ministre de la guerre, 7 frimaire an II, *Guerre, Arch. hist.*, V, 14.)

2. « Il avait été rappelé de Fougères. » (*Note* de Savary, *loc. cit.*, II, 375.)

temps de disposer le reste de l'armée [1]. D'autres troupes succédèrent encore à celles-là, et tous les généraux arrivèrent avec elles. On déploya successivement les colonnes et on chercha à déborder les ailes de l'ennemi ; mais les Brigands, qui avaient poursuivi Westermann jusqu'à Pontorson, se présentent sur notre flanc droit et menacent nos derrières. Alors il fallut ordonner un mouvement rétrograde à quelques bataillons et ce mouvement fut bientôt suivi par les autres, déjà découragés par l'exemple de la fuite de l'avant-garde de Chamberting. Les grenadiers seuls sont inébranlables ; rien ne peut les engager à quitter le poste qui leur avait été confié, et qu'ils défendaient depuis trois heures avec leur valeur ordinaire [2].

Nos flancs en l'air, nos derrières découverts, et la plus grande partie des troupes en fuite, Rossignol ordonna la retraite. Elle s'effectua assez lentement, mais avec désordre. L'ennemi nous suivit à la piste et par quelques coups de canon fit accélérer la marche [3]. Nous arrivâmes de

1. « M. de La Rochejaquelein (après avoir repoussé Westermann sur la route de Dol à Pontorson) revint promptement joindre M. Stofflet (sur la route de Dol à Antrain), et ils n'eurent pas trop de tout leur monde pour repousser les Républicains... lesquels étaient en grande partie de la garnison de Mayence. Ces soldats aguerris se retranchaient à chaque instant Les champs qui bordent la route sont entourés de jetées de terre presque à hauteur d'homme ; ils avaient pratiqué des deux côtés du chemin, dans ces jetées, des ouvertures par lesquelles ils entraient dans le champ et s'y rangeaient aussitôt en bataille. » (Gibert, *loc. cit.*, 119.)

2. « Notre armée, qui se battit sur la route de Dol à Antrain, eut des difficultés extrêmes à surmonter. Après un combat des plus opiniâtres, l'ennemi fut obligé de plier, mais il semblait qu'il le faisait volontairement, pour changer une mauvaise position pour une meilleure. C'est ainsi qu'il se conduisit toute la journée, ne quittant un champ que pour se retrancher méthodiquement dans celui qui suivait, et chaque terrain abandonné étant couvert de ses morts, sans que cela parût lui faire la moindre impression. » (Poirier de Beauvais, *loc. cit.*, 199.)

3. « Parvenus à un étang sur la chaussée duquel il fallait nécessairement passer, ils (les Républicains) auraient pu se rallier sur le coteau qui le domine et présente une position très favorable, et arrêter les royalistes. M. de La Rochejaquelein et M. Stofflet firent promptement avancer

nuit au pont d'Antrain [1] ; son passage occasionna la plus grande confusion, et, pendant que Marceau se charge de le défendre avec ce qu'il avait pu ramasser de soldats, sans distinction de compagnies ou de bataillons, le reste de l'armée va prendre position aux Quatre-Chemins. Mais, comme chacun se mêlait de commander, il arriva que les troupes destinées à garder les ponts traversèrent Antrain pour gagner les Quatre-Chemins, et que celles, qui avaient déjà pris cette position, revinrent sur leurs pas pour se poster aux ponts. Cette confusion à laquelle il fut impossible de remédier, et que l'obscurité de la nuit ne fit qu'augmenter, perdit tout. L'ennemi, en s'avançant toujours et forçant le passage, changea bientôt en affreuse déroute ce qui, dans le principe, pouvait être considéré comme une retraite [2].

Tandis que Marceau soutenait pour ainsi dire seul les efforts des Rebelles, les généraux étaient réunis près des représentants du peuple pour aviser au parti à prendre, mais, dès que Marceau parut pour annoncer la prise du pont et de la tête de la ville, on vit qu'il n'en restait d'autre que de suivre le torrent et de se retirer à Rennes.

C'est alors qu'on sentit, mais trop tard, combien il eût été préférable de suivre le plan qui d'abord avait été arrêté et que rien n'aurait dû empêcher de mettre à exécution.

Vivement affecté de tout ce que je venais de voir, je

deux pièces de 8 qui, menées en artillerie volante, firent un feu si vif qu'il ne leur laissa pas le temps de se former. » (Gibert, *loc. cit.*, 115-116.)

1. « La nuit était venue depuis longtemps et il n'y avait encore aucune confusion apparente dans l'armée Républicaine, quoiqu'à chaque instant elle fût obligée de reculer. » (Poirier de Beauvais, *loc. cit.*, 199.)

2. « Vers minuit notre colonne de droite arriva dans Antrain avec les Républicains, qui depuis plus d'une heure étaient poursuivis l'épée dans les reins ; ils traversèrent seulement cette bicoque dans la plus grande confusion. » (*Ibid.*)

m'abandonnai aux réflexions les plus accablantes, et, rapprochant mille circonstances que me représenta mon imagination, j'étais prêt à me convaincre qu'on prolongeait à dessein les désastres de cette terrible guerre. Je laisse à celui qui a suivi attentivement le fil de notre Révolution le soin d'en juger et je reviens aux faits.

Il devenait superflu d'ordonner la retraite des troupes ; elle était pleinement effectuée lorsque les généraux et les représentants du peuple sortirent de la ville d'Antrain.

CHAPITRE TROISIÈME

Toute l'armée avait pris la route de Rennes [1]. Dès que les équipages et les troupes eurent passé le pont de Romazy [2]. village à quatre lieues d'Antrain, il fut coupé et la garde du passage fut confiée à un bataillon avec quelques pièces d'artillerie. Le tout se replia le lendemain matin sur Rennes, avec le reste de l'armée, et l'on se contenta, ce jour-là, de renforcer de quelques hommes les postes des portes occupés par la garde nationale. De leur côté, les représentants du peuple feignirent de donner

3 frimaire
(23 novembre).

---

1. « De toute cette formidable armée, il n'arriva pas trois cents hommes à la fois à Rennes, tant elle fut dispersée et diminuée. La route était presque couverte, sans interruption, de charrettes portant à cette ville la quantité innombrable de blessés qu'elle avait eus dans les doubles actions de jour et de nuit, qui s'étaient passées contre nous. » (Poirier de Beauvais, *loc. cit.*, 200.)

2. Romazy, commune du canton de Saint-Aubin-d'Aubigné, arrondissement de Rennes. Le pont dont il s'agit est établi sur le Couesnon, à treize cents mètres environ au sud-sud-ouest du bourg et à trente kilomètres nord-nord-est de Rennes.

leurs soins à la recherche des causes de cette déroute, que leur versatilité et leur funeste influence dans les affaires militaires venaient seules de nous faire essuyer.

Elle devait, suivant l'usage, être attribuée encore à quelque officier général, comme celle du général Tribout à Pontorson fut attribuée au général Vergnes. En conséquence, la suspicion tombant sur le général de brigade Nouvion, la première chose qu'ils firent, en arrivant à Rennes, fut de le destituer. Cet officier réunissait au talent infiniment de modestie et des qualités qui lui méritèrent l'estime et l'amitié de tous les officiers, faits pour l'apprécier. Il reçut l'ordre de se retirer à vingt lieues des frontières et des armées.

Le soir de ce même jour, on convoqua un conseil de guerre; il fut très brillant, et, comme d'usage, on discuta beaucoup pour décider fort peu de chose. Il fut toutefois arrêté que les malades et les blessés seraient évacués sur Nantes et que toutes les munitions en dépôt à l'arsenal seraient chargées et conduites sur la route de cette ville, à la distance de deux lieues de Rennes; ce qui fut exécuté le lendemain.

Les esprits semblaient encore abattus et consternés de l'événement de la veille, et c'est sans doute pour les relever que Prieur (de la Marne) avança la proposition suivante : « Les Brigands, disait-il, ne peuvent nous battre sans perdre du monde. Or comme ils n'ont pas la même facilité de se recruter que nous, nos défaites mêmes peuvent être envisagées comme des avantages pour la République. » D'après ce raisonnement sophistique, il était clair que c'étaient moins des victoires que l'on cherchait que des combats fréquents, mais si telles étaient les vues du gouvernement, il eût été peut-être prudent d'en garder le secret.

Le lendemain, les représentants du peuple prirent un arrêté qui enjoignait à tous ceux des habitants qui auraient des matières combustibles, de les porter à un dépôt indiqué [1]. Ils annonçaient hautement qu'au cas où notre armée se verrait forcée d'abandonner Rennes, cette ville réduite en feu n'offrirait qu'un monceau de cendres aux Brigands, qu'ils soupçonnaient avoir des intelligences avec les habitants.

4 frimaire (24 novembre).

Le zèle et le courage que toute la garde nationale de cette grande commune avait constamment déployés pour s'opposer aux insurrections et les nouvelles preuves qu'elle venait d'en donner dans cette circonstance auraient peut-être dû la mettre à l'abri d'un pareil soupçon, qui, naturellement, ne pouvait porter que sur quelques traîtres, comme il s'en trouve dans toutes grandes populations.

Le commandant temporaire de Rennes, nommé Denzel, chef de brigade du 8ᵉ régiment d'artillerie, aussi recommandable par ses talents militaires que par ses qualités civiques, fut aussi destitué et mis en arrestation. Rossignol eut même l'impudence de le rudoyer de gestes et de propos.

Pendant ce temps, tous les officiers généraux étaient à reconnaître, avec le général Dambarrère, une position qu'il avait proposé de faire prendre à l'armée pour couvrir la ville Ce général, qui avait été envoyé à Rennes, deux jours avant la rentrée des troupes, s'était occupé des dispositions défensives pour cette ville, dès qu'il apprit notre échec.

Cette position appuyait sa droite à la Vilaine ; sa gauche se prolongeait jusqu'au faubourg de la route d'Antrain,

---

1. Cet arrêté est du 3 frimaire (Cf. Arch. Nat., AF. II, 109, rec. 811, p. 16).

où elle était appuyée à la rivière d'Ille, qui coule au milieu d'une prairie assez vaste, dominée par ce faubourg. Un chemin creux couvrait le front de cette ligne, qui commandait la campagne dans presque toute son étendue, à six cents toises environ. Elle avait cependant le grand inconvénient d'être trop étendue relativement à la force de l'armée. On décida que cette position serait occupée dans le jour, et que l'on élaguerait le terrain en avant de la ligne.

Chaque général, rentré dans la ville, expédia sur-le-champ l'ordre à la partie des troupes qu'il commandait, de s'établir à l'emplacement dont on venait de convenir; il fut arrêté en outre qu'un certain nombre de bataillons se tiendrait en réserve dans différentes places de la ville qui furent indiquées. Ces mouvements s'exécutèrent aussitôt, et sans que le général en chef s'en fût aucunement occupé ; chacun agissant pour soi, sans demander d'ordres et sans en recevoir. Fortement pénétré de ce scandaleux abandon, je me rends chez les représentants du peuple, pour leur proposer quelques mesures que je regardais, dans cet état de crise, comme indispensables. J'eus le bonheur d'être écouté : « Nous adopterons très volontiers tes propositions, me dirent-ils ; il n'y a que dans le choix des individus que nous ne serons peut-être pas d'accord. Tu peux, au surplus, présenter ton plan au conseil qui doit se tenir ce matin. »

5 frimaire (25 novembre).

Le conseil s'assembla en effet sur le midi. J'y fis d'abord sentir en peu de mots la nécessité d'arrêter un plan général d'organisation et d'opération, dont l'exécution serait confiée à des chefs capables d'en faire espérer le succès :

1° Un général commandant toutes les troupes ;
2° Un général commandant la cavalerie ;
3° Un général commandant l'artillerie ;

4° Enfin un commandant temporaire qui ne fût occupé que de la police intérieure de la place et du commandement de la garnison.

Les représentants du peuple, après avoir paru hésiter un moment, adoptèrent ce projet, et m'engagèrent à nommer les officiers que je jugerais capables de prendre ces commandements. La chose était délicate; j'étais bien assuré d'exciter des jalousies; mais le bien du service l'emporta sur toutes les considérations.

Je proposai donc, pour commandant des troupes, le général Marceau; le général Westermann, pour commandant de la cavalerie, et l'adjudant général Debilly [1], pour le commandement de l'artillerie. J'allais proposer le commandant de la place, lorsque Prieur (de la Marne) me dit qu'il y pourvoirait, qu'il connaissait dans la ville un ancien militaire, brave sans-culotte, qui en remplirait les fonctions avec autant de talent que de zèle, et, à l'instant, il fit appeler son homme. C'était un tailleur qui, en cette qualité, avait fait un congé dans un régiment de ligne. On lui fit part de l'emploi qu'on voulait lui confier, mais cet honnête citoyen en sentit l'importance et eut le bon esprit de le refuser avec opiniâtreté, malgré toutes les instances de Prieur.

Je fis terminer ces débats en observant que, dans les

---

1. Jean-Louis Debilly, né à Dreux, le 30 juillet 1763; professeur de mathématiques à Paris, de 1786 à 1792. Garde national de la section des Petits-Pères, en 1789, capitaine de canonniers de la même section, le 12 avril 1792, adjudant général de l'artillerie parisienne le 25 mai suivant, chef d'état-major de l'armée des côtes, en février 1793; nommé par Canclaux adjudant général chef de bataillon commandant l'artillerie à l'armée des côtes de Brest, le 23 mai 1793. Passé à l'armée devant Mayence le 9 décembre 1794, employé à l'armée du Rhin (1795), à celle d'Allemagne (1797), général de brigade le 3 juillet 1799, commandant de la 24ᵉ division militaire en 1801; tué à Auerstaedt le 14 octobre 1806. « Debilly commandait l'artillerie à Antrain; il se tenait au parc qu'il était décidé à faire sauter, s'il n'avait pu le sauver. » (*Note* de Savary, *loc. cit.*, II, 388.)

circonstances actuelles, les fonctions de commandant de la ville étaient assez importantes pour qu'on les déférât à un officier général, et, à l'instant, je proposai le général Damas, qui avait été promu à ce grade à Antrain. Après quelques légères discussions, mon plan fut adopté à l'unanimité et les arrêtés pris en conséquence.

Sur l'observation que l'on fit, qu'il serait important d'envoyer un corps de cavalerie en parti, pour avoir des nouvelles de l'ennemi, le général Marigny fut mis à la tête de trois cents chevaux, avec une instruction analogue à sa mission, qui était de harceler sans cesse, d'empêcher que les Rebelles ne se portent par bandes dans les campagnes pour y chercher des subsistances. Il devait en même temps s'efforcer particulièrement de prendre des renseignements sur les mouvements de l'armée catholique, qui, à son retour de Granville, avait séjourné à Laval pour se diriger sur Sablé, de là à la Flèche et Durtal, et se présenter devant Angers pour s'en emparer, afin de se faciliter le passage de la Loire aux Ponts-de-Cé. Marigny, secondé de l'adjudant général Decaën, ne négligea rien pour que le vœu des instructions qui lui avaient été données fût rempli.

C'est sans doute la rareté des subsistances qui avait fait prendre à l'ennemi une telle direction, car il lui était plus simple de se diriger par Château-Gontier, où il n'avait pas non plus d'obstacles pour arrêter sa marche, et il aurait eu environ dix lieues de moins à faire pour arriver à son but [1].

Cette organisation terminée, je me suis senti allégé d'un grand fardeau. J'étais l'ami de Marceau ; j'étais certain

---

[1]. Pour la marche et les hésitations des Vendéens, cf. Poirier de Beauvais, *loc. cit.*, 203, 205, 207.

qu'il n'entreprendrait rien sans s'être concerté avec moi. Il était jeune, actif et plein d'intelligence, de courage et d'audace. Plus froid que lui, j'étais là pour contenir sa vivacité, si elle l'avait entraîné au delà des bornes. Nous prîmes ensemble l'engagement de ne point nous quitter, jusqu'à ce que nous ayons ramené la victoire sous nos drapeaux.

Marceau désigna alors le rang de bataille que chaque division devait occuper sur la ligne. Celle de Boucret fut placée à la droite; celles de Legros et Canuel au centre, et la mienne à la gauche. Il détermina le service et fixa les emplacements où la réserve de chaque division s'assemblerait en cas d'attaque. Les postes de surveillance furent établis; et tout prenait enfin la tournure convenable. Le général Damas reçut l'ordre de placer les troupes, dès l'après-midi, d'après les dispositions ci-dessus. On commanda aussi un grand nombre de travailleurs pour les retranchements des lignes.

Le même soir, les représentants du peuple, précédés d'un nombreux cortège de cavalerie, et entourés de beaucoup d'officiers généraux qui crurent convenable de les accompagner, mais parmi lesquels on ne comptait ni Marceau, ni moi, parcoururent à cheval les rues de Rennes, à la lueur d'une infinité de flambeaux. Ils parlèrent aux citoyens ou, plutôt, ils vomirent contre eux les plus fortes imprécations, les menaçant des exécutions les plus barbares, dans le cas où l'armée se verrait obligée d'évacuer la ville.

Le lendemain soir, ils convoquèrent près d'eux tous les officiers généraux pour les accompagner sur la ligne; ils voulaient, disaient-ils, haranguer le soldat et sonder ses dispositions. *6 frimaire (26 novembre).*

Arrivés devant la troupe qui se trouvait sous les armes,

Prieur (de la Marne) prit la parole. Il reprocha d'abord aux soldats leur fuite honteuse d'Antrain, devant une poignée de Brigands. Il attribua cette conduite à quelques scélérats qui, Brigands eux-mêmes, mais travestis en soldats républicains, jettent dans les colonnes l'alarme et l'épouvante, lorsque souvent il n'y a pas apparence de danger. Il invita les braves gens à arrêter ces misérables au premier cri de : *Nous sommes coupés!* qui est devenu le signal des déroutes. Il rejeta encore nos revers sur l'indiscipline et le pillage, faisant quelques remontrances à ce sujet, et finit par cette apostrophe : « Camarades ! nous promettez-vous de vous venger de cette injure ? Pouvons-nous compter sur vous, si nous vous conduisons à de nouveaux combats ? » — « Oui ! oui ! » s'écrièrent-ils tous. Mais une voix apostée s'éleva et dit : « Oui ! nous vous suivrons, mais donnez-nous des chefs et de la discipline. » Cette demande fut avidement accueillie, écrite à la Convention et prônée dans les journaux.... Quelques généraux furent indignés de cette petite et basse manœuvre ; d'autres la regardèrent avec pitié ; d'autres, enfin, ne furent pas sans inquiétude sur ses suites. Ce discours fut répété devant toutes les divisions ; ensuite on rentra dans la ville, à nuit close.

Marceau, voyant le danger s'éloigner, allégea le service des troupes et on convoqua un conseil de guerre pour le lendemain.

On avait obtenu des renseignements sur les mouvements de l'ennemi. Il avait quitté Dol et Antrain pour marcher par Fougères à Laval. D'un autre côté, on connaissait les désirs qu'avaient les Rebelles de repasser la Loire pour retourner dans leur pays, et, dans cette hypothèse, ils devaient faire les plus grands efforts pour s'emparer d'Angers et ensuite des Ponts-de-Cé.

Ces différentes données déterminèrent le conseil à faire entrer des forces à Angers,

Le général Danican, alors à Sablé, reçut l'ordre de se replier sur cette ville avec sa troupe [1]. La brigade du général Boucret obtint la même destination, et, la garnison d'Angers ainsi déterminée et forte d'environ quatre mille hommes, non compris la garde nationale de cette ville, on pouvait être, sur cette ville, dans la plus grande sécurité.

Le 7, le général Boucret partit avec sa brigade; elle fut remplacée dans sa position par les troupes que l'on fit étendre successivement de la gauche vers la droite.

7 frimaire (27 novembre).

Les nouveaux renseignements qu'on reçut le lendemain donnèrent de fortes présomptions que les Brigands se dirigeaient sur Angers. Le conseil de guerre fut convoqué pour le soir. Les officiers généraux d'une division de l'armée des côtes de Cherbourg, qui était en route pour Rennes, s'y présentèrent. Le général Sépher [2], qui avait com-

8 frimaire (28 novembre).

---

1. « Il se retira peu à peu, obstruant les routes par lesquelles nous devions passer, et finit par se renfermer dans Angers, qu'il défendit contre nous. Toutes les fois que nous l'avons eu en face, il s'est conduit en honnête homme. Comme royaliste, il épargnait nos gens le plus possible, j'en ai vu plusieurs qui disaient lui devoir la vie, et comme général, il tâchait de sauver les soldats qui avaient confiance en lui. S'il n'a pu réussir à les faire passer de notre côté, je ne puis que l'applaudir de ne les avoir pas fait tuer en les trahissant. » (Poirier de Beauvais, *loc. cit.*, 203-204.)

2. Charles Sépher, soldat au régiment Général-Dragons, de 1773 à 1777, puis suisse à l'église Saint-Eustache, de Paris; sergent des grenadiers du bataillon de garde nationale de Saint-Honoré, puis chef du bataillon de la Halle au blé, en 1789; envoyé en Normandie lors du soulèvement girondin de Wimpfen, général de brigade à l'armée des côtes de Cherbourg le 9 juillet 1793, général de division provisoire le 22 du même mois. Accusé de n'avoir pas voulu secourir Granville et d'avoir refusé de servir sous les ordres de Rossignol, accusations contre lesquelles il protesta avec énergie, il fut suspendu de ses fonctions par arrêté des représentants L. Turreau, Prieur (de la Marne) et Bourbotte. Cet arrêté lui fut notifié par les représentants eux-mêmes, au moment où, avec ses deux généraux de brigade, Tilly et Vialle, il se présentait à la réunion du conseil de guerre dont parle ici Kléber. Destitué le 1er décembre 1793.

mandé cette division en partant des côtes, ayant été destitué en route, les représentants du peuple en conférèrent le commandement au général de brigade Tilly [1]. Après

[1]. « *Au quartier général de Rennes, le 2ᵉ jour de la 2ᵉ décade du 3ᵉ mois de l'an II (2 décembre 1793).*
« Le général en chef de l'armée des côtes de Brest et de celle de l'Ouest, réunies, d'après les instructions qui lui ont été données par le ministre de la guerre, ordonne au général de brigade Tilly de remplir provisoirement les fonctions de général de division et de commander en cette qualité les troupes qui formaient ci-devant la division de l'armée des côtes de Cherbourg ; invite les représentants du peuple près de cette armée à approuver cette nomination provisoire, se réservant d'en informer le ministre de la guerre et le Conseil exécutif.
  « *Le général en chef*, ROSSIGNOL.
« Les représentants approuvent la présente nomination et autorisent, en conséquence, le général Tilly à exercer provisoirement les fonctions de général de division et à toucher les appointements de ce grade.
  « PRIEUR (de la Marne), L. TURREAU, BOURBOTTE, CARRIER ; BLAVIER, secrétaire en chef de la commission. »
(Arch. Adm. de la Guerre, Dossier de Tilly.)
  Jacques-Louis-François, comte de Tilly, né à Vernon le 2 février 1749, soldat au régiment d'infanterie du Soissonnais, du 1ᵉʳ mars 1761 au 20 juin 1767, sous le nom de Delaître-Tilly. Entré dans la gendarmerie de France, le 12 août 1767 ; sous-lieutenant le 1ᵉʳ février 1781, capitaine au bataillon de garnison de la marine en 1788, réformé le 20 mars 1791 ; capitaine au 6ᵉ régiment de cavalerie, le 10 mai 1792, colonel, le 26 octobre 1792 ; commandant le 6ᵉ régiment de dragons, le 29 novembre. A la fin de mars 1793, il se distingue en ramenant à Lille la garnison de Gertruydenberg, abandonnée par Dumouriez, et la Convention décrète qu'il a bien mérité de la patrie. Général de brigade à l'armée des côtes de Cherbourg le 21 avril 1793, et nommé provisoirement au commandement en chef de cette armée, lorsque Wimpfen avait pris parti pour les Girondins. Tilly se proclama sans-culotte, fréquenta les clubs et obtint ainsi de ne pas être destitué comme ci-devant noble. Il se distingua au Mans, à Savenay, puis à Machecoul. Commandant de Cherbourg le 2 janvier 1794, suspendu le 9 février, réintégré par la Convention le 16 mars, sur les instances de Carrier et de Delacroix ; employé dans son grade de général de division à l'armée des côtes de Brest, le 23 janvier 1795, puis à l'armée de Sambre-et-Meuse, le 17 mars ; passé à l'armée du Nord, le 25 décembre ; chef de l'état-major de l'armée de Sambre-et-Meuse, le 22 novembre 1796 ; inspecteur général des troupes des quatre divisions de l'Ouest, le 8 octobre 1797. Commandant des 24ᵉ et 25ᵉ divisions militaires (Belgique), en 1799 ; employé à l'armée de l'Ouest, en 1800 ; commandant de la cavalerie du camp de Montreuil, le 2 décembre 1803 ; il commande la cavalerie de deux des corps de la Grande Armée, de 1805 à 1807 ; employé à l'armée d'Espagne, du 17 oc-

quelques discussions sur la marche que tiendrait l'armée qui devait partir le lendemain, il fut arrêté, sur ma proposition, qu'elle se porterait d'abord sur Châteaubriant, d'où elle pourrait se diriger sur Angers ou tout autre point correspondant à la nouvelle direction que pourraient prendre les Brigands [1].

Il fut décidé en outre que le général en chef enverrait ordre au général Tribout, à Dinan, de venir occuper Rennes avec sa division et de défendre cette ville, si l'armée Rebelle venait la menacer. Le général Damas devait conserver le commandement de la ville jusqu'à nouvel ordre. Enfin la colonne de Cherbourg devait également suivre la route de Châteaubriant, à deux jours de marche, et les troupes de Westermann, qui, après la déroute d'Antrain, s'étaient retirées sur Avranches et avaient joint cette colonne à son passage par cette dernière ville, devaient continuer leur route avec elle. Aussi, le lendemain, l'armée sortit de Rennes, et le général Marceau demeura à la tête des troupes, sous les ordres de Rossignol.

9 frimaire (29 novembre).

Après le conseil, on avait l'habitude de rester quelque temps réunis, pour parler sur les affaires du temps. C'est ordinairement alors que Prieur (de la Marne) s'aban-

---

tobre 1808 au 19 octobre 1813, où il se distingua particulièrement. Il prit part à la défense de Paris, le 26 juin 1815. Retraité par ordonnance royale du 4 septembre 1815; mort à Paris le 10 juin 1822. Dans un mémoire adressé par lui au ministre de la guerre, sous la Restauration, et qui se trouve à son dossier, il déclare avoir été prêt à favoriser l'action des royalistes à la bataille du Mans (12 décembre 1793); mais ne l'avoir pu faire parce que ceux-ci n'avaient pas à leur tête un prince auquel il pût rallier sa division; il dit encore avoir favorisé les agissements des émigrés et nommément du comte de Semallé, en Belgique, pendant que lui-même commandait dans ce pays.

1. « L'ordre de départ fut, en conséquence, donné pour le 29 (novembre) par le général Robert, chef d'état-major, qui chargea les adjudants généraux Fieffé et Caffin de précéder les colonnes, pour désigner et établir les postes militaires sur la route. » (Savary, loc. cit., II, 391.)

donnait à son délire révolutionnaire ; car, disait-il souvent : « Je suis, moi, le romancier de la Révolution. » Je ne sais pas par quel hasard on vint à parler du fardeau du commandement en chef et de la responsabilité terrible qui devait accompagner ces importantes fonctions. On voulait faire allusion à Rossignol ; Prieur le comprit et répondit aussitôt : « Le Comité de Salut public a la plus grande confiance dans les talents et les vertus civiques du général Rossignol » ; et, en élevant la voix, il ajouta : « Je déclare aux officiers généraux qui m'entourent que, quand même Rossignol perdrait encore vingt batailles, quand il éprouverait encore vingt déroutes, il n'en serait pas moins l'enfant chéri de la Révolution et le fils aîné du Comité de Salut public. Nous voulons, continua-t-il, qu'il soit entouré de généraux de division capables de l'aider de leurs conseils et de leurs lumières, et malheur à eux s'ils l'égarent, car nous les regarderons seuls comme les auteurs de nos revers, chaque fois que nous en éprouverons ! » Personne ne prit la peine de réfuter ce ridicule épanchement, qui fut généralement attribué à l'état d'ivresse, dans lequel se trouvait trop souvent cet énergumène proconsul.

La colonne alla le premier jour occuper les cantonnements depuis les Trois-Maries [1] jusqu'à Thourie [2] ; elle se réunit en entier le lendemain à Châteaubriant. A peine Marceau et moi y fûmes-nous arrivés, que l'on nous an-

10 frimaire (30 novembre).

1. ⁓s Trois-Maries, chapelle ancienne et lieu de pèlerinage réputé, dans la commune et à un kilomètre au sud de Corps-Nuds, canton de Janzé (Ille-et-Vilaine). Sur le grand chemin de Rennes à Angers par Châteaubriant. A dix-neuf kilomètres sud-sud-est de Rennes et à dix-sept kilomètres nord-nord-ouest de Thourie.

2. Thourie, commune du canton de Retiers, arrondissement de Vitré (Ille-et-Vilaine), sur le grand chemin de Rennes à Angers. A trente-six kilomètres sud-sud-est de Rennes et dix-neuf kilomètres nord-nord-ouest de Châteaubriant.

nonça que l'armée Rebelle paraissait se diriger sur Angers pour s'emparer de cette ville, ainsi que des Ponts-de-Cé.

Marceau ne perdit point de temps pour prévenir le général en chef Rossignol et, dans la nuit du 10 au 11, il dépêcha une ordonnance à Rennes, où il était demeuré, pour lui faire part de cet avis et lui demander des ordres pour marcher vers Angers. Le général Rossignol n'ayant fait aucune réponse, il lui fut envoyé, le 12, une seconde ordonnance, à laquelle il remit un billet ouvert, où il annonçait qu'il arriverait de sa personne le lendemain. C'était lui dire (à Marceau) bien clairement qu'il ne devait bouger jusqu'à ce qu'à son arrivée le général Rossignol lui en eût donné l'ordre. Il vint en effet, le 13 au soir, avec son chef d'état-major Robert et les représentants du peuple Prieur (de la Marne), Bourbotte et Turreau. Ces derniers recevaient au même instant une lettre de leurs collègues enfermés dans Angers, qui les pressaient de faire avancer des troupes et leur apprenaient que les Brigands étaient devant la ville et en occupaient les faubourgs, ce qui avait déterminé d'incendier l'un d'eux [1]. Cette nouvelle monta fortement la tête aux représentants, qui, s'adressant au général Rossignol, lui demandèrent pourquoi la colonne de Châteaubriant ne s'était pas déjà portée en avant. Celui-ci en attribua lâchement la faute au général Marceau, et Robert, l'ennemi juré de Marceau autant que le mien, étaya cette impudence en donnant à entendre que Châteaubriant offrant des agréments, on

11 frimaire
(1er décembre).

12 frimaire
(2 décembre).

13 frimaire
(3 décembre).

---

1. « A neuf heures et demie (le 3 décembre), l'ennemi (les Vendéens) parut... le feu le plus vif répondit à celui de l'ennemi, qui attaqua la porte Cupif, qu'il regardait avec raison comme la partie la plus faible de la ville. Il s'y présenta avec audace. » (*Récit* du Département, aux *Arch. de Maine-et-Loire.*)

n'avait pas été fâché d'y prendre quelque séjour. Marceau fut donc appelé. La scène qu'il eut fut très vive, et, quoiqu'il se justifiât évidemment, en rapportant ce qui s'était passé entre lui et le général en chef, on feignit de ne point vouloir l'écouter; et Rossignol, sous prétexte d'une incommodité, prit le lit, et laissa le jeune général seul aux prises avec ces hommes farouches et intraitables. Enfin, après avoir crié beaucoup, Prieur finit par dire à Marceau : « Au surplus, nous savons bien que c'est moins ta faute que celle de Kléber, c'est lui qui t'a conseillé, et dès demain nous établirons un tribunal exprès pour le faire guillotiner. » Marceau revint au logement, ému de douleur. Il me raconta ce qui venait de lui arriver et ne me cacha pas ce qui me concernait particulièrement. Il était alors onze heures du soir; je ne voulais ni me mettre en marche ni prendre de repos avant d'avoir eu une explication avec ces messieurs. Je me transportai donc chez eux; je les trouvai couchés chacun sur un lit et, hormis Turreau qui me donna le bonsoir, personne ne proféra une parole. Enveloppé dans mon manteau, je me promène pendant dix minutes dans la chambre, sans mot dire, lorsque tout à coup Prieur (de la Marne), élevant la voix, s'écria : « Eh bien, Kléber, que penses-tu d'Angers ? » Je lui répondis froidement : « Ce que j'en ai pensé il y a trois jours, lorsqu'au conseil de guerre, je vous ai proposé d'y envoyer la brigade de Boucret ; je vous ai dit alors, et tous étaient de cet avis, qu'avec quatre mille hommes de garnison, la sûreté de cette ville, qui par ses murs était à l'abri d'un coup de main, n'était point compromise. » — « Mais sais-tu, me répliqua-t-il, que deux représentants du peuple y sont enfermés ? » — « Je l'ignore; mais je sais bien qu'il y a quatre mille hommes de garnison et une population considérable. » — « Tu crois donc qu'il n'est rien à craindre ? » — « Non, à moins que la trahison ne mette la ville au pouvoir des Rebelles ; et vous ne le craignez pas plus que moi. » — « Allons, Kléber, il faut marcher. » — « On partira à minuit, et, si Rossignol s'était expliqué, s'il l'avait voulu, depuis deux jours on serait devant Angers. Ce n'était donc ni à moi ni à Marceau qu'il fallait s'en prendre, si nous nous trouvons encore ici, et Rossignol seul doit être responsable des événements fâcheux que le retard de notre marche pourrait occasionner. » — « Allons, Kléber, allons, vive la République ! » — « Elle vit toujours dans mon cœur », répliquai-je. Et je sortis pour me porter à la tête de ma troupe, qui allait se mettre en marche.

C'est ainsi que finit une scène qu'un seul mot aurait pu conduire à la plus terrible catastrophe, si ma présence d'esprit et mon sang-froid n'avaient contenu ces hommes violents et injustes, et ne leur avaient fait renoncer à leurs projets sanguinaires, dont ils auraient pu devenir les premières victimes.

A minuit les divisions se mirent en mouvement et se portèrent d'un trait à Angers, où elles arrivèrent le même jour, vers les dix heures du soir. Il fit tellement froid pendant cette marche, que l'on fut obligé d'allumer de grands feux le long de la route, et de permettre que la tête de la colonne se chauffât pendant que la queue filait et ainsi alternativement. Marceau et moi-même nous mîmes pied à terre à Angers, chez les représentants du peuple Esnue-Lavallée et Francastel. Ils se vantaient à l'envi, et avec une exagération ridicule, de traits de valeur, tandis que les Rebelles, sentant parfaitement que la ville était au-dessus d'un coup de main, s'étaient bornés à la tenir cernée du côté de la Flèche, des Ponts-de-Cé et de Saumur, sans avoir passé ni la Sarthe ni la Mayenne.

Il est cependant vrai que plusieurs d'entre eux ont eu l'audace de s'approcher jusque sous les murs de la ville. De là quelques hommes tués et blessés sur les remparts. On voit donc que c'est même à tort que l'on a fait incendier l'un des faubourgs.

14 frimaire (4 décembre).

Marigny arriva sur les derrières de l'armée catholique qui canonnait Angers depuis trente heures. L'ennemi ne faisait aucun service de surveillance, et avait seulement couvert ses équipages et ses non-combattants par ce qu'il appelait sa cavalerie, qui se trouvait alors à moitié route environ d'Angers au village de Pellouailles [1], sur le grand chemin de la Flèche. A la première nouvelle de notre marche, les Rebelles abandonnèrent leurs projets sur Angers. Mais, ce qui contribua le plus à leur retraite, ce fut l'apparition subite des troupes aux ordres de Marigny, qui, se présentant sur leurs derrières, par la route de la Flèche, devaient leur faire craindre d'être eux-mêmes enveloppés autour de la ville. Ils se hâtèrent donc de se retirer sur Baugé [2]. Marigny, profitant de leur désordre,

---

1. « Pellouailles, commune du canton d'Angers, sur la route de la Flèche. A onze kilomètres nord-nord-est d'Angers ; trente-neuf kilomètres sud-ouest de la Flèche ; dix, sud-ouest, de Suette ; seize, ouest-sud-ouest, de Baugé.

2. Baugé, chef-lieu de district puis d'arrondissement du département de Maine-et-Loire. A quarante kilomètres nord-est d'Angers ; trente-cinq, nord-nord-ouest, de Saumur ; quatorze, nord-est, de Beaufort-en-Vallée ; dix-neuf, est, de Suette ; dix-sept, sud-est, de Durtal ; dix-neuf, sud, de la Flèche.

« Les Vendéens apprennent que des troupes fraîches, venant de Rennes (Danican), sont entrées dans la ville et que des hussards viennent de piller une ou deux voitures sur leurs derrières. Stofflet se met à rallier l'infanterie, à quoi il ne parvient que très difficilement, et La Rochejaquelein se porte avec la cavalerie sur les troupes légères (de Bouin-Marigny), qui venaient attaquer en queue. Sa cavalerie se conduit mal, à l'ordinaire ; mais quelques centaines de fantassins qui le rejoignent au bout d'une heure, avec deux ou trois pièces de canon, forcent les Républicains à la retraite. Cet événement hâte le ralliement dont s'occupait Stofflet, et l'armée se met en marche de ce côté. Elle passe la nuit au bi-

chargea, avec cent cinquante chevaux, une colonne de cinq mille hommes, les dispersa et en fit un horrible carnage. Mais pendant qu'il souriait à ses succès, un boulet de canon vint le frapper au bas-ventre et trancha ses jours; « Chasseurs ! achevez-moi ! » furent ses dernières paroles. Et ces braves soldats, qu'il avait conduits tant de fois à la victoire, l'arrosèrent de leurs larmes et, le portant sur leurs chevaux, allèrent l'enterrer au cimetière de Pellouailles. Sa destitution devait lui être notifiée à sa rentrée à Angers. Il prévint ainsi par une mort glorieuse l'injustice des gouvernants.

Je ne dois pas omettre que le général Beaupuy, qui avait été blessé à l'affaire de Laval, se trouva enfermé dans Angers ; et, quoique sa blessure n'était point cicatrisée, il parcourut les remparts, encourageant tout le monde. Il donna aux officiers supérieurs l'idée, bien simple sans doute, mais à laquelle aucun d'eux n'avait encore songé, de former des sacs à terre et de les placer sur les parapets, afin de rendre le feu de la mousqueterie moins meurtrier. L'on eut à s'applaudir de l'avoir mise à profit. Les citoyennes d'Angers montrèrent également dans cette circonstance infiniment de courage et d'humanité, en portant régulièrement des subsistances aux soldats de service sur les remparts, et en soignant et consolant les blessés [1].

vouac dans un village (Suette), à l'embranchement du chemin de Baugé, où elle se rend le lendemain de bonne heure. Le froid était devenu très vif, et l'on voyait de temps en temps, le long du chemin, des malades ou des blessés qui y avaient succombé. La marche sur Baugé avait été déterminée dans la crainte de trouver le pont de Durtal défendu, par le désir de ne pas s'éloigner de la Loire et par le besoin d'un gîte. » (*Récit* de d'Obenheim, rapporté par Savary, *loc. cit.*, II, 409.)

1. « Toutes les troupes ont mérité des éloges, et particulièrement la garde nationale. Les vétérans faisaient la police de l'intérieur. Les vieillards, jeunes filles, femmes et enfants, portaient aux soldats, sur les rem-

15 frimaire
(5 décembre).

Le 15, la colonne de Cherbourg et les troupes de Westermann, qui la joignirent à Avranches, entrèrent dans Angers. Ainsi toute l'armée s'y trouva réunie.

Dès le matin, mon adjudant général et mes aides de camp sortirent de la ville avec un détachement, pour tâcher d'atteindre la queue de l'armée Rebelle. Ils trouvèrent dans la plaine quantité de blessés, et des bivouacs entiers d'hommes, de femmes et enfants, péris de misère autour d'un feu. On emporta dans la ville tous les morts et les blessés, et parmi ces derniers il se trouva un chef de second ordre et un médecin. En passant à Pellouailles, un aubergiste dit à ces officiers qu'un général des hussards, tué par l'ennemi, y avait été enterré la veille. Ils présumèrent, d'après le signalement que cet homme en fit, que ce pouvait être Marigny; ils le firent déterrer et s'en assurèrent ainsi. Ayant fait part de ce qu'ils avaient vu aux représentants du peuple, qu'ils rencontrèrent sur la route en me rejoignant, ceux-ci l'écoutèrent avec un froid extraordinaire et sans répondre un mot. Marigny n'excita pas les regrets de la représentation nationale; il fut cher à tous ses camarades [1].

Le même jour, le général en chef Rossignol reçut du ministre Bouchotte ma destitution, celle du général Bouin-Marigny et celle du général Haxo, qui était demeuré sur la rive gauche de la Loire. La conduite militaire de ce général avait été suivie de l'œil par le repré-

---

parts, des munitions et des vivres. Les militaires et les habitants ne formaient ce jour-là qu'une famille. Les autorités constituées partageaient le danger; un de leurs membres (Lebreton, officier municipal) y a péri. » (*Rapport de Ménard, commandant temporaire de la place*. Imprimé in-4.)

[1]. « Marigny fut l'Achille de l'armée de Mayence, sa bravoure, ses talents militaires et ses qualités sociales lui avaient acquis l'estime et l'amitié de tous les individus de cette armée. » (*Note du manuscrit Chateaugiron.*)

sentant Carrier ; aussi ne permit-il pas que cette destitution lui fût communiquée. L'arrêté qui prononçait la mienne ne fut point remis, probablement dans la crainte que cela ne fît une trop grande sensation dans les chefs et même les soldats de l'armée de Mayence, ou parce que les représentants du peuple, ayant pris vivement ma défense dans une lettre au Comité de Salut public, ne voulurent point éprouver une pareille contrariété de la part du ministre [1].

Marceau reçut non seulement la confirmation du grade de général de brigade, auquel il avait été nommé à Cholet, mais encore la commission de général de division, ainsi qu'une autre relative au commandement en chef par intérim de l'armée de l'Ouest, qui devait seule agir et poursuivre les Rebelles, jusqu'à l'arrivée du général Turreau, employé alors à l'une des armées des Pyrénées. Quant à Rossignol, il fut, de nouveau, relégué dans son commandement de Brest, dont l'objet était de garder les côtes et de faire la guerre à quelques centaines de Brigands, connus sous la dénomination de Chouans, et répandus dans le département de la Mayenne.

J'ai dit plus haut que les Brigands s'étaient retirés sur Baugé, et comme ils s'avancèrent jusqu'à Longué [2], et même plus près de Saumur, il était à craindre qu'après s'être débarrassés des troupes de Marigny, ils ne se portassent sur cette dernière ville, en repassant la Loire, ainsi qu'on leur en connaissait le désir bien prononcé.

---

1. « L'envoi du ministre renfermait une liste de destitutions sur laquelle figuraient les noms de Kléber, Haxo, Bouin-Marigny, etc. Marceau, indigné, communiqua cette liste à l'adjudant général Savary, qui lui conseilla de la tenir secrète et d'écrire sur-le-champ au Comité de Salut public pour lui faire ses observations à ce sujet. » (Savary, loc. cit., II, 414.)

2. Longué, chef-lieu de canton du district puis de l'arrondissement de Baugé (Maine-et-Loire). A quarante et un kilomètres est-sud-est d'Angers; onze, sud-est, de Beaufort-en-Vallée ; dix-huit, sud, de Baugé ; dix-sept, nord-ouest, de Saumur.

Le représentant du peuple Turreau partit donc le même jour pour s'y rendre et y prendre, de concert avec le général Commaire [1] qui commandait Saumur, les mesures convenables à sa sûreté.

J'entends à midi battre la générale. Étonné de n'avoir reçu aucun ordre ni instruction concernant le mouvement des troupes, j'envoie un officier à l'état-major général. Il n'y trouva que l'adjudant général Doutil, ci-devant de l'armée de Mayence, mais que sa lâcheté avait depuis longtemps fait déclarer faux frère. Le général en chef était au conseil de guerre, et Doutil éludait de répondre catégoriquement. Enfin, pressé par mon officier, il lui dit : « Le général Kléber n'a point dû et ne doit point être instruit du mouvement à faire par la troupe, puisque, sa destitution étant arrivée au général en chef, il n'a plus de commandement. » — « Avez-vous la certitude de ce que vous me dites ? » lui demanda l'officier surpris de ce qu'il avait entendu. — « Je le sais si bien, répondit Doutil, qu'elle a été lue ce matin au bureau. »

L'officier étant venu me rendre compte de sa conversation avec Doutil, et ma destitution ne m'ayant pas été notifiée, je me décidai sur-le-champ à me rendre au conseil de guerre, quoique je n'y eusse point été appelé. Chemin faisant, l'on me remit cependant la lettre de convocation. J'y arrivai et, y trouvant tous les généraux réunis, je ne fus pas sans remarquer, sur certains visages, du froid et de l'embarras [2]. Mais, quoique je ne doutais pas

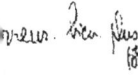

1. Marc-Antoine Commaire, né à Nointel (Oise) le 4 janvier 1755, soldat dans Perche-infanterie, de 1774 à 1782 ; capitaine de la 1re compagnie de garde nationale de la section du Ponceau, de Paris ; lieutenant-colonel du 2e bataillon des Gravilliers, au départ de celui-ci pour la Vendée, le 24 mai 1793 ; protégé de Santerre, Rossignol et Ronsin, général de division le 30 septembre de la même année. Mort à Châteaubriant des suites des fatigues de la guerre, vers 1796.
2. « Les généraux Kléber et Danican s'étaient plaints du retard des or-

un instant de la vérité du rapport qui m'avait été fait, je donnai mon avis à mon tour. Il y fut arrêté qu'une colonne marcherait sur Baugé et que l'autre se dirigerait sur Saumur, par la Levée [1], car on était incertain si l'ennemi se dirigerait par la Flèche dans le département de la Sarthe, ou si, persistant toujours dans son dessein de repasser la Loire, il se retirerait sur Saumur. Celle-ci avait pour objet de l'attaquer en tête et par le flanc, dans le cas où il se serait dirigé sur Saumur, et la première devait tomber sur ses derrières et ses flancs, si de Baugé il se portait sur la Flèche. Marceau, qui voulut être attaché à ma colonne, sortit avec moi; Vérine nous accompagnait. Je leur fis part de ce que j'avais appris sur ma destitution; ils en furent frappés, et voulurent en avoir l'assurance de Rossignol lui-même. Ils se rendirent chez lui et ne le quittèrent qu'après qu'il leur eut donné sa parole d'honneur qu'il ne l'avait point reçue. Ils vinrent me le dire; mais je ne demeurai pas moins convaincu du contraire.

A quatre heures après midi, l'armée se mit en marche; la tête de la colonne sous mes ordres arriva le même soir à Saint-Mathurin; la queue resta bivouaquée au village de la Daguenière [2], poussant un corps de flanqueurs à Beaufort [3].

dres de Rossignol; tous deux ont été suspendus. Le premier a été conservé par un arrêté des représentants du peuple. » (Westermann, *Campagne de la Vendée*, 23-24.)

1. Levée de la Loire, suivant la rive droite du fleuve et terminée en 1743. Cette levée porte la grande route de Briare à Nantes, depuis son point de départ jusqu'à la Daguenière, d'où cette route se dirige sur Angers.

2. La Daguenière, commune du canton des Ponts-de-Cé, sur la levée de la Loire. A douze kilomètres sud-sud-est d'Angers, et neuf, ouest, de Saint-Mathurin, au canton duquel elle appartenait en 1793.

3. Beaufort-en-Vallée, chef-lieu de canton de l'arrondissement de Baugé. A seize kilomètres sud-sud-ouest de cette ville; trente et un, est, d'Angers; trente, nord-ouest, de Saumur; sept, nord, de Saint-Mathurin.

La division aux ordres du général Müller et les troupes commandées par Westermann suivirent leur destination par Durtal. Cette marche détermina les Brigands à prendre position au Lude [1]. Comme de ce point il leur était encore facile de repasser la Loire par Tours, rien ne devait m'empêcher de continuer ma marche par la Levée. Aussi me portai-je le lendemain, avec la queue de ma colonne, jusqu'à Saint-Mathurin, et le général Marceau retourna de sa personne à Angers, pour être plus à portée d'avoir des nouvelles de l'ennemi.

18 frimaire (8 décembre). Séjour à Saint-Mathurin.

Le 18 frimaire, je reçus ordre de rester à Saint-Mathurin jusqu'à ce que des renseignements certains sur la position et les desseins de l'ennemi aient déterminé les mouvements ultérieurs à faire. Cependant une lettre du représentant du peuple Turreau et une autre du général Commaire, que je reçus le même jour, me décidèrent à continuer, le lendemain, ma marche sur Saumur, lorsque je reçus, du chef de l'état-major Robert, l'ordre de me rendre avec ma colonne à Baugé. Il me prévenait que le général Westermann avait ordre de poursuivre et de harceler les Brigands du côté de la Flèche, que la division de Müller suivait la même marche, en occupant des positions propres à recevoir l'ennemi avec avantage, s'il était attaqué, et à protéger la cavalerie de Westermann, si elle était forcée à la retraite. La division de Tilly se portait à Suette [2], sur la route d'Angers à la Flèche.

Comme je précédais la colonne, je rencontrai le repré-

---

1. Le Lude, alors chef-lieu de district, aujourd'hui chef-lieu de canton de l'arrondissement de la Flèche (Sarthe). A seize kilomètres est de cette ville, et à vingt-trois, nord-est, de Baugé.

2. Suette, village, commune de Seiches, à l'embranchement de la grande route de Paris à Angers par le Mans et la Flèche et de celle conduisant à Tours par Baugé. A dix-huit kilomètres nord-nord-est d'Angers ; trente-deux, sud-ouest, de la Flèche ; vingt-deux, est, de Baugé.

sentant du peuple Turreau, qui arrivait à cheval au-devant d'elle. Je lui fis voir l'ordre que j'avais reçu, mais trop tard, pour me rendre à Baugé. Il parut affecté de m'avoir déterminé avec le général Commaire d'avancer sur Saumur, et me fit la proposition de pousser le même jour la colonne jusqu'à Longué ; que par ce moyen il y aurait peu de temps perdu. Je lui représentai que cette marche serait de onze lieues et qu'on n'arriverait qu'à nuit close à Longué ; que cependant j'étais prêt à faire exécuter cette marche, si, de son côté, il voulait donner les ordres nécessaires pour que le pain et la viande fussent conduits à Longué, pour pouvoir en faire la distribution le lendemain. Il s'engagea à le faire et, la colonne étant arrivée au faubourg de Saumur, sans s'arrêter un instant dans cette ville, elle continua sa marche et prit poste au delà de Longué. Je restai de ma personne à Saumur, pour surveiller et presser le départ des subsistances. Turreau et Commaire profitèrent de ce temps pour me faire part de toutes les dispositions qu'ils avaient faites pour la défense du pont de cette ville. Je m'aperçus avec plaisir que l'on n'avait pas perdu son temps et, quoique les travaux n'étaient encore qu'ébauchés, les Brigands eussent eu infiniment de peine à forcer ce passage Le lendemain, 20, la colonne, conformément à l'ordre que j'avais donné d'avance, partit au jour pour se rendre à Baugé, où j'arrivai une demi-heure après elle. J'y trouvai le général Marceau et les représentants du peuple Prieur et Bourbotte. On convint de suite que je continuerais ma marche le jour suivant sur le Mans. Aussi, le lendemain, je me portai avec la colonne sur la Flèche, poussant l'avant-garde jusqu'à Clermont [1]

20 frimaire (10 décembre). Baugé.

21 frimaire (11 décembre). Arrivée à la Flèche.

1. Clermont-Créans, ou Clermont-Gallerande, commune du canton de la Flèche. A cinq kilomètres nord-est de cette ville ; sur la route et à trente-

et Mareil [1]. Je demeurai de ma personne à la Flèche. On trouva au collége des Jésuites près de trois cents Brigands, malades ou blessés, morts ou moribonds; tous périrent faute de soins, et on les enterra successivement à la Flèche même [2]. Les habitants de cette ville estimèrent qu'il y avait à la suite des Brigands plus de douze mille femmes, prêtres et autres personnes hors d'état de combattre; que l'armée était harassée de fatigues, et travaillée par la dysenterie. Ils racontaient aussi que leurs chefs entraient dans les boutiques, y prenaient ce qui leur convenait, et payaient en assignats de leur fabrication.

22 frimaire (12 décembre).

Le jour suivant, je me portai avec les troupes sous mes ordres jusqu'à la hauteur des village et château des Perrais [3], où je trouvai une fort bonne position, défendant parfaitement la route du Mans. Je m'y établis militairement et pris mon quartier général au château. Les représentants du peuple restèrent à Foulletourte [4], et le général Marceau poussa jusqu'au Mans, ayant appris que le général Westermann et la division Müller y avaient été attaqués par l'ennemi. En effet, à l'approche des

sept kilomètres sud du Mans; à deux kilomètres nord de la rive droite du Loir; à vingt-six, nord, de Baugé.

1. Mareil-sur-le-Loir, commune du canton de la Flèche. A huit kilomètres est de cette ville; trois, sud-est, de Clermont; vingt-quatre, nord, de Baugé.

2. « Ils furent tous massacrés le même jour et jetés dans la rue, où je les ai vus. » (Note, signée H. Le Prestre de Chateaugiron, au pied d'une copie de ce passage existant dans les papiers de cet ancien officier appartenant aujourd'hui à M. J. Venture.)

« Nous trouvâmes dans la ville (de la Flèche) quelques centaines de Brigands qui furent tués et massacrés. » (Westermann, loc. cit., 27.)

3. Les Perrais, commune de Parigné-le-Polin, canton de la Suze (Sarthe), à vingt kilomètres nord de Clermont et vingt, sud, du Mans.

4. Foulletourte, bourg constituant l'agglomération la plus importante de la commune de Cérans-Foulletourte, canton de Pontvallain, arrondissement de la Flèche. A vingt-deux kilomètres nord-nord-est de cette ville; dix-sept, nord, de Clermont; trois, sud, des Perrais. Sur la route et à vingt-trois, sud, du Mans.

troupes de la République, les Brigands firent une sortie au Mans, et tandis que les troupes de Westermann les combattaient et les faisaient rentrer dans la ville, le général Müller souffrit qu'au premier coup de fusil sa colonne se débandât et se mît en déroute, à l'exception de quelques bataillons de la Haute-Saône, de la ci-devant armée de Mayence, qui tinrent ferme, ainsi que la colonne de l'armée de Cherbourg commandée par le général Tilly [1]. Le général Marceau, qui arrivait dans cet instant, proposa à Westermann de prendre une position conjoin-

---

1. « Le 22 (frimaire), à dix heures du matin, nous attaquâmes l'armée royaliste... J'avais embusqué ma petite infanterie ; l'ennemi sort de ses retranchements et se porte sur moi, nous soutenons le combat pendant près de trois heures ; chaque coup de canon renverse des Brigands; enfin je fus obligé de me replier... Müller arrive avec sa division, il avance, mais, à la première décharge, il prend la fuite et ordonne à sa troupe de le suivre, pour, dit-il, prendre position. Effectivement, il prit cette position à Foulletourte, à quatre lieues du Mans. La division de Cherbourg, commandée par le général Tilly, arrive après coup, elle avance fièrement sur l'ennemi, le combat s'engage et, en moins d'une heure, les Brigands se replient. Je me mets à la tête de la cavalerie et, de concert avec la division de Cherbourg, nous chargeons l'ennemi avec tant d'impétuosité, que bientôt il fuyait à toutes jambes dans le Mans... » (Westermann, *loc. cit.*, 28-29.)

« Étant arrivés (Tilly et sa division) au village d'Arnage, deux lieues avant le Mans, nous avons trouvé le héros Westermann bien peu digne de la confiance publique, complètement battu et dans une déroute totale... Il était à peu près trois heures de l'après-midi ; nous n'avons pas eu de peine à mettre notre colonne dans le plus grand ordre. L'avant-garde n'était qu'à deux cents pas du corps de l'armée. Tout de suite, l'adjudant général Vachot a détaché la moitié de son avant-garde sur l'aile droite du chemin et moitié sur l'aile gauche, et de suite a commencé son feu, qui a été très vigoureux, du temps qu'on déployait les brigades, chacune au point de direction qu'indiquait la position des ennemis. Ce tiraillement a duré à peu près une demi-heure à trois quarts d'heure. Lassés de cela, on a battu la charge et, la baïonnette en avant, on les a chassés jusque dans la ville. La division seule des côtes de Cherbourg, commandée par le général Tilly, absolument nulle autre troupe excepté Westermann et sa cavalerie, qui, voyant nos succès, venait faire les beaux bras à la tête de notre colonne. » (*Lettre* de Vidal, chef d'escadron au 9ᵉ hussards, à Lindet, membre du Comité de Salut public; le Mans, 2 nivôse an II-22 décembre 1793. *Guerre, Arch. hist.*, V, 5.)

tement avec la colonne de Cherbourg, en attendant l'arrivée de la mienne, pour pouvoir agir ensuite avec plus d'ensemble et d'une manière plus décisive. Mais Westermann, qui avait la tête montée du succès qu'il venait d'avoir, lui répondit vivement : « Ma position est au Mans. L'ennemi est ébranlé, il faut en profiter et réattaquer. » Marceau ne voulut point contrarier ces dispositions, et après avoir donné ordre à la colonne de Cherbourg de soutenir de tout son pouvoir l'entreprise de Westermann, le Mans fut en effet attaqué. Malgré les traverses que les Brigands avaient établies dans les rues, et qu'ils avaient eu soin de garnir d'artillerie, Westermann culbute tout, fait un horrible carnage, chasse les Rebelles du faubourg et les pousse jusque sur la place de la ville [1]. Marceau, présent à cette action, fait aussitôt occuper toutes les rues qui y aboutissent et dispose le reste de sa troupe de manière à défendre les routes de Paris et de Vendôme jusqu'à la rivière de l'Huisne et se propose de passer la nuit dans cette position ; en même temps qu'il m'envoyait ordre d'avancer avec ma division [2].

[1]. « Marceau arrive et me trouve à la poursuite de l'ennemi à trois portées de fusil du Mans... Il faisait nuit, et Marceau donna ordre de prendre position devant le Mans pour l'attaque du lendemain. Il ne connaissait pas comme moi les retranchements de l'ennemi devant cette ville, l'attaque était difficile et aurait coûté la vie à bien des braves Républicains. Je lui dis que la meilleure position était dans le Mans, qu'il fallait profiter du moment. Je marchai toujours en avant, Marceau me serra la main et me dit : « Tu joues gros jeu, brave homme, mais va, je ne te quitte pas. » Nous doublons le pas, cavalerie et infanterie se mettent à courir, et nous sautons pour ainsi dire ensemble dans les retranchements ennemis... tout ce qui se présente devant nous est renversé et taillé en pièces... mais en arrivant vers la place, l'ennemi y avait braqué plusieurs pièces de canon et s'était placé dans les maisons, d'où il fit un feu d'enfer sur nous. » (Westermann, *loc. cit.*, 29, 30.)

[2]. « Cependant Marceau n'était pas tranquille sur sa position. L'ennemi pouvait se porter sur ses flancs ou ses derrières, et il n'avait pour retraite

Je reçois cet ordre, mais j'apprends en même temps que la colonne de Müller, en pleine déroute, se sauvait à toute haleine sur Foulletourte. Je ne crus donc point prudent de filer avec la mienne à travers ces fuyards, et je préférai les attendre et partir une heure plus tard [1].

Comme il faisait très froid et qu'il pleuvait abondamment, je crus que rien ne serait plus capable d'arrêter les fuyards, qu'en faisant allumer un grand nombre de feux dans la position que je désirais leur faire occuper à ma gauche, ce qui fut aussitôt exécuté. J'avais commandé de petits détachements de cavalerie pour, conjointement avec les officiers de mon état-major, les rallier autour de ces feux.

Les premières personnes que j'aperçus furent les généraux Müller et Legros avec leur état-major. Quoique étonné de les trouver à la tête de leur déroute, je leur fis part des précautions que j'avais prises pour arrêter et rallier leurs soldats et les engageai à se réunir aux officiers de mon état-major, pour y parvenir plus sûrement. Mais ce que l'on croira difficilement, c'est que ces généraux continuèrent leur route pour aller occuper le gros bourg de Foulletourte et abandonnèrent ainsi à mon état-major seul le soin de rallier leurs troupes.

Les représentants du peuple Prieur, Turreau et Bourbotte, ayant appris cet événement, quittèrent au contraire ce même Foulletourte, pour se porter sur les Perrais et,

---

que la chaussée qui se prolonge du Mans à Pont-Lieu. Il envoie deux ordonnances à Kléber pour lui faire part de ses inquiétudes et l'inviter à venir, sans perdre de temps, à son secours. » (Savary, *loc. cit.*, II, 428.)

1. « A la réception de l'avis de Marceau, Kléber dit à Savary : Marceau est jeune, il a fait une sottise, il est bon qu'il la sente ; mais il faut se hâter de le tirer de là. » (*Note* de Savary, *ibid.*)

rencontrant le général Müller à l'entrée de Foulletourte, Prieur, dans son emportement, accabla non seulement de sottises ce général, mais lui appliqua encore quelques coups de plat de sabre. Ce procédé était sans doute bien mérité, mais ce qui étonnera éternellement, c'est que cet homme fut continué dans son commandement.

Pendant que cette colonne en déroute défilait, je me restaurai avec mon état-major au château des Perrais, et c'est là que Prieur lui-même, en présence de plus de quarante personnes, nous raconta la scène qui venait d'avoir lieu entre lui et Müller.

23 frimaire (13 décembre). Arrivée du corps d'armée au Mans. Vers les minuit, je pus enfin me mettre en marche et, confiant la conduite de la colonne à l'un des généraux sous mes ordres, je poussai rapidement au Mans. J'y trouvai le général Marceau accablé de fatigue, qui m'engagea, lorsque la colonne serait arrivée, à faire relever de suite les postes dans la ville du Mans occupés par les troupes de Westermann et de la colonne de Cherbourg, qui, également épuisées de lassitude, avaient besoin de repos. Ce qui fut exécuté par les chasseurs Francs et ceux de Kastel [1]. Le reste de ma division prit position dans les environs et presque aux portes du Mans. Comme il faisait très obscur et qu'il était fort difficile de se reconnaître, je cherchai et fis chercher partout le général Westermann pour me concerter avec lui sur la manière de terminer une opération qu'il avait si bien commencée, mais je ne pus le découvrir [2]. Je cherchai alors un abri dans

---

[1]. « Toute la nuit, le feu du canon et de la mousqueterie ne discontinua pas. Chacun tenait sa position. Le général Kléber, qui avait été le plus éloigné, avec sa division, arrive aussi ; il se place devant le Mans, mais il m'envoie sur-le-champ de la troupe fraîche pour relever celle qui était abîmée de fatigue. » (Westermann, *loc. cit.*, 31.)

[2]. « Westermann, également épuisé de fatigue, dormait alors dans une maison voisine. » (*Note de Savary, loc. cit.*, II, 429.)

une maison remplie de blessés où j'attendis le point du jour.

Les grenadiers de Blosse étant, après mon infanterie légère qui se trouvait actuellement dans le Mans, le plus près des portes de cette ville, je me mis à leur tête, en même temps que j'envoyai l'ordre à l'infanterie légère de se tenir prête à marcher et à attaquer l'ennemi au signal du pas de charge, que je ferais battre. Et, prévenant le général Marceau de toutes ces dispositions, nous continuâmes notre attaque et poursuivîmes les Brigands qui avaient profité de la nuit pour évacuer la ville, à l'exception de quelques centaines d'hommes, qui en gardaient encore les débouchés et qui furent égorgés [1]. Westermann et l'adjudant général Decaën, à la tête de sa cavalerie, et de quelques pièces d'artillerie légère soutenues par les chasseurs Francs et de Kastel, poursuivit avec la plus grande célérité la horde fanatique, et jalonna la route du Mans à Laval jusqu'à Sainte-Suzanne [2], par des monceaux de cadavres.

Quant à ma division et à celle de Cherbourg, Marceau leur fit prendre une position à la hauteur du château de la Sansonnière [3], où l'on resta jusqu'à quatre heures du soir, c'est-à-dire le temps nécessaire pour faire la distribution aux troupes qui n'avaient pas mangé depuis

---

1. « Quelques braves soldats (Vendéens) firent tête au coin des rues. On mit des pièces en batterie sur la place aux Halles, et tirant à mitraille sur les Républicains qui s'avançaient, on en fit un carnage affreux, ce qui leur fit croire que l'armée royaliste était encore dans la ville, et les rendit circonspects. » (Poirier de Beauvais, *loc. cit.*, 214-215.)

2. Sainte-Suzanne, chef-lieu de canton, alors du district d'Evron, aujourd'hui de l'arrondissement de Laval (Mayenne). Dans une position très forte, au sommet d'un mamelon abrupt isolé des collines de la Charnie par le ravin profond où coule l'Erve et entourée d'une enceinte encore fort respectable à l'époque de la Révolution. A quarante-cinq kilomètres ouest du Mans et trente-quatre, est, de Laval.

3. La Sansonnière, sur le chemin de Laval, commune de Trangé. A sept kilomètres ouest du Mans.

trente-six heures; d'où l'on partit ensuite pour prendre position à la hauteur du village de Chassillé [1].

Le général Westermann passa la nuit à Sainte-Suzanne, derrière la petite rivière d'Erve, poussant des patrouilles jusque vers Laval. On ne saurait se figurer l'horrible carnage qui se fit ce jour-là, sans parler du grand nombre de prisonniers de tout sexe, de tout âge et de tout état qui tombèrent en notre pouvoir [2]. Parmi ces derniers, nous trouvâmes un officier du génie, le citoyen d'Obenheim [3], que les Brigands avaient pris à Fougères, homme d'un très grand talent et qui avait été autrefois chargé des

1. Chassillé, commune du canton de Loué, arrondissement du Mans. A vingt-six kilomètres ouest de cette ville; dix-neuf de la Sansonnière; vingt, sud-est, de Sainte-Suzanne.

2. « Ce n'est sûrement pas aller trop loin que de porter le massacre à dix mille hommes en y comprenant les femmes, les enfants et les vieillards qui furent égorgés. La France entière sait avec quelle indécence, quelle férocité, ces massacres furent commis. L'ennemi (Westermann) poursuivit les fuyards pendant près de huit lieues, ne faisant aucun quartier, égorgeant tout ce qui tombait entre ses mains, et ne s'arrêta qu'à la chaussée de l'étang de Saint-Denis-d'Orques. Dans cette poursuite, il prit encore plusieurs canons et toutes les munitions. Les canonniers et leurs officiers avaient tellement perdu la tête qu'ils avaient attelé des bœufs sur les caissons et des chevaux sur les pièces, en sorte qu'ils ne purent sauver que deux caissons à moitié vides, pour le service de neuf pièces qu'ils avaient encore. » (Gibert, loc. cit., 122-123.)

« Je suivis l'ennemi sur la route de Laval, où, à chaque pas, des centaines et des milliers de Brigands trouvèrent la mort... C'est sur des montagnes de cadavres que, le 24 au soir, je suis arrivé à Laval. » (Westermann, loc. cit., 31-32.)

3. Alexandre-Magnus d'Obenheim, né à Revel en Languedoc, le 12 juillet 1753. Fils légitimé du baron d'Obenheim, gentilhomme saxon au service de la France. Élève à l'école du génie de Mézières le 11 janvier 1770; lieutenant en premier le 14 janvier 1772; capitaine le 1er juillet 1782. Il était chargé de la direction des travaux de terre pour la défense de Cherbourg et de celle des côtes de la Hougue, au moment du passage de la Loire par les Vendéens, en octobre 1793. Sa réputation d'ingénieur militaire engagea les représentants à l'appeler à l'armée des côtes de Brest, pour préparer la défense de la Bretagne et de la Normandie. Fait prisonnier par les Vendéens, à Fougères, il fut reconnu par Bernard de Marigny, qui l'avait vu quelques années auparavant à Brest. D'Obenheim profita de cette reconnaissance pour capter la confiance des Royalistes, qui le firent

différentes constructions que l'on fit à Cherbourg. Il était dans le plus grand dénuement et il était sans doute bien présumable que, si cet homme n'avait feint de tenir au parti royaliste, il n'eût point obtenu grâce parmi les Rebelles. C'est aussi ce qui le rendit extrêmement craintif lorsqu'il retomba en notre pouvoir. Cependant, comme il avait beaucoup d'amis dans l'armée, qu'il était avantageusement connu pour son civisme à Cherbourg, d'où il obtint de bons certificats, on le laissa suivre l'armée, en l'observant toutefois d'assez près. Cet officier nous dit qu'il estimait encore la force de l'armée Rebelle à quarante mille hommes armés, ayant environ dix à douze pièces de canon; mais ce qui devait causer leur perte certaine, c'était la mésintelligence qui régnait parmi les chefs, et la désobéissance formelle de la part des Brigands dans l'exécution de leurs ordres. Aussi le général Marceau, voulant profiter de ce grand avantage, arrêta qu'on poursuivrait à grandes journées l'ennemi, jusqu'à ce qu'on fût parvenu à le détruire.

En conséquence, on partit, le 24, de Chassillé et on s'établit dans les environs de Vaiges [1].

24 frimaire (14 décembre) Vaiges.

prendre part aux délibérations du Conseil de guerre. Lorsque, après la déroute du Mans, il fut repris par les Républicains, ses anciens camarades et le général Dembarrère se portèrent garants de son civisme, et il n'hésita pas à dévoiler aux généraux patriotes tout ce qu'il avait appris chez les Vendéens, comme précédemment il avait fourni à ceux-ci des renseignements sur les places défendues par les Républicains. Chef de bataillon le 24 mars 1795 ; destitué par arrêté du Comité de Salut public en date du 13 octobre suivant. Sur sa demande il obtint, le 29 novembre 1799, d'être employé en Égypte, sous les ordres de Kléber. Professeur de fortification à l'école de Châlons le 10 février 1801, professeur de mathématiques à celle de Strasbourg, du 20 mai 1806 au 7 septembre 1831, date à laquelle il fut mis à la retraite après cinquante-six ans de service. Pensionné par ordonnance royale du mois de mars 1832, puis maintenu dans sa chaire de Strasbourg, bien qu'il eût soixante-dix-huit ans. Mort à Saint-Germain-en-Laye, le 9 janvier 1840.

1. Vaiges, alors chef-lieu de canton, aujourd'hui commune du canton de

Le lendemain, 25, l'armée se rendit à Laval, le jour suivant, à Craon, passant par Cossé [1]. Et, comme l'on avait reçu l'avis que les Brigands avaient fait trente-six lieues en vingt-quatre heures de course, pour se rendre sur les bords de la Loire et gagner le point d'Ancenis, à l'effet d'effectuer le passage de cette rivière, pour retourner dans leur pays [2], le général Westermann, avec sa cavalerie et son infanterie, et l'adjudant général Decaën eurent l'ordre de les suivre, à double journée, pour mettre obstacle à leur embarquement.

L'armée partit de Craon le 27 et, passant par Pouancé [3], elle se rendit le même jour à Châteaubriant. Le général Westermann et l'adjudant général Decaën donnent avis que l'ennemi avait fait construire quelques mauvais radeaux sur lesquels cinq à six cents Brigands, à la tête desquels se trouvaient La Rochejaquelein et Stofflet, avaient passé la rivière et gagné la rive gauche; qu'un second convoi d'un pareil nombre d'hommes s'était noyé, et qu'ils harcelaient sans cesse l'armée avec leur cavalerie et leur artillerie. Marceau donne ordre à l'avant-garde, aux ordres de l'adjudant général Scherb, de se porter par le chemin le plus court sur Ancenis.

Sainte-Suzanne (Mayenne). A trente kilomètres ouest de Chassillé; vingt-trois, est, de Laval.

1. Cossé-le-Vivien, chef-lieu de canton de l'arrondissement de Château-Gontier (Mayenne). A vingt-deux kilomètres nord-ouest de cette ville; dix-huit, sud-sud-ouest, de Laval et onze, nord, de Craon.

2. « Je vis La Rochejaquelein et Lyrot (dans la nuit du 13 au 14 décembre) qui me dirent que nous allions à Ancenis pour y effectuer le passage de la Loire, s'il était possible; que nous n'avions plus que cette issue... ou la guillotine! » (Poirier de Beauvais, *loc. cit.*, 317.)

3. Pouancé, chef-lieu de canton de l'arrondissement de Segré (Maine-et-Loire), au croisement des chemins, alors à peu près impraticables, de Laval à Nantes et de Segré à Châteaubriant, au milieu des bois, des étangs et des bruyères. A soixante kilomètres nord-ouest d'Angers; vingt et un, sud-ouest, de Craon; vingt-six, est, de Châteaubriant.

Elle partit en conséquence le 28. L'armée, qui ne put suivre la traverse par rapport à son artillerie, se porta le même jour sur Saint-Julien-de-Vouvantes [1]. Cependant, instruit que le général Westermann avait fait renoncer les Brigands au projet du passage de la Loire [2] et qu'ils se portaient en masse sur Blain [3], l'avant-garde de Scherb, qui était sur le point d'arriver à Saint-Mars-la-Jaille [4], distant de sept lieues de Châteaubriant, reçut ordre de rétrograder sur-le-champ et de se porter, encore le même jour, à Saint-Julien-de-Vouvantes, de manière que cette troupe fit ce jour-là près de douze heures de chemin, par le temps le plus horrible.

28 frimaire (18 décembre).

Ma division reprit aussi sur-le-champ le chemin de Châteaubriant. Le lendemain 29, toute l'armée se trouva réunie à Châteaubriant.

29 frimaire (19 décembre).

Le jour suivant, toute l'armée se porta dans les environs de Derval [5]. L'avant-garde de Scherb fut poussée jusqu'à

30 frimaire (20 décembre).

---

1. Saint-Julien-de-Vouvantes, chef-lieu de canton de l'arrondissement de Châteaubriant (Loire-Inférieure). A quatorze kilomètres sud-est de cette ville, et onze, sud, de Pouancé, sur le grand chemin d'Angers à Rennes.

2. « Les faibles débris [de l'armée Vendéenne] quittèrent Ancenis au bout de deux jours et prirent la route de Nort, le soir. Quand on sortit de la ville, les paysans, croyant qu'on les ramenait à Laval, se débandèrent. Plus de quinze mille quittèrent les drapeaux et furent se rendre en grande partie, les uns à Nantes, les autres demandèrent à passer à Saint-Florent-le-Vieil. On les y envoyait et, à peine y étaient-ils arrivés, qu'ils étaient fusillés. A peine en resta-t-il cinq à six mille, dont les trois quarts infirmes et inutiles, qui se traînèrent à Blain, conduits par le chevalier des Essarts, jeune gentilhomme poitevin. » (Gibert, *loc. cit.*, 125.)

3. Blain, alors chef-lieu de district, aujourd'hui chef-lieu de canton de l'arrondissement de Saint-Nazaire (Loire-Inférieure), sur le grand chemin de Nantes à Rennes. A trente-quatre kilomètres sud-ouest de Châteaubriant ; trente, nord-ouest, de Nantes ; dix-neuf, nord-nord-est, de Savenay.

4. Saint-Mars-la-Jaille, chef-lieu de canton de l'arrondissement d'Ancenis. A vingt kilomètres nord de cette ville ; vingt-sept, sud-est, de Châteaubriant, et quatorze, sud, de Saint-Julien-de-Vouvantes.

5. Derval, sur des collines entre les petites rivières du Don et du Chère, chef-lieu de canton de l'arrondissement de Châteaubriant. A vingt-cinq kilomètres ouest de cette ville ; vingt-deux, nord, de Blain.

Guéméné-Penfao [1], distant de huit lieues de Châteaubriant, où elle bivouaqua sur les hauteurs qui dominent ce village. Le général Westermann était toujours aux trousses des Brigands ; mais l'infanterie légère, aux ordres de l'adjudant général Delaage, ayant attaqué l'ennemi un peu trop légèrement à Blain, essuya un petit revers, par sa grande infériorité. Les soldats furent obligés de repasser la rivière à gué, l'eau leur arrivant jusque sous les bras. Quelques-uns se noyèrent. Cette troupe, ainsi que le corps de Westermann, restèrent alors à la distance de quatre lieues de Blain, en attendant l'arrivée de l'armée. On continua de faire une grande quantité de prisonniers qui s'étaient jetés dans les campagnes depuis l'affaire du Mans. On prit surtout quantité de femmes et beaucoup de prêtres. J'étais à l'auberge de Derval, attendant le dîner, lorsque l'un de mes aides de camp vint me dire que l'on en emmenait une soixantaine, parmi lesquels se trouvait une jeune femme, qui semblait mourir de froid. Je la fis monter et on la plaça près du feu ; on la détermina à prendre quelque restaurant. Je ne vis jamais de femme ni plus jolie, ni mieux faite et, sous tous les rapports, plus intéressante. Elle avait à peine dix-huit ans et se disait fille d'un médecin de Montfaucon. Je lui demandai ce qui avait pu la déterminer à suivre l'armée Rebelle. Elle répondit que c'était à l'invitation d'un de ses oncles, chanoine, et que, d'ailleurs, la crainte seule de voir sa maison dévastée et livrée aux flammes aurait suffi pour l'y engager. Elle me demanda ensuite, avec un ton extrêmement touchant : « Croyez-vous, Monsieur,

---

1. Guéméné-Penfao, sur le Don, chef-lieu de canton, alors du district de Blain, actuellement de l'arrondissement de Saint-Nazaire. A onze kilomètres ouest de Derval ; dix-huit, nord, de Blain, et trente-deux, nord, de Savenay.

qu'on me fera mourir? » Je lui répondis que j'étais loin de le penser, que son âge, son sexe la sauveraient sûrement. « Mais, ajouta-t-elle, j'ai un frère qui a porté les armes contre les Républicains, et on le fera sans doute mourir! » — « Où est-il votre frère? » lui demandai-je. — « Il est, Monsieur, avec les prisonniers que vous avez en ce moment devant votre porte. » — « Quel âge a-t-il? » — « Trente-trois ans. » Comme je ne pouvais rien lui dire de satisfaisant, je changeai de discours, mais elle s'écria aussitôt : « Ah! je vois bien que mon frère est perdu, et je mourrai avec lui, car c'est moi qui l'ai particulièrement engagé à porter les armes. Il avait eu plusieurs fois l'intention de se retirer et de se rendre à Nantes. » Comme il était tard, les paysans qui escortaient ces prisonniers vinrent réclamer cette jeune personne, et je me vis contraint de la leur abandonner; elle fut conduite à Laval, où sans doute elle périt [1].

Le 1ᵉʳ nivôse, l'armée marcha en différentes colonnes sur Blain, où l'ennemi se trouvait encore. A une lieue de cette ville, on fit une halte, pour réunir les différentes colonnes et pour faire à la troupe une distribution de pain et d'eau-de-vie. Je profitai de ce temps pour pousser une reconnaissance le plus près possible de Blain. J'étais accompagné de mes aides de camp, de plusieurs ordonnances et de deux ou trois habitants de Nozay [2], qui

1ᵉʳ nivôse (21 décembre). L'armée marche sur Blain.

---

1. La fille d'un médecin de Montfaucon, c'est Angélique Desmesliers, dont Marceau s'éprit et qu'il ne put empêcher d'être exécutée à Laval. C'est au Mans qu'elle était tombée entre les mains de Savary, qui s'efforça, lui aussi, de la soustraire à la guillotine. D'après cet officier (*loc. cit.*, II, 438), c'est bien à elle que s'applique ce passage des *Mémoires* de Kléber. Il y a là une confusion de lieu et de date assez singulière de la part du général Mayençais.
2. Nozay, chef-lieu de canton, alors du district de Blain, actuellement de l'arrondissement de Châteaubriant. A vingt-six kilomètres sud-ouest de cette ville ; treize, nord-est, de Blain ; trente-deux, nord-ouest, de Savenay.

s'étaient offerts volontairement à nous servir de guides. Je m'avançai jusqu'à une demi-portée de fusil des avant-postes ennemis, qui s'abstinrent de tirer sur moi. La position qu'ils occupaient était très avantageuse. Mais comme Blain était accessible par plusieurs chemins, je voulus les reconnaître tous. Une femme sortant de Blain, venant se présenter devant moi, me dit que toute l'armée Rebelle était en bataille dans un pré, en avant de la ville, et qu'elle s'attendait à être attaquée. J'écrivis alors un mot à Marceau, qui était resté à la tête des colonnes, pour l'instruire de la manière dont Blain pouvait être circonvenu et attaqué. Ma lettre le rencontra en route et les colonnes s'avançaient à grands pas. Lorsque ma division fut arrivée sur le terrain, je la mis de suite en bataille et, haranguant le soldat, je lui représentai la bataille qui allait se donner comme le terme de tous ses maux, si nous avions le bonheur de vaincre. Tous jurèrent de vaincre. Mais en ce moment une pluie terrible vint à tomber et ralentit la marche de la brigade de la division de Cherbourg, qui devait tourner Blain par la droite, de sorte qu'elle n'arriva sur le terrain qui lui était désigné qu'une heure après la nuit close. On envoya de suite aussi une ordonnance au général Westermann, avec l'ordre d'avancer sur Blain par la route de Nantes. Ainsi le lendemain, à la pointe du jour, Blain devait être attaqué sur les trois points différents, et l'ennemi n'avait plus d'autre retraite que sur Savenay [1], d'où il aurait pu se jeter sur l'embouchure de la Loire, et se rendre maître de quel-

---

1. Savenay, chef-lieu de district, puis d'arrondissement, aujourd'hui simple chef-lieu de canton de l'arrondissement de Saint-Nazaire. A vingt-cinq kilomètres est-nord-est de cette ville et à trente-six, ouest-nord-ouest, de Nantes. En amphithéâtre sur le flanc d'un coteau du Sillon de Bretagne dominant les marais dont il forme la limite nord et la rive droite de la Loire distante de six kilomètres.

ques bâtiments pour passer à Paimbœuf. On passa la nuit dans la plus grande surveillance, et je crus ne pas devoir me permettre aucun abri, malgré la pluie qui continuait.

Dès la pointe du jour, j'envoyai une patrouille de hussards en reconnaissance, et, la suivant de près avec un gros détachement, j'entrai à Blain, qu'au dire des habitants, l'ennemi avait évacué la veille, pendant la nuit, pour se diriger sur Savenay [1]. J'en fis prévenir Marceau et tous les généraux, et aussitôt toute l'armée se mit en marche pour poursuivre les Rebelles.

Il fallut passer la rivière entre Blain et le château de ce nom [2], et elle avait tellement grossi, que les soldats, au seul gué qui restait encore, avaient de l'eau jusque sous les bras. Les hommes à cheval passèrent à la nage, les caissons furent vidés, et les cartouches et gargousses qu'ils renfermaient furent portées par des soldats, sur la tête et dans des sacs de peau, au delà de la rivière ; elles furent rechargées dès que les caissons parurent assez secs pour les recevoir. Westermann poursuivait les Brigands avec sa cavalerie et les contint de manière qu'ils n'osèrent sortir des deux bouquets de bois en avant de Savenay [3]. La marche fut extrêmement pénible à la troupe par

2 nivôse
(22 décembre).
Blain.

1. « Tout [ce qui restait de l'armée vendéenne] partit à minuit, par un temps horrible, pour Savenay. » (Gibert, *loc. cit.*, 125.)
2. Ce château, dont l'origine remonte à 1104, fut entièrement reconstruit partie au XIII⁰ siècle, partie par Olivier de Clisson, vers 1380. Démantelé par ordre de Richelieu en 1628, il présentait encore en 1793 un moyen de défense relativement important.
3. « Sans m'arrêter, je suis l'ennemi sur la route de Savenay, grand nombre de traîneurs furent mis en pièces tout le long de la route. L'armée catholique ne fut pas arrêtée une heure dans Savenay ; j'attaque ses avant-postes, l'ennemi sort et se porte sur moi, en m'envoyant des boulets l'un après l'autre. Je fais ma retraite et l'ennemi me poursuit à une lieue, où je lui fais front sur une hauteur. Plus d'une heure nous restons en observation l'un devant l'autre. Enfin, lassés, les Brigands se retirent dans Savenay. » (Westermann, *loc. cit.*, 39.)

les mauvais chemins et les défilés qu'elle avait à passer sans cesse. Marceau et moi prîmes le devant et nous allâmes rejoindre Westermann. L'avant-garde de ma division, aux ordres de Scherb, nous suivit de près. A sa tête se trouvait une partie des grenadiers de Blosse et une pièce de 8 de l'artillerie légère. A la vue de ces troupes, la cavalerie de Westermann et une vingtaine de hussards, commandés par mon aide de camp Beurmann, inquiétèrent tellement l'ennemi, que celui-ci prit le parti de sortir en force du bois, pour repousser cette cavalerie au delà du ravin [1]. Je sentis alors qu'il n'y avait pas à délibérer, et que pour pouvoir attaquer avec avantage le lendemain, il fallait absolument rester maître des hauteurs occupées par notre cavalerie. Je fis donc avancer trois cents des grenadiers de Blosse, ainsi que la pièce de 8 et, les partageant en deux corps, je chargeai le chef de bataillon Duverger d'attaquer de front, tandis que me mettant à la tête des autres, je tournai le bois que l'ennemi venait d'abandonner. Cette manœuvre audacieuse nous réussit, et les Brigands, n'osant rentrer dans leur repaire, se précipitèrent dans Savenay. Nous eûmes, à la vérité, quelques hommes de tués et beaucoup de blessés. Le restant de l'avant-garde s'avança alors, et elle fut mise en bataille, de manière à occuper tous les débouchés de Savenay. Il faisait nuit, et la fusillade et la canonnade continuaient toujours. Alors arrivèrent Prieur (de la Marne), Bourbotte et Turreau. Ils trouvèrent l'avant-garde en position, et parurent être étonnés qu'on n'attaquât pas. « Allons, camarades! en avant! en avant! » fut

---

[1]. « M. des Essarts mit promptement son monde en bataille, ce qui pouvait faire au plus quinze cents combattants. Cependant, cette petite troupe, qui fit bonne contenance, arrêta l'ennemi le reste du jour. » (Gibert, *loc. cit.*, 126.)

bientôt le cri général de ces proconsuls, et je vis l'instant où, par trop de précipitation et faute de mesure, la victoire allait encore nous échapper. Je dis alors à Marceau : « Si tu ne prends sur toi d'arrêter ces criailleries de Prieur et de ses collègues, demain nous serons à Nantes, et l'ennemi nous y suivra. » Il s'adressa donc à Prieur, et lui dit : « Ce n'est pas ici votre place et, sans que votre présence puisse être d'aucune utilité, vous vous exposez fort mal à propos à recevoir un coup de fusil ou de la mitraille. » Comme ils trouvèrent dans cette apostrophe quelque chose qui flattait leur amour-propre, ils prirent le parti de partir.

Le reste de ma division s'avançant toujours, elle se trouva réunie et en bataille vers minuit. La division de Cherbourg, aux ordres de Tilly, arriva à deux heures du matin et prit pareillement position sur le terrain qui lui avait été indiqué.

La ligne qu'occupaient toutes ces troupes avait la forme d'un croissant, et enveloppait la ville sur toutes les parties où elle se trouvait dominée. Les représentants du peuple et tous les généraux se rendirent à la poste située sur la grande route de Nantes, qui déjà se trouvait remplie de blessés et de mourants. C'est là où Westermann proposa d'attaquer pendant la nuit et s'offrit à se charger de tout. Je lui répondis que je croyais avoir trop bien commencé cette affaire pour la laisser terminer par un autre. Marceau m'appuya, et les représentants du peuple parurent approuver cette émulation. Mais ils en profitèrent pour m'aiguillonner à attaquer sur-le-champ.

Marceau paraissait y consentir un instant, mais je restai inflexible et ne répondis plus à aucune provocation. A la pointe du jour, lorsque tout le monde sommeillait encore, je montai à cheval avec Westermann et le général

<small>3 nivôse (23 décembre). Bataille de Savenay.</small>

Canuel. Je fis avec ces généraux une reconnaissance autour de la ville et j'indiquai à chacun le chemin qu'il devait prendre pour l'attaquer. Ceci fait, j'entends le canon et la fusillade redoubler [1]. Je me porte vers l'avant-garde, et je rencontre le chef de bataillon Duverger et ses grenadiers en fuite. Duverger parut pétrifié de ma présence [2] et, ne sachant comment justifier sa démarche, il s'écrie : « Général, nous n'avons plus de cartouches. » — « Eh ! me suis-je écrié, ne sommes-nous pas convenus hier que nous les tuerions à coups de crosse ; allons ! grenadiers, retournez à la charge, je vous ferai soutenir. » Et, en effet, je fis aussitôt avancer un bataillon du 31e régiment faisant partie de la division de Cherbourg. Ce bataillon seconda si bien les efforts des grenadiers que l'ennemi fut aussitôt repoussé sur ce point. Canuel était en marche pour tourner Savenay et l'attaquer par la gauche ; j'envoie dire à Marceau qu'il est temps qu'il arrive, et le prie de se charger du centre. J'envoie aussitôt mon aide de camp Buquet à la division de Cherbourg, pour lui donner l'ordre de s'avancer sur la droite. Mais comme je ne commandais point cette division et que Tilly ne s'y trouvait pas encore, je chargeai Buquet de dire aux chefs qu'il trouverait, que je les rendais responsables du moindre retard qu'éprouverait mon ordre. Il n'en fallut pas tant à cette valeureuse troupe pour s'élancer en avant. Le pas de charge se fait alors entendre partout. Canuel culbute l'ennemi sur la gauche, Marceau sur le centre, et moi sur la droite. Le cri de : Vive la république ! retentit dans

---

1. « Vers minuit, je place une pièce de 8 à l'avant-garde et je fais avancer des patrouilles sur les deux flancs. Je commande la canonnade, l'ennemi riposte toute la nuit. » (Westermann, *loc. cit.*, 40.)

2. « La présence de Kléber inspirait un tel sentiment de confiance et de supériorité que tous ceux qui l'approchaient en étaient frappés. » (*Note de Savary, loc. cit.*, II, 453.)

les airs, les Brigands fuient et tombent sous le fer des Républicains. Les canonniers ennemis sont égorgés sur leurs pièces. On traverse Savenay. Chaque colonne prend une direction différente à la poursuite des Rebelles. Le carnage devient horrible. On ne voit partout que des piles de cadavres [1]. Une grande partie va se noyer dans les marais de Montoir [2]; le reste se jette dans les bois où bientôt ils sont découverts, tués ou faits prisonniers. Équipages, canons, ornements d'églises, papiers relatifs à leur administration, tout tombe en notre pouvoir et, pour cette fois, la défaite de l'ennemi rend sa destruction certaine. On envoie alors des patrouilles d'infanterie ou de cavalerie dans tous les villages des environs. Quelques-uns sont occupés par des Brigands; on veut parlementer avec eux, mais ils répondent par des coups de fusil, et un adjoint de l'état-major, en leur portant des paroles de paix, en fut blessé. Aussitôt on fait un feu roulant sur eux et tous ils périrent. Des milliers de prisonniers de tout âge et de tout sexe sont successivement arrêtés et conduits sur les derrières. Les représentants du peuple les firent juger par des tribunaux révolution-

---

[1]. « Nous fîmes une boucherie horrible, les dernières six pièces de canon, quelques caissons, équipages, trésors, etc., tout tomba en notre pouvoir. Marceau et les autres généraux, avec les représentants du peuple Prieur et Turreau, suivirent l'ennemi sur la droite; très peu leur échappèrent. Partout on ne voyait que des monceaux de morts. Moi, je me suis attaché à quelques pelotons de cavalerie et d'infanterie qui s'étaient sauvés sur la gauche. Tous furent noyés ou taillés en pièces. Les Brigands qui échappèrent, cette journée, à la mort furent traqués, tués ou ramenés par les habitants des environs. Dans la banlieue de Savenay seule, plus de six mille ont été enterrés. » (Westermann, *loc. cit.*, 41.)

Kléber et Marceau, accompagnés des officiers de leur état-major, se portèrent jusqu'à Montoir.

[2]. Montoir-de-Bretagne, sur un monticule au milieu des prairies et des marais tourbeux appelés Brières, commune du canton de Saint-Nazaire (Loire-Inférieure). A seize kilomètres à l'ouest de Savenay.

naires, et la France, l'Europe entière, connaissent toutes les atrocités qu'on a exercées sur ces misérables. La ville de Nantes a particulièrement servi de théâtre à ces scènes sanglantes et inouïes, que ma plume se refuse de décrire.

II.

LIVRE D'ORDRES

DU GÉNÉRAL KLÉBER

[*Saint-Hilaire-de-Loulay.*] *Ordre du 27 septembre 1793*

Tout le monde se tiendra prêt à marcher à dix heures du matin. On ne battra la générale qu'après de nouveaux ordres du général.

Les chefs de brigade, les chefs de bataillon, les commandants de compagnies, ceux des postes, veilleront avec la plus scrupuleuse attention à ce que personne ne s'éloigne du camp, sous tel prétexte que ce puisse être.

Le général, fatigué des longues remontrances qu'il n'a cessé de donner pour empêcher les tiraillements, prévient enfin tous les citoyens officiers que c'est à eux seuls qu'il s'est déterminé de s'en prendre, pour arrêter un abus que leur coupable indifférence a fait naître. Hier, on a tiré à l'infini sur des oies; les officiers étaient là, et aucun d'eux ne s'est mis en devoir d'empêcher ce tiraillement. Le général a été profondément indigné de ce silence criminel. C'est là où il a vu combien peu on écoutait et exécutait ses ordres. Ils le seront cependant, il le jure sur cet honneur qui lui est mille fois plus cher que la vie. Il traduira au tribunal qui en doit connaître les lâches qu'une coupable mollesse empêche de faire leur devoir.

Un spectacle bien satisfaisant est venu, dans cet instant, distraire le général de la peine profonde, que lui causait l'horrible débandade qui s'est hier faite surtout dans la légion des Francs et les chasseurs de Kastel ; c'est lorsqu'il a vu, dans ce moment de halte, les troupes qu'on lui a confiées des côtes de Brest rester à leurs rangs serrés et sous les armes, comme si elles eussent été en présence de l'ennemi. Cette contenance fière lui présage les plus heureux succès, et lui est un garant sûr de celui de ces troupes, et c'est leur exemple que le général invite ses troupes Mayençaises à suivre. Que toutes rivalisent entre elles, qu'elles connaissent cette émulation précieuse qui fait faire le bien ; qu'elles se disputent l'honneur de le faire le mieux, alors elles obtiendront, toutes, les succès qu'un vrai républicain doit toujours remporter sur les esclaves des despotes.

Chaque fois qu'on entrera dans un camp, les troupes resteront sous les armes jusqu'à ce qu'on ait fait sortir des rangs, d'abord la garde, ensuite les hommes de corvée qui doivent aller, les uns en armes, les autres sans armes, à la paille, au bois, etc. Les chefs de brigade et ceux des corps resteront responsables de l'exécution de cet article de l'ordre.

Que l'on se mette en marche ou non, à dix heures, les troupes prendront les armes, on leur lira une proclamation des représentants du peuple et on fera un appel exact, et on en remettra le résultat au général, qui veut aussi connaître les officiers et sous-officiers blessés, malades ou absents, avec ou sans permission. Il prie les chefs des corps de lui en faire remettre le résultat le plus tôt possible.

27 septembre 1793

Le général en chef prévient l'armée qu'elle est environnée d'ennemis, et qu'il est plus particulièrement défendu à tous les individus de l'armée de s'écarter du camp.

Deux cents francs sont donnés en gratification, au nom de la République, à toute personne qui arrêtera un soldat venant de tirer un coup de fusil dans les environs du camp, afin que le général puisse le faire juger comme assassin, et que les bons soldats ne soient plus affligés d'une telle dilapidation de poudre.

Il est expressément défendu de faire les feux des cuisines en avant des faisceaux d'armes. Ils doivent tous être en arrière du front de bandière.

Tout officier ou sous-officier commandant un poste, qui laissera entrer dans l'intérieur du camp, sans avoir fait reconnaître, sera suspendu et envoyé, pour trois mois, en prison sur les derrières.

L'attachement sincère que le général porte et a voué à l'armée, et le soin qu'il aura toujours de lui en donner des preuves, doit la convaincre que toutes les mesures de sévérité qu'il prend ne tendent qu'à lui conserver l'honneur et la gloire militaires qu'elle a acquis.

Une fois pour toutes, l'armée ne marchera jamais que par pelotons, observant la distance et gardant le plus grand silence possible. Elle s'habituera aussi, quoique sa droite en tête, à être mise, par inversion, à droite en bataille. Par ce moyen, elle est toujours à même de combattre, de quelque côté que vienne l'ennemi.

Le général annonce qu'il a fait remplacer les citoyens Dorvilliers et La Haye, officiers au deuxième bataillon de Seine-et-Oise, pour s'être absentés sans permission, et qu'il va se faire donner l'état de tous les individus restés à Nantes sans causes légitimes, pour les dénoncer à la Convention nationale comme d'infâmes traîtres.

[*Saint-Hilaire-de-Loulay.*] *Ordre du 28 septembre 1793*

Une fois pour toutes, les grand'gardes du camp et tous les postes de l'armée feront reconnaître de la manière qui suit. Après que la sentinelle aura crié : *Qui vive!* on lui répondra : *République française.* La sentinelle criera d'une voix ferme : *Halte-là! Caporal, venez reconnaître!* Le caporal se portera avec ses quatre hommes à trente pas du poste et lui, de sa personne, à dix, en avant; il répétera le : *Qui vive!* Et, après la réponse de : *République française;* si c'est de jour, après avoir reconnu les troupes, il dira : *Avance*, et si c'est de nuit, il fera donner le mot d'ordre et de ralliement, et préviendra son chef que la troupe est reconnue. Les quatre fusiliers de la découverte auront les armes hautes, et, si le pas des chevaux annonce une troupe un peu nombreuse, la garde entière prendra les armes, ainsi que pour l'infanterie.

Il sera nommé tous les jours un officier supérieur de visite de poste dans les quatre divisions de l'armée, qui seront chargés, pendant les vingt-quatre heures, de la police et sûreté du camp, ainsi que de la visite des postes.

Il est ordonné aussi que, dans chaque bataillon, on enterrera les débris des viandes tuées.

Le général en chef Canclaux ordonne que les volontaires et soldats, qui vont aux hôpitaux de Nantes, n'emportent avec eux que les plus mauvais fusils de leur compagnie. Lors de leur entrée à l'hôpital, le fusil que chaque militaire aura apporté sera envoyé à la commission des armes ; cette arme sera rendue au soldat en sortant de l'hôpital, et en bon état. Le directeur tiendra la main à l'exécution de cet ordre, pour ce qui le concerne.

Dorénavant, dans tout camp stable, les gardes monteront à dix heures précises ; elles se réuniront aux autres de leur demi-brigade, et défileront pour se rendre à leur poste, conduites par un soldat d'ordonnance qui viendra les chercher.

Les commandants des bataillons et autres corps de l'avant-garde, du corps d'armée et de la réserve feront passer, dans le jour ou demain au plus tard, au citoyen Brondes, commissaire des guerres, que l'on trouvera en avant des vivres qui se distribuent au corps d'armée, le nombre effectif de leurs corps, distinguant les soldats des officiers et les chevaux.

On renouvelle qu'à l'avenir, on ne distribuera plus, à toutes les distributions, que sur des bons totaux de chaque corps. Tout autre bon partiel sera refusé [1].

Ordre du général Kléber

Aussitôt que les tentes seront arrivées, chaque bataillon s'empressera de les faire tendre, au cordeau, sur deux rangs. On établira les faisceaux et généralement tout le front de bandière, conformément au règlement qui sera également observé pour la garde de police, les feux et les latrines. Les chefs de bataillon commanderont ensuite les hommes de corvée pour enterrer les restes des bestiaux tués, qui infectent le camp, et occasionneraient bientôt quelque maladie putride. Les officiers d'inspec-

---

[1]. Ces ordres ne portent pas de signature. Ils émanent, très vraisemblablement, du général Aubert-Dubayet.

tion, que chaque corps doit avoir, seront responsables de l'exécution de cet ordre, et veilleront à ce qu'à l'avenir on ne laisse plus aucun de ces restes.

Le général entend qu'indépendamment de l'état de situation, qui lui sera exactement envoyé tous les quinze jours, il recevra, tous les matins, celui des mouvements survenus dans chaque bataillon ou chaque brigade, lesquels se trouveront au dos des billets d'appel, qui seront portés tous les jours au quartier général, à neuf heures du matin.

Il y aura tous les jours deux officiers supérieurs de ronde, l'un pour la visite des postes sur la droite, l'autre sur la gauche; la grande route servira de ligne de démarcation. Ces officiers seront chargés de faire défiler les postes, et ils en feront au moins deux visites par jour et autant de nuit, à des heures indéterminées. Ils seront munis de leurs hausse-cols et accompagnés d'un adjoint et d'une patrouille. Le service se commandera par la droite de l'ordre de bataille établi dans le camp. Ainsi, aujourd'hui, les citoyens Ageron et Travot feront ces visites, le premier à droite, le second à gauche.

Le citoyen Tardieu, capitaine de grenadiers, pour n'avoir pas procuré le mot d'ordre à son poste, s'y être endormi et avoir répondu d'une manière indécente à l'officier supérieur de service, et le citoyen Grémillet [1], capitaine au 13ᵉ bataillon des Vosges, pour le même grief, resteront, chacun, vingt-quatre heures aux arrêts forcés. Le général prévient son armée que c'est pour la dernière fois qu'il use d'une si grande douceur pour des fautes aussi impardonnables, surtout envers les officiers instruits qui,

---

1. Jean-Étienne Gremillet, né vers 1745, capitaine à la 2ᵉ compagnie du 13ᵉ bataillon de volontaires du département des Vosges, avait pris part au siège de Mayence.

comme le citoyen Tardieu, ne peuvent être censés avoir péché par ignorance.

Le général s'empresse d'annoncer à l'armée que quatre hommes du corps d'armée ont été tués par les Brigands, en allant piller un château. Ils ont subi la peine que méritait leur désobéissance. Pour éviter un pareil inconvénient, le général se propose de faire rassembler les troupes à des heures inconnues, et il fera faire des appels, et donne sa parole d'honneur qu'il fera destituer les officiers et sous-officiers qui se trouveront absents sans permission.

Les chefs de brigade enverront leurs noms, ainsi que ceux des officiers de leur corps et leur ancienneté de grade et de service.

Les armes qu'on ne pourra décharger le seront à une heure fixée par les chefs de brigade de police, qui surveilleront cette opération.

Chaque bataillon commandera, tous les jours, un piquet de service égal à celui de la garde; ce piquet se tiendra spécialement prêt à marcher au premier coup de baguette. Il sera donc plus expressément défendu aux hommes, qui le composeront, de s'éloigner du camp.

[*Saint-Hilaire-de-Loulay.*] *Ordre du 29 septembre 1793*

Le général en chef passera ce matin l'armée en revue. Les différents corps se tiendront prêts à prendre les armes sitôt que la soupe sera mangée. Les soldats sortiront sur le front de bandière du camp, avec leurs armes et leurs sacs, et le camp restera tendu.

A ce moment, il sera fait sous les yeux des commandants des bataillons, par chaque capitaine, un appel exact de sa compagnie, dont il formera le tableau numérique, quant aux sous-officiers et soldats, et nominatif quant aux officiers. Il le remettra de suite au commandant de bataillon, qui en fera un relevé. Ce relevé sera remis aux commandants de divisions, de l'avant-garde et du corps de réserve, par qui ils passeront au général Aubert-Dubayet et, par lui, au général en chef.

Signé : Canclaux.

Le général Kléber fera prévenir du moment où il faudra prendre les armes, et les chefs de bataillon et de brigade s'occuperont sur-le-champ à faire dresser les états demandés par l'ordre ci-dessus, lesquels seront signés par les chefs de bataillon et de brigade, et envoyés avant dix heures du matin à l'état-major.

Dorénavant, il ne sera plus reçu d'état de situation, ni de billets d'appel, sans être signés par les chefs des corps ou des brigades.

Le général de brigade, Kléber.

[*Saint-Hilaire-de-Loulay.*] *Ordre du 30 septembre 1793*

Adjudant général de ronde : le citoyen Blosse ; officiers supérieurs de service : le citoyen Verger sur la droite et le citoyen Ageron sur la gauche.

Le général a fait aujourd'hui la visite des postes ; il y a vu, avec autant de surprise que de peine, combien peu les officiers s'occupaient de leurs devoirs, combien peu ils étaient exacts à se faire lire les ordres. C'est surtout dans la manière dont il a été reconnu, qu'il a remarqué l'insouciance des commandants de poste. Jaloux de remplir les obligations que leur place leur impose, ils devraient, en arrivant à leur garde, se faire un plaisir d'instruire le soldat, qui, aimant naturellement ses devoirs, n'est si souvent en faute que parce qu'il ne les connaît pas. Aussi le général, qui est persuadé de la bonne volonté du soldat, s'en prendra toujours à l'officier, lorsqu'il le trouvera en défaut. C'est donc à l'officier à étudier ce qu'il doit faire, ce que doit faire le soldat, pour instruire celui-ci toutes les fois qu'il se rencontre avec lui.

Les règlements militaires, comme tous les ordres des généraux, devraient toujours être, sinon dans les poches, au moins dans la tête de l'officier qui aime sincèrement ses devoirs.

Le citoyen Coutade, sergent au 7e bataillon des Vosges, est en prison pour s'être, hier, absenté un instant de son poste.

Indépendamment des gardes et détachements à fournir pour le service de l'armée, il sera commandé journellement, dans la demi-brigade et dans chacun des bataillons des grenadiers, une garde de police composée de deux sergents, deux caporaux, trente-six fusiliers, un tambour et un officier. Il sera tiré de cette garde un sergent, un caporal et seize fusiliers pour la garde du camp.

L'emplacement de la garde de police sera derrière le centre du corps qui la fournira; celui de la garde du camp, à deux cents pas en avant des faisceaux.

Le général de brigade, KLÉBER.

[*Saint-Hilaire-de-Loulay.*] *Ordre du 1er octobre 1793*

L'armée se mettra en marche aujourd'hui à midi précis.

L'avant-garde se portera, immédiatement après, en avant de Montaigu, suivant toujours la grande route. Elle se portera au-dessus du pont qui est en avant de Saint-Georges, et déjà la portion de troupes qui est à Montaigu aura pris poste dans Saint-Georges, avec toutes les précautions de sûreté requises à la guerre, en présence de l'ennemi.

Nul militaire ne pourra se rendre à Montaigu sans une permission expresse du général. Les distributions qui s'y feront seront toujours dans le meilleur ordre, c'est-à-dire avec un officier de corvée et des sous-officiers armés.

A la générale, le camp sera détendu et les tentes et bagages seront chargés sur les voitures destinées pour chaque bataillon, qui auront les gardes ordinaires. Les équipages de l'avant-garde attendront la colonne de ceux de l'armée, pour en prendre la tête.

A la générale, les campements et les nouvelles gardes s'assembleront, sous les ordres du lieutenant-colonel de jour et de l'adjudant général Dubreton. Le lieu de rendez-vous sera la grande route entre les deux camps. Ces campements se porteront de suite sur le nouveau terrain que devra occuper l'armée, marqueront l'emplacement de leurs corps respectifs, après avoir nettoyé le terrain et ouvert la communication. L'adjudant général et l'officier supérieur ci-dessus dénommés placeront les grand'gardes et les gardes du camp.

Les chasseurs à cheval auront la tête de la colonne et l'artillerie immédiatement après, et ensuite le détachement du 7° bataillon d'infanterie légère.

[*Montaigu.*] *Ordre du 2 octobre 1793*

Demain matin, à neuf heures, l'avant-garde prendra les armes sans battre la caisse. Les capitaines, sous la surveillance des chefs de bataillon et de brigade, feront la visite la plus scrupuleuse de l'état des cartouches et des armes de leurs compagnies. Il en sera remis le résultat au général. Il contiendra toutes leurs défectuosités.

On fera surtout attention à ce que les fusils soient garnis de leur baïonnette, et à ce que chaque soldat soit pourvu de trois pierres à feu. Il sera fait une demande en forme de celles qui pourraient manquer.

Les chefs de brigade, chefs de bataillon et capitaines tiendront la main à ce que les armes soient toujours dans le meilleur état. Sur la demande qui en sera faite par le chef de brigade, il sera fourni des cartouches à raison de trente-cinq par homme. Les commandants de bataillon qui n'auraient pas de vaguemestre auront soin d'en nommer un. Ce doit être un sergent, qui jouira de la solde attachée à cette place. Ses fonctions principales doivent être de veiller à la sûreté des équipages. Il sera subordonné au vaguemestre général.

Le général continue ses plaintes sur la manière dont on le reconnaît. Il invite les chefs de brigade et de bataillon à veiller à ce que les adjudants-majors et les adjudants-sous-officiers instruisent les hommes, toutes les fois qu'ils rassemblent la garde. C'est à eux, comme aux commandants des postes, qu'il s'en prendra, quand lui ou ses adjudants généraux ne seront point ou seront mal reconnus.

Signé : KLÉBER.

[*Montaigu.*] *Ordre du 3 octobre 1793*

Il est défendu à tous les individus composant l'armée, excepté aux adjudants généraux et aux ordonnances, de passer les dernières grand'gardes, les rapports de toutes les patrouilles ayant fait connaître au général qu'un grand nombre de soldats avaient été tués par les Rebelles, pour s'être trop écartés du camp. Le général renouvelle toutes les défenses relatives aux chevaux qui suivent l'armée et annonce que des mesures très sévères vont être employées contre les femmes qui suivent encore les bataillons. Il rend tous les commandants responsables de l'inexécution de cet ordre.

Lorsqu'il aura plu, les généraux de division indiqueront l'heure et le lieu où les soldats pourront nettoyer leurs armes.

Le général ayant entendu, hier, au mépris de ses ordres, tirer plusieurs coups de fusil, a ordonné aux patrouilles à cheval la surveillance la plus active contre les délinquants et qu'ils lui soient amenés et jugés comme assassins. Quiconque ira à Nantes sans permission sera jugé comme déserteur vers l'ennemi, attendu que l'armée est entourée de Rebelles.

Le général en chef a mis, hier, aux arrêts, le citoyen Dupuy, officier au 11ᵉ bataillon de la Haute-Saône, pour avoir mal fait son devoir étant de grand'garde. En effet, toutes les gardes font mal leur devoir; les sentinelles ne sont point vigilantes; les caporaux reconnaissent mal et les officiers dorment. Toutes les gardes ont été, hier, répréhensibles, depuis l'avant-garde jusqu'à la réserve. Cette léthargie est odieuse et le général déclare à l'armée que si elle ne se réveille pas, elle perdra toute sa réputation. Quant à lui, il saura mourir.

Un sergent de grenadiers du 6ᵉ bataillon du Calvados a prêté un cheval à un sergent aussi de grenadiers d'un autre bataillon, qu'il ne connaît pas.

Il n'y a point eu d'ordre le 4 [1].

---

1. Kléber est allé à Saint-Fulgent avec Merlin (de Thionville) sous l'escorte de Marigny et de ses chasseurs.

[*Montaigu.*] *Ordre du 5 octobre 1793*

Des volontaires, pour s'être trop éloignés du camp, ont été tués par les Rebelles.

Le général renouvelle la défense à tout individu de l'armée de passer les grand'gardes. Leur conservation seule est le motif sacré de cet ordre.

Quand le général en chef et les représentants du peuple paraîtront au camp, l'armée sortira au front de bandière, sans armes, et telle qu'elle se trouvera dans les tentes.

Tout individu qui donnera à l'armée une fausse alerte sera arrêté et remis à la garde du camp, pour être ensuite jugé comme ennemi de la République.

[*Montaigu.*] *5 octobre 1793*
Ordre particulier du général Canclaux au général Kléber

L'avant-garde, aux ordres du général Kléber, partira à minuit précis de son camp et du village de Saint-Georges, pour se porter sur Tiffauges. Le général la disposera ainsi qu'il le jugera le plus convenable pour la réussite du projet d'attaque.

S'il réussit, il enverra avertir le général en chef et se postera militairement. Sinon, il fera sa retraite sur le corps qu'il aura laissé en arrière et sur l'échelon parti de la grande armée.

Le général d'armée, CANCLAUX.

En conséquence, Targe, avec ses Francs et les chasseurs de Kastel, formerait la colonne d'attaque de droite et entrerait par le faubourg Saint-Lazare [1].

1. A Tiffauges.

Blosse, avec douze compagnies de grenadiers, formerait la colonne d'attaque de gauche, entrerait en bas, par la porte de bois.

Ageron resterait en réserve à Saint-Symphorien, avec deux pièces de 4 et quarante chasseurs à cheval; il aurait avec lui Nattes, adjudant général, et l'adjoint Bachelay.

La brigade de Travot se porterait en avant, jusqu'à la fourche de séparation des deux colonnes et s'y mettrait en bataille pour soutenir la retraite ou pour envoyer des renforts.

Targe aurait pour guide Pérodeau ;
Blosse aurait pour guide Rigaudeau ;
Ageron aurait pour guide Barreau ;
Kléber aurait pour guide Guillou.

Le général de brigade, KLÉBER.

Il n'y a point eu d'ordre le 6 octobre [1].

[*Montaigu.*] *Ordre du 7 octobre 1793*

Il se fera demain, à sept heures du matin, un fourrage général pour deux jours. Le rassemblement se fera sur le champ de foire, composé de la même manière que le précédent s'est fait.

Sous aucun prétexte il n'y aura de voiture.

Il sera commandé le bataillon de grenadiers de Rhône-et-Loire pour servir d'escorte.

Le tout sera sous la conduite du citoyen Doussin, adjoint de l'état-major. *Signé :* VIMEUX [2].

1. Combat de Saint-Symphorien.
2. Vimeux, le plus ancien des généraux présents, commande provisoirement en chef depuis la veille, jour où Canclaux a reçu notification de sa destitution.

[*Montaigu.*] *Ordre du 8 octobre 1793*

Un arrêté des représentants du peuple, réunis à Nantes, vient de confier provisoirement le commandement de l'armée de Mayence au général Kléber. Il trouverait ce fardeau infiniment au-dessus de ses forces, s'il ne se trouvait environné des lumières de ses collègues, des chefs de bataillon, des commandants de compagnie. Il espère que tous les individus de l'armée, aussi jaloux que lui de conserver leur réputation, redoubleront de zèle et d'activité pour exécuter les ordres donnés [1].

Le général Kléber fait ses remerciements les plus sincères à tous ceux qui ont contribué au succès de la journée du 6. Une victoire remportée par quatre mille hommes sur une armée de vingt-cinq à trente mille hommes, prouve ce que peuvent l'audace et l'énergie. Si elle donne au général la plus grande confiance, elle doit convaincre le soldat qu'il est sûr de réussir toutes les fois qu'il voudra battre l'ennemi ; et des Républicains doivent toujours le vouloir.

Après la lecture de l'ordre, les commandants de compagnie feront faire l'appel nominal dont le résultat sera remis au général demain à dix heures du matin, ainsi qu'un état exact de la situation des armes ; cet état étant absolument nécessaire depuis la rentrée des troupes de Mayence restées en arrière. Le général sévira contre ceux qui apporteraient quelque négligence à les lui remettre. Il invite les commandants des corps à faire des bons pour procurer trente-cinq cartouches à chaque homme et au moins deux pierres à fusil.

---

1. Il y a ici au *Livre d'ordres* quarante et une lignes raturées de telle façon qu'il a été impossible de les déchiffrer, même à la loupe.

L'armée ennemie poussant ses patrouilles près de nos postes, le général renouvelle, sous les peines les plus sévères, les défenses déjà si souvent et si infructueusement répétées de s'écarter du camp. Il promet de faire un exemple terrible de celui qui désobéirait à cet ordre.

Trois fois par jour on prendra les armes :

1° Le matin, à la diane, jusqu'au jour et au moment où les patrouilles envoyées à la découverte seront de retour. Les bataillons de droite en seront toujours prévenus et, par leur rentrée, ils feront connaître aux autres que le moment de la leur est arrivé.

2° A l'heure de midi, jusqu'à une heure.

Les chefs de bataillon profiteront de cette sortie pour instruire la troupe de ses devoirs et l'exercer dans le maniement des armes et les manœuvres.

3° Une demi-heure avant la nuit et jusqu'à la nuit close.

Dans ces trois sorties, les commandants de compagnie feront exactement faire l'appel, afin que le général puisse punir ceux que la lâcheté éloigne de leurs devoirs. Car, entourés d'ennemis comme nous le sommes, nous ne devons négliger aucun moyen de les vaincre ; et c'est par notre exactitude à remplir nos devoirs que nous en triompherons.

Aujourd'hui, à cinq heures, l'armée prendra les armes, on lira l'ordre à la tête de chaque compagnie et les chefs de bataillon seront personnellement responsables de son exécution.

Tous les individus de l'armée qui ont reçu des reconnaissances pour des bestiaux, pendant que l'armée était campée près de Remouillé, les rapporteront dans les vingt-quatre heures à l'état-major du général Haxo, au champ de foire, pour être revues ; sans quoi elles ne seront pas valables et les porteurs ne pourront être payés de ce qui leur a été promis.

Le général en chef par intérim, KLÉBER [1].

Il n'y a point eu d'ordres les 9 et 10 octobre 1793 [2].

[*Montaigu.*] *Ordre du 11 octobre 1793*

Dans les circonstances flatteuses où nous nous trouvons, il faut prouver, avec toute l'énergie qui nous caractérise, l'amour qui nous anime pour le bien de la patrie et pour le bonheur prochain de la République une et indivisible.

En conséquence, le service doit être parfaitement surveillé. Je préviens mes frères d'armes que les appels se feront plus exactement que jamais, et toujours aux heures indiquées par les ordres antérieurs.

Personne ne peut dépasser les postes avancés sans s'exposer à perdre la confiance publique et à être puni comme déserteur. Les visites d'officiers supérieurs se feront bien strictement, et toutes les fois qu'il y aura des motifs de plainte ou d'insubordination particulière, il m'en sera rendu compte sur-le-champ afin que j'y remédie; mon intention étant de réprimer les abus s'il y en a, et de faire en tout lieu et en tout temps le bien de mes compagnons d'armes. Il est ordonné au citoyen commissaire des guerres, faisant les fonctions d'ordonnateur à la suite de l'armée, de faire tuer journellement des bœufs pour le

1. A la suite, et sous la même date, se trouve copié l'arrêté des représentants Merlin de Thionville, et Turreau, de la veille, portant la nomination de Kléber et reproduit par celui-ci dans ses *Mémoires*. (V. ci-dessus, p. 187-188.)

2. Léchelle, nommé au commandement en chef de l'armée, arrive à Montaigu dans la soirée du 8 octobre. Le 9, l'armée est passée en revue par son nouveau général et par les représentants du peuple.

service de ladite armée, attendu qu'il est défendu à tout militaire de prendre, ailleurs qu'à la boucherie, la viande qui lui revient, d'après la loi, pour sa subsistance.

Tout le monde sait que la perte d'une armée peut souvent être occasionnée par un défaut de prévoyance d'une infinité de braves militaires, qui s'absentent sans précaution, pour satisfaire leurs petites fantaisies; et c'est précisément de cette manière que l'ennemi vous tombe dessus et vous bat. Camarades, je ne crains pas que cela nous arrive ; mais j'ai bien des raisons pour parler ce langage.

Soyez tranquilles, vous ne moisirez pas où vous êtes. Au premier moment, je vous mettrai dans le cas de montrer de nouveau votre courage. Je ne tends qu'à un prompt succès qui mette enfin un terme à vos fatigues. Mais, si vous le voulez fermement, tout sera bientôt fini.

Le général en chef, LÉCHELLE.

Il n'y a rien de nouveau pour l'ordre du 12 octobre 1792 [1].

Montaigu. 14 octobre 1793

Il est ordonné au général Kléber de faire partir aujourd'hui six cents hommes d'infanterie et quinze chasseurs à cheval au village de Saint-Denis, pour y saisir les Brigands qui, en petit nombre, empêchent les communes environnantes de se rendre à leurs devoirs.

---

1. L'ordre de marche du 13 octobre, donné par Kléber, p. 199-200 de ses *Mémoires*, n'a pas été rapporté ici, bien qu'il se trouve à sa date au *Livre d'ordres*.

[*Cholet.*] *Du 16 octobre 1793* [1]

Toute l'armée passera au delà de Cholet et prendra une position au Bois-Grolleau sur les hauteurs, en prolongeant sa gauche jusqu'au château de la Treille.

La forêt de Cholet sera fouillée avec la plus grande attention ; le citoyen Targe sera chargé de cette opération. Il sera autorisé à prendre toutes les troupes qui seront nécessaires à cette expédition.

Il est ordonné à tous les généraux de division, de brigade, aux commandants de bataillon, de réunir avec soin leur bataillon, brigade et division. Il leur est également ordonné de fournir sans délai à l'état-major les états de situation.

Le général recommande à tous les officiers supérieurs l'exécution prompte de cet ordre sans lequel l'organisation de l'armée, si nécessaire, ne peut s'opérer. Chaque commandant de bataillon rendra compte à son officier supérieur de l'emplacement qu'occupe chaque bataillon et dont il sera fait note dans le rapport général.

Quand l'armée passera par Cholet, chaque chef sera à la tête de son peloton, chaque serre-file sera à sa place et les chefs de bataillon, sous leur responsabilité, donneront les ordres les plus sévères pour que personne ne sorte de son rang et n'entre dans les maisons.

Le général prévient qu'il tiendra la main à l'exécution de cet ordre.

Le pillage est défendu sous les peines les plus sévères. Le général annonce que la ville de Cholet est sous la sau-

---

[1]. Le 15, jour de l'occupation de Mortagne par l'armée républicaine et du combat de la Tremblaie, aucune mention ne figure au *Livre d'ordres*.

vegarde de la loi et que ceux qui contreviendront à cet ordre seront livrés à toute sa sévérité.

Il prévient également toute l'armée qu'il a donné des ordres et pris toutes les mesures pour procurer aux soldats de la République les subsistances nécessaires, et que déjà les habitants de Cholet offrent à l'armée du vin et tous les secours qui sont à leur disposition et qui vont être délivrés sur-le-champ. Il est ordonné à tous les officiers de l'état-major de se rendre toujours au quartier général, dès l'instant qu'il aura été fixé, afin que l'exécution des ordres n'éprouve aucun retard.

Tous les ordres particuliers, que nécessiteront les circonstances, seront adressés aux commandants des colonnes.

Il est également ordonné à tous les commandants de division ou de brigade d'envoyer sur-le-champ à l'état-major [l'indication de] leur demeure et le lieu de leur quartier général. Chaque commandant de corps et de bataillon en fera de même à l'égard de son chef de brigade.

L'ordre des distributions ne sera point interrompu, et les commissaires des guerres, sous leur responsabilité, donneront des ordres pour qu'elles ne subissent aucun retard.

[*Nantes.*] *29ᵉ jour du premier mois* (20 octobre 1793) [1]

Demain matin, la générale battra à cinq heures précises, à cinq heures et demie l'assemblée, à six heures moins un quart le rappel, et à six heures précises l'armée sera en marche.

---

1. Il n'y a rien au *Livre d'ordres*, du 16 au 20 octobre. Le 17, a lieu la bataille de Cholet; le 18, Kléber arrive à Beaupréau ; le 19, l'armée marche sur Nantes qu'elle traverse, le 20, pour aller s'établir au camp de Saint-Georges, sur la route d'Ancenis. (V. ci-dessus, p. 226-233.)

La division commandée par le général Vimeux marchera la première, celle commandée par le général Chalbos marchera ensuite. Il est défendu sous les peines les plus sévères de laisser marcher avant la colonne aucune des voitures attachées à l'armée. Elles la suivront en bon ordre, sur une seule ligne.

Les vaguemestres divisionnaires, de brigade et de bataillon seront personnellement responsables de cet ordre.

Il est défendu à toutes les personnes attachées aux officiers de l'armée et menant des chevaux en main, de marcher en avant et au centre de la colonne. Elles suivront la file des voitures, à la suite de l'armée.

Les généraux de division et de brigade veilleront à la stricte exécution de la loi qui défend à tous les officiers d'infanterie de faire leur service à cheval, en exceptant cependant les chefs des corps et les adjudants-majors.

La tête de la colonne se portera sur la route de Nantes à Ancenis. Le général Chalbos est prévenu que le général Westermann se portera avec deux cents hommes de cavalerie et quinze cents d'infanterie pris dans sa division, demain, sur Nort, et reviendra ensuite rejoindre la colonne à Oudon. Il est prévenu également que la légion, dite de Westermann, doit faire partie de cette expédition.

Demain matin, l'eau-de-vie sera distribuée avant le départ; le pain sera également distribué pour un jour, en arrivant.

Le général de division La Ronde demeurera attaché à la division maintenant commandée par le général Vimeux. Ils commanderont cette division de concert.

Le général Kléber se rendra demain matin, à six heures précises, au camp, il organisera les divisions et mettra sur-le-champ la colonne en marche, à la tête de laquelle il sera.

Signé : Robert [1].

Oudon. Du 1ᵉʳ du deuxième mois (22 octobre 1793)

Demain, la générale battra à sept heures et demie ; à huit heures très précises, le départ.

Le pain, la viande seront rendus demain au camp, à cinq heures précises ; les commandants des différents corps veilleront à ce que leur troupe prenne l'un et l'autre pour un jour.

L'eau-de-vie sera délivrée à raison d'une bouteille pour seize hommes ; le lieu de la distribution sera à la droite du camp, vis-à-vis le parc des voitures.

Le général de brigade Danican remplacera le général Marceau, pour le commandement de l'avant-garde.

Le citoyen Piet-Chambelle [2], nommé par les représentants du peuple pour remplir les fonctions de commissaire ordonnateur, exercera ses fonctions dans cette armée. On s'adressera à lui pour les affaires de service relatives à sa partie.

Signé : Marceau [3].

Le général Kléber mettra la colonne en marche à l'heure indiquée par l'ordre précédent ; les adjudants généraux, chargés des reconnaissances pour les positions de l'armée, les prendront à peu près à une lieue d'Ancenis, sur la route de Candé.

---

1. Robert est chef de l'état-major de Léchelle, général en chef.
2. Piet-Chambelle était précédemment commissaire des guerres à Niort, au moment où Biron y commandait.
3. Marceau remplace, comme chef de l'état-major, Robert, demeuré à Nantes pour se remettre de la chute de cheval qu'il a faite à Beaupréau. (Cf. ci-dessus, p. 246.)

Le général Kléber voudra bien recommander la meilleure tenue dans la route, et faire sentir aux chefs de la colonne combien il est important que la surveillance la plus active mette les propriétés du citoyen à l'abri du pillage qui, sans doute, serait la suite du défaut d'ordre pendant la marche.

Le général en chef, LÉCHELLE.

Au Château-Rouge [1]. *Du 1ᵉʳ du deuxième mois*
(22 octobre 1793)

Le camp sera établi sur la lande du Château-Rouge, et la droite, occupée par la première division de Mayence, s'appuiera au grand chemin d'Ancenis à Candé [2], la gauche se prolongeant tout le long de ladite lande, et allant aboutir aux Montis [3].

L'avant-garde se prolongera en avant de la ligne ci-dessus désignée, et occupera la hauteur de la grande route.

La division de gauche fournira un fort poste au delà du village des Montis, sur le chemin qui conduit de ce village à Rennes, le chemin se dirigeant sur la gauche, et laissant le moulin à vent à droite. Il sera muni, s'il y a possibilité, d'une pièce de canon, pour appuyer ce poste.

On distraira trois bataillons de la ligne, pour en former un corps de réserve qui campera en arrière de cette ligne, dans une lande, à droite de la grande route.

Les équipages seront placés entre la ligne et le corps de réserve, dans ladite lande.

---

1. Moulins du Château-Rouge, commune de Mésanger (Loire-Inférieure), à cinq kilomètres au nord d'Ancenis, sur la route de Pouancé.
2. Sur la droite à l'est du Château-Rouge.
3. Les Montis, village dépendant de la commune de Mésanger, à cinq kilomètres et demi nord-nord-ouest d'Ancenis et à trois kilomètres et demi à l'ouest des moulins du Château-Rouge.

Candé. 2ᵉ jour du deuxième mois (23 octobre 1793)

Vous êtes prévenu, citoyen général, que la colonne qui vient d'arriver repartira d'ici à onze heures du soir précises, pour gagner une marche sur l'ennemi qui fuit à toutes jambes. Veuillez en prévenir sur-le-champ, les chefs de corps immédiatement sous vos ordres, afin que ceux-ci en préviennent immédiatement aussi leurs officiers et soldats, qui mettront à profit le peu d'heures qu'ils ont à rester dans le camp actuel pour se reposer. On prendra les mesures nécessaires pour que la distribution d'eau-de-vie s'effectue sur-le-champ.

Signé : Marceau.

Du 3ᵉ jour du deuxième mois (24 octobre 1793)

Demain l'armée se mettra en marche à dix heures précises du matin. Les soldats auront soin de faire la soupe et la mangeront de bonne heure. Le général en chef voit avec peine le peu d'ordre qui s'observe dans la marche. Il ordonne que tous les officiers restent dans leurs rangs, et que ceux qui ont deux chevaux en envoient un avec leur domestique à la queue de la colonne. Il prévient que s'il trouve demain, à cheval dans la colonne, des domestiques, ainsi qu'à l'avenir, il fera destituer sur-le-champ les officiers à qui ils appartiendront.

Le général en chef a remarqué que plusieurs soldats restaient en arrière et s'écartaient pour piller. Il prévient que l'armée approche de l'ennemi, et que c'est une raison pour que les officiers empêchent qu'aucun soldat ne s'éloigne et ne s'écarte de son rang. Il prévient que tout officier qui n'emploiera point l'autorité que la loi lui a confiée pour arrêter le soldat et le faire servir sa patrie comme il le doit, sera, pour la première fois, suspendu de ses fonctions pour huit jours, et mis à la queue du bataillon.

Le général prévient aussi que le décret qui prononce la peine de mort contre tout officier qui abandonnera lâchement son poste en présence de l'ennemi, recevra sur-le-champ son exécution; et que, s'il s'aperçoit que, dans une bataille, un officier n'enflamme point le soldat et ne réchauffe point le courage par son exemple, il le remarquera pour le faire punir d'après la loi.

Il y aura demain une arrière-garde composée de trente hommes à cheval, prise dans la dernière colonne et commandée par l'adjudant général Mignotte [1]. Cette arrière-garde fera suivre les traîneurs et les obligera à rejoindre leur bataillon.

Le général de brigade, chef de l'état-major, MARCEAU [2].

Au Lion-d'Angers. 7 brumaire an II (28 octobre 1793)

Demain, l'armée partira dans la matinée, le pain et la viande seront distribués ce soir, à cinq heures, et les commandants de bataillon donneront des ordres pour que la soupe soit faite de bonne heure, et qu'elle soit mangée de-

---

1. Joseph Mignotte, fils d'un marchand d'huile, né à Auxonne, le 12 novembre 1755, canonnier au régiment de Grenoble le 15 avril 1771; soldat au 2ᵉ régiment de cavalerie le 28 avril 1778; lieutenant, le 10 mars 1792; adjoint à Kléber pendant le siège de Mayence; capitaine, le 1ᵉʳ août 1793; adjudant général chef de bataillon; général de brigade, le 1ᵉʳ janvier 1796; chef de division dans la gendarmerie, en l'an VI; très apprécié par le général Hoche. Colonel en l'an IX. Retraité le 31 mars 1815; rentré au service le 28 juillet; retraité définitivement le 4 septembre de la même année.

2. Il n'y a pas d'ordre inscrit au *Livre* sous les dates des 4, 5 et 6 brumaire (25-27 octobre 1793). Pendant ces trois jours, l'armée a continué sa marche le 25 octobre, est arrivée à Château-Gontier le 26, et a subi la déroute d'Entrammes le 27. (Cf. ci-dessus, p. 239-254.)

main matin à huit heures, afin de se mettre en route aussitôt que la générale sera battue.

Le général Chalbos [1], désirant mettre le plus tôt possible l'armée en état de combattre et pourvoir à ses besoins, invite les généraux de division à s'occuper des objets qui lui sont nécessaires et à fournir les états, qui le mettent dans le cas de donner des ordres pour que les remplacements soient faits avec célérité.

Ils préviendront les volontaires que toutes les demandes et réclamations qu'ils pourraient faire doivent être présentées par les généraux de brigade ou chefs de brigade, en l'absence des premiers.

Les généraux de division ordonneront qu'une ordonnance à cheval, par brigade, soit toujours en service au quartier général, et ils indiqueront à ces ordonnances leur demeure, afin que les ordres, qui leur seront adressés, leur parviennent promptement.

Le général de brigade, chef de l'état-major, Nouvion.

Au Lion-d'Angers. 8 brumaire an II (29 octobre 1793)

L'armée se mettra en marche ce matin à dix heures et demie précises [2].

Cent hommes à cheval, avec l'infanterie placée en avant du pont, formeront l'arrière-garde qui sera commandée par le général Bouïn-Marigny.

Le reste de toute la cavalerie marchera en avant-garde.

---

1. Chalbos, le plus ancien général, a été désigné ce jour-là même par les représentants du peuple pour prendre provisoirement le commandement en chef de l'armée. Léchelle, malade ou se disant tel à la suite de la déroute, se retire à Angers. Le chef d'état-major est le général Nouvion. (Cf. ci-dessus, p. 257-258.)

2. Marche sur Angers, où l'armée va se réorganiser.

La division du général Müller suivra la cavalerie, celle de Mayence ensuite.

Les équipages marcheront en avant de la colonne ; les caissons, après la division du général Müller.

Le général de brigade, chef de l'état-major général de l'armée de l'Ouest, Nouvion.

Le pain et la viande seront distribués demain, à dix heures du matin, aux lieux indiqués dans l'ordre de ce jour.

Il sera commandé une escorte par bataillon, pour veiller à ce que les distributions se fassent en règle. Tous les officiers généraux se rendront demain, à onze heures du matin, chez le général Chalbos.

Le général de brigade,... Nouvion.

[*Angers.*] *8 brumaire an II* (29 octobre 1793)

L'armée sera logée en ville. La division de Mayence entrera la première, elle le sera après le pont [1].

L'autre division occupera l'entrée de la ville [2].

Toute la cavalerie sera bivouaquée à la Visitation [3].

---

1. Le Grand Pont ou Pont du Centre, dont l'origine remonte « jusqu'aux premiers âges de la cité angevine », sur la Maine, maintes fois reconstruit et toujours au même point, faisant communiquer la ville proprement dite, assise sur la rive gauche de la rivière, avec le quartier de la Doutre, situé sur la rive droite. Il supportait la chaussée — ancienne voie romaine — qui desservait le Lion-d'Angers, Château-Gontier, Laval, et à laquelle venait, dans l'intérieur de l'enceinte, se relier la route de Nantes par la rue Saint-Nicolas.

2. Quartier de la place Lionnaise, près la porte du même nom, au débouché de la route venant du Lion-d'Angers, au nord de la ville.

3. Le couvent de la Visitation était situé dans le quartier Saint-Laud, au sud du château et en dehors du mur d'enceinte. Désaffecté au moment de la Révolution, il devint plus tard une caserne d'infanterie qui n'a été démolie qu'en 1902. La gare du chemin de fer d'Orléans occupe, depuis

L'artillerie et équipages, au cimetière des pauvres, Tertre Saint-Laurent [1].

Les distributions en pain et viande pour l'armée de Mayence se feront au Champ de Mars [2], une heure après l'arrivée ; pour celle de Müller, à l'entrée de la ville. Elles se feront pour un jour.

La retraite sera battue à cinq heures et demie du soir, l'appel le sera à six heures.

Les volontaires sont prévenus qu'il y aura des patrouilles, et que ceux qui seront trouvés hors de leurs logements seront arrêtés et punis sévèrement. Les compagnies de grenadiers seront chargées de ces patrouilles.

Les remplacements devant se faire avec la plus grande célérité, les chefs de corps s'occuperont de suite à former l'état des besoins de leurs troupes et la réparation des armes. Ils sont prévenus que tous les ouvriers de la ville sont en réquisition pour cet objet, ainsi que pour le ferrage des chevaux [3].

Ils remettront demain matin aux généraux de brigade l'état de situation de leurs troupes. Le général de brigade le fera passer au chef de l'état-major général logé avec le général en chef, place de la Commune, chez le citoyen

---

1848, la plus grande partie de l'ancien enclos, le reste a été converti en rues et en terrains à bâtir.

1. Cimetière consacré à la sépulture des pauvres morts à l'Hôtel-Dieu ou hôpital Saint-Jean-Baptiste, bordé par la rue du Cimetière des pauvres, aujourd'hui rue de la Paix, et par la rue Belpoigne, dans la Doutre, derrière l'hôpital Saint-Jean-Baptiste et l'abbaye du Ronceray. Le Tertre Saint-Laurent avait été mis à peu près en état de viabilité et aplani, en 1775.

2. Le Champ de Mars, au sud-est et en dehors du mur d'enceinte, entre la porte Neuve et la porte Saint-Michel. Beaucoup plus vaste qu'aujourd'hui ; mais avec des accidents de terrain nivelés vers 1813.

3. V. l'arrêté des représentants, du 7 brumaire an II (28 octobre 1793), à sa date, dans la dernière partie du présent volume.

Ruillé [1], où il sera envoyé une ordonnance à cheval par brigade et une à pied par demi-brigade.

Les officiers généraux enverront de suite la note de leurs logements à l'état-major.

Le commissaire ordonnateur est logé chez la veuve Lachèse [2], place de la Commune [3].

Le payeur Delaunay, rue Pinte [4], après les ponts.

Pour viser les prêts, au bureau des commissaires, maison de La Grandière, près le Champ de Mars.

Le général de brigade,... Nouvion.

[*Angers.*] *9 brumaire an II* (30 octobre 1793)

Aujourd'hui, à midi précis, les chefs de bataillon feront prendre les armes à leurs bataillons respectifs et les con-

---

1. Jean-Guillaume de La Planche de Ruillé, ancien officier, né vers 1735, appartenait à une vieille famille dont l'écusson figure dans la salle des Croisades, à Versailles. Il avait été l'un des rédacteurs du cahier de la noblesse d'Anjou, en 1793. La municipalité d'Angers ayant abandonné la ville dès le 12 juin 1793, plus de dix jours avant l'entrée des Vendéens, il fut élu, le 13, maire provisoire et sut maintenir l'ordre public. Il empêcha les Vendéens d'enlever les approvisionnements de la ville et d'emmener les cent otages qu'ils avaient désignés pour leur répondre de l'attitude de la population. Arrêté comme complice des Rebelles aussitôt après la rentrée à Angers des autorités Républicaines et traduit, le 16 juillet, devant la commission militaire, il fut mis en liberté provisoire, sur les instances de la population patriote qu'il avait protégée. Arrêté de nouveau deux ou trois jours avant que les Vendéens ne reparussent devant la ville (3 décembre 1793), il fut de nouveau déféré à la commission militaire, le 2 janvier 1794, condamné à mort et exécuté le même jour. L'hôtel de Ruillé était situé dans un coin de la place, ses jardins s'étendaient jusqu'au mur d'enceinte sur lequel donnaient ses terrasses.

2. Françoise Bonnaire, veuve de Philippe-Alexandre Lachèse, en son vivant maître en chirurgie à Angers et accoucheur renommé.

3. Place de la Commune ou de la Maison commune, ainsi dénommée pendant la Révolution parce qu'elle servait d'esplanade à l'Hôtel de ville ; elle a repris depuis son ancien nom de place des Halles. A proximité des portes Saint-Michel et Cupif.

4. Rue Pinte ou Peinte, dans la Doutre, allant de l'église de la Trinité à la rue de la Tannerie.

duiront au Champ de Mars, et là, ils feront faire un appel exact de chaque compagnie. Le résultat leur en sera remis par écrit, afin qu'ils puissent, à leur tour, en faire un général, qu'ils remettront eux-mêmes, demain matin, à huit heures précises, au général divisionnaire Kléber. Cet état aura plusieurs colonnes. Dans la première sera le nom des officiers et sous-officiers, dans la seconde leur grade, dans la troisième s'ils sont présents, dans la quatrième s'ils sont absents, et dans la case des observations on expliquera les causes de l'absence. Il y aura deux cases pour les soldats, l'une pour les présents, l'autre pour les absents. Chaque commandant remettra à la même heure une situation des armes : 1° des fusils ; 2° des fusils manquant au complet; 3° des baïonnettes ; 4° des baïonnettes manquant au complet ; 5° des gibernes ; 6° des gibernes manquant au complet; 7° des caisses de tambour ; 8° des caisses manquant au complet. Les commandants doivent fixer, les uns, la place du rassemblement de leur compagnie, les autres, celle de leur bataillon. C'est à cette dernière qu'ils doivent rester pour attendre de nouveaux ordres, jusqu'à ce que l'on ait donné à chaque corps sa place d'alarme.

Les appels de midi et du soir se feront très exactement. Les officiers de semaine doivent y assister et en signer le résultat. Tous les jours, à huit heures du matin, les commandants des corps en enverront l'état au général, où se trouveront tous les mouvements de la veille, celui qui l'apportera au Cheval Blanc [1] en retirera un reçu qui couvrira la responsabilité des commandants. Dans un moment où il s'agit de faire une nouvelle réorganisation de

---

1. Le Cheval Blanc, hôtellerie réputée dès le xv⁰ siècle, située dans la rue Saint-Aubin, non loin de l'abbaye de ce nom. Cette dernière servait de siège à l'administration départementale, depuis 1790.

l'armée, pour lui donner enfin cet ordre et imprimer à ses mouvements cet ensemble qui assurent la victoire, ce serait être l'ennemi de la République, si par paresse ou insouciance on apportait quelque retard à un travail si important.

Pour viser les prêts, au bureau des commissaires, maison de La Grandière, près le Champ de Mars.

Il y a au château, à l'arsenal, des ouvriers pour la réparation des armes; on pourra y porter de suite celles qui en ont besoin.

A l'avenir, chaque corps enverra, à huit heures précises, un officier pour copier l'ordre, au Cheval Blanc.

Demain, à sept heures du matin, la générale battra, toute la division de Mayence se portera au Champ de Mars.

Celle du général Müller occupera la route depuis la porte Lionnaise jusqu'au delà de Saint-Nicolas [1].

La cavalerie ne montera pas à cheval, l'artillerie restera au parc.

Les troupes, lorsqu'elles seront assemblées, passeront les revues des commissaires des guerres; les chefs des corps donneront des ordres pour que les quartiers-maîtres ou officiers faisant les fonctions aient le contrôle de leur bataillon ou compagnie, qu'ils devront remettre au commissaire des guerres qui passera la revue.

Le général de brigade,... NOUVION.

---

1. Abbaye de Bénédictins, bâtie à un kilomètre ouest d'Angers, à peu de distance et au nord de la route de Nantes. Désaffectée en 1790, elle était alors abandonnée. Après avoir à plusieurs reprises servi d'hôpital militaire, elle appartient aujourd'hui à la congrégation de femmes du Bon-Pasteur, dont la maison mère est située de l'autre côté de la route de Nantes.

[*Angers.*] *9 brumaire an II* (30 octobre 1793)

Le général Kléber ordonnera que la division de Mayence fournisse aujourd'hui deux cents hommes de garde pour faire le service de la place. Il y aura le nombre d'officiers nécessaire. Ils seront rendus à onze heures et demie sur la place de la Maison commune, où le commandant de place les formera par postes.

Le général de brigade,... NOUVION.

Angers. 10 brumaire an II (31 octobre 1793)

Tous les commandants des corps remettront, dans le plus bref délai possible, l'état de situation de leur troupe, de leurs munitions et fournimens, ainsi que de l'armement. Ces différents états seront remis aux généraux de division chargés de les faire passer au général de brigade chef de l'état-major général Nouvion. Dans les états de situation, le nombre des officiers et leur grade seront désignés.

Les généraux de division donneront la note des adjudants généraux et des adjoints de leur division.

Le général de brigade,... NOUVION.

Le pain et la viande seront distribués ce matin pour deux jours, à sept heures, savoir : le pain à la boulangerie située à Toussaint [1], la viande à la boucherie, rue

---

1. Abbaye de chanoines réguliers, située en bordure d'une rue à laquelle elle a donné son nom. Dès le début de la guerre de Vendée, les bâtiments furent transformés en manutention générale et magasins de grains. On y entassa à certain moment une si grande quantité d'approvisionnements que les voûtes s'effondrèrent. Dix fours, dont huit dans l'église (cf. Port, *Dict. hist.*), y cuisaient continuellement du pain pour les troupes. Ils fonc-

de la Poissonnerie[1]. On ira en règle aux distributions.

La troupe à cheval est prévenue qu'il ne sera délivré aucune ration de fourrage à aucun corps de cavalerie, qu'il n'y ait un officier présent à la distribution. Les commandants des différents corps ou détachements seront responsables de l'exécution de cet ordre.

Le bureau de la poste aux lettres est établi chez la citoyenne La Potherie, place du Ralliement[2].

Les commandants des différentes troupes qui auraient dans leurs corps les nommés François Rondeau, Laurent Martin, François Baumerie, Étienne Aubry, Jean Cronier, René Choisy, Jean Laurent et René Parenteau, tous les huit du district de Châteauneuf, département de Maine-et-Loire, déserteurs de cette armée, les feront arrêter et conduire au Département. pour qu'il soit pris à leur égard telle mesure qu'il appartiendra.

Le général de brigade,... NOUVION.

Angers. 11 brumaire an II (1er novembre 1793)

Le général Kléber donnera des ordres pour qu'il soit fourni une garde de trente hommes, commandés par un officier, pour la garde du parc d'artillerie établi au Champ

---

tionnèrent jusqu'au 26 août 1798. Aujourd'hui encore, la manutention militaire et les bureaux de l'intendance y sont installés.

1. Dans la partie basse de la ville, près du quai de la rive droite de la Maine et à proximité du pont du Centre. Elle s'ouvrait alors comme aujourd'hui dans la rue Bourgeoise.

2. La place du Ralliement, située au centre de la ville, a été ainsi dénommée en 1792; elle comprenait l'ancienne place Saint-Maurille, agrandie en 1791 de l'emplacement des églises Saint-Maurille et Saint-Pierre, démolies à cette époque. L'hôtel des Postes, reconstruit il y a quelques années, la borde encore, en partie, du côté est. C'est sur la place du Ralliement que la guillotine fut dressée en permanence en 1793-1794.

de Mars. Cette garde sera relevée tous les jours jusqu'à nouvel ordre.

Le général de brigade,... NOUVION.

La division de Mayence continuera de fournir jusqu'à nouvel ordre deux cents hommes de garde pour le service de la place, qui devront être rendus à onze heures et demie, sur la place de la Maison commune.

Le général de brigade,... NOUVION.

Angers. 12 brumaire an II (2 novembre 1793)

Les volontaires, qui auront porté leurs armes à réparer à l'arsenal, ne pourront les y reprendre qu'autant qu'ils seront accompagnés d'un officier de leur compagnie. Elles seront rendues tous les jours à cinq heures du soir et sept heures du matin.

Les commandants des corps veilleront à ce que toutes celles à réparer soient portées sans aucun retard audit arsenal.

Les commandants des bataillons préviendront les volontaires qui sont sous leurs ordres, qu'en vertu de l'arrêté des représentants du peuple, la légion des Francs doit être complétée ; qu'en conséquence les hommes de bonne volonté qui se dévoueront au service des tirailleurs, si essentiel à l'armée, pourront entrer dans ladite légion et s'adresser à cet effet au général de brigade Bouïn-Marigny, logé chez la citoyenne Juvigné [1], à la Cité, qui les fera inscrire pour y être admis.

Le général de brigade,... NOUVION.

1. Mme de la Corbière de Juvigné.

Le commandant du 1er bataillon de grenadiers réunis remettra aussitôt que possible, à l'état-major du général Kléber, les états de ses besoins en habillement. Ceux du 62e régiment d'infanterie, du 2e bataillon de la République et du 11e de la Haute-Saône, l'état d'armement de leurs bataillons. Ils feront en sorte que ces états soient rendus au Cheval Blanc à dix heures.

Le général de division, Kléber.

Angers. 13 brumaire an II (3 novembre 1793)

Le général de division Kléber voudra bien donner ses ordres pour que deux cent cinquante hommes d'infanterie soient rendus, demain matin, à sept heures, sur la place du Champ de Mars.

Le général de brigade,... Nouvion.

Le général Kléber ordonnera aux musiciens des corps qui composent sa division de se rendre demain, à dix heures du matin, rue des Filles-Dieu [1], chez le citoyen Hamon [2], où ils trouveront un maître de musique qui les

1. Rue des Filles-Dieu, dans le quartier de la Cité, entre le château et l'église cathédrale.
2. Le *Livre d'ordres* porte *Hamon*. On doit se demander s'il n'y a pas là une erreur du secrétaire chargé de la tenue de ce livre et si l'on ne doit pas lire *Voillemont*, car on ne trouve à cette époque, à Angers, aucun professeur de musique ni aucun artiste nommé Hamon, tandis que Pierre Voillemont y était très connu et fort apprécié comme musicien. Prêtre, directeur de la Maîtrise de la cathédrale d'Angers depuis 1773, il avait prêté le serment et était devenu vicaire de l'évêque constitutionnel. Dès lors, il fut l'organisateur de toutes les cérémonies publiques. Déjà, depuis 1789, il avait groupé des jeunes gens de bonne volonté et les avait constitués en corps de musique pour marcher avec la garde nationale et les volontaires. Le 11 octobre 1792, il adresse un appel « à tous ses camarades en général qui ont de la voix » et annonce qu' « il se fera un vrai plaisir de leur apprendre avec douceur et avec toute la patience possible à donner à l'hymne des Marseillais l'éclat le plus solennel. » Marié le 4 fri-

organisera pour être ensuite répartis dans les divisions, d'après l'ordre des représentants du peuple.

Il se rendra demain, à neuf heures du matin, un adjudant général par brigade à l'état-major général de l'armée.

Le général de brigade,... Nouvion.

Angers. 14 brumaire an II (4 novembre 1793)

Je vous prie, général, de vouloir bien nous envoyer la désignation précise ou, mieux encore, le nom de la prairie sur laquelle l'armée doit être rassemblée. Les adjudants généraux sont à l'état-major et attendent.

Signé : Nouvion.

Les bataillons composant l'avant-garde iront, l'après-dîner, au magasin des effets militaires et y recevront les effets dont ils ont besoin, dans la quantité et proportion qui leur sera indiquée. Il sera, à cet effet, remis à chaque commandant de corps les états circonstanciés des objets qu'il pourra faire délivrer pour son bataillon.

Tous les corps de chasseurs qui se trouvent dans l'armée feront partie de l'avant-garde légère commandée par le général de brigade Bouïn-Marigny. Ils seront immédiatement sous ses ordres. En conséquence, chaque commandant de corps de chasseurs s'adressera à lui pour tous les

---

maire an II (21 novembre 1793) à Andrée-Marguerite Roy, il devint commis dans la manufacture Joubert-Bonnaire, puis dans les bureaux de l'administration du département de Maine-et-Loire, sans cesser de diriger la célébration des fêtes décadaires, puis, un peu plus tard, les *Te Deum* en l'honneur des victoires impériales. En 1797 il fut chargé de nouveau par l'administration municipale d'Angers d'organiser une association musicale qui réunirait des amateurs et des professionnels. En 1804 il apportait son aide nécessaire à la constitution d'une Société philharmonique dont il formait l'orchestre en grande partie avec ses musiciens de la garde nationale. Il est mort à Angers, le 1ᵉʳ juin 1814.

objets relatifs au service. La distribution se fera également, et de la même manière, pour l'avant-garde légère que pour l'autre.

Comme, par le mode de réorganisation de l'armée [1], il pourrait se trouver des officiers et sous-officiers de tout grade qui excédassent le nombre ordinaire pour chaque bataillon, ils sont prévenus que, par l'arrêté des représentants du peuple qui approuve le mode de réorganisation proposé, ils sont conservés dans leurs droits tant pour l'avancement que pour la solde. En conséquence, ils jouiront des mêmes traitements qu'ils avaient avant la réorganisation et feront le service prescrit pour chaque grade à leur tour, qu'ils prendront parmi les autres officiers suivant leur ancienneté.

Ils sont prévenus que l'amalgame de divers bataillons, nécessité par les circonstances, n'est que provisoire, et pour être plus à même de présenter à l'ennemi un front plus redoutable. En conséquence, sous aucun prétexte, la comptabilité de chaque corps ne peut être confondue par le quartier-maître de chaque bataillon. Ils continueront d'exercer particulièrement leurs fonctions et les comptes tant particuliers que généraux relatifs à chaque bataillon seront rendus par eux.

Dans les bataillons où il y aura plusieurs drapeaux et où ils n'excéderont pas le nombre de deux, ils seront placés au centre de chaque bataillon.

D'après l'arrêté des représentants du peuple d'aujourd'hui, il est réservé aux généraux de division de nommer aux places de chef de bataillon, dans le cas seulement où il ne se trouverait point de chef de bataillon dans l'un des bataillons réunis. Cette nomination, seulement provisoire

---

[1]. L'amalgame des troupes de Mayence dans les autres corps de troupe, en vertu du décret du Comité de Salut public du 8 brumaire.

et dictée pour le bien du service, n'enlèverait en aucune manière le droit d'avancement de chacun de ceux qui pourraient prétendre à cette place, à la dissolution de la réunion de chaque bataillon.

Le général Bouïn-Marigny sera chargé de l'organisation de l'avant-garde légère;

Le général Marceau, de la première brigade de la première division;

Le général Canuel, de celle de la deuxième brigade de la première division;

Le général Kléber surveillera l'organisation de cette distribution;

Le général Chabot [1] sera chargé de l'organisation de la première brigade de la deuxième division;

Le général Le Gros, de celle de la deuxième brigade de la deuxième division;

Le général Müller surveillera cette organisation.

Il sera formé une division dite de réserve, qui sera aux ordres du général de division La Ronde.

Les troupes qui doivent composer cette réserve seront tirées de Châteaubriant et d'Ancenis.

Le général de brigade,... Nouvion.

---

[1]. Louis-Jean-François *dit* Jules Chabot, né à Niort, le 13 avril 1757, gendarme de la garde en 1773, sous-lieutenant de grenadiers le 5 octobre 1782. Chef du 1ᵉʳ bataillon de volontaires des Deux-Sèvres à la création ; capitaine au 15ᵉ régiment d'infanterie à l'armée du Nord, détaché pour l'organisation des bataillons dits de la formation d'Orléans. Chef du 2ᵉ bataillon de cette formation le 24 mai 1793; général de brigade le 30 juillet suivant; général de division le 29 avril 1794; sert dans l'Ouest jusqu'en 1796 ; passé à l'armée d'Italie ; obligé de capituler à Mantoue; renvoyé à l'armée d'Angleterre en 1798. Chargé ensuite de la défense de l'île de Corfou et contraint encore à une capitulation honorable. Renvoyé en Vendée, il contribue aux pacifications de 1800. Commandant de l'armée d'observation du Midi de 1800 à 1807; puis de celle de Catalogne de 1808 à 1814; baron de l'Empire le 30 août 1811, confirmé par ordonnance royale du 28 décembre 1816. Retraité le 24 décembre 1819. Grand officier de la Légion d'honneur, chevalier de Saint-Louis. Mort le 11 mars 1837.

L'avant-garde sera prête à partir au premier ordre.

La distribution des cartouches se fera demain matin, à sept heures, à l'arsenal. Il n'en sera délivré que sur les bons des commandants des corps, qui chargeront un officier d'assister à cette distribution.

Le pain et la viande seront distribués aux lieu et heure accoutumés, pour un jour.

Ceux des commandants de corps qui n'auront pas fait faire la distribution de l'habillement, la feront demain de très grand matin.

Les généraux de division voudront bien faire remettre demain, de bonne heure, la liste des adjudants généraux et adjoints qui sont sous leurs ordres, ces états étant indispensables pour l'organisation des divisions.

La distribution de la poudre n'aura lieu demain que pour l'avant-garde légère et la première brigade faisant l'avant-garde.

Le général de brigade,... Nouvion.

Angers. 15 brumaire an II (5 novembre 1793)

L'avant-garde légère et la brigade du général Marceau prendront, ce soir, à six heures, le pain pour un jour.

La brigade du général Canuel et la division du général Müller prendront, demain matin, à sept heures, le pain et la viande pour deux jours.

L'avant-garde légère et la première brigade, commandées par le général Marceau, s'assembleront demain matin, à six heures, au Champ de Mars.

Il sera délivré, ce soir, deux cents petits bidons par bataillon ; l'avant-garde légère en recevra six cents.

La deuxième brigade de la deuxième division recevra, dans la journée de demain, les effets d'habillement et équipement qui lui sont nécessaires.

Le général de brigade,... Nouvion.

Angers. 16 brumaire an II (6 novembre 1793)

Dorénavant, tous les quartiers-maîtres officiers chargés du détail et autres ayant droit à la distribution de la viande prendront des bons imprimés, chez le directeur de cette partie des subsistances qui demeure rue Haute-du-Figuier, n° 10 [1]. Les distributions ne seront faites que sur ces bons.

La deuxième brigade du général [Canuel] se tiendra prête à marcher demain matin, à l'heure qui sera ordonnée.

Le général de brigade,... Nouvion.

Angers. 17 brumaire an II (7 novembre 1793)

Il est ordonné à l'avant-garde légère, ainsi qu'à la première brigade de la première division, de conduire leur marche jusqu'à la Flèche, où les généraux commandant ces corps recevront de nouveaux ordres.

Le général de division, Kléber.

Le général en chef de l'armée de l'Ouest et autres officiers généraux soussignés, réunis en conseil de guerre en présence des représentants du peuple ;

---

1. La rue Haute-du-Figuier passait devant l'hôtel Pincé, près de la place du Ralliement ; elle a été absorbée par le percement de la rue Milton, aujourd'hui rue Lenepveu.

Considérant que d'après les rapports arrivés de Rennes et autres lieux, qui s'accordent à dire que l'armée des Rebelles s'est portée de Mayenne, par Ernée, sur Fougères, et qu'elle s'avance même vers Pontorson; que leur masse paraît avoir suivi cette direction;

Considérant aussi que par l'arrêté du conseil de guerre tenu à Rennes le 15 de ce mois, le général en chef de l'armée de l'Ouest est invité à diriger toutes ses forces par Laval, vers Fougères, pour concourir avec celles de l'armée des côtes de Brest [1];

L'ordre de marche a été arrêté ainsi qu'il suit :

Art. I. — L'avant-garde aux ordres des généraux Marceau et Bouïn-Marigny, qui est aujourd'hui à la Flèche, ira demain, 18, à Sablé, le 19, à Meslay, et le 20, à Laval.

La division aux ordres du général Kléber, qui est partie aujourd'hui pour Durtal, ira, demain 18, à Sablé, le 19, à Meslay, et le 20, à Laval.

La division aux ordres du général Müller partira demain matin d'Angers et se rendra au Lion-d'Angers, le 19, à Château-Gontier, et le 20, à Laval.

La réserve partira demain après midi, ira coucher à la Membrolle, le 19, à Château-Gontier, et le 20, à Laval.

La troupe stationnée à Sablé, aux ordres du général Danican, se réunira à la division du général Müller et se rendra avec elle à Laval.

Art. II. — La correspondance journalière avec l'armée des côtes de Brest sera établie ainsi qu'il est indiqué par l'arrêté du conseil de guerre de Rennes.

Art. III. — Copie du présent arrêté sera envoyée sur-

---

1. Voir ce document à sa date, dans la dernière partie du volume.

le-champ au général en chef de l'armée des côtes de Brest et aux généraux Marceau, Kléber et Danican.

> *Signé :* BOURBOTTE, L. TURREAU, FRANCASTEL, *représentants du peuple.* CHALBOS, *général en chef ;* MÜLLER, *général de division ;* WESTERMANN, DEMBARRÈRE, DANICAN et LE GROS, *généraux de brigade.*

Pour copie conforme :
Signé : NOUVION.

La Flèche. 18 brumaire an II (8 novembre 1793)

Il est ordonné au commandant de la cavalerie, qui a été cette nuit à Bazouges [1], de prendre les prisonniers qui sont à la Flèche, pour être restés en ville après le départ de l'armée, et de les conduire avec sa cavalerie à Sablé, où il les mettra en prison. Les armes seront conduites dans une voiture fournie par la municipalité de la Flèche et remises au général Marceau, auquel sera rendu compte du tout. Tous les traînards seront également conduits par le même détachement.

Le général divisionnaire, KLÉBER.

Sablé. 18 brumaire an II (8 novembre 1793)

La générale sera battue à sept heures, demain matin, et la troupe se mettra en marche à huit heures, pour Meslay. Le général Bouïn-Marigny fera rester cinquante hommes à cheval commandés par deux officiers, qui ne

---

1. Bazouges-sur-le-Loir, commune du canton de la Flèche, sur la route d'Angers. A huit kilomètres ouest de la Flèche ; six, est, de Durtal ; neuf, sud-sud-est, de Sablé.

partiront que deux heures après le départ de l'armée. Ils feront des patrouilles dans la ville, pour faire évacuer toutes les maisons où l'on donne à boire ; s'il s'y trouve quelque officier ou sous-officier, ils les désarmeront et les conduiront en prison. Ce détachement de cavalerie fera l'arrière-garde de l'armée et ramassera sur sa route tous les traînards qu'il fera rejoindre ; les mutins seront désarmés et conduits en prison en arrivant à Meslay.

Le général Marceau préviendra le général Kléber du compte que lui aura rendu l'officier de gendarmerie chargé de conduire à Sablé les prisonniers arrêtés cette nuit à Bazouges et ce matin à la Flèche.

Le général de division, KLÉBER.

Sablé. 19 brumaire an II (9 novembre 1793)

N'ayant pas été instruit que la brigade du général Bouïn-Marigny était à près de deux lieues d'ici, il avait été mis à l'ordre d'hier que les cinquante hommes à cheval de l'arrière-garde seraient fournis par cette brigade. Mais comme cette mesure devient, par la raison de l'éloignement, contraire au bien du service, il sera fourni, pour former cette arrière-garde, vingt-cinq hommes à cheval de la brigade du général Canuel et vingt-cinq de la brigade du général Marceau, qui se conformeront à l'ordre d'hier soir.

L'adjudant général, DAMAS.

Demain matin, la générale battra à sept heures, afin que la dernière brigade puisse être en marche au plus tard à neuf heures.

Les troupes s'assembleront toujours sur la grande route, dans la direction du nouveau logement. Les têtes de la seconde et de la troisième brigade se mettront en marche aussitôt que la queue de celles qui les précèdent auront défilé.

La discipline des troupes est le plus sûr garant de la victoire, il est de la plus haute importance de réprimer l'extrême désordre qui existe dans la marche et les cantonnements de l'armée. Les officiers, qui ne contribueront pas de leur exemple et de tous leurs soins à rétablir cette discipline, seront responsables de la durée de la guerre civile que leur indolence coupable fait prolonger et dont les maux pèsent sur toute la République.

Une heure avant le départ de la troupe, les généraux de brigade feront assembler chez eux les commandants et les adjudants-majors de chaque corps sous leurs ordres. Ils se trouveront les premiers sur le lieu du rassemblement, pour établir l'ordre de marche et donner aux soldats l'exemple de la subordination. Les adjudants généraux de chaque brigade s'y trouveront avec un détachement de cavalerie, pour faire joindre tous les traînards et connaître les officiers et commandants de corps qui manqueraient à cet ordre.

Quand des corps seront cantonnés dans un endroit hors du reste de leur brigade, les commandants auront soin d'envoyer des ordonnances au centre du cantonnement, lieu où est ordinairement le quartier général, pour faire prendre les vivres de leurs troupes. S'il y a trop loin, on y enverra un fourrier seul, par corps, avec une voiture que l'un d'eux prendra à la municipalité du lieu où l'on sera, ou chez quelque habitant du pays.

Les généraux de brigade ordonneront toujours de distribuer les vivres pour deux jours; ils observeront avec soin les jours de distribution pour apprécier avec justice les réclamations si multipliées des soldats, et n'en écouteront aucune, qu'on ne l'ait portée d'abord au commissaire des guerres, qui aurait refusé d'y faire droit. La loi défendant expressément à tout officier d'infanterie de faire conduire ses chevaux par des soldats, les généraux de brigade sont autorisés à saisir, au profit de la République, pour servir aux remontes, ou à faire tuer tous les chevaux qui seraient dans ce cas.

Il n'y aura que deux femmes qui suivront chaque bataillon. On exécutera rigoureusement la loi qui défend à un plus grand nombre de suivre la troupe, ainsi que celle qui défend, sous les peines les plus sévères, de prendre d'autres habillements que ceux de son sexe. En conséquence, on fera quitter les habits d'homme à toutes celles qui seront vêtues de l'uniforme national et leurs habits seront pour les besoins des bataillons qu'elles suivaient.

[*Laval.*] *21 brumaire an II* (11 novembre 1793)

Les commandants des bataillons remettront aux généraux de brigade l'état des caisses de tambour dont ils ont besoin, afin que trente et une, qui arriveront incessamment, soient distribuées par égale portion dans chacun des bataillons.

Ils ordonneront que, dorénavant, tous les hommes qui iront aux hôpitaux, n'emporteront pas avec eux leurs fusils et que ceux-ci soient remis à ceux qui sont sans armes.

Les bataillons ou compagnies qui n'ont pas reçu à Angers la totalité des effets dont ils avaient besoin, remettront un nouvel état pour qu'il soit pourvu au remplacement de ceux qui leur sont nécessaires.

Les généraux de division et le commandant de la réserve se feront donner de suite un nouvel état des troupes qui sont sous leurs ordres et en feront remettre le relevé au bureau de l'état-major général.

Le général de brigade,... Nouvion.

La distribution du pain se fera aussitôt qu'il sera arrivé ; l'heure et le lieu seront indiqués.

Les généraux de division voudront bien faire connaître aux troupes qui composent leur division, le lieu où elles devront s'assembler, dans le cas où la générale battrait.

L'ordre d'aller aux distributions, en règle, est renouvelé.

Le général de brigade,... Nouvion.

Laval. 22 brumaire an II (12 novembre 1793)

L'avant-garde légère, commandée par le général Bouïn-Marigny, prendra le pain sur-le-champ, ainsi que la division du général Müller, à raison d'une demi-ration par chaque homme.

La division du général Kléber et la réserve, à raison d'une ration par chaque homme. Les deux dernières troupes dénommées ne prendront le pain que lorsque les premières seront servies. En arrivant à Vitré, celles-ci recevront une autre demi-ration.

Il sera tenu compte, soit en nature, soit en argent, du pain que la troupe n'aura pas reçu.

L'avant-garde légère et la division de Müller partiront à sept heures du matin. Le reste de l'armée, à huit heures. La troupe marchera en bon ordre. Les officiers généraux et autres seront à leur place.

Elle s'assemblera sur la route de Vitré, la droite appuyée au jardin entouré d'un mur blanc.

Le citoyen Nattes, adjudant général, sera présent à la

distribution du pain et veillera à ce qu'elle soit faite avec ordre. Il rendra compte au général en chef des officiers qui se seraient dispensés de s'y trouver.

Un adjudant général par brigade ira d'avance à Vitré, y marquer le logement. Ils s'entendront ensemble, pour que le logement de chacune d'elles soit le plus rapproché que faire se pourra.

La viande sera distribuée pour un jour en arrivant à Vitré.

Le général de brigade,... NOUVION.

Vitré. 22 brumaire an II (12 novembre 1793)

Il sera envoyé une ordonnance à cheval, par brigade, une de la brigade et une autre de l'avant-garde légère. chez le général Chalbos, logé à l'hôtel de l'Angle, rue Mesriais. Ces ordonnances devront connaître le logement des généraux de brigade et de division.

Les corps qui n'ont reçu ce matin qu'une demi-ration de pain iront prendre la demi-ration qui leur revient.

On indiquera demain l'heure de la distribution pour toute l'armée.

L'adjudant général Abadie [1] se trouvera ce soir à la

---

1. Jean-Melchior d'Abadie, né à Castelnau-de-Magnoux (Hautes-Pyrénées) le 6 février 1748; lieutenant du génie en 1768; reçu ingénieur le 1ᵉʳ janvier 1770; capitaine le 1ᵉʳ janvier 1777; embarqué en 1781 pour les Iles sous le Vent. Il fit trois campagnes de guerre en Amérique, 1781-1783. Élu député suppléant de la noblesse des Quatre-Vallées entre la Bigorre et le comté de Foix, aux États généraux de 1789. Il siégea à partir du 30 août suivant, en remplacement du vicomte de Ségur, démissionnaire. Après la session, il reprit du service actif; en 1792, il fut attaché à l'armée de la Moselle, puis au camp sous Paris, d'où il fut envoyé, le 29 mars 1793, à l'armée de l'Ouest. C'est lui qui organisa les fortifications de fortune à l'aide desquelles on essaya de défendre Saumur, le 9 juin, contre l'armée Vendéenne. Pendant la bataille, il commandait une batterie de position de six pièces; il eut un cheval tué sous lui. Adjudant général chef de bataillon, il fut chargé des travaux du génie et de la mise en défense

distribution du pain, après l'arrivée de la troupe à laquelle il revient.

Le général de brigade,... NOUVION.

Vitré. 23 brumaire an II (13 novembre 1793)

La générale battra demain à six heures, la troupe se mettra en marche à sept. La division de Müller formée et partie, le général Müller pourra se rendre de sa personne à Rennes, pour vaquer à ses affaires, jusqu'à l'arrivée de sa division.

Le général commandant en chef provisoirement l'armée de l'Ouest, CHALBOS.

La générale battra demain matin à six heures. L'armée se mettra en marche à sept et s'assemblera sur la grande route de Rennes.

L'avant-garde légère ira loger à Cesson [1], ou plus loin s'il est possible.

de Rennes; confirmé dans son grade de chef de bataillon le 26 frimaire an II (6 novembre 1793), il est envoyé au camp sous Maubeuge, puis à Calais et enfin à Nieuport, qu'il est chargé de fortifier; chef de brigade le 28 ventôse an IV (18 mars 1794), il est nommé directeur du casernement de la place de Paris; directeur des fortifications au ministère de la guerre, le 14 thermidor an VII (2 août 1800). Membre de la Légion d'honneur le 19 frimaire an XII (11 décembre 1803); directeur du génie à l'armée du Nord en 1805; général de brigade le 8 mars 1807; envoyé en Espagne; baron de l'empire le 17 mai 1810; fait prisonnier à Baylen, il est chargé, après sa mise en liberté, de fortifier l'île d'Aix; chevalier de Saint-Louis en 1814, puis commandeur de la Légion d'honneur le 23 août 1814. Commandant le génie du corps d'armée du général Lamarque et inspecteur général de son arme pendant les Cent-Jours. Retraité comme maréchal de camp le 6 octobre 1815. Mort à Paris le 8 mars 1820.

1. Cesson, commune du canton de Rennes, sur la rive droite de la Vilaine. Les hauteurs de Brais et de Prince-Roche qui l'avoisinent forment des positions d'une certaine importance dominant la route de Paris, la ville de Rennes et les bois environnants. A six kilomètres est de Rennes et quinze, ouest, de Châteaubourg.

La brigade du général Marceau, à Noyal, et plus loin si elle peut.

Celle du général Canuel au même lieu.

La division du général Müller à Saint-Melaine et Châteaubourg [1].

La réserve à Saint-Jean [2].

Le pain et la viande seront distribués pour un jour, à l'arrivée à chaque cantonnement.

L'adjudant général chargé du logement général ne pouvant le faire demain, attendu la dispersion de l'armée, les généraux enverront un adjudant général pour faire le logement dans les lieux où leur troupe doit loger.

Le général de brigade,... Nouvion.

Rennes. 25 brumaire an II (15 novembre 1793) [3]

L'armée ne partira pas demain. La distribution du pain et de la viande se fera à sept heures du matin. L'heure de la distribution des souliers sera indiquée demain matin.

Les commandants de bataillon qui n'ont pas eu de fusils enverront demain matin en prendre.

Le général de brigade,... Nouvion.

Rennes. 26 brumaire an II (16 novembre 1793)

Les représentants du peuple, délégués par la Convention nationale près de l'armée de l'Ouest, chargent les généraux d'annoncer à l'armée une récompense de cent mille

---

1. Châteaubourg, chef-lieu de canton de l'arrondissement de Vitré ; à vingt et un kilomètres est de Rennes.
2. Saint-Jean-sur-Vilaine (cf. ci-dessus, p. 270, note 2).
3. Il n'y a pas d'ordre le 24 brumaire (14 novembre), l'armée exécute sa marche de Vitré sur Rennes.

livres à celui qui leur apportera la tête de La Rochejaquelein ou celle de Charette et Stofflet, tous trois chefs des Brigands. *Pour copie conforme :* Nouvion.

La générale battra à trois heures après midi, toute l'armée de l'Ouest s'assemblera sur la route d'Antrain. Les généraux de division enverront à l'avance marquer le bivouac près Saint-Aubin-d'Aubigné, lequel sera indiqué par le général Bouïn-Marigny, chargé de reconnaître le lieu où il pourra s'établir, devant partir d'avance avec l'avant-garde légère.

Les représentants du peuple s'occupent dans ce moment à pourvoir aux besoins qu'ont les volontaires de souliers, et il leur en sera délivré au moment du départ.

Les commandants de bataillon ne tarderont pas un instant à faire prendre dans l'arsenal les armes dont ils ont besoin. Les officiers mettront la plus grande activité à faire rassembler leurs troupes.

Le général de brigade,... Nouvion.

Antrain. 28 brumaire an II (18 novembre 1793)

Le général en chef ordonne que cent hommes d'infanterie et deux ordonnances de cavalerie seront envoyés sur-le-champ pour garder le pont de Romazi.

La brigade du général Marceau fournira ce détachement. *Signé :* Nouvion.

Antrain. 30 brumaire an II (20 novembre 1793)

L'avant-garde du général Chamberting sera mise à la disposition du général Marceau, lequel emploiera vingt-cinq hommes de sa cavalerie à fournir une grand'garde sur la route de Dol et un autre détachement destiné au service du poste de la Roche [1]. Ces détachements seront sous les ordres du général Müller.

La brigade de l'adjudant général Amey sera également sous les ordres du général Müller, pour occuper la position du pont de la route de Pontorson.

La brigade du général Canuel s'établira entre la gauche du général Marceau et la droite de celle du général Le Gros.

La brigade du général Klingler sera placée sur la hauteur entre la brigade du général Amey et celle du général Le Gros. Ce dernier reprendra son bataillon étant au pont.

Les bataillons se placeront sur les hauteurs et s'y garderont militairement.

Le général Müller donnera ordre aux adjudants généraux de sa division de placer les troupes sur-le-champ suivant l'ordre donné ci-dessus.

Le chef de bataillon Vérine se concertera avec le commandant de l'artillerie pour la disposition des pièces pour la défense des ponts sur les routes de Dol et de Pontorson.

Signé : NOUVION.

Antrain. 1er frimaire an II (21 novembre 1793)

Le général Canuel occupera le pont sur la route de Dol, avec moitié de sa brigade, l'autre moitié occupera le pont sur le chemin de Pontorson. Il y aura des postes intermé-

---

[1]. La Roche, village, commune de la Fontenelle, canton d'Antrain (Ille-et-Vilaine), sur une hauteur dominant la rive gauche du Couesnon ; à deux kilomètres nord-nord-ouest d'Antrain.

diaires pour communiquer avec ces deux postes. Il fera garder le gué près du moulin.

La brigade de Chamberting, dès son arrivée, prendra la position qu'avait la brigade de Marceau. Il y aura une grand'garde sur la route d'Avranches, près du ruisseau [1]. Chamberting se gardera sur ses flancs, sur son front et sur son derrière militairement, en se faisant éclairer par de fréquentes patrouilles.

La grand'garde de cavalerie sera établie au delà du ruisseau, également sur la route d'Avranches, à la jonction du chemin qui va de cette route à Saint-Ouen [2]. Cette grand'garde poussera des patrouilles jusqu'à une lieue de son poste.

Le général Damas, assisté par l'adjudant général Nattes et de ses adjoints, s'occupera d'établir le plus tôt possible les troupes ci-dessus dans les différentes positions. Les troupes qui se sont retirées sur Antrain, venant de Pontorson [3], feront le service de la ville et seront de réserve. Elles se tiendront toujours prêtes à marcher. Elles seront sous les halles; elles fourniront une garde d'honneur et un sergent chez les représentants du peuple, une de pareil nombre chez le général en chef et une de quatre hommes et un caporal chez le général Kléber.

Il sera envoyé un sergent et un caporal, par brigade, chez le général en chef et autant chez le général Kléber. Ces ordonnances devront connaître le logement des officiers généraux.

L'artillerie du parc sera envoyée à Rennes, à réception

1. L'Ausance.
2. Saint-Ouen-de-la-Rouerie (cf. ci-dessus, p. 271, note 3). L'avant-garde de cavalerie devait être placée à quatre kilomètres à l'est de celle établie près de l'Ausance et à un kilomètre ouest de Saint-Ouen.
3. Partie des troupes du général Tribout battues à Pontorson le 18 novembre.

des munitions et des rechanges. Les voitures resteront jusqu'à nouvel ordre à Tremblay.

Le général de brigade,... Nouvion.

Chaque général fera prendre à sa brigade la position qu'elle occupait avant de sortir d'Antrain. Le général Canuel placera sa brigade entre celle du général Le Gros et celle du général Boucret. La droite à la gauche de Boucret et la gauche à la droite de Le Gros.

La brigade de Chamberting sera aux ordres du général Marceau. Celui-ci lui indiquera la position qu'elle doit occuper.

Les chefs des corps donneront demain matin un état exact de leur effectif qu'ils remettront à leurs généraux de brigade pour les faire passer au bureau de l'état-major général.

La viande sera distribuée ce soir aux troupes qui ne l'ont pas reçue ; on délivrera également une demi-bouteille de vin par homme à ceux qui n'ont eu ni eau-de-vie ni vin.

Le général de brigade,... Nouvion.

Camp de Trans. 2 frimaire an II (22 novembre 1793)

La brigade de Chamberting et celle du général Canuel viendront relever les brigades des généraux Marceau, Le Gros et Boucret, qui rentreront prendre la position qu'elles occupaient à Antrain, aussitôt qu'elles seront relevées. Les généraux Canuel et Chamberting feront éclairer leur position par de fréquentes patrouilles qu'ils feront porter en avant, le plus loin possible, jusqu'à ce qu'elles aient des nouvelles sûres de l'ennemi. Ils instruiront le général en chef de ce qu'ils auront appris, par des ordonnances très renouvelées. Le général Bouïn-Marigny se portera, avec sa cavalerie et son infanterie légère, à la position des généraux Canuel et Chamberting, qu'il relèvera aussitôt son arrivée et qui reprendront leur ordre de bataille à Antrain, suivant ce qui a été ordonné hier à l'ordre.

Le général Westermann se tiendra à la même hauteur que le général Bouïn-Marigny, sur la route de Pontorson à Dol, et occupera le village de Sains [1]. Ils instruiront également l'un et l'autre le général en chef de leurs mouvements et de ce qu'ils apprendront de ceux de l'ennemi.

Le général Bouïn-Marigny pourra se choisir une autre position, si celle qui lui est désignée lui paraît moins convenable à remplir le double objet d'inquiéter l'ennemi et d'assurer sa position.

Le général en chef, Rossignol.

Rennes. 4 frimaire an II (24 novembre 1793)

Le commandant temporaire de la place donnera les consignes les plus sévères pour que tous les postes qui sont aux issues du camp ne laissent passer en ville aucuns soldats et officiers sans une permission du chef de brigade.

Le commissaire ordonnateur donnera des ordres pour que les vivres soient distribués demain matin de bonne heure. Il aura soin d'ordonner que les subsistances soient portées aux lieux ci-après indiqués :

[1]. Sains, ou Saints, commune du canton de Pleine-Fougères, arrondissement de Saint-Malo ; sur la droite, au nord de la route de Pontorson à Dol. A seize kilomètres nord-nord-ouest d'Antrain, et sept et demi, ouest, de Pontorson.

Pour les brigades de Boucret et Chamberting, sur la route de Vitré. Pour les brigades de Canuel, Le Gros et Westermann, sur la route de Fougères. Pour celles de Marceau et Bouïn-Marigny, sur la route d'Antrain.

Il est nécessaire, pour que les troupes n'aient pas de prétexte de s'écarter du camp, que cet ordre soit ponctuellement exécuté,

Les chefs de brigade et de bataillon veilleront aussi à ce que l'on aille aux distributions en règle, et à ce que toutes les troupes restent constamment à leurs postes.

Le directeur de l'artillerie enverra sur-le-champ l'état de situation de l'arsenal, en désignant le nombre de cartouches faites. Il emploiera tous les moyens pour en accélérer la fabrication et en rendra compte au général en chef ou au général commandant les troupes.

Les cartouches seront délivrées demain, dans la matinée, et il est instant que cette distribution soit finie avant dix heures du matin.

Les chefs de bataillon enverront pour cette distribution, qui se fera à l'arsenal, le nombre d'hommes nécessaire, avec un officier et quelques hommes armés, pour maintenir l'ordre.

Le général Westermann enverra demain, à la pointe du jour, des piquets de cavalerie sur les routes de Fougères, Antrain et Vitré. Il donnera aux officiers commandant ces piquets les instructions nécessaires relativement à ce qu'il convient de faire pour s'assurer de la position et des desseins de l'ennemi. Il fera placer, en outre, des postes de cavalerie sur les trois routes indiquées, au moins à une lieue du camp.

Demain, sera de visite pour la nuit et le jour, le général de brigade Canuel.

Chaque général de brigade enverra demain. à la pointe

du jour, une ordonnance à cheval chez le général commandant les troupes, chez le citoyen Châteaugiron [1], rue de Corbin [2].

Le général commandant les troupes, MARCEAU [3].

Rennes. *5 frimaire an II* (25 novembre 1793)

Les généraux de brigade ordonneront que tous les chefs de bataillon fassent remettre aux commissaires des guerres attachés à chaque brigade l'effectif de leur troupe. Pareil état sera remis à chaque général de division ou de brigade, pour être par lui adressé à l'état-major général, afin de connaître la situation actuelle de l'armée.

Les bataillons qui ont besoin de caisses de tambour remettront de suite la note de celles qui manquent. Il en sera de même pour les gibernes, casques et chapeaux.

Les généraux de brigade chargeront les adjudants généraux et chefs de brigade ou de bataillon de rectifier la position des bataillons. Ils ordonneront aussi qu'on ne fasse des feux qu'en arrière de la ligne de bataille et qu'on

---

1. René-Joseph Le Prestre, baron de Châteaugiron, né le 17 février 1753, fils de René-Jacques-Louis Le Prestre, baron de Châteaugiron, marquis d'Espinay, etc., président à mortier au Parlement de Bretagne, et de Marguerite-Sylvie Descartes, petite-nièce de l'illustre philosophe. Marié en 1773 à Agathe de Carné de Trécesson. Un arrêt du 11 décembre 1768, rendu par la Chambre de réformation de la noblesse du pays et duché de Bretagne, avait déclaré MM. Le Prestre « nobles et issus d'ancienne extraction noble », leur reconnaissant les titres d'écuyers et de chevaliers de père en fils. Marceau avait dû aux hasards d'un billet de logement d'être logé chez M. de Châteaugiron, à la fille duquel il devait se fiancer quelques mois plus tard.

2. L'hôtel de Châteaugiron, situé au n° 13 de cette rue, dans le voisinage de l'église Saint-Germain, est aujourd'hui le quartier général du X° corps d'armée.

3. Ce fut seulement dans le conseil de guerre tenu le lendemain, que Marceau fut officiellement désigné pour commander les troupes sous l'autorité nominale de Rossignol.

les tienne, autant que faire se pourra, sur la même direction.

Les distributions se feront toujours le matin de bonne heure, et les chefs de brigade mettront la plus scrupuleuse attention à ce qu'on y aille en ordre et suivant l'ordonnance.

Ceux des soldats et volontaires qui voudraient servir dans le corps des chasseurs francs, pourront s'adresser au général Bouïn-Marigny, logé auberge de la Grande-Maison [1].

Le général commandant les troupes, Marceau.

Rennes. 7 frimaire an II (27 novembre 1793)

Toute l'armée passera la revue du commissaire des guerres entre deux et trois heures après midi.

Les généraux de brigade donneront des ordres pour que cette revue se passe en règle.

Les troupes rentreront en ville après la revue, on laissera seulement cent hommes de garde par demi-brigade, qui seront relevés tous les jours à huit heures du matin.

Chaque général de brigade nommera un officier supérieur de ronde et de visite des postes pour le jour et pour la nuit.

On se plaint beaucoup de l'inexactitude du service et du peu de zèle des officiers. Le général prévient qu'il sévira contre ces derniers, s'ils ne font pas mieux leur devoir.

Le général Boucret fera la visite des postes de jour et de nuit.

Le général Scherb commandera l'avant-garde commandée par le général Marceau.

Le général commandant les troupes, Marceau.

---

1. L'hôtellerie de la Grande-Maison, au n° 7 de la rue Salle Verte, au coin de cette rue et de celle de Brest, aujourd'hui carrefour Jouaust, près de l'église Saint-Étienne.

Le commandant temporaire établira les postes nécessaires à la défense de la ville. Il ordonnera aux commandants de ces postes la plus grande surveillance et surtout l'exactitude des reconnaissances. Il fera faire des rondes de nuit et de jour, visitera tous les postes et rendra un compte journalier au général en chef.

Les généraux de division et de brigade dresseront, dans le plus court délai, un état de la situation de leur division et brigade. Ces états contiendront deux colonnes, dont l'une constatera leur précédente situation et établira la comparaison.

L'ordre sera donné tous les jours, à onze heures, au quartier général, maison de l'Intendance [1]. Un adjoint de chaque brigade s'y rendra exactement pour le copier et le remettre au général de sa brigade.

Tous les adjudants-majors des corps se rendront à une heure chez les généraux de brigade, afin d'y copier l'ordre. Ils le communiqueront aux commandants, qui veilleront scrupuleusement à ce qu'il circule dans toutes les compagnies.

Les généraux de division et de brigade donneront les ordres les plus sévères pour qu'aucun billet d'hôpital ne soit délivré sans être revêtu de la signature du commandant du corps et des généraux de brigade, et les commissaires des guerres ne délivreront aucune route, sans l'accomplissement de cette formalité.

Le général de brigade, chef de l'état-major
général, Robert.

---

[1]. Ancien hôtel des Intendants de Bretagne; portait le n° 1 de la rue de Belair, actuellement rue Martenot. C'est aujourd'hui l'hôtel de la préfecture d'Ille-et-Vilaine.

Rennes, 8 frimaire an II (28 novembre 1793)

D'après les ordres du général en chef et l'arrêté du conseil de guerre, l'armée se tiendra prête à marcher demain matin à dix heures.

Le pain sera distribué pour deux jours avant le départ. Les ordres ont été donnés à chaque brigade, et, dès que les troupes seront réunies, elles enverront un adjudant général ou adjoint à l'état-major général pour savoir la route qu'elles doivent tenir. L'avant-garde, commandée par Scherb, ouvrira la marche.

Le général de brigade,... ROBERT.

Le général en chef observe fraternellement qu'il a vu avec peine les soldats de la République porter à leurs boutonnières et à leurs chapeaux des chapelets et des rosaires, signes de ralliement parmi les Rebelles, et dont les malveillants peuvent tirer des conséquences insultantes.

En conséquence, le général invite tous les soldats Républicains à déposer au quartier général tous les signes de rébellion, et les chefs des corps à lui donner les noms de ceux qui les ont arrachés, afin qu'il puisse en rendre compte à la Convention nationale.

Les jours de marche, l'ordre sera donné une heure après l'arrivée, et dans la même forme.

Le commissaire général informera le chef de l'état-major général de l'état des distributions, afin qu'il puisse les indiquer à l'ordre.

L'adjudant général Abadie signifiera au citoyen Aveneau, son adjoint, l'arrêté des représentants du peuple qui le suspend de ses fonctions pour avoir méconnu et insulté à la souveraineté du peuple dans la personne des représentants.

Le général de brigade,... Robert.

Angers. 16 frimaire an II (6 décembre 1793) [1]

D'après les ordres du général en chef, il est ordonné au général de division Kléber de se porter aujourd'hui, avec les troupes qu'il commande et la réserve de Klingler, jusqu'à la Daguenière [2] et la Bohalle [3]. Il établira des postes à Saint-Mathurin.

Cent cinquante hommes d'infanterie légère prendront la route de Baugé et iront à Andard [4] et demain à Beaufort.

Le général Kléber prendra toutes les mesures et fera toutes les dispositions que les circonstances commanderaient pour le bien du service et la destruction des Rebelles.

Le général de brigade,... Robert.

---

1. Il n'existe aucun ordre entre le 8 et le 16 frimaire. Voir ci-dessus, dans les *Mémoires* de Kléber, la marche sur Angers et les divers mouvements des troupes, pendant cette période.

2. La Daguenière, commune alors du canton de Trélazé, aujourd'hui de celui des Ponts-de-Cé (Maine-et-Loire), sur la Levée de la rive droite de la Loire. A huit kilomètres nord-est des Ponts-de-Cé, et douze, sud-est, d'Angers.

3. La Bohalle, commune du canton de Trélazé, puis des Ponts-de-Cé, sur la Levée. A trois kilomètres à l'est et en amont de la Daguenière; six, à l'ouest et en aval de Saint-Mathurin; quatre et demi, au sud d'Andard.

4. Andard, commune dépendant alors du canton de Trélazé, aujourd'hui de celui d'Angers. A quinze kilomètres est de cette ville, sur la rive droite de l'Authion.

Châteaubriant. 16 et 17 frimaire an II
(6 et 7 décembre 1793)

Mot d'ordre : Cahors.
Ralliement : Prudence.

Le désordre qui règne dans la marche des troupes, l'abandon auquel les officiers permettent que les soldats se livrent, les difficultés que l'on éprouve pour le logement, par le peu de soin des chefs, entraînent de grands abus. En conséquence, il est enjoint à tous officiers, sous leur responsabilité, de maintenir l'ordre dans la marche des troupes, de ne point abandonner leur poste et de veiller à ce que chaque brigade, en arrivant au lieu de station qui lui est désigné, puisse occuper un quartier séparé et que les chefs y aient leur logement, autant qu'il est possible.

La distribution des vivres se fera demain matin.

L'adjudant général faisant les fonctions de chef de l'état-major, SAVARY.

[*Angers.*] *18 frimaire an II* (8 décembre 1793)

Demain, à la pointe du jour, les différentes brigades de la division du général Kléber prendront les armes. Les généraux de brigade en passeront la revue d'après laquelle ils enverront, dans le jour, les états de situation au général Kléber, d'après le modèle ci-joint [1]. Cette revue s'étendra également sur les objets d'équipement et d'armement, dont il sera pareillement fourni un état conformément au modèle ci-joint. Ces différents états ayant été demandés

1. Ces modèles n'ont pas été retrouvés.

par le général en chef, le général Kléber ne pourra se dispenser de faire son rapport de ceux des officiers généraux qui manqueront à le lui faire parvenir.

Le général divisionnaire recommande de nouveau aux généraux de brigade sous ses ordres de commander, toutes les fois avant le départ d'un logement, des gens de service pour le logement prochain, qui roulera à peu près sur le tiers de la force effective. Toutes les gardes et tous les bivouacs doivent être établis avant que le reste de la troupe entre dans ses logements. Pour cela, l'adjudant général ou l'adjoint chargé du logement reconnaîtra tous les postes à établir pour la grande surveillance. Lesquels seront ensuite rectifiés par le général de brigade.

Il sera, tous les jours, commandé un officier supérieur et un corps d'inspection, lesquels auront, de jour et de nuit, la surveillance des postes ; et ils s'appliqueront particulièrement à bien faire reconnaître, conformément aux règlements militaires, et les officiers de visites et les troupes qui pourraient se présenter à chaque poste.

Lorsqu'on battra la berloque [1], pour les distributions de toutes espèces, cet officier supérieur ainsi que le capitaine d'inspection se rendront sur-le-champ aux lieux où elles doivent s'effectuer. Ils y resteront jusqu'à la fin. Ils veilleront à ce que les distributions se fassent dans l'ordre que chaque corps tient dans la colonne. Ils feront raison à chaque réclamation et ne souffriront pas qu'il soit fait aucune distribution sans que le quartier-maître ou l'adjudant sous-officier de chaque corps soit présent. Ils prendront, de la garde de police, le nombre d'hommes armés nécessaires pour maintenir le bon ordre.

Tous les cinq jours, il sera fourni au général de division

---

1. Batterie de tambour annonçant les repos et les distributions.

et au commissaire des guerres, chargé de la police de chaque brigade, les mêmes états demandés ci-dessus pour demain.

Le général Kléber invite tous les généraux à faire observer plus d'ordre dans les marches que l'on n'en a observé jusqu'ici. Pour cela, il n'y a qu'à faire marcher la tête plus doucement et faire des haltes de temps à autre ; enfin, d'ordonner à un adjoint de se mettre à la queue de la colonne avec quelques ordonnances, pour faire sortir les traînards ou accélérer le pas de la tête, par les signaux convenus.

Baugé. 20 frimaire an II (10 décembre 1793)

Mot d'ordre : Victoire.
Ralliement : Continuons.

Demain, à six heures et demie du matin, on battra la générale ; à sept heures, l'assemblée.

Le lieu de rassemblement sera sur la route de la Flèche. On marchera la droite en tête, dans l'ordre suivant : l'avant-garde légère, la brigade de Scherb, celle de Klingler, et enfin celle de Canuel.

Le général Scherb fera filer un caisson de cartouches d'infanterie à l'avant-garde légère. L'adjudant général Delaage fera procéder avec ordre à leur distribution, à raison de quarante-cinq cartouches par homme. Cette distribution faite, ce caisson attendra la brigade du général Klingler, qui en fera faire une pareille et tiendra le caisson avec lui, à moins que le caisson ne se trouve vidé. Dans ce cas, il serait renvoyé à Saumur avec une escorte de quatre hommes commandés par un caporal.

La distribution du pain et de la viande, si les bouchers

sont pourvus de bœufs, sera faite sur la grande route entre Baugé et la Flèche, dans l'ordre déjà prescrit.

Le général divisionnaire prévient que ceux qui ne seront point présents ou qui, ainsi que cela est déjà arrivé par paresse, ne voudraient point la prendre, n'auraient aucun droit de réclamation au premier logement.

L'eau-de-vie se distribuera avant le départ.

Le commissaire Herblain sera, jusqu'à nouvel ordre, chargé de la police des quatre brigades formant la division.

Le général Scherb est chargé de lui faire parvenir le présent ordre, en conséquence duquel ledit commissaire subdivisera les différents commis et bouchers de manière à ce qu'aucune brigade ne reste en souffrance.

Lorsque la colonne ne sera pas suivie du nombre de bœufs nécessaires à la distribution de la viande, chaque général est et demeure autorisé à mettre en état de réquisition les bœufs, vaches et moutons qui se trouveront à la proximité du logement qu'il occupera. Et il en sera délivré des bons à la municipalité ou au propriétaire. Mais les officiers généraux apporteront la plus grande attention à ce qu'il ne se commette aucun gaspillage.

L'avant-garde légère sera logée à Ligron [1]; la brigade Scherb à Clermont, Mareil et Créans [2]; les brigades Klingler et Canuel à la Flèche même.

On marchera dans le meilleur ordre et, arrivé au logement, on se gardera très militairement.

Le général de division, KLÉBER.

---

1. Ligron, commune du canton de Malicorne, arrondissement de la Flèche, sur la gauche et à un kilomètre de la route de cette ville au Mans. A dix kilomètres est-sud-est de Malicorne ; douze, nord-est, de la Flèche ; trente-trois, sud-sud-ouest, du Mans.

2. Créans, hameau, commune de Clermont-Créans. A deux kilomètres est de Clermont ; six kilomètres nord-est de la Flèche ; un, nord-ouest, de Mareil-sur-le-Loir ; six, sud, de Ligron.

La Flèche. 21 frimaire an II (11 décembre 1793)

Il est ordonné au général Kléber de se mettre en marche avec sa colonne demain matin, à sept heures précises, sur la route du Mans, de se porter en avant de Foulletourte et de s'y établir dans une bonne position militaire, en attendant qu'il lui soit donné de nouveaux ordres.

Le chef de l'état-major provisoire, par ordre du général en chef, SAVARY.

En conséquence de l'ordre ci-dessus, on battra la générale à six heures précises, et on fera les distributions du pain et de l'eau-de-vie immédiatement après.

L'avant-garde légère se portera sur la grande route [1] et elle ne se mettra en marche que lorsque la tête de la brigade du général Scherb en sera distante d'environ deux cents toises.

La Flèche. 21 au 22 frimaire an II (11-12 décembre 1793)

(Répétition textuelle de l'ordre précédent.)

La Groirie [2]. *23 frimaire an II* (13 décembre 1793)

Mot d'ordre : Marchons, frappons.
Ralliement : Canons.

Aussitôt que les fourgons de vivres seront arrivés, il sera procédé à leur distribution. Le général divisionnaire

---

1. De la Flèche au Mans.
2. La Groirie, château, commune de Trangé, canton et à sept kilomètres nord-ouest du Mans, au nord de la route de Laval.

pense que chaque soldat, jaloux de terminer cette journée glorieuse [1] par l'entière destruction des Brigands, se mettra aussitôt en devoir de continuer sa marche.

    Nattes, *adjudant général.*

Ordre donné aux généraux de brigade de se mettre en marche pour Laval, aussitôt que les distributions seront faites.

Laval. 25 au 26 frimaire an II (15-16 décembre 1793)

 Mot d'ordre : Frappons.
 Ralliement : Le dernier coup.

La troupe se mettra en marche demain matin à six heures et se portera sur la route de Craon. Elle marchera dans le même ordre qu'aujourd'hui.

Les chefs veilleront à ce que les officiers et les soldats se tiennent exactement à leur poste. Les généraux de division donneront des instructions particulières pour la formation de leur division.

  Par ordre du général en chef :
 L'adjudant général, chef de l'état-major provisoire,
      Savary [2].

L'on battra la générale demain matin à cinq heures ; à cinq heures et demie, l'assemblée. Immédiatement après l'assemblée, on fera procéder aux différentes distributions. Les corps qui n'ont pas reçu le pain aujourd'hui feront un rappel de ce qui leur est dû. L'on fera en sorte que

---

1. La victoire du Mans.
2. Cet ordre ne figure pas au *Livre* de Kléber, c'est le seul, avec celui du 18 germinal ci-après, que j'aie cru pouvoir me permettre d'intercaler dans ce document. La pièce se trouve aux Arch. nat., AF II, 276, rec. 2315, p. 9.

les distributions soient fermées à six heures, heure à laquelle les différentes colonnes se mettront en marche, dans le même ordre qu'aujourd'hui. Les brigades s'assembleront sur les places les plus voisines et se porteront de là, dans l'ordre accoutumé, sur la route de Craon.

Saint-Julien-de-Vouvantes. 29 frimaire an II
(19 décembre 1793) [1]

L'avant-garde du général Kléber partira le plus promptement possible de Saint-Julien-de-Vouvantes pour se rendre à Châteaubriant, où il lui sera donné de nouveaux ordres.
Le général en chef par intérim, MARCEAU.

Châteaubriant. 29 frimaire an II (19 décembre 1793)

Le pain et la viande seront distribués, ce soir, à quatre heures précises, à la troupe, suivant l'ordre accoutumé. Le pain sera distribué pour demain et après-demain, et la division aux ordres du général Tilly ne recevra le pain que pour un jour, attendu qu'elle l'a déjà reçu pour demain. L'eau-de-vie sera distribuée ce soir pour demain matin.
Le chef de l'état-major provisoire, SAVARY.

L'armée s'assemblera demain matin à l'heure indiquée par le précédent ordre, sur la route de Derval. Les généraux de division voudront bien en prévenir les généraux de brigade et ceux-ci les chefs des différents corps qu'ils commandent.

---

1. Il n'y a pas d'ordre inscrit au *Livre* de Kléber entre le 26 et le 29 frimaire.

Il sera distribué, demain matin, à l'instant où la générale sera battue, des souliers, savoir :

A la brigade Scherb	150 paires
A celle de Canuel	150 »
A la réserve de Klingler	50 »
A la division de Tilly, y compris la brigade de Carpantier [1]	250 »
	600 paires

Le chef de l'état-major, SAVARY.

Mot d'ordre : Vive la République !
Ralliement : Terreur des Brigands.

Demain, la générale battra à quatre heures et demie précises ; le rappel, à cinq heures, et la troupe s'assemblera aussitôt pour se mettre en marche suivant l'ordre accoutumé et selon la direction qui sera indiquée aux généraux de division.

Les généraux de division donneront sur-le-champ l'ordre pour que les chefs de bataillon fassent compléter aux soldats le nombre de quarante cartouches qu'ils doivent avoir. Ces cartouches seront prises dans les caissons qui se trouvent au château et seront délivrées sur les bons des commandants.

---

1. François Carpantier, né à Saumur le 1ᵉʳ mai 1751. Soldat dans Aquitaine le 16 février 1770; congédié, avec le grade de sergent, le 16 février 1773. Prêtre, curé constitutionnel d'Ambillou (Maine-et-Loire), le 27 mars 1791. Engagé dans un bataillon de volontaires de son département, au début de l'insurrection Vendéenne, et mis à la tête d'un détachement; adjudant général dans la brigade du général Chabot, au mois de juillet 1793; général de brigade le 8 frimaire an II (28 novembre 1793). Victorieux à Machecoul, le 1ᵉʳ et le 2 janvier 1794, sur les bandes de Charette. Écarté de l'armée comme terroriste le 9 floréal an III (28 avril 1795); réintégré quinze jours après. Employé à l'armée d'Italie de l'an V à l'an VIII; membre de la Légion d'honneur le 10 décembre 1804; retraité le 17 décembre 1809. Mort à Saumur le 27 mai 1813.

On prévient que si les souliers arrivent ce soir, ils seront distribués sur-le-champ.

Le chef de l'état-major, SAVARY.

Savenay. 4 nivôse an II (24 décembre 1793) [1]

Le système du cantonnement convenu avec vous et le général Marceau est arrêté. J'ai déjà fait une partie des ordres. Il n'en reste plus à donner qu'à l'avant-garde légère, à qui je vous prie de le faire parvenir pour cantonner à Saint-Gildas [2], etc. Je suis arrivé ce soir et j'espère vous voir demain. Marceau vous invite à venir ici demain.

Signé : DAMAS.

Montoir [3]. *5 nivôse an II (25 décembre 1793)*

La générale sera battue sur-le-champ. Tout le monde prendra les armes.

La brigade de Scherb se mettra en bataille sur la route de Pont-Château [4] et se conformera de suite à l'ordre ci-joint.

[1]. Il n'y a pas d'ordres entre le 29 frimaire et le 4 nivôse.
[2]. Saint-Gildas-des-Bois, chef-lieu de canton aujourd'hui de l'arrondissement de Saint-Nazaire (Loire-Inférieure). A soixante-douze kilomètres nord-ouest de Nantes ; vingt-sept, nord-nord-ouest, de Savenay ; dix, nord, de Pont-Château ; trente, est, de la Roche-Bernard ; cinquante, nord-est, de Saint-Nazaire.
[3]. Montoir-de-Bretagne, alors chef-lieu de canton du district de Guérande, aujourd'hui commune du canton de Saint-Nazaire Au milieu de marais tourbeux qui se rattachent vers le nord-est au marais beaucoup plus vaste de la Grande-Brière. A deux kilomètres et demi au nord de la rive droite de la Loire ; à six kilomètres nord de Saint-Nazaire; vingt-sept, ouest, de Savenay.
[4]. Pont-Château, chef-lieu de canton alors du district de Guérande, aujourd'hui de l'arrondissement de Saint-Nazaire. A trente mètres d'altitude, à l'extrémité du Sillon de Bretagne. A dix-huit kilomètres au nord de la Loire, quinze, nord-ouest, de Savenay.

La brigade de Klingler se mettra en bataille sur la route de Savenay et se conformera de suite à l'ordre ci-joint [1].

La brigade de Canuel se mettra en bataille sur la route de Saint-Nazaire [2], où elle restera jusqu'à ce que les brigades ci-dessus aient totalement évacué Montoir. Après quoi, il fera procéder méthodiquement au logement, de manière à ce que les bataillons soient logés dans ce bourg, suivant leur rang de bataille. Ce logement ainsi fait, il fera exécuter le mouvement suivant à la troupe :

L'avant-garde légère se réunira à la brigade de Scherb et se mettra en bataille à sa droite, sur la route de Pont-Château. Le général Scherb, qui la commandera immédiatement, la détachera ensuite dans les villages de Sévérac [3], Saint-Gildas-des-Bois et Guenrouet [4]. A cet effet, il aura un poste sur la route de Redon [5].

Vitré. 14 germinal an II (3 avril 1794) [6]

Il est ordonné au commandant de la Garde nationale

1. Cet ordre n'a pas été retrouvé.
2. Saint-Nazaire, alors chef-lieu de canton du district de Guérande, aujourd'hui chef-lieu d'arrondissement. Grand port de mer à la pointe nord de l'estuaire de la Loire. A vingt-cinq kilomètres ouest-sud-ouest de Savenay.
3. Sévérac, sur l'Isac, à trois kilomètres et demi au sud de la Vilaine. Commune du canton de Saint-Gildas-des-Bois. A cinq kilomètres nord-nord-ouest de Saint-Gildas ; vingt-six, nord-nord-ouest, de Savenay ; douze, sud, de Redon.
4. Guenrouet, commune du canton de Saint-Gildas. A dix-huit kilomètres nord de Savenay ; sept, est, de Saint-Gildas ; vingt-six, sud-sud-est, de Redon.
5. Redon, chef-lieu d'arrondissement du département d'Ille-et-Vilaine, sur la limite même de celui de la Loire-Inférieure. A vingt kilomètres nord de Saint-Gildas-des-Bois ; quarante-sept, nord-nord-ouest, de Savenay.
6. Kléber, rentré à Nantes avec Marceau, n'exerce plus de commandement actif jusqu'au moment où il dirige la répression contre les Chouans des environs de Vitré, Fougères et Mayenne, sous l'autorité nominale de

de Vitré, en cantonnement à la Gravelle [1], de ne rien changer et de ne rappeler aucun de ses détachements, jusqu'à nouvel ordre. Le présent devant détruire celui qui lui enjoint de rentrer ce soir à Vitré, avec les trois cents hommes qui étaient sous ses ordres.

Pour le général de division, BUQUET.

Le commandant des quatre cents Marats qui vont se rendre à la Gravelle, les tiendra tous dans cette commune jusqu'à nouvel ordre.

Pour le général de division, BUQUET.

Vitré. 18 germinal an II (7 avril 1794)

Tu réuniras sans délai, au lieu le plus favorable de ton arrondissement, le plus de forces qu'il te sera possible, en ne gardant que les principaux postes de tes cantonnements, où tu ne laisseras que la force nécessaire pour les assurer. Tu diviseras ces troupes en deux ou plusieurs colonnes sans les faire trop faibles. Tu dirigeras leur marche d'après tes lumières et tes connaissances locales,

---

Rossignol, qui commande en chef l'armée des côtes de Brest. Le *Livre d'ordres* tel qu'il existe aujourd'hui présente ici une lacune allant jusqu'au document du 27 germinal replacé à sa date, p. 415, et qui précède, dans ce livre, les deux ordres du 14 germinal que j'ai cru devoir rétablir ici dans l'ordre chronologique.

1. La Gravelle, commune du canton de Loiron, arrondissement de Laval (Mayenne). Très antique château fort, célèbre notamment dans toutes les guerres anglaises. Le plus ancien chemin allant de Paris à Rennes y passait, comme y passe encore la grande route. Le poste de la Gravelle était trop important pour ne pas être soigneusement entretenu et gardé pendant toutes les guerres de la Chouannerie. Il s'y livra de nombreux et sanglants combats. Kléber plaça Decaën à la tête de ce poste, au mois d'avril 1794. Le bourg est situé à huit kilomètres ouest de Loiron; dix-huit, ouest, de Laval; dix-neuf, est, de Vitré; vingt-deux, nord, de Cossé-le-Vivien; quinze, nord-ouest, d'Ahuillé; quinze, sud, du Bourgneuf; cinquante, sud-sud-est, de Fougères.

de manière qu'elles poussent réciproquement l'une sur l'autre les Brigands. Tu auras l'attention de ne jamais présenter tout ton monde à l'ennemi, mais de te faire précéder dans ta marche, sur ton front et sur tes flancs, d'éclaireurs qui, lorsqu'ils seront attaqués, viendront se replier non à la tête, mais à la queue de ta colonne. Tu profiteras du moment où les Chouans se seront trop avancés, pour les prendre en flanc et en queue. Tu reviendras même jusqu'à trois fois, s'il le faut, fouiller le même repaire, afin que l'ennemi ne croie pas trouver de sûreté dans les lieux que tu aurais déjà visités. Tu auras l'attention de ne jamais effaroucher cet ennemi en lui montrant toutes tes forces, mais de le faire tomber, si tu le juges à propos, dans des embuscades, soit en lui présentant une voiture de pain, de cidre ou autre chose, et tu profiteras du moment du pillage pour tomber sur lui par ses retraites les plus commodes. Tu observeras que toutes les parties que tu jugeras nécessaires d'être fouillées devront être prises à revers. En conséquence, on laissera cette partie ou sur la droite ou sur la gauche et on l'outrepassera, laissant pourtant quelques postes pour saisir tout ce qui voudrait s'évader. Tous les jeunes gens de la première réquisition seront, par ce moyen, arrêtés et conduits au chef-lieu de leur district, en sûreté.

Les Chouans pris les armes à la main seront punis de mort, les autres seront conduits à Vitré. Tu feras prendre des vivres à la troupe pour le temps que tu seras dehors et je pense qu'elle ne devra rentrer qu'après trois jours. Tu parcourras ainsi les villages, forêts et autres repaires de ton arrondissement, qui est circonscrit par les villages suivants qui en font partie [1]....

---

1. Les noms des localités manquent; c'est une lacune grave que je ne me suis pas permis de combler, même par une note approximative. Cette

Tu te pourvoiras de guides en assez grande quantité pour conduire tes colonnes sans courir risque de les égarer ou de leur faire perdre du temps, et tu ne feras battre la caisse que pour charger l'ennemi. Tu donneras l'ordre à ceux de tes cantonnements, que tu feras mouvoir, de se réunir, dans la place que tu auras choisie, le 21 germinal, à cinq ou six heures du soir, et ils en partiront vers minuit pour être à la pointe du jour dans l'intérieur du pays. Il sera distribué de l'eau-de-vie aux troupes avant de partir et à leur rentrée dans les cantonnements.

Tu me rendras un compte détaillé de l'effet de ton mouvement, aussitôt que tu en seras de retour.

Le général divisionnaire, KLÉBER [1].

Vitré. 27 germinal an II (16 avril 1794)

Sur l'exposé du général Beaufort [2] que la majeure partie

lacune est d'autant plus fâcheuse que l'indication des noms eût permis de reconstituer l'état des cantonnements et le plan même établi par Kléber pour l'anéantissement des Chouans.

1. Cet ordre ne se trouve pas au *Livre* de Kléber. Il est adressé « aux différents commandants des arrondissements, » et figure à sa date, aux Archives historiques de la guerre, V, 15.

2. Jean-Baptiste Beaufol *dit* Beaufort, né à Paris le 18 octobre 1761, soldat dans Languedoc-infanterie le 10 mars 1777 ; dragon d'Orléans le 5 janvier 1778. Entré le 28 octobre 1789 dans la 4e division de la garde nationale soldée de Paris, qu'il quitta le 19 septembre 1791. Un décret de l'Assemblée législative du 15 août 1793 l'admit comme adjudant sous-officier dans la 31e division de gendarmerie à pied. Délégué à Orléans pour y recevoir l'armée de Mayence, au mois d'août 1792 ; général de brigade provisoire dans l'Ouest, confirmé dans ce grade le 1er août 1794 ; retraité le 17 septembre 1795 ; remis en activité, le 10 octobre suivant ; admis au traitement de réforme le 21 mai 1801. La protection de Soulès le fit remettre en activité le 16 août 1809 et employer contre les Anglo-Hollandais, sur les côtes de Belgique, où il défendit Flessingue. Définitivement retraité le 26 décembre 1809 et nommé inspecteur des Droits réunis. Mort à Corbeil, le 1er février 1825. Il ressort de son dossier individuel aux Arch. adm. de la guerre que malgré ses origines ultra-révolutionnaires, il s'efforça, sans y réussir d'ailleurs, de s'attirer les bonnes grâces du gouvernement de la Restauration en cherchant à se faire passer pour le général royaliste de Beaufort, qui était décédé bien avant 1814.

de ses troupes venait de filer du côté de Port-Malo [1] et que ses forces étaient bien diminuées, les représentants du peuple Esnue-Lavallée [2] et François [3] arrêtèrent, le 1er ventôse [4], que les gardes nationales des districts de Laval, Ernée [5], Fougères, Saint-Aubin [6], La Guerche et Vitré étaient en réquisition, au nombre de deux mille cent quinze hommes. Dans ce contingent, Vitré fut compris pour trois cent treize hommes, qui, en conformité de

1. Nom révolutionnaire de Saint-Malo.
2. François-Joachim Esnue-Lavallée ou de la Vallée, né à Craon, en Anjou, le 20 mars 1751, de François-Jean Esnue, sieur de la Vallée, docteur-médecin, et de Renée Quris, licencié en droit, avocat au Parlement, procureur de la Sénéchaussée de Craon en 1788, marié, la même année, à Louise Jarry de Louminière ; député de la Mayenne à l'Assemblée législative et à la Convention ; il vota la mort du roi sans appel au peuple ni sursis. Envoyé dans les départements de l'Ouest le 9 mars 1793, pour y activer les opérations du recrutement, il était rentré à la Convention pour y voter l'arrestation et la mise hors la loi des Girondins. Après la défaite de ceux-ci à Vernon, il fut envoyé dans la Mayenne avec son collègue Thirion, et se fit remarquer par son ardeur et ses violences révolutionnaires. Ce fut lui qui organisa la Terreur dans l'Ille-et-Vilaine. Rentré de nouveau à la Convention après le 9 thermidor, il chercha à s'effacer. Dénoncé de toutes parts, il fut décrété d'accusation le 5 prairial an III (24 mai 1795) ; il réussit à se cacher jusqu'à l'amnistie et revint alors à Craon, gérer une étude de notaire. A la Restauration, il quitta le pays pour se fixer à Paris, où il mourut le 21 février 1816.
3. Landry-François-Adrien François, né à Albert (Somme) le 28 janvier 1756, élu comme premier député suppléant par son département à la Convention, où il fut admis le 1er octobre en remplacement de Merlin, de Thionville, qui avait opté pour la Moselle. Membre effacé du parti girondin, il vota la mort du roi. Au 31 mai il protesta contre l'arrestation de ses amis. Ayant échappé à la proscription, il se fit oublier et prit une part active aux événements du 9 thermidor et à la réaction qui suivit. Mort à Péronne (Somme) le 13 octobre 1837.
4. 19 février 1794.
5. Ernée, alors chef-lieu de district, aujourd'hui chef-lieu de canton de l'arrondissement de Mayenne, vieille ville importante, au point de rencontre de nombreux chemins et routes. A vingt-quatre kilomètres ouest de Mayenne. Les Vendéens s'en emparèrent le 2 novembre 1793. Ernée fut un poste Républicain très important et généralement bien gardé pendant toute la Chouannerie.
6. Saint-Aubin-du-Cormier, alors chef-lieu de district, aujourd'hui chef-lieu de canton de l'arrondissement de Fougères (Ille-et-Vilaine), à dix-neuf kilomètres sud-ouest de cette ville ; dix-huit, nord-est, de Rennes.

cet arrêté, furent organisés en trois compagnies composées ainsi qu'il suit :

1 capitaine,	1 sergent-major,
1 lieutenant,	4 sergents,
1 sous-lieutenant,	1 caporal-fourrier,
3 officiers.	8 caporaux,
	2 tambours,
	85 fusiliers,
	101 hommes.

Aujourd'hui que des troupes viennent de filer dans cette division, que tous les postes et cantonnements occupés par les trois compagnies des gardes nationales sont relevés et que ces citoyens sont rentrés dans leurs foyers, il est intéressant, pour l'économie des deniers de la République, de licencier ces trois compagnies, qui ne sont actuellement d'aucune utilité, et de prendre en conséquence l'arrêté suivant :

Il sera tenu compte de dix sols par jour depuis le soldat jusqu'au sergent inclusivement, pour les rations de pain et de viande qu'ils n'auraient pas eues en nature.

Vérification sera faite des rations de pain et de viande qu'ils auraient pu se faire délivrer, au delà de ce qui leur revenait pendant le temps qu'ils ont été en réquisition.

La retenue leur sera faite sur le prix fixé pour les officiers, par le remplacement sur la solde qui pourra leur être due.

A l'avenir, quand les généraux jugeront convenable de requérir des détachements de gardes nationales, ceux-ci recevront quinze sols par jour, sans distinction de grade; et les vivres, pour le temps seulement qu'ils feront le service hors de la place de Vitré.

KLÉBER, *général de division.*

[*Vitré* (?).] *4 floréal an II* (23 avril 1794)

Ordre et instruction pour les chasses, fouilles et traques, qui doivent avoir lieu le 5 floréal et ne finir que lorsque la tâche prescrite sera remplie.

Le 5 floréal [1], Ernée [2] se mettra en mouvement et ne cessera de balayer, pendant la traque, son arrondissement et la partie de celui de Vitré qui l'avoisine.

Fougères [3] en fera de même.

La Gravelle [4] se mouvra perpétuellement dans son arrondissement et surtout dans le midi.

Vitré [5], laissant les routes garnies, se portera sur Vergéal [6], en passant par Cornillé [7] et Torcé [8].

Laval [9] formera deux colonnes; l'une se portera sur Cossé [10], en fouillant la forêt de Concise [11], l'autre colonne ira à Craon.

1. 24 avril 1794.
2. Lisez : le cantonnement d'Ernée, celui de Fougères, de la Gravelle, etc. Le cantonnement d'Ernée était commandé par Bouland.
3. Sous les ordres du commandant Bernard.
4. Sous les ordres de Decaën.
5. Sous les ordres de Vérine.
6. Vergéal, commune du canton d'Argentré, arrondissement de Vitré (Ille-et-Vilaine). A onze kilomètres sud-sud-ouest de cette ville; neuf, ouest-sud-ouest, d'Argentré; trois, sud, de Torcé; six, sud-sud-est, de Cornillé; trente-sept, sud-ouest, de Cossé-le-Vivien.
7. Cornillé, commune du canton de Vitré. A neuf kilomètres sud-ouest de cette ville.
8. Torcé, commune du canton d'Argentré. A neuf kilomètres dans le sud-ouest de Vitré ; trois, est-sud-est, de Cornillé.
9. Sous les ordres du général Chabot.
10. Cossé-le-Vivien.
11. La forêt de Concise s'étend sur les communes de Saint-Berthevin et d'Ahuillé (Mayenne); elle appartenait à la famille des La Trémoïlle, seigneurs de Laval. La lisière nord-est est à six kilomètres environ dans l'ouest de Laval; son extrémité sud-ouest, à seize kilomètres environ au nord-nord-est de Cossé-le-Vivien.

Craon [1] se portera sur Combrée [2], après avoir fouillé la forêt d'Ombrée [3].

La Guerche [4] restera tranquille, ainsi que Saint-Aubin-du-Cormier [5], mais ils redoubleront de vigilance et feront de fréquentes patrouilles.

Le 6 floréal [6], Ernée, Fougères et la Gravelle feront le même mouvement.

Vitré ira à Retiers [7] par Bain [8] et se rendra à Coësmes [9], après avoir parcouru la forêt du Teil [10].

Laval tiendra en mouvement ses deux colonnes, l'une entre Craon et Cossé, l'autre entre Cossé et la route de Vitré à Laval.

Craon fouillera la forêt de Juigné [11], et, de là, se rendra sur Noyal [12].

1. Le cantonnement de Craon, comme ceux de Laval et de Mayenne, était sous les ordres du général Chabot.
2. Combrée, commune du canton de Pouancé, arrondissement de Segré (Maine-et-Loire). A vingt et un kilomètres sud-sud-ouest de Craon.
3. La forêt d'Ombrée s'étend sur les communes de Combrée, Noyant-la-Gravoyère, Bourg-l'Évêque, Grugé-l'Hôpital, la Chapelle-Hullin et Vergonnes (Maine-et-Loire); elle couvre encore aujourd'hui une surface d'environ douze cents hectares, formant un périmètre oblong de huit kilomètres de long sur trois de large.
4. Sous les ordres de Trehour.
5. Sous les ordres de Bouchotte, frère du conventionnel.
6. 25 avril 1794.
7. Retiers ou Rhétiers, chef-lieu de canton de l'arrondissement de Vitré. A vingt-cinq kilomètres sud-sud-ouest de cette ville; douze, sud-ouest, de la Guerche; seize, sud-sud-ouest, de Vergéal.
8. Bain-de-Bretagne, chef-lieu de canton de l'arrondissement de Redon (Ille-et-Vilaine), sur la route de Rennes à Nantes. A quarante-huit kilomètres sud-ouest de Vitré, trente-sept, sud-ouest, de Vergéal; vingt-quatre, ouest-sud-ouest, de Rhetiers.
9. Coësmes, commune du canton de Rhetiers. A six kilomètres sud-ouest de ce bourg; dix-huit, nord-est, de Bain.
10. La forêt du Teil ou du Theil, dans la commune du même nom. A vingt kilomètres nord-est de Bain; deux, nord, de Coësmes.
11. La forêt de Juigné occupe encore aujourd'hui une superficie de quinze cents hectares, dans la commune de Juigné-des-Moutiers (Loire-Inférieure).
12. Noyal ou Noyal-sous-Brutz, commune du canton de Rougé, arrondis-

Châteaubriant ira à Noyal.

La Guerche ira fouiller la forêt de Craon [1] et ira à Saint-Aignan [2].

Le 7 floréal [3], Ernée, Fougères, la Gravelle continueront leur mouvement.

Vitré s'étendra vers Drouges [4] et Saint-Michel [5], traquera la forêt de la Guerche [6] et se rendra à Forges [7] et Chelun [8], et le soir à la Guerche.

Châteaubriant et Craon, après avoir fouillé la forêt d'Araise [9] et la forêt neuve, se rendront à Forges et Chelun.

sement de Châteaubriant (Loire-Inférieure), à dix kilomètres nord de cette ville ; trente et un, sud-ouest, de Craon ; quinze, nord-ouest, de la forêt de Juigné.

1. La forêt de Craon occupe encore aujourd'hui un massif de trois cent cinquante hectares, dans les communes de Ballots et de Livré (Mayenne) ; elle est à sept kilomètres nord-ouest de Craon.

2. Saint-Aignan-sur-Roë, chef-lieu de canton de l'arrondissement de Château-Gontier. A vingt et un kilomètres ouest-sud-ouest de Craon ; dix, sud-ouest, de la forêt de ce nom.

3. 26 avril 1794.

4. Drouges, commune du canton de la Guerche-de-Bretagne. A cinq kilomètres sud-sud-ouest de la Guerche ; vingt-six, sud, de Vitré ; un, nord, de la lisière septentrionale de la forêt de la Guerche.

5. Saint-Michel-de-la-Roë, commune alors du canton de la Roë, district de Craon, aujourd'hui appartient au canton de Saint-Aignan-sur-Roë, arrondissement de Château-Gontier. A six kilomètres nord de Saint-Aignan-sur-Roë ; cinq, ouest, de la lisière ouest de la forêt de la Guerche.

6. La forêt de la Guerche, à cinq kilomètres sud de la Guerche-de-Bretagne, en Ille-et-Vilaine, à la limite du département de la Mayenne. Elle s'étend encore aujourd'hui sur une superficie de deux mille neuf cent quatre-vingts hectares, commune de la Guerche-de-Bretagne.

7. Forges, commune du canton de Rhétiers (Ille-et-Vilaine). A trente et un kilomètres sud de Vitré ; dix, sud-est, de Rhétiers ; à la lisière méridionale de la forêt de la Guerche.

8. Chelun, commune du canton de la Guerche-de-Bretagne, à la lisière sud de la forêt et près de l'étang d'où sort le Samnon. A onze kilomètres sud de la Guerche ; trente et un, sud, de Vitré ; touchant la limite du département de la Mayenne.

9. La forêt d'Araise ou d'Araize occupe à peu près le centre d'une zone forestière dont les massifs principaux, espacés sur cinquante kilomètres de long, sont, de l'est à l'ouest, les forêts d'Ombrée, de Lourzais, de Saint-Aignan, d'Araise, de Javordan, de Teillay et, du nord au sud, les forêts de la Guerche et de Juigné. Cette zone, beaucoup plus épaisse en 1794 qu'à

La colonne de Laval, qui balaie entre Craon et Cossé, se portera en avant de la forêt de Craon, entre les forêts d'Araise et de la Guerche.

Le 8 floréal [1]. Les cantonnements rentreront chez eux. La colonne de Laval, qui s'est trouvée la veille entre les forêts d'Araise et de la Guerche, reviendra à Craon et retournera, le lendemain ou le surlendemain, dans ses cantonnements.

Les commandants des colonnes ne tiendront un territoire pour fouillé, que lorsque la troupe, chargée d'y pénétrer, y aura passé de part en part, et sera arrivée vers la troupe postée pour recevoir l'ennemi, que les traqueurs auraient chassé devant eux.

Dans les villages et fermes, maisons, granges, écuries et tous autres réduits d'alentour, on fouillera de fond en comble.

Tous les habitants, à l'exception des femmes et enfants, des trente et une communes dont le tableau est ci-joint [2], seront arrêtés, armés ou non, et conduits au chef-lieu de l'arrondissement. On prendra pour cela toutes les mesures de sûreté nécessaires.

---

l'époque actuelle, servait de principal refuge aux Chouans contre lesquels opérait Kléber. La forêt d'Araise se trouve dans la commune du même nom, arrondissement de Vitré, aux confins des départements d'Ille-et-Vilaine, de Maine-et-Loire et de la Loire-Inférieure ; à quatorze kilomètres sud-est de Rhétiers ; sept, nord-ouest, de Pouancé ; neuf, sud-ouest, de Saint-Aignan-sur-Roë ; neuf, nord-nord-est, de Châteaubriant. Elle a encore aujourd'hui environ sept kilomètres de longueur de l'est à l'ouest, sa largeur ne dépasse pas trois kilomètres.

1. 27 avril 1794.

2. Le tableau ou état non daté qui suit cet ordre — le dernier, émanant de Kléber, inscrit au *Livre* — porte quarante-cinq noms, il semble postérieur au départ de Kléber pour la frontière. Il a néanmoins paru intéressant de le publier à la suite de l'ordre ci-dessus, d'autant plus que celui comprenant les trente et une communes dont il est ici question n'a pas été retrouvé. Ces communes sont d'ailleurs comprises dans les quarante-cinq portées à l'état ci-après.

Tout jeune homme de la première réquisition, qui sera trouvé se cachant pour se soustraire au service militaire, sera fusillé sur-le-champ; le décret le mettant hors la loi.

Il en sera de même de tout homme armé ou pourvu de munitions.

Les vivres et subsistances de toute espèce, trouvés dans les trente et une communes ci-dessus, devront être pareillement importés dans le chef-lieu d'arrondissement. Il en sera pris une note sommaire, d'après laquelle les commandants desdits arrondissements prendront les mesures nécessaires de concert avec le District, pour cette importation. On ne laissera dans les trente et une communes que les subsistances, strictement nécessaires pour faire vivre les femmes et les enfants qui resteront dans lesdites communes.

Si, dans une maison quelconque, se trouvait de l'approvisionnement extraordinaire de pain ou de cidre, il en serait fait une distribution à la troupe, contre un bon qui serait délivré au propriétaire.

Les commandants d'arrondissement se conformeront, pour le surplus, à tout ce qui a été dit dans l'instruction qui leur a été donnée lors du mouvement général du 22 germinal [1] et à tout ce qui est prescrit dans celle imprimée, qui leur a été pareillement adressée. Ils seront, cependant, libres de suivre le mouvement de leur zèle et de profiter des circonstances ou des renseignements qu'ils auraient pu se procurer. Dans leur marche, ils auront au besoin le tiers de leur monde en tirailleurs, le reste sera disposé militairement, et une partie à la garde des subsistances et de l'eau-de-vie, dont chaque commandant aura soin de se pourvoir pour tout le temps

---

1. 11 avril 1794.

qu'il présumera devoir être dehors. Le soldat ne pouvant alors faire la soupe, il lui sera distribué de l'eau-de-vie chaque jour, à raison de dix rations par bouteille.

En revenant à leur cantonnement, les troupes fouilleront avec la même attention le pays qu'elles parcourront, que celui qu'elles auront couru dans leur traque.

Le général accordera une gratification de dix livres pour chaque fusil de munition ou de chasse qui sera trouvé caché, soit dans les granges ou greniers, soit dans les haies ou broussailles, à la charge, par le citoyen qui aura trouvé lesdits fusils cachés, de le déclarer et d'en justifier à l'officier qui commandera le détachement dont il fera partie.

Le mouvement général commencera le 5, à trois heures du matin.

Le général divisionnaire, KLÉBER [1].

. . . . [2]

État nominatif des communes déclarées totalement insurgées

La Chapelle-Janson [3].   La Selle-en-Luitré [4].

---

[1]. Une copie de cet ordre existe dans les papiers de Châteaugiron appartenant à M. Venture. Au pied de cette copie se trouve l'attestation suivante :

« Je soussigné certifie que le plan ci-dessus et des autres parts a produit les plus heureux effets dans son exécution.

« Laval, le 12 floréal, l'an 2 de la République une et indivisible.

« *Le représentant du peuple*, FRANÇOIS. »

[2]. Ici on a transcrit certains rapports, présentés au général Chabot, par un officier du génie, sur l'état des défenses de quelques villes du pays et qui n'ont pas leur place dans un *Livre d'ordres*.

[3]. La Chapelle-Janson, commune du canton de Fougères; à huit kilomètres est de cette ville.

[4]. La Selle-en-Luitré, commune du canton de Fougères; à sept kilomètres sud-est de cette ville.

Saint-Pierre-des-Landes [1].   Le Bourgneuf [4].
La Templerie [2].   Saint-Ouen [5].
Bourgon [3].   Ahuillé [6].

[1]. Saint-Pierre-des-Landes, commune du canton de Chailland (Mayenne), à dix-huit kilomètres nord-ouest de ce bourg; vingt, sud-est, de Fougères.

[2]. La Templerie, bourg et paroisse, commune et à quatre kilomètres et demi au sud de Saint-Hilaire-des-Landes; à quatre kilomètres nord du Bourgneuf.

[3]. Bourgon, commune du canton de Loiron (Mayenne); à vingt kilomètres nord-ouest de ce bourg. Les habitants de la paroisse avaient été en contact direct avec le marquis de La Rouërie, et celle-ci, dès le début, fut un centre de résistance dénoncé par les administrateurs du département, comme « animé d'un mauvais esprit et ayant entraîné les autres. » Une bande formée par les trois frères Pinson tenait en échec les patriotes de Laval, dès le commencement de 1792; les habitants prirent part à l'affaire du Bourgneuf (26-27 septembre 1792) et, le 21 décembre suivant, recevaient à coups de fusil les brigades d'Ernée et de Gorron venues pour perquisitionner. Après l'échec des Vendéens en Bretagne, la bande des frères Pinson demeura à Bourgon ou dans les bois environnants; elle comptait une centaine d'hommes.

[4]. Le Bourgneuf-la-Forêt, alors chef-lieu de canton du district d'Ernée aujourd'hui commune du canton de Loiron (Mayenne); à seize kilomètres nord de Loiron; neuf, est, de Bourgon; une des paroisses les plus dévouées à La Rouërie. Le 26 septembre 1792, les autorités et la force armée d'Andouillé et de la Baconnière, ayant fait une perquisition dans les environs, vinrent coucher au Bourgneuf, où elles furent attaquées le lendemain aux cris de Vive le roi, au diable les patriotes! par des bandes de paysans de la paroisse et des paroisses environnantes. Les patriotes furent repoussés et plusieurs des leurs furent tués. Le chef des Chouans du Bourgneuf était Delière, qui fut tué en 1796; sa bande, comme celles de toute la région, était sous les ordres de Jean Chouan.

[5]. Saint-Ouen-des-Toits, alors chef-lieu de canton du district de Laval, aujourd'hui commune du canton de Loiron. A neuf kilomètres nord de Loiron et huit, sud-ouest, du Bourgneuf. C'est à Saint-Ouen qu'habitaient les frères Chouan, et c'est de là que se propagea le soulèvement royaliste inspiré, avant sa mort, par La Rouërie. La première résistance prit corps dès le 19 août 1792. Nulle part les Chouans ne montrèrent autant de persévérante énergie.

[6]. Ahuillé, commune du canton de Laval; à dix kilomètres sud-ouest de cette ville. La population se montra dès l'abord réfractaire aux idées nouvelles. Le 13 septembre 1792, les patriotes de Cossé-le-Vivien y firent des perquisitions qui dégénérèrent en pillage. La paroisse et les environs étaient commandés par Tréton dit *Jambe d'Argent*; le Chouan Jamois, dit *Place Nette*, y commandait sous ses ordres, en avril 1794.

Astillé [1].   Bréal [6].
Méral [2].   La Gravelle.
Saint-Poix [3].   Loiron [7].
Launay-Villiers [4].   Ruillé [8].
Saint-Pierre-la-Cour [5].   Montdevert [9].

1. Astillé, commune faisant alors partie du canton de Nuillé-sur-Vicoin, aujourd'hui de celui de Laval ; à quatorze kilomètres sud-ouest de Laval. Une vingtaine d'hommes passèrent en Vendée et firent la guerre dans la division de Bonchamps ; après la campagne d'outre-Loire, la paroisse fut placée sous les ordres de Jambe d'Argent et ses habitants ne cessèrent pas de combattre, jusqu'en 1803.

2. Méral, commune du canton de Cossé-le-Vivien, arrondissement de Château-Gontier ; à vingt-sept kilomètres nord-ouest de cette ville ; six, ouest, de Cossé-le-Vivien. La paroisse était sous les ordres de Jambe d'Argent, qui attaqua à plusieurs reprises le cantonnement Républicain établi dans le bourg et lui fit, notamment, subir une déroute au mois d'août 1794.

3. Saint-Poix, commune du canton de Cossé-le-Vivien, à dix kilomètres ouest de ce bourg, sur un chemin conduisant à la Guerche-de-Bretagne.

4. Launay-Villiers, commune alors du canton du Bourgneuf, district d'Ernée, aujourd'hui du canton de Loiron ; à seize kilomètres nord-est de ce bourg ; vingt et un, est, de Vitré. Le château de Villiers avait été l'une des résidences de La Rouërie et la paroisse tout entière subit directement son influence. Les hommes prirent part à l'affaire du Bourgneuf (27 septembre 1792) et restèrent, dès lors, continuellement en état d'insurrection. Ils étaient commandés par Michel Huet, garde du château de Villiers.

5. Saint-Pierre-la-Cour, commune alors du canton du Bourgneuf, district d'Ernée, aujourd'hui du canton de Loiron, à treize kilomètres nord-ouest de ce bourg, entre les collines de Launay-Villiers au nord et les bois de la Gravelle au sud. Dès les premiers soulèvements, la paroisse se rangea sous les ordres de Jean Chouan. Celui-ci y désarma les patriotes, au commencement de 1794.

6. Bréal, ou Bréal-sous-Vitré, commune du canton de Vitré (Ille-et-Vilaine), presque à la limite du département de la Mayenne ; à treize kilomètres est-sud-est de Vitré et à quelques centaines de mètres de l'extrémité nord de la forêt du Pertre.

7. Loiron, chef-lieu de canton du district, aujourd'hui de l'arrondissement de Laval. Une échauffourée eut lieu, le 19 août 1794, entre les hommes du bourg et la garde nationale de la Gravelle. Un cantonnement Républicain fut établi à Loiron, au mois d'août 1793 ; mais les Chouans dominaient tout le pays et se livraient, jusque dans le bourg, à des représailles terribles contre leurs dénonciateurs.

8. Ruillé-le-Gravelais, commune du canton de Loiron (Mayenne) ; à deux kilomètres sud-ouest de ce bourg et à six, sud-est, de la Gravelle.

9. Montdevert, commune du canton de Vitré ; à treize kilomètres sud-est de cette ville, à la pointe nord-ouest de la forêt du Pertre.

Beaulieu [1]. Saint-M'hervé [9].
Montjean [2]. Balazé [10].
Argentré [3]. Montautour [11].
Etrelles [4]. Châtillon [12].
Torcé. Princé [13].
Saint-Aubin-des-Landes [5]. Montreuil-sous-Pérouse [14].
L'Erbrée [6]. Parcé [15].
La Grande-Erbrée [7]. Cornillé.
La Chapelle-Erbrée [8]. Vergéal.

1. Beaulieu, commune du canton de Loiron (Mayenne), à treize kilomètres sud-sud-ouest de ce bourg. La paroisse, comme celles des environs, était entièrement dévouée aux Chouans. Au mois d'août 1793, Jambe d'Argent désarma le poste Républicain qui y avait été établi.

2. Montjean, commune du canton de Loiron ; à sept kilomètres sud-sud-ouest de ce bourg ; trois, est-nord-est, de Beaulieu. Jambe d'Argent en chassa, au mois d'août 1793, un cantonnement Républicain.

3. Argentré-sous-Vitré, chef-lieu de canton du district puis de l'arrondissement de Vitré ; à neuf kilomètres sud-sud-ouest de cette ville. Le château des Rochers, où habita Mᵐᵉ de Sévigné, dépend de la commune d'Argentré.

4. Etrelles, commune du canton d'Argentré ; à trois kilomètres est de ce bourg et à sept kilomètres sud de Vitré.

5. Saint-Aubin-des-Landes, commune du canton de Vitré ; à huit kilomètres sud-ouest de cette ville.

6. L'Erbrée, hameau, commune de Chailland (Mayenne).

7. La Grande-Erbrée, commune du canton de Vitré ; à huit kilomètres sud-est de cette ville ; sur une colline de cent vingt mètres d'altitude dominant les deux branches de la Vilaine.

8. La Chapelle-Erbrée, alors chef-lieu de canton du district, aujourd'hui commune du canton de Vitré ; à douze kilomètres est-nord-est de cette ville.

9. Saint-M'hervé, commune du canton de Vitré ; à dix kilomètres nord-est de cette ville.

10. Balazé, commune du canton de Vitré, à sept kilomètres nord-nord-est de cette ville.

11. Montautour, commune du canton de Vitré ; à treize kilomètres nord-nord-est de cette ville.

12. Châtillon-en-Vendelais, village alors chef-lieu de canton du district, aujourd'hui commune du canton de Vitré, à treize kilomètres nord de cette ville.

13. Princé, commune du canton de Vitré ; à quinze kilomètres nord-est de cette ville, sur la limite du département de la Mayenne.

14. Montreuil-sous-Pérouse, commune du canton de Vitré ; à quatre kilomètres nord-nord-ouest de cette ville.

15. Parcé, alors chef-lieu de canton du district aujourd'hui commune du canton de Fougères (Ille-et-Vilaine) ; à dix kilomètres sud de cette ville.

Saint-Cyr [1].
Dompierre-du-Chemin [2].
Le Genest [3].
Saint-Isle [4].
Saint-Berthevin [5].

Nuillé [6].
Quelaines [7].
La Pellerine.
Fleurigné [8].

1. Saint-Cyr-le-Gravelais, commune du canton de Loiron (Mayenne); à huit kilomètres sud-ouest de ce bourg; six, sud, de la Gravelle; sur la limite du département d'Ille-et-Vilaine.

2. Dompierre-du-Chemin alors chef-lieu de canton du district, aujourd'hui commune du canton de Fougères ; à sept kilomètres sud-sud-est de cette ville.

3. Le Genest, commune dépendant alors du canton de Saint-Ouen-des-Toits, aujourd'hui de celui de Loiron ; à sept kilomètres nord-nord-est de ce bourg. Cette paroisse fournit à Jean Chouan ses premiers soldats. Ce chef, avec leur aide, enleva une vingtaine de fusils dans une maison du bourg, dans la nuit du 13 au 14 mai 1793. Vingt-neuf hommes furent dénoncés pour l'avoir suivi au siège de Granville.

4. Saint-Isle, commune alors dépendant du canton de Saint-Berthevin, aujourd'hui de celui de Loiron ; à quatre kilomètres nord de ce bourg; huit, est, de la Gravelle.

5. Saint-Berthevin-lez-Laval, alors chef-lieu de canton du district, aujourd'hui commune du canton de Laval, à cinq kilomètres ouest de cette ville ; sur le Vicoin. Ses habitants s'étaient montrés suspects dès le commencement de 1792, en maltraitant le curé constitutionnel, Bourgeois.

6. Nuillé-sur-Vicoin, alors chef-lieu de canton du district, aujourd'hui commune du canton de Laval ; à douze kilomètres sud de cette ville. La paroisse se montra, dès le début, hostile au curé constitutionnel, Lemonnier. Une insurrection éclata dans le bourg, le 19 août 1792, au sujet du recrutement. Les frères Herminier, à la tête de la plus grande partie des jeunes gens, se rendirent au premier appel de Jambe d'Argent (6 avril 1793), et, le 13 avril suivant, attaquèrent avec lui le cantonnement Républicain établi dans l'église.

7. Quelaines, alors chef-lieu de canton du district de Château-Gontier, aujourd'hui commune du canton de Cossé-le-Vivien ; à neuf kilomètres est de cette ville ; à treize, nord-nord-est, de Château-Gontier. Les hommes de la paroisse avaient répondu à l'appel de Jambe d'Argent ; le quartier général était au Grand-Bordage, ferme de la commune, que les Chouans désignèrent sous le nom de camp des Hauts-Prés. Il y avait été installé, pour les prêtres réfractaires, une cachette qui ne fut jamais découverte pendant toute la Révolution. Jambe d'Argent fut enterré dans le cimetière, près de l'église, le 27 octobre 1795.

8. Fleurigné, alors chef-lieu de canton du district, aujourd'hui commune du canton de Fougères ; à sept kilomètres sud-est de cette ville.

III.

DOCUMENTS DIVERS

1. — Houchard au Ministre de la guerre

Limback, 30 juillet 1793.

Je vous donne avis, citoyen ministre, qu'une colonne de l'armée de Mayence est arrivée hier à nos avant-postes et que j'ai dirigé sa marche sur Nancy, jusqu'à ce que vous m'envoyiez des ordres pour sa destination ultérieure. Cette colonne est de cinq mille hommes environ. Je sais qu'une autre colonne arrive aujourd'hui à Sarrelibre [1], mais je n'en ai pas encore reçu l'avis officiel. Je la dirigerai également de manière à ce que sa marche puisse servir pour la rapprocher de la Vendée, où je pense que vous l'emploierez [2]. Il arrive également partie de cette

---

1. Nom révolutionnaire de Sarrelouis.
2. « Aux termes de la capitulation de Mayence, la garnison ne doit pas porter les armes contre les Puissances coalisées, pendant une année. Eh bien! il est un moyen de ne pas paralyser pendant un si long temps le courage des braves qui la composent. Envoyez ces légions aguerries dans la Vendée; nous en avons, vous le savez, grand besoin; car, nous ne pouvons vous le dissimuler, pour terminer cette guerre désastreuse et anéantir ce foyer de contre-révolution, il faut des troupes bien disciplinées. Il faut surtout des troupes qui aient confiance dans leurs chefs et que ces derniers aient su la mériter par leurs talents éprouvés. Nous vous soumettons, citoyens collègues, cette idée; déjà peut-être elle sera venue à quelques-uns de vous. Peut-être, discutez-en tous les inconvénients, tous

garnison sur l'armée du Rhin. J'apprends en ce moment, que le général Beauharnais [1] veut en disposer ; je vous en avertis, au cas où ce général ne l'aurait pas encore fait lui-même. Voilà au moins quinze mille hommes de bonnes troupes et bien aguerries, dont, à mon avis, on doit se servir pour se débarrasser enfin des Brigands de la Vendée. Cette malheureuse garnison s'est conduite avec bien de la bravoure, et son dévouement, sa patience et son courage, font un tableau bien opposé à la lâcheté des chefs qui ont livré la place.

Tâchez, citoyen ministre, de donner du canon à ces braves gens et livrez-leur les Brigands de l'intérieur ; ils en délivreront enfin la République.

Le général en chef, HOUCHARD [2].

(BIBL. NAT., *Mss.*, Nouv. acq. fr., n° 251, f° 159.)

2. — DÉCRET DE LA CONVENTION

1ᵉʳ août 1793.

La Convention nationale, après avoir entendu le rapport de son Comité public (*sic*), décrète :

Article I. Le ministre de la guerre donnera sur-le-champ

---

les avantages, et prenez ensuite une résolution prompte. » (*Tallien et L. Turreau au Comité de salut public*. Chinon, 1ᵉʳ août 1793. Arch. nat., AF11 272, rec. 2284, p. 11).

1. Alexandre, vicomte de Beauharnais, né à la Martinique en 1760; député de la noblesse du bailliage de Blois aux États Généraux de 1789, commandant du camp de Soissons en 1792, général en chef de l'armée du Rhin le 29 mai 1793, arrêté le 21 août suivant, traduit au tribunal révolutionnaire, condamné à mort le 3 juin 1794 et exécuté le même jour.

2. Jean-Nicolas Houchard, né à Forbach, en 1740, engagé, à quinze ans, dans Royal-Allemand-cavalerie, maréchal de camp en 1792, lieutenant général, la même année. Nommé commandant en chef de l'armée du Nord en remplacement de Custine; vainqueur à Hondschoote les 8 et 9 septembre 1793. Condamné à mort par le tribunal révolutionnaire, le 17 novembre 1793.

des ordres nécessaires pour que la garnison de Mayence soit transportée en poste dans la Vendée.

Il sera mis à cet effet, à la disposition du ministre de la guerre, trois millions pour l'exécution de cette mesure.

II. Il sera procédé à l'épurement de l'état-major et des commissaires des guerres de l'armée des côtes de la Rochelle, pour leur substituer des officiers généraux et des commissaires d'un patriotisme prononcé.

III. Les généraux de l'armée des côtes de la Rochelle tiendront la main à l'exécution rigoureuse des lois rendues contre les déserteurs, les fuyards, les traîtres, et ceux qui jettent les armes et vendent leurs habits.

IV. L'organisation des compagnies des pionniers et des ouvriers sera accélérée ; ils seront choisis dans les communes les plus patriotes.

V. Les généraux feront un choix pour former des corps de tirailleurs et de chasseurs intrépides.

VI. Il sera envoyé, par le ministre de la guerre, des matières combustibles de toutes espèces pour incendier les bois, les taillis et les genêts.

VII. Les forêts seront abattues, les repaires des Rebelles seront détruits, les récoltes seront coupées par les compagnies d'ouvriers, pour être portées sur les derrières de l'armée, et les bestiaux seront saisis.

VIII. Les femmes, les enfants et les vieillards seront conduits dans l'intérieur ; il sera pourvu à leur subsistance et à leur sûreté avec tous les égards dus à l'humanité.

IX. Il sera pris des mesures par le ministre de la Guerre, pour préparer les approvisionnements d'armes et de munitions de guerre et de bouche de l'armée, qui, à une époque prochaine, fera un mouvement général sur les Rebelles.

X. Aussitôt que les approvisionnements seront faits, que l'armée sera réorganisée et qu'elle sera prête à marcher sur la Vendée, les représentants du peuple se concerteront avec les administrations des départements circonvoisins qui se sont maintenues dans les bons principes, pour faire sonner le tocsin dans toutes les municipalités environnantes, et faire marcher sur les Rebelles les citoyens depuis l'âge de 16, jusqu'à celui de 60 ans.

XI. La loi qui expulse les femmes de l'armée sera rigoureusement exécutée ; les généraux en demeureront responsables.

XII. Les représentants du peuple, les généraux veilleront à ce que les voitures d'équipages à la suite de l'armée soient réduites au moindre nombre possible, et ne soient employées qu'au transport des effets et des matières strictement nécessaires.

XIII. Les généraux n'emploieront désormais pour mot d'ordre que des expressions patriotiques, et que les noms des anciens Républicains ou des martyrs de la liberté, et dans aucun cas le nom d'aucunes personnes vivantes.

XIV. Les biens des Rebelles de la Vendée sont déclarés appartenir à la République ; il en sera distrait une portion pour indemniser les citoyens, qui sont demeurés fidèles à la patrie, des pertes qu'ils auraient souffertes.

XV. Le présent décret sera envoyé sur-le-champ au Conseil exécutif, au ministre de la Guerre et aux représentants du peuple près l'armée des côtes de la Rochelle.

(Procès-verbal de la Convention nationale, séance du 1er août 1793, p. 24-27.)

3. — L'armée de Mayence a Tours [1]

La première colonne de la garnison de Mayence arriva à Tours le 22 août. Ce même jour, vers les huit heures du soir, le général de brigade Vimeux, qui la commandait, me fit part qu'il venait de recevoir l'ordre du général Ronsin, adjoint du ministre de la guerre, de se mettre en marche avec ses troupes le jour suivant et de les conduire à Saumur. Le général Vimeux étant dans l'incertitude de ce qu'il devait faire, je me permis de lui représenter que je croyais qu'il ne devait pas obéir, parce que j'avais entendu dire au général Aubert-Dubayet, à Blois, que nous ne devions entrer dans la Vendée qu'après l'arrivée à Tours de tous les corps, auxquels on distribuerait des habits, souliers, armes, etc. Je proposai d'aller à Blois informer ce général et lui demander ses instructions. Ma proposition ayant été admise, je montai un cheval de poste et je courus sur la route de Blois. Après le premier relais, je rencontrai la voiture des représentants Merlin et Reubell qui furent surpris de me voir

---

[1]. Ce récit est emprunté à une *Histoire de la garnison de Mayence...* par le général comte Decaën, dont le manuscrit existe parmi les papiers Merlin, de Thionville. Ce travail inachevé, et dont certaines parties ne sont que des copies presque littérales d'autres ouvrages, particulièrement de celui de Savary, n'a point été publié et ne semble pas pouvoir l'être utilement dans son entier, tel que Decaën l'a laissé. Plusieurs historiens lui ont, avant moi, fait différents emprunts ; notamment Jean Reynaud pour son *Merlin de Thionville*, M. Chuquet pour son *Mayence*, et M. Chassin pour sa *Vendée patriote*. Decaën a encore laissé, dans ses papiers légués à la bibliothèque de sa ville natale, divers fragments sous des titres divers : *Mémoires, Journal, Mémorial*. Ce sont des « brouillons successifs », suivant l'heureuse expression de M. H. Prentout (*Révolution française* du 14 novembre 1906, p. 413), qui ne pourraient pas plus être publiés dans leur entier que l'*Histoire de la garnison de Mayence*, et pour les mêmes raisons. Certains morceaux personnels, ou mieux mis au point, présentent l'intérêt qui s'attache à tout récit émanant d'un témoin mêlé aux évènements qu'il rapporte.

galoper sur cette route. Leur ayant dit quelle en était la cause, ils me renvoyèrent annoncer au général Vimeux de ne pas exécuter l'ordre qu'il avait reçu et qu'ils en faisaient leur affaire.

Le général Dubayet, qui était retourné de Blois à Paris, arriva à Tours dans la journée du 24, et il annonça au ministre que la première division de Mayençais était arrivée à Tours la veille, et que la seconde et la troisième la suivaient à une journée de marche.

. . . .

Pendant que la garnison de Mayence séjournait à Tours, on s'occupa de la pourvoir de ce dont elle avait besoin pour entrer incessamment en campagne. Mais la malveillance excita les troupes à faire des réclamations de solde, de décomptes, de répartitions des masses, etc. [1].

Les représentants, qui avaient reçu diverses pétitions, étant disposés à faire droit aux réclamations, si elles étaient fondées, me chargèrent d'en classer les divers sujets et de donner un avis motivé sur chacune, énonçant s'il y avait lieu d'admettre ou de rejeter la demande. Il fut mis à l'ordre qu'on me remettrait directement les pétitions que l'on avait encore à présenter et que j'infor-

---

[1]. « Ma dernière division vient de partir, mais comme je vous l'avais mandé dans ma dernière dépêche, ce n'a pas été sans l'intervention de mon autorité. Les soldats de bataille disaient à leurs généraux divisionnaires qu'ils voulaient être payés des différents objets qu'ils réclamaient, sinon qu'ils ne marcheraient pas. Instruit de ce désordre, je me transportai hier, comme aujourd'hui, à la tête des colonnes et, après une courte harangue, je fis rompre les lignes et j'ordonnai la marche... L'obéissance fut absolue. Mais, citoyen ministre, cette armée encore docile à ma voix, et que je ne mène en quelque sorte que par une magie de sentiments, n'est ainsi exaspérée pour un cupide intérêt, qu'en raison des promesses qui lui ont été f.. es dans sa route, et par différentes sommes qui furent allouées à une division, tandis qu'une autre en était privée. » (*Aubert-Dubayet au Ministre de la guerre*, Tours, 30 août 1793. Cf. Fazi du Bayet, *Les généraux Aubert du Bayet, Carra Saint-Cyr et Charpentier*, 202-203).

merais des décisions ; enfin, que mon bureau serait au quartier général des représentants.

Après l'examen des pétitions, qui ne contenaient que les mêmes sujets, hors quelques exceptions, et qui par conséquent comportaient les mêmes réponses à faire, d'ailleurs presque toutes négatives, je proposai aux représentants de donner leurs décisions en marge de l'exposé concernant chaque objet réclamé ; qu'on ferait imprimer le tout et que j'en remettrais des exemplaires aux réclamants, pour leur donner satisfaction. Cette mesure fut adoptée et elle mit fin aux pétitions, ainsi qu'à l'agitation qu'elles avaient occasionnée.

Les régiments de ligne portaient encore l'habit blanc ; il fut jugé convenable de leur donner l'uniforme national [1]. La malveillance saisit encore cette occasion pour provoquer au murmure et même jusqu'au refus de s'en revêtir ; mais le général Dubayet et les autres officiers des corps surent bientôt apaiser cette effervescence et faire endosser l'habit qui y servait de prétexte.

A un dîner chez les représentants Merlin et Reubell, j'y vis pour la première fois le fameux général Santerre, ainsi que le général Menou ; celui-ci parla de l'affaire où il avait reçu une blessure grave [2] ; l'autre, de ce qui avait été la cause qu'on l'avait mandé à Paris pour se justifier ; et je fus fort surpris de lui entendre dire : « On m'a fait général, mais on aurait beaucoup mieux fait de me laisser fabriquer ma bière. »

Santerre était d'une belle taille et de bonne mine ; il portait bien l'uniforme d'officier général ; il causait très bien et il était brave. Cependant on a fait de lui cette épigramme :

1. Ce changement fut très incomplètement effectué.
2. La bataille de Saumur et la prise de cette ville par les Vendéens, le 9 juin 1793. Menou y reçut une balle qui le traversa de part en part.

.... Santerre,
Qui n'a de Mars que la bière.

Le 29 août, l'avant-garde de l'armée de Mayence, forte d'environ deux mille quatre cents hommes d'infanterie, soixante chasseurs à cheval et quatre pièces de campagne, commandée par Kléber [1], partit de Tours pour se rendre à Saumur et, de là, à Angers [2].

(Bibl. Nat., *Mss.*, Nouv. acq. fr., n° 248, f°* 4 et s.)

4. — Conseil de guerre tenu a Tours

26 août 1793.

Aujourd'hui, 26 août 1793, l'an II® de la République une et indivisible, a été convoqué en la ville de Tours un Conseil de guerre composé des officiers supérieurs des différentes divisions de l'armée des côtes de la Rochelle réunis à Tours, auquel ont assisté les citoyens :

Santerre, général divisionnaire, commandant *par interim* l'armée des côtes de la Rochelle ;

Menou, général divisionnaire ;

Aubert-Dubayet, général divisionnaire, commandant la garnison de Mayence ;

Joly, général de brigade, de l'armée de Sau

Vimeux, général de brigade, de l'armée de Mayence ;

Kléber, général de brigade, de l'armée de Mayence ;

Montfort, chef de brigade, armée de Mayence ;

---

1. Kléber avait été nommé général de brigade lors de son passage à Paris ; je continuai auprès de lui mes fonctions d'adjoint aux adjudants généraux (*Note du manuscrit de Decaën*).

2. « Après avoir donné un jour de séjour à l'armée à Saumur, pour l'apurement des comptes de chaque individu, je reprendrai ma marche sur Nantes. Cependant, je dois encore vous observer qu'il y a une extrême négligence dans la conduite des quartiers-maîtres, qui depuis longtemps n'ont fait aucun décompte à leurs troupes et se sont tenus à faire des acomptes ; et, de là, tous les désordres qui en sont découlés. » (*Lettre* précitée de Dubayet au Ministre, 30 août 1793.)

Beaupuy, chef de brigade, armée de Mayence ;
Boisgérard, officier du génie ;
Haxo, général de brigade, armée de Mayence ;
Dusirat, chef de bataillon, armée de Mayence ;
Vérine, officier du génie, chef de bataillon, armée de Mayence ;
Robert, adjudant général, de l'armée de Saumur ;
César Faucher [1], adjudant général, de l'armée de Niort ;
Richard [2], commissaire général des guerres ;
Dujard [3], commissaire ordonnateur ;

1. César Faucher, l'un des célèbres jumeaux de la Réole, né à la Réole, le 20 mars 1759 ; entré aux Chevau-légers du roi en 1774, avec son frère Constantin. Les deux frères vinrent en Vendée à la tête d'un corps franc qu'ils avaient formé sous le nom d'Enfants de la Réole. Ils se distinguèrent dans diverses rencontres, notamment dans les environs de Fontenay et dans les *combats de Chatillon*, et furent faits adjudants généraux le même jour. Condamnés à mort comme girondins, on les conduisait au supplice quand arriva l'ordre de surseoir à l'exécution. César Faucher fut nommé membre du Conseil général du département de la Gironde, le 15 mai 1800. Très opposé à la première Restauration, il fut décoré de la Légion d'honneur, et nommé général, pendant les Cent-Jours, et élu député de la Réole, le 14 mai 1815. Lors de la seconde rentrée des Bourbons, les deux frères refusèrent de reconnaître le nouveau gouvernement, se barricadèrent dans leur maison et s'y défendirent avec acharnement. Traduits devant un conseil de guerre, ils furent condamnés à mort et fusillés à Bordeaux, le 27 septembre 1815. Ce fut César qui commanda le feu.

2. Jean-Baptiste Richard, né à Paris, le 21 février 1744, engagé le 11 novembre 1759, dans Colonel-général-dragons ; quartier-maître trésorier en 1790 ; commissaire des guerres à la Rochelle, le 1ᵉʳ octobre 1791. Il fut chargé d'un important service d'approvisionnement des troupes républicaines, dès le début de l'insurrection Vendéenne et aida consciencieusement le général Boulard dans l'organisation des services de la petite armée de celui-ci et dans le ravitaillement de la place des Sables-d'Olonne. Il était commissaire ordonnateur attaché à la 22ᵉ division militaire, en résidence à Tours, lorsqu'il fut destitué par le Directoire, le 22 novembre 1797. Il s'était lié avec Ronsin et Choudieu. Mort le 25 octobre 1798.

3. Dujard fut, en 1796, commissaire des guerres à l'armée des côtes de l'Océan, dans la région de Montaigu. On l'accusait alors de ne pas assez user de ménagements dans l'exercice des réquisitions qu'il faisait dans le pays pour le compte de l'armée. Dans une lettre du 27 juin 1796, le Ministre de la guerre l'engageait à ménager davantage les populations. Hoche et Hédouville reconnaissaient qu'il avait rendu de grands services à l'armée. (Cf. Chassin, *Pacifications*, II, 581.)

A l'effet de délibérer sur les moyens à employer pour accélérer la marche de l'armée de Mayence et terminer promptement la guerre de la Vendée.

Ont été présents audit conseil, les citoyens Merlin (de Thionville), Reubell, Choudieu et Richard, représentants du peuple.

Le général Aubert-Dubayet a donné communication d'un arrêté du Comité de Salut public de la Convention nationale, en date du 23 de ce mois, portant que la garnison de Mayence se rendra à Nantes et, de là, près celle des côtes de Brest où elle agira de concert avec celle-ci, sous les ordres du général en chef de cette armée, pour attaquer les ennemis sur leurs derrières et leur interdire la communication avec les ennemis du dehors.

Il a également donné communication d'une lettre du Ministre de la guerre, en date du 24 de ce mois, par laquelle il donne ordre au commandant de la garnison de Mayence d'attaquer les Rebelles sur les derrières et de se concerter à cet effet avec l'armée de Brest et de prendre les ordres du général Canclaux.

Le général Dubayet a dit que, son devoir étant d'obéir, il n'avait point à délibérer sur les ordres qu'il avait reçus et que, se disposant à les exécuter, il avait tout préparé pour le départ de l'avant-garde, qui devait se mettre en route le 28, pour marcher sur Saumur; qu'elle serait suivie, le lendemain, par le corps d'armée, qui marcherait sur deux colonnes, dont l'une serait dirigée par Chinon et l'autre par la Chapelle-Blanche; que son arrière-garde partirait le 30, de manière que la totalité de son armée serait arrivée sous les murs de Saumur le 1er septembre, et que, de là, il se conformerait aux ordres qui lui avaient été donnés, s'il n'en recevait pas de contraires; que ne connaissant point encore la position de l'ennemi, il n'avait aucune réflexion à soumettre au Conseil.

Un membre a observé que le plan qui venait d'être adopté par le Comité de Salut public, d'après le rapport du citoyen Philippeaux, présentait de grands inconvénients; que le moindre de tous était de retarder de plus de vingt jours des opérations qui devaient être commencées à l'instant même, et qui pourraient manquer entièrement si les pluies survenaient avant leur exécution; que des renseignements certains annonçaient que le découragement était à son comble dans l'armée des Rebelles; que, depuis plusieurs jours, le tocsin sonnait inutilement, et qu'en ne leur laissant pas le temps de se remettre de cette première frayeur, leur défaite était certaine. Il a ajouté que l'armée de Luçon, forte de dix mille hommes d'excellentes troupes, avait déjà fait une marche en avant, jusqu'à Chantonnay, et qu'elle serait compromise par ce mouvement, si elle n'était promptement soutenue; et qu'à cet effet, l'armée de Saumur avait déjà porté son avant-garde jusqu'à Doué; que celle de Nantes, forte de près de huit mille hommes de troupes de ligne, était également partie de Nantes, le vingt-six de ce mois, pour se porter sur Port-Saint-Père, à l'effet de protéger le mouvement de l'armée de Luçon et pour opérer sa jonction avec l'armée stationnée aux Sables; et, qu'ainsi, les armées de Niort et de Nantes allaient être exposées à voir tomber sur elles toutes les forces des Brigands, si on ne les attaquait pas vivement sur les autres points, et que, dans tous les cas, en dirigeant la marche de l'armée de Mayence sur Nantes, elle ne pourrait arriver qu'après la victoire ou la déroute de nos autres armées; qu'il serait bien plus avantageux de la diriger de suite, par Saumur, sur Doué, Cholet, Châtillon et Mortagne, tandis que l'armée de Niort marcherait, de son côté, sur la Châtaigneraie, Pouzauges [1], Montaigu, Châtillon et Mortagne; que pendant ce temps, l'armée de Nantes, marchant, par Machecoul, sur Montaigu et Mortagne, seconderait les autres attaques et que, se trouvant, par sa jonction avec l'armée des Sables, forte de plus de quinze mille hommes de troupes bien disciplinées et accoutumées à vaincre, elle était suffisante pour arrêter les Brigands, s'ils tentaient de se porter vers la mer; qu'enfin les armées de Saumur et de Mayence pourraient les attaquer avant huit jours et les pousser jusque dans leurs derniers repaires; que le moyen le plus sûr de les anéantir était de concerter une attaque générale, mais que le moment ne pouvait être différé sans danger. Il a ajouté qu'il était également à craindre que l'ennemi ne se portât sur Saumur, pendant que s'opérerait le mouvement sur Nantes; que cette armée [2] étant la moins forte et la moins aguerrie, il était à craindre que les Rebelles ne se portassent dans l'intérieur, où ils avaient de nombreux partisans; que maîtres de la Loire, ils intercepteraient les communications, ce qui exposerait l'armée à manquer de subsistances et que rien alors ne pourrait les arrêter.

En conséquence, il a conclu à ce qu'il fût fait des représentations au Comité de Salut public sur le plan qu'il avait adopté.

Les membres du Conseil, qui étaient présents, ont été invités à donner tous les renseignements qu'ils pouvaient avoir et à faire connaître leur opinion.

---

1. Pouzauges, chef-lieu de canton alors du district de la Chataigneraie, aujourd'hui de l'arrondissement de Fontenay-le-Comte (Vendée). Sur le versant d'un coteau, à 278 mètres d'altitude. A quarante kilomètres nord de Fontenay.
2. Celle de Saumur.

Un membre a déposé les observations dont la copie sera jointe à la délibération du Conseil et mise sous les yeux du Comité de Salut public [1]. Il a conclu comme le précédent.

Un membre a répondu que, sans connaître les localités et la position de l'ennemi, il croyait néanmoins devoir observer au Conseil que les motifs qui avaient déterminé le Comité de Salut public lui semblaient être la crainte d'une invasion de la part des Anglais; que la République serait exposée, s'ils pouvaient effectuer une descente, et que le projet de prendre l'ennemi par les derrières paraissait fort sage, puisqu'il avait également l'avantage de l'envelopper et de mettre les côtes en sûreté.

Un autre membre dit que les craintes d'une descente des Anglais n'étaient que chimériques, pour deux raisons : 1° parce que les côtes de la Rochelle n'étaient abordables que sur deux points et que ces points étaient dans un état respectable de défense; 2° parce qu'il n'était pas à présumer que l'Anglais voulût tenter une descente dans un moment où l'ennemi était aux abois, lorsqu'il ne l'avait pas tentée au moment où il marchait de succès en succès. Il a ajouté qu'en partant même de la possibilité de cette tentative, le projet de marcher sur Nantes serait toujours dangereux, parce que l'armée mettrait plus de temps à y arriver par la rive droite de la Loire, qu'il n'en fallait, en partant de Saumur, pour les anéantir sur la rive gauche ; et qu'elle arriverait toujours trop tard, même pour défendre la côte, si elle devait être attaquée; que, d'ailleurs, les armées de Niort, de Nantes et des Sables étaient plus que suffisantes pour défendre les côtes en cas d'attaque, si l'armée de Saumur et celle de Mayence poursuivaient

---

1. Cette pièce n'a pas été retrouvée.

l'ennemi avec assez de vigueur pour l'empêcher d'y porter ses forces.

Il a pensé qu'on ne pouvait argumenter de la nécessité de protéger Nantes : 1° parce que cette ville, avec les seules forces qui sont en ce moment à la disposition du général Canclaux, avait déjà résisté à l'ennemi, qui était alors maître de la rive droite de la Loire et qui, par conséquent, l'attaquait sur tous les points; 2° parce que les Rebelles étant maintenant resserrés de l'autre côté de la rive gauche, Nantes ne peut être attaqué que par un seul point et que ce point est fortifié et défendu par un pont sur la Loire, qui a près d'un quart de lieue; 3° enfin, parce que l'armée de Nantes étant sortie et marchant en avant, il est prouvé par cela seul que Nantes n'est pas en danger. Il est prouvé également qu'on ne pouvait pas plus argumenter du danger des côtes, puisque l'armée de Boulard [1] avait résisté seule à l'effort de l'ennemi et que, réunie à celle de Nantes, elle n'avait rien à redouter et pouvait même attaquer avec succès. Enfin, il a fait sentir, comme l'un des préopinants, le danger de voir couper les com-

---

1. Henri-François Morille de Boulard, né à Paris en 1746, enseigne au régiment de Périgord en 1762, capitaine dans celui de la Marche en 1776, chevalier de Saint-Louis en 1782, major du régiment de Royal-Marine en 1783. L'émigration de tous les officiers nobles de ce régiment, devenu le 60e d'infanterie, fit que Boulard fut mis à sa tête avec le grade de colonel, en 1791. Il se trouvait en garnison à la Rochelle avec une partie de son régiment lorsqu'éclata le soulèvement Vendéen de mars 1793. Dès le début, il fit partie de la petite armée du général Marcé, qui en fit son chef d'état-major. A la suite de la défaite de ce général, au Pont-Charrault, le 19 mars, Boulard réussit à rallier les troupes à Saint-Hermand et à reformer l'armée, qui le proclama général. Cette nomination fut confirmée quelques jours après par les représentants Niou et Trullard. Boulard ne cessa de déployer une activité et une énergie considérables pour organiser la résistance contre les royalistes. Il se multiplia pour constituer une petite armée, susceptible de défendre les Sables-d'Olonne et le pays environnant. C'est à cette armée qu'il fait allusion dans ce document. Boulard est mort à la Rochelle, en 1794.

munications, si l'ennemi se portait sur Saumur, et de manquer de subsistances.

Il a pensé, comme lui, que le seul mouvement utile était celui que ferait, par Saumur, l'armée de Mayence, parce qu'il pourrait s'effectuer en trois jours, tandis qu'il en faudrait plus de vingt pour arriver, par Nantes, à un point où elle ne serait encore qu'à la même distance du repaire des Brigands.

Sur quoi, le Conseil délibérant, il a été arrêté, à l'unanimité, que les observations ci-dessus, ainsi que le mémoire présenté par l'un des généraux, seront mis sous les yeux du Comité de Salut public et qu'à cet effet, un officier général, employé dans l'armée depuis le commencement de la guerre, sera député pour répondre aux observations qui pourront être faites, tant sur les localités que sur la position de l'ennemi, et que, cependant, l'armée de Mayence se mettra de suite en marche sur Saumur, d'où elle pourra suivre sa marche sur Nantes par la rive droite de la Loire, si le Comité de Salut public persiste dans son arrêté, ou attaquer l'ennemi par la rive gauche pour marcher également sur Nantes, si le Comité de Salut public prend une autre détermination.

Le général Joly a été choisi pour présenter au Comité de Salut public le présent procès-verbal dressé par le Conseil de guerre et lui présenter l'ordre de route de la garnison de Mayence déterminé par le général Dubayet, d'après les ordres qu'il a reçus [1].

(ARCH. NAT., AF II 272, rec. 2284, p. 27.)

---

1. *En marge, on lit :* « Remis le 30 août par le général Joly, de la part des représentants du peuple près l'armée des côtes de la Rochelle. »

5. — Conseil de guerre tenu a Saumur

2 septembre 1793.

L'an mil sept cent quatre-vingt-treize, l'an deuxième de la République française, une et indivisible, le lundi deux septembre, dix heures du matin,

Les citoyens Reubell, Merlin, Richard, Choudieu, Bourbotte, Turreau, Cavaignac [1], Méaulle [2], Philippeaux, Ruelle [3] et Fayau, tous représentants du peuple, et les généraux Rossignol, Canclaux, Chalbos, Menou, Santerre, Aubert-Dubayet, Salomon, Duhoux, Rey, Mieszkowski et Dembarrère, en exécution de l'arrêté des représentants du peuple du vingt-sept août dernier, approuvé par arrêté du Comité de Salut public, se sont réunis en Conseil de guerre.

D'abord on a élevé la question de savoir si les représentants du peuple délibéreraient concurremment avec

---

1. Jean-Baptiste de Cavaignac, né à Gourdon (Lot), le 10 janvier 1765, avocat au Parlement de Toulouse, député du Lot à la Convention où il vota la mort du roi, commissaire de la Convention à la première armée de l'Ouest puis à celle des Pyrénées-Orientales. Il se distingua contre les sections, le 13 vendémiaire an IV. Sous-préfet de Lesparre en l'an XII ; conseiller d'État du roi de Naples ; baron de l'Empire en 1811 ; préfet de la Somme pendant les Cent-Jours. Exilé par la Restauration comme régicide (1816). Mort à Bruxelles, le 24 mars 1829.

2. Jean-Nicolas Méaulle, né à Saint-Aubin-du-Cormier, en Bretagne, le 16 mars 1751, avocat à Châteaubriant avant la Révolution, député de la Loire-Inférieure à la Convention et au conseil des Cinq-Cents ; vota la mort du roi ; juge au tribunal de Cassation ; chevalier de l'Empire, procureur général près la Cour de Bruxelles ; nommé conseiller à la Cour de Rennes pendant les Cent-Jours. Exilé comme régicide (1816). Mort à Gand, le 10 octobre 1826.

3. Albert Ruelle, né à la Chapelle-Blanche, en Touraine, en 1754, juge au tribunal du district de Bourgueil, député d'Indre-et-Loire à l'Assemblée législative, à la Convention et au conseil des Cinq-Cents. Il vota la mort du roi, sans s'opposer à une commutation de peine ou à un sursis de l'exécution. Il remplit plusieurs missions dans l'Ouest et prit notamment une grande part aux Pacifications. Sous-préfet de Chinon en l'an VIII. Mort en fonctions, le 31 janvier 1805.

les généraux. Plusieurs ont soutenu que les instructions données aux représentants ne leur permettaient pas de délibérer avec les généraux. Mais d'autres ont répondu que l'arrêté du Comité de Salut public, ci-dessus énoncé, approuvait les dispositions prises par les représentants du peuple, qui consistent à ce que les généraux commandant en chef, de division, d'armée et les représentants arrêtent de concert un plan de campagne définitif et irrévocable, et qu'au surplus ils consentaient volontiers à supporter une responsabilité, qui tend à sauver la chose publique.

D'après ces observations, celui qui avait élevé la question a retiré sa proposition.

Le Conseil s'est ensuite occupé de la nomination d'un président et d'un secrétaire. Le représentant du peuple Reubell a été choisi pour président, et La Chevardière [1], commissaire national, a été nommé secrétaire.

Le général Canclaux a donné lecture d'un arrêté du Comité de Salut public et d'une lettre du ministre de la guerre, par laquelle on lui annonce que l'armée formant la garnison de Mayence va se porter sur Nantes, au moyen de quoi elle se trouve sous son commandement.

Différents membres ont répondu que ce dernier arrêté

---

1. Auguste-Louis La Chevardière, né à Paris, vers 1770. Vice-président de l'assemblée départementale de Paris, après le 10 août 1792. Envoyé en 1793 en Vendée par le Conseil exécutif, en qualité de commissaire national près l'armée des côtes de la Rochelle. Il était lié avec Ronsin et fit partie de la Commission centrale de Saumur que Philippeaux appelait avec mépris la « Cour de Saumur » et qui, après avoir fait destituer Biron, prit la direction des opérations, avec Rossignol comme général en chef. Compromis avec Robespierre, il réussit à éviter une condamnation à mort et devint, quelque temps après, secrétaire général de la police. Il était président du Département de la Seine au moment du 18 brumaire, et s'efforça de faire échouer le coup d'État. Il eût été déporté par Bonaparte, sans la protection du général Menou, qui le sauva. Consul à Hambourg, puis à Dantzig (1807), disgracié en 1808.

du Comité de Salut public annulait implicitement l'arrêté antérieur, ainsi que la lettre du ministre de la guerre.

Après une discussion assez étendue, le président a mis aux voix cette question : Le Conseil pense-t-il que le dernier arrêté du Comité de Salut public annule le précédent et que le général Canclaux doit être déchargé de toute responsabilité relativement à l'arrêté premier du Comité de Salut public et aux ordres donnés en conséquence par le Ministre de la guerre? L'affirmative a été arrêtée à la majorité de vingt voix contre une.

La discussion s'est alors engagée sur le fond de la question, qui consiste à savoir si la garnison de Mayence descendra sur Nantes, ou marchera directement contre les Rebelles par Cholet et Mortagne.

La discussion a été interrompue par une proposition incidente tendant à ce que chaque membre du Conseil soit tenu de motiver par écrit son opinion. On a proposé, par amendement, de laisser à chacun la faculté de motiver son opinion, sans que cela soit obligatoire. Cette dernière proposition a été adoptée à l'unanimité, et il a été décidé que chacun serait libre de motiver son opinion dans un écrit qui serait joint au procès-verbal et signé de l'opinant.

La discussion a été reprise et différents membres ont parlé pour ou contre chacune des deux propositions. Enfin, après une multitude d'observations, la discussion a été fermée et l'on a commencé l'appel nominal sur cette question : La garnison de Mayence dirigera-t-elle sa marche par Saumur ou par Nantes?

Sur vingt-deux votants, le citoyen Bourbotte a déclaré n'être pas en état de donner son avis; le général Dembarrère a demandé que l'on marchât simultanément par Saumur et par Nantes; les citoyens Reubell, Merlin, Turreau, Cavaignac, Méaulle, Philippeaux, Ruelle, Canclaux, Aubert-Dubayet et Mieszkowski ont été d'avis de marcher par Nantes, et les citoyens Richard, Choudieu, Fayau, Rossignol, Menou, Duhoux, Santerre, Salomon et Rey ont pensé que l'on devait marcher par Saumur. A l'égard du général Chalbos, il a voté pour que l'on marchât par Saumur et Niort à la fois.

D'après cela, attendu que dix voix ont été pour la marche par Nantes et dix pour celle par Saumur, il ne s'est pas trouvé de majorité.

Alors la discussion s'est engagée de nouveau et, après de longs débats, le Conseil a arrêté que les généraux se concerteraient entre eux pour arrêter un plan qui serait soumis ce soir au Conseil. La séance a été levée à quatre heures et l'on s'est ajourné à huit heures du soir.

Et le même jour, deux septembre, huit heures du soir, le Conseil réuni, l'un des généraux a annoncé qu'en exécution de l'arrêté pris aujourd'hui par le Conseil, ils se sont rassemblés, et que les avis se sont réunis à cette opinion que l'armée de Mayence marcherait par Nantes, et qu'il avait été convenu qu'ils se rassembleraient demain, pour se concerter sur les mesures d'exécution.

Un membre a demandé que le résultat de l'avis des généraux fût remis par écrit. L'on a réclamé l'ordre du jour sur cette proposition et il a été adopté.

D'après le rapport ci-dessus, le président a consulté le Conseil pour savoir s'il adoptait l'avis des généraux. D'après l'appel nominal, et sur seize votants, treize ont adopté l'avis des généraux et trois l'ont rejeté, dans l'ordre suivant : les citoyens Reubell, Merlin, Richard, Turreau, Cavaignac, Méaulle, Philippeaux, Ruelle, Canclaux, Menou, Santerre, Aubert-Dubayet, Miezkowski et Dembarrère ont voté pour l'adoption ; et les citoyens Choudieu,

Fayau et Chalbos l'ont rejetée. En conséquence, il a été arrêté par le Conseil que la garnison de Mayence marcherait par Nantes.

Fait à Saumur, les jour et an que dit est.

Signé : Mieszkowski, Santerre, J.-P.-M. Fayau, Chalbos, Cavaignac, Richard, Philippeaux, Dembarrère, Reubell, Méaulle, Ruelle, Canclaux, Merlin, Pierre Choudieu, L. Turreau, J. Menou et La Chevardière, secrétaire.

Pour copie conforme à l'original :

Reubell, *président.*

(Arch. Nat., AF II 272, rec. 2284, p. 39 1.)

6. — Kléber a Aubert-Dubayet

Port-Saint-Père, 11 septembre 1793.

Mon Général,

Hier, en arrivant à Saint-Léger, où nous devions fixer notre logement, mes éclaireurs aperçurent quelques vedettes de cavalerie ennemie. Marigny me demanda aussitôt la permission de charger et de poursuivre ce qu'il pourrait rencontrer jusqu'à Port-Saint-Père. Comme le général en chef Canclaux était encore avec nous, je lui fis part de cette heureuse disposition, et il voulut bien consentir à ce que j'en profite. Marigny se mit donc à la tête d'une vingtaine de chasseurs à cheval et moi, à la tête du reste ; lui pour chasser devant moi tous ceux qu'il rencontrerait, moi pour reconnaître de suite les dispositions de l'ennemi et l'état du pont. Nous y arrivâmes sans

1. Placard imprimé à Saumur, chez Degouy.

coup férir. Tout ce qui se trouvait en deçà de la rivière prit la fuite, les uns en se jetant dans les bateaux, les autres, en passant à la nage ; les moins habiles furent tués. Marigny prit avec ses chasseurs une position favorable où il ne put être inquiété par l'artillerie de l'ennemi. Pour moi, je fis avancer l'infanterie au nombre de deux cents hommes, deux pièces de 4 et un obusier. Pendant ce temps, les Brigands se jetèrent dans un retranchement destiné à défendre le passage de la rivière ; en sorte qu'en revenant avec l'infanterie, nous essuyâmes un feu de mousqueterie assez vif. Mais les Français les eurent bientôt chassés de ces lignes, et nous n'eûmes que deux hommes blessés.

On nous tira trois coups de canon ; aucun ne porta ; mais notre obusier mit d'abord le feu au bourg au delà de la rivière, et nos deux pièces de 4 firent taire les leurs. Alors Targe et Marigny proposent d'aller chercher, à la nage, les bateaux servant de pont volant, de faire passer la troupe dans ces bateaux, d'attaquer de vive force l'ennemi, de le chasser et de le poursuivre. Je crus qu'il fallait profiter de telles dispositions. Le général Canclaux, de mon avis, m'accorda la permission, de sorte qu'en une demi-heure, trente chasseurs à cheval et deux cents tirailleurs enlevèrent ce poste, prirent sept pièces de canon, quantité de chevaux et de bétail. Par les établissements que nous avons trouvés ici, par les lettres dont je vous adresse copie, vous jugerez que ce poste était d'une grande importance pour eux et on estime qu'ils y étaient au nombre de trois mille hommes. Nous avons fait construire le pont pendant la nuit. Mais, n'ayant ni chariots, ni commissaires civils, je suis très embarrassé pour faire transporter à Nantes tout ce que nous avons trouvé ici en vivres et en effets. Il est clair que, si on n'en attache à cette armée, nous ne tirerons pas de notre expédition tout le fruit que nous pourrions en attendre.

Les deux corps de tirailleurs veulent se débarrasser de leurs sacs, et je demande au général en chef des chariots, pour les transporter à Nantes, dans un dépôt sûr.

Marigny et Targe ont fait merveille. Vous voudrez bien faire part de cet événement, et à l'Assemblée et au Ministre, me nommer, afin que l'on sache dans ce pays que je justifie en quelque sorte le choix qu'ils ont fait de moi, en me nommant, sans me connaître, général de brigade. Merlin, de Thionville, pendant l'expédition, était occupé à faire brûler un superbe château. Tout cela a dû beaucoup étonner cette horde de Brigands. Comme nous avons fait double marche, hier, nous avons séjour ici, jusqu'à nouvel ordre.

Je vous embrasse de tout mon cœur.

KLÉBER.

Le général en chef n'enverra-t-il personne pour occuper le poste de Port-Saint-Père avant notre départ? Il me paraît que, pour la sûreté de notre derrière, cette précaution serait bien nécessaire. Voyez, s'il vous plaît, s'il y a lieu de mettre la proposition en avant.

(FAZI DU BAYET, *Les généraux Aubert du Bayet, Carra Saint-Cyr...*, 195.)

7. — KLÉBER A CANCLAUX

Saint-Philbert, 11 septembre 1793.

Mon Général,

Je suis parti hier de Port-Saint-Père à sept heures du matin, après avoir fait reconnaître, la veille, si le bac de Saint-Mars-de-Coutais avait été détruit ou non. Il ne le fut pas, quoique plus de trois mille Brigands y eussent passé dans leur fuite. Ce passage de la rivière m'a pris plus de temps que je n'avais pensé, par rapport à quelques incidents survenus. Deux cents hommes, mon Général, auraient pu mettre le plus grand obstacle ; mais telle est l'espèce de nos ennemis, qu'ils ne songèrent ni à détruire le bac, ni à défendre le passage. Nous arrivâmes donc à une demi-lieue de Saint-Philbert sans coup férir ; et là, seulement, nos éclaireurs essuyèrent une fusillade d'abord assez vive, mais qui cessa dans un instant, nos tirailleurs courant sur leurs ennemis en les poursuivant assez loin dans les bois. Une trentaine furent tués.

Je n'ai logé dans le bourg que la troupe nécessaire pour couvrir mon quartier général ; le reste de l'armée a bivouaqué dans des lieux fermés par des fossés et naturellement retranchés, notre gauche appuyée contre le ravin de la rivière. Le pont est rompu ; nous n'en avons pas besoin : les habitants m'assurent que je trouverai un gué à une lieue d'ici.

J'ai laissé à Saint-Mars un ingénieur, des ouvriers et cent hommes pour les couvrir ; ils se sont occupés hier à construire un pont de fascines pour établir une communication plus aisée à Port-Saint-Père. Ces ouvriers me rejoindront aujourd'hui.

Le pays que nous avons traversé est extrêmement difficultueux et coupé ; mais devant Sainte-Lumine, est une plaine superbe, que nous avons trouvée couverte de bestiaux et de fourrages. Que les administrations auraient de reproches, si elles ne s'empressaient à recueillir toutes ces richesses !

Plusieurs personnes nous assurent ici que toutes les forces des Brigands s'assemblent à Légé ; on y croit déjà quarante mille hommes réunis, dont au moins douze mille bien armés. Si cela est, c'est là où il faudra vaincre ou mourir.

Je n'ai pas encore reçu de nouvelles du général Beysser; je sais seulement qu'il ne doit avoir trouvé aucune résistance à Machecoul; et, sur la certitude que j'avais que ce poste avait été abandonné par l'ennemi à l'approche de l'armée, je n'ai fait aucun mouvement pour en soutenir l'attaque.

Avant de partir de Port-Saint-Père, j'ai recommandé au commandant du 109e régiment de perfectionner le pont, de se retrancher de son mieux et de prendre tous les moyens de sûreté, que son expérience lui suggérerait.

J'ai oublié, mon Général, de vous dire que nous avons trouvé une pièce de canon sous le pont et une batterie mouvante non encore achevée.

Le général de brigade, commandant l'avant-garde de l'armée de Mayence, Kléber.

P.-S. — Je suis, ainsi que mes frères d'armes, mon Général, on ne peut pas plus sensible à tout ce que vous avez dit de bien de nous dans le *Bulletin* de l'armée. Nous tâcherons tous, et moi en particulier, de mériter de plus en plus votre confiance en servant bien notre patrie.

Vers les cinq heures du soir, le général Haxo, commandant le camp des Naudières, s'étant porté vers la rivière pour examiner la position, a trouvé un nombre assez considérable de Brigands; ils ont fait un feu très vif; deux compagnies de grenadiers, accourues sur-le-champ, ont fait taire cette mousqueterie. Les Brigands ont repassé la rivière dans la plus grande hâte. Le général Haxo a profité de cette épouvante pour se porter jusque sur la chaussée de Vertou; il y a établi un poste nombreux ainsi que dans le village du Chesne, dont il s'est emparé. Ce général se loue fort des troupes de l'avant-garde de l'armée des côtes de Brest, qu'il conduisait pour la première fois. Il s'applaudit d'avoir retrouvé en elles cette même intrépidité, qui lui est familière à la tête des troupes mayençaises.

(JOURNAL DES DÉBATS, n° 366, p. 268-269.)

8. — LE TURC [1] AU DÉPARTEMENT DE SEINE-ET-OISE

Nantes 12 septembre 1793.

Il y a du plaisir à présent, mes chers collègues, à s'entretenir avec vous, puisque vous répondez et que vos réponses me parviennent. Depuis une suspension dont j'ai fait menacer M. le directeur de la poste par les représentants du peuple, il est devenu exact, et tout ce qui se trouve dans les lettres arrive à sa destination.

Je conviens que j'ai le petit défaut de n'être point laconique, mais aussi, en entrant dans les plus légers détails, je vous informe de tout ce qui se passe ici, et aussitôt vous en savez autant que moi.

Toute l'armée de Mayence est passée ici; son nombre se porte à seize mille cinq cents hommes compris l'artillerie. Quelle belle contenance cette armée avait! Quel malheur que de pareils hommes aient été trahis! Nantes les a fêtés et reçus, comme autrefois le père fortuné et tendre recevait son fils arrivant des îles. Rien n'a été épargné. Ce n'a pas été par des fêtes, des bals, de la musique, mais en se les partageant, sur réquisitions. Celui-ci, qui ne pouvait être tenu que de loger un officier, en demandait deux, trois, quatre. Celui-là, qui ne pouvait loger que deux sol-

---

1. Le Turc, membre de l'administration départementale de Versailles, commissaire civil du département de Seine-et-Oise, chargé d'accompagner dans l'Ouest le 12ᵉ bataillon de volontaires de ce département.

dats, en demandait quatre, six, huit et dix. On a exigé, par un accord qui a fait le vœu général, qu'ils ne fussent logés que chez des personnes assez aisées pour les recevoir. Chacun chez son hôte était l'invité, le retenu, le désiré. Et, comme étant le motif du repas, il avait à la table la place de l'ami chéri, de celui qui flatte infiniment son hôte. Amitié sans gêne, déférence sans apprêt, simplicité sans épargne et liberté entière. Les Nantais ont demandé à les dispenser du service pendant les trois ou quatre jours que cette armée est restée dans leurs murs. Mais eux-mêmes sont allés au général porter leurs plaintes, et leur service s'est fait avec une exactitude qui m'a fait le plus grand plaisir.

Pour eux, quelqu'un a demandé la pièce de l'*Attaque de Nantes*; les prix ont aussi été diminués. A la fin il a été ajouté un couplet sur l'armée, dont le sens était de la présenter à l'armée de Mayence, et des deux n'en faisant qu'une, on la rendait invincible. Le génie de l'auteur s'est épuisé à faire un charmant morceau et il a réussi. Les dames ou citoyennes ont crié : Bis! bis!

Les Mayençais et toute la troupe a répondu : « Non, point de flagorneries; vous chanterez ceux qui mourront à leur poste, et alors il sera temps. » Cette armée s'est dispersée dans le camp et portée sur divers points. Si celle-là est bonne, les chasseurs de la Charente, le n° 109 [1], les grenadiers du Calvados, dont le capitaine est un vicaire épiscopal de Fauchet [2], et la légion américaine [3] ne sont pas moins bons. Il y a bien encore quelques autres batail-

---

[1]. Le 109ᵉ régiment d'infanterie.

[2]. Claude Fauchet, né à Dornes (Nièvre), le 22 septembre 1744, prédicateur et philosophe, évêque constitutionnel du Calvados, député de ce département à la Législative et à la Convention. Décrété d'accusation le 13 octobre 1793, condamné à mort et exécuté le 31 du même mois.

[3]. Troupe recrutée à Nantes parmi les hommes de couleur.

lons et régiments qui se battent bien, et je vous avoue que, du tout, j'ai la plus haute opinion.

. . . .

Ce matin, je suis retourné voir le général Canclaux et j'ai pris les nouveaux bulletins que je joins ici. Il allait faire la revue générale de tous les camps placés sur le terrain repris; j'ai profité de son offre pour l'accompagner.

A peine avons-nous été hors de la ville qu'il me dit : « Si vous êtes curieux d'aller voir le Port-Saint-Père, je vais vous donner un piquet pour vous y conduire. Et si, de là, vous pouvez trouver votre ami Hodanger [1], vous verrez les prisons de Machecoul ; vous pourrez l'y trouver. » Je ne fis point de résistance, comme vous le croyez. Je partis en acceptant. Je ne voulais qu'un guide, mais il me donna une ordonnance de cinq cavaliers, qu'il chargea de ne me point quitter et de faire donner un cheval au

[1]. Hodanger, membre de l'administration départementale de Seine-et-Oise, commissaire civil ayant accompagné en Vendée, au mois de mai, les 11e et 13e bataillons (1re et 3e Révolutionnaires) de Seine-et-Oise. Lorsque les autorités nantaises laissèrent paraître leurs tendances fédéralistes, au commencement de juillet 1793, ces deux bataillons rédigèrent une délibération proclamant leur adhésion à la Constitution de 1793 et à la Convention. Hodanger, accompagné du sergent-major de la 1re compagnie du 11e bataillon, nommé Crespin, alla, le 13 ou le 14 juillet, porter cette délibération aux représentants qui se trouvaient à Ancenis. En revenant, les deux hommes furent enlevés par une bande royaliste et transportés prisonniers à Saint-Julien-de-Concelles, de l'autre côté de la Loire, puis de là à Beaupréau, où Hodanger demeura jusqu'au 16 octobre, jour où on le transféra avec deux cent quarante et un autres prisonniers Républicains au château du Ponceau, dans la paroisse de Saint-Laurent-des-Autels, aussitôt après l'évacuation de Cholet par les Vendéens. Le 18, au moment où ceux-ci passaient la Loire à Saint-Florent, les gardiens des prisonniers voulurent les emmener avec eux, vers la rivière. Mais, en route, les prisonniers se jetèrent sur leur petite escorte, tuèrent le capitaine qui la commandait, et s'emparèrent de quelques fusils. Une soixantaine, au dire de Hodanger, parvinrent à s'échapper et regagnèrent Nantes, le 20 octobre. Les autres furent tués par les Vendéens qui cherchaient à les reprendre. Quant à Crespin, ancien chanoine de Montpellier, c'est lui, d'après Hodanger, qui avait fait tomber celui-ci dans le guet-apens où il avait été pris. (Cf. Arch. de S.-et-O., LII, carton 1.)

citoyen, pour lequel j'en demanderais. Il donna l'ordre de nous ramener à l'heure que je voudrais revenir. Machecoul n'était point encore pris, et j'arrivai au moment où on se disposait à l'attaquer. L'attaque a été inutile. Machecoul était évacué et parfaitement libre, et les coquins avaient, dans le pays, fait comme au Port-Saint-Père ; ils avaient emmené leurs prisonniers. Malgré tous les moyens que j'ai employés auprès des butors de ces pays, il ne m'a pas été possible de me procurer le plus léger renseignement [1]. Je retournai sur mes pas en laissant l'armée, c'est-à-dire un détachement, nommé l'avant-poste [2], qui va d'un pas de géant et terrasse l'ennemi partout où il passe.

Ne pouvant joindre mon collègue, j'employai mon temps à consulter les paysans sur la route que tiennent nos Brigands. Je les forçai de me répondre sans réflexions. Et, malgré leur dissimulation, j'en découvris assez pour croire que les gueux n'ont d'autres ambitions que de retourner en arrière, c'est-à-dire sur le côté gauche de notre position, et d'arriver dans la province de Bretagne. S'ils le font, il faut qu'ils passent par Ancenis ou par nos deux postes le long de la rivière. Je me suis empressé de venir rejoindre le général et lui rendre bon compte de mes découvertes, en lui disant qu'il ne devait point négliger de garnir Ancenis et les deux postes de nos deux bataillons, et surtout de nous donner du canon. Il me promit de s'en occuper, toujours en m'assurant qu'il n'y avait pas de danger, parce qu'il comptait sur la garnison d'Ancenis. Alors, je lui demandai de surveiller de près mes deux bataillons de Seine-et-Oise et d'ajouter de la force et des armes. Tout cela sera fait sous deux jours.

1. On vient de voir par la note précédente que Canclaux était mal renseigné ; Hodanger ne fut jamais enfermé à Machecoul.
2. Le Turc veut dire l'avant-garde de l'armée de Mayence.

Les coquins, les scélérats, quand ils quittent un lieu où les habitants fanatisés par eux les ont reçus, ils brûlent et pillent les maisons de ceux qui s'étaient montrés patriotes. Nous, nous brûlons celles des aristocrates. De ce train-là, il ne restera rien.

. . . .

Le Turc [1].

(Arch. de Seine-et-Oise, L. I 2, *Documents historiques*, 12e bataillon de Seine-et-Oise.)

9. — Kléber a Canclaux

Remouillé, 15 septembre 1793.

Mon Général,

A un quart de lieue de Remouillé, où vous m'avez ordonné de m'établir, l'avant-garde de mon avant-garde, commandée par Marigny, aperçut deux vedettes ennemies. Merlin, représentant du peuple, fondit sur l'une, lui enleva le crâne, et fit grâce à l'autre, après l'avoir couverte de coups de plat de sabre. Pendant que ceci se passait, la cavalerie s'avança, chargea environ trois cents Brigands à cheval, rassemblés dans le village ; ceux-ci prirent aussitôt la fuite, mais ils furent poursuivis jusqu'auprès de Montaigu. Cent cinquante environ mordirent la poussière. Quelques hommes à pied, dispersés dans les haies, firent d'abord assez bonne contenance ; mais les chasseurs, sautant haies et fossés, les firent repentir de leur opiniâtreté. Rien ne parut à Montaigu, et il est très probable que nous le trouverons évacué demain.

*Le chef de brigade, commandant l'avant-garde
de l'armée de Mayence*, Kléber.

(Bulletin de l'armée des côtes de Brest, n° 19.)

---

[1]. Les autres parties de cette lettre sont sans intérêt pour ce qui concerne Kléber en Vendée.

10. — CHALBOS A MIESKOWSKI

La Chataigneraie, 19 septembre 1793.

D'après la lettre que je reçois à l'instant du général en chef Rossignol, Général, l'arrêté du conseil de guerre tenu à Saumur, le 11 de ce mois, doit avoir lieu. En conséquence, je donne ordre pour que l'armée de Luçon, qui est maintenant à Chantonnay, Bazoges et Mouilleron, rentre à Saint-Hermand [1] et Luçon; qu'elle occupe le Pont-Charrault [2] et autres environnants. Ce mouvement se fera demain. Je rentre aussi à Fontenay. D'après cela, vous savez ce que vous avez à faire, puisque je vous ai envoyé copie du plan.

Le général de division, CHALBOS.

P.-S. — Vous voyez que l'ordre du général annule l'arrêté du conseil de guerre tenu à Luçon.

(GUERRE, *Arch. hist.*, V, 4.)

11. — ROSSIGNOL A CHALBOS

Saumur, 19 septembre 1793.

Mon intention, dans ma lettre du 15 août [3], n'était pas de vous donner aucun ordre de rétrograder; c'est par erreur que vous avez interprété dans ce sens le mot *non avenu*, en parlant de l'arrêté du conseil de guerre tenu à Luçon. Par une lettre de la veille, j'approuvais, d'ailleurs,

---

1. Saint-Hermand, bourg, commune de Sainte-Hermine (Vendée).
2. Le Pont-Charrault ou le Pont-Charron, hameau, commune de Saint-Philbert-du-Pont-Charrault (Vendée), position stratégique importante, dominant le pont sur le Grand-Lay, théâtre de nombreux combats pendant toute la guerre de Vendée, à peu de distance de Chantonnay.
3. Il faut évidemment lire *septembre*.

toutes les dispositions que vous aviez faites et le contenu de celle du 15 ne vous en annonçait point de passives. Réparez sur-le-champ, Général, l'erreur qui en est résultée. Suivez la marche que vous avez commencé, et je laisse toujours à votre prudence les dispositions qui vous paraîtront les plus favorables à l'exécution du plan général. Instruisez-moi de vos mouvements et du résultat de vos marches.

Notre armée sera, le 21, à Coron, et marchera sur Cholet aussitôt que les repaires des Brigands et les forêts seront brûlés, pour dégager notre marche.

Rossignol.

(Guerre, *Arch. Hist.*, V, Registre Rossignol, 131-132.)

12. — Kléber a Beysser

20 septembre 1793.

J'ai été très sensible, mon cher, à l'intérêt que vous avez bien voulu prendre à mon malheur. Ma blessure est sans danger. Si j'avais été victorieux, je serais resté quelques jours pour la soigner. J'ai été battu ; je m'empresse à rechercher ma revanche.

Vous m'aiderez à l'obtenir. Par mon rapport, vous verrez que Torfou et toutes les hauteurs étaient à moi, malgré l'opiniâtreté que l'ennemi mit à les soutenir, et c'est seulement par suite d'une terreur panique que j'ai perdu ces avantages.

Du triomphe à la chute, il n'est souvent qu'un pas.

Je vous embrasse.

Kléber.

(Pajol, *Kléber*, p. 46.)

13. — Armée de Mayence, commandée par le général de brigade Aubert-Dubayet

Situation à l'époque du 29 septembre 1793

ÉTAT-MAJOR GÉNÉRAL

Le citoyen *Aubert-Dubayet*, général, commandant.

Les citoyens *Menant* et *Saint-Cyr*, aides de camp.

Le citoyen *Scherb*, adjudant général en chef.

Les citoyens *Duthil, Doussin, Hénaud* et *Sarrailles*, adjoints.

ÉTAT-MAJOR DE L'AVANT-GARDE

Le citoyen *Kléber*, général de brigade.

Le citoyen *Buquet*, aide de camp.

Le citoyen *Boisgérard*, chef de l'état-major.

Le citoyen *Blosse*, adjudant général . .	*Flouest,*	adjoint.
	Bellet,	—
Le citoyen *Nattes,* — . .	*Bachelay,*	—
	Allier,	—
Le citoyen *Mignotte,* — . .	*Caillet,*	—
	Decaën,	—
	Mougin,	—

Le citoyen *Desque*, commissaire des guerres.

AVANT-GARDE

NOMS DES CORPS	OFFICIERS			PRÉSENTS SOUS LES ARMES	ABSENTS		ARTILLERIE	
	CAPITAINES	LIEUTENANTS	TOTAL		HÔPITAUX	AVEC PERMISSION	CHEVAUX	BOUCHES A FEU
Légion des Francs, à pied . . .	6	8	14	335	128			
Légion des Francs, à cheval . .	1	1	2	35	13			
Chasseurs de Kastel	5	13	18	416	105			
3ᵉ Demi-brig. { Chasseurs de la Côte-d'Or .	1	1	2	84	14			
Chasseurs de la Charente. .	2	3	5	95	42			
Détachement du 7ᵉ régiment d'infanterie légère . . .	1	2	3	49	21			
1ᵉʳ Bataillon de grenadiers .	12	23	35	528	234			
2ᵉ Bataillon de grenadiers .	11	22	33	693	196			
6ᵉ Demi-brig. { 2ᵉ Bataillon du Jura et 3ᵉ de la Nièvre 1	8	16	24	408	162	52		
4ᵉ Bataillon du Haut-Rhin .	10	20	30	342	207	4		
6ᵉ { 7ᵉ et 13ᵉ Bataillons des Vosges	6	12	18	319	116	1		
Artillerie		2	2	42			48	4
Totaux . .	65	121	186	3,346	1,238	57	48	4

ÉTAT-MAJOR DE LA PREMIÈRE DIVISION

Le citoyen *Vimeux*, général de brigade.
Le citoyen *Danelle*, aide de camp.
Le citoyen *Klingler*, adjudant général.   *Caillet*, adjoint.
Le citoyen *Prudhomme*,   —   { *Noiset*,   —
                                { *Robin*,   —
Le citoyen *Brondes*, commissaire des guerres.

---

1. Ce dernier bataillon avait beaucoup souffert à l'affaire de Torfou, le 19 septembre.

PREMIÈRE DIVISION

NOMS DES CORPS	OFFICIERS			PRÉSENTS SOUS LES ARMES	ABSENTS		ARTILLERIE	
	CAPITAINES	LIEUTENANTS	TOTAL		HÔPITAUX	AVEC PERMISSION	CHEVAUX	BOUCHES A FEU
1re Brigade des Francs								
82e Régiment	6	12	18	199	140	58		
Grenadiers des 37e, 60e, 84e et 88e Régiments	3	7	10	139	56	26		
8e Bataillon des Vosges . .	4	9	13	140	296	92		
9e Bataillon du Jura. . . .	8	16	24	402	174	38		
62e Régiment	5	11	16	321	227	81		
6e Bataillon du Calvados . .	6	9	15	230	124	11		
4e Bataillon du Calvados .	8	12	20	224	157	56		
2e Brigade, O'Kelly								
5e Bataillon de l'Eure . . .	9	16	25	345	176	19		
2e Bataillon de Seine-et-Oise.	4	13	17	221	154	17		
1er Bataillon de la République	3	5	8	135				
1er Bataillon des Fédérés nationaux	6	10	16	189				
2e Bataillon des Amis de la République	7	10	17	220	64			
Chasseurs de Saône-et-Loire.	4	6	10	134	150			
Artillerie	2	1	3	42			43	5
Parc d'artillerie.	4	5	9	152			36	3
Artillerie volante	1	4	5	40			48	4
Chasseurs à cheval	5	9	14	249				
Totaux	85	155	240	3,382	1,718	398	127	12

ÉTAT-MAJOR DE LA SECONDE DIVISION

Le citoyen *Beaupuy*, général de brigade.

Le citoyen *Dusirat*, adjudant général. { *Besson*, adjoint. *Guérin*, —

Le citoyen *Baillon*, commissaire des guerres.

SECONDE DIVISION

NOMS DES CORPS	OFFICIERS			PRÉSENTS SOUS LES ARMES	ABSENTS		ARTILLERIE	
	CAPITAINES	LIEUTENANTS	TOTAL		HÔPITAUX	AVEC PERMISSION	CHEVAUX	BOUCHES A FEU
1re Brig., Saint-Sauveur. 32e Régiment	5	13	18	224	240	75		
Détachement du 13e régiment.		2	2	45	11			
2e Bataillon de la Haute-Saône	5	9	14	241	96	67		
9e Bataillon de la Haute-Saône	9	12	21	357	105	43		
10e Bataillon de la Haute-Saône	4	11	15	168	69	22		
Une compagnie du même bataillon	1	2	3	11	6	3		
11e Bataillon de la Haute-Saône	6	6	12	218	122			
12e Bataillon de la Haute-Saône	7	19	26	252	77	3		
Artillerie	1		1	25			24	3
Totaux	38	74	112	1,541	726	213	24	3

ÉTAT-MAJOR DE LA RÉSERVE

Le citoyen *Haxo*, général de brigade.

Le citoyen *Mainbourg*, aide de camp.

Le citoyen *Sainte-Suzanne*, adjudant génér. { *Chadot*, adjoint. *Rapatel*, —

Le citoyen *Griffon*, commissaire des guerres.

RÉSERVE

NOMS DES CORPS	OFFICIERS			PRÉSENTS SOUS LES ARMES	ABSENTS		ARTILLERIE	
	CAPITAINES	LIEUTENANTS	TOTAL		HÔPITAUX	AVEC PERMISSION	CHEVAUX	BOUCHES A FEU
1ᵉʳ Bataillon de l'Ain . . .	8	17	25	348	144	65		
2ᵉ Bataillon du 57ᵉ régiment.	6	11	17	240	139	32		
1ᵉʳ Bataillon de la Meurthe .	6	10	16	88	228			
3ᵉ Bataillon des Vosges . .	9	17	26	327	189	13		
Les six compagnies de grenadiers réunis	3	10	13	142				
Artillerie	3	2	5	77			40	5
Totaux	35	67	102	1,222	700	110	40	5

Joly, chef de brigade.

RÉCAPITULATION

	OFFICIERS		PRÉSENTS SOUS LES ARMES	ABSENTS		ARTILLERIE	
	CAPITAINES	LIEUTENANTS		HÔPITAUX	AVEC PERMISSION	CHEVAUX	BOUCHES A FEU
AVANT-GARDE							
Infanterie	62	120	3,269	1,225	57		
Chasseurs à cheval.	1	1	35	13			
Artillerie	2		42			48	4
PREMIÈRE DIVISION							
Infanterie	73	136	2,899	1,718	398		
Chasseurs à cheval.	5	9	249				
Artillerie	6	6	194			79	8
Artillerie volante	1	4	40			48	4
SECONDE DIVISION							
Infanterie	37	74	1,516	726	213		
Artillerie	1		25			24	3
RÉSERVE							
Infanterie	32	65	1,222	700	110		
Artillerie	3	2	77			40	5
Totaux. . . .	223	417	9,568	4,382	778	239	24

Vu et vérifié par moi,

le général commandant en chef l'armée de Mayence, AUBERT-DUBAYET.

(GUERRE, *Arch. Hist.*, Armée du Nord, situation.)

14. — Route de Tiffauges a Mortagne en passant la Sèvre et en se présentant du côté de Cholet [1]

[*Montaigu, 10? octobre 1793* [1]]

Cette route est indiquée pour le passage de l'artillerie, qu'il serait très difficile de transporter par le chemin ordinaire du bourg du Longeron.

On suivra la grande route de Tiffauges à Cholet, jusqu'à la hauteur qui domine la Romagne, à Beauséjour. Cette route est belle, tracée sur un terrain égal et peu dominée de droite et de gauche. Elle traverse plusieurs landes où il serait facile de se déployer en cas d'attaque.

De Beauséjour, sur la hauteur de la Romagne, on prend sur la droite, par un chemin que l'on assure très propre au transport de l'artillerie, laissant sur la droite les bois du Longeron à peu de distance, le bourg de Saint-Christophe sur la gauche, celui d'Évrunes sur la droite, et venant gagner une lande ou grand champ vers l'abbaye de la Haye, qui reste à la gauche et d'où l'on découvre Mortagne.

Observations sur la route de traverse

Il sera à propos de faire éclairer par des tirailleurs les bois du Longeron avant de s'avancer sur Mortagne, parce qu'il serait possible que l'ennemi s'y tînt caché pour venir nous inquiéter sur notre passage ou sur nos derrières.

Il serait peut-être intéressant d'établir un poste sur la hauteur de la Romagne, dont nous venons de parler, pour

1. Ce plan d'opérations dont j'ai trouvé la copie non signée ni datée dans les papiers Chateaugiron, appartenant à M. Venture, est l'œuvre de Savary. Cf. à ce sujet, p. 198-200 ci-dessus.
2. Cette pièce est certainement antérieure à la lettre de Léchelle au ministre, datée du 11 octobre, qui suit et dans laquelle le nouveau général en chef parle de son dessein de marcher sur Mortagne par Tiffauges.

observer les mouvements de l'ennemi du côté de Cholet; et de ce poste, on pousserait quelques vedettes en avant, sur la hauteur entre la Romagne et la Séguinière. De ces hauteurs, on découvre les environs de Cholet.

Dispositions pour l'attaque de Mortagne

De la lande, près l'abbaye de la Haye, on se portera sur la droite, du côté de la maison du nommé Rangot [1], vis-à-vis la porte Nantaise, où l'on pourra établir une batterie pour canonner une partie de la ville et surtout la ci-devant communauté des Bénédictins, où l'on présume que les Rebelles ont enfermé leurs munitions.

Observations sur ce point d'attaque

L'entrée de la ville est difficile de ces côtés. On y arrive par une espèce de chaussée étroite et raboteuse, sur laquelle est un petit pont et, à l'extrémité, une porte de ville assez forte [2]. Ce passage est dominé par une partie de la place du château et par une grosse tour en ruines. Après avoir passé la porte de ville, on monte une rue dont la pente est rapide, pour arriver à la place du château.

Second point d'attaque

De la même lande près l'abbaye de la Haye, on se portera sur la gauche, gagnant la hauteur du Calvaire, près la grande route de Cholet à Mortagne, où l'on pourra établir une batterie pour attaquer du côté de la porte de Cholet.

Observations sur ce point d'attaque

On découvre encore de ce point la communauté des Bénédictins, qui domine sur toute la ville.

1. La famille de Rangot est une vieille famille du pays dont il existe encore des représentants.
2. Les ruines de cette porte subsistent encore aujourd'hui.

L'entrée de Mortagne, de ce côté, n'est pas très difficile. La porte de ville se présente obliquement, faisant face à la route de Mortagne à Châtillon, laquelle vient aboutir à celle de Mortagne à Cholet, près de cette porte.

La partie de la ville, qui se présente du côté de ce point d'attaque, est composée de maisons et de jardins qui viennent aboutir, en pente, à des prés peu larges; et le coteau sur lequel serait établie cette batterie s'élève, depuis ces prés, jusqu'au-dessus du Calvaire.

Les murs, qui environnent les jardins dont nous venons de parler, sont, en partie, des restes d'anciens murs de ville, qui ont peu d'élévation, de sorte que l'on pourrait entrer dans la ville par ces jardins.

Il serait à propos, pour se garder des entreprises de l'ennemi du côté de Cholet, d'envoyer des vedettes sur les hauteurs de la route, du côté de la Tremblaie, et de faire fouiller un petit bois-taillis qui se trouve sur la gauche de la route, au-dessous de l'abbaye de la Haye.

La porte de ville, du côté de Cholet, ne peut faire grande résistance.

Troisième point d'attaque

En continuant à se porter sur la gauche du Calvaire ou Croix-de-Mission, et en tournant les maisons et les jardins de la Pagerie [1], traversant ensuite la route de Mortagne à Châtillon pour se porter ensuite sur la hauteur de Saint-Louis et Saint-Martin [2], on pourrait établir une batterie sur cette hauteur, qui domine la porte du côté des Herbiers et le reste de la ville.

1. Entre la route de Cholet et le chemin de Châtillon.
2. Entre la route de Châtillon et la vallée très resserrée de la Sèvre Nantaise.

Observations sur ce point d'attaque

Pour arriver à cette position en tournant la maison Pagerie, il faudrait se faire accompagner de pionniers, parce qu'il n'y a pas de route tracée, à moins qu'on ne se portât par la grande route de Cholet jusqu'à l'entrée de Mortagne.

Des hauteurs de Saint-Martin, on découvre, sur la gauche, le coteau au delà de la Sèvre, qui doit se trouver occupé par la colonne venant des Herbiers.

L'attaque et l'entrée de Mortagne, de ce côté, n'offrent pas de très grandes difficultés, parce qu'il n'est pas nécessaire de passer sous la porte de ville pour y pénétrer.

Cependant on observe que, de ce côté, il existe encore une partie des murs de ville assez élevés et qui pourraient faire quelque résistance.

L'entrée de la ville de ce côté, où il n'y a point de porte, est à l'extrémité du mur de la ville, sur la gauche.

Par ces dispositions, Mortagne se trouverait cerné de toutes parts et il serait impossible que l'ennemi pût s'échapper, en portant des tirailleurs sur les issues.

Observations sur la marche de la division du général Chalbos

Si cette division se portait sur Mortagne, en venant de Châtillon, il faudrait qu'elle occupât le poste de Saint-Martin et tous les coteaux à partir depuis les bords de la Sèvre jusqu'à la route de Mortagne à Châtillon, en joignant sa droite au poste du Calvaire ou Croix-de-Mission, sur la route de Cholet.

Second projet de marche

On suppose que la colonne de Montaigu se porte à Saint-Fulgent, pour opérer sa jonction avec celle de Luçon. Alors, toute l'armée, partant de Saint-Fulgent, où elle se réunirait, irait passer la Maine, près le moulin de la Pézotière [1], laissant le bois du Puy-Greffier [2], un peu sur la droite. Là, elle se formerait en deux divisions. Celle de Montaigu prendrait par Bazoges [3], les Landes-Génusson [4] et se diviserait encore en deux colonnes, l'une passant par Chambrette [5] pour arriver à Saint-Lazare [6], devant Tiffauges, et l'autre se porterait par la Boucherie [7] et l'Échasserie [8] pour aller gagner la Pierre-Saint-Aubin et les positions déjà indiquées du côté de Saint-Nicolas [9].

Pendant ce temps-là, la colonne de Luçon pourrait aller se présenter devant Mortagne, en passant par Beaurepaire [10], la Grande-Brosse [11], la Chataigneraie [12], la Soude-

1. La Pézotière, moulin à eau, commune de Saint-Fulgent (Vendée), à cinq kilomètres nord-nord-est de ce bourg, au point où le chemin de Saint-Fulgent à Bazoges-en-Paillers traverse la Grande-Maine.
2. Bois situé entre Saint-Fulgent et le moulin de la Pézotière.
3. Bazoges-en-Paillers.
4. Les Landes-Genusson, commune du canton de Mortagne-sur-Sèvre (Vendée), sur un plateau de cent treize mètres d'altitude, entre l'étang de la Boucherie et un petit vallon où coule un affluent de la Crume. A sept kilomètres nord de Bazoges-en-Paillers.
5. Chambrette, hameau, commune, et à trois kilomètres et demi, nord, des Landes-Genusson.
6. Saint-Lazare, hameau, formant un faubourg avancé du poste de Tiffauges, en venant des Landes-Génusson.
7. La Boucherie, château, au sud-ouest de l'étang du même nom, commune, et à trois kilomètres ouest des Landes-Genusson.
8. L'Échasserie, château, commune de la Bruffière (Vendée). A trois kilomètres et demi à vol d'oiseau au nord de la Boucherie, et à trois kilomètres sud-ouest de Saint-Nicolas. Ce château appartient aujourd'hui à S. Em. le cardinal Richard, archevêque de Paris.
9. Saint-Nicolas, faubourg de Tiffauges, sur une hauteur, dans une forte position, à moins d'un kilomètre au sud de cette localité; à douze cents mètres ouest-nord-ouest de la position de Saint-Lazare.
10. Beaurepaire, commune du canton des Herbiers (Vendée). A quatre kilomètres, en ligne droite, au nord-est de la Pézotière, et à trois kilomètres et demi à l'est de Bazoges-en-Paillers ; sans autres communications, alors, que des chemins de traverse.
11. La Grande-Brosse, moulin à vent, commune de la Gaubretière (Vendée), à deux kilomètres environ au nord-nord-est de Beaurepaire.
12. La Chataigneraie, château, commune de la Gaubretière, à deux kilomètres et demi au nord-est de la Grande-Brosse.

lache [1] et gagnant de là la grande route des Herbiers à Mortagne, dans la direction de Chambretaud [2].

Les renseignements, pris de patriotes qui connaissent bien ces directions, nous persuadent qu'elles sont praticables pour l'artillerie. Il ne se rencontre que deux ou trois passages un peu difficiles, que l'on pourrait éviter en suivant les champs voisins.

Nous ne connaissons point assez cette dernière direction par la traverse pour nous étendre en observations. Le seul avantage que nous y trouvons serait de faire marcher l'armée réunie jusqu'à la hauteur de Bazoges et Beaurepaire, et d'éviter le passage de la montagne des Alouettes [3] et des autres qui suivent jusque vers le Grand-Epinay [4]. Mais aussi on pourrait peut-être laisser derrière soi un ennemi qui pourrait inquiéter. Du reste, on rencontre, le long de cette route, d'excellentes positions, soit pour l'attaque, soit pour la défense.

Troisième projet

Ce serait de faire venir la colonne de Luçon jusqu'à Montaigu, mais si l'on voulait ensuite porter une colonne

---

1. La Soudelache, hameau, commune de la Gaubretière, à deux kilomètres et demi à l'est du château de la Chataigneraie, et à quatre kilomètres à l'ouest de la grande route des Herbiers à Mortagne.

2. Chambretaud, commune du canton de Mortagne, à trois kilomètres, est, au delà de la grande route.

3. La montagne ou le mont des Alouettes, colline de deux cent trente et un mètres d'altitude, entre les Herbiers au sud et Mortagne au nord-nord-est, traversée par la grande route. Ses moulins sont célèbres dans la guerre de Vendée. La disposition de leurs ailes servait de signal aux royalistes. Du haut de la colline qui forme comme un belvédère, on découvre une immense étendue de territoire s'étendant depuis le clocher de Luçon au sud-sud-ouest, jusqu'aux tours de la cathédrale de Nantes au nord-ouest.

4. Le Grand-Épinay ou simplement l'Épinay, hameau, commune de Chambretaud, sur la grande route, à six kilomètres au nord des Herbiers.

sur Mortagne, on serait obligé de la faire passer par la Boissière [1] et peut-être par la Gaubretière [2] et la Verrie [3], et l'on a déjà dit que les chemins sont très difficiles par cette direction.

Observations

Nous croyons qu'il est intéressant d'attaquer Tiffauges et Mortagne en même temps, si l'on croit avoir des forces suffisantes pour cette expédition :

1° Parce qu'on opérerait, par ce moyen, une diversion dans l'armée ennemie ;

2° Parce que quelques pièces de canon et quelques mortiers établis sur les hauteurs de la Sèvre, de ce côté-ci [4], pourraient être facilement défendus par un petit nombre d'hommes ;

3° Parce que la colonne qui passerait par Tiffauges pour se porter sur Mortagne du côté de Cholet, pourrait, s'il en était besoin, tirer des secours de la colonne postée sur l'autre rive, attendu qu'on peut passer à pied la Sèvre, sur la Chaussée d'Évrunes et sur celles des moulins qui se trouvent entre Mortagne et Saint-Laurent [5].

Pour favoriser ce plan d'attaque, il serait peut-être à propos de faire porter une colonne de trois à quatre mille hommes, avec quelques pièces de canon, de Doué sur Vihiers, où l'on ne doit trouver aucune résistance, et, de

---

1. La Boissière-de-Montaigu, commune du canton de Montaigu, à dix kilomètres est-sud-est de cette ville ; neuf, ouest, de la Gaubretière.
2. La Gaubretière, commune du canton de Mortagne ; à cinq kilomètres ouest-sud-ouest de la Verrie.
3. La Verrie, commune du canton et à six kilomètres sud-ouest de Mortagne.
4. Sur la rive droite.
5. Saint-Laurent-sur-Sèvre, commune du canton et à sept kilomètres sud-est de Mortagne ; sur la rive droite de la Sèvre, en amont de cette ville, tandis qu'Évrunes est en aval, sur la rive gauche.

là, sur la hauteur de Coron, vis-à-vis de la Haie-des-Hommes [1]. Ce poste est très bon. On pourrait s'y retrancher un peu de temps et tenir de ce côté-là l'ennemi en échec. Il faudrait aussi que la colonne de Thouars ne restât pas dans l'inaction.

L'ennemi, attaqué de toutes parts, ne pourrait pas réunir toutes ses forces sur un même point, ce qui arriverait certainement s'il n'était menacé que d'un côté. Avec un mouvement uniforme et bien concerté, la guerre sera bientôt terminée.

Marche d'une colonne partant de Montaigu pour se porter sur Tiffauges

Cette colonne marchera par La Brufflière, en traversant les landes de la Michelière [2], se portera ensuite par la Batardière [3], laissant l'Étonnelière [4] un peu sur la droite, et arrivera à la Pierre-Saint-Aubin [5] ou à la Martinière [6].

Observations

Cette route n'est pas couverte de bois, mais le chemin est un peu étroit dans plusieurs endroits. On sera peut-

---

1. Château des Hommes, appartenant alors à M. de la Haie-Montbault, dont on voit encore les ruines importantes à gauche et en contre-bas de la grande route de Saumur à Cholet, entre Vihiers et Coron, dont il dépend.
2. La Michelière, hameau, commune et à deux kilomètres et demi sud-ouest de la Brufflière.
3. La Batardière, ferme, commune et à quinze cents mètres à l'est de la Brufflière.
4. L'Étonnelière, hameau, commune de la Brufflière.
5. La Pierre-Saint-Aubin, position en avant de Saint-Nicolas.
6. La Petite et la Grande Martinière, hameaux séparés l'un de l'autre par la route de Montaigu à Tiffauges. A quinze cents mètres environ au sud-ouest de Tiffauges, sur une hauteur, en face de Saint-Nicolas, commune de la Brufflière.

être obligé d'ouvrir quelques champs sur la route, pour pouvoir manœuvrer facilement l'artillerie. Au reste, une colonne s'est déjà portée de la Bruffière à Tiffauges.

La distance de Montaigu par Treize-Septiers ou par la Bruffière est à peu près la même, et les deux colonnes marchant par ces deux directions se trouveront éloignées d'environ trois quarts de lieue et se réuniront près la Pierre-Saint-Aubin.

(Papiers Chateaugiron. Collection Venture.)

15. — Arrêté des commissaires de la Convention

17 octobre 1793.

Les Représentants du peuple près l'armée de l'Ouest, informés des services signalés et des preuves de patriotisme que le citoyen Kléber, général de brigade, n'a cessé de donner depuis la guerre de la Vendée; qu'il a contribué de sa personne et de ses talents militaires aux succès de nos armes; considérant qu'en lui conférant un grade élevé, c'est le mettre à portée de donner à la République des preuves de son attachement à la cause de la Liberté et de l'Egalité;

Arrêtons qu'il prendra rang dans l'armée en qualité de général divisionnaire et qu'il jouira des appointements attachés à ce grade [1];

Requérons le général en chef de le faire reconnaître en cette qualité.

L'extrait des présentes sera envoyé sans délai au Conseil exécutif pour le mettre à portée d'envoyer promptement les lettres de service au citoyen Kléber.

---

1. La lettre de service, qui se trouve au même dossier, est datée du 1ᵉʳ octobre.

A Cholet, le 17 octobre de l'an II de la République française, une et indivisible,

Les représentants du peuple près l'armée de l'Ouest, Bourbotte, Merlin, de Thionville, Pierre Choudieu, L. Turreau, Carrier, J.-P.-M. Fayau, Bellegarde.

(Guerre, Arch. adm., dossier Kléber.)

16. — Arrêté

Angers, 7ᵉ jour du deuxième mois de l'an II (28 octobre 1793).

Les Représentants du peuple délégués par la Convention nationale près l'armée de l'Ouest,

Considérant qu'il importe au salut public que tous les citoyens de la ville d'Angers, sans distinction, s'empressent de contribuer, chacun individuellement, aux moyens les plus prompts de satisfaire à tous les besoins que font éprouver à l'armée de l'Ouest, en ce moment, l'échec qu'elle vient d'essuyer devant les Brigands, près Laval, et les fatigues d'une longue marche et de plusieurs jours de bivouac, sans interruption ;

Considérant que, plus la bonne volonté et les efforts seront grands, plus tôt aussi l'armée pourra repoursuivre les Rebelles et achever de les exterminer ;

Déclarent à tous les habitants de la ville d'Angers qu'ils peuvent, dans cette circonstance, bien mériter de la patrie, en procurant aux braves défenseurs de la liberté des aliments, des chaussures, des vêtements ;

Arrêtent, comme mesure de salut public, que tous les armuriers, éperonniers, selliers, serruriers, maréchaux, cordonniers, tailleurs, bottiers, sont en réquisition pour le service de l'armée, et que tous les patriotes de cette ville sont invités de faire connaître aux représentants du peuple ceux qui, avec des moyens de fortune et d'aisance, se refuseraient aux secours que la patrie a droit d'attendre d'eux en pareil cas.

Le présent sera imprimé, affiché et proclamé hautement dans tous les lieux publics de cette ville.

Signé : BOURBOTTE, BELLEGARDE, J.-P.-M. FAYAU, L. TURREAU, MERLIN, de Thionville.

(ARCH. NAT., *AF*II, 271, rec. 2280, p. 66.)

17. — PROJET DE MARCHE ET D'ATTAQUE SUR LAVAL, OU L'ON SUPPOSE LA MASSE DES REBELLES [1]

[Angers, 4 novembre (?) 1793.]

On l'a répété bien des fois, ce ne sont pas toujours les règles de la tactique militaire qu'il faut employer contre un ennemi dont on connaît les ruses; il faut le détruire

---

1. Cette pièce et les deux suivantes ont été rédigées pendant le séjour de l'armée à Angers, après la déroute d'Entrammes, c'est-à-dire entre le 30 octobre et le 7 novembre 1793. Il ne paraît pas possible d'en douter. Les Vendéens, en effet, occupèrent Laval du 23 octobre au 2 novembre. C'est de là qu'ils revinrent faire tête contre Westermann, et Beaupuy, d'abord, dans la nuit du 25 au 26 octobre, à la Croix-Bataille, puis, le 27, contre Léchelle lui-même, à Entrammes, d'où l'armée républicaine fut ramenée en désordre jusqu'à Angers. C'est à Angers, au dire de Savary (*loc. cit.*, II, 323), que Chalbos et ses généraux s'efforcèrent, sans grand succès, de connaître la position de l'ennemi qu'ils croyaient demeuré à Laval. C'est donc à Angers qu'ils purent étudier les moyens les plus propres à l'attaquer utilement là où ils le supposaient être, afin de l'empêcher de marcher soit vers la Bretagne ou les côtes de la Manche, soit vers la Normandie et Paris, soit encore de lui couper la route de retour vers la Loire, au cas où il chercherait à descendre vers Tours. Ils comptaient d'ailleurs sur la solidité du poste de Mayenne, pour maintenir les royalistes vers le nord (cf. ci-dessus, p. 265). Les Républicains apprirent seulement le 5 ou le 6 novembre la débandade, sans combat, des troupes de Lenoir et de Boucret, à Mayenne. On peut donc en toute vraisemblance indiquer la date du 3 ou du 4 novembre pour les documents dont il s'agit.

Ce plan est, semble-t-il, le développement, approprié aux circonstances nouvelles, de celui présenté par Savary à Léchelle, le 27 octobre précédent, à Château-Gontier (cf. plus haut, p. 246).

avec ses propres armes. Il s'agit ici de lui porter les derniers coups; mais, pour cela, il faut tellement combiner ses mesures, qu'il ne puisse échapper à la vengeance nationale.

Nous allons, encore une fois, exposer rapidement les moyens qu'il emploie pour sa propre sûreté et son plan d'attaque et de défense. Ensuite, nous indiquerons les mesures à prendre pour l'attaquer, le combattre et le détruire.

Précautions de l'ennemi pour sa propre sûreté

Le grand art des Rebelles est d'entretenir constamment, sur toutes les directions qui aboutissent au point où se tient son armée, des patrouilles de cavalerie et d'infanterie. La cavalerie se porte à trois, quatre, cinq et jusqu'à six lieues, tandis que l'infanterie s'occupe, sur les derrières, à enlever les subsistances qu'elle peut rencontrer. C'est ainsi que ces détachements de cavalerie portent l'épouvante sur tous les points environnants, sans que l'on puisse découvrir précisément la direction que suivra l'armée. Voilà pourquoi il se fait tant de rapports vagues et incertains sur la marche de l'ennemi. Il faut l'avouer, l'ennemi a toujours eu sur nous, de ce côté-là, beaucoup d'avantage.

Plan d'attaque et de défense de l'ennemi

Il est presque toujours le même : il consiste à étendre beaucoup sa ligne, de manière à nous envelopper et à jeter le désordre dans nos troupes.

Il faut considérer trois questions principales :

1° Ou l'ennemi marche sur nous pour nous attaquer;

2° Ou il nous attend en ordre de bataille;

3° Ou les deux armées marchent à la fois l'une sur l'autre.

Dans ces trois hypothèses, l'ennemi, conduisant avec lui peu d'artillerie, encore moins de bagages, ne connaît presque qu'une manière de combattre : celle que nous vous avons déjà indiquée. Cependant il est bon de faire quelques observations d'après l'expérience :

1° Lorsque l'ennemi marche sur nous, il a ordinairement soin de disposer son armée sur trois colonnes, quelle que soit la position du terrain; mais une observation assez générale, qu'il ne faut pas négliger, c'est que sa colonne de droite est presque toujours la plus nombreuse et formée de ses meilleures troupes.

La colonne du centre, munie de quelques pièces de canon, attaque, tandis que les autres s'étendent en tirailleurs le long des haies, mais toujours la droite fait la principale attaque.

2° Lorsque l'ennemi nous attend en ordre de bataille, sa colonne du centre est ordinairement placée sur une hauteur, tandis que ses lignes de droite et de gauche occupent des positions avancées le long des haies, dans des fonds, de manière à n'être pas aperçues, lorsque nous marchons sur une seule colonne. L'affaire s'engage au centre, et, tandis que nous nous déployons sur les ailes, la ligne de l'ennemi nous prend en flanc et cherche à nous couper.

3° Il n'y a point de données déterminées pour le troisième cas, sinon que l'ennemi cherche toujours à prendre sa position habituelle. Quant à nous, tout dépend du coup d'œil et des ordres des généraux, mais on doit toujours se persuader que l'ennemi cherchera à dépasser notre ligne, en se glissant le long des haies et des genêts.

Position figurée de l'ennemi dans les trois cas dont nous venons de parler

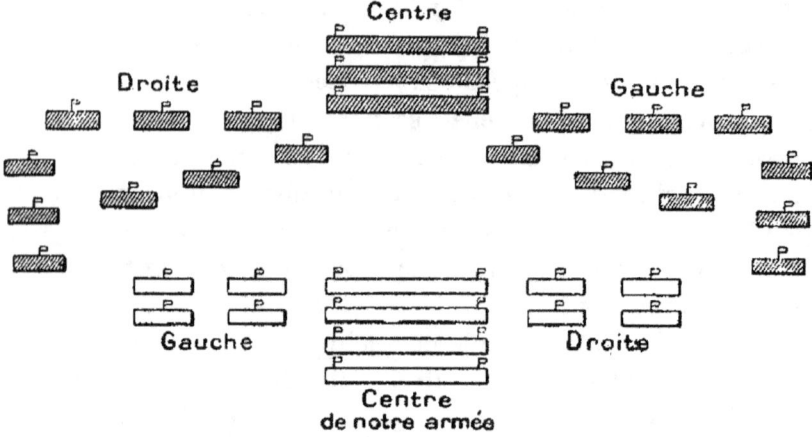

Effet de ces dispositions

On voit par cette disposition que notre ligne se trouve attaquée de front et en flanc, de sorte qu'il n'est pas étonnant que les extrémités de la ligne plient avant qu'on ait pu les soutenir par de nouvelles forces, et il est à craindre que la ligne entière ne suive ce premier mouvement. Il serait possible, sans doute, de se former en équerre à l'extrémité de la ligne, mais au milieu de l'action et de l'attaque impétueuse des Rebelles, il faut des hommes fermes et bien commandés, pour exécuter des évolutions militaires, dans des terrains coupés et couverts de haies et de buissons.

Nous allons soumettre un plan de marche et d'attaque qui réussira vraisemblablement, si l'exécution paraît possible.

Plan de marche et d'attaque sur la route, en supposant que l'on ne puisse marcher que sur une colonne

1° Il faut d'abord observer que la colonne du centre de

l'ennemi est composée de ses plus mauvaises troupes, que les piques et les brocs sont presque la seule défense des canons, que tout ce qu'il y a de gens peureux se tiennent derrière et que tous les bons tirailleurs sont sur les ailes, surtout à sa droite.

2° La ligne de l'ennemi forme une file d'hommes qui laissent entre eux quelques pieds de distance, et rarement voit-on deux hommes de hauteur, tandis que nous nous tenons serrés et plus exposés au feu.

3° Le premier choc de l'ennemi est impétueux. L'espèce de désordre avec lequel il court sur nous, en cherchant toujours à nous prendre par le flanc, fait toute sa force.

D'après ces observations, voici le plan que nous proposons d'abord pour la marche :

Marche vers l'ennemi sur une seule colonne

1° L'avant-garde de l'armée, avant de quitter sa position, sera précédée, à une distance convenable, de trois à quatre cents tirailleurs, qui se porteront à droite et à gauche sur une ligne assez étendue pour, qu'à la rencontre de l'ennemi, on puisse juger l'espace qu'il occupe.

2° Dix à douze chasseurs à cheval suivront la grande route, dans la ligne des tirailleurs, afin qu'ils puissent observer leurs mouvements et venir promptement en rendre compte. On pourrait convenir d'un signal entre les tirailleurs et les chasseurs.

3° La ligne des éclaireurs étant arrivée à une position avantageuse, l'avant-garde, avec ses pionniers, se mettrait en marche et viendrait s'établir dans cette position. Le corps d'armée viendrait occuper celle de l'avant-garde, et la réserve se porterait à la position que vient de quitter l'armée. On marcherait ainsi de position en position, et l'on serait assuré d'avoir des points de ralliement, ce qui empêcherait les déroutes.

On sent que cette marche n'aurait lieu que quand on est assuré que l'ennemi peut se rencontrer sur la route. Elle serait plus lente, mais beaucoup plus sûre.

On sent aussi que les éclaireurs ne devraient s'éloigner de l'avant-garde que d'une position à la suivante.

Composition de l'armée

1º L'avant-garde composée de quatre à cinq mille hommes au moins, une pièce de 4 ou de 8, avec un obusier ;

2º Une réserve composée de cinquante cavaliers braves et de six à huit cents hommes de bonne troupe. Cette réserve aura sa destination particulière.

Le corps de l'armée et sa réserve se formeront en raison du nombre des troupes, d'après les ordres des généraux.

Ordre de l'attaque

On peut proposer deux plans.

Lorsque, par le rapport des éclaireurs, la position de l'ennemi sera connue, alors la gauche de notre avant-garde ira prendre, devant l'ennemi, une bonne position et s'y tiendra sur la défensive, tandis que notre droite attaquera avec force la gauche de l'ennemi et coupera sa ligne ou la tournera, pour la prendre en flanc et sur ses derrières. Pendant ce temps-là, la réserve dont nous avons parlé, composée de cinquante chasseurs suivis de six à huit cents hommes d'infanterie, chargera avec force, sur la grande route, la colonne du centre et pourra ensuite retomber sur les flancs et sur les derrières de la ligne de l'ennemi. Ce mouvement, bien exécuté, doit faire taire promptement l'artillerie des Rebelles et les mettre en déroute.

Si, d'ailleurs, la droite de l'ennemi faisait une marche rétrograde pour porter du secours au centre, notre aile gauche se porterait dessus et la combattrait avec avantage.

On peut faire agir à la fois les deux ailes, mais il faut observer qu'en suivant une ligne parallèle, si l'une plie, l'autre ne tient pas ferme longtemps, surtout lorsqu'on peut découvrir tous les mouvements de la droite et de la gauche.

Dans ce second cas, il faudrait que notre gauche, que nous avons supposée dans une position défensive, fît le même mouvement que la droite, c'est-à-dire qu'elle cherchât à couper la ligne de l'ennemi ou à la tourner.

Peut-être le premier plan serait-il plus avantageux :

1º Parce que, comme nous l'avons dit, la droite de l'ennemi est composée de ses meilleures troupes ;

2º Parce que si la gauche était enfoncée ainsi que le centre, la droite ne tiendrait pas longtemps ;

3º Enfin, parce que si l'attaque réussissait par la droite et par le centre, on pourrait couper la retraite à la droite de l'ennemi et la faire charger par notre gauche en même temps.

En tout cas, notre développement sur les ailes est défectueux, en ce qu'il forme avec la colonne du centre un angle obtus, tourné vers l'ennemi. L'extrémité de notre ligne ne peut plus se soutenir contre un ennemi aux aguets, qui court sur nous. Il faudrait, au contraire, former avec la colonne du centre un angle aigu, en sorte que l'extrémité de la ligne fût toujours appuyée par des forces sur ses derrières et pût tenter de percer la ligne ennemie.

Il ne faut pas se le dissimuler, nous sommes obligés de combattre pour ainsi dire corps à corps, et le premier qui gagne de vitesse a beaucoup d'avantage. Il faut donc chercher, autant qu'il est possible, à charger vigoureusement l'ennemi et à le couper, pour le mettre en déroute.

Pour y parvenir, il serait à désirer, aussitôt que l'affaire s'engage avec notre avant-garde, que l'on fit marcher, du corps de l'armée, une réserve à l'avant-garde, composée de deux ou trois bataillons qui se porteraient promptement à l'extrémité de notre ligne, sur la droite et sur la gauche, aussi loin qu'il est possible, pour prendre l'ennemi en flanc.

Si cette mesure paraît impraticable, il faudrait, du moins, que l'extrémité de la ligne se formât en équerre, en portant sa tête vers l'ennemi, car, autrement, la fuite est trop facile. Cette espèce de petite colonne avancée pourrait percer la ligne de l'ennemi, qui se trouverait ainsi coupé dans plusieurs endroits.

Ordre de bataille suivant les deux plans proposés

Premier plan d'attaque : la gauche tenant une position défensive (a), et la droite et le centre chargeant l'ennemi (b).

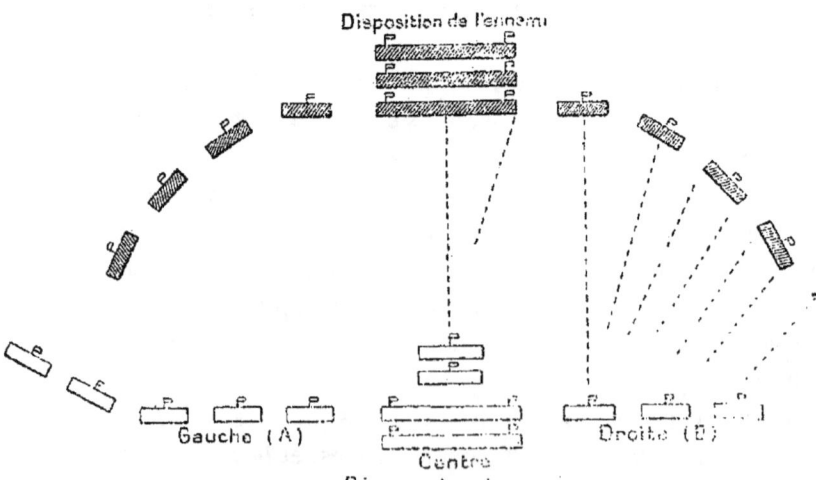

Second plan d'attaque : toute la ligne agissant ensemble

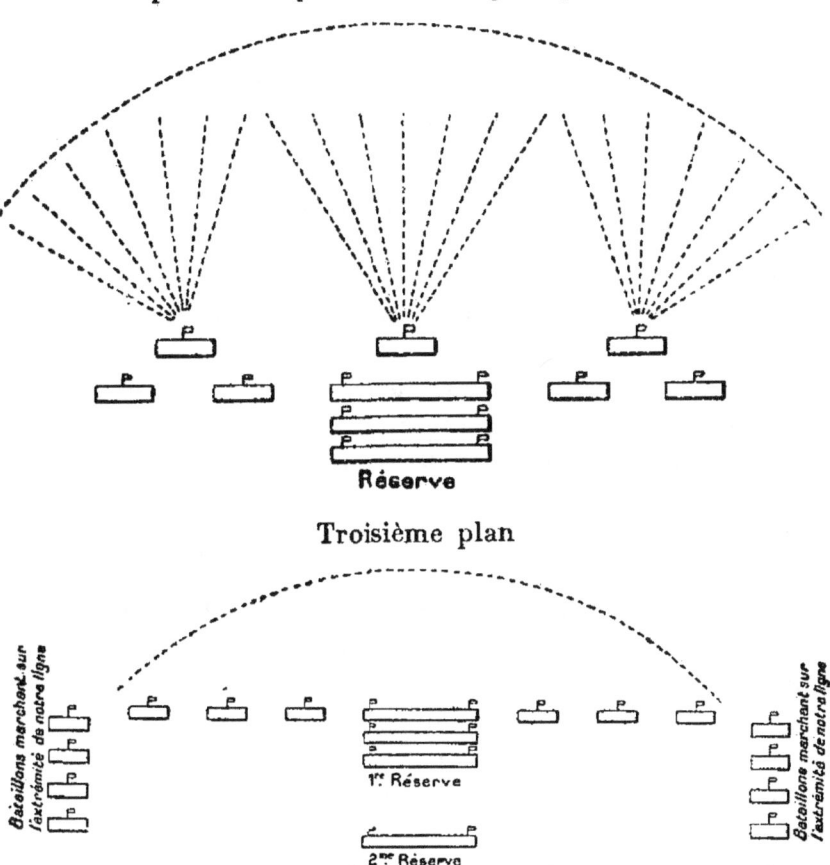

Troisième plan

Il ne faut pas perdre de vue qu'en marchant à l'ennemi et en le chargeant vigoureusement, on est presque sûr de le mettre en déroute, surtout s'il s'aperçoit qu'il peut être tourné.

Plan combiné de marche et d'attaque sur Laval

Nous croyons qu'il est nécessaire d'employer ici toutes les combinaisons qui peuvent tendre à nous assurer un succès complet. Nous avons besoin pour cela d'une assez grande quantité de chevaux, ainsi qu'on le verra ci-après.

Considérations sur la position de nos troupes

Les principaux points de réunion de nos troupes sont Angers, le Mans et Rennes.

Ces trois points se trouvent à peu près à égale distance de Laval, où l'on suppose la masse de l'ennemi.

Il faut que les forces qui se trouvent sur ces trois points se mettent en marche le même jour et à la même heure, s'il est possible, et puissent prendre une position, chacune sur sa direction, à une ou deux lieues de Laval, le troisième jour de marche et que, le quatrième, sur les huit à neuf heures du matin, la ville de Laval soit attaquée par toutes les forces à la fois.

Il y a des grandes routes de Rennes et du Mans à Laval; ainsi il est facile de combiner la marche.

Il serait peut-être à désirer que, dans ces différentes armées, on s'en tînt à ses propres forces, sans appeler des hommes de réquisition qui, n'étant point accoutumés aux armes, sont plutôt prêts à fuir qu'à charger l'ennemi. Ceci dépend du nombre d'hommes qui sont à la disposition des généraux. Les hommes de réquisition pourraient rester à garder les villes.

L'armée partant de Rennes pourrait s'établir le troisième jour à une lieue au delà de la Gravelle, près Saint-Isle. Si ses forces ne sont pas considérables, on pourrait lui laisser le corps du général Olagnier [1], parce

1. André-Louis Olagnier, né le 28 janvier 1764, à Noyers, en Bourgogne, soldat dans Royal-infanterie devenu 23e de ligne. Il y était caporal-fourrier, lorsqu'il le quitta le 7 janvier 1792. Adjudant-major au 14e bataillon de la Charente, le 17 septembre suivant. Son dossier individuel aux Archives

que cette armée occupera toute la rive droite de la Mayenne.

L'armée partant du Mans viendrait le troisième jour prendre position sur les bords de la rivière de la Jouanne, près le bourg de Louvigné, et celle d'Angers irait s'établir, à la même époque, au-dessus du village d'Entrammes.

Alors les forces d'Angers et du Mans seraient séparées par une très petite distance et pourraient se réunir sur la rive gauche de la Mayenne.

Il faudrait convenir que, si l'ennemi se portait en forces sur l'une ou l'autre des colonnes, avant le moment indiqué pour l'attaque, la colonne menacée se contenterait de prendre une bonne position défensive et s'y maintiendrait, en donnant avis de sa situation aux généraux. Il faudrait même qu'elle fît une retraite en bon ordre, si elle se voyait poursuivie avec vigueur, parce que, lorsqu'il s'agit d'une affaire décisive, il ne faut rien compromettre. Ce plan, bien exécuté, doit réussir infailliblement.

On sent bien que chaque colonne doit avoir soin de bien faire éclairer sa marche.

Emploi de la cavalerie

On a dû s'apercevoir que la cavalerie, dans un terrain coupé de haies et de fossés, n'est propre à charger l'ennemi que lorsqu'il est en déroute et que, lorsqu'une de

---

administratives de la Guerre indique qu'il fut nommé chef de bataillon; le même dossier contient aussi la preuve de sa nomination comme général de division par arrêté du Conseil exécutif du 1ᵉʳ octobre 1793, sans qu'on y rencontre aucune trace de son passage dans les grades intermédiaires. Suspendu, à la suite de sa déroute de Craon, par arrêté des représentants en date du 14 octobre 1793; on le retrouve, en 1809, capitaine dans la 4ᵉ compagnie des gardes nationales de l'Yonne.

nos colonnes plie, c'est ordinairement cette même cavalerie qui nous entraîne à tous les diables. Il ne faut donc conserver auprès du corps de l'armée que ce qu'on juge indispensable ; le reste aura l'emploi suivant :

1° La colonne partant de Rennes enverra quinze à vingt hommes par la Guerche et Craon. De notre côté nous en enverrons autant. Des ordonnances iront ensuite avertir les généraux de leur rencontre, à Vitré et à Château-Gontier ou au Lion-d'Angers ;

2° La cavalerie de Craon se portera à Méral ou à Cossé-le-Vivien, où deux cavaliers se détacheront et iront faire part de leurs découvertes. Ils suivront ensuite la route de Laval, en se portant dans les villages voisins, ayant toujours soin de donner avis des mouvements qu'ils apercevront autour d'eux.

La colonne de Rennes, étant arrivée à Vitré, enverra sur sa gauche une vingtaine de cavaliers, dont la moitié prendra la route de Bourgon à Laval, et l'autre celle de la Baconnière [1] à Laval.

La colonne d'Angers enverra quinze à vingt hommes de cavalerie sur la rive gauche de la Mayenne, qui précéderaient un peu la marche de l'armée sur la rive gauche, et qui se porteraient jusqu'à Azé [2], près Château-Gontier, en éclairant cette partie.

On pourrait encore envoyer d'abord un petit détachement de cavalerie par Candé et Pouancé, sur les derrières de Craon, si l'on croyait que l'ennemi eût dessein de se porter sur notre gauche, vers la rive de la Loire. Ce détachement partirait le premier.

---

1. La Baconnière, commune du canton et à six kilomètres sud de Chailland (Mayenne) ; seize kilomètres nord-ouest de Laval.
2. Azé, sur la rive gauche de la Mayenne, commune du canton et à deux kilomètres sud-ouest de Château-Gontier.

Un autre détachement de cavalerie partirait d'Angers, de Châteauneuf ou de Sablé, pour suivre la route de Laval par Meslay-du-Maine et Parné [1], près Entrammes.

La colonne du Mans enverrait un détachement de cavalerie à Sablé, pour l'instruire, ainsi que nous, des mouvements de l'ennemi.

Elle en enverrait pareillement à Évron [2], pour inquiéter de ce côté-là.

Il faudrait encore qu'il partît de Mayenne, qui n'est qu'à sept ou huit lieues de Laval, quelques hommes de cavalerie, qui se porteraient sur la grande route, en approchant jusqu'à la distance de deux lieues.

Chaque colonne se ferait aussi précéder d'un peloton de cavalerie.

Tous ces détachements auraient soin de se tenir sur la réserve, en annonçant qu'ils sont suivis de grandes forces.

Il faut encore laisser à Château-Gontier quelques ordonnances, qui puissent transmettre promptement, des deux côtés de la Mayenne, les dépêches que l'on expédiera aux généraux.

Les différents détachements de cavalerie se porteront toujours, chacun suivant sa direction, en avant des colonnes, au moins à une demi-lieue ou une lieue, et ils veilleront à ce que personne ne puisse, sous quelque prétexte que ce soit, aller du côté de Laval, surtout en approchant de cette ville.

---

1. Parné, alors chef-lieu de canton du district de Laval, aujourd'hui commune du canton d'Argentré, arrondissement de Laval. A onze kilomètres sud d'Argentré, et dix, sud-est, de Laval.

2. Évron, alors chef-lieu de district, aujourd'hui chef-lieu de canton de l'arrondissement, et à trente-trois kilomètres nord-est de Laval.

Avantages de ces dispositions relatives au service de la cavalerie

1º Établir une correspondance prompte et active entre les trois colonnes et avertir des mouvements de l'ennemi;

2º Inquiéter l'ennemi en se présentant en même temps sur toutes les directions qui aboutissent à un même point et le tromper sur la marche de nos armées;

3º Empêcher que des espions ou gens vendus au parti des Rebelles n'aillent prévenir l'ennemi de notre marche.

Il nous semble que l'on peut espérer le plus grand succès de ce concours de moyens.

Il serait même à désirer que, sur les directions où il ne se trouvera que des détachements de cavalerie, s'annonçant comme l'avant-garde des forces, on affectât de faire un peu de bruit, quelques décharges de mousquets ou de pistolets, pour attirer l'attention de l'ennemi et lui faire prendre le change. Ces ruses sont employées par les Rebelles, et je ne sache pas que nous nous en soyons encore servis jusqu'ici. On pourrait convenir qu'à des distances déterminées du lieu où se trouve l'ennemi, les détachements de cavalerie, se trouvant rapprochés, puisque toutes les directions doivent aboutir au même point, feraient tour à tour quelques décharges, ce qui annoncerait leur présence et inquiéterait les Rebelles.

Ces détachements serviraient encore à charger les fuyards, en cas de déroute de l'ennemi.

Résumé du plan proposé

1º Marcher à l'ennemi, de position en position, en faisant précéder l'avant-garde de trois à quatre cents tirailleurs, ayant, sur leur ligne et sur la grande route, dix chasseurs à cheval, pour avertir promptement de la position de l'ennemi et de l'étendue qu'il occupe à droite et à gauche.

2° L'aile gauche de notre avant-garde prenant une position défensive, tandis que l'aile droite et la réserve du centre attaquent avec vigueur.

3° Différents moyens pour l'attaque détaillés dans le plan : *Marche combinée de trois colonnes sur Laval :*

1° Chaque colonne suivant la grande route ;

2° Attaque dans la matinée du quatrième jour de marche ;

3° Différents pelotons ou détachements de cavalerie se portant sur Laval par toutes les directions qui aboutissent à ce point.

(Papiers Chateaugiron. Collection Venture.)

18. — Réflexions sur la position actuelle de l'ennemi a Mayenne et sur les moyens de l'arrêter et de le combattre par des marches d'une réunion de forces combinées.

[*Angers, 4 (?) novembre 1793.*]

La marche de l'ennemi ne peut être déterminée que par deux motifs, celui de se procurer des subsistances et celui de se procurer des munitions, car nous ne lui supposons pas le désir des conquêtes au milieu de la France. Nous sommes pareillement loin de croire qu'il ait le projet de se porter sur Paris.

D'après ces données, on peut présumer que l'ennemi dirigera sa marche sur la gauche, du côté de Fougères, Dol, Saint-Malo, ou par le département de la Manche, pour gagner quelques-uns des ports voisins des Iles anglaises, s'emparer peut-être du port de Cherbourg, ou enfin, prenant sur la droite, se porter à Tours, par le Mans et Château-du-Loir.

Si l'ennemi prenait la route de Tours, il passerait la Loire et se porterait sur Poitiers, ou bien, prenant une direction plus rapprochée de la rive gauche de la Loire, il passerait par Chinon et Thouars, pour se jeter à nouveau dans la Vendée.

Il n'est pas à présumer que l'ennemi reste longtemps à Mayenne, parce que ce poste n'offre pas de grandes ressources pour la défense, ni pour les subsistances, ni pour les munitions. Il est plus probable que les chefs, qui songent sans doute à conserver leur tête et à mettre leurs femmes en sûreté, chercheront à s'emparer de l'un de nos ports et dirigeront leur marche vers la gauche. C'est peut-être ce qui peut arriver de plus avantageux pour la République, parce que nous toucherions bientôt au terme de nos travaux.

On peut considérer la marche de l'ennemi sous quatre points de vue :

1° Ou il restera à Mayenne ;

2° Ou il se portera vers Alençon, sur la route de Paris ;

3° Ou, prenant sur la droite, il tentera le passage de la Loire à Tours ou à Blois ;

4° Ou bien, prenant sur la gauche, il se portera vers le département de la Manche ou celui du Calvados.

Ce dernier parti serait peut-être le moins nuisible aux intérêts de la République. Il serait bien plus facile d'opposer une forte barrière aux mouvements de l'ennemi, si d'un côté il était arrêté par la mer, que s'il fallait l'environner sur tous les points de la circonférence. D'ailleurs, s'il pouvait retourner dans ses foyers, en repassant la Loire, il faudrait recommencer, au printemps, une guerre, qui ne pourrait plus se terminer par les pluies. Il convient donc de s'opposer au mouvement de l'ennemi sur la droite et de le forcer à se porter vers la mer.

Observations sur la position et les forces de l'armée d'Angers

Cette armée est trop peu nombreuse et à une distance trop considérable de l'ennemi, pour espérer qu'elle puisse, seule, le prévenir, l'arrêter dans sa course, le combattre et le détruire. D'ailleurs, la saison rigoureuse de l'hiver se fait sentir. On ne doit pas s'attendre à faire désormais bivouaquer les troupes, sans s'exposer à voir l'armée se désorganiser par les désertions ou par les maladies. Il est donc nécessaire de combiner un plan qui, par le rapprochement des forces dispersées sur plusieurs points, puisse resserrer l'ennemi dans un espace étroit, lui faire prendre la direction la moins nuisible à la République et assurer un succès complet. L'exécution en sera peut-être plus lente, mais plus certaine que si l'on agissait de vive force. Au reste, cela dépend des circonstances et de la saison où nous nous trouvons.

Marche des différents corps de troupes vers l'ennemi

Dans un moment où l'ennemi se trouve à vingt-cinq ou trente lieues de nous, il faut moins songer à l'aller attaquer qu'à l'empêcher de se porter sur telle ou telle direction. Nous raisonnerons ici dans la supposition qu'il vaut mieux le jeter vers la mer, dans le département de la Manche ou du Calvados, que de le voir rentrer sur le territoire de la Vendée par Tours ou par Blois. Il est entendu que les troupes réunies à Rennes, au Mans et dans les environs, agiront de concert avec celles d'Angers.

Dans cette supposition, voici la direction que chaque colonne devrait tenir :

Celle de Rennes porterait un corps de troupes à Fougères ou Ernée, et le reste de l'armée irait à Laval, par Vitré et la Gravelle ;

Celle d'Angers enverrait deux ou trois bataillons à Sainte-Suzanne, par Sablé, et le reste de l'armée irait au Mans, par La Flèche ;

Celle du Mans irait à Alençon en laissant un corps de troupes à Beaumont-le-Vicomte.

Tous ces mouvements devraient s'exécuter en même temps. On sent que ce plan suppose que l'ennemi se tient à Mayenne ou qu'il se porte vers la mer.

Il faudrait aussi que la cavalerie, détachée de chaque corps d'armée, marchât sur toutes les routes intermédiaires, de manière à se rencontrer à tel ou tel point indiqué, pour donner promptement avis des mouvements de l'ennemi et de la situation de nos troupes.

Il est bon de prévenir ici que ce plan est jusqu'ici purement défensif, que chaque colonne s'occuperait plutôt à prendre une bonne position ou à faire une retraite en ordre, qu'à attaquer ou à se défendre contre des forces majeures.

Ces premières positions prises, on indiquerait des points plus rapprochés pour resserrer davantage l'ennemi ; enfin, on conviendrait, ou de l'attaque combinée, ou des moyens de lui couper les vivres.

Avantages de ce plan

Par ce mouvement de chaque colonne sur la droite :
1° On empêche l'ennemi de se porter sur la Loire et sur la Beauce, pays très fertile en grains, et on le force à se porter vers la mer ;
2° Nos troupes s'approchent de manière à se porter un prompt secours et à recevoir le mouvement nécessaire et déterminé par les circonstances, soit pour l'attaque, soit pour la défense ;

3º Les détachements de cavalerie, portés sur toutes les routes intermédiaires, servent à inquiéter l'ennemi sur la direction de nos forces, à empêcher les espions des Brigands de leur porter des renseignements, à établir et entretenir une communication rapide d'une colonne à l'autre, enfin à écraser les fuyards, en cas de déroute de l'ennemi.

Telles sont les bases principales du projet de marche sur l'ennemi. S'il est adopté, il sera facile d'assigner les autres points où les forces devront se porter. Mais comme cela dépendra des circonstances, on n'a pas cru devoir en parler ici. Il suffisait de déterminer les points principaux.

Considérations sur la marche des troupes

Nous avons déjà dit que l'on ne pouvait plus espérer de faire bivouaquer les troupes pendant l'hiver. Il vaut mieux, sans doute, faire le sacrifice de quelques jours pour arriver à un but assuré, que de risquer, par trop de précipitation, de voir la guerre se prolonger pendant des mois entiers.

D'après cela, il serait à désirer que l'armée pût trouver où se reposer, chaque jour, à couvert des injures de l'air. Ce que nous proposons est très praticable, car chaque colonne, suivant une grande route, trouverait, à cinq et six lieues de distance, de petites villes ou de gros bourgs, propres à recevoir et à loger les troupes. Mais, pour éviter la confusion et l'embarras que l'on éprouve ordinairement, lorsqu'une masse d'hommes considérable marche sur une même route, soit pour la distribution des vivres, soit pour les logements, il conviendrait peut-être de diviser chaque colonne en deux ou trois parties, en raison de la quantité d'hommes dont elle est composée, et de les faire partir à un jour de distance, jusqu'au point convenu pour la réunion. Cette petite perte de temps faciliterait la marche et procurerait de grands avantages pour la suite des opérations.

Une fois arrivé aux points déterminés, on s'assurerait de la marche et des projets de l'ennemi, on le suivrait dans ses mouvements et on pourrait, d'après les circonstances, ou l'attaquer de tous les côtés à la fois, ou se tenir sur la défensive en le harcelant et en lui coupant les vivres.

Conclusion

Il faut s'approcher de l'ennemi pour former un plan offensif; il faut marcher avec toutes les forces disponibles en même temps; il faut convenir des directions à prendre et des points principaux où l'on se tiendra stationné, en attendant que l'on puisse combiner un plan d'attaque. Donc il est important que chaque colonne destinée à l'exécution de ce plan se mette promptement en marche. Cette nécessité est fondée sur ce que l'ennemi peut s'éloigner de nous tellement qu'il serait ensuite difficile de l'atteindre.

(PAPIERS CHATEAUGIRON. Collection Venture.)

19. — NOUVELLE DISTRIBUTION DES TROUPES D'APRÈS LES FORCES DE CHAQUE COLONNE ET LA MARCHE DE L'ENNEMI.

[Angers, 4 (?) novembre 1793.]

On prétend que l'armée des côtes de Brest est forte de trente à trente-cinq mille hommes, réunis soit à Rennes, soit dans les petites villes voisines; ainsi c'est à cette armée, beaucoup plus nombreuse que les autres, à garnir les postes dont nous avons déjà parlé.

On suppose encore que l'ennemi se porte vers Alençon,

d'où il pourra diriger sa marche soit sur Paris, soit à droite ou à gauche.

Dans cette supposition, il faut que l'armée de Rennes place deux ou trois bataillons à Fougères distant de Rennes de dix lieues, deux bataillons à Ernée, sur la route de Fougères à Mayenne (distance : cinq lieues), et un ou deux bataillons à Saint-Hilaire [1], sur la route de Fougères à Caen (distance : six lieues).

Ces bataillons y resteront stationnés jusqu'à ce qu'ils reçoivent de nouveaux ordres.

L'armée de Rennes, arrivée à Laval, enverra deux bataillons à Évron ou Assé [2] (distance : cinq à six lieues) et deux bataillons à Beaumont-le-Vicomte [3], sur la route du Mans à Alençon (distance Assé : six à sept lieues).

Total : dix bataillons détachés formant une chaîne sur les derrières de l'ennemi, et pouvant se communiquer facilement par des postes intermédiaires de cavalerie. Ils pourront aisément se porter sur les points qu'on leur indiquera, lorsque les colonnes, arrivées à leur destination, se disposeront à agir.

Ainsi voilà cinq postes établis.

---

1. Saint-Hilaire-du-Harcouet, chef-lieu de canton de l'arrondissement de Mortain (Manche).
2. Assé-le-Bérenger, alors chef-lieu de canton du district, aujourd'hui commune du canton d'Évron, à six kilomètres est de cette ville.
3. Beaumont-le-Vicomte ou Beaumont-sur-Sarthe, chef-lieu de canton alors du district de Frénay-le-Vicomte, aujourd'hui de l'arrondissement de Mamers (Sarthe).

Ordre de marche des trois colonnes

1re journée, de Rennes à Vitré, 7 à 8 lieues.	d'Angers à Durtal, 7 lieues.	du Mans à
2e journée, Laval, id.	Foulletourte, id.	Bonnétable, 6 lieues.
3e journée, Mayenne, id.	Le Mans, 6 lieues.	Bellême [3]. id.
4e journée, Prez-en-Pail [1], id.	Beaumont-le-Vicomte, id. ou Bonnétable [2], id. suivant que l'ennemi se tient à Alençon ou s'avance sur la route de Paris.	Mamers [4], id. Mortagne [5], id. Rémalard [6], id.

On ne saurait, dans ce moment, assigner des points plus éloignés, parce que la marche doit être combinée d'après les mouvements de l'ennemi. Les colonnes se trouveront alors à environ six lieues d'Alençon, et à huit à neuf lieues de distance entre elles, dans leur plus grand éloignement.

Si la colonne d'Angers passe par Beaumont-le-Vicomte, il faudra alors que le détachement de l'armée des côtes de Brest dont nous avons parlé se tienne à Villaines [7], et que

---

1. Prez-en-Pail, chef-lieu de canton de l'arrondissement de Mayenne; à trente-sept kilomètres est-nord-est de cette ville. Un poste Républicain très important y était établi.

2. Bonnétable, chef-lieu de canton alors du district de la Ferté-Bernard, aujourd'hui de l'arrondissement de Mamers. A vingt-trois kilomètres sud de cette ville et à vingt-sept, nord-est, du Mans.

3. Bellême, alors chef-lieu de district, aujourd'hui chef-lieu de canton de l'arrondissement de Mortagne (Orne); à dix-huit kilomètres sud de cette ville.

4. Mamers, chef-lieu de district, puis d'arrondissement, du département de la Sarthe; à quarante-quatre kilomètres nord-nord-est du Mans.

5. Mortagne ou Mortagne-sur-Huisne, chef-lieu de district, puis d'arrondissement du département de l'Orne; à trente-sept kilomètres est-nord-est d'Alençon.

6. Rémalard ou Regmalard, chef-lieu de canton, alors du district de Bellême, aujourd'hui de l'arrondissement de Mortagne (Orne); à vingt-deux kilomètres sud-est de Mortagne.

7. Villaines-la-Juhel, alors chef-lieu de district, aujourd'hui chef-lieu de

celui d'Évron ou Assé s'avance à Frénay [1], de manière à rapprocher la communication des deux colonnes.

Observations

Nous avons donné à la colonne du Mans, dont nous ne connaissons pas bien la force, la direction la plus sur la droite, de manière à ce que celle d'Angers marche au centre et puisse seconder plus efficacement l'attaque, réunie avec la colonne de Rennes. D'ailleurs, il sera toujours libre à la colonne d'Angers de prendre telle direction qu'elle jugera à propos, en faisant reporter sur la gauche, par Mamers, les forces du Mans qui se trouveraient à Bellême, si, en partant du Mans, la colonne d'Angers se dirigeait sur Bellême et Mortagne.

On voit par ces dispositions :

1º Que la colonne de Rennes poursuivra l'ennemi sur ses derrières ;

2º Que celle d'Angers ira l'attaquer au centre, s'il reste à Alençon, ou tâchera de couper sa marche s'il se porte sur Paris ;

3º Enfin, que celle du Mans est considérée comme un corps d'observation pour inquiéter l'ennemi et prêter ses secours à l'une ou l'autre des deux colonnes agissantes.

(Papiers Chateaugiron. Collection Venture.)

20. — Conseil de guerre

Rennes, 15º jour du 2º mois de l'an II (5 novembre 1793).

Les représentants du peuple Garnier, Pocholle, Méaulle

canton de l'arrondissement de Mayenne ; à vingt kilomètres sud de Prez-en-Pail.

1. Frénay ou Fresnay-sur-Sarthe ou le-Vicomte, alors chef-lieu de district, aujourd'hui chef-lieu de canton de l'arrondissement de Mamers (Sarthe) ; à vingt-huit kilomètres sud-ouest de cette ville. Sur la Sarthe.

et Boursault, voulant, dans l'état des choses, connaître définitivement les plans adoptés par les généraux et les mesures prises ou à prendre pour opposer aux Brigands une masse imposante, ont invité lesdits généraux à se réunir et à s'occuper d'un plan de campagne à suivre.

Les généraux Rossignol, Peyre, Olagnier, Chamberting et Vergnes assemblés avec les citoyens Vérine et Nattes, députés par le général Chalbos, au désir des représentants du peuple. La conférence a été ouverte et, après discussion, le résultat a été :

1º L'armée de l'Ouest actuellement stationnée à Angers se rendra dans le plus court délai à Fougères, par Laval.

2º Les généraux en chef des deux armées correspondront par Châteaugiron, la Guerche, Craon et Château-Gontier. L'armée des côtes de Brest aura des ordonnances jusqu'à la Guerche inclusivement.

3º Lorsque l'armée de l'Ouest sera rendue à Fougères, il sera tenu un conseil de guerre entre les représentants du peuple et les généraux des deux armées, pour les opérations ultérieures de la campagne.

4º Les postes de Châteauneuf, de Cancale, d'Antrain et la ville de Saint-Malo, seront occupés par les troupes parties ce jour de Rennes. Le commandant temporaire de Rennes répartira ces troupes convenablement.

5º Le général Peyre, de sa personne, se rendra à Saint-Malo et, par mer, à Granville pour réunir les troupes dans ce port et mettre, dans les mesures, l'ensemble qu'un général expérimenté doit y mettre.

6º Saint-Lô sera couvert par les troupes que le général Sépher a à sa disposition. Il correspondra avec le général Peyre et fera replier sur Cherbourg les poudres, les canons et autres munitions que cet établissement peut renfermer.

7° Les troupes qui sont réunies à Alençon seront à la disposition du général Sépher, pour couvrir le Calvados et les côtes de Cherbourg.

Il ne se passera aucun jour que les armées ne s'envoient et ne reçoivent des courriers respectifs.

Copie de cet arrêté sera envoyée aux représentants du peuple de l'armée de l'Ouest, aux généraux Chalbos, Sépher et au général commandant les troupes de la Loire-Inférieure, à Nantes, et ce, par courriers extraordinaires.

Arrêté sous nos seings respectifs et celui du secrétaire du conseil.

Rossignol; Peyre; Olagnier; Vérine; Nattes; Garnier, de Saintes; Méaulle; Boursault; Pocholle.

(A. N., AF_{II} 279, rec. 2334, p. 17.)

21. — Rapport au Ministre de la guerre

Paris, 15 brumaire an II (5 novembre 1793).

Les représentants du peuple près l'armée de l'Ouest viennent de faire passer au Conseil exécutif un arrêté, par lequel ils ont conféré le grade de général de division au citoyen Kléber, général de brigade.

Ils demandent en conséquence l'expédition des lettres de service de ce grade.

On prie le ministre d'indiquer ce qui doit être fait.

S'informer à Rossignol si Kléber n'est pas fort lié avec Dubayet, et s'il est connu pour son attachement à la cause populaire [1].

(Guerre, *Arch. adm.*, dossier Kléber.)

---

[1]. Cette annotation est écrite de la main du ministre Bourbotte. La lettre de service fut envoyée, mais non la confirmation officielle du grade;

22. — Arrêté du Comité de Salut public

Paris, 7 frimaire an II (27 novembre 1793).

Le Comité de Salut public arrête que le général Turreau prendra le commandement de l'armée de l'Ouest, en sa qualité de général de division, et qu'en attendant, le général Marceau exercera le même commandement [1].

B. Barère, Billaud-Varenne, Carnot, Robespierre [2].

(Arch. Nat., AF_{II} 278, rec. 2320, p. 58.)

23. — Kléber a Commaire [3]

Saint-Mathurin, 19 frimaire an II, 3 heures du matin (9 déc. 1793).

Je t'avais mandé ce matin [4] qu'il m'était enjoint de rester ici jusqu'à nouvel ordre. Comme les rapports de nos éclaireurs ne s'accordaient pas sur la marche de l'ennemi, Marceau se détermina de se porter légèrement à Angers, pour se concerter avec le général en chef Rossignol, qui d'ailleurs l'avait engagé de s'y porter. Dès ce

---

car Kléber lui-même réclama, au moment où il fut nommé à l'armée du Nord, le brevet constatant sa nomination. Un rapport favorable fut établi le 1ᵉʳ prairial an II, par le bureau des officiers généraux au ministère de la Guerre, et ce rapport porte, au crayon, l'annotation suivante : « Le bureau des officiers généraux n'a point d'autres renseignements sur ce « citoyen. A l'époque du 15 brumaire, cette nomination provisoire avait « été présentée au ci-devant Conseil exécutif qui avait ordonné d'écrire « au général Rossignol, pour connaître l'attachement de ce citoyen à la « cause populaire, lequel n'a point répondu à la lettre qui lui a été écrite, « en conséquence, le 18 suivant. »

1. Minute de la main de Barère. Au pied de la minute, mais d'une autre main, on lit : « Remis au ministre de la Guerre lui-même. »

2. Outre ces quatre signatures autographes figurant à la minute volante, l'expédition mentionne celles de C.-A. Prieur et de R. Lindet, comme portée au registre.

3. Commaire, ainsi qu'on l'a vu plus haut, p. 322, commandait à ce moment les troupes qui défendaient Saumur et le passage de la Loire.

4. *Sic.*

moment, j'attendais des ordres à chaque instant, soit pour me porter à Saumur par la Levée, soit pour marcher vers Beaufort, Baugé, etc. En effet, vers les neuf heures du soir, je reçus celui de me porter à Beaufort; mais, un moment après, on m'ordonna encore de rester... Voilà la perplexité dans laquelle j'ai été jusqu'ici.

Ta lettre me décide, ainsi que celle du représentant Turreau, et je pars, dès que la distribution sera faite, pour Saumur, par la Levée, pour me porter de là, soit sur les flancs, soit sur les derrières de l'ennemi.

Je te prie instamment, citoyen Général, de prendre toutes les mesures, tous les arrangements nécessaires pour qu'aucun homme de ma colonne ne puisse entrer à Saumur. Je la logerai à Saint-Lambert [1] et dans les faubourgs, car ce serait une mer à boire que de les tirer de la ville. Fais aussi en sorte qu'en arrivant nous puissions recevoir le pain pour le lendemain, et même de la viande pour le moment même de notre arrivée. Tout cela, sans doute, est toujours soumis à la possibilité, mais j'ai beaucoup à me plaindre de l'administration des vivres.

Je serai fort aise, citoyen général, de faire ta connaissance et de coopérer avec toi à la destruction de la horde infernale qui, depuis trop longtemps, déchire le sein de notre patrie.

Salut et fraternité.   KLÉBER.

(Arch. Nat., AF_{II} 276, rec. 2314, p. 21.)

---

1. Saint-Lambert-des-Levées, alors chef-lieu de canton du district, actuellement commune du canton de Saumur; à trois kilomètres nord de cette ville, sur la rive droite de la Loire.

24. — Kléber aux Représentants du peuple

Sans date. [20 (?) frimaire an II (10 décembre 1793)].

Je vous demande, citoyens représentants, la permission de faire fusiller les commis aux distributions et quelques bouchers, à la tête de la troupe, pour leur criminelle conduite, capable de faire manquer les opérations les mieux concertées.

Le général, Kléber.

(Arch. Nat., *AF*ii 276, rec. 2314, p. 52.)

25. — Kléber a Marceau

Du château de la Groirie, 23 frimaire an II (13 décembre 1793).

Des vivres! mon ami, et je pars à l'instant. La route, plus on s'avance, est de plus en plus jonchée de cadavres. Les femmes refluent toutes au Mans. Des vivres! mon cher Marceau, des vivres! et je pars à l'instant. Fais-moi filer aussi de l'eau-de-vie; car, comme je ne donnerai pas au soldat le temps de faire la soupe, je le dédommagerai par cette liqueur. D'ailleurs, beaucoup de mes bataillons en ont refusé ce matin, pour voler plus vite au combat.

Salut, amitié et fraternité.

Kléber.

1er *P.-S.* — Je t'envoie copie de l'ordre que je viens de donner [1].

2e *P.-S.* — Toute mon avant-garde légère est lancée avec Westermann à la poursuite des Brigands; c'est à toi à les arrêter dans leur course rapide, afin que je sois toujours en mesure de la secourir.

(Arch. Nat., *AF*ii 276, rec. 2314, p. 59.)

1. Voir la pièce signée par Nattes, au *Livre d'ordres*, p. 407.

26. — Ordre du Ministre de la guerre

Paris, 26 frimaire an II (16 décembre 1793).

La suspension d'Haxo et de Kléber, généraux de brigade, n'a pas son effet quant à présent. Il a été écrit en conséquence [1].

(Guerre, Arch. Adm., dossier Kléber.)

27. — Précautions a prendre pour empêcher le retour des Rebelles dans la Vendée

Il est possible que l'ennemi, se voyant arrêté dans sa marche par les forces réunies tout autour de lui, cherche à rentrer dans le pays qu'il a été forcé d'abandonner, en tentant le passage de la Loire. Alors les troupes de la République seraient obligées de le poursuivre par des chemins, presque impraticables pour l'artillerie pendant l'hiver. Il est donc essentiel de bien garder les différents passages où la Loire est guéable en ce moment, jusqu'à ce que les grandes eaux puissent opposer une barrière insurmontable aux Rebelles.

On suppose que tous les bateaux ont filé sur Nantes, suivant l'ordre qui en a été donné.

Le passage de la Loire peut s'effectuer par trois gués : l'un près Montjean, les deux autres près Ancenis et Chantoceaux [2]. Il est urgent d'envoyer des forces sur la

---

1. « Le Conseil exécutif ayant pensé, Général, que Kléber, général de division provisoire, pourrait encore rendre des services à l'armée de l'Ouest, t'autorise à retenir par-devers toi sa lettre de suspension qui n'aura pas d'effet jusqu'à nouvel ordre. Ainsi tu emploieras cet officier général dans l'armée que tu commandes, et tu me marqueras le poste que tu croiras devoir lui assigner. » (*Le Ministre de la guerre à Marceau*, lettre publiée par Savary, *loc. cit.*, II, 414-415).

2. Positions très fortes sur la rive gauche de la Loire et dominant complètement la rive droite.

rive gauche de la Loire pour s'établir vis-à-vis de ces gués, avec quelques pièces de canon. Déjà deux bataillons ont eu ordre de se porter de l'autre côté de la Loire avec trois pièces de canon; mais ils ne suffisent pas pour arrêter la marche de l'ennemi dans un espace de plusieurs lieues. Il faudrait peut-être faire filer, par les Ponts-de-Cé ou par Saint-Georges, deux ou trois bataillons avec de l'artillerie, avec ordre de se porter aux endroits désignés, où la rivière est guéable.

On assure qu'il y a encore des troupes stationnées sur la rive droite de la Loire, depuis les Ponts-de-Cé jusqu'à la Pointe, ce qui est inutile, puisque la Mayenne et la Loire les séparent de l'ennemi. On pourrait d'abord destiner ces forces à se réunir aux deux bataillons dont nous avons parlé, et y réunir ensuite telles forces que l'on jugera à propos.

Quelques bataillons placés sur la grande route d'Angers à Nantes, aux portes de Saint-Georges-sur-Loire, Varades, Ingrande, Ancenis, ne peuvent être d'aucune utilité, parce qu'ils ne sauraient résister à la masse de l'ennemi et seraient bientôt écrasés. Il conviendrait de faire occuper ces postes seulement par des pelotons de cavalerie, qui seraient tenus de faire des patrouilles fréquentes sur les routes que l'ennemi pourrait tenir pour se rapprocher de la Loire, et qui pourraient facilement et en très peu de temps instruire le général en chef de tous les mouvements qui se passeraient autour d'eux. Ils seraient en outre chargés d'assurer la libre communication de Nantes à Angers, en éclairant continuellement la grande route.

Deux avantages résultent de ces dispositions:

Le premier, c'est que la position de la rive gauche de la Loire étant très favorable pour en défendre le passage, les bataillons qu'on y placera pourront arrêter l'ennemi, s'il se présente, et l'intérieur de la Vendée ne sera plus troublé.

Le second, c'est que si l'ennemi ne se présente pas, les chefs de bataillon enverront des détachements à quelque distance dans l'intérieur, pour s'emparer des armes et des grains. La présence de la force armée, répandue dans différents endroits, arrêtera les soulèvements. Enfin, si l'on était instruit qu'il dût se faire quelque rassemblement du côté de Beaupréau, la Poitevinière, etc., ces bataillons s'y porteraient en peu de temps.

Résumé

1° Quatre à cinq bataillons d'infanterie, sur la rive gauche de la Loire, pour en défendre le passage et enlever les armes et les grains;

2° De la cavalerie sur la route d'Angers à Nantes, pour entretenir la communication de ces deux villes et avertir des mouvements de l'ennemi.

S'il était, d'ailleurs, question de porter des secours à Nantes, en cas d'attaque, ces bataillons pourraient s'y rendre par Beaupréau et Gesté ou par le Loroux.

(Papiers Chateaugiron. Collection Venture.)

28. — Club de Vincent-la-Montagne

[*4 nivôse an II (24 décembre 1793)*].

Kléber et Marceau s'étaient rendus à Nantes dans la soirée du 24 décembre, c'est-à-dire le lendemain de l'affaire de Savenay. Les autorités réunies de la Ville de Nantes et du Département de la Loire-Inférieure, accompagnées d'une foule immense et de la garde nationale, s'étaient portées sur la route de Vannes au-devant des vainqueurs, après avoir préparé, pour leur réception, des fêtes et des illuminations. Une séance solennelle du club Vincent-la-Montagne avait été disposée pour recevoir les généraux et les premiers officiers arrivés de Savenay. L'église Sainte-Croix fut désignée pour la réunion. Carrier et ses collègues, Turreau et Prieur, assistaient à la séance. Le fauteuil était occupé par Houdet, et celui-ci s'avançait pour donner à Marceau et à Kléber l'accolade fraternelle, en même temps qu'il leur offrit une couronne civique au nom de la ville de Nantes, quand Turreau, s'élançant à la tribune, s'éleva avec force contre les honneurs que l'on rendait ainsi aux généraux : « Eh! quoi donc, s'écria-t-il, ce sont les soldats qui remportent la victoire, ce sont eux qui méritent des couronnes, eux qui ont à supporter tout le poids de la fatigue et des combats... Et ces autres honneurs que vous rendez me semblent puer à plein nez l'ancien régime et l'aristocratie. »

Un tonnerre d'applaudissements s'élève aussitôt et la voix du représentant ne peut plus se faire entendre. Mais Kléber s'avance et demande la parole. Un profond silence s'établit, et sa dignité calme et élevée impose aux familiers de Carrier, qui encombraient la salle, comme elle avait imposé sur le champ de bataille de Savenay aux grenadiers du commandant Verger, quand il leur dit d'écraser les Vendéens à coups de crosses.

« Je sais, dit-il avec force et en prenant tous les avantages de sa haute stature, que ce sont les soldats qui remportent les victoires ; mais il faut aussi qu'ils soient conduits par les généraux, qui sont les premiers soldats de l'armée, et qui sont chargés de maintenir l'ordre et la discipline, sans quoi il n'y a pas d'armée. Je n'accepte cette couronne que pour l'offrir à mes camarades et l'attacher à leur drapeau. »

Le trépignement et les bravos qui suivirent ces belles et dignes paroles se prolongèrent longtemps et seraient difficiles à rendre. Kléber et Marceau sortirent de l'église Sainte-Croix, pressés par le peuple, avide de considérer les traits pleins d'avenir de ces deux jeunes gens.

(A. Duchatellier, *Hist. de la Révolution en Bretagne*, III, p. 334-336 [1].)

29. — Kléber a Marceau

Montoir, le 5 nivôse an II, à minuit (25 décembre 1793).

Je t'adresse deux lettres, que je viens de recevoir [2] à l'instant, et qui te feront sentir combien il est nécessaire que tu persistes dans ton projet de faire occuper sans retard Blain, Gâvre [3], etc. Quant à moi, j'ai toujours présumé que cette forêt, qui a près de sept lieues de pourtour, deviendrait un nouveau repaire ou un point de ralliement pour ces scélérats.

Le général de division, Kléber.

(Arch. Nat., AF_II 276, rec. 2316, p. 47.)

30. — Kléber a Carrier

Châteaubriant, 24 nivôse an II (13 janvier 1794).

Marceau est très malade et je viens d'envoyer à Rennes chercher un médecin [4]. Je suis très affecté de cet accident,

---

1. Cet incident a été rapporté dans des termes à peu près identiques, sauf quelques détails en moins, par Savary, *loc. cit.*, II, 460, 461.
2. Ces lettres n'ont pas été retrouvées.
3. Le Gâvre, commune du canton de Blain (Loire-Inférieure). A trente-cinq kilomètres sud-ouest de Châteaubriant. La forêt du même nom, située sur le territoire de la commune, couvre encore aujourd'hui près de quatre mille cinq cents hectares.
4. « Nous, officiers de santé de la 2ᵉ division stationnée à Châteaubriant, attestons que le général Marceau éprouve les accidents d'une gale réper-

personne n'étant plus que moi dans le cas d'apprécier ce jeune guerrier...

Mon cher Carrier, j'ai à peu près douze cents hommes dans ce qu'on m'a laissé de ma division, qui sont nus, nus, nus! Fais-leur confectionner, je t'en conjure, force capotes, d'un drap solide, et beaucoup de guêtres grises.

KLÉBER.

(NOEL PARFAIT, *Le général Marceau*, 328.)

31. — KLÉBER A CARRIER

Châteaubriant, 29 nivôse an II (18 janvier 1794).

Toi seul, mon ami, étais capable de ce procédé, parce que toi seul, dans la place que tu occupes, sais ouvrir ton cœur à l'amitié et à la confiance, sans craindre, pour autant, de compromettre la chose publique. Qu'ils sont petits tous ceux qui s'imaginent ne pouvoir la sauver, la servir, qu'en fermant leur âme à tous les sentiments d'humanité! Carrier, je te serai éternellement attaché! Et, vois-tu bien, ce procédé m'a ravi, m'a enchanté. Je me suis dit : « Il aurait fait pour toi ce qu'il vient de faire pour ton ami. »

Marceau est maintenant sauvé; il m'a fait bien peur pendant deux jours! Il part demain pour Rennes et alors me voilà seul. L'intrigue m'empoignera-t-elle encore? Je n'en sais rien; mais je serai toujours fort de ma conscience. Et puis, n'es-tu pas là?

Je t'embrasse.

KLÉBER.

(NOEL PARFAIT, *Le général Marceau*, 329.)

cutée, que les travaux militaires ont fait négliger, et qu'il est utile pour sa santé qu'il aille, dans un endroit favorable, employer les moyens curatifs. A Châteaubriant, ce 23 nivôse l'an II* (12 janvier 1793). LUZENAY, officier de santé; FERRIÈRE, médecin de l'armée; GAULT, officier de santé. »
Marceau souffrait, en outre, d'une affection vésicale aiguë.

32. — INSTRUCTIONS POUR LE GÉNÉRAL KLÉBER

Doué, 1er pluviôse an II (20 janvier 1794).

Le général Kléber prendra le commandement des troupes qui étaient précédemment aux ordres du général Marceau.

La division aux ordres du général Kléber comprendra tout le pays qui se trouve entre la route de Nantes à Rennes et celle d'Angers à Alençon, passant par le Mans, de l'est à l'ouest, et borné du midi au nord par le commandement de l'armée des côtes de Brest et la Loire.

Nantes, Alençon, Angers et le Mans ne sont point de ce commandement.

Dans le cas où la destruction des Chouans [1] serait assurée, le général Kléber rapprochera ses cantonnements de la rive droite de la Loire et les disposera en raison des localités.

Il adressera au général en chef, dans le plus bref délai, l'état exact de ses différents cantonnements, ainsi que celui des troupes qui le composent.

Il correspondra avec le général en chef au moins deux fois la semaine et l'instruira des différents mouvements de troupes qu'il aurait pu faire dans ses cantonnements.

Salut et fraternité.

Pour copie conforme :

Le gén^{al} div^{re}, chef de l'état-major gén^{al}, ROBERT.

(GUERRE, *Arch. Hist.*, V, 6.)

---

1. Robert écrit *Chouins*, qui est la façon dont les Bretons et les Normands prononcent ce nom.

33. — Turreau a Kléber

Cholet, 6 pluviôse an II (25 janvier 1794).

Comme les Rebelles, citoyen général, pressés par nos colonnes, pourraient tenter, pour dernier effort, de repasser la Loire, tu voudras bien faire partir sur-le-champ six cents hommes d'infanterie et cinquante de cavalerie, pris dans les cantonnements les plus voisins, sur la rive droite de la Loire, pour s'opposer à leur passage. L'adjudant général Delaage prendra le commandement de ces troupes, ainsi que de celles qui sont déjà sur la rive droite; il se portera au centre, et disposera ses troupes sur les différents points, par où les Rebelles pourront tenter le passage.

Il devient inutile de te recommander que cet ordre demande la plus prompte exécution.

Tu voudras bien me rendre compte des dispositions que tu auras prises à cet égard.

Tu informeras l'adjudant général Delaage que l'arrêté des représentants du peuple, qui lève l'embargo mis sur la navigation, interdit le passage d'une rive à l'autre et ordonne formellement que les bateaux tiennent le milieu de la rivière, et tu lui enjoindras de tenir la main à son exécution.

Salut et fraternité.

Le général en chef, Turreau.

(Guerre, *Arch. Hist.*, V, 6.)

34. — Turreau a Kléber [1]

Saumur, 24 pluviôse an II (12 février 1794).

Je donne ordre, citoyen général, au général Amey, de

---

[1]. Le nom du destinataire a été surchargé; cet ordre ne put être exécuté par Kléber, qui reçut, le 17 février, à Angers, où, depuis deux jours il attendait les instructions de Turreau, des dépêches l'informant qu'il était désormais affecté à l'armée des côtes de Brest, ainsi qu'il résulte d'ailleurs

faire filer sur Doué toutes les troupes d'infanterie qui composaient ton avant-garde légère et que tu as dû faire partir des différents postes où elles étaient stationnées, d'après l'ordre que je t'en avais donné le 22 de ce mois [1].

Ces troupes vont se réunir, à Doué, à mille ou douze cents hommes qui y tiennent garnison. Tu te rendras dans cette ville (de Doué) sans délai et tu prendras le commandement de ces forces que je tâcherai d'augmenter incessamment, surtout en cavalerie, si, comme je le présume, tu n'en trouves pas assez à Doué, pour faire le service.

Tes dispositions à Doué doivent être purement défensives. Couvrir seulement, entretenir, de concert avec le commandant à Cholet, la communication entre cette ville et celle de Doué. Faire enlever par de forts détachements tous les grains, fourrages et généralement tous les objets de subsistance qui peuvent se trouver aux environs de Doué, Vihiers, etc. Assurer par de fortes escortes les convois de munitions de guerre ou de bouche qui iront et viendront de Saumur à Cholet.

Je comprends dans ton commandement Saumur, Brissac, Thouars, Argenton, Vihiers et Doué, où tu établiras ton quartier général.

Je te recommande surtout, citoyen général, de ne pas éparpiller tes forces. Tu placeras seulement, si tu le juges convenable, un fort avant-poste à Vihiers, pour assurer la route de Saumur à Cholet. Tu emploieras les généraux de brigade Amey et Boucret que j'attache à ta division, le général Carpantier, qui commande actuellement à Doué, ayant demandé quelques jours de repos que je lui accorde.

de la lettre ci-après, de Rossignol, du 25 pluviôse. Kléber partit pour Rennes, le 17, et Carpantier reçut mission d'exécuter les instructions données par Turreau. (Cf. Savary, *loc. cit.*, III, 209, 220.)

1. L'original de cet ordre n'a pas été retrouvé. Cf. le texte donné par Savary, *loc. cit.*, III, 179.

Si tu as besoin d'artillerie pour te maintenir à Doué, tu en prendras au parc de Saumur. Je te conseille de préférer l'artillerie légère. Au surplus, je te préviens, citoyen général, que je confie difficilement de l'artillerie et que je n'en ai donné à aucun chef de colonnes agissantes dans la Vendée. Cependant la bonté du poste de Doué et ma confiance en tes talents militaires m'engagent à te laisser la disposition des bouches à feu, que tu jugeras nécessaires.

Tu laisseras sur la rive droite de la Loire l'adjudant général Delaage. Il exécutera les ordres que tu lui laisseras et qui doivent être conformes à ceux que je t'avais donnés lorsque tu commandais dans cette partie.

Salut et fraternité.

Le général en chef de l'armée de l'Ouest, TURREAU.

(GUERRE, *Arch. Hist.*, V, 6.)

35. — ROSSIGNOL A KLÉBER

Rennes, 25 pluviôse an II (13 février 1794).

Le ministre m'annonce, mon cher camarade, que la troupe que tu commandes est comprise, ainsi que toi, dans l'armée des côtes de Brest. En conséquence, tu feras partir sur-le-champ huit cents hommes de Châteaubriant, que tu porteras sur Rennes. Ces hommes seront choisis parmi les plus en état d'être employés aussitôt. Je te préviens que l'ordre du ministre est précis et que j'en remets l'exécution à ta seule responsabilité [1].

ROSSIGNOL.

[1] « Les confins territoriaux de ton commandement étaient d'abord ceux de la ci-devant Bretagne; mais on y a joint, depuis, le département de la Mayenne; ainsi tu peux faire tes dispositions en conséquence. Salut et fraternité. BOUCHOTTE. » (*Lettre* du Ministre de la Guerre à Rossignol, 12 pluviôse an II-9 février 1794. GUERRE, *Arch. hist.*, V, 15).

Il s'agit ici des préparatifs de l'expédition que le Comité de salut public voulait tenter contre les Iles anglaises.

Tu m'enverras l'état effectif des forces qui composent ton avant-garde. J'écris au général Turreau, pour le prévenir que tu es maintenant sous mon commandement.

(GUERRE, *Arch. Hist.*, V. Registre de correspondance de Rossignol.)

36. — ROSSIGNOL AU MINISTRE DE LA GUERRE

Port-Malo, 5 germinal an II (25 mars 1794).

Citoyen ministre,

Aussitôt que j'ai reçu tes ordres pour l'exécution de l'arrêté du Comité de Salut public, je me suis occupé du mouvement de l'armée [1]. Voici comme j'ai disposé les forces qui étaient cantonnées à Port-Malo et environs :

Deux mille cinq cents hommes vont partir sous le commandement du général Kléber, pour Vitré et Fougères, et il va s'occuper de terminer la misérable guerre des Chouans, en désarmant absolument toutes les communes qui sont le théâtre de cet horrible brigandage [2]....

Le général en chef, ROSSIGNOL.

(GUERRE, *Arch. Hist.*, V, 15.)

---

1. « Le Comité de Salut public arrête que sur les trente mille hommes, à peu près, qui se trouvent à Port-Malo et environs, six mille seront envoyés à Brest et côtes adjacentes, huit mille à Cherbourg et postes du département de la Manche ; et dix mille distribués dans les départements du Morbihan, des Côtes-du-Nord et d'Ille-et-Vilaine », pour y maintenir la tranquillité publique et réprimer les Brigands.

« Le Ministre de la Guerre donnera les ordres les plus prompts pour l'exécution du présent arrêté et en rendra compte au Comité de Salut public » (1er germinal an II-21 mars 1794, *Arch. hist. de la Guerre*, V, 15. Cet arrêté est reproduit à sa date dans le *Recueil* de M. Aulard.

2. Le reste de ce rapport n'a pas trait à Kléber.

37. — Projet de destruction des Chouans

Présenté par les commissaires nommés à cet effet par les Sociétés populaires de Rennes et de Vitré; discuté le 5 germinal à la Société populaire de Rennes, en présence de M. Dubois de Crancé, représentant du peuple.

5 germinal an II (25 mars 1794).

Article 1ᵉʳ. — Couper les genêts et bois taillis, éclaircir les forêts et abattre toutes les haies sur le bord des grandes routes, au moins à la distance de cent toises, de chaque côté. Les administrations de district seront chargées de cette opération.

Art. 2. — Mettre des cantonnements dans toutes les communes où les Brigands se portent habituellement, amalgamer dans ces cantonnements des patriotes de ces communes et les solder. Ces patriotes seront désignés par les municipalités; elles seront responsables de leur bon comportement.

Art. 3. — Il y aura toujours une force armée active, sans cantonnement fixe, destinée à poursuivre les Brigands sans relâche, dans quelque lieu qu'ils se retirent.

Art. 4. — A des jours qui seront fixés, faire des appels de tous les citoyens de chaque commune; ceux qui ne se trouveront pas à ces appels, et qui ne pourront justifier de leur absence, seront regardés comme Chouans. Leurs noms et leur signalement seront affichés et publiés; ils seront arrêtés et traduits devant la commission militaire. Leurs meubles, effets et bestiaux seront conduits au chef-lieu du district et vendus au profit de la République, sauf les droits des créanciers légitimes.

L'appel sera fait en présence de la municipalité, du chef du cantonnement et des commissaires civils dont il sera ci-après parlé.

Art. 5. — Délivrer des cartes de sûreté à tous les citoyens de ces communes. Les citoyens reconnus patriotes auront une carte tricolore. Les citoyens qui, jusqu'ici, ne se sont pas assez prononcés, auront une carte de couleur; ceux-ci ne pourront vaquer que le jour à leurs affaires. Si, la nuit, on les trouve dans les champs, ils seront traduits devant la commission militaire. Ces cartes auront un timbre et porteront le signalement de ceux à qui elles seront délivrées.

Art. 6. — Les habitants des communes où il n'y aura pas de cantonnements n'auront point de cartes de sûreté, mais ils seront prévenus de se munir d'un passeport de leur municipalité, pour ne pas être arrêtés comme Chouans.

Art. 7. — Dans chaque commune où il y aura des cantonnements, il sera nommé des commissaires civils à la solde de la République. Ces commissaires seront désignés par les sociétés populaires de Rennes, Laval, Vitré, la Guerche, Fougères et Châteaugiron; ils seront chargés de ranimer l'esprit public, d'éclairer les habitants des campagnes sur leurs véritables intérêts, et de surveiller les différentes opérations.

Art. 8. — Il sera accordé une prime d'encouragement à tous les citoyens et citoyennes qui arrêteront ou feront arrêter des Brigands. Cette prime sera également accordée à ceux qui, ayant été obligés de marcher avec les Chouans, donneront des renseignements utiles et accéléreront leur destruction.

Art. 9. — Les cantonnements seront permanents; ils poursuivront les Chouans partout où ils apprendront qu'ils se portent. Les communes en seront prévenues et les mesures les plus sévères seront prises, jusqu'à l'entière destruction de ces scélérats.

Art. 10. — Les commissaires civils prendront contre les Brigands les mesures qu'ils jugeront convenables relativement aux subsistances.

Art. 11. — Les Brigands, chassés de toutes parts, pouvant affluer sur les communes patriotes, elles seront prévenues de se tenir sur leurs gardes. Un certain nombre d'habitants de ces communes sera désigné pour faire un service actif.

Art. 12. — Il y aura à Vitré deux mille hommes de troupes réunies aux forces qui existent déjà dans ces districts. Rennes fournira un nombre suffisant de gardes nationales pour faciliter la levée de la première réquisition.

Art. 13. — Dans le district de Vitré et les districts voisins, un seul général sera spécialement chargé de la destruction des Chouans; il sera revêtu de tous les pouvoirs nécessaires à l'exécution du présent arrêté et sera responsable des entraves et lenteurs qu'il apporterait à cette exécution.

Art. 14. — Les chiens de chasse seront employés à la poursuite des Brigands.

Art. 15. — La plus grande surveillance sera observée sur la distribution des cartouches; les officiers en seront chargés sous leur responsabilité. Chaque mois, ils en rendront compte. Il sera retenu sur leur traitement 10 francs par cartouche dont ils ne justifieront pas l'emploi.

Art. 16. — Deux à trois cents fusils de chasse seront pris dans l'arsenal de Rennes, transportés à Vitré, pour être réparés et ensuite remis aux Républicains des campagnes employés à la destruction des Brigands. Ces Brigands détruits, ces armes seront déposées au chef-lieu du district.

Fait et arrêté le 5 germinal, l'an II de la République française, une et indivisible [1].

> J.-B^{te} POINTEL, *commissaire de la Société populaire de Rennes;* — G.-M. LE COCQ; — LUCHAU, *commissaire de Vitré;* — MORIN, *commissaire de Vitré;* — CAUMONT, *commissaire de Vitré;* — TEXIER, *commissaire;* — COZETTE, *président provisoire.*

(PAPIERS CHATEAUGIRON. Collection Venture.)

38. — ROSSIGNOL A DUBOIS-CRANCÉ [2]

Port-Malo, 6 germinal an II (26 mars 1794).

Citoyen Représentant,

Je n'ai reçu qu'hier l'ordre du Comité de Salut public qui m'enjoint de disposer des troupes cantonnées aux environs de Port-Malo et qui étaient destinées à une opération maritime.

Voici comme je l'ai fait :

Deux mille cinq cents hommes, sous les ordres du gé-

---

1. Il existe dans les papiers de M. de Chateaugiron plusieurs autres projets du même genre émanant de diverses sociétés populaires de la région. Celui-ci est le plus détaillé.

2 Edmond-Alexis Dubois de Crancé, né à Charleville le 24 octobre 1747. Il était lieutenant des maréchaux de France, en Champagne, lorsqu'il fut élu député du Tiers-État de cette province aux États Généraux de 1789; entré en 1792, comme officier, dans la garde nationale parisienne, adjudant général à l'armée du Midi, député de l'Isère à la Convention, membre du Comité de la guerre. Il fit voter, le 1er janvier 1793, l'institution d'un Comité de Salut public. Il vota la mort du roi. Envoyé en mission à l'armée qui assiégeait Lyon, il dirigea l'attaque. Il fit voter l'embrigadement des troupes, le 9 nivôse an II (29 décembre 1793), et l'organisation des demi-brigades. Il fut chargé de procéder à cet embrigadement dans les armées de l'Ouest et des côtes de Brest. C'est pendant cette mission qu'il reçut la lettre ci-dessus. Membre du conseil des Cinq-Cents ; inspecteur général des armées en l'an IV, puis ministre de la guerre (1799). Disgracié par Bonaparte contre lequel il s'était d'abord prononcé. Mort à Rethel le 28 juin 1814.

néral Kléber, vont se joindre, dans le département de la Mayenne et les districts de Vitré et de Fougères, aux troupes qui s'y trouvent déjà.

Kléber part demain et a reçu une instruction qui lui prescrit de désarmer les communes insurgées, de protéger de toutes ses forces les opérations relatives à la loi du 20 août (vieux style), enfin, de se concerter avec les représentants du peuple sur les lieux, pour assurer la tranquillité d'un pays si longtemps désolé par le brigandage des chouans [1]...

Le général en chef, Rossignol.

(Guerre, Arch. Hist., V, 15.)

39. — Rossignol a Kléber, a Vitré

Rennes, 13 germinal an II (3 avril 1794).

Tu ne me parles point dans ta lettre, mon cher camarade, de l'exécution des mesures que je t'avais indiquées dans mon instruction, particulièrement de celle qui a pour objet le désarmement des communes. Cependant, je persiste à croire qu'elle est, sans contredit, la meilleure. Le Roux m'a communiqué ce que tu lui marques. Je ne pense pas que des cartes qu'on pourrait contrefaire, dont on pourrait trafiquer avec la même facilité, soient parfaitement rassurantes; et si cette idée a été seulement suggérée par le District, tu peux te dispenser d'y avoir égard.

Je t'avais chargé de soumettre mon instruction aux représentants du peuple. Si elle n'était pas adoptée par eux, il serait nécessaire, pour ma responsabilité et pour la tienne, de te faire donner par écrit les ordres que tu devrais suivre. Je crains beaucoup que cette guerre pre-

1. Le reste de cette lettre ne concerne pas Kléber.

nant un caractère sérieux, on ne m'accuse un jour de n'avoir pas pris les moyens les plus efficaces pour l'étouffer à sa naissance.

J'envoie à Turreau un courrier extraordinaire pour le presser de fixer définitivement nos limites respectives [1]. Je t'instruirai de sa réponse dès qu'elle me sera parvenue. En attendant, tu peux t'étendre dans le district de la Guerche, qui est infailliblement dans mon arrondissement territorial.

J'écris aussi à Rennes, pour te faire passer une couple de bataillons; tu as vu par toi-même que je ne puis disposer en ce moment d'aucune autre troupe. D'ailleurs, il est arrivé à Laval et à Fougères des escadrons de l'armée révolutionnaire, que tu pourras employer utilement.

Enfin, j'attends de ton zèle et de ton activité que tu ne négligeras rien pour donner une fin prochaine à cet extraordinaire brigandage. Épie avec soin la marche de ces Rebelles et fais en sorte de les exterminer en peu de temps.

J'attends, dans un bref délai, l'état nominatif des troupes que tu commandes et des cantonnements qu'elles occupent.

ROSSIGNOL.

(GUERRE, *Arch. Hist.*, V. Registre de correspondance de Rossignol.)

40. — ROSSIGNOL A KLÉBER

Rennes, 16 germinal an II (5 avril 1794).

Je te fais passer, mon cher camarade, trois bataillons

---

[1]. Le département de la Mayenne avait été compris dans l'arrondissement de l'armée des côtes de Brest aux ordres de Rossignol. Mais le général Turreau voulait conserver les districts de Laval, Château-Gontier et Craon, dans le ressort de l'armée de l'Ouest, dont il était commandant en chef.

de la division Delaborde [1] et un de la garnison de Rennes, qui escortera les munitions que tu as demandées au général Sabatier [2], auquel j'ordonne de suivre, autant qu'il sera possible, toutes les réquisitions que tu lui feras.

Tu connais assez la situation de l'armée, pour savoir

[1]. Henri-François Delaborde, né à Dijon, le 21 décembre 1774, soldat au régiment de Condé, le 27 mars 1783 ; congédié avec le grade de caporal, le 27 mars 1791 ; lieutenant au 1er bataillon de volontaires de la Côte-d'Or, le 30 août 1791 ; adjudant-major, le 9 avril 1792 ; chef de bataillon, le 19 octobre suivant ; général de brigade, le 11 septembre 1793 ; général de division, le 13 octobre ; désigné pour commander l'une des colonnes devant opérer une descente aux Iles anglaises (23 février 1794) ; destitué le 10 février 1795 ; réintégré le 14 mai suivant. Il fut un moment désigné pour commander l'expédition de Saint-Domingue, qui fut, en fin de compte, donné à Leclerc, beau-frère de Bonaparte ; conseiller d'État ; comte de l'Empire (12 novembre 1809) ; commandant supérieur des 12e, 13e et 22e divisions militaires (région de l'Ouest), pendant les Cent-Jours ; pair de France, le 2 juillet 1815 ; grand officier de la Légion d'honneur ; réformé sans traitement, en 1816 ; retraité, le 5 janvier 1820. Mort le 3 février 1833.

[2]. Jean-Isaac Sabatier, né à Montauban, le 1er mai 1756, soldat au régiment de la Sarre en 1773, dans Mestre-de-camp, en 1778, dans Royal-Pologne, en 1779 ; ayant trois fois déserté ; condamné deux fois par contumace, en 1778 et en 1779, puis jugé contradictoirement en 1782, condamné à quelques mois de chaîne ; soldat dans Royal-Piémont-cavalerie, le 5 octobre 1784 ; congédié le 12 octobre 1788. Guichetier des prisons de Nevers, où il organisa la garde nationale ; capitaine de grenadiers en 1792 ; venu en Maine-et-Loire, à la tête d'une compagnie franche, dès le début du soulèvement Vendéen ; commandant du bataillon des chasseurs de Baugé. Nommé par les représentants en mission général de brigade à l'armée des côtes de Brest ; passé avec son grade dans l'armée de l'Ouest, en vertu d'un arrêté du Comité de Salut public du 27 floréal an II (16 mai 1794). Il se faisait appeler *Mucius-Scœvola-Sabatier-Libre*, et rendait une sorte de culte à Robespierre, sur une Montagne qu'il avait fait ériger dans son habitation ; arrêté comme terroriste, le 15 germinal an III (4 avril 1795). Amnistié le 4 brumaire an IV (26 octobre 1795) ; retiré à Nevers. Officier des Douanes en l'an VIII ; déporté, sans jugement, à Cayenne, en raison de son hostilité contre le Premier Consul, il se distingua lors de l'attaque des Portugais, en 1810 ; un décret impérial du 11 novembre 1811 lui accorda la pension de retraite de chef de bataillon. En 1815, il signait Sabatier de Sainte-Croix, et obtenait une pension de 1,000 fr. du gouvernement de la Restauration, bien qu'il traitât publiquement Louis XVIII de « Brigand ». Chevalier de Saint-Louis, le 31 octobre 1828 ; mort le 18 juin 1829, à la succursale des Invalides, à Avignon. Une note de son dossier, aux Arch. adm. de la guerre, le désigne comme ayant été l'un des aides de camp de Jourdan-coupe-têtes.

que je ne puis disposer, en ce moment, d'un plus grand nombre de troupes. Cependant, aussitôt que je serai plus tranquille sur les mouvements du Morbihan, je te donnerai la cavalerie que tu me demandes.

Je persiste dans la mesure du désarmement, même des fusils de chasse, sauf, néanmoins, les ordres supérieurs des représentants du peuple que je t'ai toujours dit de consulter. Voici mes motifs :

1° D'après l'état que tu m'as fourni, il paraît que tu comptes pour rien les gardes nationales armées [1];

2° En augmentant les forces dont tu disposes, leur secours devient moins nécessaire;

3° Quand tu te serviras des hommes de bonne volonté du pays, tu pourras leur confier momentanément, et seulement pour le moment de l'expédition, les armes qui seront nécessaires, sauf à les remettre, au retour, dans un lieu de dépôt indiqué par toi;

4° Enfin, quand il n'y aura plus d'armes dans le pays, l'augmentation progressive des Chouans par la désertion de la première réquisition ne sera plus à craindre, puisqu'ils ne trouveront plus de moyens de nuire.

Telles sont, mon camarade, les dispositions que je crois

---

[1]. « *État des mouvements des troupes opérés dans l'armée de l'Ouest depuis le 7 germinal an II.* Port-Malo, 9 germinal an II (29 mars 1794).

1ᵉʳ bᵒⁿ des gren. R.,	400 h.	Dép. de St-Meloir,	8 gⁿˡ,	arr. à Fougères,	9 g.
2ᵉ —	331 —	— Dinan,	8 —	— Vitré,	10 —
Ch. de la Charente,	200 —	— St-Guinoux,	8 —	— Vitré,	10 —
82ᵉ régiment,	289 —	— Paramé,	8 —	— Fougères,	10 —
3ᵉ bᵒⁿ de la Nièvre,	332 —	— St-Pierre,	10 —	— Vitré,	12 —
Bataillon Marat,	800 —	— Port-Malo,	11 —	— Vitré,	13 —
24ᵉ régim. de cav.,	100 —	— Solidor,	6 —	— Fougères,	8 —

Total, 2,452 hommes.

. . . .

« Certifié véritable au quartier général de Port-Malo. HAZARD, *adjudant général, chef de l'état-major général de l'armée.* » (*Arch. hist. de la Guerre*, V, 15.)

les meilleures. J'augure bien du plan d'attaque simultanée que tu m'annonces, et j'espère qu'au moyen du renfort que je te fais passer, tu me donneras sous peu de bonnes nouvelles.

ROSSIGNOL.

(GUERRE, Arch. Hist., V. Registre de correspondance de Rossignol.)

41. — DUBOIS-CRANCÉ A KLÉBER

Rennes, 17 germinal an II (6 avril 1794).

J'attendais avec impatience de tes nouvelles. J'aurais désiré que tu m'eusses envoyé l'état de situation des forces que tu commandes, avec leurs différents cantonnements, afin de pouvoir plaider avec Rossignol en connaissance; à moins qu'il n'en soit de cette armée comme de celle de l'Ouest, où, sur cent mille hommes effectifs, on en trouve à peine dix en activité de service. Nous devons pourvoir aisément aux besoins et à la tranquillité du pays sans déranger la marche d'exécution des ordres du Comité de Salut public, relatifs au départ de la première réquisition.

Douze cents Chouans épars peuvent beaucoup inquiéter les habitants paisibles des campagnes, et c'est ce qui arrive. Un vol, un assassinat, commis par quelques-uns de ces Brigands, se multiplie de bouche en bouche et semble affecter une grande surface. Ce malheur sera inévitable jusqu'à la destruction du dernier de ces scélérats.

Voici mon opinion sur cette guerre :

J'approuve les cantonnements, comme point de départ et de ralliement. Mais si les troupes y restent en stagnation, trente mille hommes ne détruiraient pas un Chouan. Ils n'empêcheraient même pas douze cents Brigands de se réunir et de tomber sur les cantonnements l'un après l'autre, pour les détruire en détail.

Je pense que tu dois former autant de petites colonnes que tu as de cantonnements, sauf un corps de réserve un peu considérable, qui servira de retraite ou à fortifier les colonnes qui en auraient besoin.

Chacune de ces colonnes doit marcher, tantôt le jour, tantôt la nuit, de manière à traverser tout le pays insurgé, en tous sens. Sa marche, comme de raison, doit être éclairée par des tirailleurs. Il faut fouiller bois, rochers et toute case que l'on rencontre, fusiller tout ce qui est armé, enlever toute arme offensive. Si les Chouans sont divisés, cette marche les empêchera de se réunir et on les aura bientôt tous en détail. Il faut que chaque jour on en tue quatre ici, douze là, que l'on croie en voyant des troupes partout, qu'il y en a quatre fois plus qu'on n'en voit, et frapper de terreur les malveillants. La mesure des cartes de voyage est nécessaire. Je n'approuve pas les nuances, car si cet homme est suspect, il faut l'arrêter, et un cartouche différent d'un autre exposerait à des méprises très funestes.

Je vais m'occuper d'une proclamation que je te ferai passer de suite. Je te recommanderai d'y tenir la main avec sévérité.

Salut et fraternité. Dubois-Crancé.

(Guerre, *Arch. Hist.*, V, 6.)

42. — Rossignol a Sabatier, a Rennes

Rennes, 19 germinal an II (8 avril 1794).

Tu feras partir sur-le-champ, pour Vitré, le premier bataillon de la 17ᵉ demi-brigade; il escortera les munitions que demande le général Kléber et tu lui donneras la plus sévère consigne à cet égard.

Kléber étant chargé particulièrement de l'expédition des

Chouans, je t'autorise à lui fournir, de Rennes, tous les secours qu'il te demandera et dont tu pourras disposer...

ROSSIGNOL.

(GUERRE, *Arch. Hist.*, V. Registre de correspondance de Rossignol.)

43. — VÉRINE A ROSSIGNOL

Vitré, 19 germinal an II (8 avril 1794).

Le général Kléber vient de partir pour Laval et m'a chargé, en partant, de t'écrire les motifs de cette absence. La Société populaire d'Ernée a dénoncé l'adjudant général Boulan [1], et, d'après cela, le comité militaire de cette ville l'a mis en état d'arrestation. Cependant Boulan a eu ordre de se mettre en mouvement le 21 de ce mois, avec les autres adjudants généraux auxquels sont attribués les cantonnements. Le général Kléber manque de sujets et, si un seul reste au repos, les Chouans se porteront sur lui et l'opération sera manquée. Le général Kléber est donc allé à Laval auprès du représentant du peuple François, pour obtenir à Boulan une suspension provisoire, afin que son plan s'exécute. Tu trouveras ci-joint une apostille de la main du général Kléber [2].

Salut et fraternité. VÉRINE.

P.-S. — Tu trouveras ci-joint copie de l'ordre circulaire que le général Kléber a fait passer aux commandants de ses arrondissements [3].

(GUERRE, *Arch. Hist.*, V, 15.)

---

1. Diverses autres sociétés populaires de la région protestèrent contre l'arrestation de Boulan et attestèrent son civisme ainsi que les services rendus par lui contre les Chouans. Devenu général, il fut suspendu de ses fonctions après le 9 thermidor.
2. V. la pièce suivante.
3. V. cet ordre, du 18 germinal, à sa date au *Livre d'ordres*, p. 413-415.

44. — KLÉBER A ROSSIGNOL

[*Vitré, 19 germinal an II* (8 avril 1794.)]

Mon camarade,

Je prévois que j'aurais ici à faire une guerre de plume, et je n'y connais rien. Je pars pour la Gravelle et Laval. Vérine qui reste ici est chargé de te dire le reste. Jette-moi dans une mêlée, mais arrache-moi des paperasses. Depuis le premier moment de la Révolution, j'ai été soldat. Je me suis presque battu tous les jours; j'ai eu quelques succès. Mais, misérable orateur, je ne ferai pas fortune à la tribune. D'ailleurs les moments sont précieux.

KLÉBER.

(GUERRE, *Arch. Hist.*, V, 15.)

45. — HAZARD A KLÉBER

Rennes, 24 germinal an II (13 avril 1794).

Je t'annonce, mon cher camarade, l'arrivée de deux bataillons, savoir : le 4ᵉ du Haut-Rhin, trois cent quatre-vingt-sept hommes, le 8ᵉ bataillon dit d'Orléans, trois cent cinquante hommes, qui arriveront à Vitré demain. Je t'annonce également que le général Rossignol se propose de marcher sur Vitré, le 27, à la tête d'une colonne de quinze cents hommes d'infanterie et cent hommes de cavalerie.

HAZARD [1].

(GUERRE, *Arch. Hist.*, V. Registre de correspondance de Rossignol.)

---

1. Pierre-Nicolas Hazard, né à Paris, le 9 novembre 1750 ; soldat dans le régiment de la Sarre, puis dans les hussards de Bercheny sous l'ancienne monarchie ; professeur de mathématiques et de sciences militaires dans une école préparatoire établie à Nanterre, dans le couvent des Génovéfains. Bien qu'on ait affirmé qu'il faisait partie de cette congrégation, il s'en défendit vigoureusement, lorsqu'il devint, vers 1792, membre de l'administration du district de Saint-Denis (Seine). C'est en cette qualité d'ad-

46. — Kléber a Rossignol [1]

Vitré, 27 germinal an II (16 avril 1794).

Il est de mon devoir de t'instruire, dans la plus exacte vérité, de la situation des choses dans le pays dévasté par les Chouans et que tu as confié à ma surveillance. Voici les observations que j'ai faites, je te développerai ensuite les moyens que je crois propres à détruire les maux qu'elles présentent.

Trois hommes échappés des prisons de Laval et appelés Chouans [2] ont commencé cette révolte. Profitant sans

---

ministrateur du district, qu'il fut désigné pour accompagner en Vendée un bataillon de volontaires levés par lui dans les cantons de Nanterre et de Saint-Denis ; il était adjudant général à l'armée des côtes de la Rochelle, au mois de mai 1793, et fit, en cette qualité, avec l'ex-comédien Grammont, un voyage d'inspection dans la Basse-Vendée et sur les côtes ; inféodé au parti Ronsin, lié avec Rossignol, il fut nommé chef d'état-major général de l'armée des côtes de Brest, sous les ordres de ce général. Mis en arrestation par arrêté du Comité de Salut public du 28 floréal an II (17 mai 1794), remis en liberté par un second arrêté du même Comité, du 20 vendémiaire an III (11 octobre 1794) ; emmené en Égypte par Bonaparte ; mort gouverneur d'Alexandrie.

1. Le début de ce rapport figure au *Livre d'ordres* de Kléber, et se trouve brusquement interrompu après les premières lignes, à la suite desquelles deux pages ont été laissées en blanc, évidemment destinées à recevoir la copie entière de la pièce. Savary (*loc. cit.*, III, 448-450) donne une partie de celle-ci, avec certaines modifications de texte, comme à son ordinaire.

2. Les frères Cottereau, dits *Chouans*, d'où le nom donné aux insurgés de tout le pays. Ils étaient quatre, fils de Pierre Cottereau, bûcheron et sabotier, et qui portait déjà ce surnom de Chouan.

Pierre Cottereau, l'aîné, *dit* Pierre-qui-Mouche, sabotier comme son père, né à Brains, au Maine, en 1756, était très pieux et d'humeur paisible. Il ne prit point part aux premiers incidents de la Chouannerie. Emprisonné à Laval, au commencement de 1794, il s'évada et vint soigner son frère François, après la mort duquel il prit les armes dans la bande de Jambe-d'Argent. Il se laissa surprendre en sentinelle, à Coesme, absorbé qu'il était dans la récitation de son chapelet. Exécuté le 11 juin 1794.

Jean Cottereau, le célèbre Jean Chouan, couvreur, et surtout faux-saunier, né le 30 octobre 1757, à Saint-Berthevin, obligé de se cacher, bien avant la Révolution, à cause de ses démêlés avec les gabeleurs et avec

doute de quelque crédit qu'ils avaient dans les campagnes, ils formèrent un noyau de Brigands qui s'est successivement augmenté des débris de l'armée Catholique dispersée dans les affaires du Mans et de Savenay, des hommes de la première réquisition de trente et une communes de la Mayenne et d'Ille-et-Vilaine, enfin des déserteurs multipliés de celle des départements du Morbihan, des Côtes-du-Nord, etc. Ils ont occupé d'abord la forêt du

ses voisins. Condamné à mort par contumace en 1780, à la suite d'une rixe dans laquelle il avait blessé mortellement un individu. Arrêté seulement le 18 mai 1785, sur le territoire du Bourgneuf, remis en liberté faute de preuves, le 9 septembre 1786. Il était domestique dans les environs de Launay-Villiers, quand La Rouërie vint passer les mois de mai, juin et juillet 1792, au château de Villiers, et fut mis en rapports avec Jean Chouan. Celui-ci, dès lors, s'occupa d'organiser la résistance à l'action révolutionnaire, et prit, dès le mois d'août 1792, la direction du mouvement, à Saint-Ouen-des-Toits. Il demeura dès lors en insurrection, à la tête des hommes du pays. Au mois d'avril 1793, sa tête était mise à prix par le Directoire du district d'Ernée. Il rejoignit les Vendéens à Laval avec sa bande et contribua beaucoup à la victoire de la Croix-Bataille (25 octobre 1793). Après la bataille du Mans, où il perdit sa mère, écrasée dans la déroute, il rentra avec sa troupe dans la forêt de Misdon. Lorsque le prince de Talmont eut été fait prisonnier, il tenta, sans succès, de l'enlever, sur le chemin de Vitré à Laval. Uni à Jambe-d'Argent et à Moulin, il attaque successivement les cantonnements de Kléber, et enlève celui de Saint-Ouen-des-Toits, vers le 20 avril 1794. Ses deux sœurs, Perrine, née en 1776, et Renée, née en 1778, furent arrêtées à la suite de cet événement et guillotinées à Laval le 25 avril 1794. Surpris le 27 juillet suivant, avec une quinzaine des siens, dans les environs de Saint-Ouen, il est blessé mortellement en sauvant la femme de son frère René, et meurt, le lendemain, dans un fourré du bois de Misdon, après avoir désigné pour son successeur Delière, capitaine de la paroisse du Bourgneuf.

François Cottereau, né vers 1762, sous-lieutenant de la garde nationale de Saint-Ouen-des-Toits en 1790; agent très actif de La Rouërie; insurgé en même temps que son frère Jean avec lequel il fit la campagne dans l'armée Vendéenne. Revenu épuisé de fatigue et de besoin au bois de Misdon, il y mourut de la dysenterie.

René Cottereau, dit Faraud, né en 1764, cultivateur, marié en 1792 à Jeanne Bridier. Arrêté avec sa femme et sa sœur aînée, dans les premiers mois de 1793, relâché le 1ᵉʳ juin, emprisonné de nouveau à Laval, avec son frère Pierre, en 1794. Il prit ensuite les armes dans la pensée de venger ses frères et ses sœurs. Il survécut à toute la guerre. La Restauration lui fit une maigre pension de 400 fr. Mort seulement en 1846. Il avait eu quatorze enfants.

Pertre [1]; bientôt obligés de la quitter, ils se sont portés dans le pays dont je t'ai donné la carte.

Une partie de ces scélérats est divisée en deux hordes de quatre à cinq cents hommes chacune. Ceux-là sont armés de fusils et ont une très grande connaissance du pays, coupé de fossés, de haies et de bois, au point de n'en faire, au premier aspect, qu'une vaste forêt. Par ce moyen, ils évitent nos troupes avec la plus grande activité, quand ils les croient supérieures en nombre, et les attaquent avec audace, quand ils s'imaginent avoir sur elles ces avantages. Ce sont ces hordes qui ont été battues, le 22, près Bourgon et Bois-Belin [2].

L'autre partie, disséminée çà et là sur une grande surface, mendie ou travaille le jour, se livre la nuit au brigandage, forme pour ainsi dire toute la population du territoire, vit en s'emparant dans les métairies du pain et des vivres de toute espèce qui s'y trouvent, s'est munie de passeports délivrés par la malveillance ou arrachés par la force, et évite ainsi les recherches les plus exactes.

En général, le pays offre aujourd'hui le même aspect que la Vendée. Les villages sont déserts, quoique remplis de subsistances, les maisons sont fermées, et les mêmes hommes qui, comme je l'ai dit, semblent travailler le jour au labourage, se réunissent la nuit aux Brigands.

Au surplus, partout des autorités constituées malveillantes ou faibles laissent prendre à la révolte un caractère alarmant; partout, le fanatisme poussé au comble lui donne à la fois l'énergie qui se bat et l'entêtement qui ne

---

1. Forêt située sur le territoire de la commune du même nom; à treize kilomètres au sud-est de Vitré sur la limite du Maine. Elle couvre encore aujourd'hui une surface de douze cents hectares.
2. Le Bois-Belin, hameau, commune de la Boissière, canton de Craon (Mayenne).

se corrige jamais; et l'on sent assez que des nobles et des prêtres dirigent, eux seuls, tous ces mouvements.

D'après cela, il est évident qu'on ne terminera pas cette guerre sans de vastes mesures, qui ne laissent aucunes ressources au mécontentement et au désespoir.

La première consisterait à dépeupler sans miséricorde les trente et une communes, sur les intentions desquelles il n'y a plus aucun doute et qui n'offrent aucun mélange de patriotes et d'aristocrates. Et ce ne serait pas à l'incendie auquel il faudrait recourir, parce que le spectacle d'un grand nombre de villages en cendres ne ferait peut-être qu'ajouter à l'aigreur des esprits déjà violemment agités, même dans les communes qui ne se sont pas entièrement déclarées, et que, d'ailleurs, ce serait, dans l'état actuel des choses, une perte réelle pour la République que celle de la récolte d'un aussi grand pays.

La seconde, moins terrible au premier coup d'œil, et peut-être aussi moins efficace, serait une proclamation qui indiquerait des points de réunion, à une époque déterminée, pour tous les cultivateurs qui veulent rentrer dans l'ordre ou qui sont intéressés à le conserver. L'époque une fois passée, on courrait sur tous ceux qui n'auraient pas obéi en évacuant leur demeure et en venant habiter celle qu'on leur aurait désignée.

Mais ces mesures sont plus politiques que militaires, et ce serait seulement un représentant du peuple, envoyé sur les lieux par le Comité de Salut public, qui pourrait les diriger avec avantage. Ce serait lui seul, d'ailleurs, qui renouvellerait des autorités qui, comme nous l'avons dit plus haut, ajoutent plus au mal, qu'elles ne sont disposées à y remédier.

Quant aux dispositions qui tiennent à la guerre et qui sont du ressort des généraux, des cantonnements distribués avec art et intelligence, une force sans cesse agissante, des patrouilles fréquentes et nombreuses, un désarmement complet, des communications à établir, des perquisitions continues et simultanées, des attaques dirigées avec un grand ensemble, sont celles que j'ai employées avec succès jusqu'ici et qui peuvent, seules, finir une malheureuse affaire pour laquelle il n'y a pas un moment à perdre, tant à cause de l'accroissement qu'elle peut prendre, de l'importance qu'elle peut acquérir, que de la difficulté qu'elle présenterait, si les blés devenaient assez élevés pour ajouter à l'âspérité du pays et pour multiplier les abris à l'appui desquels les Brigands se défendent ou attaquent.

En insistant sur cette dernière considération, je t'invite, général, si tu ne peux disposer d'aucune autre troupe que celle que tu m'as déjà fait passer, à demander encore quelques bons bataillons pour faciliter mes opérations, sans trop fatiguer ceux qui ont déjà commencé à s'y livrer.

KLÉBER.

(GUERRE, *Arch. Hist.*, V, 15 [1].)

47. — LE MINISTRE DE LA GUERRE AU GÉNÉRAL EN CHEF ROSSIGNOL

Paris, 27 germinal an II (16 avril 1794).

J'ai reçu, citoyen, les lettres des 5 et 16 de ce mois, sur tes dispositions relatives à l'exécution de l'arrêté du Comité de Salut public du 1er germinal, et pour savoir ses intentions sur la suspension ou la cessation des préparatifs de l'expédition [2]. J'ai mis tes lettres sous ses yeux et

---

1. Copie certifiée conforme par Rossignol, général en chef de l'armée des côtes de Brest.
2. L'expédition non effectuée contre les Iles anglaises, dont il a déjà été parlé.

j'ai provoqué sa décision, que sans doute il t'a fait passer actuellement.

Dans la répartition des troupes, j'ai vu que tu faisais partir deux mille cinq cents hommes, sous le commandement de Kléber, pour Vitré et Fougères, avec ordre de s'occuper à terminer la malheureuse guerre des Chouans, en désarmant absolument toutes les communes qui sont le théâtre de cet horrible brigandage, J'avais lieu de croire que ces mesures vigoureuses auraient un prompt succès. La diligence de Rennes a été attaquée le 18, les voyageurs massacrés. Les Brigands se multiplient, dit-on, et la pousse des feuilles et des grains va masquer leurs repaires.

Tu ne m'as rendu aucun compte des opérations de Kléber. Qu'a-t-il fait? Où en est-il? Que reste-t-il à faire? Tu pourrais, au besoin, y envoyer momentanément Delaborde avec quelques renforts. Quand on met de l'ensemble et de la fermeté dans les mesures, il faut bien que tout cède et que tous les ennemis disparaissent devant les Républicains.

Le Morbihan doit d'être tranquille au moyen de ce qu'on s'y est pris à temps. Ta surveillance doit s'étendre à tout. Fais de fréquents mouvements occupant les troupes ; qu'elles s'instruisent, se disciplinent et se forment, surtout les officiers.

Au moment de fermer ma lettre, je reçois la tienne du 24 [1].

---

[1]. Dans cette lettre, Rossignol écrit : « Je pars pour attaquer les Brigands de la Mayenne et anéantir la Chouannerie. J'ai pris à cet égard toutes les dispositions nécessaires. Ma santé est rétablie encore une fois et je vais en faire bon usage contre les ennemis de nos lois républicaines. » — En marge, le ministre de la Guerre, Bouchotte, a écrit de sa main : « Les nouvelles arrivées au Comité sont que les Chouans sont très nombreux » (Guerre, *Arch. Hist.*, à sa date).

Je te félicite du parti que tu prends de marcher sur les Chouans. Tu as raison, il faut en finir et purger une bonne fois le sol de la liberté de nos féroces ennemis.

(GUERRE, *Arch. Hist.*, V, 15 [1].)

48. — ROSSIGNOL AU COMITÉ DE SALUT PUBLIC

Vitré, 30 germinal an II (19 avril 1794).

Citoyens Représentants,

. . . .

Le ministre me demande aussi des détails sur la guerre des Chouans, dont il paraît qu'on exagère à Paris le nombre et l'influence.

Le caractère que cette guerre paraissait prendre, l'événement malheureux arrivé à la diligence de Rennes, m'ont déterminé à venir moi-même sur les lieux, pour prendre une connaissance exacte de l'état des choses. Je vous ai déjà fait passer la carte des cantonnements que le général Kléber a placés. Je joins à cette lettre une copie de son dernier rapport et je vais vous soumettre les réflexions et les observations que j'ai eu lieu de faire.

Les Chouans sont jusqu'ici plutôt une troupe de voleurs et de déserteurs qu'un corps de révoltés redoutable par son influence politique. Des communes fanatisées, effrayées par la première réquisition, leur ont prêté des secours en hommes et en vivres, et leur ont donné une sorte de consistance. Mais ce qui doit rassurer à leur égard, c'est que, même alors que le petit nombre des troupes qu'on leur opposait empêchait de donner aux postes toute la force nécessaire, ils n'ont tenté avec avantage d'en surprendre ou d'en désarmer aucun

1. Minute.

Leur manière est de fuir et de se cacher. On les a rencontrés deux fois, et deux fois ils ont été battus et défaits. Il ne faut pas s'attendre, d'abord, à de grands résultats, parce qu'il est très difficile de les atteindre réunis et qu'on est obligé de se réduire à les détruire en détail. Ce qu'il était surtout essentiel de faire, c'était de placer les troupes avec intelligence, de mettre dans ce travail, dans la correspondance et dans les sorties, une grande méthode, un grand ensemble. Et c'est ce que le général Kléber a fait jusqu'ici.

A l'égard du massacre des voyageurs dans la diligence de Rennes, massacre qui a eu lieu deux jours après l'arrivée de Kléber, au moment où il traçait ses dispositions, il prouve précisément tout ce que je viens de dire. Et cette atrocité gratuite, très propre, sans doute, à alarmer l'opinion loin du triste théâtre de ce malheur, est pourtant plutôt l'ouvrage de Brigands, égarés par la rage, que de révoltés, s'essayant à conquérir, par la guerre civile, une influence inquiétante.

Cependant il n'y a pas un moment à perdre pour anéantir ces scélérats et le meilleur moyen, sans contredit, est de dépeupler les communes qui leur servent d'asile et qui subviennent à leurs besoins.

Il faudrait pour cela, sur les lieux, un représentant du peuple investi de grands pouvoirs. Il faudrait faire revivre et appliquer à ces communes le décret du 1er août, relatif à la Vendée. Il faudrait renouveler ou stimuler des corps constitués qui, par incurie ou malveillance, ont laissé s'ouvrir et s'accroître une plaie qu'ils pouvaient fermer d'abord.

Aujourd'hui, dix mille hommes sont employés à cette expédition. Le général qui les commande a déjà fait la guerre de la Vendée et y a acquis, sur cette sorte de guerre et sur la nature du pays, une expérience très utile. Tout le territoire infesté par ces coquins est divisé par arrondissements, chacun sous le commandement immédiat d'un adjudant général. Le service se fait avec exactitude, les patrouilles y sont fréquentes et les sorties s'y feront avec ensemble. Je veillerai très scrupuleusement à ce que rien n'échappe à la vigilance des chefs, et j'espère que la grande majorité de ces scélérats sera, dans peu, exterminée. Les rapports les plus exacts les font monter à huit cents ou mille combattants et non pas, comme on l'a dit au Ministre de la guerre, à huit ou dix mille. D'ailleurs je vais employer, pour les découvrir, l'espionnage, les moyens les plus propres à m'assurer de leur repaire, à les y détruire promptement, et je me rendrai sans délai partout où ma présence pourrait être nécessaire.

Tout ce que j'ai vu depuis que je suis à Vitré, citoyens représentants, est très propre à vous tranquilliser sur ce triste brigandage, sans cependant rien diminuer à l'efficacité des mesures que je soumets à votre sagesse, surtout sans retarder l'envoi d'un représentant du peuple qui puisse lever sur-le-champ tous les obstacles.

Salut et fraternité.

ROSSIGNOL.

(GUERRE, *Arch. Hist.*, V, 15.)

49. — KLÉBER A HAZARD

Vitré, 1er floréal an II (20 avril 1794).

Je t'envoie, mon cher camarade, un caisson vide que tu me feras remplacer par un plein, le plus promptement possible. Tu voudras bien aussi en faire escorter, jusqu'à Fougères, un pareil qui, de là, filera sur Ernée. Recommande surtout qu'on n'y oublie pas les pierres à fusil, car tous les soldats en réclament.

Si tu as dans les magasins des effets d'habillement, adresse-m'en par la même escorte, surtout des culottes. Il me manque aussi des fusils, beaucoup de baïonnettes et généralement tout ce qui compose l'armement.

KLÉBER.

(GUERRE, *Arch. Hist.*, V. Registre de correspondance de Rossignol.)

50. — HAZARD A KLÉBER, A VITRÉ

Rennes, 2 floréal an II (21 avril 1794).

Au reçu de ta lettre, mon cher camarade, j'ai donné les ordres les plus prompts et les plus précis pour faire conduire à Vitré un caisson plein, huit mille pierres à fusil et une bonne quantité d'effets d'habillement. Tu recevras le tout aujourd'hui, bien conditionné. Je vais m'occuper de faire partir pour Ernée, par Fougères, les munitions que tu me demandes.

Je te souhaite une bonne chasse et désire que tu nous rapportes tes deux oreilles.

Mille amitiés à tous nos camarades Républicains.

HAZARD.

(GUERRE, *Arch. Hist.*, V. Registre de correspondance de Rossignol.)

51. — ROSSIGNOL A DUBOIS-CRANCÉ

Vitré, 2 floréal an II (21 avril 1794).

Citoyen,

Nous avons arrêté, le général Kléber et moi, de faire mouvoir à la fois toutes les troupes de la division. Je t'envoie le plan de ces mouvements qui auront lieu le 5 floréal. Je t'engage à les examiner et à m'envoyer les modifications que tu jugeras bonnes à y faire.

Il est de toute vraisemblance que, si ces mouvements

sont dirigés comme ils doivent l'être et suivant les mesures que nous avons prises, nous terminerons dans peu la guerre des Chouans. Je te rendrai compte de l'effet qu'ils auront eu, aussitôt que je serai de retour.

Salut et fraternité. ROSSIGNOL.

P.-S. — Le nombre des prisonniers sera sans doute considérable. Pour éviter l'encombrement des mêmes lieux, il serait important que tu m'autorisasses à les faire refluer dans l'intérieur et que tu m'indiquasses d'une manière positive le parti que je dois prendre à leur égard.

Hier, dimanche de Pâques, deux pasteurs ont été arrachés à leurs ouailles, au moment où ils disaient la messe [1].

(GUERRE, *Arch. Hist.*, V. Registre de correspondance de Rossignol.)

52. — LE GÉNÉRAL CHABOT A L'AGENT NATIONAL DU DISTRICT DE LAVAL

Astillé, 5 floréal an II (24 avril 1794).

Conformément aux ordres que j'ai reçus du général divisionnaire Kléber de faire conduire à Laval tous les hommes des communes réputées insurgées, j'y fais conduire tous ceux que j'ai trouvés à Astillé, qui est compris dans la liste qui m'a été adressée par ce général.

Tu voudras bien prendre des précautions pour que ces hommes, qui sont réputés suspects, soient mis en lieu de sûreté, jusqu'à ce que les représentants ou ledit général en aient ordonné autrement.

Salut et fraternité. CHABOT.

P.-S. — Parmi, se trouvent des jeunes gens de la première réquisition, que tu feras partir le plus tôt possible.

(ARCH. DE LA MAYENNE, L, 200.)

---

[1]. Le reste est sans intérêt pour ce qui concerne Kléber en Vendée.

53. — Hazard au Comité de Salut public

Rennes, 6 floréal an II (25 avril 1794).

Citoyens représentants,

. . . .

L'expédition des Chouans s'exécute, et toute la division de Kléber est employée. Vous voyez combien il serait urgent d'accélérer l'arrivée des contingents qui doivent compléter nos bataillons, ou de nous envoyer un renfort des armées qui nous avoisinent.

Dans ce moment, il serait essentiel que vous voulussiez bien prononcer sur la ligne de démarcation territoriale de notre armée, depuis Nantes jusqu'à Mayenne. Le bien du service l'exige d'autant plus que Laval, Château-Gontier, Candé, etc., se trouvent exposés aux brigandages des Chouans et ne sont pas sous le commandement du général Rossignol.

Toute notre armée est composée en ce moment de sans-culottes, au physique comme au moral. J'ai été obligé de faire faire, à Rennes, des pantalons de toile [1], pour venir au secours de ces braves frères d'armes qui combattent en ce moment les Chouans dans les forêts du Pertre, d'Antrain, etc. Depuis longtemps j'ai cessé de demander au ministre des effets d'habillement; nous avons surtout besoin de vestes et de culottes.

HAZARD.

(GUERRE, *Arch. Hist.*, V, 15.)

54. — Rossignol a Hazard

[Laval,] 10 floréal an II (29 avril 1794).

Au moment où les troupes étaient toutes en mouve-

---

1. *Note*, en marge : « Envoyé le 18 floréal (7 mai 1794). »

ment, où elles forçaient les Chouans à sortir de leurs repaires, il était inévitable que des hommes fuyant de toutes parts se jetassent dans les points les moins défendus du territoire qu'ils occupaient. Une seconde lettre de Bouchotte apprend à Kléber que les trois mille hommes se sont réduits à cent. Et l'expérience, les affaires fréquentes que nos troupes ont eues avec eux, prouvent qu'ils sont absolument sans consistance; au point qu'on les trouve aujourd'hui sous des ponts, dans des tanières et sous des monceaux de feuilles.

Il est important de dissiper le plus tôt possible les alarmes que ces mouvements et ces nouvelles ont dû causer à Rennes, et tu communiqueras ma lettre au représentant Dubois-Crancé. J'ai eu occasion de voir par moi-même et par tous les rapports qui m'ont été faits, combien des Brigands peu nombreux, disséminés sur une grande surface, sans vivres, sans munitions et sans concert, étaient peu redoutables. On ne parviendra à les détruire qu'en détail, et c'est l'affaire de fréquentes patrouilles faites avec intelligence et activité.

Le représentant du peuple François, qui m'a appelé ici, y arrive aujourd'hui et nous devons concerter ensemble les mesures à prendre relativement aux habitants des communes suspectes que nous avons rassemblés au chef-lieu du district. L'essentiel est d'ôter à ces coquins les moyens de vivre et de se pourvoir de munitions. Une fois qu'ils seront entièrement dissipés, le zèle et la vigilance des cantonnements, l'intérêt même des cultivateurs qui les verront sans forces et sans consistance, parviendront aisément à les anéantir.

Je pense que tu auras vu les instructions de Kléber; elles doivent servir de base à tes opérations. Bourbotte pourra t'en donner communication. Le système qui a été adopté jusqu'ici me paraît le seul qui convienne.

Salut et fraternité.   Rossignol.

(Guerre, *Arch. Hist.*, V. Registre de correspondance de Rossignol.)

55. — Rapport

10? floréal an II (29 avril 1794).

D'après l'instruction donnée pour la chasse à faire aux Chouans, le 5 floréal [1] et jours suivants, la colonne d'Ernée, après avoir parcouru et fouillé, le premier et le second jour, tout le terrain qui lui était indiqué et avoir arrêté tous les habitants suspects, essuya, le 6, à la hauteur du Bourgneuf, quelques coups de fusil. Elle méprise ce feu et, se dispersant en tirailleurs, elle court à la baïonnette vers l'endroit d'où il partait. Aussi timides que lestes, les Chouans cherchaient déjà leur salut dans leur fuite; trente sont cependant restés sur le champ de bataille. Les troupes sorties de Fougères ont été moins heureuses, puisqu'elles n'ont fait tomber sous leurs coups que trois scélérats; mais, en revanche, elles ont saisi des armes de toute espèce, qu'elles ont trouvées en majeure partie cachées dans des creux d'arbres. Sans cesse en mouvement dans son arrondissement, Decaën, commandant à la Gravelle, a ramassé quelques guenilles dans la forêt du Pertre, dont les lâches, en fuyant, se débarrassaient pour rendre leur fuite plus légère. Six individus ont été l'hécatombe qu'il a offerte au génie de la Liberté. De ce nombre étaient trois hommes, dont la demeure souterraine prouve la nécessité de rechercher cette espèce d'ennemis dans les entrailles de la terre. Étonnés de la sentir s'affaisser sous leurs pas,

---

1. Cf. *Livre d'ordres*, p. 418 et s.

nos Républicains enfoncent leurs baïonnettes; des cris aigus frappent leurs oreilles. Ils se servent de leurs doigts en place d'outils; bientôt le trou se trouve à découvert et ils entendent très distinctement des voix humaines leur demander grâce. Une fille, reconnue à la Gravelle, pour y avoir passé armée de pied en cap et s'y être fait distinguer par ses propos incendiaires, a reçu la récompense due à ses actions.

Vérine, à la tête des troupes qu'il avait rassemblées, s'est porté du côté de la Guerche. Il n'a rencontré de résistance nulle part. Quelques hommes de la réquisition même du département du Cantal ont été arrêtés par ses ordres. Il a aussi rapporté un drapeau, qui portait l'emblème du royalisme, qu'il a trouvé caché dans un pailler. Quelques vases ci-devant sacrés ont été par lui remis aux administrateurs du district de Vitré. Plus heureux, en rentrant dans leurs quartiers, un de ses détachements a rencontré les Chouans dans la lande de Montautour et les a mis en pleine déroute, quoique infiniment moins nombreux. Des sabots à l'infini et vingt cadavres attestent aux passants que quatre-vingts Républicains ont suffi pour dissiper une horde qui n'avait de grand que sa lâcheté et sa férocité. Un autre a saisi quelques fusils et a aiguisé ses baïonnettes dans le corps de ces fanatico-royalistes. S'il a perdu trois Républicains, ce crime en est dû à la mollesse ou à l'insouciance de leurs officiers, et la commission militaire à qui je les ai livrés en fera sûrement justice.

Quel qu'ait été le zèle des colonnes destinées à fouiller les districts de la Guerche et de Châteaubriant, elles n'ont rien trouvé. Une patrouille de Brielles [1] a seulement arrêté

---

1. Brielles, commune du canton d'Argentré, arrondissement de Vitré (Ille-et-Vilaine).

trois Chouans que le commandant de l'arrondissement de la Guerche [1] a fait fusiller à l'instant.

Toutes les troupes ont ponctuellement exécuté l'ordre d'arrêter les gens suspects et les habitants des communes insurgées. Toutes paraissent animées du meilleur esprit et ne respirer qu'après l'extinction totale des ennemis qu'elles ont en tête. Si cette chasse n'a pas causé la mort à autant d'ennemis que nous l'eussions désiré, elle leur a enlevé infiniment de leurs ressources, puisque nous avons ramené avec nous un très grand nombre de jeunes gens de la première réquisition et que le recensement des grains, que les administrations se hâteront, sans doute, de faire conduire en sûreté, leur ôtera tous les moyens de subsistance.

L'une des colonnes de Laval, aux ordres de l'adjudant général Mignotte, a trouvé quelques petites bandes de Chouans ; quatorze sont tombés sous le glaive vengeur des braves qu'il commandait. De ce nombre était le nommé Édiard, un de leurs chefs ; Maultrot [2], ci-devant procureur du roi à Poitiers, et, au moment de l'entrée des Brigands à Saumur, commandant de la garde nationale, qui avait suivi ces scélérats jusqu'à la déroute d'Ancenis, d'où il était passé aux Chouans, a été aussi amené à Laval, le 8, et guillotiné, le 9 [3]. Trois fusils, dont un entre les mains d'Édiard, et un pistolet à deux coups, ainsi que quarante

---

1. L'adjudant général Tréhour.
2. Gabriel Maultrot avait été désigné, d'office, par les généraux Vendéens, pour faire partie du comité auquel ils confièrent l'administration de Saumur, lorsqu'ils se furent emparés de cette ville (juin 1793). Comme le plus grand nombre de ses collègues, Maultrot avait dû, contraint et forcé, accepter les fonctions qui lui étaient ainsi dévolues. Sachant le sort qui l'attendait, dès lors, s'il retombait aux mains des Républicains, il avait suivi l'armée catholique et royale, lorsque celle-ci avait évacué la ville.
3. 27 et 28 avril 1794.

boisseaux de grains cachés sous des monceaux de feuilles, ont été découverts et, par conséquent, saisis et conduits à Laval [1].

(Papiers Chateaugiron. Collection Venture.)

56. — Ampliation

[*Paris,*] *9 floréal an II* (28 avril 1794).

Le Comité de Salut public arrête :

Que Schérer, général de division à l'armée du Rhin, Kléber, général de division à l'armée de l'Ouest, et Dubois, général de brigade à l'armée du Rhin, se rendront sans délai à l'armée du Nord, sous les ordres de Pichegru.

La Commission de l'organisation et du mouvement donnera en conséquence les ordres nécessaires.

  Robespierre; Collot d'Herbois; B. Barère; Carnot; Billaud-Varenne; R. Lindet; Saint-Just; C.-A. Prieur.

(Guerre, *Arch. Adm.* Dossier Kléber.)

57. — La Commission de l'organisation et du mouvement des armées de terre a Kléber

Paris, 10 floréal an II (29 avril 1794).

Je t'envoie, citoyen, copie d'un arrêté du Comité de Salut public pour te rendre sans délai à l'armée du Nord, sous les ordres de Pichegru [2].

Tu voudras bien te rendre sur-le-champ et sans le moindre retard, de ta personne, au Nord, après avoir remis le commandement de la division entre les mains de

---

1. Sans signature, en copie, à son rang, dans les autres pièces provenant de M. de Chateaugiron.
2. Voir la pièce précédente.

l'officier général auquel tu auras le plus de confiance, en attendant l'arrivée du général Vachot. Informe le général en chef.

Tu trouveras des représentants du peuple à Réunion-sur-Oise [1] ou aux environs. Ne perds pas un moment et accuse-moi la réception de cette lettre.

Salut et fraternité.

L.-A. PILLE [2].

(GUERRE, *Arch. Hist.*, V, 15.)

58. — KLÉBER A LA COMMISSION DE L'ORGANISATION ET DU MOUVEMENT DES ARMÉES DE TERRE

Laval, 12 floréal an II (1ᵉʳ mai 1794).

Citoyens,

C'est à Laval, le 11, à une heure de l'après-midi et au milieu d'une conférence très importante avec le représentant du peuple François, relativement à la destruction des Chouans, que j'ai reçu votre dépêche en date du 10.

Les mesures qui ont été prises jusqu'ici dans l'expédition dont j'étais chargé et la remise du commandement au général Chabot, qui me succédera provisoirement, exigeront mon retour à Vitré, et je n'en pourrai partir que vers le 15, d'où je me rendrai en poste à Paris, où je

---

1. Nom révolutionnaire de Guise (Aisne).
2. Louis-Antoine Pille, né à Soissons, le 14 juillet 1749, petit-neveu de Jean Racine; secrétaire général de l'Intendance de Bourgogne avant la Révolution; commandant d'un des bataillons de volontaires formés à Dijon, à la tête duquel il se distingua à l'armée de Dumouriez; adjudant général en 1792, livré par Dumouriez aux Autrichiens et emprisonné à Maëstricht; commissaire général du mouvement des armées de terre et de mer, il fit fonctions de ministre de la guerre. Général de brigade à l'armée de l'intérieur, puis, en 1797, à l'armée d'Italie; inspecteur aux revues après le 18 brumaire; général de division en 1806; chevalier de Saint-Louis en 1814; comte, en vertu d'une ordonnance royale du 23 septembre 1815. Mort à Soissons, le 7 octobre 1828.

prendrai de vous les ordres ultérieurs, par rapport à ma nouvelle destination.

Salut et fraternité.

Le général de division, Kléber.

(Guerre, *Arch. Hist.*, V, 15.)

59. — Le Ministre de la guerre a Damas

Paris, 28 janvier 1809.

Général,

L'Empereur est instruit qu'il existe des mémoires du général Kléber sur la Vendée, dont vous êtes le dépositaire, ou qui se trouvent déposés dans un lieu que vous connaissez.

Sa Majesté désire que ces mémoires lui soient communiqués.

Je vous invite, général, à me les adresser, afin de les mettre sous les yeux de Sa Majesté.

Je ne doute point, général, de votre empressement à remplir les intentions de Sa Majesté.

Recevez, général, l'assurance de ma parfaite considération.

Le Ministre de la guerre, comte d'Hunebourg [1].

(Guerre, *Arch. Hist.* Carton : *Mémoires historiques.... Vendée.*)

---

1. Henri-Jacques-Guillaume Clarke, né à Landrecies le 17 octobre 1765 ; élève à l'École militaire, le 17 septembre 1781 ; sous-lieutenant au régiment de Berwick, en 1782 ; capitaine au 16ᵉ dragons, en 1790 ; général de brigade à l'affaire d'Ercheim, le 19 mai 1793 ; destitué comme suspect, le 12 octobre ; replacé, grâce à Carnot, le 1ᵉʳ mars 1795 ; général de division, le 7 décembre de la même année. Commandant du département de la Meurthe, le 24 décembre 1800. Ambassadeur ; rappelé à l'activité, comme général de division, le 24 octobre 1805 ; grand officier de la Légion d'honneur, le 8 février 1806 ; ministre de la guerre, du 9 août 1807 au 3 avril 1814 ; comte d'Hunebourg, le 24 avril 1808 ; duc de Feltre, le 15 août 1809. A l'approche des alliés, il noua des intrigues avec le marquis de Chabannes, agent des Princes. Pair de France, le 4 juin 1814 ; grand-aigle de

546

60. — Beugnot a Damas

Düsseldorf, 3 mars 1809.

Monsieur le général, je suis chargé de vous faire connaître que Sa Majesté l'Empereur et Roi a daigné agréer l'hommage que vous lui avez fait des mémoires sur la Vendée, et qu'elle acceptera avec la même satisfaction ceux qui peuvent exister sur l'expédition d'Égypte.

Je ne doute pas, Monsieur le général, de l'empressement que vous mettrez à obtenir de Sa Majesté un témoignage de plus du sentiment dont je m'applaudis d'être l'organe.

Je vous prie d'agréer l'assurance de ma considération distinguée.

Le ministre de S. M. l'Empereur et Roi, dans le grand-duché de Berg, comte d'Empire,

Beugnot [1].

Nota. — Les expressions de cette lettre déguisent la vérité; je n'ai point fait hommage à l'Empereur des mémoires du général Kléber sur la Vendée; mais j'ai exécuté l'ordre que j'ai reçu du ministre de la guerre en date du

---

la Légion d'honneur, le 14 août 1815; de nouveau ministre de la guerre, le 28 septembre suivant. Il fut le créateur des cours prévôtales; maréchal de France, le 3 juillet 1816. Mort à Neuwiller (Bas-Rhin), le 28 octobre 1818.

1. Jacques-Claude Beugnot, né à Bar-sur-Aube, le 25 juillet 1761; député de l'Aube à l'Assemblée législative, emprisonné à la Force en 1793; conseiller intime de Lucien Bonaparte, au ministère de l'intérieur, après le coup d'État de brumaire; conseiller d'État; administrateur du grand-duché de Berg (1808); chevalier, puis comte de l'Empire (24 février 1810); ministre de l'intérieur du gouvernement provisoire, en 1814; directeur général de la police, pendant la première Restauration; directeur général des Postes, au retour de Louis XVIII (9 juillet 1815); député de la Seine-Inférieure à la Chambre de 1816 et à celle de 1819; grand officier de la Légion d'honneur, le 24 avril 1817; mort à Bagneux (Seine), le 24 juin 1835.

28 janvier 1809, de lui adresser les mémoires de ce général que l'Empereur désirait avoir. M. le comte Beugnot, qui avait vu cet ordre et qui m'avait demandé à être l'intermédiaire de son exécution, ne pouvait pas l'ignorer, puisque c'est lui qui fit passer le paquet d'envoi des mémoires et ma lettre qui l'accompagnait.

D[AMAS] [1].

(GUERRE, *Arch. Hist.* Carton : *Mémoires historiques.... Vendée.*)

---

1. Ce *Nota* est entièrement écrit de la main de Damas, sur la lettre même de Beugnot.

ERRATA

Page 15, note 3, lire : Nantes.... *Ouest-sud-ouest* d'Angers, au lieu de est-sud-est.

Page 114, lire : Villeneuve.... à *onze* kil. de Nantes, au lieu de treize kil.

Page 115, dernière ligne, lire : *Haute*-Goulaine, au lieu de Basse-Goulaine.

Page 217, note 1, lire : *Schlestadt*, au lieu de Schelestadt.

Page 239, note, lire : *Nort,* au lieu de Niort.

Page 287. lignes 6, 11 et note, lire : *Dembarrère*, au lieu de Dambarrère.

Page 291, note 1, lire : *Landal*, au lieu de Landat.

Page 379, note, lire : *arrêté*, au lieu de décret.

Page 419, note 5, lire : frère du *ministre de la Guerre*, au lieu de conventionnel.

Page 500, note 1, lire : *Bouchotte*, au lieu de Bourbotte.

INDEX ALPHABÉTIQUE

NOMS DE PERSONNES ET NOMS DE LIEUX

A

Abadie (d'), 389, 401.
Absie (l'), 19.
Acheneau, 17, 19, 24, 114.
Ageron, 173, 225, 348, 350, 356.
Agra (évêque d'), 80, 82.
Ahuillé, 413, 418, 424.
Aigrefeuille, 16, 23, 114, 116, 140, 144, 145, 149, 168, 173.
Aiguillon (l'), 16, 19.
Airvault, 13, 14.
Aizenay, 17, 114, 117.
Aldebert, 242, 243.
Alençon, XVII, 244, 266, 491, 493, 495, 496, 497, 498, 500, 510.
Allier, 159.
Amberre, 14.
Ambillou, 410.
Amelot de Chaillou, 42.
Amey, 272, 273, 293, 295, 393, 511, 512.
Ancenis, XXX, 21, 79, 80, 94, 95, 184, 215, 232, 235, 236, 237, 238, 239, 332, 333, 362, 363, 364, 365, 380, 455, 456, 504, 505, 542.
Andard, 402.
Andouillé, 424.
Andrezé, 222.
Angers, X, XIV, XVII, XX, XXI, XXXIII, XXXV, XXXVII, 6, 7, 13, 14, 18, 21, 78, 79, 81, 89, 93, 94, 101, 106, 108, 119, 120, 130, 175, 179, 194, 232, 235, 236, 237, 238, 239, 242, 244, 251, 252, 253, 254, 255, 258, 259, 260, 261, 262, 263, 265, 267, 268, 281, 282, 306, 308, 309, 310, 312, 313, 314, 315, 316, 317, 318, 319, 321, 322, 332, 333, 368, 369, 371, 373, 374, 375, 376, 377, 378, 381, 382, 383, 384, 387, 402, 403, 436, 475, 476, 485, 486, 487, 488, 490, 492, 493, 495, 497, 498, 499, 501, 505, 506, 510, 511, 548.
Angoulême (duc d'), 92.
Antrain, 143, 265, 267, 271, 272, 274, 276, 277, 280, 283, 285, 286, 287, 288, 290, 291, 292, 293, 294, 295, 296, 297, 299, 300, 301, 303, 305, 306, 308, 311, 392, 393, 394, 395, 396, 397, 499, 538.
Araise, XXV, 420, 421.
Argenton (l'), 20, 119.
Argenton-le-Château, 118, 119, 512.
Argentré (Ille-et-Vilaine), 418, 426.
Argentré (Mayenne), 488.
Arnage, 325.
Assé-le-Béranger, 496, 498.
Asson (l'), 16.
Astillé, 425, 536.
Aubert du Bayet, VIII, X, XI, XV, 72, 89, 91, 96, 99, 100, 101, 105, 106, 112, 113, 122, 131, 134, 135, 136, 139, 140, 144, 145, 155, 156, 157, 169, 171, 176, 177, 185, 186, 193, 255, 256, 347, 350, 433, 434, 435, 436, 438, 443, 444, 447, 448, 459, 463, 500.
Aubry, 375.
Aucey, 282, 296.
Augereau, 84, 180.
Ausance, 394.
Authion, 402.
Autichamp (d'), XI, 78, 236.
Autise, 19, 22.
Aux (chât. d'), 110, 114.
Auzance, 9, 14, 19.
Aveneau, 401.

Avranches, 271, 272, 273, 274, 275, 276, 280, 296, 311, 318, 394.
Azé, 487.

B

Bachelay, 206, 355, 460.
Baconnières (la), 424, 487.
Baguer-Pican, 285, 289, 295.
Baillon, 463.
Bain-de-Bretagne, 419.
Balazé, 426.
Ballots, 420.
Barbâtre, 11.
Barbinière (la), 97.
Bard, 104, 202, 203.
Barère, 190, 191, 501, 543.
Baronnière (la), 77.
Barré, 119.
Barre-de-Mont (la), 9.
Barreau, 356.
Barris, 253.
Batardière (la), 493.
Baugé, 267, 316, 317, 319, 321, 322, 323, 324, 402, 405, 506, 502, 521.
Baumerie, 375.
Bazoges-en-Paillers, 117, 458, 470, 471.
Bazouges, 384, 385.
Beaufort, xxii, 415.
Beaufort-en-Vallée, 316, 319, 321, 402, 502.
Beaufranchet d'Ayat, 102, 258.
Beauharnais, 430.
Beaulieu (Maine-et-Loire), 21, 119.
Beaulieu (Mayenne), 426.
Beaumont-le-Vicomte, 493, 496, 497.
Beaupréau, xxxvii, 15, 16, 21, 22, 82, 206, 208, 210, 211, 214, 215, 219, 220, 221, 222, 223, 226, 227, 228, 230, 232, 233, 246, 362, 364, 455, 506.
Beaupuy, 101, 104, 140, 144, 150, 151, 164, 167, 170, 174, 177, 187, 188, 191, 202, 203, 204, 217, 218, 220, 222, 224, 231, 232, 238, 239, 240, 241, 244, 245, 246, 247, 248, 252, 263, 317, 432, 463, 477.
Beaurepaire (Deux-Sèvres), 21.
Beaurepaire (Vendée), 470, 471.
Beauséjour, 199, 200, 466.
Beauveau (marquis de), 56.

Beauvoir-sur-Mer, 9.
Beffroy, 84.
Bégaudière (la), 200.
Bégrolles, 22.
Bellegarde (Dubois de), 213, 220, 257, 475, 476.
Belle-Isle-en-Mer, 272.
Bellême, 497, 498.
Bellet, 184, 460.
Benaben, xvii, xxxiv, 236, 237, 264.
Béné, 260.
Bérard, 275.
Bernard, xxii, 418.
Bernard de Marigny, 77, 81, 208, 229, 330.
Bernier (abbé), 81.
Berruyer, 74, 102.
Berthe, 94.
Besson, 188, 206, 463.
Beugnot, xxxii, 546, 547.
Beurmann (de), 253, 338.
Beuvron, 273.
Beysser, viii, x, 43, 96, 97, 98, 99, 100, 101, 121, 126, 127, 128, 135, 137, 138, 139, 140, 142, 143, 147, 150, 151, 155, 156, 157, 160, 163, 164, 165, 166, 167, 172, 175, 176, 191, 194, 452, 459.
Bézigon, 120.
Bichaudières (les), 22.
Bignon (le), 145.
Billaud-Varenne, xx, 501, 543.
Billig, 184.
Biron, 75, 103, 238, 364, 445.
Blain, 79, 333, 334, 335, 336, 337, 508.
Blanche (la), 10.
Blavier, 310.
Blosse, 97, 100, 122, 123, 172, 174, 179, 180, 182, 183, 185, 187, 188, 194, 196, 208, 222, 224, 233, 238, 244, 249, 250, 251, 252, 329, 336, 350, 356, 460.
Bocage, 7, 8, 11, 16, 26, 85.
Bohalle (la), 402.
Bois-Belin, 529.
Bois-du-Coin, 133, 135.
Bois-Gérard, 134, 155, 183, 197, 437, 460.
Bois-Grolleau, 209, 210, 211, 220, 226, 361.
Boismé, 79.

INDEX ALPHABÉTIQUE.

Boissière (la), 520.
Boissière-de-Montaigu (la), 472.
Bonchamps, x, xii, xxx, 77, 78, 79, 80, 81, 146, 154, 155, 167, 168, 170, 171, 180, 203, 215, 216, 221, 223, 229, 230, 237, 425.
Bondon (le), 42, 44.
Bonin (abbé), 176.
Bonnétable, 497.
Bordage (Grand-), 427.
Bouaye, 23, 114.
Boucherie (la), 470.
Bouchotte, 73, 75, 83, 96, 242, 263, 318, 500, 513, 532, 539, 548.
Bouchotte jeune, xxii, 419.
Boucret, 254, 272, 307, 309, 314, 395, 397, 399, 476, 513.
Bouguenais, 110.
Bouin. V. Ile-Bouin.
Bouin de Marigny, 94, 123, 124, 126, 127, 132, 133, 134, 136, 137, 140, 141, 142, 152, 153, 156, 162, 169, 176, 177, 178, 238, 261, 263, 271, 274, 275, 280, 281, 283, 284, 285, 289, 296, 306, 316, 318, 319, 354, 368, 376, 378, 380, 383, 384, 385, 388, 392, 396, 397, 399, 448, 449, 450, 457.
Bouland, xxii, 418, 525.
Boulard, ix, 103, 437, 442.
Boulogne (riv.), 17, 19, 23, 24, 115, 128, 132, 136.
Bourbotte, xvii, 106, 113, 197, 213, 220, 257, 261, 262, 270, 297, 309, 310, 313, 323, 327, 338, 384, 444, 446, 475, 476, 539, 548.
Bourdic. V. Gaston.
Bourgeois (commandant), xi.
Bourgeois (prêtre), 427.
Bourg-l'Évêque, 419.
Bourgneuf (le), 413, 424, 425, 528, 540.
Bourgneuf-en-Retz, 10, 113.
Bourgon, 424, 487, 529.
Bournezeau, 14.
Boursault, 184, 191, 269, 230, 499, 500.
Boussac (la), 291, 297.
Boussard, 97.
Boussay (Indre-et-Loire), 90.
Boussay (Loire-Inférieure), 22, 146,
149, 151, 152, 155, 156, 161, 162, 163, 164, 165.
Boutillier de Saint-André, 156, 202, 206, 213, 220, 221, 223.
Bouvraie (la), 151.
Brains, 527.
Brandeau (le), 9.
Bréal, 425.
Bressuire, 7, 18, 20, 79, 104, 118, 119.
Brest, xvii, xx, xxiv, 268, 269, 278, 319, 330, 514.
Breuil-aux-Francs (le), 240.
Breuil-sous-Argenton (le), 119.
Brielles, 541.
Brière (Grande-), 411.
Brissac, 14, 512.
Brondes, 225, 347, 461.
Broons, 111.
Brosse (Grande-), 470.
Broussais, x, 138, 142, 165, 247, 248, 249, 252.
Bruffière (la), 177, 184, 470, 473, 474.
Brumauld de Beauregard, 47, 50, 51, 54.
Brune, 103.
Brunet, 228.
Buquet, xxx, 131, 137, 138, 156, 217, 224, 250, 340, 413, 460.
Burac, 84.
Butte-d'Érigné, xi, 14, 242.
Buzay, 24.

C

Cadenne, 291.
Cadoudal, 80.
Caen, xvi, 137, 237, 496.
Caffin, 311.
Caillet, 460, 461.
Calvaire (le), 467, 468, 469.
Cambray, 97.
Cancale, 499.
Canclaux, viii, x, xi, xii, xiii, 91, 93, 94, 95, 96, 97, 98, 99, 100, 106, 107, 109, 113, 116, 117, 121, 122, 123, 124, 125, 126, 134, 135, 137, 139, 144, 145, 146, 149, 150, 151, 157, 160, 161, 163, 164, 165, 166, 167, 170, 172, 173, 174, 176, 177, 178, 179, 182, 184, 185, 186, 191, 192, 194, 235, 246, 270, 305, 346, 350,

355, 356, 438, 442, 444, 445, 446, 447, 448, 449, 455, 456, 457.
Candé, xxv, 79, 237, 239, 364, 365, 366, 487, 538.
Canuel, 214, 231, 232, 238, 239, 264, 269, 272, 273, 287, 298, 307, 340, 380, 381, 382, 385, 391, 393, 395, 396, 397, 405, 406, 410, 412.
Carde (la), 9.
Carnot, 501, 543.
Carpantier, 410, 512.
Carra Saint-Cyr, 460.
Carrier, xvii, xviii, xix, 43, 102, 111, 190, 191, 193, 213, 310, 319, 475, 507, 508, 509.
Cathelineau, 77, 79, 80.
Caumont, 518.
Cavaignac, 106, 444, 447, 448.
Cavoleau, 30, 32.
Cérans-Foulletourte, 324.
Cerizay, 78, 118.
Cesbron-Lavau, 223.
Cesson, 390.
Chabot, xxii, xxv, 214, 222, 380, 410, 418, 419, 423, 536, 544.
Chabotterie (la), 80, 179.
Chadot, 464.
Chailland, 424, 425, 487.
Chalbos, xi, xv, xxxii, 102, 104, 106, 110, 118, 160, 204, 211, 213, 214, 215, 218, 219, 226, 227, 230, 238, 247, 248, 257, 258, 263, 363, 368, 384, 389, 390, 444, 447, 448, 458, 469, 476, 499, 500.
Challans, 9, 17, 78.
Chalonnes-sur-Loire, 15, 21.
Chamberting, 245, 246, 264, 272, 292, 297, 298, 299, 392, 394, 395, 396, 397, 499.
Chambretaud, 471.
Chambrette, 470.
Chambroutet, 118.
Chantoceaux, 79, 95, 233, 504.
Chantonnay, xi, 16, 103, 104, 117, 124, 176, 177, 194, 439, 458.
Chapelle-Blanche, 438, 444.
Chapelle-du-Genet, 22.
Chapelle-Erbrée, 426.
Chapelle-Heutin, 16, 115, 116, 148, 150, 168, 229, 232, 233.

Chapelle-Hullin, 16, 419.
Chapelle-Janson, 423.
Chapelle-Saint-Florent, 21.
Chapelle-Saint-Laurent, 68.
Chardière (la), 176.
Charette, x, xii, 17, 43, 77, 79, 81, 83, 97, 99, 135, 138, 139, 146, 154, 158, 166, 169, 170, 179, 185, 193, 282, 392, 410.
Chassillé, 330, 331, 332.
Chassin, x, xi, xii, xiv, xviii, xxx, xxxiii, xxxiv, 54, 80, 81, 82, 105, 138, 161, 172, 230, 433, 437.
Châtaigneraie (la) (ville), 19, 20, 22, 117, 118, 440, 458.
Châtaigneraie (la) (chât.), 470, 471.
Châteaubourg, 270, 390.
Châteaubriant, xvii, xix, xx, xxii, xxiv, xxv, xxvii, xxix, 95, 237, 245, 282, 311, 312, 313, 320, 332, 333, 334, 335, 380, 403, 409, 420, 421, 444, 508, 509, 513, 541.
Chateaugiron (H. de), xii, xv, xxix, xxxv, xxxvi, 318, 423, 466, 474, 490, 494, 498, 506, 518, 543.
Chateaugiron (Mlle de), xxx, 398.
Chateaugiron (Mme de), xxx, 398.
Chateaugiron (R.-J. de), 398.
Châteaugiron, 269, 449, 516.
Château-Gontier, xv, 237, 239, 240, 241, 242, 244, 246, 248, 249, 250, 251, 252, 258, 260, 261, 264, 267, 268, 306, 332, 367, 369, 383, 420, 425, 427, 477, 487, 488, 499, 520, 538.
Châteauneuf, 499.
Châteauneuf-sur-Sarthe, 267, 375, 488.
Château-Rouge (le), 265.
Chateauthébaud, 149.
Chatillon-en-Vendelais, 426.
Chatillon-sur-Sèvre, 18, 52, 62, 63, 64, 66, 68, 81, 82, 104, 118, 119, 201, 204, 213, 240, 254, 437, 439, 440, 468, 469.
Chaudefonds, 21.
Chavagnes-en-Paillers, 176.
Chelun, 420.
Chémeré, 77.
Chemillé, 13, 14, 15, 16, 21, 81, 119, 192, 208, 209, 211, 221, 282.

INDEX ALPHABÉTIQUE

Cher, 333.
Cherbourg, xx, 190, 310, 330, 331, 490, 499, 500, 514.
Chesne (le), 452.
Chevardin, 152, 155, 158, 159, 162.
Chevré, 270.
Chinon, 92, 118, 430, 438, 444, 491.
Choisy, 375.
Cholet, XIII, XIX, XXXVII, 1, 13, 14, 15, 18, 21, 22, 25, 56, 59, 77, 78, 79, 80, 91, 95, 104, 110, 117, 120, 125, 147, 154, 174, 186, 191, 192, 198, 199, 200, 201, 202, 203, 204, 206, 207, 208, 209, 210, 211, 212, 213, 214, 215, 216, 217, 219, 220, 221, 222, 223, 226, 227, 228, 230, 233, 236, 248, 254, 257, 319, 361, 362, 439, 446, 455, 459, 466, 467, 468, 469, 472, 473, 475, 511, 512.
Chouan (François), 527, 528.
Chouan (Jean), 424, 425, 427, 527, 528.
Chouan (Pierre), 527, 528.
Chouan (René), 528.
Choudieu, IX, XXXII, 85, 87, 89, 90, 106, 107, 113, 161, 213, 220, 223, 229, 232, 256, 437, 438, 444, 447, 448, 475.
Chouteau (Guy), 56.
Clain (le), 12, 27.
Clarke, 545.
Clermont, 323, 324, 406.
Clisson, X, XI, XII, 15, 16, 17, 22, 110, 115, 116, 140, 142, 144, 145, 146, 147, 148, 149, 150, 151, 158, 160, 163, 164, 165, 166, 167, 168, 170, 175, 223, 233.
Clouzeaux (les), 102.
Coësmes, 419, 527.
Cogé, 277.
Colaud, XXX.
Colbert de Maulévrier, 80.
Collot d'Herbois, 543.
Combrée, 419.
Commaire, 320, 322, 323, 501.
Concise, 418.
Cormatin, 118.
Cornillé, 418, 426.
Cornouaille (la), 237.
Coron, XII, 13, 75, 79, 166, 459, 473.
Corps-Nuds, 312.
Cossé-le-Vivien, 332, 413, 418, 419, 421, 424, 425, 427, 487.

Cottereau. V. Chouan.
Couboureau (le), 198, 199.
Couesnon, 265, 271, 272, 276, 278, 280, 281, 293, 297, 301, 393.
Couëtus (de), 97, 134, 135.
Couffé, 80.
Coustard, 43.
Coutade, 351.
Cozette, 518.
Craon, XXII, XXIV, XXV, 239, 245, 246, 248, 254, 264, 332, 408, 409, 416, 418, 419, 420, 421, 486, 487, 499, 520, 529, 536.
Créans, 323, 406.
Crespin, 455.
Croix-Bataille, 240, 241, 247, 476, 528.
Croix-d'Avranches, 274.
Croix-Moriceau, 148, 150, 151.
Croix (les), 280.
Cronier, 375.
Crume (la), 15, 470.
Cuisinier, 253.
Custine, 174.

D

Daguenière (la), 321, 402.
Damas, XXVII, XXX, XXXII, 197, 210, 218, 220, 221, 242, 250, 274, 276, 280, 285, 293, 306, 307, 311, 385, 394, 411, 545, 546, 547.
Danelle, 461.
Danican, 214, 242, 243, 244, 245, 309, 316, 320, 364, 383, 384.
Debilly, 305.
Decaën, XVI, XXII, XXX, 137, 139, 153, 282, 284, 306, 329, 332, 413, 418, 433, 436, 460, 540.
Degouy, 448.
Delaage, xx, 281, 334, 405, 511, 513.
Delaborde, 521, 532.
Delaunay, 371.
Delière, 424, 528.
Dembarrère, 106, 191, 197, 218, 221, 226, 246, 248, 259, 287, 303, 331, 384, 444, 446, 447, 448, 548.
Deniau (abbé), XII, 176.
Denzel, 303.
Derval, 333, 334, 409.
Des Essarts, 79, 333, 338.

Des Isles, 45.
Desjardins, 172.
Deslondes, 228.
Desmesliers (Angélique), 335.
Desque, 460.
Dinan, 269, 276, 277, 279, 280, 286, 287, 311, 522.
Divatte, 22.
Dive, 14, 20.
Dol, 79, 264, 265, 269, 273, 278, 280, 281, 282, 283, 284, 285, 286, 288, 289, 290, 291, 292, 294, 295, 296, 297, 298, 299, 308, 393, 396, 490.
Dommaigné, 79.
Dompierre-du-Chemin, 427.
Don, 333, 334.
Dorvilliers, 345.
Doué-la-Fontaine, xi, 7, 13, 14, 16, 120, 266, 439, 472, 510, 512, 513.
Doussin, 356, 460.
Doutil, 320.
Drouges, 420.
Dubayet. V. Aubert du Bayet.
Dubois, 543.
Dubois-Crancé, 515, 518, 523, 524, 536, 539.
Du Boueix, xiii.
Dubreton, 183, 204, 224, 352.
Ducey, 275.
Duchatellier, xxxiv, 508.
Dufour, 166.
Dugast-Matifeux, 81, 82, 128, 176.
Duhoux (chevalier), xii, 119.
Duhoux (général), xii, 106, 112, 119, 444, 447.
Dujard, 437.
Dumas, 172.
Dumouriez, 62, 90, 174, 213, 238, 266, 282, 310.
Dupuy, 354.
Durbelière (la), 77.
Durtal, 124, 267, 306, 316, 317, 322, 383, 384, 497.
Dusirat, 188, 437, 463.
Duthil, 188, 460.
Dutruy, 103.
Duverger, 338, 340.

E

Échasserie (l'), 470.
Ecquevilly (marquis d'), 34.
Ediard, 542.
Elbée (d'), x, xi, xii, xiii, 76, 77, 80, 154, 162, 163, 180, 186, 192, 203, 208, 216, 221, 223.
Entrammes, xv, 100, 101, 240, 241, 242, 243, 245, 248, 255, 258, 267, 367, 476, 486, 488.
Épinac, 297.
Épinay (Grand-), 471.
Erbrée (l'), 426.
Erbrée (la Grande-), 426.
Erdre (l'), 95, 237.
Érigné. V. *Butte d'Érigné*.
Ernée, xxii, 383, 416, 418, 419, 420, 424, 425, 493, 496, 525, 528, 540.
Ernouf (baron), xviii, xxx.
Erve (l'), 329, 330.
Esnue-la-Vallée, xxiv, 270, 315, 416.
Essarts (les), 13, 17, 23, 117, 194.
Étonnelière (l'), 473.
Étrelles, 426.
Èvre (l'), 21, 22, 215.
Écron, 329, 488, 496, 498.
Évrunes, 199, 466, 472.

F

Fabre-Fonds, 235.
Falleron, 17.
Faraud. V. Chouan (René).
Faucher (frères), 437.
Fauchet (Claude), 454.
Fayau, 106, 107, 113, 213, 251, 444, 447, 448, 475, 476.
Félix, 236.
Ferrière, 509.
Ferrières (marquis de), 33, 34.
Ferté-Bernard (La), 497.
Fieffé, 311.
Filles de la Sagesse, 51, 52.
Flèche (la), 89, 237, 267, 268, 306, 315, 316, 321, 322, 323, 324, 382, 384, 385, 405, 406, 407, 493.
Fleurigné, 427.
Flouest, 460.

INDEX ALPHABÉTIQUE.

Fontaine-du-Maine, 244.
Fonteclause, 80.
Fontenay-le-Comte, IX, 7, 16, 17, 19, 25, 32, 48, 51, 63, 81, 102, 103, 110, 114, 117, 136, 160, 194, 258, 437, 440, 458.
Fontenelle (la), 393.
Forêt-sur-Sèvre (la), 118.
Forges, 420.
Fosse (la), 10.
Fosse-Hingant (la), 45.
Fougeré (le), 55.
Fougères, XXII, 78, 80, 237, 264, 265, 267, 271, 272, 273, 280, 287, 298, 308, 330, 383, 397, 412, 413, 416, 418, 419, 420, 423, 424, 426, 427, 490, 492, 496, 499, 514, 516, 519, 520, 522, 532, 535, 536, 540.
Foulletourte, 324, 325, 327, 328, 497.
Francastel, 261, 262, 315, 384.
François. V. La Primaudière (François de).
Frénay-le-Vicomte, 496, 498.
Frossay, 77.

G

Gachère (la), 9, 19.
Galissonnière (la), 170.
Gallois, 46-68.
Galonnière (la), 79.
Garat, XVII, XXIX.
Garnache (la), 80.
Garnier, de Saintes, 498, 500.
Gaston, 78.
Gaubertière (la), 18.
Gaubretière (la), 470, 471, 472.
Gault, 509.
Gâvre (le), 508.
Genest (le), 427.
Gensonné, 46-68.
Gérard, 250.
Gesté, 16, 214, 506.
Gétigné, 22, 147, 151, 157, 158, 160, 164, 166.
Gibert, XII, 78, 83, 84, 87, 88, 168, 170, 203, 208, 215, 223, 229, 237, 241, 275, 291, 299, 300, 330, 353, 337, 338.
Gillet, XVIII, XIX, 96, 111, 263.
Girardière (la), 78.

Godard, 225.
Gorron, 424.
Goulaine (de), 97.
Goulaine (Basse-), 115, 148, 150, 233, 548.
Goulaine (Haute-), 115, 148, 150, 233, 548.
Gourdon, 215.
Gouy, 159.
Grammont (Nourry dit), 527.
Grand-Lieu (lac de), X, 17, 19, 23, 24, 114, 128, 129, 130.
Grange (la), 206.
Granville, 267, 273, 274, 276, 306, 309, 427, 499.
Gravelle (la), XXII, 413, 418, 419, 420, 425, 427, 485, 493, 526, 540, 541.
Grémillet, 348.
Grez-en-Bouère, 242.
Grez-Neuville, 260.
Griffon, 464.
Grignon, 228, 266.
Groirie (la), 407, 503.
Grolle (la), 136, 139, 140.
Grouchy, VIII, XIII, 97, 99, 100, 101, 122, 123, 126, 145, 150, 151, 161, 172, 186.
Grugé-l'Hôpital, 419.
Guéméné-Penfao, 334.
Guenrouet, 412.
Guérande, 411, 412.
Guérard, 228.
Guerche-de-Bretagne (la), XXII, 264, 416, 419, 420, 421, 425, 487, 499, 516, 520, 541, 542.
Guergue (la), 271, 272.
Guérin, 463.
Guillot de Folleville. V. Agra (évêque d').
Guillou, 227, 228, 356.
Guy-Chatenay (le), 17.
Guyomarais (la), 45.

H

Haie (la) (ferme), 206, 207, 218.
Haie-Fouassière (la), 148, 149.
Hallay (le), 148, 149, 150.
Hamon, 376.

Hauteville, 216, 229, 230, 232, 240.
Hauts-Prés (les), 427.
Havre (le) (ruiss.), 95.
Haxo, x, 101, 161, 167, 170, 175, 193, 195, 210, 216, 218, 220, 222, 233, 262, 318, 358, 437, 452, 464, 504.
Haye (la) (abbaye), 200, 201, 466, 467, 468.
Haye (la) (chât.), 80.
Hazard, 522, 526, 535, 536, 538.
Hédé, 286, 287.
Hédouville, 179, 437.
Hénaud, 460.
Herbergement (l'), 23.
Herbiers (les), XIII, 13, 23, 88, 114, 117, 192, 194, 195, 468, 469, 470, 471.
Herblain, 406.
Herminier, 427.
Hibaudière (la). V. Aux (château d').
Hirôme (l'), 14.
Hoche, XVIII, 100, 103, 118, 139, 179, 244, 246, 367, 437.
Hodanger, 455, 456.
Hommes (les), 473.
Houchard, 429, 430.
Houdet, 507.
Huché, 266.
Huet (Michel), 425.
Huisne (l'), 326.

I

Ile-Bouin, 10.
Ile d'Yeu, 11.
Iles anglaises, xx, 513, 521, 531.
Ille (l'), 304.
Indret, 110.
Ingrande, 14, 79, 94, 215, 235, 236, 237, 505.
Isac, 412.

J

Jalès (camp de), 36.
Jallais, XXXVII, 15, 21, 210, 214.
Jambe d'Argent, 424, 425, 426, 427, 527.
Jamois. V. Place Nette.
Jamonières (les), 131.
Janzé, 312.
Jaunais (la), 80, 90.

Jaunay (le), 19.
Javordan, 420.
Joly (chef vendéen), 154.
Joly (général), 90, 92, 436, 443, 464.
Jordy, 217.
Jouanne, 240, 242, 243, 486.
Joubert-Bonnaire, 378.
Joué-Étiau, 79.
Jousbert de Rochetemer, 209.
Juif, 225.
Juigné-des-Moutiers, xxv, 419, 420.
Juigné-sur-Maine, 260.

K

Klingler, 264, 287, 393, 402, 405, 406, 410, 412, 461.
Kuhn, 250.

L

La Barolière, 166.
La Bouère, 154, 167, 171.
La Brétesche, 198.
Labruyère, 208.
La Cathelinière, 77, 97, 127, 128.
Lachèse, 371.
La Chevardière, 445, 448.
La Font de Savine (de), 35.
La Grandière (de), 371, 372.
La Haie-Montbault (de), 473.
La Haye (de), 343.
La Haye-Saint-Hilaire (de), 80.
Lamarque, 179.
Lamur, 275, 277, 283.
Landal, 291, 548.
Lande (la), 173.
Landes-Génusson, 470.
La Potherie (Mme de), 375.
La Primaudière (François de), xxv, 416, 423, 525, 539, 544.
La Revellière-Lépeaux, 228.
La Rochejaquelein (H. de), XI, 76, 77, 80, 81, 209, 237, 241, 253, 265, 291, 299, 316, 332, 392.
La Rochejaquelein (L. de), 179.
La Rochejaquelein (marquise de), 79, 265, 267.
La Ronde, 128, 363, 380.
La Rouërie, 44, 45, 80, 271, 424, 425, 528.

INDEX ALPHABÉTIQUE.

Latouche-Cheftel, 45.
Laugrenière (de), 75, 79.
Launay-Villiers, 425, 528.
Laurent, 159.
Laurent (Jean), 375.
Lautal, 97.
Laval, XXII, XXIII, XXV, 78, 81, 150, 188, 236, 237, 239, 240, 241, 242, 243, 245, 251, 257, 259, 261, 264, 265, 266, 267, 268, 269, 306, 308, 317, 329, 330, 332, 333, 335, 369, 383, 387, 388, 407, 413, 416, 418, 419, 421, 423, 424, 425, 427, 475, 476, 484, 487, 488, 490, 493, 496, 497, 499, 516, 520, 525, 526, 527, 528, 536, 538, 542, 543, 544.
Lavalette, 139, 165.
Lavoir (le) (chât.), 81.
Lay (le), 16, 19, 458.
Layon, 14, 18, 21, 119, 120.
Léards (les), 229.
Lebreton, 318.
Le Carpentier, 273.
Léchelle, XV, XXXV, 187, 190, 191, 192, 193, 195, 202, 205, 207, 212, 214, 225, 226, 229, 231, 232, 242, 243, 244, 245, 246, 247, 248, 249, 254, 255, 256, 257, 258, 262, 359, 360, 365, 368, 466, 476.
Le Cocq, 518.
Lecomte, 103.
Lefaivre aîné, 188.
Lefaivre jeune, 188.
Légé, XIII, 17, 24, 88, 114, 115, 128, 132, 133, 135, 136, 138, 139, 185, 193, 195, 451.
Legros (général Hector dit), 8, 175, 176, 307, 327, 380, 384, 393, 395, 397.
Leigonyer, 74.
Lemaignan, 82.
Lemonnier (prêtre), 427.
Lenoir, 266, 476.
Le Prestre de Chateaugiron. V. Chateaugiron (de).
Le Roux, 519.
Lescure, X, XI, XII, 79, 80, 154, 166, 167, 168, 170, 171, 203, 204.
Lespinay (de), 168.
Le Turc, XXXVII, 453, 456, 457.
Ligron, 406.
Limouzinière (la), 115, 132.

Lindet, 325, 501, 543.
Lion-d'Angers (le), 239, 251, 254, 255, 258, 260, 261, 268, 367, 368, 369, 383, 487.
Liré, 94, 232.
Livré, 420.
Lofficial, 191, 26
Logne (la), 17, 24, 3, 132, 133.
Lognon. V. *Ognon (l')*.
Loir, 244, 267, 324, 384.
Loire, VII, VIII, X, XII, XVII, XVIII, XX, XXX, XXXIII, 1, 6, 7, 8, 9, 14, 15, 16, 17, 19, 21, 22, 24, 75, 78, 79, 80, 91, 93, 94, 95, 98, 99, 107, 110, 115, 116, 120, 147, 150, 190, 214, 215, 216, 223, 229, 230, 231, 232, 233, 234, 235, 236, 237, 238, 239, 244, 261, 264, 265, 274, 306, 317, 318, 319, 321, 322, 332, 333, 336, 402, 411, 412, 440, 441, 442, 443, 455, 476, 487, 491, 493, 501, 502, 504, 505, 506, 510, 511, 513.
Loiron, 413, 424, 425, 426, 427.
Longeron (le), 198, 199, 201, 466.
Longué, 319, 323.
Lorient, 43, 44, 139, 243.
Loroux, 8, 11, 26.
Loroux-Bottereau (le), 8, 168, 233, 506.
Loudun, 12, 231.
Loué, 330.
Louée (la), 115, 148, 150, 151, 166, 167, 168, 169, 171.
Louet (le), 14.
Lourzais, 420.
Louvigné, 486.
Lubert d'Héricourt, XIV, XXIX, XXX.
Lucas de la Championnière, XXXII, 83, 124, 126, 135, 138, 142, 146, 155, 157, 158, 165, 169.
Luchau, 518.
Luçon, IX, XI, 7, 17, 50, 51, 54, 55, 77, 103, 104, 110, 178, 195, 196, 202, 203, 211, 215, 218, 220, 231, 232, 238, 266, 439, 458, 469, 470, 471.
Lucs (les), 23, 24.
Lude (le), 322.
Lusignan, 17.
Luzenay, 509.
Lyon, 36, 125, 231, 518.
Lyrot de la Patouillère, 97, 168, 332.

M

Machecoul, XIII, 17, 19, 24, 43, 80, 110, 113, 114, 115, 127, 128, 129, 130, 132, 136, 139, 310, 410, 440, 452, 455, 456.
Maillot, 274, 275.
Mainbourg, 464.
Maine (la), 244, 369.
Maine-de-Vendée (la), 12, 13, 16, 22, 23, 117, 140, 143, 145, 149, 157, 174, 175, 470.
Maisdon, 144, 145.
Malicorne, 406.
Mallièvre, 22, 202.
Mamers, 496, 497, 498.
Mandies (les), 237.
Mans (le), XVII, XXXV, XXXVII, 78, 90, 113, 237, 242, 266, 267, 268, 282, 310, 311, 322, 323, 324, 325, 326, 327, 328, 329, 331, 334, 335, 406, 407, 408, 485, 486, 488, 490, 492, 493, 496, 497, 498, 503, 510, 528.
Marais, 7, 8, 9, 11, 17, 19.
Marans, 16.
Marcé (de), 442.
Marceau, XV, XVI, XVII, XIX, XXXV, 79, 84, 92, 104, 191, 202, 203, 204, 206, 213, 215, 218, 220, 221, 225, 231, 233, 245, 246, 248, 260, 263, 269, 272, 280, 285, 288, 290, 291, 292, 294, 297, 298, 300, 305, 306, 307, 308, 311, 312, 313, 314, 315, 319, 321, 322, 323, 324, 325, 326, 327, 328, 329, 331, 332, 335, 336, 337, 338, 339, 340, 341, 364, 366, 367, 380, 381, 383, 384, 385, 391, 392, 393, 394, 395, 397, 398, 399, 409, 411, 412, 501, 502, 503, 504, 506, 507, 508, 509, 510.
Mareil, 324, 406.
Marigny. V. Bernard de Marigny.
Marigny. V. Bouin de Marigny.
Marillais (le), 21.
Marmont, XIV.
Marne (la), 24.
Martigné-Briand, XI, 242.
Martin, 135.
Martin (Laurent), 375.
Martinière (la), 473.
Mathes (les), 179.

Mauges, 8, 228.
Maulévrier, 22, 81, 209.
Maultrot, 542.
Mauves, 98.
May (le), 21, 210, 214, 216, 220, 222.
Mayenne (ville), XXII, 237, 265, 266, 267, 383, 412, 416, 419, 477, 488, 490, 491, 493, 496, 497, 538.
Mayenne (riv.), 237, 239, 240, 242, 244, 246, 248, 251, 260, 265, 315, 486, 487, 488, 505.
Méaulle, 106, 444, 447, 448, 498, 500.
Meilleraie (la), 77, 223, 232, 235.
Melle, 25.
Membrolle (la), 268, 383.
Menant, 460.
Ménard, 318.
Menou, 75, 90, 106, 107, 435, 436, 444, 447, 448.
Méral, 425, 487.
Mercier du Rocher, 102.
Mercy (de), 50, 51, 55.
Merlin, de Douai, 96, 111.
Merlin, de Thionville, VII, VIII, X, 72, 73, 89, 90, 99, 105, 106, 112, 123, 125, 130, 134, 136, 140, 141, 152, 153, 155, 157, 158, 159, 162, 176, 177, 179, 182, 188, 191, 193, 213, 215, 225, 231, 232, 249, 251, 256, 259, 354, 359, 416, 433, 435, 438, 444, 446, 447, 448, 450, 457, 475, 476.
Mésanger, 365.
Meslay-du-Maine, 268, 383, 384, 385, 488.
Mesnard du Pin, 212.
Métivier, 159.
Meusnier, 93.
Michelière (la), 473.
Michelin, 82.
Mieszkowski, 102, 106, 112, 113, 117, 166, 444, 447, 448, 458.
Mignotte, 367, 460, 542.
Mirebeau-de-Poitou, 12, 14, 20.
Misdon, 528.
Missionnaires du Saint-Esprit, 51, 52, 53, 54.
Moine (la), 15, 22, 116, 157, 199, 200, 204, 205, 206, 207, 209, 210, 211.
Monnier, 42.
Monnier (Louis), 97.

INDEX ALPHABÉTIQUE.

Mont-des-Alouettes, 13, 195, 471.
Mont-Saint-Michel, 264, 273, 275, 279, 296.
Montaigu, x, xiii, xix, xxxiii, 15, 16, 23, 43, 51, 55, 88, 107, 116, 124, 136, 138, 139, 140, 141, 142, 143, 144, 151, 163, 165, 166, 167, 173, 174, 175, 176, 178, 180, 184, 185, 187, 190, 193, 194, 225, 228, 351, 352, 353, 355, 356, 357, 359, 360, 437, 440, 457, 466, 469, 470, 471, 472, 473, 474.
Montanel, 271, 272.
Montautour, 426, 541.
Montbert, 23.
Montdevert, 425.
Montfaucon-sur-Moine, 22, 199, 200, 334, 335.
Montfort, 436.
Montigné-sur-Moine, 201.
Montis (les), 365.
Montjean (Maine-et-Loire), 504.
Montjean (Mayenne), 426.
Montoir, 341, 411, 412, 508.
Montrelais, 79, 94.
Montreuil-Belfroy, 260.
Montreuil-Bellay, 13.
Montreuil-sous-Pérouse, 426.
Montrevault, 21, 215.
Morillon, 206.
Morin, 518.
Mormaison, 140.
Mortagne-sur-Huisne, 497, 498.
Mortagne-sur-Sèvre, xi, xiii, 13, 15, 16, 22, 25, 51, 91, 104, 110, 114, 116, 117, 119, 146, 148, 180, 191, 194, 195, 198, 199, 200, 201, 202, 203, 204, 206, 230, 261, 439, 440, 446, 466, 467, 468, 469, 470, 471, 472.
Mortain, 496.
Mothe-Achard (la), 14, 17, 19.
Mougin, 460.
Mouilleron-en-Pareds, 117, 176, 177, 178, 458.
Moulin, 235.
Moulinet (le), 77.
Müller, 214, 219, 220, 221, 248, 253, 254, 264, 268, 269, 272, 280, 281, 291, 322, 324, 325, 327, 328, 369, 370, 373, 380, 381, 383, 384, 388, 390, 393.

N

Nançon, 265.
Nantes, viii, ix, x, xii, xiii, xvi, xvii, xviii, xx, xxvii, xxxiv, xxxvii, 7, 10, 13, 14, 15, 17, 19, 22, 23, 24, 42, 43, 44, 55, 75, 77, 79, 81, 82, 94, 95, 96, 98, 99, 100, 101, 105, 106, 107, 110, 111, 112, 113, 114, 115, 116, 121, 122, 123, 128, 129, 130, 132, 133, 135, 136, 138, 140, 142, 143, 145, 146, 147, 148, 149, 150, 151, 164, 165, 166, 167, 168, 170, 172, 173, 179, 183, 186, 188, 190, 191, 194, 203, 206, 213, 214, 215, 220, 228, 232, 233, 235, 236, 237, 238, 239, 246, 261, 263, 268, 302, 321, 332, 333, 335, 336, 339, 342, 346, 354, 357, 362, 363, 364, 369, 373, 411, 412, 419, 436, 438, 439, 440, 441, 442, 443, 445, 446, 447, 448, 449, 450, 453, 454, 471, 500, 504, 505, 506, 507, 510, 538, 548.
Nantilly, 75.
Nattes, 143, 183, 217, 263, 298, 356, 388, 394, 408, 460, 499, 500, 503.
Naudières (les), 96, 97, 100, 121, 122, 123, 150, 172, 173, 452.
Neuville, 260.
Niort, 7, 13, 14, 17, 19, 25, 102, 110, 118, 190, 256, 364, 380, 439, 441, 447, 548.
Niou, 442.
Noirmoutier, 9, 10, 11, 43, 77, 110, 162, 169, 196, 217, 223.
Noiset, 461.
Nort, 95, 239, 333, 363, 548.
Nouvion, 214, 257, 261, 263, 302, 368, 369, 371, 373, 374, 375, 376, 377, 378, 380, 381, 382, 384, 388, 389, 390, 391, 392, 395.
Noyal-sous-Brutz, 419, 420.
Noyal-sur-Vilaine, 269, 270, 391.
Noyant-la-Gravoyère, 419.
Nozay, 335.
Nuaillé, 14, 206, 209.
Nuillé-sur-Vicoin, 425, 427.

O

Obenheim (d'), 276, 291, 317, 330.

Ognon, 19, 23.
Oie (l'), 194.
O'Kelly, 250, 462.
Olagnier, 236, 238, 239, 245, 248, 264, 485, 498, 500.
Ombrée, xxv, 419, 420.
Oudon (bourg), 79, 94, 95, 236, 239, 363, 364.
Oudon (riv.), 251, 255.
Ouette, 242, 243, 248.
Ouin, 18.
Oyré (d'), 72, 93.
Oysance, 265.

P

Pagerie (la), 468, 469.
Painbœuf, 6, 10, 17, 24, 77, 110, 112, 121, 188, 238, 261, 337.
Pajol, xxiii, xxx, xxxiv, 149, 151, 157, 164, 459.
Pallet (le), 148, 150, 164, 168.
Palluau, 17, 88, 115, 136.
Papinière (la), 210, 220, 223.
Paramé, 522.
Parcé, 426.
Parenteau, 375.
Parfait (Noël), xvi, xxxiv, 509.
Parigné-le-Polin, 324.
Parné, 488.
Parthenay, 7, 13, 14, 18, 20, 22, 78.
Passavant, 21.
Patris, 159, 170, 225.
Payré (le), 17.
Pégon, 222.
Pelée (la). V. *Plée (la)*.
Pellerin (le), 17, 19, 24.
Pellerine (la), 427.
Pellouailles, 316, 317, 318.
Pérodeau, 356.
Perrais (les), 324, 327, 328.
Perrier (canal du), 9.
Pertre (le), 425, 529, 538, 540.
Peyre, 499, 500.
Pézotière (la), 470.
Philippeaux, ix, 90, 106, 107, 113, 439, 444, 445, 447, 448.
Pichegru, xxv, 543.
Pierre-Saint-Aubin, 470, 473, 474.

Piet-Chambelle, 364.
Pilier (le), 10.
Pille, 544.
Pinson, 424.
Pirmil, 150.
Piron (de), 75, 79.
Place Nette, 424.
Plaine, 7, 16.
Plée (la), 16, 17, 15, 31, 167, 17.
Pleine-Fougères, 292, 297, 396.
Ploërmel, 183.
Pocholle, 270, 498, 500.
Pointe (la), 505.
Pointel, 518.
Poiré-sur-Vie (le), 17, 23, 114, 117.
Poirier de Beauvais, xxxii, 154, 166, 169, 171, 180, 182, 186, 204, 216, 221, 237, 241, 249, 250, 251, 265, 268, 274, 275, 289, 291, 295, 296, 299, 300, 301, 308, 309, 329, 332.
Poitevinière (la), 506.
Poitiers, xxvii, 12, 13, 14, 17, 27, 28, 50, 51, 108, 147, 149, 542.
Pommeraye-sur-Sèvre (la), 22.
Ponceau (le), 455.
Pontaubault, 274, 275, 276.
Pont-Barré, xii, 119, 120, 166.
Pont-Charrault, 104, 442, 458.
Pont-Château, 411, 412.
Pont-James, 114, 115, 134.
Pont-Lieu, 327.
Pontorson, 96, 265, 269, 272, 273, 274, 275, 276, 277, 278, 279, 281, 282, 283, 285, 286, 287, 288, 289, 292, 293, 295, 296, 297, 299, 302, 383, 393, 394, 396.
Pont-Rousseau, 99, 233.
Pont-Saint-Martin, 23, 114.
Ponts-de-Cé (les), xi, 14, 16, 21, 93, 119, 209, 211, 231, 232, 233, 235, 306, 308, 313, 315, 321, 402, 505.
Pornic, 80.
Port (C.), 54, 56, 58, 59, 120, 228, 374.
Port-Breton ou *Port-Joinville*, 11.
Port-Saint-Père, xiii, 17, 24, 43, 77, 88, 113, 114, 123, 124, 126, 127, 128, 129, 246, 439, 448, 450, 451, 452, 455, 456.
Pouancé, xxiv, xxv, 332, 333, 365, 419, 421, 487.

INDEX ALPHABÉTIQUE. 561

Pouzauges, 117, 440.
Prez-en-Pail, 497.
Prieur, de la Côte-d'Or, 501, 543.
Prieur, de la Marne, xv, 79, 197, 261, 262, 287, 294, 297, 302, 305, 308, 309, 310, 311, 312, 313, 314, 323, 327, 328, 338, 339, 341, 507.
Prince (Ille-et-Vilaine), 426.
Prince (chât.), 77.
Prudhomme, 461.
Puisaye, xxi.
Puiset-Doré, 22.
Puy-Greffier, 470.

Q

Quatre-Chemins (Ille-et-Vilaine), 280, 293, 300.
Quatre-Chemins-de-l'Oie (Vendée), 194.
Quatre-Vents (les), 276.
Quelaines, 427.
Quiberon, 103, 184.

R

Rabin, 59.
Rablay, 21.
Ragon (lande de), 100.
Rance (la), 269.
Rangot (de), 467.
Rapatel, 464.
Redon, 412, 419.
Redour (le), 134.
Rémalard, 497.
Remouillé, 23, 140, 141, 143, 144, 145, 149, 168, 173, 187, 194, 358, 457.
Rennes, xv, xvii, xix, xxi, xxii, xxxiii, xxxv, xxxvii, 111, 175, 179, 190, 237, 242, 254, 263, 264, 265, 267, 268, 269, 270, 271, 272, 280, 286, 297, 300, 301, 302, 305, 307, 310, 311, 312, 313, 316, 333, 365, 383, 390, 391, 394, 396, 398, 399, 401, 413, 416, 419, 485, 487, 492, 495, 496, 497, 498, 499, 508, 509, 510, 512, 513, 515, 516, 517, 518, 519, 520, 521, 523, 524, 525, 526, 532, 533, 534, 536, 538, 539.
Retiers, 312, 419, 420, 421.

Retz (pays de), 8, 77, 150.
Reubell, vii, viii, x, 72, 89, 91, 105, 106, 112, 113, 160, 433, 435, 438, 444, 445, 446, 447, 448.
Rey, xi, 106, 112, 118, 119, 219, 444, 447.
Rhuys, 103.
Richard (Jean-Baptiste), 437.
Richard (représ.), 89, 106, 113, 256, 438, 444, 447, 448.
Rieffel, 158, 159.
Rigaudeau, 356.
Riottière (la), 236.
Robert, xvii, xviii, xxiv, xxv, 202, 225, 246, 311, 313, 322, 364, 400, 401, 402, 437, 510.
Robespierre, 501, 543.
Robin, 461.
Roche (la) (Ille-et-Vilaine), 393.
Roche-Bernard (la), 411.
Roche-sur-Yon (la), 7, 9, 13, 14, 16, 17, 51, 114, 117, 136, 141, 174, 194.
Roche-Thierry (la), 223.
Rochelle (la), viii, 15, 16, 19, 97, 100, 108, 110, 112, 116, 140, 142, 145, 174, 175, 194, 196, 437, 441, 442.
Rochers (les), 426.
Rocheservière, 23, 24, 107, 135, 136, 139, 140, 213.
Rodrigue, 55.
Roë (la), 420.
Rogue, 82.
Romagne (la), 22, 198, 199, 200, 201, 203, 466, 467.
Romazy, 301, 392.
Rondeau, 375.
Ronsin, ix, xii, xvii, 79, 90, 118, 160, 166, 219, 225, 320, 433, 437, 445, 527.
Rossignol, ix, xi, xii, xiv, xv, xvii, xx, xxi, xxii, xxiii, xxiv, xxxiv, 75, 90, 91, 96, 102, 104, 105, 106, 107, 110, 112, 113, 114, 116, 117, 120, 160, 161, 166, 175, 189, 190, 225, 236, 245, 246, 247, 254, 258, 263, 267, 269, 270, 279, 280, 281, 292, 299, 303, 309, 310, 311, 312, 313, 314, 315, 318, 319, 320, 321, 396, 398, 413, 444, 445, 447, 458, 459, 499, 500, 501, 512, 513, 514, 518, 519, 520, 523, 524, 525, 526, 527, 531, 532, 533, 535, 536, 537, 538, 540.

Rougé, 419.
Roussay, XIII, 199, 200, 201.
Rouyer, 298.
Ruelle, 106, 444, 447, 448.
Ruillé (de), 371.
Ruillé-le-Gravelais, 425.

S

Sabatier, 521, 524.
Sablé, xxv, 267, 268, 306, 309, 383, 384, 385, 488, 493.
Sables-d'Olonne, IX, 7, 9, 10, 13, 14, 16, 17, 43, 90, 97, 100, 102, 103, 110, 114, 115, 132, 133, 136, 138, 145, 167, 194, 195, 437, 439, 440, 441, 442.
Sacey, 272, 281, 282.
Sains, 396.
Saint-Aignan (Loire-Inférieure), 23.
Saint-Aignan-sur-Roë (Mayenne), 420, 421.
Saint-Amand-sur-Sèvre, 22.
Saint-André-Goule-d'Oie, 195.
Saint-André-Treize-Voies, 23.
Saint-Aubin (Ile d'Yeu), 11.
Saint-Aubin-d'Aubigné, 271, 273, 301, 392.
Saint-Aubin-de-Beaubigné, 22, 77.
Saint-Aubin-des-Landes, 426.
Saint-Aubin-du-Cormier, XXII, 184, 416, 419, 444.
Saint-Berthevin, 418, 427, 527.
Saint-Brieuc, 269.
Saint-Christophe-du-Bois, 199, 200, 201, 203, 204, 466.
Saint-Christophe-du-Ligneron, 78.
Saint-Colombin, 115, 134.
Saint-Cyr. V. Carra Saint-Cyr.
Saint-Cyr-en-Talmondais, 282.
Saint-Cyr-le-Gravelais, 427.
Saint-Denis (Vendée), 198, 360.
Saint-Denis-d'Orques, 330.
Saint-Étienne-de-Corcoué, 24, 132, 133, 135, 136.
Saint-Florent-le-Vieil, xxx, 15, 21, 22, 77, 81, 95, 210, 214, 215, 216, 222, 226, 229, 230, 231, 232, 234, 235, 238, 333, 455.
Saint-Fulgent, 16, 23, 114, 117, 166, 167, 170, 171, 174, 176, 177, 194, 354, 469, 470.
Saint-Georges (camp de), 233, 238, 239, 362.
Saint-Georges-de-Montaigu, 23, 141, 142, 174, 176, 177, 178, 351, 355.
Saint-Georges-sur-Loire, 94, 236, 237, 505.
Saint-Gervais, 78.
Saint-Gildas-des-Bois, 411, 412.
Saint-Gilles-sur-Vie, 9, 17, 19.
Saint-Guinoux, 522.
Saint-Hermand, 442, 458.
Saint-Hilaire. V. La Haye-Saint-Hilaire (de).
Saint-Hilaire-de-Loulay, XIII, 141, 143, 173, 343, 346, 349, 350, 351.
Saint-Hilaire-des-Landes, 80, 424.
Saint-Hilaire-du-Harcouet, 498.
Saint-Hippolyte, 20.
Saint-Isle, 427, 485.
Saint-Jacques de Pirmil, 150, 168.
Saint-James, 165, 184.
Saint-James (Manche), 271, 273, 275.
Saint-Jean-de-Boiseau, 110.
Saint-Jean de Corcoué, 24, 133.
Saint-Jean-sur-Vilaine, 270, 391.
Saint-Jouin-de-Marnes, 14.
Saint-Julien de Concelles, 455.
Saint-Julien de Vouvantes, 333, 409.
Saint-Just, 543.
Saint-Lambert-des-Levées, 502.
Saint-Lambert-du-Lattay, 14, 15, 21, 119, 120, 209.
Saint-Laurent-des-Autels, 455.
Saint-Laurent-sur-Sèvre, 22, 51, 52, 472.
Saint-Lazare, 355, 470.
Saint-Léger, 24, 114, 123, 124, 125, 126, 130, 448.
Saint-Lô, 499.
Saint-Louis-de-Mortagne, 468.
Saint-Macaire-en-Mauges, 22, 209, 210, 214.
Saint-Maixent, 13, 17, 19.
Saint-Malo, XXI, XXII, 184, 264, 292, 396, 416, 490, 499, 514, 518, 522.
Saint-Mars-de-Coutais, 24, 129, 450, 451.

INDEX ALPHABÉTIQUE. 563

Saint-Mars-du-Désert, 95, 96.
Saint-Mars-la-Jaille, 333.
Saint-Martin-de-Mortagne, 468, 469.
Saint-Martin-de-Brem, 9.
Saint-Martin-des-Noyers, 23.
Saint-Mathurin, 93, 321, 322, 402, 501.
Saint-Maurice-la-Fougereuse, 21.
Saint-Melaine, bourg (Ille-et-Vilaine), 270.
Saint-Melaine, hameau (Maine-et-Loire), 206, 209.
Saint-Méloir, 522.
Saint-Même, 24.
Saint-M'hervé, 426.
Saint-Michel-de-la-Roë, 420.
Saint-Nazaire, 333, 334, 336, 341, 411, 412.
Saint-Nicolas, 470, 473.
Saint-Ouen-de-la-Rouërie, 271, 272, 394.
Saint-Ouen-des-Toits, 424, 427, 528.
Saint-Paul-du-Bois, 18, 21.
Saint-Philbert-de-Grand-Lieu, 24, 115, 128, 130, 131, 132, 134, 450, 451.
Saint-Philbert-du-Pont-Charrault, 458.
Saint-Pierre-des-Landes, 424.
Saint-Pierre-la-Cour, 425, 522.
Saint-Pierre-le-Potier, 240.
Saint-Poix, 425.
Saint-Sauveur, 174, 224, 463.
Saint-Sauveur-de-Flée, 239.
Saint-Sauveur. V. Saint-Aubin.
Saint-Sébastien, 99, 115, 116, 150.
Saint-Sulpice-le-Verdon, 23, 80.
Saint-Symphorien, 168, 181, 184, 356.
Sainte-Hermine, 16, 124, 176, 177, 178, 458.
Sainte-Lumine-de-Clisson, 16.
Sainte-Lumine-de-Coutais, 128, 129, 130, 131, 133, 451.
Sainte-Suzanne, 216, 464.
Sainte-Suzanne, 329, 330, 332, 493.
Saintes, 90.
Saligny, 23.
Salomon, xi, 106, 112, 444, 447.
Samnon, 420.
Sandoz, 103.
Sanguèze (la), 148.

Sansonnière (la), 229, 230.
Santerre, ix, xii, 74, 75, 79, 90, 102, 106, 107, 166, 320, 435, 436, 444, 447, 448.
Sapinaud de la Verrie, 83.
Sarrailles, 460.
Sarthe (la), 244, 315.
Saugrenière (la), 81.
Saumur, viii, ix, x, xi, xii, xx, xxix, xxxiv, 6, 7, 12, 13, 14, 16, 17, 18, 20, 27, 55, 74, 75, 78, 79, 84, 89, 90, 91, 92, 93, 94, 95, 96, 102, 104, 105, 106, 110, 113, 115, 116, 118, 119, 120, 130, 146, 160, 161, 189, 190, 192, 209, 213, 220, 226, 242, 315, 316, 319, 320, 321, 322, 323, 389, 405, 410, 432, 435, 436, 438, 439, 440, 441, 443, 444, 445, 446, 447, 458, 473, 501, 502, 511, 512, 513, 542.
Savary, xiii, xiv, xvii, xviii, xix, xx, xxi, xxii, xxiii, xxiv, xxv, xxvi, xxix, xxx, xxxi, xxxii, xxxiii, xxxiv, xxxv, xxxvi, 34, 82, 98, 102, 113, 125, 127, 149, 151, 155, 164, 176, 186, 192, 193, 195, 196, 198, 202, 203, 204, 206, 208, 209, 210, 212, 213, 222, 226, 227, 230, 231, 232, 235, 236, 239, 245, 246, 248, 251, 252, 256, 258, 265, 266, 267, 270, 276, 285, 287, 291, 298, 311, 319, 327, 328, 335, 340, 403, 407, 408, 409, 410, 411, 433, 466, 476, 504, 508, 512, 527.
Savenay, xii, xvi, xvii, xxx, xxxi, xxxiv, xxxv, 1, 3, 79, 92, 234, 310, 333, 334, 335, 336, 337, 338, 339, 340, 341, 411, 412, 506, 507, 528.
Scherb, 174, 180, 187, 211, 242, 332, 333, 338, 399, 401, 405, 406, 407, 410, 411, 412, 460.
Schérer, 543.
Sée (la), 273.
Segré, xxiv, xxv, 237, 239, 251, 260, 261, 264, 332, 419.
Séguinière (la), 22, 82, 199, 200, 467.
Selle-en-Luitré (la), 424.
Selune, 273, 275.
Semagne, 16.
Sémallé (comte de), 311.
Sépher, 309, 499, 500.
Sérent (comte de), 264.

Servant, 55.
Sévérac, 412.
Sèvre-Nantaise, 13, 15, 18, 22, 23, 97, 100, 116, 118, 147, 148, 149, 151, 157, 160, 163, 168, 172, 185, 186, 195, 198, 199, 202, 466, 468, 469, 472.
Sèvre-Niortaise, 7, 13, 19.
Simon, 135.
Solilhac (de), xxxii, xxxiii, 167, 223.
Sorinières (les), 23, 97, 100, 114, 122, 145, 165, 172, 173.
Soudelache (la), 470.
Soulanger, xi.
Stofflet, 78, 80, 81, 267, 282, 291, 299, 316, 332, 392.
Strolz, xxviii, xxx.
Suette, 316, 317, 322.
Suze (la), 324.

T

Tabary, 236.
Tallerye, 68.
Tallien, 430.
Talmont (prince de), 78, 81, 215, 265, 528.
Talmont, 17.
Tardieu, 348, 349.
Targe, 125, 155, 170, 176, 179, 180, 182, 183, 185, 203, 205, 207, 208, 224, 355, 356, 361, 449, 450.
Teil (le), 419.
Teillay, 420.
Templerie (la), 424.
Tenu, 19, 24, 123, 124, 128, 129.
Texier, 518.
Thirion, 416.
Thouarcé, 21.
Thouaret, 20.
Thouars, ix, xi, 7, 13, 14, 118, 119, 219, 473, 491, 512.
Thouet (le), 6, 13, 20, 22.
Thourie, 312.
Tiffauges, xii, 15, 16, 22, 114, 116, 146, 147, 148, 149, 150, 153, 155, 156, 160, 166, 174, 177, 178, 180, 184, 185, 194, 196, 197, 198, 199, 355, 466, 470, 472, 473, 474.
Tilly, xvi, xvii, 309, 310, 322, 325, 339, 340, 409, 410.

Torcé, 418, 426.
Torfou, x, xii, 15, 17, 22, 43, 123, 147, 149, 151, 152, 153, 154, 155, 157, 160, 161, 162, 164, 165, 166, 168, 169, 181, 186, 198, 459.
Touche-Limouzinière (la), 115.
Touffou, 114, 145, 149.
Toulon, 36.
Tours, viii, x, xxxiv, 6, 12, 74, 75, 76, 89, 90, 91, 92, 322, 433, 434, 436, 437, 476, 491, 492.
Touvois (forêt de), 24.
Trangé, 329, 407.
Trans, 292, 293, 294, 298, 395.
Travot, 179, 184, 228, 231, 282, 348, 356.
Tréhour, xxii, 419, 542.
Treille (la), 209, 210, 220, 361.
Treize-Septiers, 174, 176, 177, 180, 182, 193, 474.
Trélazé, 402.
Tremblaie (la), 79, 104, 199, 200, 203, 204, 205, 207, 361, 468.
Tremblay, 272, 395.
Trémentines, 14, 15, 209, 210, 211.
Tréton. V. Jambe d'Argent.
Tribout, 96, 268, 269, 276, 277, 278, 279, 280, 287, 302, 310, 394.
Trois-Maries (les), 312.
Trullard, 442.
Tunck, xi, 103, 104, 117.
Turpin de Crissé (chevalier de), 79, 215, 236.
Turpin de Crissé (vicomtesse de), 79.
Turreau (général), xi, xvii, xviii, xix, xx, xxi, xxiii, xxiv, xxviii, xxxiv, 92, 102, 103, 104, 163, 188, 191, 225, 266, 272, 319, 501, 511, 512, 513, 514, 520.
Turreau (représ.), xvi, xxxiv, 106, 128, 142, 188, 191, 205, 213, 220, 249, 251, 256, 259, 261, 262, 270, 309, 310, 313, 314, 320, 322, 323, 327, 338, 341, 359, 384, 430, 444, 446, 448, 475, 476, 507.
Tyrant, 93, 203, 205.

V

Vachot, xxvi, 325, 544.
Vaiges, 331.
Vallet, 16, 99, 115, 148, 150, 167, 168, 214, 215.
Vannes, 42, 43, 44, 506.
Varades, 77, 215, 216, 232, 235, 236, 237, 505.
Vendée (riv.), 19.
Vergéal, 418, 419, 426.
Verger, 99, 103, 350, 507.
Vergnes, viii, xxix, 95, 98, 104, 107, 112, 270, 279, 302, 499.
Vergonnes, 419.
Vérine, xxii, 175, 197, 263, 287, 321, 393, 418, 437, 499, 500, 525, 526, 541.
Vernange, 224.
Verrie (la), 472.
Vertonne (la), 9.
Vertou, 22, 23, 97, 115, 116, 145, 148, 149, 172, 452.
Vézins, 14, 21, 81.
Vial, xvii.
Vialle, 309.
Vicoin (le), 427.
Vidal, 325.
Vie (la), 9, 19, 114.
Vieillevigne, 93, 132, 140, 141, 142, 143, 193.
Vieuville (la), 297.
Vihiers, 13, 14, 16, 18, 119, 120, 472, 473, 512.
Vilaine (la), 270, 303, 390, 412, 426.

Villaines-la-Juhel, 497.
Villedieu-la-Blonère, 22.
Villedieu-les-Poëles, 274.
Villeneuve, 23, 97, 114, 115, 134, 145, 548.
Villiers (chât.), 425, 528.
Villiers-Charlemagne, 242, 243, 249, 251.
Vimeux, x, xiv, 101, 149, 158, 159, 167, 186, 191, 211, 218, 220, 356, 363, 433, 434, 436, 461.
Vincent, ix.
Vitré, xxii, xxv, 237, 245, 254, 264, 265, 267, 269, 270, 312, 388, 389, 390, 391, 397, 412, 413, 414, 415, 416, 417, 418, 419, 420, 421, 425, 426, 487, 493, 497, 514, 515, 516, 517, 518, 519, 522, 524, 525, 526, 527, 528, 529, 532, 533, 535, 536, 541, 544.
Voillemont, 377.
Voillemont (Mme), 378.
Voltaire, 209.
Vrenne (la), 22.

W

Westermann, xvii, xxii, 84, 160, 214, 222, 238, 239, 240, 241, 242, 243, 245, 247, 248, 254, 256, 282, 283, 285, 287, 288, 289, 290, 291, 292, 293, 294, 295, 296, 299, 305, 311, 318, 321, 322, 324, 325, 326, 328, 329, 330, 332, 333, 334, 336, 337, 338, 339, 340, 341, 363, 384, 396, 397, 476, 503.

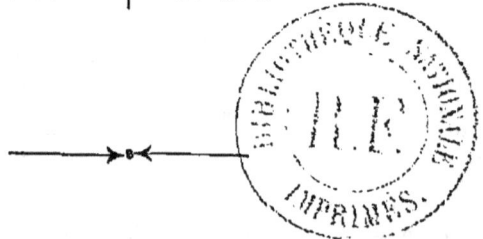

PUBLICATIONS DE LA SOCIÉTÉ D'HISTOIRE CONTEMPORAINE

En vente à la librairie A. PICARD ET FILS, rue Bonaparte, 82,
au prix de 8 fr. le volume in-8 :

Correspondance de M. et Mme *de Raigecourt avec M. et M*^{me} *de Bombelles, 1790-1800*, publiée par M. DE LA ROCHETERIE, 1892. 1 vol. *Épuisé.*

Captivité et derniers moments de Louis XVI. Récits originaux et Documents officiels, publiés par le marquis DE BEAUCOURT, 1892. 2 vol.

Lettres de Marie-Antoinette. Recueil des lettres authentiques publié par MM. DE LA ROCHETERIE et DE BEAUCOURT, 1895-1896. 2 vol. T. I *épuisé.*

Mémoires de Michelot Moulin sur la chouannerie normande, publiés par le vicomte L. RIOULT DE NEUVILLE, 1893. 1 vol.

Mémoires de famille, de l'abbé Lambert, 1791-1799, publiés par M. GASTON DE BEAUSÉJOUR, 1894. 1 vol.

Journal d'Adrien Duquesnoy, député du tiers état de Bar-le-Duc, mai 1789-avril 1790, publié par M. R. DE CRÈVECŒUR, 1894. 2 vol.

L'invasion austro-prussienne (1792-1794). Documents publiés par M. LÉONCE PINGAUD, 1895. 1 vol. avec héliogravure et carte.

18 fructidor. Documents inédits publiés par M. VICTOR PIERRE, 1893. 1 vol.

La déportation ecclésiastique sous le Directoire. Documents inédits publiés par M. VICTOR PIERRE, 1896. 1 vol.

Mémoires du comte Ferrand (1787-1821), publiés par le vicomte DE BROC, 1897. 1 vol. avec héliogravure.

Collectes à travers l'Europe pour les prêtres français déportés en Suisse, 1794-1797. Relation publ. par M. l'abbé JÉRÔME, 1897. 1 vol.

Mémoires de l'abbé Baston, chanoine de Rouen, publiés par M. l'abbé J. LOTH et M. Ch. VERGER, 1897-1899. 3 vol. avec héliogravure.

Souvenirs du comte de Semallé, page de Louis XVI, publiés par son petit-fils, 1898. 1 vol. avec héliogravure. *Épuisé.*

Louis XVIII et les Cent-Jours à Gand, recueil de documents inédits, publiés par MM. E. ROMBERG et ALBERT MALET, 1898-1902. 2 vol.

Mémoires du comte de Moré (1758-1837), publiés par M. GEOFFROY DE GRANDMAISON et le comte DE PONTGIBAUD, 1898. 1 vol. 5 héliogravures.

Mémoire de Pons de l'Hérault aux puissances alliées, publié par M. LÉON-G. PÉLISSIER, 1899. 1 vol. avec héliogravure.

Correspondance de Le Coz, évêque constitutionnel d'Ille-et-Vilaine, archevêque de Besançon, publiée par le P. ROUSSEL, 1900-1903. 2 vol. 1 héliogravure.

Souvenirs politiques du comte de Salaberry (1821-1830), publiés par le comte DE SALABERRY, 1900. 2 vol. avec héliogravure.

Kléber et Menou en Égypte (1799-1801). Documents publiés par M. François ROUSSEAU, 1900. 1 vol. avec carte.

Lettres de Mme *Reinhard à sa mère*, traduites de l'allemand et éditées par Mme la B^{onne} DE WIMPFFEN, 1901. 1 vol. avec 2 héliogravures.

Mémoires de Langeron. Campagnes de 1812, 1813, 1814, publiés par L.-G. F., 1902. 1 vol. avec carte. *Épuisé.*

Correspondance du duc d'Enghien (1801-1804), et documents sur son enlèvement et sa mort, publiés par le comte BOULAY DE LA MEURTHE, 1904. T. I, avec héliogravure.

Correspondance du comte de La Forest, ambassadeur de France en Espagne (1808-1813), p. p. M. G. DE GRANDMAISON, 1905. T. I (avril 1808-janvier 1809), avec héliograv.

Souvenirs du marquis de Bouillé (1769-1812), publiés par M. P.-L. DE KERMAINGANT, 1906. T. I (1769-mai 1792), avec héliogravure.

Journal politique de Charles de Lacombe, député à l'Assemblée nationale, publié par M. A. HELOT, 1907. T. I (février 1871-décembre 1873), avec héliogravure.

AU PRIX DE 4 FR. LE VOLUME

Les Étapes d'un soldat de l'Empire (1800-1815), publ. p. M. Ch. DESBŒUFS, 1901. 1 vol.

P.-Fr. de Rémusat. — *Mémoire sur ma détention au Temple. 1797-1799*, publié par M. VICTOR PIERRE, 1903. 1 vol. avec plan.

Journal de Mme *de Cazenove d'Arlens.* — *Paris-Lyon (février-avril 1803)*, publié par M. DE CAZENOVE, 1903. 1 vol avec héliogravure.

La cotisation annuelle est de 20 fr. Pour les nouveaux sociétaires, le prix des volumes à 8 fr. antérieurement parus est de 5 fr. 50 le volume.
Adresser les adhésions au *Siège de la Société, rue Saint-Simon, 5, à Paris (VII*^e*).*

BESANÇON. — IMPRIMERIE JACQUIN.

www.ingramcontent.com/pod-product-compliance
Lightning Source LLC
Chambersburg PA
CBHW060305230426
43663CB00009B/1594